DIREITO BANCÁRIO

VASCO SOARES DA VEIGA
ADVOGADO

DIREITO BANCÁRIO

2.ª EDIÇÃO REVISTA E ACTUALIZADA

LIVRARIA ALMEDINA
COIMBRA – 1997

TÍTULO:	DIREITO BANCÁRIO
AUTOR:	VASCO SOARES DA VEIGA
EDITOR:	LIVRARIA ALMEDINA – COIMBRA
DISTRIBUIDORES:	LIVRARIA ALMEDINA ARCO DE ALMEDINA, 15 TELEF. (039) 4191902 FAX (039) 4191901 3000 COIMBRA – PORTUGAL LIVRARIA ALMEDINA – PORTO R. DE CEUTA, 79 TELEF. (02) 319783 FAX (02) 2026510 4050 PORTO – PORTUGAL EDIÇÕES GLOBO, LDA. R. S. FILIPE NERY, 37-A (AO RATO) TELEF. (01) 3857619 1250 LISBOA – PORTUGAL
EXECUÇÃO GRAFICA:	G.C. – GRAFICA DE COIMBRA, LDA.
TIRAGEM:	2 100 EX.
	MAIO, 1997
DEPOSITO LEGAL:	111079/97

Toda a reprodução desta obra, seja por fotocópia ou outro qualquer processo, sem prévia autorização escrita do Editor, é ilícita e passível de procedimento judicial contra o infractor.

DO AUTOR:

— Da Oralidade (estudo a propósito da revisão do Código de Processo Civil), Coimbra Editora, 1961.

— Reforma dos Serviços Tutelares de Menores,
1ª edição revista e anotada, Coimbra Editora, 1962.
2ª edição, revista, anotada e actualizada, Coimbra Editora, 1967.

— A acção cível-penal emergente de acidente de viação (Algumas questões versadas num despacho saneador) — Separata da «Justiça Portuguesa», 1966.

— Acidentes de viação. Indemnização pela lesão do direito à vida. — Separata da «Justiça Portuguesa», 1967.

— Introdução ao Direito Bancário, Bol. Ordem dos Advogados, n.º 19, Outubro de 1983.

— Falência e Insolvência, integrada no "Direito das Empresas", obra colectiva, edição do INA, 1990.

— Cartas de conforto ou declarações de patrocínio, in "Revista da Banca", n.º 24, Outubro/Dezembro de 1992

— Direito Bancário, 1ª edição, Livraria Almedina, Coimbra, 1994.

PREFÁCIO

Vão decorridos três anos sobre a publicação da primeira edição deste livro, que se pretendeu fosse eminentemente prático. Continua a reunir-se um conjunto de temas que se consideram de manifesto interesse, em especial para os profissionais da banca e do foro, procurando tratar-se nesta edição, para além dos já versados na edição anterior, como o das cartas de conforto, temas novos como os da banca electrónica e do mercado de derivados, cuja oportunidade não carece de justificação.

Alargou-se o estudo do branqueamento de capitais, à luz da sua ampliada regulação legal — na linha da respectiva Directiva Comunitária — incluindo-se na legislação anexa o texto do regime legal do consumo e tráfico de drogas, porque este embora contemple matérias que excedem os problemas do branqueamento, permite um conhecimento mais profundo dos problemas que lhe subjazem.

Houve a preocupação de que o texto resultasse actualizado em relação a todas as alterações legislativas verificadas desde a anterior edição, entre as quais não é possível deixar de destacar a reforma do Código de Processo Civil e a revisão do Código Penal.

Manteve-se a orientação de incluir, quanto aos principais tipos de empresas financeiras, a indicação não só da legislação em vigor, como da anteriormente vigente, o que poderá ser de utilidade para quem lide com situações afectadas pela lei velha ou que devam reger-se por esta, por força das normas sobre sucessão de leis no tempo, bem como para quem pretenda desenvolver estudos que impliquem a análise dos regimes que se foram sucedendo.

A evolução da vida moderna adquiriu uma aceleração nunca dantes pensada e o número de "produtos" comercializados pela banca, ou com intervenção desta, tem continuado a aumentar. Os meios técnicos utilizados não param de evoluir, sendo, contudo, imprescindível não esquecer que o Direito continua a ser o pólo motor ou ordenador das grandes mudanças e que técnica e Direito não se excluem e ambos não dispensam a actuação privilegiada do Homem, sem o que a vida perderia sentido e o necessário equilíbrio social.

As constantes alterações legislativas e regulamentares dos últimos anos, meses e semanas tornam a apresentação deste trabalho uma iniciativa de "alto risco".

Mas... o risco também faz parte da vida.

Lisboa, 31 de Março de 1997

NOTA PRÉVIA À 1.ª EDIÇÃO

Solicitou-me a Administração do Banco Português do Atlântico que elaborasse um curso de formação em matéria de Direito Bancário, decorridos bastantes anos de exercício da profissão de advogado.

Não se dispunha de textos de apoio suficientes. Resolvi preparar um documento novo, que se destinou a profissionais da Banca com formações literárias muito diferentes, dos quais nem todos tinham preparação jurídica.

A maneira de abordar os temas ressente-se algumas vezes da preocupação de não me deixar dominar por uma linguagem jurídica muito hermética. A escolha dos mesmos pode ser discutível. A inclusão dos processos de recuperação de empresas e de falência, de relevante interesse prático após a publicação do respectivo Código, não integram em rigor matéria de Direito Bancário.

O trabalho teve boa aceitação e alguns amigos animaram-me a publicá-lo.

Revisto o texto inicial, é possível trazê-lo a público no ano em que o B.P.A. comemora o 75.º Aniversário da sua fundação.

Lisboa, 1 de Julho de 1994

ÍNDICE

PREFÁCIO 7

Nota Prévia à 1ª edição 9

CAPÍTULO I — **NOÇÕES GERAIS SOBRE DIREITO BANCÁRIO** 29

SECÇÃO I — **Introdução** 29
  1. Origem das regras que integram o direito bancário 29
  2. O particularismo do direito bancário 33
  3. Importância do direito bancário 34
  4. Fontes de direito bancário 35
  5. Uma nova fonte de direito bancário — os códigos de conduta 36

SECÇÃO II — **Portugal face aos organismos financeiros internacionais** 38
  1. Banco Mundial 38
  2. Fundo Monetário Internacional 40
  3. Sociedade Financeira Internacional 43
  4. Associação Internacional de Desenvolvimento 44
  5. Banco de Pagamentos Internacionais 44
  6. Sistema Monetário Europeu 45
  7. Banco Europeu de Investimento 48
  8. Banco Interamericano de Desenvolvimento 52
  9. Banco Africano de Desenvolvimento 52
  10. Banco Europeu de Reconstrução e Desenvolvimento 52
  11. Banco de Pagamentos Internacionais 54

SECÇÃO III — **Fontes internacionais** 54
  1. Direito Comunitário 54
  2. Outras Fontes Internacionais 57

CAPÍTULO II — **ORGÂNICA DAS INSTITUIÇÕES DE CRÉDITO** 59

SECÇÃO I — **Empresas financeiras nacionais** 60

SECÇÃO II — **Relação de Bancos actualmente existentes** 62

SECÇÃO III — **O Banco de Portugal e a coordenação e fiscalização das Instituições de Crédito** 65

1. Como Banco Central 67
2. Como supervisor das empresas financeiras 68

CAPÍTULO III — **INSTITUIÇÕES DE CRÉDITO** 69

SECÇÃO I — **Os Bancos** 69
1. Objecto 69
2. Requisitos da constituição 70
3. Administração e Fiscalização 72
   — Composição do órgão de administração 72
   — Idoneidade e experiência profissional dos membros dos órgãos de administração e fiscalização 72
   — Acumulação de cargos 72
   — Crédito a membros dos órgãos sociais 73
   — Outras operações 74
4. Limites à participação no capital 74
5. Normas prudenciais 74
   — Rácio de solvabilidade 74
   — Tomada firme de títulos e subscrição indirecta de acções 78
   — Concentração de riscos 78
   — Provisões obrigatórias 81
   — Conservação dos fundos próprios 84
   — Reservas 86
   — Crédito a detentores de participações qualificadas 86
   — Segurança das aplicações 87
   — Relação das participações com fundos próprios 87
   — Relação das participações com o capital das participadas ... 89
   — Aquisição de imóveis 89
   — Rácio do imobilizado 89
   — Relação de accionistas 90
   — Registo de acordos parassociais 90
6. Supervisão 90
   — Supervisão em base consolidada 91
7. Fundo de garantia de depósitos 93
   — Objecto 93
   — Instituições participantes 93
   — Contribuições 93
   — Contribuições iniciais 94
   — Depósitos garantidos 96
   — Depósitos excluídos da garantia 96
   — Limites da garantia 97
8. Consolidação de contas 99
9. Financiamento 101
10. Reservas de caixa 101
11. Quadro legal 104

Índice 13

SECÇÃO II — **Caixa Geral de Depósitos** 105
SECÇÃO III — **Caixas Económicas** 108
SECÇÃO IV — **Caixa Central de Crédito Agrícola Mútuo** 110
SECÇÃO V — **Caixas de Crédito Agrícola Mútuo** 113
— Capital social 113
— Obtenção de recursos 114
— Operações de crédito agrícola 114
— Prestação de serviços 115
— Comércio de câmbios e operações cambiais 115
— Alargamento das actividades das caixas agrícolas 115
— Fundo de Garantia do Crédito Agrícola Mútuo 116
SECÇÃO VI — **Sociedades de investimento** 116
— Objecto 117
— Recursos 118
SECÇÃO VII — **Sociedades de locação financeira** 119
— Objecto 119
— Recursos 121
— Operações cambiais 122
— Consórcios 122
SECÇÃO VIII — **Sociedades de Factoring** 124
— Objecto 124
— Recursos 126
— Operações cambiais 126
SECÇÃO IX — **Sociedades Financeiras para Aquisição a Crédito
(S.F.A.C.)** 127
— Objecto 128
— Âmbito reservado às SFAC 128
— Operações permitidas 128
— Às SFAC é especialmente vedado 129
— Fontes de financiamento 129

CAPÍTULO IV — **SOCIEDADES FINANCEIRAS** 131
SECÇÃO I — **Sociedades financeiras de corretagem** 132
1. Definição de corretor 132
2. Objecto 133
3. Capital 134
4. Financiamentos 135
5. Participação noutras sociedades 135
6. Operações vedadas 135
7. Financiamento 136
8. Empresas existentes 136

SECÇÃO II — **Sociedades corretoras** 137
    1. Natureza 137
    2. Objecto 138
    3. Capital 138
    4. Participação noutras sociedades 138
    5. Operações activas 138
    6. Operações vedadas 139
    7. Financiamento 139
    8. Reservas de caixa 139
    9. Acesso ao mercado monetário interbancário 139
    10. Empresas existentes 139

SECÇÃO III — **Sociedades mediadoras do mercado monetário e do mercado de câmbios** 140
    1. Exercício da actividade 140
    2. Regime Jurídico 140
    3. Capital 140
    4. Limites à participação no capital 141
    5. Operações activas 141
    6. Financiamento 141
    7. Deveres da sociedade mediadora 141
    8. Actos proibidos às sociedades mediadoras 142
    9. Actos proibidos aos sócios, membros dos órgãos sociais e empregados 143
    10. Requisitos de constituição 143
    11. Reservas de caixa 143
    12. Acesso ao mercado monetário interbancário 144
    13. Empresas existentes 144

SECÇÃO IV — **Sociedades gestoras de fundos de investimento** 144
    1. Natureza 144
    2. Novo Regime Jurídico 146
    3. Capital 149
    4. Limites à participação no capital 149
    5. Operações activas 149
    6. Operações vedadas 149
    7. Depositários. Funções 152
    8. Responsabilidade da entidade gestora e do depositário 153
    9. Remuneração dos serviços da entidade gestora e do depositário 154
    10. Reservas de caixa 154
    11. Contas dos fundos 154
    12. Supervisão 155
    13. Normas que regulam a autorização pela C.M.V.M. das entidades colocadoras de unidades de participação de fundos de investimento mobiliário.. 155
    14. Contabilidade dos Fundos de Investimento Mobiliário 155
    15. Empresas existentes 156

Índice

SECÇÃO V — **Sociedades emitentes de cartões de crédito** 165
1. Objecto 165
2. Entidades emitentes 167
3. Condições gerais de utilização 168
4. Competência do Banco de Portugal 168
5. Regulamento dos cartões de crédito 168
6. Unicre e SIBS 169
7. Empresas existentes 170

SECÇÃO VI — **Sociedades gestoras de patrimónios** 171
1. Natureza 171
2. Objecto 171
3. Capital 172
4. Limites à participação no capital 172
5. Depósito bancário 172
6. Operações de conta alheia 173
7. Operações vedadas 174
8. Requisitos de constituição 175
9. Reservas de caixa 175
10. Acesso ao mercado monetário interbancário 175
11. Empresas existentes 176

SECÇÃO VII — **Sociedades de desenvolvimento regional** 176
1. Natureza 176
2. Objecto 177
3. Capital 177
4. Limites à participação no capital 177
5. Operações activas 178
6. Recursos alheios 179
7. Requisitos de constituição 180
8. Reserva de caixa 180
9. Supervisão 180
10. Empresas existentes 180

SECÇÃO VIII — **Sociedades de capital de risco (SCR)** 181
1. Noção, objecto e sede 181
2. Requisitos de constituição e capital mínimo 182
3. Operações activas 182
4. Limites nas operações activas 183
5. Prestação de outros serviços 184
6. Operações especialmente vedadas 185
7. Empresas existentes 186

SECÇÃO IX — **Sociedades administradoras de compras em grupo (SACEG)** 186
1. Natureza 186

2. Objecto	186
3. Capital	187
4. Limites à participação no capital	187
5. Operações activas	187
6. Limites à actividade	188
7. Obrigações das SACEG	188
8. Reservas de caixa	190
9. Acesso ao mercado monetário interbancário	190
10. Empresas existentes	190

SECÇÃO X — **Agências de Câmbios** 191

1. Objecto	191
2. Forma, denominação e outros requisitos	192
3. Capital social	192
4. Operações com residentes e não residentes	192
5. Empresas existentes	194

SECÇÃO XI — **Finangeste-Empresa Financeira de Gestão e Desenvolvimento, SARL** 195

CAPÍTULO V — **DOS CONTRATOS BANCÁRIOS EM GERAL** 199

SECÇÃO I — **A formação dos contratos bancários** 201

SECÇÃO II — **A prova dos contratos bancários** 207

1. O princípio da liberdade da prova	207
2. O objecto da prova	208
3. Os meios de prova	208

SECÇÃO III — **A Interpretação dos contratos bancários** 209

1. Sentido normal da declaração	209
2. Casos duvidosos	210
3. Negócios formais	210
4. Integração	210

SECÇÃO IV — **A execução dos contratos bancários** 210

SECÇÃO V — **A utilização de meios electrónicos de comunicação e de realização de operações bancárias** 211

1. Transferências electrónicas de fundos (EFT — Electronic funds transfer)	211
1.1. Código Europeu de boa conduta em matéria da pagamento electrónico	212
1.2. Recomendação da Comissão, de 17 de Novembro de 1988, relativa aos sistemas de pagamento e, em especial, às relações entre o titular e o emissor dos cartões (88/590/CEE)	215
2. Videotexto	216
3. Serviços bancários à distância:	216
3.1. Telebanco	216

a) Banco pelo telefone	216
b) Videobanco	218
3.2. Outros serviços bancários à distância	218
a) ATMS	218
b) Sistemas de pontos de venda (POS)	219
c) Garantia e reforço de cheque	220
SECÇÃO VI — **A Internet e o futuro**	221

CAPÍTULO VI — **SIGILO BANCÁRIO**	225
SECÇÃO I — **Linhas gerais de orientação**	225
SECÇÃO II — **Regulamentação constante do Regime Geral das Instituições de Crédito e das Sociedades Financeiras e do Código do Mercado de Valores Mobiliários**	229
SECÇÃO III — **Violação do segredo bancário no novo Código Penal**	239
SECÇÃO IV — **Buscas e apreensões em estabelecimentos bancários**	248
1. Buscas	248
2. Apreensões em estabelecimentos bancários	251
A) Antecedentes	251
B) Enquadramento jurídico actual	253
C) Conclusões	257
SECÇÃO V — **Excepções ao regime regra de observância do sigilo bancário**	261
1. Dispensa voluntária do dever de sigilo	261
2. Dispensa legal do dever de sigilo e/ou imposição legal do dever de informar	261
2.1. Nos processos relativos ao consumo e tráfico ilícito de drogas	261
2.2. Cartas rogatórias expedidas ao abrigo de convenções ou acordos ratificados por Portugal ou, não existindo, se for garantido o princípio da reciprocidade	262
2.3. Informação ao Serviço de Centralização de Informações e Riscos de Crédito e para segurança de operações	262
2.4. Acesso das Seguradoras à Central de riscos	263
2.5. Informação ao Banco de Portugal como Banco Central e à Tutela, nos casos em que subsiste	263
2.6. Comunicações ao Banco de Portugal em matéria de cheques sem provisão	263
2.7. Inquéritos parlamentares	264
2.8. Medidas de combate à corrupção e criminalidade económica e financeira	265
2.9. Administração Fiscal	265

2.10. Cheques destinados a pagamentos nas tesourarias da Fazenda Pública ... 268
2.11. Devolução de cheques emitidos a favor do SIVA (Serviço de Administração do IVA) 268
3. Pessoas com direito a conhecer os factos ou elementos sujeitos a sigilo bancário 268
4. Nos casos de arrolamento, arresto e penhora das contas de depósitos 270
5. Averiguações pelos Serviços de Auditoria e Inspecção dos Bancos, em contas de funcionários arguidos de práticas irregulares ou desonestas 271
6. Informação sobre a situação económica do requerente de apoio judiciário 272

CAPÍTULO VII — **TÍTULOS DE CRÉDITO** 273

SECÇÃO I — **Títulos de Crédito em Geral** 273

1. Características gerais dos títulos de crédito 273
2. Incorporação 273
3. Literalidade 276
4. Abstracção 278
5. Autonomia 279

SECÇÃO II — **Classificação dos títulos de crédito** 280

1. Quanto à entidade que os emite 281
2. Quanto ao conteúdo do direito cartular 282
3. Quanto à sua independência de uma causa-função 284
4. Quanto ao modo normal de circulação 284
5. Quanto à forma de emissão 285
6. Quanto à forma de representação 286

SECÇÃO III — **A Relação Cartular e Subjacente** 286

1. A emissão de letras não produz novação 289
2. Valor da letra quando a relação subjacente é um empréstimo 290
   a) antes de se verificar a prescrição cambiária 291
   b) depois de prescrita a acção cambiária 291
3. Relação jurídica contrária à Lei 291
4. Letras titulando prestações 292
5. Acção cambiária 292
6. Acção causal 295
7. Acção de enriquecimento sem causa 295

SECÇÃO IV — **Cláusula "sem despesas" inserta nas letras** 297

SECÇÃO V — **Títulos Escriturais** 299

1. Generalidades 299
2. O título escritural é também um título negociável 301
3. Duas formas de títulos escriturais 301
4. A circulação dos títulos escriturais 303

5. Processo registral	304
6. O regime dos títulos escriturais	306
7. Os movimentos de títulos	307
8. A transferência em conta de valores escriturais	307
8.1. As ordens de movimentação	308
8.2. As diversas ordens de movimentação	308
9. Posições e extractos de conta	309
10. O exercício de direitos	310
11. Responsabilidade dos intermediários financeiros e da Central de Valores	311
SECÇÃO VI — **Como funciona a Central de Valores Mobiliários**	313
SECÇÃO VII — **Do crime de emissão de cheque sem provisão**	321
1. Situações compreendidas na noção de cheque sem provisão	322
2. Crime de dano. Dolo genérico	324
3. O Assento do S.T.J., de 27/1/93	325
4. Penas aplicáveis	325
5. O pagamento como causa extintiva da responsabilidade criminal	327
6. Elementos do crime	328
7. Condições objectivas de punibilidade	329
8. Verificação de recusa de pagamento	329
9. Ainda a propósito das situações compreendidas na noção de cheque sem provisão	330
10. Extinção da responsabilidade criminal	331
11. Prazos para promoção do procedimento criminal e para formular o pedido de indemnização cível	332
12. Sanções acessórias. Publicidade da decisão condenatória	332
13. Tribunal competente	334
Anexo — Procedimentos administrativos determinados pelo Banco de Portugal, relativos aos cheques e à restrição do uso do cheque	335

CAPÍTULO VIII — **ALGUMAS QUESTÕES PRÁTICAS A PROPÓSITO DAS GARANTIAS ESPECIAIS DAS OBRIGAÇÕES** ... 343

SECÇÃO I — **Considerações de ordem geral**	343
SECÇÃO II — **Avales do Estado**	346
1. Em geral	346
2. O regime do Dec-Lei nº 127/96	349
2.1. O empréstimo bancário	354
2.2. Garantia do Estado	355
2.3. Forma e efeitos da garantia	356
2.4. Incumprimento	357
SECÇÃO III — **Garantias bancárias autónomas**	358
SECÇÃO IV — **Consignação de rendimentos e consignação de receitas**	361

SECÇÃO V — **Riscos na aceitação de garantias hipotecárias ou por penhores, que devem ser devidamente ponderados** 363

SECÇÃO VI — **Direitos do credor, face à insuficiência ou diminuição das garantias prestadas** 372
1. Não prestação ou diminuição de garantias por causa imputável ao devedor 372
2. Perecimento ou insuficiência da garantia por causa não imputável, nem ao devedor, nem ao credor 373
3. Risco de insolvência do fiador 373

SECÇÃO VII — **Garantias genéricas prestadas a favor de bancos ou de outras entidades** 373

SECÇÃO VIII — **Garantias meramente obrigacionais** 375
   a) "Negative pledge" (compromisso negativo) 375
   b) Cláusula pari passu 376
   c) "Cross default" (incumprimento cruzado) 377
   d) Contratos-promessa de garantias especiais 377

CAPÍTULO IX — **CARTAS DE CONFORTO OU DECLARAÇÕES DE PATROCÍNIO** 379
1. Da responsabilidade pré-contratual 383
2. Da responsabilidade delitual 385
3. Da responsabilidade por abuso de direito 387
4. Conclusões 388

CAPÍTULO X — **DA RECUPERAÇÃO DA EMPRESA E DA FALÊNCIA** 391

SECÇÃO I — **Introdução** 391
1. Breve perspectiva histórica do direito falimentar em Portugal 391
2. O novo Código dos processos especiais de recuperação da empresa e de falência 393
3. Disposições introdutórias comuns aos processos de recuperação e de falência 396
   a) Admissibilidade da coligação no âmbito destes processos, quando se trate de sociedades em relação de grupo 397
   b) Mandatários judiciais 397
   c) Legitimidade para requerer a recuperação ou a falência 399
   d) Órgãos auxiliares do Tribunal 401
4. Estruturação dos pressupostos dos processos de recuperação e de falência com base na situação de insolvência 402
5. Corolários da harmonização dos pressupostos dos processos de recuperação e de falência 403

SECÇÃO II — **Fase processual de recuperação da empresa** 406
1. Funções do gestor judicial 407

Índice 21

2. Convocação da assembleia de credores	410
3. Da assembleia definitiva	412
SECÇÃO III — **Providências de recuperação**	415
1. Princípios gerais	415
2. Concordata	417
3. Acordo de credores	420
4. Reestruturação financeira	421
5. Gestão controlada	422
SECÇÃO IV — **Processo de falência**	427
1. Alguns aspectos do processo	427
2. Liquidatário judicial e comissão de credores na liquidação da massa falida	429
3. Apreensão de bens	430
4. Efeitos da falência	431
4.1. A inibição do falido	431
4.2. Imediato vencimento de todas as obrigações do falido	432
4.3. Encerramento de todas as contas-correntes do falido	432
4.4. Cessação da contagem de juros ou de outros encargos sobre as obrigações do falido	432
4.5. Extinção dos privilégios creditórios	432
4.6. Perda do direito de compensação	434
4.7. Efeitos da falência sobre as causas em que o falido seja parte	434
4.8. Inoponibilidade à massa falida dos negócios realizados pelo falido posteriormente à declaração de falência	436
4.9. Actos que podem ser resolvidos em benefício da massa por simples carta registada com aviso de recepção	436
4.10. Rescisão dos actos celebrados pelo falido nos casos dos arts. 610.° e seguintes do Código Civil	437
4.11. Remuneração de sócios e de membros dos corpos sociais	438
4.12. Outros efeitos em relação a negócios jurídicos do falido	438
5. Efeitos em relação aos trabalhadores do falido	439
6. Liquidação do activo	440
7. Verificação do passivo. (Reclamação de créditos)	441
8. Pagamento aos credores	444
9. Contas do liquidatário	445
10. Indiciação de infracção penal e Direito Penal da insolvência	446
11. Acordo extraordinário	450
12. Cessação dos efeitos da falência em relação ao falido. Reabilitação do falido	451
13. Concordata particular	452
14. Dupla circulação entre os processos de falência e de recuperação da empresa	453

CAPÍTULO XI — **SOCIEDADES COM PROCESSO CONSTITUTIVO INCOMPLETO / Sociedades irregulares** 455
1. Generalidades 455
2. Constituição de sociedades comerciais 456
3. O registo do contrato 456
4. Publicação 458
5. O registo prévio 458
6. Efeitos do contrato 459
7. Sociedades com processo constitutivo incompleto 461
    7.1. Sociedades meramente aparentes 461
    7.2. Sociedades constituídas sem escritura pública ... 462
    7.3. Sociedade constituída por escritura pública, mas não registada 463
        7.3.1. Relações entre os sócios 464
        7.3.2. Relações com terceiros 464
            a) Sociedades em nome colectivo 464
            b) Sociedades em comandita simples 465
            c) Sociedades por quotas, anónima ou em comandita por acções 466
    7.4. Sociedades constituídas por escritura pública e registadas, mas sem publicação 468

CAPÍTULO XII — **BRANQUEAMENTO DE CAPITAIS** 471
1. Utilização para esse efeito do sistema financeiro 471
2. Prevenção da utilização do sistema financeiro para efeitos de branqueamento de capitais provenientes dos negócios ilícitos da droga (princípios básicos do Dec.-Lei n.º 325/95) 476
    2.1. Âmbito de aplicação do diploma 476
    2.2. Obrigação de identificar, em relação ao clientes, ou seus representantes ou pessoas que actuem por conta daqueles 476
    2.3. Obrigação especial de identificar os clientes 477
    2.4. Deveres especiais de diligência (art. 8.º do Dec-Lei n.º 313/91) 478
    2.5. Obrigação de conservar documentos 478
    2.6. Dever especial de colaboração (art. 10.º do Dec-Lei n.º 313/91) 478
    2.7. Dever de abstenção (art. 11.º do Dec-Lei n.º 313/91) 479
    2.8. Dever de denúncia (art. 12.º do Dec-Lei n.º 313/91) 479
    2.9. Exclusão da responsabilidade (art. 13.º do Dec-Lei n.º 313/91) 479
    2.10. Dever das entidades financeiras, incluindo as respectivas filiais e sucursais no estrangeiro, estabelecerem processos adequados de controlo interno e de comunicação 479
3. Medidas de natureza preventiva e repressiva aplicáveis a entidades não financeiras, contra o branqueamento de capitais e outros bens provenientes de crimes (princípios básicos do Dec.-Lei n.º 325/95 480
    3.1. Casinos 480

Índice 23

3.2. Mediação imobiliária	480
3.3. Compra e venda de imóveis	481
3.4. Bilhetes ou títulos ao portador	481
3.5. Bens de elevado valor unitário	481
3.6. Aplicação do disposto de 3.1. a 3.5. às operações de branqueamento de bens ou produtos derivados das infracções a que alude o art. 2.º do Dec-Lei nº 325/95, como às respeitantes aos bens ou produtos provenientes do tráfico de droga e precursores	481
3.7. Prestação de informações no cumprimento das obrigações referidas nos artigos anteriores	481
3.8. Autoridades de fiscalização	481

CAPÍTULO XIII — **NOVOS PRODUTOS FINANCEIROS** 483

SECÇÃO I — **Os contratos de empréstimos sindicados em regime de leilão de taxas de juro. (Empréstimos Cristal)** 483

1. Considerações gerais	483
2. Natureza da operação	485
3. Quanto à forma de classificar as relações entre as instituições do sindicato financeiro e os Bancos que concorrem aos leilões	486

SECÇÃO II — **Papel comercial** 489

1. Noção	489
2. Condicionantes da emissão	491
3. Formas de colocação	492
4. Regime fiscal	496
5. Vantagens do papel comercial	497

SECÇÃO III — **Certificados de depósito** 497

SECÇÃO IV — **Mercado de futuros e opções. Instrumentos alternativos** 499

1. Introdução	499
2. Contratos tradicionais	500
3. Derivados	501
3.1. Contratos de futuros	501
3.2. Contratos de opções	510
3.3. Intermediários financeiros	512
3.4. Hedging. Os hedgers. Os especuladores e os arbitragistas	513
4. Instrumentos alternativos	518
4.1. Warrants	519
4.2. Obrigações convertíveis	520
4.3. Obrigações com acordo de recompra (callable bonds)	520
4.4. Obrigações com acordo de revenda (putable bonds)	521
4.5. Direitos de subscrição	521

5. Contratos de balcão 522
   5.1. As opções convencionais 522
   5.2. Swaps 523
   5.3. Forward rate agreements (FRA'S). Contratos a prazo de taxa de juros   525
   5.4. Caps, floors e collars 528
6. Compensação de créditos do Estado ou de outras pessoas colectivas públicas em matéria de acordos sobre produtos financeiros derivados, com créditos e débitos da mesma natureza ou de natureza similar 529

ANEXOS:

— Regime Geral das Instituições de Crédito e Sociedades Financeiras (Dec. Lei n.º 298/92, de 31 de Dezembro 531
— Dec-Lei nº 246/95, de 14 de Setembro (altera a redacção de vários artigos do R.G.I.C.) 539
— Dec-Lei n.º 232/96, de 5 de Setembro (altera a redacção de vários artigos do R.G.I.C. e adita outros) 541

TÍTULO I — **DISPOSIÇÕES GERAIS** 547

TÍTULO II — **AUTORIZAÇÃO DAS INSTITUIÇÕES DE CRÉDITO COM SEDE EM PORTUGAL** 557

   CAPÍTULO   I — Princípios gerais 557
   CAPÍTULO   II — Processo de autorização 558
   SECÇÃO   I — Regime geral 558
   SECÇÃO   II — Regime especial 562
   CAPÍTULO   III — Administração e fiscalização 565
   CAPÍTULO   IV — Alterações estatutárias 567

TÍTULO III — **ACTIVIDADE NO ESTRANGEIRO DE INSTITUIÇÕES DE CRÉDITO COM SEDE EM PORTUGAL** 569

   CAPÍTULO   I — Estabelecimento de sucursais 569
   CAPÍTULO   II — Prestações de serviços 572

TÍTULO IV — **ACTIVIDADE EM PORTUGAL DE INSTITUIÇÕES DE CRÉDITO COM SEDE NO ESTRANGEIRO** 573

   CAPÍTULO   I — Princípios gerais 573
   CAPÍTULO   II — Sucursais 574
   SECÇÃO   I — Regime geral 574

Índice 25

SECÇÃO	II	— Regime especial	578
CAPÍTULO	III	— Prestação de serviços	579
CAPÍTULO	IV	— Escritórios de representação	580

TÍTULO V — **REGISTO** 583

TÍTULO VI — **REGRAS DE CONDUTA** 589

CAPÍTULO	I	— Deveres gerais	589
CAPÍTULO	II	— Segredo profissional	590
CAPÍTULO	III	— Conflitos de interesses	594
CAPÍTULO	IV	— Defesa da concorrência e publicidade	596

TÍTULO VII — **NORMAS PRUDENCIAIS E SUPERVISÃO** 599

CAPÍTULO	I	— Princípios gerais	599
CAPÍTULO	II	— Normas prudenciais	600
CAPITULO	III	— Supervisão	610
SECÇÃO	I	— Supervisão em geral	610
SECÇÃO	II	— Supervisão em base consolidada	616

TÍTULO VIII — **SANEAMENTO** 623

TÍTULO IX — **FUNDO DE GARANTIA DE DEPÓSITOS** 629

TÍTULO X — **SOCIEDADES FINANCEIRAS** 639

CAPÍTULO	I	— Autorização de sociedades financeiras com sede em Portugal	639
CAPÍTULO	II	— Actividade no estrangeiro de sociedades financeiras com sede em Portugal	642
CAPÍTULO	III	— Actividade em Portugal de instituições financeiras com sede no estrangeiro	644
CAPÍTULO	IV	— Outras disposições	647

TÍTULO X-A — **SERVIÇOS DE INVESTIMENTO E EMPRESAS DE INVESTIMENTO** 649

CAPÍTULO	I	— Disposição geral	649
CAPÍTULO	II	— Autorização de empresas de investimento com sede em Portugal	650

CAPÍTULO	III	— Actividade, na comunidade europeia, de empresas de investimento com sede em Portugal	651
CAPÍTULO	IV	— Actividade, em Portugal, de empresas de investimento com sede em outros Estados membros da Comunidade Europeia	653
CAPÍTULO	V	— Outras disposições	654

TÍTULO XI — SANÇÕES 657

CAPÍTULO	I	— Disposição penal	657
CAPÍTULO	II	— Ilícitos de mera ordenação social	657
SECÇÃO	I	— Disposições gerais	657
SECÇÃO	II	— Ilícitos em especial	661
SECÇÃO	III	— Processo	664
SECÇÃO	IV	— Recurso	670
SECÇÃO	V	— Direito subsidiário	671

— Notas ao Título X-A, incluídas neste texto sob responsabilidade do autor 673

— Código de Conduta da Associação das Sociedades Gestoras de Fundos de Investimento Mobiliário (ASGFIM), de 23 de Fevereiro de 1993 683

— Código de Conduta da Associação Portuguesa das Sociedades Gestoras de Patrimónios (AGEPAT), de 4 de Maio de 1993 695

— Código de Conduta das Sociedades Corretoras e das Sociedades Financeiras de Corretagem, de 3 de Novembro de 1993 705

— Código de Conduta da Associação Portuguesa de Bancos (APB), de 14 de Dezembro de 1993 717

— Código de Conduta da Associação das Empresas Gestoras de Fundos de Pensões, de 5 de Fevereiro de 1994 729

— Código de conduta elaborado pela Associação Portuguesa das Sociedades de Investimento (APSI) de 9 de Julho de 1994 739

— Protocolo de acordo da A.P.B., de 8/2/91, quanto às regras relativas à prevenção da utilização do sistema bancário na reciclagem de capitais de origem criminosa 751

— Directiva 91/308/CEE, do Conselho, de 10/6/91, relativa à prevenção da utilização do sistema financeiro para efeitos de branqueamento de capitais 757

Índice

— Lei 16/93, de 3/6/93, que concedeu autorização ao Governo para legislar em matéria de utilização do sistema financeiro para efeitos de prevenção do branqueamento de capitais 771

— Dec.-Lei n.º 313/93 de 15.9.93, relativo à prevenção da utilização do sistema financeiro para efeitos de branqueamento de capitais 777

— Dec-Lei n.º 15/93, de 22 de Janeiro (Regime Jurídico do tráfico e consumo de estupefacientes) 791

— Lei n.º 32/95, de 18 de Agosto (concede ao Governo autorização para que estabeleça medidas sobre o branqueamento de capitais e de outros bens provenientes da prática de crimes) 837

— Dec-Lei n.º 325/95, de 2 de Dezembro (estabelece medidas de natureza preventiva e repressiva contra o branqueamento de capitais e de outros bens provenientes dos crimes nele indicados, para além do que já se encontra estipulado, na mesma matéria, quanto aos bens provenientes do tráfico de droga e precursores) 839

— Estatutos da Associação Portuguesa de Bancos 851

Bibliografia 869

CAPÍTULO I
NOÇÕES GERAIS SOBRE DIREITO BANCÁRIO

SECÇÃO I
INTRODUÇÃO

Cabe, antes de mais, analisar se se pode considerar o Direito Bancário como ramo de direito autónomo.

Como todos os ramos de Direito, o Direito Bancário define-se pelo seu objecto; compreende o conjunto de regras relativas às operações bancárias e aqueles que realizam essas operações a título profissional. Pode dizer-se que é um direito profissional, talvez um dos mais antigos [1].

O Direito Bancário [2], tal como o Direito Comercial do qual ainda constitui uma parte e tal como todos os direitos profissionais, não escolheu entre o sistema objectivo e o sistema subjectivo: é, ao mesmo tempo, o direito das operações do Banco e o direito dos profissionais de comércio bancário.

Traçar os limites do Direito Bancário consiste, pois, em precisar o que é necessário entender por operações bancárias e por profissionais do comércio bancário.

1. ORIGEM DAS REGRAS QUE INTEGRAM O DIREITO BANCÁRIO

Como todo o direito profissional, o Direito Bancário não é um ramo de direito autónomo.

---

[1] Introdução ao Direito Bancário por V. Soares da Veiga, in Boletim da Ordem dos Advogados, n.º 19 – Outubro/1983, pág. 19 e segs.

[2] Seguimos de perto, com adaptações nalguns pontos, a introdução ao "Droit Bancaire", de René Rodiére e Jean-Louis Rives-Lange, professores da Universidade de Paris e de Montpellier, 2.ª Edição, de 1975. Hoje, "Droit bancaire", por Jean Louis Rives Lange e Monique Contamine – Raynaud – Dalloz – 1995, 6.ª edição.

Ele reúne sob uma designação comum regras de origem e de natureza diversas: regras de direito privado essencialmente, mas também regras de direito público; em larga medida ele pertence também ao direito económico.

1. *Tradicionalmente o Direito Bancário faz parte do direito privado e era considerado como um ramo do Direito Comercial.*
O Direito Comercial é geralmente considerado como *direito especial* em relação ao Direito Civil.
As operações bancárias são actos de comércio (art. 362.º e segs., do Código Comercial) e as pessoas físicas ou colectivas que as executam a título profissional, têm a qualidade de comerciantes.

Também assim é para os Bancos do sector público: as operações que eles realizam continuam submetidas à legislação comercial e ainda que dotados de estatutos próprios, designadamente sob a forma de sociedades anónimas de capital público ou predominantemente público, estes estabelecimentos têm na sua maioria a qualidade de comerciante.

2. O Direito Bancário sofre influência do *Direito Público*, tal como o Direito Comercial ao qual pertence, como já se referiu, e de todo o direito profissional, acautelando uma organização profissional forte.

Esta influência do Direito Público é, talvez, mais acentuada no Direito Bancário, do que noutros domínios do Direito Comercial. A influência do papel económico do sector bancário tem conduzido o Estado a uma intervenção enérgica.

Às instituições financeiras que assumam a forma de sociedades anónimas aplica-se o Código das Sociedades Comerciais.

As disposições do Regime Geral das Instituições de Crédito e Sociedades Financeiras (adiante designado abreviadamente por R.G.I.C.), aprovado pelo Dec.-Lei n.º 298/92, de 31 de Agosto e alterado pelo Dec.-Lei n.º 246/95, de 14/9 e 232/96 de 5 de Dezembro, têm a natureza de Direito Bancário.

O Sistema Financeiro, tal como está hoje juridicamente definido (Cf. entre outros, o art. 21.º da Lei Orgânica do Banco de Portugal, aprovada pelo Dec.-lei 337/90, de 30 de Outubro, já alterado pelo Dec.-Lei n.º 231/95, de 12/9) compreende as instituições que actuam no mercado monetário, financeiro, e cambial.

Essas instituições podem classificar-se como:

Instituições de Tutela — O Governo, o Banco de Portugal e a Comissão do Mercado de Valores Mobiliários;

Instituições auxiliares — pelo menos as Associações de Bolsa, que são associações civis sem fins lucrativos, constituídas nos termos dos art. 157.º e segs. do Código Civil, regendo-se por esses preceitos legais em tudo o que não fôr especialmente regulado no C.M.V.M. ou, tratando-se de disposições supletivas, nos respectivos estatutos (V. art. 198.º). São estas Associações que criam, administram e mantêm as bolsas de valores (V. art. 190.º).

Instituições Financeiras — Que compreendem as instituições de crédito, as sociedades financeiras (V.R.G.I.C. — arts. 1.º a 11.º, em especial) e as empresas de investimento (V.R.G.I.C. — art. 199.º-A e segs.).

O Direito Bancário, como já se referiu, compreende normas pertencentes a vários ramos de direito, se atendermos à tradicional divisão entre direito público e privado.

a) *Direito Constitucional* — as normas constantes da Constituição Política, art. 104.º (Sistema financeiro) e 105.º (Banco de Portugal, como Banco Central), têm natureza constitucional e creio pertencerem ao Direito Bancário;

b) *Direito Administrativo* — O Banco de Portugal é definido como uma pessoa colectiva de direito público, dotada de autonomia administrativa e financeira, com a natureza de empresa pública (V. art. 1.º da sua Lei Orgânica).

As normas que definem os poderes, a organização e funcionamento do Banco de Portugal têm natureza administrativa.

Igual situação se verificava em relação à Caixa Geral de Depósitos (V. antiga Lei Orgânica, aprovada pelo Dec.-Lei n.º 48.953, de 5/4/69). Hoje, V. Dec.-Lei n.º 287/93, de 20 de Agosto.

As normas do R.G.I.C. relativas à autorização para a constituição de instituições de crédito, caducidade da autorização e sua revogação (V. arts. 16.º a 23.º do R.G.I.C.), bem como as disposições paralelas relativas às sociedades financeiras (art. n.º 174.º a 179.º do R.G.I.C.) e empresas de investimento (art. 199.º-C do R.G.I.C.), e ainda as disposições relativas ao registo das mesmas (art. n.º 65.º a 72.º do R.G.I.C.), registo de acordos parassociais (art. n.º 111.º do R.G.I.C.) têm natureza administrativa.

c) *Direito Processual Civil* — O Dec.-Lei 45/79, de 9/3, criou uma nova espécie de título executivo — *os extractos de contas passados por empresas que tenham por objecto a concessão de crédito mediante a emissão de cartões de crédito* (Cf. art. n.º 46.º alínea d) do C.P.C., que atribui a natureza de títulos executivos às sentenças condenatórias, documentos exarados ou autenticados por notário que importem constituição ou reconhecimento de qualquer obrigação, os documentos particulares, assinados pelo devedor, que importem constituição ou reconhecimento de obrigações pecuniárias, cujo montante seja determinado ou determinável nos termos do art. 805.º, ou de obrigações de entrega de coisas móveis ou de prestação de facto).

d) *Direito Processual Penal* — As disposições referidas no capítulo relativo ao sigilo bancário, que articulam a salvaguarda do dever respectivo com o dever de colaboração com a Justiça.

e) *No campo do Direito Civil* — O art. 1.680.º que estabelece que "qualquer que seja o regime de bens, pode cada um dos cônjuges fazer depósitos bancários em seu nome exclusivo e movimentá-los livremente", parece constituir uma norma de Direito Bancário. O Direito Civil em geral tem também lugar a ser aplicado, designadamente o Direito das Obrigações, as garantias destas, etc..

f) *No campo do Direito Comercial* — As operações bancárias são actos de comércio (arts. 362.º e segs. do Código Comercial) e as pessoas físicas ou colectivas que as executam a título profissional, têm a qualidade de comerciantes. Assim, as normas do Direito Bancário, de natureza privada pertencem quase todas ao Direito Comercial).

3. Por fim, a actividade bancária considerada no seu conjunto — e não as operações bancárias consideradas isoladamente — está submetida a um conjunto de regras que resultam de um ramo de direito designado como *Direito Económico* e que não é mais do que o direito da organização económica pelos poderes públicos. Discute-se a autonomia deste ramo de Direito, designado em França, por *"Droit des Affaires"*.

A importância da distribuição do crédito e a criação de moeda que daí resulta, o papel dos Bancos nos pagamentos, a necessidade de proteger os depositantes, conduziram o Estado a um dirigismo económico da actividade bancária.

As disposições que traduzem este dirigismo dependem do Direito Económico; apresentam dele traços essenciais.

— Elas estão marcadas com o cunho da ordem pública, ordem pública económica de direcção (regulamentação do crédito). São a maior parte das vezes penalmente sancionadas.

É impondo normas jurídicas imperativas que os Governos desejam dar a orientação necessária à economia.

— Elas revelam um certo esvaziamento jurídico do Direito.

Para assegurar aos textos a sua plena eficácia, o legislador esforça-se, através das suas normas por abarcar as realidades económicas que não correspondem necessariamente a categorias jurídicas preexistentes; o legislador enumera, descreve sem se preocupar com qualificações jurídicas. A norma jurídica torna-se imprecisa; por vezes uma nova noção jurídica aparece, como a de operação de crédito, com contornos mal definidos.

— Muito concretas, estas disposições são também efémeras; a necessidade de adoptar constantemente a norma jurídica à conjuntura económica, conduz o Estado a modificar esta norma constantemente.

2. O PARTICULARISMO DO DIREITO BANCÁRIO

Mesmo para as normas jurídicas oriundas do Direito Comercial, o Direito Bancário apresenta alguns traços particulares.

Tem um aspecto muito técnico. A maneira de proceder reveste para o banqueiro uma grande importância.

As operações repetem-se, e é bom que se repitam segundo o mesmo esquema. Da técnica depende a segurança jurídica.

A técnica bancária é acompanhada de um certo formalismo. Contratos de adesão, as operações bancárias têm as suas modalidades, o seu conteúdo, em muitos casos, definidos pelos modelos impressos pelos Bancos. A abertura de contas, a emissão e endosso dos efeitos comerciais, a emissão de bordereaux, as exigências do ordenador acentuam o formalismo, cujo recrudescimento tem sido assinalado em Direito Comercial.

As técnicas bancárias têm muitas vezes um carácter internacional. Algumas delas referem-se ao comércio internacional: é necessário que elas sejam similares nos diferentes países considerados (por exemplo, os créditos documentários). Importa-se o leasing (locação financeira), o factoring, o papel comercial, o empréstimo cristal, o mercado de derivados, etc.

As conferências internacionais contribuem para uniformizar o Direito Bancário dos diferentes países.

Esta unificação tende a ser hoje uma constante no quadro da União Europeia[3]. Basta pensar no número de Directivas publicadas, muitas já transpostas para o direito interno português.

Importa salientar que as características do Direito Bancário, carácter técnico, formalista, mecânico, internacional, não são mais em conjunto do que uma acentuação das características que apresenta o Direito Comercial. É nesta acentuação que reside o essencial da originalidade do Direito Bancário. Em verdade, no comércio bancário, os imperativos que o Direito Comercial se deve esforçar por satisfazer, a simplicidade, a rapidez, a segurança são em especial cultivados.

3. IMPORTÂNCIA DO DIREITO BANCÁRIO

A importância de um ramo de direito mede-se pela importância da actividade que ele rege.

Do ponto de vista do *interesse geral*, a importância da actividade bancária é tal que o Estado em certos países e em determinadas circunstâncias se julgou na obrigação de assegurar o seu controlo e direcção, nacionalizar grandes Bancos, tornar-se ele Estado banqueiro. Os créditos que distribui o sector bancário, asseguram a expansão e a orientação da economia; criam também uma massa monetária nova, de que é necessário controlar o crescimento.

---

[3] O Tratado da União Europeia, assinado em Maastricht em 7 de Fevereiro de 1992, só entrou em vigor em 1 de Novembro de 1993.

Estes fenómenos são com frequência descritos e calculados pelos economistas. Os Bancos desempenham igualmente um papel primordial de intermediário nos pagamentos: a moeda escritural ocupa um lugar mais importante do que a moeda corrente. Do ponto de vista dos *interesses particulares* sucede que nenhum indivíduo, nenhuma empresa pode renunciar ao concurso de um Banco, tanto para efectuar os seus pagamentos, como para obter créditos.

Nalguns casos, os Bancos saíram até do seu papel tradicional de intermediários de pagamentos, de intermediários financeiros no mercado de valores mobiliários e de distribuidores de crédito, para participar mais estreitamente na gestão de empresas.

4. FONTES DE DIREITO BANCÁRIO

Na sua essência a actividade e a profissão bancária regem-se pelo Direito Comercial, Civil e Administrativo; o Direito Bancário vai buscar as suas fontes aos diferentes ramos de direito, de que ele agrupa as regras como direito profissional.

A actividade bancária começa por ter de observar as disposições legais governamentais, os avisos e circulares do Banco de Portugal, as disposições regulamentares da C.M.V.M. que se tornam obrigatórios para a Banca porque emanados de um órgão legislativo ou administrativo no exercício de um poder legal.

Os usos traduzem a importância da prática na formação das normas de Direito Bancário. O conteúdo, as consequências das operações bancárias, o comportamento do banqueiro são muitas vezes determinados pelos usos. Tem, evidentemente, de se tratar de um uso verdadeiro, isto é, de uma prática consignada pela profissão, pelo menos numa certa região e durante um tempo suficientemente largo. Esta prática deve provir de bons profissionais [4].

---

[4] A função dos usos é, pois, a mesma que em direito civil, pois só actuam em matéria de interpretação e integração da vontade das partes nos actos jurídicos e nos casos em que a lei os manda aplicar (Cfr. *Código Civil* art. 3.°, 218.°, 234.°, 253.° n.° 2, 560.° n.° 3, 763.°, 777.° n.° 2, 919.° a 921.° etc.; *Código Comercial*, arts. 68.° n.ᵒˢ 6 e 7, 232.°, § 1.°, 238.°, 248.°, 269.° § 2.° e 271.° § único, 368.° n.ᵒˢ 6 e 7, 373.° § único, 382.°, 399.°, 404.° § único, 508.°, n.° 5, 539.°, 559.° § único, 569.°.

A jurisdicidade dos usos e costumes referidos na nota, resulta do imperativo legal que os manda aplicar.

Em Direito Bancário, como geralmente em Direito Comercial, o uso tem o valor e o alcance de acordo tácito.

Os usos bancários não podem derrogar regras impostas por forma imperativa pela Lei.

Entre os Bancos e demais instituições de crédito, os usos aplicam-se sem restrições. Pelo contrário, do ponto de vista do cliente, só adquirem força obrigatória para reger uma operação determinada, na medida em que foram aceites tacitamente pelo cliente, o que implica evidentemente que este deles tenha conhecimento.

Os banqueiros e corretores respondem nos termos gerais da responsabilidade civil. A eles compete prestar informações que, se dolosamente fornecidas, podem ocasionar sérios danos ao solicitante ou à pessoa a que se referem. Atente-se no problema do sigilo bancário. A responsabilidade do banqueiro pela concessão ou não concessão do crédito é já hoje objecto de viva discussão [5].

Em princípio as informações fornecidas pelos Bancos têm carácter confidencial, mas este facto não impede que o informador seja responsável quando as dá maleficamente no sentido de impedir qualquer transacção.

De qualquer forma, quando se trata de apreciar a responsabilidade do banqueiro, nenhuma falta lhe pode, em princípio, ser assinalada, se este último respeitar os usos da profissão.

5. UMA NOVA FONTE DE DIREITO BANCÁRIO — os Códigos de Conduta

O R.G.I.C. e o C.M.V.M. vieram prever a criação de Códigos de Conduta (V. art. 77.º do primeiro e art. 655.º do segundo).

Tais códigos, elaborados por organismos que se considera representarem a classe de profissionais bancários, aprovados pela instituição de tutela, seja ela o Banco de Portugal ou a Comissão do

---

[5] Ver Revista da Ordem dos Advogados, Ano 46.º Abril 1986, pág. 49 e seguintes e ainda, em sentido oposto, o parecer do Prof. Menezes Cordeiro, de 20 de Outubro de 1986, in Boletim do Ministério da Justiça, n.º 357.

Mercado de Valores Mobiliários, têm um conteúdo marcadamente deontológico e revestem a natureza de comandos gerais e abstractos, susceptíveis de serem impostos coercivamente.

Os referidos Códigos de Conduta encontram-se subordinados à lei, não podendo ultrapassar os limites por ela impostos, nem contrariar o que nela se acha estabelecido.

Trata-se de uma forma de colaboração entre o sector público e o sector privado na tarefa de produção normativa, que o Dr. Conceição Nunes designa como *actividade para-administrativa* [6].

Segundo uma interpretação actualizada da lei (V. n.º 1 do art. 9.º do C.Civil), as normas previstas nos Códigos de Conduta poderão considerar-se normas corporativas (V. art. 1.º do Código Civil) [7].

Não são pois leis, mas constituem fontes imediatas de direito (V. art. 1.º cit. do Código Civil).

Até esta data acham-se aprovados pela C.M.V.M. seis códigos de conduta:

— *Código de Conduta elaborado pela Associação das Sociedades Gestoras de Fundos de Investimento Mobiliário (ASGFIM)*, aprovado pela C.M.V.M. em 12 de Janeiro de 1993 e publicado no D.R. II Série, de 23 de Fevereiro de 1993.

— *Código de Conduta elaborado pela Associação Portuguesa das Sociedades Gestoras de Património (AGEPAT)*, elaborado pela referida Associação e aprovado pelo C.M.V.M. em 7 de Abril de 1993 e publicado no D.R. II Série de 4/5/93.

— *Código de Conduta das Sociedades Corretoras e das Sociedades Financeiras de Corretagem*, aprovado pela C.M.V.M. em 21 de Outubro de 1993 e publicado no D.R. II Série, de 3 de Novembro de 1993.

— *Código de Conduta, elaborado pela Associação Portuguesa de Bancos (APB)*, relativo a adopção por parte das Instituições de Crédito de práticas e condutas profissionais a observar nos mercados de valores mobiliários. Aprovado pela C.M.V.M. em 30 de Novembro de 1993 e publicado no D.R. II Série, de 14 de Dezembro de 1993.

---

[6] "Direito Bancário" súmulas das aulas dadas ao 5.º ano da Faculdade de Direito de Lisboa, no ano lectivo 1992/93, pág. 94 a 96.
[7] Idem.

— *Código de Conduta elaborado pela Associação das Empresas Gestoras de Fundos de Pensões*, aprovado pela C.M.V.M. em 20 de Janeiro de 1994 e publicado no D.R., II Série, de 5 de Fevereiro de 1994.

— *Código de Conduta elaborado pela Associação Portuguesa das Sociedades de Investimento* (A.P.S.I.) aprovado pela C.M.V.M., em 14 de Junho de 1994 e publicado no D.R. II Série, de 9 de Julho de 1994.

Antes de nos ocuparmos do Direito interno português, parece-nos oportuno, dada a acelerada internacionalização da actividade bancária, dar uma breve panorâmica acerca do que designarei por.....

SECÇÃO II
PORTUGAL FACE AOS ORGANISMOS FINANCEIROS INTERNACIONAIS

1. BANCO MUNDIAL

Começaremos por um breve apontamento acerca do Banco Internacional de Reconstrução e Desenvolvimento (Banco Mundial) e do Fundo Monetário Internacional [8].

Com vista a criar uma nova ordem económica internacional, os Estados Unidos, a Grã-Bretanha e os seus maiores aliados, reuniram-se em Bretton Woods, New Hampshire, em 1944. Esta importante conferência em que participaram 44 países levou à constituição do Banco Internacional para a Reconstrução e Desenvolvimento, conhecido ainda por Banco Mundial e a instituição sua irmã, o Fundo Monetário Internacional (F.M.I.) e à adopção do sistema de taxas de câmbio Bretton Woods.

O sistema de Bretton Woods substituiu o padrão-ouro e estabeleceu a paridade para cada moeda com o dólar e o ouro, sistema que se manteve até Agosto de 1971, data em que o Presidente

---

[8] Paul A. Samuelson & William D. Nordhans "Economics" 40.ª Edição — 1992, pág. 715 e segs.

Nixon cortou formalmente a ligação entre o dólar e o ouro, conduzindo ao fim da era de Bretton Woods. Passou-se então, ao sistema de taxas de câmbio flutuantes.

Como o seu nome implica, o Banco Mundial formou-se com o objectivo de conceder importantes empréstimos a longo prazo destinados à reconstrução e ao desenvolvimento. Ao Fundo Monetário Internacional compete, como em breve se verá, a concessão de crédito a curto prazo e a cooperação tendente à estabilização das taxas de câmbio.

O funcionamento do Banco Mundial é fácil de compreender. As nações participantes subscrevem o seu capital de modo proporcional à respectiva importância económica (a quota dos Estados Unidos é aproximadamente um terço do total). O Banco pode utilizar o seu capital na concessão de empréstimos internacionais a pessoas ou a países cujos projectos se afigurem economicamente razoáveis, mas que não consigam contrair empréstimos privados a taxas de juro razoavelmente baixas.

A verdadeira importância do Banco Mundial provém de algo mais importante do que os empréstimos que pode conceder com o seu capital próprio — é o facto de poder emitir obrigações e utilizar os fundos assim obtidos na concessão de empréstimos (de facto o Banco Mundial já emitiu obrigações com êxito, nos Estados Unidos, na Suíça, no Japão e noutros países). Estas obrigações são perfeitamente seguras, pois têm a garantia do crédito de todas as nações (até ao limite 100% das suas quotas). Do mesmo modo, o Banco Internacional pode fazer o seguro de empréstimos a troco de um prémio de 0,5 ou 1% — assim, as entidades privadas podem conceder empréstimos na certeza de que têm a garantia do Banco.

Em consequência de tais concessões de crédito a longo prazo, têm-se canalizado bens e serviços das nações avançadas para o objectivo final do desenvolvimento internacional. Se estes empréstimos forem bem aplicados, serão reembolsados integralmente. Se alguns forem incobráveis, o prejuízo será coberto pelos rendimentos do Banco auferidos na forma de juros ou prémios. Se aumentar o número dos empréstimos incobráveis, repartir-se-á o prejuízo entre todos os países membros. Sempre que se concedam empréstimos, isto significa que os países desenvolvidos estão a renunciar a alguns recursos correntes. Ao amortizarem-se os empréstimos, as nações mais avançadas deverão registar um superavit de importações de bens úteis. A produção nos países que contraírem o empréstimo deverá ter aumentado mais do que o suficiente para pagar o juro respeitante ao mesmo; portanto, os salários e os padrões de vida deverão ser superiores, e não inferiores, devido à acção positiva do capital estrangeiro sobre o PNB do país que contraiu o empréstimo.

Uma parte crescente dos seus financiamentos passa pela Agência Internacional de Desenvolvimento, criada pelo Banco Mundial com o fim de conceder "empréstimos suaves" aos diversos países para fins de educação, construção de estradas, hospitais. etc., e pela Sociedade Financeira Internacional, criada (igualmente pelo Banco) para a concessão de empréstimos a bancos de desenvolvimento a fim de financiarem projectos de investimento privados.

2. FUNDO MONETÁRIO INTERNACIONAL

O F.M.I. tal como o Banco Mundial, foi criado ao abrigo dos Acordos de Bretton Woods, rubricados em 22 de Julho de 1944.

O F.M.I. ainda hoje administra o sistema monetário internacional e funciona como banco central em relação aos bancos centrais. Os países contribuem emprestando as suas moedas ao F.M.I.; o F.M.I. então empresta de novo esses fundos para ajudar países com dificuldades nas balanças de pagamentos. Nos últimos anos, o F.M.I. tem jogado um papel chave na organização de uma resposta cooperativa à crise de dívida internacional e na ajuda aos países socialistas a fazerem a transição para a economia de mercado.

O F.M.I. pretendia manter as vantagens do padrão-ouro sem os seus inconvenientes; por exemplo, as taxas de câmbio deveriam manter-se relativamente estáveis, mas a cooperação internacional deveria substituir o anterior mecanismo automático. Além disso, deveria poupar-se aos países a necessidade de procederem a ajustamentos deflacionistas susceptíveis de os colocar numa situação drástica de desemprego. Finalmente, o F.M.I. tem a esperança de reduzir a necessidade das importações.

De um modo geral, um país paga as suas importações através das suas exportações ou do crédito a longo prazo. Suponhamos que um país, por exemplo, a Inglaterra, necessita que o F.M.I. lhe conceda crédito a curto prazo. Concretamente, como procederá o F.M.I. para que esse país devedor obtenha um empréstimo em dólares? O F.M.I. concede-lhe "Direitos de Compra": limita-se a autorizar a Inglaterra a comprar com moeda inglesa algumas das disponibilidades em dólares do próprio Fundo. Logo que a situação da balança de pagamentos britânica tenha melhorado, a Inglaterra deverá recomprar com ouro (ou com dólares ou com os novos Direitos de Saques Especiais ou "ouro-papel") as libras que vendeu ao Fundo.

O F.M.I. procura fixar regras e normas a impedir que um dado país vá, ano após ano, acumulando débitos. Se um país for acumulando débitos no decurso de um considerável período de tempo, aplicam-se-lhes certas penalidades financeiras. E, o que é ainda mais importante, os administradores do Fundo deverão analisar a situação do país e propor recomendações com vista a que a situação de desequilíbrio cesse. Todavia, não irão aconselhar o país a provocar uma depressão económica que conduza a contracção do rendimento nacional até um nível tão baixo que as suas importações sejam suficientemente reduzidas e ele possa suportar o seu encargo. Em vez disso, o país será autorizado, em primeiro lugar, a depreciar (ou valorizar, em situações opostas) a sua moeda em 10%. Isto tenderá a estabelecer a situação de equilíbrio nas suas transacções comerciais, através da expansão e contracção das suas importações.

Se tal não bastar para corrigir a chamada "sobreavaliação" da moeda do país devedor, as autoridades do Fundo podem, após procederem às devidas consultas, autorizar uma depreciação ainda maior da moeda do país devedor. Note-se, contudo o seguinte: supõe-se que todas as alterações das taxas de câmbio deverão processar-se de modo ordenado. Na maior parte do tempo, de acordo com as ideias correntes em 1944, deverá verificar-se uma situação de estabilidade internacional, prevendo-se, contudo, uma certa flexibilidade, o que é certamente melhor do que ficar à espera de uma grande convulsão.

Nas décadas de 60 e 70 compreendeu que devia também impor aos países superavitários a obrigação de ajudarem a restabelecer a situação de equilíbrio básico. Deste modo, a Alemanha foi aconselhada a valorizar o marco (o que ela, aliás fez em 1961, 1969 e 1971). Estes países poderão ser aconselhados a reduzir as suas barreiras às importações e os seus subsídios às exportações, a conceder empréstimos ao estrangeiro, a aumentar a sua ajuda ao estrangeiro e a incentivar a sua economia no caso de ela propender para a estagnação. Em 1971, em Washington, concordou-se, finalmente, numa bastante generalizada valorização das moedas em relação ao dólar, e, do mesmo modo, em Fevereiro de 1973.

O F.M.I. continua a figurar como instituição central do sistema monetário internacional. Os estatutos do F.M.I. foram objecto de duas emendas (a primeira em 1969, em que foram criados os D.S.E., e a segunda em 1978).

A quota de cada país membro é constituída, presentemente, por 1/4 em divisas estrangeiras ou D.S.E. (e não em ouro como originalmente), sendo os restantes 3/4 pela sua própria moeda.

A principal função do F.M.I. consiste em conceder aos países membros créditos sob a forma de direitos de saque. Tais recursos podem obter-se de modo seguinte:

— o equivalente da parcela de reserva (25% da quota entregue inicialmente pelo Estado sacador). Este saque é automático desde a primeira emenda dos estatutos do F.M.I..

— A primeira parcela de crédito, 25% suplementares (sempre em percentagem da quota-parte) são concedidos de forma bastante liberal. As divisas assim compradas têm de contribuir para um programa que represente um esforço razoável para ultrapassar dificuldades da balança de pagamentos.

— As parcelas superiores de crédito. Três vezes 25% ainda podem ser concedidos sob reserva de um estudo aprofundado da situação económica do país sacador e em condições mais restritivas.

Tecnicamente, o saque de um país membro sobre o F.M.I. consiste na aquisição, com a sua própria moeda, de divisas de outros países ou D.S.E., comprometendo-se aquele a realizar a operação inversa pelo resgate num prazo que, geralmente, varia entre três e cinco anos. Além destes saques comuns, e independentemente dos acordos "stand by" (acordos de confirmação) e dos direitos de saque especiais, o F.M.I. concede aos seus membros um certo número de facilidades especiais. Por exemplo, o sistema de financiamento compensatório (destinado aos países cujas receitas de exportação baixaram por razões fortuitas) e a facilidade alargada, destinada a apoiar países com dificuldades, requerendo financiamento mais substancial e durante mais tempo. O jogo com essas facilidades pode permitir que as faculdades de saque de um país membro se elevem para cerca de 600% do valor da sua quota.

O F.M.I. que conta, presentemente, com 150 membros, realiza anualmente uma assembleia geral em que cada país é representado por um governador (o seu Ministro das Finanças). O direito de voto de cada país é influenciado sobretudo pelo montante da quota.

Portugal só aderiu ao F.M.I. cerca de 16 anos depois da criação deste organismo. Com efeito, só em 1960, pelo Dec.-Lei n.º 43.341, de 22 de Novembro, foi autorizada a participação do nosso país (com uma quota de 60 milhões de dólares dos Estados Unidos), a qual se tornou efectiva em 29 de Março de 1961. O referido diploma atribuiu ao Banco de Portugal as funções de "fiscal agency" do Estado para as relações com o Fundo [9].

Entretanto, a quota de Portugal no F.M.I. foi sucessivamente elevada nas subsequentes revisões gerais de quotas, sendo em 1971 de 376,6 milhões de direitos de saque especiais e tendo passado em 1991 para 557,5 D.S.E. (Portaria n.º 76/91, de 29/1, D.R. I Série - B, de 29/1).

3. SOCIEDADE FINANCEIRA INTERNACIONAL

Foi criada em 1955 por iniciativa do Banco Mundial, tendo os estatutos sido aprovados no mesmo ano e entrado em funcionamento em Julho de 1956, como entidade jurídica autónoma, tendo por objectivo promover o desenvolvimento económico dos países membros através de auxílio directo aos investimentos privados, em especial nas regiões menos desenvolvidas.

Procura criar condições para que o capital privado nacional e estrangeiro aflua no sentido de desenvolver investimentos produtivos nos países membros.

Concede empréstimos sem o aval dos Governos respectivos e pode participar no capital de empresas, mas, neste último caso, não assume responsabilidade pela sua administração.

[9] Ver Dec.-Lei n.º 245/89, de 5/8.

Só os países membros do Banco Mundial se podem inscrever na S.F.I.. Portugal aderiu em 27 de Abril de 1966.
A sede da S.F.I. está localizada na sede do Banco Mundial, podendo abrir dependências nos territórios dos seus membros.

4. ASSOCIAÇÃO INTERNACIONAL DE DESENVOLVIMENTO

Constituída em 24 de Setembro de 1960, data do Convénio Constitutivo desta Associação.
Por Resolução da Assembleia da República n.º 33/92, foi aprovado em 3 de Novembro, para adesão. Foi ratificada por Decreto do Presidente da República n.º 54/92, de 17 de Dezembro (D.R. n.º 290, 1.ª Série - A, de 17 de Dezembro de 1992).
O Dec.-Lei n.º 144/94, de 24 de Maio, estabelece normas relativas à participação na 10.ª reconstituição de recursos desta Associação (D.R. n.º 120, 1.ª Série - A, de 24 de Maio de 1994).
Esta Associação, de que Portugal já é membro, como se referiu, concede empréstimos a prazo bastante dilatado e quase sem juros. tendo em atenção as necessidades de alguns países subdesenvolvidos.

5. BANCO DE PAGAMENTOS INTERNACIONAIS

Constituído em 1930 pelos bancos centrais de vários países que participaram na Conferência de Haia sobre as indemnizações devidas pela Alemanha em consequência da primeira guerra mundial.
Tem a sede na Suíça, em Basileia e Portugal faz parte desta Instituição.
As sua principais funções consistem em promover a cooperação entre os Bancos centrais dos países membros em operações internacionais, administrar empréstimos internacionais, servir de agente na execução de operações financeiras decorrentes de alguns acordos intergovernamentais, receber depósitos dos bancos centrais, fazer empréstimos e comprar ouro aos produtores e aos bancos centrais.
Constitui um centro de estudos e de informação económicos e financeiros.

6. SISTEMA MONETÁRIO EUROPEU

À União Europeia de pagamentos sucedeu, dentro de um plano Europeu, um acordo geral onde o principal fim era conseguir a convertibilidade das moedas (Acordo Monetário Europeu).

O S.M.E. foi instituído pela Resolução do Conselho Europeu de Bruxelas, de 5 de Dezembro de 1978, que começou a funcionar em 13 de Março de 1979.

Criou o ECU, acrónimo de European Currency Unit, como moeda da Comunidade Económica Europeia e contribui para a cooperação monetária Europeia, para taxas de inflação mais baixas e taxas cambiais mais estáveis.

O S.M.E. visa essencialmente três objectivos:

— Criar uma zona de estabilidade monetária externa e interna na Europa;

— Constituir o quadro para uma maior e melhor cooperação das políticas económicas e financeiras dos Estados-membros, a fim de conseguir uma convergência dos resultados económicos, bem como uma melhoria e maior crescimento de postos de trabalho;

— Ajudar a atenuar a instabilidade monetária global por intermédio de políticas comuns relativamente a moedas terceiras e da repartição do impacto de choques monetários externos por todas as moedas participantes.

O sistema assenta num acordo entre os Bancos centrais e possui um conjunto de regras e de procedimentos que implicam um compromisso entre a necessidade de se orientar para a estabilidade e a necessidade de permanecer flexível.

Em 4 de Abril de 1992 foi aprovada, em Bruxelas, a entrada de Portugal no S.M.E. e a sua adesão ao mecanismo de taxas de câmbio do S.M.E. deu-se em 6 de Abril de 1992.

As três fases da União Económica e Monetária:

A 1.ª fase da União Económica e Monetária arrancou em 1 de Julho de 1990, data escolhida pelos então Doze na Cimeira de

Madrid, em Junho de 1989, fixando o calendário e as modalidades de realização da liberalização completa dos movimentos de capitais no seio da Comunidade.

A 2.ª fase principiou a 1 de Janeiro de 1994. Os Doze, que já projectavam ser Quinze no início de 1995, restringiram-se a disciplinas mais restritas do que antes em matérias de convergência dos seus resultados económicos. Começou-se um procedimento especial de controlo dos défices públicos excessivos. Foram adoptados dois critérios para definir o défice excessivo, o défice orçamental por um lado, que não deve exceder 3% do PIB e a dívida pública por outro lado, que deve ser contida nos 60% do PIB.

Foi criado o Instituto Monetário Europeu (IME), que é o embrião do futuro Banco Central Europeu (BCE). Os Estados devem imperativamente durante esta fase da UEM e na previsão da terceira, onde isso será obrigatório, rever os estatutos dos seus bancos centrais, pelo menos aqueles, que eram independentes, como já era o caso da Alemanha e da Áustria.

Os estatutos do IME constam de um Protocolo anexo ao Tratado que instituiu a Comunidade Europeia, de acordo com o art. 109.°-F do mesmo Tratado.

O IME divulgou recentemente um primeiro relatório de avaliação do chamado projecto Target, que estabelece finalmente as regras que vão reger a partir de 1 de Janeiro de 1999 o novo sistema de pagamento entre bancos comunitários. O Target (que em Portugal se designa por Sistema de Transferências Automáticas Transnacionais de Liquidação por Bruto em Tempo Real) trabalhará na moeda europeia, em euros, mas admitirá a participação de bancos de países excluídos da moeda única.

Os bancos dos países excluídos da primeira fase da criação da moeda única poderão, no entanto, segundo o mesmo relatório, ter acesso ao sistema desde o primeiro dia (de acordo com regras ainda em discussão), pretendendo-se que o façam na condições "mais próximas possíveis" às oferecidas às instituições de crédito participantes no projecto da moeda única.

O projecto Target, que encerrou a sua segunda fase (especificações detalhadas do sistema), deverá até Junho de 1997 entrar na fase de "desenvolvimento", seguindo-se a fase de testes (até Junho de 1998) e a fase de simulação (até à entrada em vigor da moeda única).

3.ª fase — O Conselho Europeu, reunido em Madrid a 15 e 16 de Dezembro de 1995, adoptou decisões sobre o emprego, a moeda única, a Conferência Intergovernamental e o alargamento à Europa Central e ao Mediterrâneo.

O Conselho Europeu decidiu que Euro será a denominação dada à moeda Europeia a partir do início da terceira fase da União Económica e Monetária, que terá início em 1 de Janeiro de 1999, com a fixação irrevogável das taxas de conversão entre as moedas dos países participantes entre si, e com o Euro. A partir desta data, a política monetária e a de taxas de câmbio serão executadas em Euro, promover-se-á a utilização do Euro nos mercados cambiais e os Estados-membros participantes emitirão em Euro a nova dívida negociável.

Em 1 de Dezembro de 1999, entrará em vigor um regulamento do Conselho, cujos trabalhos técnicos preparatórios deverão estar concluídos em finais de 1996, o mais tardar, e que estabelecerá o quadro jurídico para a utilização do Euro a partir daquela data, altura em que se transformará numa moeda de direito próprio e que deixará de existir o cabaz oficial do Ecu. Este regulamento estabelecerá, enquanto subsistirem diferentes unidades Monetárias, uma equivalência juridicamente vinculativa entre o Euro e as unidades Monetárias nacionais. A substituição das moedas nacionais pelo Euro não alterará, por si só, a continuidade dos contratos, salvo disposições em contrário destes. No caso de contratos expressos com referência ao cabaz oficial do Ecu da Comunidade Europeia, nos termos do Tratado, a substituição pelo Euro far-se-á à taxa de câmbio de um para um, salvo disposição em contrário do contrato.

O mais tardar em 1 de Janeiro de 2002, entrarão em circulação as notas de banco e as moedas metálicas Euro, conjuntamente com as notas de banco e as moedas nacionais. O mais tardar seis meses depois, as moedas nacionais serão integralmente substituídas pelo Euro em todos os Estados-membros participantes e a introdução ficará concluída. No entanto, as notas e moedas nacionais poderão ainda continuar a ser cambiadas por notas e moedas nos Bancos Centrais nacionais.

A Resolução da Assembleia da República n.º 9/97, publicada no D.R. I Série - A, de 1/3, reafirmou o profundo empenhamento e determinação na participação de Portugal, desde 1 de Janeiro de 1999, na 3.ª fase da união económica e monetária.

O BCE terá de ser criado com antecedência suficiente para permitir a conclusão dos preparativos e a sua entrada em pleno funcionamento em 1 de Janeiro de 1999. Assim sendo, o Conselho e os Estados-membros participantes terão de adoptar uma série de disposições legais e de designar a Comissão Executiva do Banco Central Europeu (BCE) o mais rapidamente possível durante esse período transitório. Logo que a Comissão Executiva do BCE tenha sido designada, serão instituídos o BCE e o Sistema Europeu de Bancos Centrais (SEBC). Os órgãos de decisão do BCE definirão, implementarão a analisarão o funcionamento do quadro necessário ao exercício das funções do SEBC/BCE durante a terceira fase.

7. O BANCO EUROPEU DE INVESTIMENTO

Não é uma instituição comunitária propriamente dita. Foi criado pelo Tratado de Roma de 1958 e a ele se referiam os arts. 129.º e 130.º do Tratado, hoje arts. 198.º-D e 198.º-E do Capítulo V, aditado pelo artigo G-68 do Tratado da União Europeia, assinado em Maastricht em 7 de Fevereiro de 1992.

É uma instituição com personalidade jurídica e fins próprios, distintos da União Europeia.

Está instalado no Luxemburgo e é uma instituição autónoma no seio da Comunidade.

Tem um esquema de instituição semelhante ao de uma empresa bancária. O seu fim não é lucrativo.

Conselho dos Governadores — Composto por Ministros designados pelos Estados membros, nomeadamente das Finanças.

Conselho de Administração

Comité Executivo

Comité de Verificação, nomeado pelo Conselho de governadores, que verificará anualmente a regularidade das operações e dos livros do Banco. O Comité certificará que o balanço e a conta de ganhos e per-

das estão em conformidade com os registos contabilísticos e que reflectem exactamente, no que respeita ao activo e passivo, a situação do Banco.

Constituem *atribuições do Banco* conceder créditos aos seus membros ou a empresas privadas ou públicas para projectos de investimento a realizar, em princípio, nos territórios europeus dos Estados-membros, desde que não estejam disponíveis, em condições razoáveis, meios provenientes de outras fontes. Excepcionalmente os créditos podem ser concedidos para projectos de investimento a realizar, no todo ou em parte, fora do território europeu dos Estados-membros, tendo por objectivo, no âmbito de um sistema de mercados abertos e concorrenciais:

— acelerar a adaptação da indústria às alterações estruturais;
— incentivar um ambiente favorável à iniciativa e ao desenvolvimento das empresas do conjunto da Comunidade e nomeadamente das pequenas e médias empresas;
— incentivar um ambiente favorável à cooperação entre empresas;
— fomentar uma melhor exploração do potencial industrial das políticas de inovação, de investigação e de desenvolvimento tecnológico.

(V. novo art. 130.° do Título XIII, aditado pelo art. G-38 do Tratado que instituiu a Comunidade Europeia e art. 18.° do Protocolo relativo aos Estatutos do Banco Europeu de Investimento, previstos no art. 198.°-D do Tratado).

O **B.E.I.** acautelar-se-á contra os *riscos de câmbio*, inserindo nos contratos de empréstimo e de garantia as cláusulas que considerar adequadas.

O Governo fez publicar o Dec.-Lei n.° 45/86, de 10/03, pelo qual o Ministro das Finanças foi autorizado, em nome do Governo, a dirigir todas as operações relativas à participação da República Portuguesa no capital do Banco Europeu de Investimentos e à sua contribuição para as reservas e provisões, nos termos dos Estatutos daquela instituição financeira (art. 1.° do citado Dec.-Lei).

A realização do capital e as contribuições para as reservas e provisões serão efectuadas em escudos e a taxa de câmbio a adoptar será a que vigorar no último dia útil do mês imediatamente anterior às datas em que se realizem os respectivos pagamentos, sem prejuízo dos ajustamentos que se tornarem necessários, de acordo com os procedimentos em vigor no Banco Europeu de Investimentos.

Os pagamentos a que se refere o artigo anterior serão depositados numa conta a abrir especialmente para o efeito no Banco de Portugal (art. 4.° do citado Dec.-Lei).

Para o efeito do artigo 15.° dos Estatutos do B.E.I., a ligação permanente entre a República Portuguesa e o Banco Europeu de Investimentos será assegurada pelo Ministério das Finanças (art. 5.° do citado Dec.-Lei).

Deverão ser inscritas no Orçamento do Estado as verbas que forem necessárias para ocorrer aos encargos resultantes da participação da República Portuguesa no Banco Europeu de Investimentos referidos no citado Dec.-Lei n.° 45/86.

A Assembleia da República, em 22/4/93, aprovou, nos termos dos arts. 164.° alínea j) e 169.° n.° 5 da Constituição, a decisão do Conselho de Governadores do BEI de 11 de Junho de 1990, relativa ao aumento de capital do Banco.

O texto actual do art. 4.° dos Estatutos dos Banco Europeu de Investimento, fixado pelo Protocolo relativo aos mesmos Estatutos, é o seguinte:

1. O capital do Banco é de 62.013 milhões de ECUS, subscrito pelos Estados membros do seguinte modo:

	ECUS
Alemanha	11 017,450 Milhões
França	11 017,450 Milhões
Itália	11 017,450 Milhões
Reino Unido	11 017,450 Milhões
Espanha	4 049,856 Milhões
Bélgica	3 053,960 Milhões
Países Baixos	3 053,960 Milhões
Suécia	2 026,000 Milhões
Dinamarca	1 546,308 Milhões
Áustria	1 516,000 Milhões
Finlândia	871,000 Milhões

Grécia	828,380 Milhões
Portugal	533,884 Milhões
Irlanda	386,576 Milhões
Luxemburgo	77,316 Milhões ([10])

A unidade de conta é definida como sendo o ECU utilizado pelas Comunidades Europeias ([11]). O Conselho de Governadores, deliberando por unanimidade, pode modificar a definição da unidade de conta ([12]).

Os Estados membros só são responsáveis até ao limite da respectiva quota do capital subscrito e não realizado.

2. A admissão de um novo membro determina um aumento do capital subscrito correspondente à contribuição do novo membro.

3. O Conselho de Governadores, deliberando por unanimidade, pode decidir um aumento do capital subscrito.

4. As quotas do capital subscrito não podem ser cedidas nem dadas em garantia e são impenhoráveis.

A Resolução da Assembleia de República n.º 40/93, in D.R. I Série-A, de 28/12, aprovou para ratificação o Acto que altera o protocolo relativo aos Estatutos do BEI e autoriza o Conselho de Governadores a instituir um *Fundo Europeu de Investimento*. Este Acto foi ratificado por Decreto do Presidente da República n.º 63/93, publicado no mesmo Diário da República.

([10]) Primeiro parágrafo do n.º 1 substituído pelo artigo 2.º do Protocolo n.º 1 anexo ao Acto de Adesão ÁUS/FINL/SUEC.
([11]) Segundo parágrafo do n.º 1 com a redacção que lhe foi dada pela Decisão do Conselho de Governadores de 13 de Maio de 1981 (Jornal Oficial das Comunidades Europeias n.º L 311, de 30 de Outubro de 1981).
([12]) Segundo parágrafo do n.º 1, tal como foi aditado pelo artigo 1.º do Tratado que altera o Protocolo relativo aos Estatutos do Banco.

8. BANCO INTERAMERICANO DE DESENVOLVIMENTO

Constituiu-se no ano de 1959, e Portugal aderiu posteriormente, sendo o Banco de Portugal o depositário dos haveres em Escudos desta instituição (art. XIV, Secção 4 do Convénio de 1996). Por Decreto do Presidente da República n.° 26/96, de 10/8, foram ratificadas as emendas ao Convénio Constitutivo do Banco Interamericano de Desenvolvimento, instituição a que Portugal deliberou aderir através da Resolução n.° 303/79, de 18 de Outubro, aprovadas para ratificação, pela Resolução da Assembleia da República n.° 27/96, de 9 de Maio de 1996.

O D.R., I Série, de 10/8/96, contém o texto integral na versão autêntica em espanhol e respectiva tradução para português.

9. BANCO AFRICANO DE DESENVOLVIMENTO

Constituiu-se em 1963 e Portugal aderiu em 15 de Dezembro de 1983 e também aderiu ao Fundo Africano de Desenvolvimento, sendo o Banco de Portugal o depositário dos haveres em Escudos do **BAD** e do **FAD**.

V. o Dec.-Lei n.° 381/91, de 10/10, quanto ao aumento da quota de Portugal no **FAD**.

10. BANCO EUROPEU DE RECONSTRUÇÃO E DESENVOLVIMENTO

O Acordo constitutivo do BERD foi assinado em Paris em 29/5/1990 (D.R. n.° 66 — Supl. I.ª Série - A, de 20/3/91).

Tem a sua sede em Londres e Portugal participou, quando da sua fundação, com sete milhões de contos. Tem como principais accionistas os países membros da União Europeia, os Estados Unidos da América e a Rússia.

De acordo com a Resolução do Conselho de Ministros n.° 194//96, a República Portuguesa que é um dos membros fundadores do

Banco Europeu de Reconstrução e Desenvolvimento, adiante designado por BERD, o qual constitui uma organização regional, de carácter financeiro, tem por objectivo favorecer a transição das economias dos países da Europa Central e Oriental para economias de mercado e neles promover a iniciativa privada e o espírito empresarial.

Portugal ratificou o respectivo Acordo Constitutivo em 20 de Março de 1991, tendo subscrito, ao abrigo do Decreto-Lei n.º 137/91, de 5 de Abril, 4200 acções do capital social inicial do BERD, no valor de 42 milhões de ecus.

Em 15 de Abril de 1996, o Conselho de Governadores do BERD deliberou, face à procura crescente dos seus serviços e à sua estratégia operacional de maior diversificação e intensificação dos investimentos, aumentar o capital social autorizado em 10 000 000 000 ECU, dividido em 1 000 000 de acções, com um valor nominal de 10 000 ECU cada uma.

Por força deste aumento de capital, Portugal deverá subscrever 4200 acções do capital social do BERD, no valor de 42 milhões de ecus.

Assim:
Nos termos da alínea g) do artigo 202.º da Constituição, o Conselho de Ministros resolveu:

1 — É autorizada a participação da República Portuguesa no aumento do capital social autorizado do BERD, através da subscrição de 4200 acções, no valor de 42 milhões de ecus.

2 — A subscrição referida no número anterior respeita a 945 acções do capital realizável e 3255 acções do capital exigível.

3 — O pagamento das acções realizáveis será efectuado em oito prestações anuais iguais, devendo o primeiro pagamento ocorrer até 15 de Abril de 1988.

4 — 60% do valor de cada prestação poderá ser pago através do depósito de notas promissórias emitidas pela República Portuguesa em ecus, resgatáveis em cinco *tranches* anuais iguais.

5 — A emissão das referidas promissórias fica a cargo do Instituto de Gestão do Crédito Público e nelas constarão os seguintes elementos:

a) O número de ordem;
b) O capital representado;

c) A data de emissão;
d) Os direitos, isenções e garantias de que gozam, e que são os dos restantes títulos da dívida pública que lhes forem aplicáveis;
e) Os diplomas que autorizam a emissão.

6 — As promissórias serão assinadas, por chancela, pelo Ministro das Finanças, com a faculdade de delegar, e pelo presidente do Instituto de Gestão do Crédito Público, levando também a assinatura de um dos vogais e o selo branco do Instituto.

7 — Cabe ao Ministro das Finanças, com a faculdade de delegar, praticar todos os actos necessários à realização do previsto nos números anteriores.

11. BANCO DE PAGAMENTOS INTERNACIONAIS

Foi constituído em 30 de Julho de 1936. O Protocolo, referente às Imunidades do Banco de Pagamentos Internacionais, foi assinado em Bruxelas.

O Dec.-Lei n.º 39.150, de 28 de Março de 1953, aprovou para ratificação o Protocolo referido (D.G. n.º 63, I.ª Série, de 28 de Março de 1953).

Portugal fez o depósito dos instrumentos de ratificação em 14 de Julho de 1953 (D.G. N.º 181, I.ª Série, de 21 de Agosto de 1953).

SECÇÃO III
FONTES INTERNACIONAIS

1. DIREITO COMUNITÁRIO

Há que ter hoje presente a grande influência do Direito Comunitário sobre as fontes internas.

O Direito Comunitário é direito internacional e vigora na ordem interna portuguesa de acordo com o preceituado ao art. 8.º da Constituição.

Como é conhecido, no direito comunitário há que distinguir o direito originário e o direito derivado.

Direito comunitário originário é o que se encontra consignado nos diversos tratados instituidores e transformadores das Comunidades e nos sucessivos tratados de adesão.

Vigora directa e automaticamente na ordem interna (art. 8.°, n.° 2 da Constituição).

Direito comunitário derivado é constituído pelas normas produzidas pelos diferentes órgãos comunitários, nos termos previstos no direito originário. O Parlamento Europeu em conjunto com o Conselho, o Conselho e a Comissão adoptam regulamentos e directivas, tomam decisões e formulam recomendações ou pareceres (art. 189.° do Tratado de Roma, com a redacção que lhe foi dada pelo art. G-60 do Tratado da União Europeia).

Só vigora directamente na ordem interna, desde que tal se encontre estabelecido nos respectivos tratados (art. 8.°, n.° 3 da Constituição). É o caso dos *Regulamentos Comunitários*, que vêm definidos no art. 189.° citado, que preceitua que "o regulamento tem carácter geral. É obrigatório em todos os seus elementos e é directamente aplicável em todos os Estados-membros".

Ainda dentro do *direito derivado* se compreendem as *Directivas*, que, nos termos do mesmo art. 189.°do Tratado de Roma, vinculam o Estado-membro destinatário quanto ao resultado a alcançar, deixando, no entanto, às instâncias nacionais a competência quanto à forma e aos meios. As Directivas visam a harmonização das legislações, mas não a sua unidade formal.

Existem ainda as *decisões*. As decisões, nos termos do artigo referido, são obrigatórias em todos os seus elementos para os destinatários que designar. Porque não possuem carácter geral, não são verdadeiras fontes de direito comunitário. As recomendações e os pareceres não são vinculativos.

As principais directivas e recomendações bancárias têm vindo a ser publicadas na Revista da Banca. Assim, a *Directiva 77/780/CEE* (primeira Directiva Bancária) no n.° 1 da Revista, pág. 163 e segs.; a *Directiva 89/299/CEE* (fundos próprios) no n.° 10, pág. 189 e segs.; a *Directiva 89/646/CEE* (segunda Directiva Bancária de coordenação bancária), no n.° 12, pág. 154 e segs.; tendo dado lugar ao

Regime Geral das Instituições de Crédito e Sociedades Financeiras, aprovado pelo Dec.-Lei 298/92, de 31 de Dezembro de 1992 e já alterado pelos Decretos-Lei n.ᵒˢ 246/95, de 14 de Setembro e 232/96, de 5 de Dezembro; *Directiva 89/647/CEE* (Rácio de solvabilidade) no n.° 12, pág. 180 e segs.; a Recomendação n.° 87/62/CEE (grandes riscos), no n.° 7, pág. 133 e segs.; e a Recomendação n.° 87/63/CEE (sistemas de garantia de depósitos), no n.° 7, pág. 145 e segs.; Directiva n.° 94/19/CEE, do Parlamento Europeu e do Conselho, de 30 de Maio de 1994 relativa aos sistemas de Garantia de depósitos), no n.° 30, pág. 117 e segs.; a Directiva n.° 93/22/CEE, de 10 de Maio de 1993, relativa aos serviços de investimento (DSI), no n.° 26, pág. 175 e segs.; Directiva n.° 95/26/CE, do Parlamento Europeu e do Conselho, de 29 de Junho de 1995, relativa ao reforço da supervisão prudencial, que é geralmente conhecida por "Directiva Post-BCCI" in n.° 35, pág. 103 e segs. e a Directiva n.° 96/13/CE, do Conselho, tendo todas estas normas sido integradas no R.G.I.C.

A Associação Portuguesa de Bancos publicou, em 3 volumes, uma colecção de textos comunitários relativos à actividade bancária, publicados até 31/12/92, encontrando-se as matérias nela contidas agrupadas da seguinte forma:

Vol. I — { União Económica e Monetária
            Controlo bancário

Vol. II — { Mercado Financeiro
             Fiscalidade
             Contabilidade

Vol. III — { Consumidores
              Concentração de Empresas
              Diversos

O Espaço Financeiro Europeu ([13]) assenta sobre cinco grandes pilares:

([13]) Ver "Livro Branco sobre o Sistema Financeiro: 1992", elaborado pelo Conselho para o Sistema Financeiro, pág. 15 a 19.

— liberdade de estabelecimento de instituições financeiras;
— liberdade de prestação de serviços pelas mesmas instituições;
— harmonização e reconhecimento mútuo das regulamentações nacionais;
— liberdade de circulação de capitais;
— a União Económica e Monetária

2. OUTRAS FONTES INTERNACIONAIS

Para além do Direito Comunitário referido, em matéria bancária as convenções internacionais são pouco numerosas, mas importantes.

Há que citar as convenções de Genebra de 7/6/1930, estabelecendo uma lei uniforme em matéria de letras e livranças, uma segunda destinada a regular certos conflitos de leis em matéria de letras e livranças e uma terceira relativa ao imposto de selo em matéria de letras e livranças.

E ainda as Convenções também de Genebra, de 19/3/1931 estabelecendo uma lei uniforme em matéria de cheques e outra relativa ao imposto de selo em matéria de cheques e ainda uma terceira destinada a regular certos conflitos de leis em matéria de cheques. Entraram em vigor em Portugal em 8/9/1934.

Na ONU existe desde 1981 em apreciação um novo projecto de convenção a submeter à apreciação dos estados-membros, procurando harmonizar as regras de Genebra com as da "Common Law", projectando-se regras uniformes totalmente novas, mais simples e mais adequadas ao comércio internacional dos nossos dias.

A Assembleia Geral das Nações Unidas aprovou em 1988 a Convenção sobre as Letras de Câmbio e Livranças internacionais, que ficou sujeita a subscrição dos vários países até 30 de Junho de 1990 e que se encontra aberta à ratificação, aceitação ou aprovação dos Estados signatários, e entrará em vigor no ano seguinte ao do depósito do décimo documento de ratificação ou adesão, o que, segundo julgamos saber, ainda não sucedeu.

Importa igualmente mencionar as *práticas internacionais unificadas*.

Assim a Câmara de Comércio Internacional elabora regras uniformes sobre diferentes pontos da actividade bancária internacional; destacam-se de entre todas "As Regras e Usos Uniformes relativos aos Créditos Documentários" (de que o Banco Português do Atlântico publicou em 1976 um valioso comentário da autoria do seu Director Adjunto, Sr. Júlio de Almeida e Costa) [14], existindo ainda "Regras Uniformes para o Documento de Transporte Combinado", "Regras Uniformes para as garantias contratuais" e "Regras Uniformes relativas a cobranças".

De uma maneira geral, a *Câmara de Comércio Internacional* procura a normalização das práticas bancárias; dentro do quadro do Mercado Comum, a sua actividade é reforçada pela da Federação Bancária da C.E.E. [15], bem como pelas actividades de "comités" e "conferências" interbancárias.

A C.C.I. publicou ainda um Guia de Arbitragem e um Regulamento de Conciliação e de Arbitragem, indicando a natureza dos litígios que podem ser submetidos a Tribunal Arbitral.

Estas práticas internacionais unificadas não são fontes de direito propriamente ditas: a sua força obrigatória é a dos contratos entre particulares; só se aplicam a uma operação determinada na medida em que o banqueiro e o cliente o decidam pelo menos tacitamente. Todavia, os Bancos tomam a responsabilidade de aplicar tais normas e é excepcional que um cliente se oponha a tal prática.

---

[14] As Regras e Usos Uniformes relativas aos Créditos Documentários foram publicadas pela primeira vez em 1933 e foram posteriormente revistas em 1951, 1962, 1974, 1983. A revisão em vigor foi adoptada pelo Conselho da C.C.I. em Abril de 1993 e publicada pela primeira vez em Maio de 1993, sob o número 500 (Publicação CCI n.° 500).

[15] Criada em 1960 pelas associações profissionais dos Bancos dos Estados-membros, e tem por fim facilitar a realização dos objectivos fixados pelo Tratado de Roma.

CAPÍTULO II
ORGÂNICA DAS INSTITUIÇÕES DE CRÉDITO

Com a entrada de Portugal no Mercado comum ([16]) na definição de *Bancos Estrangeiros* há que distinguir entre os Bancos provenientes de países membros da União Europeia e os provenientes de países terceiros.
A legislação portuguesa tem de ser harmonizada com as disposições do Tratado de Roma e em particular com o seu art. 58.°, segundo o qual "as sociedades constituídas em conformidade com a legislação de um Estado membro e que tenham a sua sede social, administração central ou estabelecimento principal na Comunidade, são, para efeitos do disposto no presente Capítulo (direito de estabelecimento) equiparadas às pessoas singulares, nacionais dos Estados-membros. Por "sociedades" entendem-se as sociedades de direito civil ou comercial, incluindo as sociedades cooperativas, e as outras pessoas colectivas de direito público ou privado, com excepção das que não prossigam fins lucrativos".
O Direito Comunitário relativo à autorização das instituições de crédito consta da primeira e segunda Directivas de Coordenação Bancária.
O art. 18.° da 2.ª Directiva do Conselho (89/646/CEE), de 15/12/89 no seu n.° 1 determina que: os Estados-membros legislarão no sentido de que as actividades referidas na lista constante do anexo possam ser exercidas nos respectivos territórios, de acordo com o disposto nos arts. 19.°, 20.° e 21, através do estabelecimento de uma sucursal ou por meio de prestação de serviços, por qualquer instituição de crédito autorizada e supervisionada pelas autoridades competentes de outro Estado-membro, de acordo com as disposições da presente directiva, sob reserva de que essas actividades se encontrem abrangidas pela autorização".

([16]) Portugal assinou o Tratado de adesão em 12/06/85, tendo passado a ser membro de pleno Direito a partir de 01/01/86.

O regime Geral das Instituições de Crédito contem normas aplicáveis a todas as instituições financeiras estrangeiras (V. art. 10.º, n.º 1, alínea b)) 44.º a 47.º, 62.º a 64.º, 192.º e 193.º), outras aplicáveis em especial às de Estatuto Comunitário (V. arts. 10.º, n.º 2, 48.º a 56.º, 60.º a 61.º, 188.º n.º 1, 191.º, 199.º-C, alínea d), 199.º-D e 199.º-E) e outras ainda aplicáveis às de Estatuto comum (V. arts. 57.º, 58.º 59.º; 189.º, 190.º e 199.º-C, alínea e)).

SECÇÃO I
EMPRESAS FINANCEIRAS NACIONAIS

No âmbito do Direito Português, vamos passar a enumerar os vários tipos de empresas financeiras existentes, não deixando de relembrar que, por força do Dec.-Lei 132-A/75, de 14 de Março, foram então nacionalizadas todas as instituições de crédito com sede no Continente e Ilhas Adjacentes, com excepção:

a) do **CRÉDIT FRANCO-PORTUGAIS** e dos Departamentos Portugueses do **BANK OF LONDON & SOUTH AMERICA** e do **BANCO DO BRASIL**;

b) das **Caixas Económicas** e das **Caixas de Crédito Agrícola Mútuo.**

Todas as nacionalizações efectuadas depois do 25 de Abril de 1974 eram constitucionalmente consideradas conquistas irreversíveis das classes trabalhadoras (art. 83.º, n.º 1 da Constituição Política e art. 2.º da Lei n.º 46/77, de 8 de Julho).

A Lei n.º 11/83, de 16 de Agosto, autorizou o Governo a alterar a referida Lei n.º 46/77, no sentido de fazer cessar a limitação à iniciativa privada de determinados sectores, designadamente o sector bancário.

Tal autorização foi utilizada pelo Dec.-Lei n.º 406/83, de 19 de Novembro, que alterou os arts. 3.º, 5.º e 8.º da Lei n.º 46/77, de 8 de Julho.

O art. 3.º da Lei n.º 46/77, na sua actual redacção, dispõe que:

— É permitido o exercício das actividades bancária e seguradora por empresas privadas e outras entidades da mesma natureza.

— A concessão da autorização para o exercício das actividades mencionadas no número anterior e as condições desse exercício serão reguladas por decreto-lei, por forma a salvaguardar o interesse da economia nacional e a solidez dos empreendimentos.

— Do diploma relativo à actividade bancária constarão, designadamente:

a) a exigência de capital mínimo adequado ao funcionamento da instituição, bem como a demonstração de indicadores de solvabilidade e liquidez que garantam a sua estabilidade financeira;

b) a fixação de critérios orientadores uniformes para os Bancos do sector público e do sector privado, designadamente no que se refere à distribuição de crédito, à angariação de depósitos e às demais actividades e serviços;

c) A exigência de fiscalização adequada sobre as diversas operações bancárias, nomeadamente sobre o acesso ao crédito por parte dos accionistas e sobre o conjunto da actividade bancária desenvolvida.

O primitivo art. 83.º da Constituição Política veio a ser substituído, na sua numeração e redacção pela Lei Constitucional n.º 1/89, passando a constituir o art. 85.º, cujo texto actual é o seguinte:

"A reprivatização da titularidade ou do direito de exploração de meios de produção e outros bens nacionalizados depois de 25 de Abril de 1974 só poderá efectuar-se nos termos de lei-quadro aprovada por maioria absoluta dos Deputados em efectividade de funções.

As pequenas e médias empresas indirectamente nacionalizadas situadas fora dos sectores básicos da economia poderão ser reprivatizadas nos termos da lei".

O Dec.-Lei n.º 51/84, de 11 de Fevereiro, regulou a constituição de bancos comerciais ou de investimento por entidades privadas.

A Lei 84/88, de 20/7, previu a privatização parcial de empresas públicas e a Lei n.º 11/90, de 5/4 estabeleceu a lei-quadro das privatizações.

Esta última foi completada, entre outros diplomas, pelo Dec.--Lei n.º 380/93, de 15/11, que estabeleceu regras relativas à aquisição de acções representativas do capital das sociedades a reprivatizar; pelo Dec.-Lei n.º 65/94, de 28/2, que estabeleceu o limite quantitativo de 25% à participação de entidades estrangeiras no capital das sociedades cujo processo de reprivatização se encontrasse concluído, salvo se, em qualquer processo de reprivatização o limite fixado fosse já superior; pela Resolução do Conselho de Ministros n.º 21/96, do 5/3/96, que estabeleceu o Programa de privatizações — 1996/97, tendo em atenção em especial a Constituição e a Lei 11/90 e ainda pelo Dec.-Lei n.º 24/96, de 20/3, que no seu artigo único estipula que, para efeitos do n.º 3 do art.º 13.º da Lei 11/90, não se aplica a entidades nacionais de Estados membros da União Europeia ou aí residentes qualquer limite quantitativo relativo à participação de entidades estrangeiras no capital das sociedades reprivatizadas, em processo de reprivatização ou a reprivatizar.

Passou a admitir-se, sem qualquer discriminação, o acesso ao exercício da actividade bancária por parte de sociedades constituídas exclusivamente por entidades de nacionalidade portuguesa e de sociedades constituídas por entidades de nacionalidade estrangeira, assim como se prevê a abertura em Portugal de sucursais de bancos com sede no estrangeiro.

SECÇÃO II
RELAÇÃO DE BANCOS ACTUALMENTE EXISTENTES

É a seguinte a relação de Bancos actualmente existentes:

a) Bancos Nacionais:
— Banco de Portugal, EP
— Caixa Geral de Depósitos, SA
— Banco Comercial Português, SA
— Banco Português do Atlântico, SA
— Cisf — Banco de Investimento, SA
— Credibanco — Banco de Crédito Pessoal, SA
— Banco de Investimento Imobiliário, SA
— Banco de Boston Latino Americano (Sociedade Unipessoal), SA
— Banco Efisa, SA
— Banco Espírito Santo e Comercial de Lisboa, SA
— Banco Essi, SA

— Banco Finantia, SA
— Banco Fonsecas & Burnay, SA
— Banco Itau Europa, SA
— Banco Internacional de Crédito, SA
— Banco Mello Comercial, SA
— Banco Mello de Investimentos, SA
— Banco Mello Imobiliário, SA
— Banco Nacional Ultramarino, SA
— Banco Pinto & Sotto Mayor, SA
— Banco Privado Português, SA
— Banco Totta & Açores, SA
— BANIF — Banco Internacional do Funchal, SA
— BCI — Banco de Comércio e Industria, SA
— BNC — Banco Nacional de Crédito Imobiliário, SA
— BPI — Banco Português de Investimento, SA
— BPN — Banco Português de Negócios, SA
— Citibank Portugal, SA
— Credit Lyonnais Portugal, SA
— Deutsche Bank de Investimento, SA
— Finibanco, SA
— Banco Bilbao Vizcaya (Portugal), SA
— Banco Borges & Irmão, SA
— Banco Chemical (Portugal), SA
— Banco Comercial de Macau, SA
— Banco Comercial dos Açores, SA
— Banco de Fomento e Exterior, SA
— BSN — Banco de Santander de Negócios Portugal, SA
— Crédito Predial Português, SA
— Central — Banco de Investimento, SA
— Interbanco, SA
— Universo, Banco Directo, SA
— Banco Alves Ribeiro, SA

b) Bancos estrangeiros (Sucursais) com sede na U.E:.
— ABN AMRO BANK, N.V.
— Banco Cetelem SA — Sucursal
— Banco de Crédito Local de Espanha, SA
— Banco Exterior de España, SA

- Banco Sabadell, SA
- Banque Nationale de Paris
- Barclays Bank PLC
- Bansander de Financiaciones SA (Sucursal em Portugal)
- Caja de Ahorros de Salamanca Y Soria — Sucursal Operativa
- Caja de Ahorros Municipal de Vigo — Caixa de Vigo
- Caterpillar Financial Leasing SA, Sociedad de Arrendamiento Financiero — Sucursal em Portugal
- Compagnie Financière pour la Distribuition.
- Generale Bank
- Selectibanque, SA
- Finanzia, Banco de Crédito, SA (Espanha) — Sucursal em Portugal
- Ford Credit Europe PLC
- Banco de Negócios Argentaria, SA (Sucursal em Portugal)

c) Bancos estrangeiros (Sucursais) com sede em países terceiros:

- Banco do Brasil, SA
- The Bank of Tokyo — Mitsubishi, Ltd.

d) Escritórios de representação de instituições estrangeiras

- Abbey National (Gibraltar) Ltd
- Banca Commerciale Italiana, SA
- Banco Atlântico, SA
- Banco Itaú, SA
- Banco Central Hispanoamericano, SA
- Banque Paribas — Escritório de representação
- Banco Natwest España, SA
- Banco Tyumen Credit
- Berliner Bank Aktiengesellschaft.
- Caja de Ahorros de Galicia
- Caja de Ahorros Y Monte de Piedade de Madrid — Escritório de representação
- Credit Foncier de France
- Dresdner Bank Aktiengesellschaft

— Espirito Santo Bank of Florida
— Hambros Bank (Gilbraltar), Limited
— La Caixa D'Estalvis I Pensions de Barcelona
— Monte Dei Paschi Di Siena
— Monte Piedad Y Caja General da Ahorros de Badajoz
— Portuguese World Bank
— Société Générale
— Societé Bancaire de Paris
— The Sanwa Bank Ltd
— The Sumitomo Bank, Limited
— The Chase Manhattan Bank, Na
— Union Bank of Switzerland
— Union Européenne de Cic

O Dec.-Lei n.º 298/92, de 31 de Dezembro, veio aprovar o Regime Geral das Instituições de Crédito e Sociedades Financeiras (R.G.I.C.), que entrou em vigor no dia 1 de Janeiro de 1993, transpondo, assim, para a ordem jurídica interna várias Directivas comunitárias. Já foi, posteriormente alterado, como já se referiu, pelos Dec.-Lei n.º 246/95, de 14 de Setembro e 232/96, de 5 de Dezembro, indo as alterações introduzidas inseridas nos lugares próprios do texto, que se apresenta em anexo desta publicação.

SECÇÃO III
O BANCO DE PORTUGAL E A COORDENAÇÃO E FISCALIZAÇÃO DAS INSTITUIÇÕES DE CRÉDITO

O Banco de Portugal vem hoje definido na Constituição da República Portuguesa, como *banco central nacional*, colaborando na definição e execução das políticas monetária e financeira e emitindo moeda nos termos da lei (art. 105.º).

Como escrevem J. J. Canotilho e Vital Moreira ([17])

"**I.** O Banco de Portugal é tradicionalmente o "banco central" do país, desempenhando nessa qualidade as funções de banco emis-

([17]) Constituição da República Portuguesa, 1993, pág. 455 e 456.

sor, banco de reserva (de ouro e divisas), banco do Estado e banco dos outros bancos, autoridade cambial, assumindo ainda um papel de relevo na definição e implementação da política monetária e financeira e na respectiva fiscalização.

II. Enquanto banco emissor, cabia-lhe constitucionalmente o exclusivo da emissão de moeda. Todavia, a revisão constitucional de 1992 veio afastar a referência às funções de emissão, tendo em conta a criação da moeda única Europeia, prevista no Tratado de Maastricht (União Europeia) de 1992.

Com efeito, no Tratado de Maastricht prevê-se a instituição de um Banco Central Europeu (art. 105.°-A) que terá o direito exclusivo de autorizar a emissão de notas de banco na Comunidade, podendo estas ser emitidas por esse Banco Central e pelos Bancos centrais nacionais. Estes continuarão a poder emitir moeda metálica (art. 105.°-A/2) mas sob aprovação do Banco Central Europeu quanto ao seu montante.

III. Enquanto instrumento do Estado para a definição e execução da política monetária e financeira, o Banco de Portugal exerce poderes de grande importância (entre os quais avulta, por exemplo, a fixação da taxa de redesconto), que se traduzem em autênticos poderes normativos (através de instruções, etc.) sobre todo o sistema financeiro e poderes de supervisão sobre as demais instituições de crédito.

A eliminação da vinculação da política monetária e financeira do Banco de Portugal pela lei do orçamento e pelos objectivos definidos nos planos e nas directivas do Governo, a que a anterior redacção do texto fazia referência, residiu no facto de o Tratado de Maastricht (art.107.°) apontar para a independência dos bancos centrais nacionais relativamente a instruções dos "governos dos Estados-membros ou de qualquer outra entidade".

IV. Apesar de órgão constitucional em sentido próprio, a Constituição nada diz sobre o estatuto do Banco de Portugal nem sobre a sua organização e funcionamento.Quanto à primeira parece evidente que o Banco é (e não pode deixar de ser) uma instituição exclusivamente pública, não podendo ser objecto de privatização total ou parcial.

O Banco é, porém, uma autoridade administrativa a se, com funções reguladoras do sistema monetário e financeiro, não lhe convindo por isso o conceito de administração indirecta do Estado".

O Banco de Portugal, cuja lei Orgânica foi aprovada pelo Dec.--Lei 337/90, de 30/10, hoje alterado pelo Dec.-Lei 231/95 de 12/9 e pela Lei n.º 3/96, de 21/12/95, publicada no D.R. I série - A, de 5/2, constitui a cúpula do sistema bancário português, quer enquanto banco emissor ([18]) quer como Banco Central e no desempenho das suas funções de supervisão das empresas financeiras.

1. *Como Banco Central* compete-lhe especialmente, tendo em conta as orientações do Governo:

a) Colaborar na definição e executar a política cambial;

b) Gerir as disponibilidades externas do País ou outras que lhe estejam cometidas;

c) Agir como intermediário nas relações monetárias internacionais do Estado;

d) Velar pela estabilidade do sistema financeiro nacional, assegurando, com essa finalidade, designadamente a função de refinanciador de última instância.

Cabe também ao Banco aconselhar o Governo nos domínios monetário, financeiro e cambial (art. 18.º do Dec.-Lei citado).

([18]) O Dec.-Lei n.º 386/91, de 10 de Outubro, dispõe no seu artigo único que:
1 — É o Banco de Portugal autorizado a promover a constituição de uma sociedade anónima que tenha por objecto o serviço de acabamento de notas e a produção de documentos de segurança, a respectiva distribuição e, bem assim, a prestação de serviços conexos.
2 — A sociedade poderá ser constituída nos termos do n.º 2 do artigo 273.º do Código das Sociedades Comerciais, devendo o Banco de Portugal ser sempre um accionista, com participação não inferior a 75% do respectivo capital social.
Em Macau, o BNU tem exercido as funções de Banco emissor. Todavia o Dec.-Lei n.º 498/79, de 21 de Dezembro, autorizou a criação, no território de Macau, de um instituto emissor, pessoa colectiva de direito público, com autonomia administrativa e financeira.
O Dec.-Lei n.º 23/93, de 27/1, aprovou o Plano de Contas do Banco de Portugal.

2. *Como Supervisor das empresas financeiras* compete-lhe em especial:

a) Exercer a supervisão das instituições de crédito, sociedades financeiras e outras entidades que lhe estejam legalmente sujeitas, nomeadamente, estabelecendo directivas para a sua actuação e para assegurar os serviços de centralização de riscos de crédito;

b) acompanhar a actividade das instituições de crédito;

c) vigiar pela observância das normas que disciplinam a actividade das instituições de crédito;

d) emitir recomendações para que sejam sanadas as irregularidades detectadas;

e) tomar providências extraordinárias de saneamento;

f) sancionar as infracções (art. 116.° do R.G.1.C. e arts. 22.° e 23.° do Dec.-Lei n.° 337/90, de 30/10).

O Dec.-Lei n.° 29/96, de 11 de Abril, instituiu um novo enquadramento legal do Serviço de Centralização de Riscos do Crédito.

As funções que até 1975 eram exercidas pela Inspecção-Geral de Crédito e Seguros, passaram para a esfera da competência do Banco de Portugal, tendo ficado essencialmente centralizadas na Direcção de Inspecção de Crédito (DIC) do Banco de Portugal.

A competência desta Direcção, acumulada com a do Departamento de Coordenação das Instituições de Crédito, veio a dar lugar ao actual Departamento de Supervisão Bancária (D.S.B.).

Os recursos interpostos das decisões do Banco de Portugal, tomados no âmbito do R.G.I.C. seguem, em tudo o que nele não seja especialmente regulado, os termos constantes da respectiva Lei Orgânica (art. 12.° do R.G.I.C.)

Do art. 4.° do R.G.I.C. resulta que algumas instituições de crédito (universais) podem praticar todas as operações que se encontram definidas nas várias alíneas do n.° 1 desse artigo, enquanto outras (especializadas) só podem efectuar as operações permitidas nas normas legais e regulamentares que lhes são aplicáveis (V. n.° 3.° do citado art. 4.°).

A designação de estabelecimentos especiais de crédito incluída na anterior legislação tem de entender-se hoje como referida a instituições de crédito especializadas.

CAPÍTULO III
INSTITUIÇÕES DE CRÉDITO

SECÇÃO I
OS BANCOS

1. OBJECTO

Os bancos são instituições de crédito que podem efectuar as operações seguintes e prestar os serviços de investimento a que se refere o art. 199.º-A do R.G.I.C., não abrangidos por aquelas operações:

a) recepção de depósitos ou outros fundos reembolsáveis [19]

b) operações de crédito, incluindo concessão de garantias e outros compromissos, locação financeira e factoring [20]

c) operações de pagamento;

d) emissão e gestão de meios de pagamento, tais como cartões de crédito; cheques de viagem e cartas de crédito;

e) transacções, por conta própria ou da clientela, sobre instrumentos dos mercados monetário e cambial, instrumentos financeiros a prazo e opções e operações sobre divisas ou sobre taxas de juro e valores mobiliários.

---

[19] Não são considerados como fundos reembolsáveis recebidos do público os fundos obtidos mediante emissão de obrigações nos termos e limites do Código das Sociedades Comerciais, nem os fundos obtidos através da emissão de papel comercial, nos termos e limites da legislação aplicável.

[20] Não são considerados como concessão de crédito; os suprimentos e outras formas de empréstimos e adiantamentos entre uma sociedade e os respectivos sócios; a concessão de crédito por empresas aos seus trabalhadores, por razões de ordem social; as dilações ou antecipações de pagamento acordadas entre as partes em contratos de aquisição de bens ou serviços; as operações de tesouraria, quando legalmente permitidas, entre sociedades que se encontrem numa relação de domínio ou de grupo: a emissão de senhas ou cartões para pagamento dos bens ou serviços fornecidos pela empresa emitente.

f) participação em emissões e colocações de valores mobiliários e prestação de serviços correlativos;

g) actuação nos mercados interbancários;

h) consultoria, guarda, administração e gestão de carteiras de valores mobiliários;

i) gestão e consultoria em gestão de outros patrimónios;

j) consultoria das empresas em matéria de estrutura do capital, de estratégia empresarial e de questões conexas, bem como consultoria e serviços no domínio da fusão e da compra de empresas;

l) operações sobre pedras e metais preciosos;

m) tomada de participações no capital das sociedades;

n) comercialização de contratos de seguro;

o) prestação de informações comerciais;

p) aluguer de cofres e guarda de valores;

q) outras operações análogas e que a lei lhes não proíba.

Esta enumeração consta do art. 4.°, n.° 1 do R.G.I.C. e corresponde quase na integra à lista anexa à Directiva n.° 89/646/CEE, de 15/12/89 (Segunda Directiva de Coordenação Bancária), embora mais extensa.

Podem realizar operações de bolsa a prazo desde que associados membros da correspondente associação de bolsa, no mercado de balcão e no Mercado Especial de Operações por Grosso, criado pela portaria n.° 377-C/94, de 15/6, desde que possuam o estatuto de associado não membro das associações da bolsa (V. art. 206.°, n.° 1, al. b) e n.° 2 do C.M.V.M.).

2. REQUISITOS DE CONSTITUIÇÃO

A constituição de um banco com sede em Portugal depende de autorização a conceder, caso a caso, pelo Banco de Portugal, ouvida a Comissão do Mercado de Valores Mobiliários, se o objecto da instituição de crédito compreender alguma actividade de intermediação de valores mobiliários (art. 29.°-A do R.G.I.C.). A autorização só pode ser concedida se o banco satisfizer os seguintes requisitos gerais:

— adoptar a forma de sociedade anónima;

— ter capital social não inferior ao mínimo legal (3.500.000 contos) [21] representado obrigatoriamente por acções nominativas ou ao portador registadas: na data da constituição, o capital social deve estar inteiramente subscrito e realizado em montante não inferior ao mínimo legal;

— ter por exclusivo objecto o exercício das operações legalmente permitidas;

— ter a sede principal e efectiva da administração situada em Portugal.

Autorização para a constituição, em Portugal, de uma filial de um banco estrangeiro deve ser objecto de consulta prévia, a efectuar pelo Banco de Portugal, à autoridade de supervisão do país de origem. Tratando-se *de filial de um banco de país não comunitário*, a autorização será concedida pelo Ministro das Finanças, que poderá delegar no Banco de Portugal a competência para o efeito, e, para além da verificação dos requisitos gerais, é condição da autorização que a criação da filial concorra para o aumento da eficiência do sistema bancário nacional ou produza efeitos significativos na internacionalização da economia portuguesa, em conformidade com os objectivos da política económica, financeira, monetária e cambial do país. (V. arts. 48.° e segs. e 57.°. e segs. do R.G.I.C.)

A abertura em Portugal de sucursais de bancos comunitários e a abertura no estrangeiro de sucursais de bancos nacionais, bem como a prestação de serviços em Portugal por parte de bancos comunitários e a prestação de serviços na Comunidade por parte de bancos nacionais está sujeita apenas a notificação prévia ao Banco de Portugal, desde que as operações a realizar constem da lista anexa à Segunda Directiva e o banco esteja autorizado a efectuá-las no seu país de origem. No caso de sucursais de bancos não comunitários, a sua abertura

---

[21] Portaria n.° 95/94, de 9 de Fevereiro.

depende de autorização do Ministro das Finanças, que poderá delegar no Banco de Portugal a competência para o efeito ([22]) (V. art. 58.° a 60.° do R.G.I.C.).

3. ADMINISTRAÇÃO E FISCALIZAÇÃO

Composição do órgão de administração

O órgão de administração de um banco deve ser constituído por um mínimo de três membros, com poderes de orientação efectiva da actividade da instituição, sendo a gestão corrente confiada a, pelo menos, dois deles.

Idoneidade e experiência profissional dos membros dos órgãos de administração e fiscalização.

Dos órgãos de administração e fiscalização de um banco apenas poderão fazer parte pessoas cuja idoneidade dê garantias de gestão sã e prudente, tendo em vista, de modo particular, a segurança dos fundos àquele confiados. Os membros do órgão de administração a quem caiba assegurar a gestão corrente do banco devem possuir ainda experiência adequada ao desempenho dessas funções. (V. arts. 30.° e 31.° do R.G.I.C.)

Acumulação de cargos

Os membros dos órgãos de administração dos bancos que, por conta própria ou alheia, pretendam exercer funções de administração noutra sociedade deverão comunicar previamente a sua pretensão ao Banco de Portugal, que poderá opor-se se entender que a acumulação é susceptível de prejudicar o exercício das funções do banco, nomeadamente por existirem riscos graves de conflito de interesses ou, tratando-se de pessoas a quem caiba a respectiva gestão corrente, por se verificarem inconvenientes significativos no que respeita à sua disponibilidade para a gestão.

([22]) Às operações a realizar em Portugal pelas sucursais de bancos não comunitários deve ser igualmente afecto um capital não inferior a 3.500.000 cts, enquanto o estabelecimento de sucursais de bancos comunitários não exige dotação de capital.

Ressalva-se aqui o exercício cumulativo de funções em órgãos de administração de outras instituições de crédito ou outras entidades que estejam incluídas na supervisão em base consolidada a que se encontre sujeito o banco em causa, bem como a acumulação de cargos por membros do conselho geral. (V.art. 33 do R.G.I.C.).

Crédito a membros dos órgãos sociais
Os bancos não podem conceder crédito, sob qualquer forma ou modalidade, incluindo a prestação de garantias, e quer directa quer indirectamente, aos membros dos seus órgãos de administração ou fiscalização nem a sociedades ou outros entes colectivos por eles directa ou indirectamente dominados.

Para o efeito, é equiparada à concessão de crédito a aquisição de partes de capital daquelas entidades e presume-se o carácter indirecto da concessão de crédito quando o beneficiário seja cônjuge, parente ou afim em 1.º grau de algum membro dos órgãos de administração ou fiscalização ou uma sociedade directa ou indirectamente dominada por alguma ou algumas daquelas pessoas.

Ressalvam-se aqui as operações de concessão de crédito de que sejam beneficiárias instituições de crédito, sociedades financeiras ou sociedades gestoras de participações sociais que se encontrem incluídas na supervisão em base consolidada a que esteja sujeito o banco em causa, bem como as relativas a membros do conselho geral, administradores não executivos e sociedades ou outros entes colectivos por eles dominados e as operações de carácter ou finalidade social ou decorrentes da política de pessoal.

Os membros dos órgãos de administração ou fiscalização de um banco não podem participar na apreciação e decisão de operações de concessão de crédito a sociedades ou outros entes colectivos que sejam por eles directa ou indirectamente dominados, mas dos quais sejam gestores ou em que detenham participações qualificadas, bem como na apreciação e decisão dos casos abrangidos pelo parágrafo anterior, exigindo-se em todas estas situações a aprovação por maioria de pelo menos 2/3 dos restantes membros do órgão de administração e o parecer favorável do órgão de fiscalização. (V. art. 85.º R.G.I.C.).

Outras operações
Os membros do órgão de administração, bem como os directores e outros empregados, os consultores e os mandatários dos bancos não podem intervir na apreciação e decisão de operações em que sejam directa ou indirectamente interessados os próprios, seus cônjuges, parentes ou afins em 1.º grau ou sociedades ou outros entes colectivos que uns ou outros directa ou indirectamente dominem. (V. art. 86.º do R.G.I.C.).

4. LIMITES À PARTICIPAÇÃO NO CAPITAL

Não há limites especiais. No entanto, qualquer pessoa singular ou colectiva que, directa ou indirectamente, pretenda:

— deter uma participação qualificada num banco: ou

— aumentar a participação qualificada que já possua de tal modo que a percentagem de direitos de voto ou de capital por si detida atinja ou ultrapasse os limites de 20%, 33% ou 50% ou que o banco se transforme em sua filial, deve comunicar previamente ao Banco de Portugal o seu projecto e o montante da participação, o qual ouvirá previamente a Comissão do Mercado de Valores Mobiliários sempre que o objecto da instituição compreenda alguma actividade de intermediação de valores mobiliários (V. art. 103.º, n.º 7 do R.G.I.C.). O Banco de Portugal opor--se-à ao projecto se não considerar demonstrado que a pessoa em causa reúne as condições adequadas à garantia de uma gestão sã e prudente do banco. A mesma obrigação de comunicação recai sobre a pessoa que pretenda deixar de deter ou diminuir a sua participação qualificada para além daqueles limites ou que o banco deixe de ser sua filial. (V. arts. 102.º, 103.º n.º 1, 105.º e 107.º do R.G.I.C.).

5. NORMAS PRUDENCIAIS

Rácio de solvabilidade
Todos os bancos deverão observar um nível mínimo de 8% na re-

lação entre os seus fundos próprios ([22]) e o total dos seus elementos do activo e extra-patrimoniais ponderados pelo respectivo grau de risco. Os coeficientes de ponderação a atribuir aos elementos do activo devem ser os seguintes:

a) **Coeficiente de ponderação de 0%**

I — Caixa e outros elementos equivalentes;
II — Elementos do activo representativos de crédito sobre:
 • Administrações centrais de países da zona A;
 • Bancos Centrais de países da Zona A;
 • Comunidades Europeias;
 • Administrações Centrais de países da zona B, quando expressos e financiados na moeda nacional do mutuário;
 • Bancos centrais de países da zona B, quando expressos e financiados na moeda nacional do mutuário;

III — Elementos do activo que gozem de garantia expressa e juridicamente vinculativa de:
 • Administrações centrais de países da Zona A;
 • Bancos centrais de países da Zona A;
 • Comunidades Europeias;
 • Administrações centrais de Países da Zona B, quando expressos e financiados na moeda nacional comum ao garante e ao mutuário;
 • Bancos centrais de países da Zona B, quando expressos e financiados na moeda nacional comum ao garante e ao mutuário.

([23]) O Aviso 12/92, do Banco de Portugal, publicado no D.R., II Série, de 29/2/92, estabelece as regras relativas a fundos próprios, V. Aviso n.º 1/93 do Banco de Portugal, publicado no D.R., II Série, de 8.6.93, que estabelece a ponderação dos elementos do activo e extrapatrimoniais das instituições de crédito para efeitos de cálculo de rácios de solvabilidade, alterado pelo Aviso n.º 12/95-XII, publicado no D.R., II Série, de 8.11.95.
V. ainda os Avisos 7/96 e 10/96, publicados no D.R., II Série, respectivamente de 24.12.96 e 7/1/97, este último alterado pelo Aviso n.º 9/96, de 17/12/96.

IV — Elementos do activo totalmente cobertos por garantias, prudentemente avaliadas, constituídas por:
  • Títulos emitidos pelas administrações centrais de países da zona A;
  • Títulos emitidos pelos bancos centrais de países da Zona A;
  • Títulos emitidos pelas Comunidades Europeias;
  • Depósitos junto da própria instituição;
  • Títulos negociáveis representativos de responsabilidades emitidos pelo própria instituição e nela colocados, com excepção dos títulos de participação e outros valores representativos de fundos próprios;

b) **Coeficiente de ponderação de 20%**

I — Elementos do activo representativos de créditos sobre:
  • Banco Europeu de Investimento;
  • Bancos multilaterais de desenvolvimento;
  • Autoridades regionais e locais de Países da zona A;
  • Instituições de crédito da Zona A, desde que esses elementos não sejam elegíveis para constituirem fundos próprios dessas instituições.
  • Instituições de créditos da zona B, com prazo de vencimento residual inferior ou igual a um ano, com excepção dos títulos emitidos por essas instituições que sejam elegíveis para constituírem fundos próprios;

II — Elementos do activo com garantia expressa e juridicamente vinculativa de:
  • Banco Europeu de Investimento;
  • Bancos multilaterais de desenvolvimento;
  • Autoridades regionais e locais de países da zona A;
  • Instituições de crédito da zona A;
  • Instituições de crédito da zona B, desde que esses elementos sejam representativos de créditos com prazo de vencimento residual inferior ou igual a um ano;

- Fundo de Garantia do Crédito Agrícola Comum

III — Elementos do activo totalmente cobertos por garantias, prudentemente avaliadas, constituídas por:
- Títulos emitidos pelo Banco Europeu de Investimento;
- Títulos emitidos por bancos multilaterais de desenvolvimento;
- Títulos emitidos pelas autoridades regionais ou locais da zona A,
- Depósitos constituídos noutras instituições de crédito da zona A;
- Títulos negociáveis representativos de responsabilidades emitidos por outras instituições de crédito da zona A, com excepção dos títulos de participação e outros elementos representativos de fundos próprios;

IV — Valores à cobrança;

c) Coeficiente de ponderação de 50%:

- Empréstimos garantidos por hipoteca sobre imóveis destinados a habitação do mutuário;
- Contratos de locação financeira imobiliária, que se encontrem nas condições previstas no n.º 4 do art. 11.º da Directiva do Conselho n.º 89/647/CEE, de 18/12/89;

d) Coeficiente de ponderação de 100%

- Restantes elementos do activo, excepto quando forem deduzidos aos fundos próprios da instituição;

e) **As contas de proveitos a receber devem ser sujeitas ao coeficiente de ponderação aplicado à operação activa que está na sua origem.**

No caso dos elementos extrapatrimoniais, o cálculo da ponderação efectua-se em duas fases. Em primeiro lugar, são classificados como risco elevado, médio, médio/baixo e baixo, em função da sua natureza enquanto substitutos de crédito, sendo contabilizados, respectivamente, por 100%, 50%, 20% e 0% do seu valor. Os montantes assim corrigidos são, em seguida, multiplicados pelos coeficientes de ponderação atribuídos às contrapartes respectivas, de acordo com o tratamento previsto para os activos. (V. desenvolvimento no ponto 3 e segs. do Anexo ao Aviso do Banco de Portugal N.° 1/93, de 8/6/93 — II Série D.R. e no n.° 5, o que se entende por Países das zonas A e B e Bancos Multilaterais de Desenvolvimento, conceitos alterados pelo já referido Aviso n.° 12/95 — XII e Aviso n.° 10/96, de 7/1/97 — II Série do D.R.

Tomada firme de títulos e subscrição indirecta de acções
Em cada momento, o valor dos compromissos assumidos e dos recursos aplicados por um banco em resultado de operações de tomada firme de acções e títulos de participação e subscrição indirecta de acções não pode ultrapassar, em termos individuais e globais, os limites de, respectivamente, 25% e 100% dos seus fundos próprios.

Estes limites não se aplicam à tomada firme de títulos do Estado. Por sua vez, a tomada firme e a aquisição de obrigações, com ou sem garantia do Estado, ficam subordinadas aos limites estabelecidos à concentração de riscos, enquanto os recursos aplicados na aquisição de títulos não colocados devem ser considerados para efeitos dos limites às participações noutras entidades. (V. Aviso do Banco de Portugal n.° 11/90, de 7/9/90)

Concentração de riscos
Relativamente aos riscos que assumem, os bancos estão sujeitos aos seguintes limites:

— 25% dos fundos próprios da instituição que os assume; ([24])

— é reduzido para 20% quando o cliente for a empresa mãe, ou uma filial da instituição ou uma filiação da empresa mãe ou o grupo de clientes ligados entre si integrar alguma destas entidades, sem prejuízo do disposto no art. 109.º do R.G.I.C.S.F.; ([24])

— 800 % daqueles fundos para o total de grandes riscos assumidos por uma instituição (Aviso n.º 10/94, publicado no D. República, II Série, de 18/11/94, n.º4);

— Não se encontram abrangidos pelos limites definidos anteriormente os riscos assumidos por uma instituição perante as suas filiais, perante a sua empresa mãe e perante as filiais da mesma empresa mãe, desde que se encontrem incluídas no âmbito da supervisão em base consolidada a que se encontra sujeita a instituição e todas tenham sede em Portugal.

— Os limites previstos supra, a observar com base individual pelas instituições sujeitas a supervisão com base consolidada, são de, respectivamente 40% e 12 vezes os fundos próprios;

— O Banco de Portugal definirá os limites aplicáveis em base individual às instituições pertencentes ao sistema integrado do crédito agrícola mútuo.

Estes limites não se aplicam aos seguintes riscos:

a) Activos representativos de créditos e outros riscos sobre administrações centrais ou bancos comerciais de países da OCDE ou sobre as Comunidades Europeias ou que gozem de garantia incondicional e juridicamente vinculativa dessas entidades;

b) Activos representativos de créditos e outros riscos sobre administrações centrais ou Bancos centrais de países fora da OCDE

([24]) O n.º 23 do aviso n.º 10/94 (controlo de grandes riscos) estabeleceu um regime transitório mais elevado destes limites para vigorar até 31/12/98, bem como para a definição de grande risco, considerada no n.º 1, 4) do mesmo aviso.
O Aviso n.º 9/96, de 17/12, aditou um número 26.º-A ao Aviso n.º 10/94.

expressos na moeda nacional do mutuário e, no caso de activos, financiados nessa moeda;

c) Riscos caucionados por títulos, que se encontrem prudentemente avaliados, emitidos por administrações centrais ou bancos centrais de países da OCDE ou pelas comunidades Europeias;

d) Riscos sobre instituições de crédito com prazo residual inferior ou igual a um ano e efeitos comerciais e outros títulos de dívida equivalentes com prazo residual igualmente não superior a um ano e que contenham a assinatura de outra instituição de crédito;

e) Riscos caucionados por depósitos em numerário constituídos na instituição mutuante ou numa instituição de crédito que seja empresa mãe ou filial daquela instituição;

f) Riscos caucionados por certificados de depósito emitidos pela instituição mutuante ou por uma instituição de crédito que seja empresa mãe ou filial daquela instituição e que se encontrem depositados em qualquer delas;

g) Activos representativos de créditos sobre instituições pertencentes ao sistema integrado de crédito agrícola mútuo;

h) Empréstimos garantidos por hipoteca sobre imóveis destinados à habitação e operações de locação financeira sobre imóveis destinados igualmente à habitação, até ao montante de 50% do valor do imóvel, nas condições do n.° 15;

i) Os riscos que estejam integralmente cobertos por fundos próprios, desde que estes não entrem no cálculo de todos os rácios prudenciais e limites aplicáveis que tenham os fundos próprios por referência;

j) Riscos caucionados por títulos nas condições indicadas no n.° 16.

São considerados por 20% do respectivo valor:

— os activos representativos de crédito sobre autoridades regionais ou locais dos Estados membros e outros riscos sobre ou que gozem da garantia incondicional e juridicamente vinculativa dessas autoridades;

— os riscos sobre instituições de crédito com prazo residual superior a um ano, mas inferior ou igual a três anos;

— os activos representativos de créditos que gozem de garantia incondicional e juridicamente vinculativa do Fundo de Garantia do Crédito Agrícola Mútuo (Aviso n.º 10/94, n.º13.º).

São considerados por 50% do respectivo valor:

— os elementos extrapatrimoniais de risco baixo e médio--baixo referidos na parte II do anexo ao aviso n.º 1/93;

— Os activos representativos de crédito sobre instituições de crédito com prazo residual superior a três anos que sejam representados por instrumentos de dívida, com a condição de esses títulos serem efectivamente negociáveis num mercado constituído por operadores profissionais e cotados diariamente nesse mercado ou a sua emissão ter sido autorizada pelas autoridades competentes do Estado membro de origem da instituição emitente (V. Aviso n.º 10/94, n.º 14)

— O n.º 28 do aviso n.º 10/94 revogou expressamente o Aviso n.º 10/90, publicado no D.R., I Série de 5/7/90 e o Aviso n.º 2/92, publicado no D.R. IIª Série, de 12/3/92.

Provisões obrigatórias

O Aviso n.º 3/95, de 30/6/95, publicado no D.R. II, Série, n.º 149, de 30/6/95, revogou os avisos n.ºs 13/90 e 15/90, publicados no D.R., Iª Série, de, respectivamente 4 e 28/12/90.

Do texto do Aviso, cuja leitura integral é imprescindível, salienta-se:

— 1.º As instituições de crédito e as sociedades financeiras, incluindo as sucursais de instituições com sede em países não pertencentes à União Europeia, umas e outras adiante designadas por instituições, são obrigadas a constituir provisões, nas condições indicadas no presente aviso, com as seguintes finalidades:

a) Para risco específico de crédito;

b) Para riscos gerais de crédito;

c) Para encargos com pensões de reforma e sobrevivência;

d) Para as menos-valias de títulos e imobilizações financeiras;

e) Para menos-valias de outras aplicações;

f) Para risco-país;

2.º As provisões para risco específico de crédito devem ser constituídas para crédito vencido e para outros créditos de cobrança duvidosa.

3.º — 1 Para efeitos de constituição de provisões para crédito vencido, os vários tipos de crédito são enquadrados nas classes de risco indicadas no número seguinte, as quais reflectem o escalonamento dos créditos e dos juros vencidos em função do período decorrido após o respectivo vencimento ou o período decorrido após a data que tenha sido formalmente apresentada ao devedor a exigência da sua liquidação.

— 2 As classes de risco a que se refere o número precedente são as seguintes:

a) Classe I — até três meses;

b) Classe II — mais de três até seis meses;

c) Classe III — mais de seis meses mas não superior a um ano;

d) Classe IV — mais de um ano mas não superior a três;

e) Classe V — mais de três anos;

— 3 A prorrogação ou renovação dos créditos vencidos não interrompe a contagem dos períodos referidos no número anterior nem isenta as instituições de constituirem as respectivas provisões, salvo se forem adequadamente reforçadas as garantias constituídas ou se forem integralmente pagos pelo devedor os juros e outros encargos vencidos.

— 4 Sem prejuízo do disposto no n.° 2 do n.° 5.°, as provisões para crédito vencido devem representar pelo menos as seguintes percentagens dos respectivos créditos, considerando as classes de risco indicadas no n.° 2 deste número e a existência ou não de garantia, real ou pessoal, avaliada nos termos do n.° 6:

	Classes de risco				
	I	II	III	IV	V
Com garantia............................	1	10	25	50	100
Sem garantia............................	1	25	50	100	100

— 5 Quando um crédito se encontre garantido por hipoteca sobre imóvel, ou em operações de locação financeira imobiliária, a percentagem de 100%, a que se refere o número precedente, só será exigida:

a) Relativamente a créditos vencidos há cinco anos ou mais, se o imóvel se destinar à habitação do mutuário;

b) Relativamente a créditos vencidos há quatro anos ou mais, nos restantes casos;

As provisões para riscos gerais de crédito devem corresponder a 1% dos valores que constituem a sua base de incidência.

A obrigação de constituição de provisões para risco específico de crédito e para riscos gerais de crédito não se aplica aos activos sobre as entidades a seguir indicadas, bem como os que por elas se encontrem garantidos e ainda as operações extra-patrimoniais negociadas por sua conta ou com a sua garantia:

a) Estado Português;

b) Banco de Portugal;

c) Entidades do sector público administrativo português;

d) Fundo de Garantia de Depósitos;

e) Fundo de Garantia do Crédito Agrícola Mútuo;

f) Comunidades Europeias e as suas instituições;

g) Governos centrais de outros países da OCDE e outras entidades similares dos mesmos países ou da Comunidade Europeia;

h) Bancos centrais de outros países da OCDE e outras entidades similares dos mesmos países ou da Comunidade Europeia;

i) Banco Europeu de Investimento;

j) Banco de Pagamentos Internacionais;

l) Fundo Monetário Internacional;

m) Bancos multilaterais de desenvolvimento, o Banco Internacional para a Reconstrução e Desenvolvimento (Banco Mundial), a Sociedade Financeira Internacional, o Banco Europeu para a Reconstrução e Desenvolvimento, o Banco Inter-Americano de Desenvolvimento, o Banco Asiático de Desenvolvimento, o Banco Africano de Desenvolvimento, o Fundo de Desenvolvimento Social do Conselho de Europa, o Banco Nórdico de Investimento e o Banco de Desenvolvimento das Caraíbas e respectivas filiais (Aviso n.° 3/95, n.°15, com referência ao anexo ao aviso n.° 1/93).

Também se não aplica a obrigação de constituição de provisão aos activos e elementos extrapatrimoniais que se encontrem garantidos por depósitos junto da própria instituição ou por títulos negociáveis representativos de responsabilidades emitidos igualmente pela própria instituição e nela colocados, com excepção dos valores representativos de fundos próprios, na medida em que estiverem cobertos por tais garantias.

O Aviso n.° 6/95, de 21/9, define o quadro regulamentar de cobertura das responsabilidades relativas a pensões de reforma e sobrevivência a que estão obrigadas as Instituições de Crédito e as Sociedades Financeiras.

Conservação dos fundos próprios

Os fundos próprios de um banco não podem tornar-se inferiores ao montante de capital social que lhe é exigido (art. 96.°, n.° 2 do R.G.I.C.).

O Aviso n.º 12/92 do Banco de Portugal, publicado no D.R. II Série, de 29/12/92 definiu os elementos que podem integrar os fundos próprios (V. Aviso 7/96, publicado no D.R. II Série, de 24/12/96, 2.º, 23).
O Aviso n.º 8/96, de 17/12/96, aditou um n.º 19.º-A ao Aviso n.º 12/92.

Se os fundos próprios de uma instituição baixarem para um montante inferior ao dos seus requisitos de fundos próprios, a instituição em causa deve imediatamente informar o Banco de Portugal da ocorrência e tomar as medidas adequadas à correcção de tal situação, o mais rapidamente possível.

O n.º 3 do art. 96.º prevê a concessão de um prazo limitado para que a instituição regularize a situação.

O art. 141.º prevê providências extraordinárias de saneamento.

De acordo com o disposto no art. 143.º o Banco de Portugal poderá designar para a instituição de crédito um ou mais administradores provisórios, verificadas determinadas situações previstas no referido artigo.

Se a gravidade da situação o justificar, por modo a pôr em risco os interesses dos depositantes e demais credores ou as condições normais de financiamento do mercado monetário, financeiro ou cambial o Banco de Portugal poderá ponderar a revogação da autorização de constituição, prevista no art. 22.º, n.º 1, alínea h).

A situação da instituição pode justificar a aplicação de coimas, verificadas as situações do art. 210.º, alínea d) ou do art. 211.º, alínea h).

De acordo com o Aviso n.º 7/96, de 24/12/96 as instituições devem possuir, em permanência, fundos próprios pelo menos iguais à soma de todos os requisitos seguintes:

1) Dos requisitos de fundos próprios calculados de acordo com os anexos V (Riscos de posição) e VI (Riscos de liquidação e de contraparte) do mesmo, relativamente à carteira de negociações, sem prejuízo do disposto n.º 6 do mesmo Aviso, que prevê que as instituições podem calcular os requisitos de fundos próprios relativos à sua carteira de negociações, em conformidade com o disposto no Aviso

n.º 1/93, em alternativa aos Anexos V e VI referidos, verificadas determinadas condições referidas no n.º 6 citado.

2) Dos requisitos de fundos próprios para riscos cambiais, calculados de acordo com o Anexo VII (riscos cambiais), em relação ao conjunto da sua actividade;

3) Dos requisitos de fundos próprios exigidos pelo Aviso n.º 1/93 para o conjunto da sua actividade, com excepção da carteira de negociações;

4) Dos requisitos de fundos próprios adequados, que devem cobrir os riscos decorrentes da sua actividade que não sejam abrangidos no âmbito da aplicação do presente aviso e que sejam considerados como análogos aos riscos tratados neste aviso e no aviso n.º 1/93.

As instituições de crédito devem fornecer ao Banco de Portugal, em nome individual, mensalmente as informações necessárias ao controlo da observância das regras previstas no Aviso 7/96.

As mesmas informações serão prestadas semestralmente, em base consolidada ou, se for caso disso, em base subconsolidada.

Reservas

Uma fracção não inferior a 10% dos lucros líquidos apurados pelos bancos, em cada exercício, deve ser destinado à formação de uma reserva legal, até ao limite do capital social. Devem ainda os bancos constituir reservas especiais destinadas a reforçar a situação líquida ou a cobrir prejuízos que a conta de lucros e perdas não possa suportar.

O Banco de Portugal poderá, por aviso, estabelecer critérios, gerais ou específicos, de constituição e aplicação das reservas mencionadas no parágrafo anterior (art. 97.º do R.G.I.C.).

Crédito a detentores de participações qualificadas

O montante dos créditos concedidos, sob qualquer forma ou modalidade, incluindo a prestação de garantias, a pessoa que directa ou indirectamente detenha participação qualificada num banco e a sociedades que essa pessoa directa ou indirectamente domine ou que com ela estejam numa relação de grupo, está sujeito, em cada momento, a um duplo limite.

— 10% dos fundos próprios do banco, em relação aos créditos concedidos a cada um dos detentores de participações qualificadas e respectivas sociedades;

— 30% daqueles fundos, em relação aos créditos concedidos a todos os detentores e respectivas sociedades.

Estas operações dependem da aprovação por maioria qualificada de, pelo menos, 2/3 dos membros do órgão de administração e do parecer favorável do órgão de fiscalização.

Para o efeito destes limites, é equiparada à concessão de crédito a aquisição de partes de capital daquelas entidades e presume-se o carácter indirecto da concessão de crédito quando o beneficiário seja cônjuge, parente ou afim em 1.º grau de algum dos detentores de participações qualificadas ou uma sociedade por eles directa ou indirectamente dominada.

Ressalvam-se aqui as operações de concessão de crédito de que sejam beneficiárias instituições de crédito, sociedades financeiras ou sociedades gestoras de participações sociais que se encontrem incluídas na sua supervisão em base consolidada a que esteja sujeito o banco em causa (art. 109 do R.G.I.C.).

Segurança das aplicações

Os bancos que concedam a um único cliente créditos de montante superior a 0.5% dos respectivos fundos próprios devem obter dele informação adequada sobre a sua situação económica e financeira, em especial a que deve constar dos documentos de prestação de contas, salvo se, em face das garantias prestadas ou outras circunstâncias, essa informação for manifestamente desnecessária (art. 98.º do R.G.I.C.).

Relação das participações com fundos próprios

Um banco não pode deter, directa ou indirectamente[25], no capital de uma sociedade, participação cujo montante ultrapasse 15% dos

---

[25] Para o efeito, considera-se participação indirecta a detenção de acções ou outras partes de capital por:

fundos próprios do banco e o montante global das participações qualificadas em sociedades não pode ultrapassar 60% daqueles fundos.

Para efeitos do cálculo destes limites não são tomadas em conta:

— as acções detidas temporariamente em virtude da tomada firme da respectiva emissão durante o período normal dessa tomada firme;

— as acções ou outras partes do capital detidas em nome próprio mas por conta de terceiros;

— as participações noutras instituições de crédito, sociedades financeiras ou instituições financeiras que estejam incluídas na supervisão consolidada a que se encontre sujeito o Banco participante.

Estes limites não se aplicam quando os excedentes de participação relativamente aos referidos limites sejam cobertos a 100% por fundos próprios e estes últimos não entrem no cálculo do rácio de solvabilidade e de outros rácios ou limites que tenham os fundos próprios por referência; caso existam excedentes em relação a ambos os limites, o montantes a cobrir pelos fundos próprios será o mais elevado desses excedentes (V. art. 100.° do R.G.I.C.).

Estes limites podem ainda ser excedidos em resultado de aquisições em reembolso de crédito próprio, devendo as situações daí resultantes ser regularizadas no prazo de dois anos, o qual, havendo motivo fundado, poderá ser prorrogado pelo Banco de Portugal por igual período (V. art. 114.° do R.G.I.C.).

Quanto a operações no estrangeiro, V. Aviso n.° 5 do Banco de Portugal, in D.R. II Série, de 15/10/93.

— pessoas ou sociedades referidas no n.° 2 do art. 447.° do Código das Sociedades Comerciais;

— outras pessoas ou entidades, em nome próprio ou alheio, mas por conta do participante;

— sociedades dominadas pelo participante.

É o que consta das alíneas a), b) e c) da definição 7.ª do art. 13.° do R.G.I.C.S.F., para que remete o art. 100.°, n.° 2 do mesmo diploma.

Relação das participações com o capital das participadas
Um Banco não pode deter, directa ou indirectamente [26], numa sociedade, por prazo seguido ou interpolado superior a três anos [27], participação que lhe confira mais de 25% dos direitos de voto correspondentes ao capital da sociedade participada.

Este limite não se aplica às participações noutras instituições de crédito, sociedades financeiras, instituições financeiras, sociedades de serviços auxiliares, seguradoras, sociedades gestoras de fundos de pensões e sociedades gestoras de participações sociais que apenas detenham partes de capital nas sociedades antes referidas (Ver art. 101.º do R.G.I.C.).

Este limite pode ainda ser excedido em resultado de aquisições em reembolso de crédito próprio, devendo as situações daí resultantes ser regularizadas no prazo de dois anos, prorrogável pelo Banco de Portugal por igual período, havendo motivo fundado (Ver art. 114.º do R.G.I.C.).

Aquisição de imóveis
Salvo autorização concedida pelo Banco de Portugal, os Bancos não podem adquirir imóveis que não sejam indispensáveis à sua instalação e funcionamento ou à prossecução do seu objecto social, excepto em reembolso de crédito próprio, caso em que as situações daí resultantes devem ser regularizadas *no prazo de dois anos*, o qual, havendo motivo fundado, poderá ser prorrogado pelo Banco de Portugal por igual período (V. arts.112.º e 114.º do R.G.I.C.)

Rácio do imobilizado
O valor líquido do activo imobilizado de um banco não pode ultrapassar o montante dos respectivos fundos próprios.

Para cumprimento deste limite não são considerados os elementos que são deduzidos para efeitos de cálculo dos fundos próprios dos bancos.

---

[26] Para o efeito, considera-se participação indirecta a detenção de acções ou outras partes de capital por pessoas ou em condições que determinem equiparação de direitos de voto para efeitos de participação qualificada.

[27] Relativamente aos bancos que em 31 de Dezembro de 1992 detivessem uma participação superior, o prazo de três anos é substituído pelo de cinco a contar daquela data.

O valor total das acções ou outras partes de capital de quaisquer empresas detidas por um banco e não abrangidas pelo limite anterior não pode ultrapassar 40% dos fundos próprios do banco (V. art. 113.º, n.º 2 do R.G.I.C.).

Estes limites podem ser ultrapassados em resultado de aquisições em reembolso de crédito próprio, devendo as situações daí resultantes ser regularizadas no prazo de dois anos, prorrogável pelo Banco de Portugal por igual período, havendo motivo fundado (V. art. 114.º do R.G.I.C.).

Relação de accionistas

Até cinco dias antes da realização das assembleias gerais dos bancos deve ser publicada, em dois dos jornais mais lidos da localidade da sede, a relação dos accionistas cujas participações excedam 2% do capital social, com indicação das respectivas participações. Esta obrigação não se aplica no caso de as assembleias se realizarem ao abrigo do artigo 54.º do Código das Sociedades Comerciais ([28]) (V. art. 110.º do R.G.I.C.).

Registo de acordos parassociais

Os acordos parassociais entre accionistas de bancos relativos ao exercício do direito de voto estão sujeitos a registo no Banco de Portugal, que pode ser requerido por qualquer das partes, sob pena de ineficácia (V. art. 111.º do R.G.I.C.).

6. SUPERVISÃO

A supervisão dos bancos com sede em Portugal, e em especial a sua supervisão prudencial, incluindo a da actividade que exerçam no estrangeiro, incumbe ao Banco de Portugal. Para o efeito, os bancos são obrigados a apresentar ao Banco de Portugal informações consideradas necessárias e permitir que este realize inspecções nos seus estabelecimentos. A mesma obrigação se aplica aos detentores de participações qualificadas que deverão fornecer ao Banco de Portugal

---

([28]) Este artigo prevê a possibilidade de os accionistas se reunirem em assembleia geral sem observância de formalidades prévias, desde que todos estejam presentes e todos manifestem a vontade de que a assembleia se constitua e delibere sobre determinado assunto.

todos os elementos que o mesmo considere relevantes para a supervisão do banco em que participam. Importa ter presente as especiais obrigações dos revisores oficiais de contas e auditores externos que prestem serviços de auditoria a uma instituição de crédito (art. 121.º do R.G.I.C.).

Excluem-se da supervisão prudencial do Banco de Portugal os bancos autorizados nos outros Estados-membros da Comunidade e que exerçam actividades em Portugal que, nos termos do princípio comunitário da supervisão pelo país de origem, estão sujeitos à supervisão das respectivas autoridades. Para tal, estas autoridades, após terem informado do facto o Banco de Portugal, podem, directamente ou por intermédio de quem tenham mandatado para o efeito, proceder a inspecções nas sucursais que os seus bancos possuam em território português ou pedir ao Banco de Portugal que as realize.

Compete, porém, ao Banco de Portugal, em colaboração com as autoridades competentes dos respectivos Estados-membros de origem, supervisionar a liquidez das sucursais dos bancos comunitários e colaborar com as mesmas autoridades no sentido destas instituições tomarem as providências necessárias para cobrir os riscos resultantes de posições abertas que decorram das operações que efectuem no mercado financeiro português. Para o efeito, os bancos comunitários devem apresentar ao Banco de Portugal os elementos considerados necessários e permitir que este realize inspecções nos estabelecimentos situados em território português. Os bancos comunitários estão ainda sujeitos às decisões e outras providências que as autoridades portuguesas tomem no âmbito da política monetária, financeira e cambial e às normas aplicáveis por razões de interesse geral (V. arts. 116.º e seg. do R.G.I.C.).

Supervisão em base consolidada

Sem prejuízo da supervisão em base individual, os bancos com sede em Portugal ficam sujeitos à supervisão em base consolidada ([29]) quando:

— tenham como filiais uma ou mais instituições de crédito ou entidades equiparadas ou detenham, directa ou indirectamente, pelo menos, 20% dos direitos de voto ou do capital de tais instituições;

([29]) Carlos Olavo, Supervisão em base consolidada, Revista da Banca, n.º 34, págs. 25 e segs..

— a empresa-mãe seja uma companhia financeira com sede num Estado-membro da Comunidade ([30]).

O Banco de Portugal pode ainda determinar a inclusão de um banco na supervisão em base consolidada, quando este:

— exerça influência significativa sobre outra instituição de crédito ou entidade equiparada, ainda que não detenha nela qualquer participação;

— esteja sujeito com outras instituições de crédito ou entidades equiparadas a direcção única, ainda que não estipulada estatutária ou contratualmente;

— tenha com outras instituições de crédito ou entidades equiparadas órgãos de administração ou fiscalização compostos maioritariamente pelas mesmas pessoas.

Compete ao Banco de Portugal fixar, por aviso ([31]), as regras necessárias à supervisão em base consolidada, nomeadamente:

— as que definem os domínios em que a supervisão terá lugar;

— as que definem a forma e extensão da consolidação;

— as respeitantes aos procedimentos de controlo interno das sociedades abrangidas pela supervisão em base consolidada, designadamente as que sejam necessárias para assegurar informações úteis para a supervisão (V. arts. 130.° e seg. do R.G.I.C.).

([30]) Para o efeito, entende-se por:

— *filial*: a pessoa colectiva relativamente à qual outra pessoa colectiva, designada por empresa-mãe, se encontre numa relação de domínio em alguma das variantes I a IV da alínea *a*) da definição 2.° do art. 13.° do R.G.I.C. ou *sobre a qual* exerça efectivamente, no juízo das autoridades de supervisão das instituições de crédito, influência dominante.

— *Entidades equiparadas a instituições de crédito*: as sociedades financeiras e ainda qualquer pessoa colectiva que, não sendo instituição de crédito ou sociedade financeira, tenha como actividade principal tomar participações ou exercer uma ou mais actividades previstas nos n.ºs 2 a 12 da lista anexa à Segunda Directiva.

— *Companhia financeira*: alguma das entidades equiparadas a instituições de crédito, cujas filiais sejam exclusiva ou principalmente instituições de crédito ou entidades equiparadas sendo, pelo menos, uma destas filiais instituição de crédito.

([31]) V. Aviso n.° 8/94, D. R. II Série, de 15/11/94.

V. Aviso n.° 9/96, D.R., II Série, de 17/12/96, que aditou o art. 26.°-A ao Aviso do Banco de Portugal n.° 10/94, de 18/11/94.

7. FUNDO DE GARANTIA DE DEPÓSITOS

Objecto — O Fundo tem por objecto garantir o reembolso de depósitos constituídos nas instituições de crédito que neles participem (art. 155.° do R.G.I.C., nova redacção).

Instituições participantes
Participam obrigatoriamente no Fundo:

a) As instituições de crédito com sede em Portugal, autorizados a receber depósitos;

b) As instituições de crédito com sede em países que não sejam membros da Comunidade Europeia, relativamente aos depósitos captados pelas suas sucursais em Portugal, salvo se esses depósitos estiverem cobertos por um sistema de garantia do país de origem em termos que o Banco de Portugal considere equivalentes aos proporcionados pelo Fundo e sem prejuízo de acordos bilaterais existentes sobre a matéria.

c) Até 31 de Dezembro de 1999, as instituições de crédito constantes do anexo III da Directiva n.° 94/19/CE, do Parlamento Europeu e do Conselho de 30 de Maio de 1994, relativamente aos depósitos captados pelas suas sucursais em Portugal.

Em complemento da garantia prevista no sistema do país de origem, podem participar no Fundo as instituições de crédito com sede noutros Estados membros da Comunidade Europeia, relativamente aos depósitos captados pelas suas sucursais em Portugal, se o nível ou o âmbito daquela garantia forem inferiores aos proporcionados pelo Fundo.

As instituições de crédito referidas no número anterior ficarão sujeitas às normas legais e regulamentares relativas ao Fundo (art. 156.° do R.G.I.C., nova redacção).

Contribuições

As instituições de crédito participantes entregarão ao Fundo, até ao último dia útil de mês de Abril, uma contribuição anual.

O valor da contribuição anual de cada instituição de crédito será em função do valor médio dos saldos mensais dos depósitos do ano anterior, não considerando os depósitos excluídos nos termos do art. 165.º.

O Banco de Portugal fixará, ouvidos o Fundo e as associações representativas das instituições de crédito participantes, os escalões da contribuição anual e dos respectivos limites máximos, podendo utilizar critérios de regressividade e atender à situação de solvabilidade das instituições.

Até ao limite de 75% da contribuição anual e em termos a definir no aviso referido no número anterior, as instituições de crédito participantes poderão ser dispensadas de efectuar o respectivo pagamento no prazo estabelecido no n.º1 desde que assumam o compromisso, irrevogável e caucionado por penhor de valores mobiliários, de pagamento ao Fundo, em qualquer momento em que este o solicite, da totalidade ou de parte do montante da contribuição que não tiver sido pago em numerário (art. 161.º do R.G.I.C., nova redacção).

Quando os recursos do Fundo se mostrem insuficientes para o cumprimento das suas obrigações, o Ministro das Finanças, sob proposta da Comissão Directiva, poderá determinar, mediante portaria, que as instituições de crédito participantes efectuem contribuições especiais, e definir os montantes, prestações, prazos e demais termos dessas contribuições.

O valor global das contribuições especiais de uma instituição de crédito não poderá exceder, em cada período de exercício do Fundo, o valor da respectiva contribuição anual.

Sob proposta do Fundo, o Ministro das Finanças poderá isentar as novas instituições participantes, com excepção das referidas no n.º 2 do art. 160.º, da obrigação de efectuar contribuições especiais durante um período de três anos (art. 162.º do R.G.I.C., nova redacção).

O valor da contribuição anual foi fixada no Aviso n.º 11/94, de 29/12/94, in D.R., II Série, alterado pelo Aviso n.º 9/95, de 19/9/95 e Aviso n.º 3/96, de 15/7/96.

Contribuições iniciais

1. No prazo de 30 dias a contar do registo do início da sua actividade, as instituições de crédito participantes entregarão ao

Fundo uma Contribuição inicial cujo valor será fixado por aviso do Banco de Portugal, sob proposta do Fundo.

2. São dispensados de contribuição inicial as instituições de crédito que resultem de operações de fusão, cisão ou transformação de participantes no Fundo (art. 160.° do R.G.I.C., nova redacção).

A **Portaria n.° 180/94**, de 28/11/94 (publicado no D.R. II, Série, de 15/12/94), fixou o valor das contribuições iniciais a entregar ao Fundo de Garantia de Depósitos, pela forma seguinte:

O valor da contribuição inicial a entregar ao Fundo de Garantia de Depósitos pelas instituições participantes cuja actividade se tenha iniciado antes de 1-1-92 é calculado pela aplicação de uma taxa sobre o valor médio dos saldos mensais dos depósitos durante o ano de 1992, não considerando os depósitos excluídos nos termos do art. 3.° do Regulamento do Fundo.

A taxa referida no número anterior é fixada em 0,2%, excepto relativamente aos depósitos de que sejam titulares os fundos de pensões, os fundos de investimento e ainda aos depósitos de não residentes captados pelas sucursais financeiras exteriores dos off-shore das Regiões Autónomas da Madeira e dos Açores, aos quais será aplicada a taxa de 0.01%.

O valor médio dos saldos dos depósitos a que se refere o n.°1 será calculado pela média dos saldos verificados no final de cada mês, sendo os depósitos em moeda estrangeira convertidos para escudos às taxas de câmbio oficiais do último dia do mês.

O valor da contribuição inicial das instituições participantes, cujo inicio de actividade tenha ocorrido após 1-1-91, será fixado caso a caso pelo Banco de Portugal.

As instituições participantes efectuarão declaração ao Banco de Portugal, no prazo de 15 dias após a publicação desta portaria dos saldos em escudos dos depósitos verificados no final de cada mês de 1992, não compreendendo os excluídos nos termos do art. 3.° do Regulamento do Fundo.

O Aviso n.° 8/95, de 15/9/95 (publicado no D.R. II Série, de 19/9/95) fixou o valor da contribuição inicial que as instituições de crédito e as sociedades financeiras deveriam entregar para o Fundo de Garantia de Depósitos, nos termos do n.° 1 do art. 160.° do R.G.I.C.

Aviso n.º 9/95, da mesma data, alterou *o aviso n.º 11/94 de 29/12* (que havia fixado o valor da contribuição anual a entregar ao Fundo de Depósitos pelas Instituições de Crédito participantes).

Aviso n.º 10/95, também da mesma data, define os elementos a apresentar pelas Instituições de Crédito e Sociedades Financeiras com sede noutros Estados-membros da Comunidade Europeia e com sucursal em Portugal, que pretendam participar no Fundo de Garantia de Depósitos.

Depósitos garantidos

O Fundo garante, até aos limites previstos no art. 166.º o reembolso:

a) Dos depósitos captados em Portugal ou noutros Estados--membros da Comunidade Europeia por instituições de crédito com sede em Portugal, sem prejuízo de, até 31 de Dezembro de 1999, a garantia dos que forem captados nestes Estados membros por sucursais das mencionadas instituições ter como limites o nível e o âmbito de cobertura oferecidos pelo sistema de garantia do país de acolhimento, se forem inferiores aos proporcionados pelo Fundo;

b) Dos depósitos captados em Portugal por sucursais referidas nas alíneas b) e c) do n.º1 do art. 156.º;

c) Dos depósitos captados em Portugal por sucursais de instituições de crédito com sede noutros Estados-membros da Comunidade Europeia que participem voluntariamente no Fundo, na parte que exceda a garantia prevista no sistema do país de origem (art. 164.º do R.G.I.C., nova redacção).

Depósitos excluídos da garantia

Excluem-se da garantia de reembolso:

a) Os depósitos constituídos em seu nome por sua própria conta por instituições de crédito, sociedades financeiras, instituições financeiras, empresas seguradoras, sociedades gestoras de fundos de pensões ou entidades do sector público administrativo;

b) Os depósitos decorrentes de operações em relação às quais tenha sido proferida uma condenação penal, transitada em julgado, pela prática de actos de branqueamento de capitais.

c) Os depósitos constituídos em nome de fundos de investimento, fundos de pensões ou outras instituições de investimento colectivo;

d) Os depósitos de que sejam titulares membros dos órgãos de administração ou fiscalização da instituição de crédito, accionistas que nela detenham participações qualificadas, revisores oficiais de contas ao serviço da instituição, auditores externos que lhe prestem serviços de auditoria ou pessoas com estatuto semelhante noutras empresas que se encontram em relação de dominio ou de grupo com a instituição;

e) Os depósitos de que sejam titulares cônjuge, parentes ou afins em 1.º grau ou terceiros que actuem por conta de depositantes referidos na alínea anterior;

f) Os depósitos de que sejam titulares empresas que se encontrem em relação de domínio ou de grupo com a instituição de crédito;

g) Os depósitos relativamente aos quais o titular tenha injustificadamente obtido da instituição de crédito, a título individual, taxas ou outras vantagens financeiras que tenham contribuído para agravar a situação financeira da instituição de crédito.
(art. 165.º do R.G.I.C. nova redacção)

Limites da Garantia

O Fundo garante o reembolso da totalidade do valor global dos saldos em dinheiro de cada depositante, sempre que esse valor não ultrapasse o montante fixado por portaria do Ministro das Finanças, ouvido o Banco de Portugal.

No caso de depósitos cujo saldo global ultrapasse o montante fixado nos termos do número anterior, serão consideradas parcelas iguais a esse montante, no máximo de três, garantindo o Fundo o reembolso de 100% da primeira, 75% da segunda e 50% da terceira.

Para os efeitos dos números anteriores, considerar-se-ão os saldos existentes à data em que se verificar a indisponibilidade dos depósitos.

O valor global referido nos números anteriores será determinado com observância dos seguintes critérios:

a) Considerar-se-á o conjunto das contas de depósito de que o interessado seja titular na instituição em causa, independentemente da sua modalidade;

b) Incluir-se-ão nos saldos dos depósitos os respectivos juros, contados até à data referida no n.º 3;

c) Serão convertidos em escudos, ao câmbio da mesma data, os saldos de depósitos expressos em moeda estrangeira;

d) Na ausência de disposição em contrário, presumir-se-á que pertencem em partes iguais aos titulares os saldos das contas colectivas, conjuntas ou solidárias;

e) Se o titular da conta não for o titular do direito aos montantes depositados e este tiver sido identificado ou for identificável antes de verificada a indisponibilidade dos depósitos, a garantia cobre o titular do direito;

f) Se o direito tiver vários titulares, a parte imputável a cada um deles, nos termos da regra constante da alínea d), será tomada em consideração no cálculo dos limites previstos nos n.ºs 1 e 2;

g) Os depósitos numa conta à qual tenham acesso várias pessoas na qualidade de membros de uma associação ou de uma comissão especial, desprovidos de personalidade jurídica, são agregados como se tivessem sido feitos por um único depositante e não contam para efeitos do cálculo dos limites previstos nos n.º 1 e 2 aplicáveis a cada uma dessas pessoas (Art. 166.º do R.G.I.C., nova redacção).

A Portaria n.º 285-A/95, de 15/9/95 (publicada no D.R. II Série, de 19/9/95) revogou a Portaria n.º 175/94, de 28/11/94) (publicada no D.R. II Série, de 13/12/94 e dispõe que:

1. O montante referido no n.º 1 do art. 166.º do Regime Geral das Instituições de Crédito e Sociedades Financeiras é fixado em 3 milhões de escudos ou no equivalente a 15.000 ECU convertido em escudos à taxa de câmbio oficial da data em que se verificar a indisponibilidade dos depósitos, se superior.

2. No caso de o valor global dos saldos em dinheiro de um depositante ultrapassar o montante estabelecido no número anterior, serão consideradas três parcelas iguais a esse montante, garantindo o Fundo o reembolso de 100% da primeira, 75% da segunda e 50% da terceira.

A **Portaria n.º 285-B/95, de 15/9/95 (publicada em conjunto com a anterior) revoga a Portaria n.º 176/94, de 28/11/94**, e aprovou nova redacção do Regulamento do Fundo de Garantia de Depósitos, que já havia sido aprovado pela Portaria n.º 176/94.
Efectivação do reembolso — V. art. 167.º do R.G.I.C.

8. CONSOLIDAÇÃO DE CONTAS ([32])

Os bancos que controlem uma ou várias empresas, de modo exclusivo ou em conjunto ([33]) com outra ou outras empresas não incluídas na consolidação, são obrigados a elaborar contas consolidadas e um relatório consolidado de gestão.

([32]) Ver Dec.-Lei n.º 36/92, de 28 de Maio.
A Directiva do Conselho n.º 86/635/CEE, de 8 de Dezembro de 1986 procedeu à harmonização das regras essenciais a que deve obedecer a prestação de contas dos bancos e de outras instituições financeiras estabelecidas nos Estados--membros das Comunidades Europeias.
A parte dessa Directiva respeitante às contas anuais foi transposta para a ordem jurídica interna através do Plano de Contas para o Sistema Bancário, posto em vigor pelo Banco de Portugal, através do Decreto-Lei n.º 91/90, de 17 de Março.
O presente Decreto-Lei veio transpor para o Direito português as regras da referida Directiva relativas à consolidação de contas, sendo certo que a mesma Directiva, introduzindo as especialidades exigidas pelo sector financeiro, remete nas suas linhas gerais para a disciplina prevista na chamada 7.ª Directiva n.º 83/349/CEE, de 13 de Junho de 1983, como se refere no relatório preambular do referido Dec.-Lei.
([33]) No referido Dec.-Lei n.º 36/92, o art. 2.º, n.º 2 preceitua que uma das instituições das indicadas no art. 2.º, n.º 1, que não abrange só bancos, *controla de modo exclusivo* uma empresa quando em relação a esta se verificar alguma das seguintes situações:
a) Ter a maioria dos direitos de voto dos titulares do capital dessa empresa;

São excluídas da consolidação as contas das empresas cuja actividade seja de natureza diferente da da empresa-mãe ou das filiais incluídas na consolidação, nomeadamente, as das empresas comerciais, industriais, agrícolas e de seguros.

Uma empresa pode ainda ser excluída da consolidação sempre que:

— existam restrições severas e duradoiras ao exercício pela instituição-mãe dos direitos sobre o património ou a gestão da empresa em causa:

— as informações necessárias impliquem custos desproporcionados ou demora injustificada;

— as partes representativas do seu capital sejam detidas, exclusivamente, tendo em vista a sua cessão posterior a curto prazo.

Não podem ser excluídas da consolidação as empresas sujeitas à supervisão do Banco de Portugal ou de entidades de supervisão homólogas de outros países, bem como as que desenvolvam uma actividade complementar ou auxiliar da da empresa-mãe ou de filiais incluídas na consolidação, designadamente empresas de serviços informáticos e empresas de gestão de imóveis (V. Decreto-Lei n.º 36/92, de 28/3).

b) Ter o direito de designar ou destituir a maioria dos membros dos órgãos de administração ou de fiscalização, sendo simultaneamente titular de capital dessa empresa;

c) Ter o direito de exercer uma influência dominante sobre a empresa, da qual seja um dos titulares do respectivo capital, por força de um contrato celebrado com esta ou de uma cláusula estatutária desta;

d) Ser titular de capital de uma empresa, cuja maioria dos membros dos órgãos de administração ou de fiscalização em funções durante o exercício em curso, bem como no exercício anterior e até à celebração das contas consolidadas, tenha sido exclusivamente nomeada por efeito dos seus direitos de voto, desde que estes representem, pelo menos, 40% do total e que nenhum outro titular de capital da empresa disponha, directa ou indirectamente, de uma fracção de capital superior àquela;

e) Controlar por si só, por força de um acordo celebrado com outros sócios da empresa, a maioria dos direitos de voto dos titulares do capital da mesma.

O n.º 3 do referido art. 2.º esclarece que se verifica uma situação de *controlo conjunto* quando o controlo efectivo de uma empresa é exercido por um número limitado de sócios e as decisões a ela relativas resultam de comum acordo entre estes.

As empresas obrigadas por lei à consolidação de contas, nos termos do Dec.-Lei n.º 238/91, de 2 de Julho, e do Código das Sociedades Comerciais (V. art. 508.º-A a 508.º-E), poderão apresentar e apreciar até 31 de Maio, os documentos respeitantes à prestação de contas consolidadas relativamente ao exercício social do ano anterior (Dec.-Lei n.º 59/95, de 5 de Abril).

9. FINANCIAMENTO

Os bancos financiam-se pela via dos depósitos recebidos e pela emissão de outros instrumentos dos mercados monetário e de capitais.

10. RESERVAS DE CAIXA

Aviso n.º 7/94

1.º — 1 — Estão sujeitas à constituição de disponibilidades mínimas de caixa as instituições, monetárias ou não monetárias, cuja actividade, no todo ou em parte, possa afectar os mercados monetários e financeiro e nestas assumam as responsabilidades previstas neste aviso.

2 — São abrangidas pelo disposto no n.º 1 do n.º 1.º sucursais estabelecidas em Portugal, incluindo as sucursais financeiras internacionais instaladas nas zonas francas da Madeira e da ilha de Santa Maria, e instituições de crédito ou financeiras com sede no estrangeiro.

3 — Ficam dispensadas da constituição de disponibilidades mínimas de caixa as instituições indicadas em instruções do Banco de Portugal, quando os respectivos valores de incidência não excedam o montante fixado nas mesmas instruções.

2.º — O montante mínimo das disponibilidades de caixa é igual ao somatório dos seguintes valores:

a) 2% do valor total das responsabilidades referidas no n.º 3.º;
b) 15% do valor da média de responsabilidades, instrumentos financeiros e transacções que, no período compreendido entre

1-5 e 31-12-93, foram sujeitos à constituição de disponibilidades mínimas de caixa.

3.º — 1 — Constituem base de incidência do coeficiente estabelecido na al. a) do n.º 2.º as responsabilidades por depósitos e outras responsabilidades em moeda nacional e estrangeira para com residentes, incluindo entidades do sector público administrativo, e as responsabilidades por depósitos e outras responsabilidades em moeda nacional para com não residentes e emigrantes, assumidas pelas instituições mencionadas no n.º 1.º, incluindo sucursais financeiras internacionais instaladas nas zonas francas da Madeira e da ilha de Santa Maria.

2 — Ficam excluídas da base de incidência as responsabilidades por depósitos e outras responsabilidades para com o Banco de Portugal, as instituições sujeitas a disponibilidades mínimas de caixa, o Fundo de Garantia do Crédito Agrícola Mútuo, o Fundo de Garantia de Depósitos e as instituições financeiras não residentes, bem como para com outras entidades que, pela natureza da sua actividade, sejam indicadas em instruções do Banco de Portugal.

4.º — A parcela de disponibilidaddes mínimas de caixa a que se refere a al. a) do n.º 2.º será integralmente representada por depósitos no Banco de Portugal.

5.º — A parcela de disponibilidades mínimas de caixa a que se refere a al. b) do n.º 2.º será representada por títulos de depósito emitidos pelo Banco de Portugal, sob forma escritural, por prazos não superiores a 10 anos, por montante correspondente ao valor apurado nos termos da al. b) do n.º 2.º.

6.º — O Banco de Portugal determinará a constituição de disponibilidades de caixa suplementares até ao limite de metade da base de incidência relativa às disponibilidades mínimas não constituídas, para as instituições que não dêem cumprimento ao disposto no presente aviso, sem prejuízo de outras medidas legalmente previstas.

7.º — O regime de disponibilidades mínimas de caixa estabelecido no presente aviso vigora a partir do período de cálculo de responsabilidades iniciado em 1-11-94.

8.º — A obrigatoriedade de constituição de disponibilidades mínimas de caixa nos termos da al. b) do n.º 2.º cessa:

a) para os bancos, a Caixa Geral de Depósitos, a Caixa Económica, Montepio Geral e Caixa Económica Açoreana, a partir de 12-11-94;
b) Para as caixas económicas (exclui a Caixa Económica, Montepio Geral e a Caixa Económica Açoreana), as caixas de crédito agrícola mútuo e as sociedades de desenvolvimento regional, a partir de 31-1-95;
c) Para as sociedades de investimento, as sociedades de locação financeira, as sociedades de factoring, as sociedades financeiras para aquisições a crédito e as sociedades financeiras de corretagem, a partir de 1-1-95;

9.º — Por instruções, o Banco de Portugal regulamentará o disposto no presente aviso.

10.º — Fica revogado o aviso n.º 7/90, publicado no DR, Iª, de 3-5-90, mantendo-se, no entanto, transitoriamente aplicáveis as suas disposições para efeito de constituição de disponibilidades mínimas de caixa relativas ao último apuramento da base de incidência anterior a 1-11-94.

1 — Instituições sujeitas a disponibilidades mínimas de caixa
  1.1 — Estão sujeitas à constituição de disponibilidades mínimas de caixa as seguintes instituições:
    I — Bancos, Caixa Económica Montepio Geral e Caixa Económica Açoreana
    II — Caixa Geral de Depósitos
    III — Caixas Económicas (exclui Caixa Económica Montepio Geral e Caixa Económica Açoreana)
    IV — Caixas de crédito agrícola mútuo do Sistema integrado de Crédito Agrícola Mútuo (SICAM)

V — Caixas de crédito agrícola mútuo que não pertençam ao SICAM
VI — Sociedades de desenvolvimento regional
VII — Sociedades de investimento
VIII — Sociedades de locação financeira (mobiliária e imobiliária)
IX — Sociedades de "factoring"
X — Sociedades financeiras para aquisições a crédito
XI — Sociedades financeiras de corretagem

1.2 — A enumeração constante do n.º 1.1 abrange as sucursais estabelecidas em Portugal, incluindo as Sucursais Financeiras Internacionais instaladas nas zonas francas da Madeira e da Ilha de Santa Maria, de Instituições de crédito ou financeiras com sede no estrangeiro.

1.3 — As instituições mencionadas nas categorias III e VI a XI, bem como as abrangidas nas categorias IV e V que participem no sistema de garantia do crédito agrícola mútuo, ficam dispensadas da constituição de disponibilidades mínimas de caixa quando a respectiva base de incidência não exceder 500 000 contos. Para este efeito, a base de incidência é calculada sem atender ao disposto em 4.1.3.3. (Folha D — 0919.1/01 anexa à Circular, Série A, n.º 270, de 02.11.94)

11. QUADRO LEGAL

Aviso de 16 de Agosto de 1990
Aviso n.º 12/90 de 16 de Novembro
DL n.º 36/92, de 28 de Março
Aviso n.º 12/92, de 29 de Dezembro
DL n.º 298/92, de 31 de Dezembro
Aviso n.º 1/93, de 8 de Junho
Aviso n.º 5/93 de, 15 de Outubro

Aviso n.º 7/94 de, 24 de Outubro
Aviso n.º 8/94, de 15 de Novembro
Aviso n.º 10/94, de 18 de Novembro
Aviso n.º 11/94, de 29 de Dezembro
Aviso n.º 3/95, de 30 de Junho
Aviso n.º 6/95 de 21 de Setembro
Aviso n.º 8/95, de 19 de Setembro
Aviso n.º 9/95, de 19 de Setembro
Aviso n.º 10/95 de, 19 de Setembro
Aviso n.º 12/95 — XII, de 8 de Novembro
DL n.º 246/95, de 14 de Setembro
Portaria n.º 285-A/95, de 15 de Setembro
Portaria n.º 285-B/95, de 15 de Setembro
DL n.º 26/96, de 11 de Abril
Aviso n.º 3/96, de 15 de Julho
Aviso n.º 7/96, de 24 de Dezembro
Aviso n.º 8/96, de 17 de Dezembro
Aviso n.º 9/96, de 17 de Dezembro
Aviso n.º 10/96, de 7 de Janeiro de 1997
DL n.º 232/96, de 5 de Dezembro

SECÇÃO II
CAIXA GERAL DE DEPÓSITOS

A Caixa Geral de Depósitos tem a natureza de sociedade anónima de capitais exclusivamente públicos.

Considerou-se que "dada a natureza da actividade exercida, a posição e o papel que a empresa ocupa no mesmo sector" (bancário) "que deveria ser apenas o Estado, e não qualquer outra pessoa colectiva de direito público, o detentor do capital" (do relatório do Dec.-Lei n.º 287/93, de 20 de Agosto, que entrou em vigor no dia 1 de Setembro de 1993).

A Caixa rege-se pelo Dec.-Lei citado, pelos seus estatutos, publicados em anexo ao mesmo Dec.-Lei, pelas normas gerais e especiais aplicáveis às instituições de crédito e pela legislação aplicável às sociedades anónimas (art. 2.º, n.º 2 deste Dec.-Lei).

Nos termos do art. 4.° dos Estatutos, "a sociedade tem por objecto o exercício da actividade bancária nos mais amplos termos permitidos por lei e exercerá também quaisquer outras atribuições que lhe sejam conferidas por legislação especial".

No exercício da sua actividade, a Caixa deverá promover a formação e a captação da poupança e contribuir, designadamente através das suas operações de financiamento, para o desenvolvimento económico e social do País (art. 3.°, n.° 2 do Dec.-Lei citado).

O Regime Geral das Instituições de Crédito e Sociedades Financeiras veio equiparar a Caixa Geral de Depósitos aos bancos no que respeita às actividades que está autorizada a exercer.

Completou-se a integral separação entre a Caixa Geral de Aposentações e o Montepio dos Servidores do Estado, por um lado, e a Caixa por outro.

A Caixa Nacional de Previdência e o Montepio dos Servidores do Estado, instituições criadas pela Lei de 21 de Maio de 1896, foram, pelo Dec.-Lei n.° 277/93 de 10 de Agosto, reunidas numa única pessoa jurídica, a Caixa Geral de Aposentações, que passou a dispor de órgãos próprios, distintos dos órgãos de administração e fiscalização da Caixa Geral de Depósitos.

Nos termos do art. 1.° do Dec.-Lei n.° 277/93:

1 — A Caixa Geral de Aposentações (CGA) é uma pessoa colectiva de direito público, dotada de autonomia administrativa e financeira e com património próprio, que tem por escopo a gestão do regime de segurança social do funcionalismo público em matéria de pensões.

2 — O Montepio dos Servidores do Estado é incorporado na CGA, a qual assume a totalidade das respectivas atribuições, bem como o activo e o passivo patrimonial daquela instituição.

Relembra-se que, pelo Dec.-Lei n.° 210/72, de 23 de Junho, a Agência Financial de Portugal no Rio de Janeiro, foi transformada em Dependência da Caixa Geral de Depósitos.

Nos termos do art. 7.°, do Dec.-Lei 287/93:

1 — Sem prejuízo do disposto nos números seguintes, os trabalhadores da Caixa ficam sujeitos ao regime jurídico do Contrato Individual de Trabalho.

2 — Os trabalhadores que se encontrem ao serviço da Caixa na data da entrada em vigor do presente diploma continuam sujeitos ao regime que lhes era até aí aplicável, podendo contudo optar pelo regime previsto no número anterior, mediante declaração escrita feita nos termos e no prazo a fixar pela administração da Caixa.

Outra legislação aplicável:
É importante ter presente o disposto no art. 9.º do Dec.-Lei 287/93:

1 — Foram revogados, salvo no que respeita à sua aplicação à Caixa Geral de Aposentações, e com as ressalvas constantes deste artigo, os seguintes diplomas:

a) o Dec.-Lei 48.953, de 5 de Abril de 1969;
b) o Dec.-Lei 693/70, de 31 de Dezembro;
c) o Dec.-Lei 694/70, de 31 de Dezembro;
d) o Dec.-Lei 265/75, de 28 de Maio;

2 — Exceptuam-se do disposto no número antecedente os seguintes preceitos, que se mantêm em vigor, com as necessárias adaptações:

a) os arts. 39.º a 41.º, 43.º, 44.º, n.ᵒˢ 1 e 3, 45.º, 54.º, 56.º, 57.º, 65.º, n.ᵒˢ 1 e 2 e 70.º do Dec.-Lei 48.953, de 5 de Abril de 1969; (Revogado o art. 60.º do Dec.-Lei 48.953, deixaram as hipotecas constituídas a favor da C.G.D. de abranger, independentemente de registo, os juros relativo a três anos).
b) Os arts. 13.º e 35.º do regulamento aprovado pelo Decreto n.º 640/70, de 31 de Dezembro.

3 — Mantêm-se também em vigor, mas unicamente para aplicação aos trabalhadores da Caixa que não tenham exercido a faculdade a que se refere o n.º 2 do art. 7.º, e com as necessárias adaptações, os artigos 31.º, n.º 2.º, 32.º e 34.º, n.º 2, do Dec.-Lei n.º 48.953, de 5 de Abril de 1969.

4 — Os documentos que titulando acto ou contrato realizado pela Caixa, prevejam a existência de uma obrigação de que a Caixa seja credora e estejam assinados pelo devedor revestem-se de força executiva, sem necessidade de outras formalidades (títulos executivos especiais — art. 46.º, alínea d) do C.P.C.)

5 — As execuções pendentes à data da entrada em vigor do presente diploma continuam a reger-se, até final, pelas regras de competência e de processo vigentes nessa data. (continuam a ser da competência dos tribunais de 1.ª instância das contribuições e impostos).

6 — Mantêm-se igualmente em vigor o art. 16.º do Dec.-Lei 48.953, de 5 de Abril de 1969, em relação às operações e aos contratos de depósito nele previstos que tenham sido realizados até à data de entrada em vigor do presente diploma, sem prejuízo do disposto na legislação que rege o Fundo de Garantia de Depósitos. (As operações realizadas pela Caixa Geral de Aposentação e Montepio dos Servidores do Estado, são responsabilidade exclusiva e separada de cada uma das referidas instituições e seus fundos, respondendo também por elas o Estado.

O Estado assegura, em especial, a restituição de todos os depósitos efectuados na Caixa, mesmo em casos fortuitos ou de força maior.)

7 — *Assento do Supremo Tribunal de Justiça n.º 7/93, de 29/9/93*:
"A Caixa Geral de Depósitos não está isenta de emolumentos por actos de registo predial, nem dos respectivos preparos no âmbito do Código do Registo Predial de 1984" (in D.R. I Série - A, de 23/11).

SECÇÃO III
CAIXAS ECONÓMICAS ([34])

São pessoas colectivas de direito privado, exercendo as seguintes funções:
— Recepção sob a forma de depósitos à ordem e de depósitos a prazo de disponibilidades monetárias.

([34]) *Principal legislação relativa a Caixas Económicas:*

— Utilização dessas responsabilidades, por sua conta e risco, em empréstimos e outras operações activas de crédito a curto prazo e médio prazo e nas Regiões Autónomas também a longo prazo (V. Dec.-Lei n.º 231/79, de 24 de Julho).

— A concessão de crédito é dirigida quase exclusivamente à economia regional.

— O disposto nas alíneas b) e d) do n.º 1 do art. 14.º e no Capítulo II do Título II não é aplicável às Caixas Económicas (art. 29.º do R.G.I.C.)

Também o disposto nos arts. 36.º a 40.º não é aplicável às caixas de crédito agrícola mútuo, nem às caixas económicas que não revistam a forma de sociedade anónima, com excepção da Caixa Económica Montepio Geral.

Nos termos do art. 2.º do Dec.-Lei n.º 136/79, de 18/5, só podem ser autorizadas caixas económicas que sejam anexas ou pertençam a associações de socorros mútuos, misericórdias ou outras instituições de beneficência, não podendo, em caso algum, ser constituídas novas caixas económicas sob a forma de sociedade comercial.

Existem, contudo, caixas económicas anteriormente constituídas sob a forma de sociedade anónima (art. 4.º do Dec.-Lei citado).

As Caixas económicas limitam as suas operações de crédito activas a empréstimos sobre penhores e hipotecários (art. 5.º, n.º 1).

– Dec.-Lei n.º 136/79, de 18/05 – Regulamento.
– Dec.-Lei n.º 231/79, de 24/07 – Alteração ao Dec.-Lei n.º 136/79.
– Dec.-Lei n.º 281/80, de 14/08 – Alteração ao Dec.-Lei n.º 136/79.
– Dec.-Lei n.º 79/81, de 20/04 – Regiões Autónomas. Aditamento de um n.º 3 do art. 5.º do Regulamento.
– Dec.-Lei n.º 49/86, de 14/03 – Dá nova redacção ao art. 4.º do Dec.-Lei n.º 136/79, de 18 de Maio – art. 1.º
– Dec.-Lei n.º 212/86, de 01/08 – Dá nova redacção ao art. 8.º do Dec.--Lei n.º 136/86, de 18/05.
– Dec.-Lei n.º 182/90, de 6/6, rectificado no D.R., I Série, n.º 149, de 30/6/90.
– A Caixa Económica de Lisboa, anexa ao Montepio Geral, rege-se pela legislação que lhe é própria (cf. o n.º 5 do art. 30.º do DL n.º 136/79, de 18/5), tendo os actuais estatutos sido aprovados em assembleia geral de 06/09/90 e publicados no DR, III Série, n.º 205, de 06/09/91.
– V. Aviso 7/94 do B.P., de 24/12 – Constituição de disponibilidades mínimas de caixa.

Podem executar serviços de cobrança, transferências de numerário, aluguer de cofres, administração de bens imóveis, pagamentos periódicos e outros análogos de conta dos clientes (art. 15.°).

Quanto a operações cambiais, participações financeiras e carteira de títulos, os arts. 7.°, 8.° e 9.° consagram importantes limitações.

Importa ter presente o regime especial consagrado no referido DL n.° 136/79 no que se refere às operações activas e passivas que as caixas económicas actualmente existentes e com sede nas regiões autónomas estão autorizadas a praticar (V. arts. 5.°, n.os 2 e 3, e 13.°, n.° 2).

Os MONTEPIOS e as MUTUALIDADES, na parte em que funcionam como instituição de depósito e de crédito, são equiparados às Caixas Económicas.

Caixas Económicas

— Caixa Económica Açoreana, SA (em liquidação)
— Caixa Económica Comercial e Industrial-Anexa ao Montepio Comercial e Industrial — Associação de Socorros Mútuos
— Caixa Económica da Assoc. de Socorros Mútuos de Empregados no Comércio de Lisboa
— Caixa Económica da Guarda
— Caixa Económica da Misericórdia de Angra do Heroísmo
— Caixa Económica da Misericórdia de Ponta Delgada
— Caixa Económica do Porto
— Caixa Económica Faialense, SA (em liquidação)
— Caixa Económica do Montepio Geral
— Caixa Económica Social

SECÇÃO IV
CAIXA CENTRAL DE CRÉDITO AGRÍCOLA MÚTUO [35]

Foi constituída por escritura de 20 de Junho de 1984.

Os seus estatutos foram alterados totalmente em 10 de Maio de 1991 (V. D.R., III Série 2.° Supl., desta data).

---

[35] D.R. III Série, de 22/10/84 — Supl. Constituição

Capital mínimo: 1.500.000 cts (V. Portaria 95/94, de 9/2). Importa ter presente o disposto nos arts. 2.º, 3.º e 52.º dos Estatutos referidos:

ARTIGO 2.º
Integração cooperativa e fins

1 — A Caixa Central integra-se no ramo do crédito do sector cooperativo, a que se refere a alínea *d*) do n.º 1 do art. 4.º do Código Cooperativo, e, como parte desse sector, coopera activamente com as cooperativas dos demais ramos e seus organismos de grau superior para o seu fortalecimento, desenvolvimento e autonomia.

2 — A Caixa Central, na prossecução da sua actividade, orienta-se pelas finalidades de progresso, integração e autonomia das caixas agrícolas suas associadas, cooperando com elas e com as suas Federação Nacional e uniões regionais para o desenvolvimento da agricultura e para a melhoria do bem-estar físico, social e económico do mundo rural, à luz dos princípios mutualistas do cooperativismo.

ARTIGO 3.º
Objecto

1 — Constitui objecto da Caixa Central:
a) O exercício de funções de crédito e a prática dos demais actos inerentes à actividade bancária, nos termos previstos na legislação aplicável:
b) Promover a constituição do sistema integrado do crédito agrícola mútuo e, como seu organismo central, coordená-lo e representá-lo.

2 — O sistema integrado do crédito agrícola mútuo é constituído pela Caixa Central e pelas caixas agrícolas suas associadas e organizado de acordo com a legislação aplicável e com os presentes estatutos.

D.R. III Série, de 10/05/91 — Supl. Estatutos
D.R. III Série, de 18/10/91 — Supl. Emissão de Obrigações
D.R. III Série, de 21/11/91 — Supl. Um exemplo de estatutos, no caso da Caixa de Crédito Agrícola Mútuo de Benavente, CRL.

3 — Para o exercício das funções de coordenação do sistema integrado do crédito agrícola mútuo, compete à Caixa Central:

a) Orientar e fiscalizar as suas associadas e intervir na sua gestão, nos casos e nos termos previstos na legislação aplicável e nestes estatutos;

b) Assegurar o cumprimento pelo sistema integrado do crédito agrícola mútuo e pelas caixas agrícolas suas associadas das regras de solvabilidade e liquidez;

c) Assegurar, pelos meios previstos na legislação aplicável e nestes estatutos, a satisfação dos direitos dos credores do sistema integrado do crédito agrícola mútuo;

d) Proceder à consolidação das suas contas com as das suas associadas.

4 — As funções de representação previstas na alínea *b)* do n.º 1 deste artigo serão exercidas sem prejuízo das competências dos organismos federativos, relativamente às caixas agrícolas suas associadas.

ARTIGO 52.º
Fiscalização

1 — Sem prejuízo da competência do Banco de Portugal, compete à Caixa Central a fiscalização das suas associadas nos aspectos administrativo, técnico e financeiro e da sua organização e gestão.

2 — Para o bom desempenho das suas funções, a Caixa Central analisa os elementos contabilísticos e quaisquer outros que entenda necessários e leva a cabo as inspecções directas que se mostrem convenientes.

3 — As associadas da Caixa Central obrigam-se a fornecer--lhe os elementos contabilísticos e outros que ela solicite e a facultar aos seus representantes o acesso aos seus estabelecimentos e a toda a documentação neles existente, necessária ao exercício das suas funções.

SECÇÃO V
CAIXAS DE CRÉDITO AGRÍCOLA MÚTUO ([36])

O Decreto-Lei n.º 24/91, de 11 de Janeiro, aprovou o Regime Jurídico do Crédito Agrícola Mútuo e das Cooperativas de Crédito Agrícola.

As Caixas de Crédito Agrícola Mútuo, genericamente designadas por "caixas agrícolas" são instituições de crédito, sob a forma cooperativa, cujo objecto é o exercício de funções de crédito agrícola em favor dos seus associados, bem como a prática dos demais actos inerentes à actividade bancária nos termos do presente diploma (V. art. 1.º do Regime Jurídico do Crédito Agrícola Mútuo e das Cooperativas de Crédito Agrícola, aprovado pelo art. 1.º do Dec.-Lei n.º 24/91, de 11 de Janeiro e com a redacção dada pelo Dec.-Lei 230/95 de 12/9).

As Caixas agrícolas são consideradas pessoas colectivas de utilidade pública.

Em tudo o que não estiver previsto no referido diploma, as caixas agrícolas regem-se, consoante a matéria, pelo Regime Geral das Instituições de Crédito e Sociedades Financeiras e outras normas que disciplinam as instituições de crédito e pelo Código Cooperativo ([37]) e demais legislação aplicável às cooperativas em geral (art. 2.º do R.J., redacção do Dec.-Lei n.º 230/95).

A constituição e funcionamento das caixas agrícolas dependem da autorização prévia do Banco de Portugal, ouvidas a Caixa Central de Crédito Agrícola Mútuo e a Federação Nacional.

O disposto nas alíneas a) e b) do n.º 1 do art. 14.º e no Capítulo II do Título II não é aplicável às Caixas de crédito agrícola mútuo (art. 29.º do R.G.I.C.)

Capital social — 10.000 ou 500.000 cts, conforme façam ou não parte do sistema integrado do crédito agrícola mútuo (V. portaria n.º 95/94, de 9/2).

([36]) Dec.-Lei n.º 24/91, de 11/1 — Regime jurídico, alterado pelo Dec.-Lei n.º 230/95, de 12/9.

([37]) Dec.-Lei n.º 51/96, de 7/9, aprovou o novo Código Cooperativo.
V. ainda o Código de Registo Comercial, aprovado pelo Dec.-Lei n.º 403//86, de 03/12, art. 4.º.

Obtenção de recursos — Para a prossecução das suas finalidades, podem as caixas agrícolas, para além dos demais meios de financiamento permitidos às cooperativas em geral:

a) Receber depósitos ou outros fundos reembolsáveis dos seus associados ou de terceiros.

c) Ter acesso a outros meios de financiamento que lhe sejam especialmente autorizados pelo Banco de Portugal, ouvida a Caixa Central, se se tratar de caixas suas associadas (art. 26.º do R.J).

Operações de crédito agrícola — Para efeitos do presente diploma, são consideradas operações de crédito agrícola os empréstimos e outros créditos, qualquer que seja a forma, a natureza, o título ou o prazo destes, quando tenham por objecto:

a) Facultar recursos para apoio ao investimento ou funcionamento de unidades produtivas dos sectores da agricultura, silvicultura, pecuária, caça, pesca, aquicultura, agro-turismo e indústrias extractivas, ou para a formação, reestruturação, melhoria ou desagravamento do capital fundiário das explorações agrícolas, silvícolas, pecuárias, cinegéticos, piscícolas, aquícolas, agro-turísticas ou de indústrias extractivas;

b) Financiar a criação, a montagem, o aperfeiçoamento, a renovação, total ou parcial, e o funcionamento de instalações destinadas à transformação, ao melhoramento, à conservação, à embalagem, ao transporte e à comercialização dos produtos agrícolas, silvícolas, pecuários, cinegéticos, piscícolas, aquícolas ou de indústrias extractivas;

c) Facultar recursos para apoio ao investimento ou funcionamento de unidades que se dediquem ao fabrico ou comercialização de factores de produção directamente aplicáveis na agricultura, silvicultura, pecuária, caça, pesca, aquicultura, agro-turismo e indústrias extractivas, ou à prestação de serviços com elas directa e imediatamente relacionados;

d) Facultar recursos para o apoio ao investimento ou financiamento de unidades de turismo de habitação ou turismo rural e de produção e comercialização de artesanato;

e) Financiar as despesas que contribuam para o aumento das condições de bem-estar dos associados das caixas agrícolas e dos familiares que com eles vivam em econonomia comum, designadamente através de crédito à habitação;

f) Financiar a construção e melhoria de infra-estruturas económicas e sociais relacionadas com o desenvolvimento do mundo rural e das unidades referidas nas alíneas anteriores;

g) Prestar garantias aos seus associados em operações relacionadas com o exercício das actividades previstas no n.º 1 do art. 19.º, nas condições que forem estabelecidas pelo Banco de Portugal (art. 27.º do R.J. redacção do Dec.-Lei n.º 230/95).

Prestação de serviços — As caixas agrícolas podem prestar serviços de aluguer de cofres e de guarda de valores, administração de bens imóveis, comercialização de contratos de seguro, prestação de informações comerciais, colocação de valores mobiliários na modalidade prevista na alínea c) do n.º 1 do art. 125.º do Código de Mercado de Valores Mobiliários, intermediação em pagamentos e outros de natureza análoga (art. 35.º do R.J., redacção do Dec.-Lei n.º 230/95).

Comércio de câmbios e operações cambiais — Às caixas agrícolas é permitido comprar e vender notas e moedas estrangeiras ou cheques de viagem, nos termos permitidos às agências de câmbios. A Caixa Central pode exercer o comércio de câmbios e realizar operações cambiais nos mesmos termos que os bancos.

Alargamento das actividades das caixas agrícolas — As caixas agrícolas que apresentem condições estruturais adequadas e meios suficientes, designadamente quanto a fundos próprios, solvabilidade, liquidez, organização interna e capacidade técnica e humana, poderão ser autorizadas pelo Banco de Portugal a alargar o seu objecto a uma ou várias das actividades seguintes:

a) Locação financeira a favor dos associados para financiamento de actividades referidas no art. 27.º:

b) Factoring a favor dos associados para financiamento de actividades referidas no art. 27.º;

c) Emissão e gestão de meios de pagamento, tais como cartões de crédito, cheques de viagem e cartas de crédito;

d) Participação em emissões e colocações de valores mobiliários e prestações de serviços correlativos;
e) Actuação nos mercados interbancários;
f) Consultoria, guarda administração e gestão de carteiras de valores mobiliários;
g) Gestão e consultoria em gestão de outros patrimónios.

Quando uma caixa deixar de reunir as condições e requisitos necessários, o Banco de Portugal poderá retirar-lhe, no todo ou em parte, a faculdade do exercício de actividades referidas no número anterior.

A autorização e revogação de autorização previstas nos números anteriores dependem de parecer favorável da Comissão do Mercado de Valores Mobiliários, sempre que respeitem a actividade de intermediação em valores mobiliários, e tratando-se de uma caixa agrícola associada da Caixa Central deverão ser precedidas, sem prejuízo do disposto no número seguinte, de parecer da Caixa Central, a emitir no prazo de 30 dias.

Fundo de Garantia do Crédito Agrícola Mútuo — Foi criado pelo Dec.-Lei n.° 182/87, de 21 de Abril, com sede no Porto (alterado pelo Dec.-Lei n.° 94/94, de 9/4/94). A Portaria n.° 38/96, de 13/2 (D.R. I Série-B, de 13/2/96) determina *as contribuições* das caixas agrícolas, da Caixa Central de Crédito Agrícola Mútuo e do Banco de Portugal para este Fundo de Garantia, cujos estatutos foram aprovados pela Portaria n.° 854/87, de 4/11. (D.R. I Série, de 5/11).

Rege-se por lei especial a garantia dos depósitos captados pelas caixas de crédito agrícola mútuo pertencentes ao Sistema Integrado de Crédito Agrícola Mútuo (art. 156.°, n.°6, do R.G.I.C.)

SECÇÃO VI
SOCIEDADES DE INVESTIMENTO [38]

Constituídas sob a forma de sociedades anónimas de responsabilidade limitada, com um capital não inferior a 1.500.000 contos (Portaria n.° 95/94, de 9 de Fevereiro), são instituições de crédito que têm

---

[38] — Dec.-Lei n.° 144/81, de 03/06 — Benefícios fiscais.

por objecto exclusivo uma actividade bancária restrita à realização das operações financeiras e à prestação de serviços conexos definidos no Dec.-Lei n.º 260/94.

As sociedades de investimento regem-se pelo disposto no diploma referido e pelas disposições aplicáveis do Regime Geral das Instituições de Crédito e Sociedades Financeiras.

OBJECTO

As sociedades de investimento podem efectuar apenas as seguintes operações ou prestar os seguintes serviços:

a) Operações de crédito a médio e longo prazo, não destinadas a consumo, incluindo concessão de garantias e outros compromissos, bem como operações de crédito de curto prazo directamente relacionadas com as anteriores;
b) Oferta de fundos no mercado interbancário;
c) Tomada de participações no capital de sociedades sem a restrição prevista no artigo 101.º do Regime Geral das Instituições de Crédito e Sociedades Financeiras;

— Desp. Norm. n.º 73/82, de 23/04 do M.F.P. in D.R. de 11/5/82 — Garantias prestadas-limites.
— Port. n.º 28/83, de 08/01 — Crédito a médio e longo prazo — suspensão.
— Dec.-Lei n.º 77/86, de 02/05 — Estabelece o regime jurídico das sociedades de investimento. Revoga os Decs.-Lei n.ºˢ 342/80, de 02/09 e 280/81 de 06/10.
— Aviso n.º 7 do M.F. in D.R. I Série de 02/05/86 — Suplemento — Determina que a importância das responsabilidades efectivas perante terceiros, em moeda nacional ou estrangeira, não possa em qualquer momento, exceder o décuplo dos seus capitais próprios realizados.
— Port. n.º 443/86, de 16/08/86 — Fixa o capital social mínimo a deter pelas sociedades de investimento e estabelece o prazo concedido às sociedades de investimento já constituídas para procederem ao aumento do seu capital, no caso de este ser inferior ao mínimo fixado.
— O Dec.-Lei n.º 77/86 foi alterado pelos Dec.-Lei n.ºˢ 228/87, de 11/06; Dec.-Lei n.º 318/89, de 23/09; Dec.-Lei n.º 308/90, de 29/09 e pelo Dec.-Lei n.º 149/92, de 21/07 e revogado pelo Dec.-Lei n.º 260/94.
— Dec.-Lei n.º 260/94, de 22/10/94, estabelece o regime actual das sociedades de investimento.

d) Subscrição e aquisição de valores mobiliários, bem como participação na tomada firme e em qualquer outra forma de colocação de emissões de valores mobiliários e prestação de serviços correlativos;
e) Consultoria, guarda, administração e gestão de carteiras de valores mobiliários;
f) Gestão e consultoria em gestão de outros patrimónios.
g) Administração de fundos de investimento fechados;
h) Serviços de depositário de fundos de investimento;
i) Consultoria de empresas em matéria de estrutura do capital, de estratégia empresarial e de questões conexas, bem como consultoria e serviços no domínio da fusão e compra de empresas;
j) Outras operações previstas em leis especiais;
l) Transacções por conta dos clientes sobre instrumentos do mercado monetário e cambial, instrumentos financeiros a prazo e opções e operações sobre divisas ou sobre taxas de juro e valores mobiliários para cobertura dos riscos de taxa de juro e cambial associados às operações referidas na alínea a);
m) Outras operações cambiais necessárias ao exercício da sua actividade.

As actividades previstas nas alíneas e) e f) ficam sujeitas às disposições que regulam o respectivo exercício por sociedades gestoras de patrimónios, carecendo ainda de autorização expressa do cliente as aquisições de valores mobiliários emitidos ou detidos pela sociedade de investimentos.

Para efeitos da alínea a) supra, entendem-se por operações de crédito destinadas ao consumo os negócios de concessão de crédito concedidos a pessoas singulares para finalidades alheias à sua actividade profissional.
(Art. 3.º do Dec.-Lei 260/94)

RECURSOS

As sociedades de investimento só podem financiar a sua actividade com fundos próprios e através dos seguintes recursos:

a) Emissão de obrigações de qualquer espécie, nas condições previstas na lei e sem obediência aos limites fixados no Código das Sociedades Comerciais:
b) Emissão de títulos de dívida de curto prazo regulados pelo Dec.-Lei n.º 181/92, de 22 de Agosto;
c) Financiamentos concedidos por outras instituições de crédito, nomeadamente no âmbito do mercado interbancário e de acordo com a legislação aplicável a este mercado, bem como por instituições financeiras internacionais;
d) Financiamentos previstos nas alíneas a) e d) do n.º 2 do art. 9.º do Regime Geral das Instituições de Crédito e Sociedades Financeiras.
(Art. 4.º do Dec.-Lei n.º 260/94).

A primeira sociedade de investimentos autorizada "SOFIA — Sociedade Financeira Interatlântica" viu a sua constituição autorizada pela Portaria n.º 416/80, de 19 de Julho.

Actualmente acham-se constituídas as seguintes sociedades de investimento:
— BFE INVESTIMENTOS — Sociedade de Investimentos, SA
— GEOFINANÇA — Soc. Investimentos, SA (em liquidação)
— PROMINDÚSTRIA — Sociedade de Investimento, SA
— S.P.G.M. — Sociedade de Investimento, SA

SECÇÃO VII
SOCIEDADES DE LOCAÇÃO FINANCEIRA [39]

OBJECTO

As sociedades de locação financeira, criadas pelo Dec.-Lei n.º 135/79, de 18 de Maio e hoje reguladas pelo Dec.-Lei n.º 72/95,

---

[39] — Dec.-Lei n.º 135/79, de 18/05 — Regime Jurídico
— Dec.-Lei n.º 171/79, de 6/06 — Redacção igual à que já existia.
— Aviso do M.F.P. de 12/8/82, in D.R. I Série, de 28/09/82 — Contabilidade. Normas.

de 15 de Abril, e pelas disposições aplicáveis do R.G.I.C.S.F. são instituições que têm como objectivo exclusivo o exercício da activi-

— Dec.-Lei n.° 25/83, de 22/01 — Alteração ao Dec.-Lei n.° 135/79, de 18/05.
— Dec.-Lei n.° 97/83, de 17/02 — Dá nova redacção ao art. 11.° n.° 1 do Dec.-Lei n.° 135/79, de 18/05.
— Dec.-Lei n.° 286/85, de 22/07 — Realização de operações com uma só entidade pelas sociedades de locação financeira. Limites.
— Dec.-Lei n.° 103/86, de 19/05 — Regime legal. Revoga os Decs.-Leis n.° 135/79, de 18/05, 25/83 de 22/01, 97/83 de 17/02 e 286/85 de 22/07.
— Port. n.° 435/86, de 11/08 — Capital social mínimo.
— Aviso n.° 11/86, in D.R. I Série de 14/07/86, Supl. — Determina que, nas sociedades de locação financeira, a importância das responsabilidades efectivas perante terceiros, em moeda nacional ou estrangeira, não pode, em qualquer momento, exceder o duodécuplo dos seus capitais próprios realizados.
— Dec.-Lei n.° 228/87, de 11/06 — alterou o Dec.-Lei n.°103/86.
— Port. n.° 40/89, de 23/01 — Determina que as sociedades de locação financeira a autorizar a partir de 1 de Janeiro de 1989 devam possuir um capital social não inferior a 750.000 contos, quando se dediquem à locação financeira mobiliária, ou 1.500.000 contos, quando o seu objecto for a locação financeira imobiliária.
— Aviso n.° 4/89, D.R. I Série, de 28/03, Supl. — Dá nova redacção aos n.ᵒˢ 1.° e 2.° do Aviso n.° 11/86, de 14 de Julho.
— Aviso n.°5/89, D.R. I Série, de 28/03/89 — bens excluídos da locação financeira.
— Dec.-Lei n.° 318/89, de 23/09 — Revoga a alínea *a*) do n.° 1 do art. 10.° do Dec.-Lei n.° 103/86.
— Aviso do M.F., D.R. I Série, de 7/09/90 — Revoga o n.° 3.° do Aviso n.° 11/86, de 14 de Julho.
— Aviso n.° 14/90 de 4/12/90 — Aplica às S.L.F. o Aviso n.° 10/90, de 5/07, relativo à gestão dos riscos, estabelecendo limites à concentração dos mesmos em uma só entidade.
— Aviso n.° 15/90, de 28/12, 2.° Supl. — Aplica às SLF o Aviso n.° 13/90, de 4/12, sobre provisões.
— Aviso n.° 1/92, II Série, de 14/3/92 — Revoga o Aviso de 12/08/82, publicado no D.R. I Série, de 28/09/92, sobre normas contabilísticas.
— Dec.-Lei n.° 36/92, I-A, de 28/03 — Estabelece o regime de consolidação de contas de algumas instituições financeiras.
— Aviso n.° 6/92, II Série de 5/06 — Aplica às SLF o conceito de fundos próprios do Aviso n.° 9/90, de 5/07.
— Dec.-Lei n.° 149/92, I-A, de 21/07/92 — Participações Sociais. Rácio do imobilizado.
— Aviso 12/92, II Série, de 29/12/92, 2.° Supl. — Fundos próprios.

dade de locação financeira, entendida como a celebração de contratos pelos quais uma das partes se obriga, mediante retribuição, a ceder à outra o gozo temporário de uma coisa, móvel ou imóvel, adquirida ou construída, por indicação desta, e que o locatário poderá comprar, decorrido o período acordado, por um preço nele determinado ou determinável mediante simples aplicação dos critérios nele fixados (art. 1.º do Dec.-Lei 72/95 e art. 1.º do Dec.-Lei n.º 149/95).

Com a nova legislação eliminou-se a segmentação entre sociedades de locação financeira mobiliária e imobiliária.

Permitem-se agora certas operações acessórias ou complementares, podendo estas sociedades acessoriamente alienar, ceder a exploração, locar ou efectuar outros actos de administração sobre bens que lhes hajam sido restituídos, quer por motivo de resolução de um contrato de locação financeira, quer em virtude do não exercício pelo locatário do direito de adquirir a respectiva propriedade. (art. 1.º, 2ª parte do Dec.-Lei n.º 72/95)

Só as sociedades de locação financeira e os bancos podem celebrar, de forma habitual, na qualidade de locador, contratos de locação financeira.

RECURSOS

As sociedades de locação financeira só podem financiar a sua actividade com fundos próprios e através dos seguintes recursos:

a) Emissão de obrigações de qualquer espécie, nas condições previstas na lei e sem obediência aos limites fixados no Código das Sociedades Comerciais, bem como de "papel comercial";

― Aviso n.º 2/93, de 8/06 ― aplicação a estas sociedades das regras prudenciais a que se encontram sujeitas as instituições de crédito em geral, designadamente o rácio de solvabilidade. Revoga os avisos 7/86, 11/86 e 8/89.

― Aviso n.º 7/94, de 24/10 ― constituição de disponibilidades mínimas de caixa.

― Dec.-Lei n.º 72/95, de 15 de Abril ― regula as sociedades de locação financeira. Revogou o Dec.-Lei n.º 103/86.

― Dec.-Lei n.º 149/95, de 24 de Junho ― altera o regime jurídico do contrato de locação financeira.

b) Financiamentos concedidos por outras instituições de crédito, nomeadamente no âmbito do mercado interbancário, se a regulamentação aplicável a este mercado o não proibir, bem como por instituições financeiras internacionais.
c) Financiamentos previstos nas alíneas a) e d) do n.º 2 do art. 9.º do Regime Geral das Instituições de Crédito e Sociedades Financeiras.
(art. 5.º do Dec.-Lei n.º 72/95).

OPERAÇÕES CAMBIAIS

As sociedades de locação financeira podem realizar as operações cambiais necessárias ao exercício das suas actividades.
(art. 6.º do Dec.-Lei n.º 72/95)

CONSÓRCIOS

As entidades habilitadas a exercer a actividade de locação financeira podem constituir consórcios para a realização de operações de locação financeira.
(art. 7.º do Dec.-Lei n.º 72/95)
Face à Portaria 95/94, de 9 de Fevereiro, as sociedades de locação financeira tinham de constituir-se com um capital mínimo de 750.000 contos, conforme tivessem por objecto apenas a locação financeira mobiliária, ou 1.500.000 contos, nos restantes casos. Tendo acabado a distinção entre sociedades de locação financeira mobiliária e imobiliária, afigura-se-nos que o seu capital social deverá ser para todas de 1.500.000 contos, salvo se fôr publicada qualquer disposição transitória.

O contrato de locação financeira tem o seu regime próprio no Dec.-Lei n.º 149/95, de 24/6/95.

Quanto à locação financeira de veículos regula o Dec.-Lei n.º 11/84 de 7 de Janeiro.

A locação financeira de imóveis para habitação tem o seu regime próprio no Dec.-Lei n.º 10/91, de 9 de Janeiro.

Actualmente acham-se já constituídas as seguintes sociedades de locação financeira:

BBV LEASING — Sociedade de locação Financeira, SA
BCI-LEASING — Soc. de Locação Financeira Mobiliária, SA
BESLEASING IMOBILIÁRIA —Soc. Loc. Financ., SA
BESLEASING MOBILIÁRIA —Soc. Loc. Financ., SA
BFB LEASING — Soc. Locação Financeira, SA
CISF EQUIPAMENTOS — Comp. Port. Loc. Fin. Mob., SA
CISF IMÓVEIS — Comp. Port. Loc., Fin. Imobiliária, SA
COMERCIAL LEASING, SA
CREDILOC LEASING —Soc. de Loc. Fin. Mob., SA
DB LEASING — Soc. Loc. Fin. Mob., SA
EURO — LEASIMÓVEIS — Soc. Loc. Fin. Imobiliária, SA
EUROLEASING — Soc. Port. Loc. Fin., SA
FIAT LEASING PORTUGAL — Soc. Loc. Finan. Mobiliária, SA
GEST LEASING — Soc. Loc. Fin. Mob., SA
IBM FINANCIAMENTO — Soc. Loc. Fin. Mob., SA
IMOFINANÇA — Soc. Leasing Imobiliária, SA
IMOLEASING — Soc. Loc. Financ. Imobiliária, SA
LEASIMO — Soc. Loc. Financ., SA
LEASING ATLÂNTICO — Soc. Loc. Financeira Mobiliária, SA
LEASINVEST — Soc. Loc. Financ. Mobiliária, SA
LOCAPOR — Comp. Port. Loc. Financ. Mobiliária, SA
LUSOLEASING — Soc. Loc. Financ., SA
MACAULEASE — Locação Financeira, SA
MUNDILEASING — Soc. Loc. Financeira, SA
SOCIEDADE EUROPEIA DE LEASING — SEL, SA
SOCIEDADE PORTUGUESA DE LEASING, SA (em liquidação)
SOFINLOC — Soc. Financ. Locação, SA
SOTTOLEASING— Soc. Loc. Fin., SA
TOTTAIMO — Soc. Loc. Financeira Imobiliária, SA
TOTTALEASING — Soc. Loc. Financ. Mobiliária, SA
WOODCHESTER CREDIT LYONNAIS — Leasing, SA

SECÇÃO VIII
SOCIEDADES DE FACTORING [40]

As duas primeiras sociedades de factoring que actuam no mercado nacional foram criadas ao abrigo da legislação genérica publicada em 1965 (Dec.-Lei n.º 46.302 de 27/04/65). O Dec.-Lei n.º 56/86, de 18 de Março de 1986 sistematizou as bases económico--jurídicas de actividade de factoring no nosso País. O Dec.-Lei n.º 171/95, de 18 de Julho, revogou aquele diploma legal, passando a ser aplicável a estas sociedades, em tudo o que não estiver disposto no Dec.-Lei 171/95, o R.G.I.C., e legislação complementar, designadamente quanto ao regime da sua constituição, regras sobre a administração e fiscalização e a supervisão a que estão sujeitas por parte do Banco de Portugal.

As Sociedades de Factoring devem possuir um capital social não inferior a 200.000 cts (V. Portaria n.º 95/94 de 9 de Fevereiro).

OBJECTO

A actividade de factoring ou cessão financeira consiste na tomada por um intermediário financeiro (factor ou cessionário) dos créditos a curto prazo que os fornecedores de bens e serviços (aderente) constituem sobre os seus clientes (devedor) derivados da venda de produtos ou da prestação de serviços nos mercados interno e externo.

— Compreendem-se na actividade de factoring acções complementares de colaboração das empresas que a ela se dedicam com os seus clientes, designadamente de estudos dos riscos de

---

[40] Dec.-Lei n.º 56/86, de 18/03 — Sistematiza as bases económico-jurídicas da actividade de factoring no País. — Revogado pelo Dec.-Lei n.º 171/95, de 18/7.

— Aviso n.º 5/86, do M.F., in D.R. I Série, de 18/04/86 — Estabelece a regulamentação dos contratos das sociedades de factoring.— Os Decs-Lei n.os 228/87, de 11/06 , 28/89, de 23/01 e 149/92, de 21/07 alteram o Dec.-Lei n.º 56/86.

— Aviso n.º 4/91, de 5/03, in D.R. II Série, de 25/3/91 — contém a regulamentação dos contratos de factoring.

— Aviso n.º 7/94, de 24/10 — constituição de disponibilidades mínimas de caixa.

— Dec.-Lei n.º 171/95, de 18/7 — altera o regime jurídico das sociedades e do contrato de factoring.

crédito e de apoio jurídico, comercial e contabilístico à boa gestão dos créditos transaccionados (art. 2.º do Dec.-Lei n.º 171/95).

— A actividade de factoring pode ser exercida por instituições de crédito, tendo por objecto social exclusivo o exercício da actividade de factoring, as quais se denominam sociedades de factoring. Os Bancos podem também efectuar operações de factoring (V. art. 4.º n.º 1, alínea b) do R.G.I.C).

— Para efeitos do Dec.-Lei n.º 171/95 designam-se:

a) Por "factor" ou "cessionário", as empresas que tomam os créditos.

b) Por "aderente", os intervenientes no contrato de factoring que cedam créditos ao factor;

c) Por "devedores", os terceiros devedores dos créditos cedidos pelo aderente ao factor (art. 3.º do citado Dec.-Lei n.º 171/95).

— O conjunto das relações do factor com cada um dos seus aderentes é titulado por contratos de factoring, que devem ser sempre celebrados por escrito, deles devendo constar o conjunto de relações do factor com o aderente.

— A transmissão de créditos ao abrigo de contratos de factoring deve ser acompanhada pelas correspondentes facturas ou suporte documental equivalente, nomeadamente informático, ou título cambiário (art. 7.º do Dec.-Lei n.º 171/95).

— O factor pagará aos aderentes o valor dos créditos nas datas dos vencimentos destes ou na data de um vencimento médio presumido que seja estipulado no contrato de factoring.

— O factor poderá também pagar antecipadamente aos vencimentos, médios ou efectivos, a totalidade ou parte dos créditos cedidos ou possibilitar, mediante a prestação de garantia ou outro meio idóneo, o pagamento antecipado por intermédio de outra instituição de crédito.

— Os pagamentos antecipados de créditos nos termos do número anterior não poderão exceder a posição credora do aderente na data da efectivação do pagamento (art. 8.º do citado Dec.-Lei).

— O factor poderá cobrar dos seus aderentes:

a) *Comissões de factoring* calculadas sobre os montantes dos créditos adquiridos;

b) *Juros*, nos casos de pagamento antecipado;
c) *Comissões de garantia*, nos casos acima referidos de pagamentos antecipados de créditos.

— Continua a competir ao Banco de Portugal estabelecer as normas a que devem obedecer as comissões e os juros cobráveis nos termos do número anterior.

— As sociedades de factoring devem constituir-se como sociedades comerciais, sob a forma de sociedade anónima (art. 14.º do R.G.I.C.).

RECURSOS

As sociedades de factoring só podem financiar a sua actividade com fundos próprios e através dos seguintes recursos:

a) Emissão de obrigações de qualquer espécie, nas condições previstas na lei e sem obediência aos limites fixados no Código das Sociedades Comerciais, bem como de "papel comercial";
b) Financiamentos concedidos por outras instituições de crédito, nomeadamente no âmbito do mercado interbancário, se a regulamentação aplicável a este mercado o não proibir, bem como por instituições financeiras internacionais;
c) Financiamentos previstos nas alíneas a) e d) do n.º 2 do art. 9.º do Regime Geral das Intituições de Crédito e Sociedades Financeiras (art. 5.º do Dec.-Lei citado).

OPERAÇÕES CAMBIAIS

As sociedades de factoring podem realizar as operações cambiais necessárias ao exercício da sua actividade.

Sociedades de Factoring existentes:

BPA FACTOR — Soc. Factoring, SA
BNP-FACTOR — Comp. Intern. Aquisição de Créditos, SA

EUROGES-FACTORING, SA
EXINFACTOR — Soc. de Factoring Externo e Interno, SA
HELLER FACTORING PORTUGUESA, SA
INTERNATIONAL FACTORS PORTUGAL, SA
LUSOFACTOR — Soc. Factoring, SA
NACIONAL FACTORING, SA
SOCIEDADE CREDIT LYONNAIS EUROFACTORING, SA
TOTTAFACTOR — Soc. Intern. Aquisição de Créditos, SA

SECÇÃO IX
SOCIEDADES FINANCEIRAS
PARA AQUISIÇÃO A CRÉDITO (S.F.A.C) [41]

As SFAC são instituições de crédito constituídas sob a forma de sociedades anónimas, que se acham hoje reguladas no Dec.-Lei

---

[41] Dec.-Lei n.º 49/89, de 22 de Fevereiro — Estabelece o enquadramento legal das S.F.A.C. — Revogado pelo Dec.-Lei n.º 206/95.
— Dec.-Lei n.º 318/89 de 23/09/89 — É revogada a alínea c) do n.º 1 do art. 3.º do Dec.-Lei n.º 49/89, de 22 de Fevereiro — art. 7.º
— Aviso n.º 8/89 de 20/12/89 — Fixa os limites de envolvimento das SFAC.
— Aviso n.º 10/90 de 05/07/90 — Estabelece os limites à concentração de riscos em instituições de Crédito.
— Aviso n.º 12/90 de 04/12/90 — Estabelece a ponderação dos elementos do activo e extrapatrimonial das IC para efeitos de cálculo de rácio de solvabilidade.
— Aviso n.º 14/90 de 04/12/90 — Determina que as IC sujeitas à supervisão do B. Portugal tenham regras idênticas para a fiscalização e controlo dos "grandes riscos".
— Aviso n.º 15/90 de 28/12, 2.º Supl — Aplica às SFAC o Aviso n.º 13/90, de 4/12, sobre "provisões".
— Dec.-Lei n.º 36/92, I-A, de 28/03 — Consolidação de contas no sistema financeiro.
— Aviso n.º 6/92, II Série, de 5/06 — Aplica às SFAC o conceito de "fundos próprios", do Aviso n.º 9/90, de 5/07.
— Dec.-Lei n.º 149/92, I-A, de 21/07 — Participações Sociais. Rácio imobilizado.
— Aviso n.º 12/92, II Série, de 29/12/92 — 2.º Supl — Fundos Próprios.
— Aviso n.º 7/94, de 24/10 — constituição de disponibilidades mínimas de caixa.
— Dec.-Lei n.º 206/95, de 14/5 — alterou o regime jurídico das SFAC.

n.º 206/95, de 14 de Agosto, sendo-lhes aplicável o R.G.I.C. e legislação complementar no que não estiver previsto no Dec.- -Lei citado.

Objecto

O seu objecto consiste em financiar a aquisição a crédito de bens (em especial intermédios e de investimento) ou serviços e em desenvolver a prestação de serviços directamente relacionados com as formas de financiamento, nomeadamente a simples gestão de créditos. As SFAC têm por finalidade estabelecer a intermediação entre compradores e vendedores.

As SFAC devem possuir um capital social de montante não inferior a 500.000 contos (V. Portaria 95/94, de 9 de Fevereiro).

Não há limites especiais à participação no capital.

Âmbito reservado às SFAC

As operações de financiamento previstas no presente diploma só podem ser realizadas por SFAC ou por bancos ou outras instituições de crédito para o efeito autorizadas nos termos do n.º 3 do art. 4.º do Regime Geral das Instituições de Crédito e Sociedades Financeiras. (art. 4.º do Dec.-Lei citado)

Operações permitidas

No âmbito do seu objecto, podem as SFAC realizar as seguintes operações:

a) Financiar a aquisição ou o fornecimento de bens ou serviços determinados, através da concessão de crédito directo ao adquirente ou ao fornecedor respectivos ou através de prestação de garantias;

b) Descontar títulos de crédito ou negociá-los sob qualquer forma, no âmbito das operações referidas na alínea anterior;

c) Antecipar fundos sobre créditos de que sejam cessionárias, relativos a aquisição de bens ou serviços que elas próprias possam financiar directamente;

d) Emitir cartões de crédito destinados à aquisição, por elas financiável, de bens ou serviços;
e) Prestar serviços directamente relacionados com as operações referidas nas alíneas anteriores;
f) Realizar as operações cambiais necessárias ao exercício da sua actividade.
(art. 2.º do Dec.-Lei citado)

Às SFAC é especialmente vedado:
Fica vedado às SFAC o financiamento de:
a) Aquisição, construção, recuperação, beneficiação ou ampliação de imóveis;
b) Aquisição de valores mobiliários.
(art. 3.º do Dec.-Lei citado)

Fontes de financiamento
As SFAC só podem financiar a sua actividade com fundos próprios e através dos seguintes recursos:
a) emissão de obrigações de qualquer espécie, nas condições previstas na lei e sem obediência aos limites fixados no Código das Sociedades Comerciais, bem como de "papel comercial".
b) Financiamentos concedidos por outras instituições de crédito, nomeadamente no âmbito do mercado interbancário, se a regulamentação aplicável a este mercado o não proibir, bem como por instituições financeiras internacionais.
c) Financiamentos previstos nas alíneas a) e d) do n.º 2 do art. 9.º do Regime Geral das Instituições de Crédito e Sociedades Financeiras.
(art. 5.º do Dec.-Lei citado)

SOCIEDADES ACTUALMENTE EXISTENTES:

— BPA — CREDINOVA — Soc. Fin. Aquis. Crédito, SA
— CARGESTE — Soc. Financ., Aquis. a Crédito, SA

- CETELEM SFAC, SA
- CREDIBOM — Soc. Financ. Aquis. a Crédito, SA
- CREDIFIN — Soc. Financ. Aquis. a Crédito, SA
- CREDIFLASH — Soc. Financ. Aquis. Crédito, SA
- CREDILOC — Financ. Comercial (SFAC), SA
- DB CRÉDITO — Soc. Financ. Aquis. a Crédito, SA
- EURO-SFAC — Soc. Financ. Aquis. a Crédito, SA
- EVIFINA — SFAC, SA
- FIAT CRÉDITO PORTUGAL, SA
- FIBER — Soc. Financ. Aquis. Crédito, SA
- FINICRÉDITO — SFAC, SA
- GENERAL MOTORS A. C. de PORTUGAL — Serv. Financ., SA
- IBERCREDITO — Soc. Financ. Aquis. a Crédito, SA
- MELLO CREDITO — Soc. Financ. Aquis. Crédito, SA
- MUNDICRE — Soc. Financ. Aquis. Crédito, SA
- PENINSULAR — Soc. Financ. Aquis. a Crédito, SA
- PSA CREDITO — Soc. Financ. Aquis. a Crédito, SA
- RENAULT GEST — Soc. Financ. Aquis. a Crédito, SA
- SOFICRE — Soc. Financ. Aquis. a Crédito, SA
- SOFIVENDA — Soc. de Financ. de Vendas a Crédito, SA
- TECNICREDITO — Financ. Aquis. a Crédito, SA
- UNIFINA — Soc. Financ. Aquisições a Crédito, SA
- VENDAL CREDITO — Soc. Financ. Aquisições a Crédito, SA

CAPÍTULO IV
SOCIEDADES FINANCEIRAS

De acordo com a definição legal do art. 5.º do R.G.I.C., aprovado pelo Dec.-Lei n.º 298/92, de 31 de Dezembro, *são sociedades financeiras* as empresas que não sejam instituições de crédito e cuja actividade principal consista em exercer uma ou mais das actividades referidas nas alíneas *b*) a *i*) do n.º 1 do artigo anterior, excepto locação financeira e factoring.

Esse artigo 4.º, refere-se à actividade das instituições de crédito e vem anteriormente transcrito na parte relativa aos Bancos, sob a epígrafe "Objecto".

O título X do R.G.I.C. refere-se às sociedades financeiras, nos arts. 174.º e segs., preceituando a alínea *b*) do n.º 1 deste art. 174.º, que as sociedades financeiras com sede em Portugal devem satisfazer, entre outros requisitos, o de ter por objecto alguma ou algumas das actividades referidas no art. 5.º, ou outra actividade prevista em lei especial.

A tipologia em causa é taxativa ([42]).

Trata depois da actividade no estrangeiro de sociedades financeiras com sede em Portugal (arts. 184.º a 187.º) e da actividade em Portugal de instituições financeiras com sede no estrangeiro (arts. 188.º a 193.º).

Refere-se ainda o mesmo diploma legal ao registo, preceituando que as sociedades financeiras não podem iniciar a sua actividade, enquanto não se encontrarem registadas no Banco de Portugal (art. 194.º).

([42]) As sociedades gestoras de participações sociais (S.G.P.S.) não são sociedades financeiras, sendo certo que já não eram consideradas parabancárias.
V. Dec.-Lei n.º 495/88, de 30/12, com as alterações introduzidas pelo Dec.-Lei n.º 318/94, de 24/12 (arts. 1.º, 3.º, 4.º, 5.º, 9.º, 10.º, 12.º e 13.º; revogou também o art. 6.º). V. art. 117.º do R.G.I.C..

Torna extensivas às sociedades financeiras as disposições das I.C. relativas a regras de conduta (art. 195.°), normas prudenciais (art.196.°), supervisão (art. 197.°) e saneamento (198.°).

Em tudo quanto não contrariar o disposto no presente diploma, as sociedades financeiras regem-se pela legislação especial aplicável (art. 199.°).

O Título X-A do R.G.I.C., aditado pelo art. 2.° do Dec.-Lei n.° 232/96, de 5 de Dezembro, define e disciplina o que são *serviços de investimento* e *empresas de investimento* (V. art. 199.°-A).

As empresas de investimento estão sujeitas a todas as normas do R.G.I.C. aplicáveis às sociedades financeiras e, em especial, às disposições do título referido.

O disposto nas alíneas e) e f) do art. 199.°-E é também aplicável às instituições de crédito, no âmbito da prestação de serviços de investimento (art. 199.°-B do R.G.I.C).

Passamos seguidamente a dar uma noção, ainda que muito sumária, das várias espécies de sociedades financeiras.

SECÇÃO I
SOCIEDADES FINANCEIRAS DE CORRETAGEM [43]
(DEALERS)

1. DEFINIÇÃO DE CORRECTOR

O art. 3.°, n.° 1, alínea *f)* do C.M.V.M., define *corretores* como todos os intermediários financeiros legalmente autorizados a

---

[43] Dec.-Lei n.° 229-I/88, de 4/07 — Supl.— Regula a constituição e funcionamento das sociedades corretoras e das sociedades financeiras de corretagem.

— Port. n.° 480/88, de 22/07 — Supl. — Estabelece as condições ao abrigo das quais as sociedades financeiras de corretagem podem conceder financiamentos para aquisição de valores mobiliários.

— Port. n.° 481/88, de 22/07 — Supl. — Estabelece o montante do capital social das sociedades corretoras e das financeiras de corretagem.

— Aviso n.° 14/90, de 4/12 — Aplica às S.F.C. o Aviso n.° 10/90, de 5/7, relativo à gestão dos riscos, estabelecendo limites à concentração dos mesmos numa só entidade.

realizar operações de bolsa, ou apenas os corretores em nome individual, quando, pelo contexto em que se insira ou pelo próprio conteúdo das disposições em que se integra, a palavra deva entender-se como referindo-se exclusivamente a estes últimos.

Existe um Código de Conduta das Sociedades Corretoras e das Sociedades Financeiras de Corretagem, a que já anteriormente nos referimos, e que foi aprovado em 21 de Outubro de 1993.

2. OBJECTO

As Sociedades financeiras de corretagem que, no sector mobiliário, podem não só operar por conta de terceiros, como realizar operações por conta própria têm, nos termos do art. 3.º do Dec.-Lei 299-I/88, por objecto principal as actividades de intermediação em valores mobiliários referidos na alínea *a*), *b*) e *c*) do art. 608.º do C.M.V.M:

a) Recebimento de ordens dos investidores para subscrição ou transacção de valores mobiliários, e respectiva execução pelo próprio intermediário financeiro que as recebe, quando autorizado a operar no mercado a que as ordens especificamente se destinam, ou, no caso contrário, através de outro intermediário legalmente habilitado para o efeito;

b) Negociação de valores mobiliários por conta própria, através da compra e venda desses valores por conta e risco do próprio intermediário, com o fim exclusivo de beneficiar da margem entre o preço da compra e o da venda;

c) Realização, por intermediário financeiro autorizado a negociar no mercado de bolsa ou em outros mercados secundários, de operações de compra e venda de valores mobiliários por conta própria,

— Dec.-Lei n.º 39/91 de 21/01, — Prorroga a data limite para o exercício em nome individual, da actividade de corretor das Bolsas de Valores.
— Dec.-Lei 116/91,I-A de 21/03/91 — Depósitos de acções
— Dec.-Lei 142-A/91 — Cód. Mercado de Valores Mobiliários
— Dec.-Lei 417/91, I-A de 26/10/91 — Adaptação ao CMVM
— Dec.-Lei 36/92, I-A de 28/03/92 — Consolidação de contas
— Aviso n.º 12, II Série de 29/12 — Fundos próprios.
— Aviso n.º 7/94, de 24/10.

com o fim principal de assegurar a criação, manutenção ou desenvolvimento de um mercado regular e contínuo para os valores que são objecto dessas operações e a adequada formação das respectivas cotações ou preços.

Incluem-se ainda no objecto das sociedades financeiras de corretagem, nos termos do art. 3.° referido:

1 — as actividades indicadas nas alíneas *e*), *f*), *g*) e *h*) do art. 608.° do C.M.V.M., bem como quaisquer outras cujo exercício lhes seja permitido pelo mesmo diploma:

e) Colocação no âmbito do mercado primário de valores emitidos por qualquer entidade;

f) Serviços relacionados com a organização, registo, lançamento e execução de ofertas públicas de transmissão, a prestar por intermediários financeiros nos termos do presente diploma.

g) Abertura e movimentação das contas de depósito de valores mobiliários titulados e de registo de valores mobiliários escriturais, bem como a prestação de serviços relativos aos direitos inerentes aos mesmos valores.

h) Gestão de carteiras de valores mobiliários pertencentes a terceiros, tendo em vista assegurar tanto a administração desses valores e, nomeadamente, o exercício dos direitos que lhes são inerentes como, se os seus titulares expressamente o autorizarem, a realização de quaisquer operações sobre eles.

2 — A realização de operações em conta margem e a concessão aos seus clientes dos financiamentos ou dos empréstimos de valores mobiliários, respectivamente às compras e às vendas envolvidas por essas operações, nos termos dos artigos 464.° e seguintes do Código do CMVM;

3 — Outras actividades que lhes sejam expressamente autorizadas por portaria do Ministro das Finanças, ouvido o Banco de Portugal e a CMVM.

3. CAPITAL

As sociedades financeiras de corretagem devem possuir um capital social de montante não inferior a 500.000 cts (V. Portaria n.° 95/94, de 9 de Fevereiro).

4. FINANCIAMENTOS

Podem conceder financiamentos para aquisição de valores mobiliários cotados em bolsa de valores e para aquisição de BT's e outros títulos emitidos pelo Estado, mesmo que não se encontrem cotados em bolsa de valores.

5. PARTICIPAÇÃO NOUTRAS SOCIEDADES

1 — As sociedades corretoras ou as sociedades financeiras de corretagem não podem participar noutras sociedades corretoras e financeiras de corretagem.

2 — As participações das sociedades financeiras de corretagem noutras sociedades não podem exceder:

a) Em relação a cada participação, 10% do capital da sociedade participada ou 20% dos seus fundos próprios;

b) Globalmente, os seus fundos próprios.

3 — Quando uma sociedade corretora, por virtude de acção judicial para reembolso de créditos, venha a adquirir participações em quaisquer sociedades, deve promover a sua alienação no prazo de dois anos, podendo a CMVM, em casos excepcionais, autorizar a prorrogação desse prazo por mais um ano.

4 — Quando uma sociedade financeira de corretagem, por virtude de tomada firme de valores mobiliários ou de acção judicial para reembolso de créditos, venha a adquirir participações que excedam os limites fixados no n.º 2, deve promover a alienação do excedente no prazo de dois anos, podendo a CMVM, em casos excepcionais, autorizar a prorrogação desse prazo por mais um ano.

5 — Depois do prazo, inicial ou prorrogado, previsto nos n.ºs 3 e 4 do presente artigo os direitos inerentes às participações mantidas, designadamente o direito de voto e o direito a lucros, consideram-se suspensos até à respectiva alienação. (art. 11.º do Dec.--Lei 229-I/88, citado).

6. OPERAÇÕES VEDADAS

1 — É vedado às sociedades corretoras e às sociedades financeiras de corretagem:

a) Prestar garantias pessoais ou reais a favor de terceiros;
b) Adquirir acções próprias;
c) Adquirir bens imóveis, salvo os necessários à instalação das suas próprias actividades;
d) O exercício de qualquer actividade agrícola, industrial ou de outra natureza comercial.

2 — É ainda vedado às sociedades corretoras:
a) Conceder crédito sob qualquer forma;
b) Adquirir acções ou quotas de quaisquer outras sociedades por conta própria.

3 — É aplicável o disposto nos n.ᵒˢ 3, 4 e 5 do art. 11.º às aquisições referidas na alínea *c)* do n.º 1 e na alínea *b)* do n.º 2 desse artigo (art. 13.º do Dec.-Lei citado).

7. FINANCIAMENTO

Por portaria do Ministro das Finanças, ouvidos o Banco de Portugal e a C.M.V.M., serão estabelecidas as condições em que as Sociedades Financeiras de Corretagem poderão contrair empréstimos, bem como os limites das respectivas responsabilidades (V. art. 14.º do Dec.-Lei n.º 229-I-88).

Para além das outras formas de financiamento permitidas às sociedades comerciais em geral, as Sociedades Financeiras de Corretagem poderão emitir obrigações, desde que o valor global das responsabilidades por emissão das referidas obrigações não exceda, em qualquer momento, o quíntuplo do montante dos respectivos capitais próprios realizados (V. Portaria n.º 481/88, de 22 de Julho, n.º 3).

8. EMPRESAS EXISTENTES

SOCIEDADES FINANCEIRAS DE CORRETAGEM

ASCOR DEALER — Soc. Financ. de Corretagem, SA
BBV INTERACTIVOS (PORTUGAL) — Soc. Financ. de Corretagem, SA

BFE DEALER — Soc. Financ. de Corretagem, SA
BSN — DEALER — Soc. Financ. de Corretagem, SA
CISF DEALER — Soc. Financ. de Corretagem, SA
CORRETORA ATLÂNTICO — Soc. Financ. de Corretagem, SA
ESER — Soc. Financ. de Corretagem, SA
M. VALORES — Soc. Financ. de Corretagem, SA
MIDAS CORRETORA — Soc. Financ. de Corretagem, SA
NCO DEALER — Soc. Financ. de Corretagem, SA
SOFIN — Soc. Financ. Internacional de Corretagem, (Dealers) SA
TOTTADEALER — Soc. Fin. de Corretagem, SA

SECÇÃO II
SOCIEDADES CORRETORAS [44]
(BROKERS)

1. NATUREZA

As Sociedades Corretoras constituem-se sob a forma de sociedade anónima (acções nominativas) ou sociedades por quotas.

As Sociedades Corretoras são desde 1991, juntamente com as Sociedades Financeiras de Corretagem, os únicos intermediários

[44] Dec.-Lei n.º 229-I/88, de 4/07 — Supl. — Regula a constituição e funcionamento das sociedades corretoras e das sociedades financeiras de corretagem.
— Port. n.º 481/88, de 22/07 — Supl. — Estabelece o montante do capital social das sociedades corretoras e das financeiras de corretagem.
— Dec.-Lei 417/91, I-A, de 26/10/91 — Adaptação ao CMVM.
— Nos termos do art. 117.º do Código do I.R.S., na redacção do Dec.-Lei n.º 257-B/96, de 31/12:
«As sociedades corretoras, as sociedades financeiras de corretagem e as outras instituições financeiras deverão comunicar à Direcção-Geral dos Impostos, até ao final do mês de Fevereiro de cada ano, relativamente a cada sujeito passivo, mediante modelo aprovado oficialmente ou por suporte informático:
 a) O número total de acções e outros valores mobiliários cujas mais-valias estejam sujeitas a IRS alienados com a sua intervenção, bem como o respectivo valor;
 b) O número de contratos de instrumentos financeiros derivados, bem como o respectivo valor, adquiridos ou vendidos com a sua intervenção e, bem assim, aqueles em que se verifiquem situações de vencimento, exercício ou outras formas de extinção do contrato».

autorizados para a realização de operações de bolsa *a contado*, desde que membros associados da bolsa correspondente (V. al. a) do n.º 1 do art. 206.º do C.M.V.M.). Podem também realizar operações no mercado de balcão e no mercado Especial de Operações por Grosso (V. Portaria n.º 377-C/94, de 15/6, art. 6.º, n.º1), desde que membros associados da associação da Bolsa de Valores de Lisboa.

2. OBJECTO

As Sociedades Corretoras operam no sector mobiliário por conta de terceiros e têm como objecto principal as actividades de intermediação em valores mobiliários referidos na alínea *a*) do art. 608.º do C.M.V.M.

Compreende ainda as seguintes actividades indicadas nas alíneas *g*) e *h*) do art. 608.º do citado Código, bem como quaisquer outras cujo exercício lhes seja permitido pelo mesmo Dec.-Lei ou por portaria do Ministério das Finanças, ouvido o Banco de Portugal e a Comissão do Mercado de Valores Mobiliários (art. 2.º do Dec.-Lei n.º 229-I-88).

Ver as disposições citadas, transcritas atrás, a propósito das Sociedades Financeiras de Corretagem.

3. CAPITAL

As Sociedades Corretoras devem possuir um capital social de montante não inferior a 50.000 cts (V. Portaria 95/94 de 9 de Fevereiro).

4. PARTICIPAÇÃO NOUTRAS SOCIEDADES

As Sociedades Corretoras ou as Sociedades Financeiras de Corretagem não podem participar noutras sociedades corretoras e financeiras de corretagem (art. 11.º, n.º 1 do Dec.-Lei n.º 229-I-88).

5. OPERAÇÕES ACTIVAS

É vedado às sociedades corretoras conceder crédito sob qualquer forma.

6. OPERAÇÕES VEDADAS

V. art. 13.º do Dec.-Lei n.º 229-I-88, atrás transcrito, de onde resulta a proibição de conceder crédito sob qualquer forma, bem como a de adquirir acções ou quotas de quaisquer outras sociedades por conta própria.

7. FINANCIAMENTO

Não têm especiais restrições à forma de financiamento.

8. RESERVAS DE CAIXA

As Sociedades Corretoras não estão sujeitas à constituição de reservas de caixa.

9. ACESSO AO MERCADO MONETÁRIO INTERBANCÁRIO

As Sociedades Corretoras não podem procurar nem oferecer fundos no MMI.

10. EMPRESAS EXISTENTES

CARNEGIE PORTUGAL — Soc. Corretora, SA
CENTRAL INVESTIMENTOS — Sociedade Corretora, SA
CFI — Comp. Financ. Internac., Soc. Corretora, SA
DB CORRETORA — Soc. Corretora de Valores Mobiliários, SA
DOURO — Soc. Corretora Valores Mobiliários, SA
FINANTIA CORRETORA — Soc. Corretagem, Ldª.
FINCOR — Soc. Corretora, SA
L.J. CARREGOSA — Soc. Corretora, SA
PARS — Soc. Corretora, SA
PEDRO CALDEIRA — Soc. Corretora, SA (em liquidação)
TAVMAR — Soc. Corretora de Valores Mobiliários, SA (em liquidação)
TÍTULO — Soc. Corretora, SA

SECÇÃO III
SOCIEDADES MEDIADORAS DO MERCADO MONETÁRIO E DO MERCADO DE CÂMBIOS [45]

1. EXERCÍCIO DA ACTIVIDADE

A actividade de mediador no mercado monetário e no mercado de câmbios pode ser exercida por sociedades anónimas ou por quotas.

As sociedades mediadoras do mercado monetário e do mercado de câmbios, adiante designadas por sociedades mediadoras, ou mediadores, têm por objecto exclusivo a realização de operações de intermediação no mercado monetário e no mercado de câmbios e a prestação de serviços conexos.

Na prossecução do seu objecto social, as sociedades mediadoras só podem agir por conta de outrem, sendo-lhes vedado efectuar transacções por conta própria. (art. 1.º do Dec.-Lei 110/94 de 28 de Abril).

2. REGIME JURÍDICO

As sociedades mediadoras regem-se pelas normas do Dec.-Lei n.º 110/94 e pelas disposições aplicáveis do Regime Geral das Instituições de Crédito e Sociedades Financeiras.

3. CAPITAL

O capital das Sociedades Mediadoras não poderá ser inferior a 10.000 cts. ou 100.000 cts., conforme operem exclusivamente no mercado monetário ou simultaneamente nos dois mercados (Port. n.º 95/94 de 9/2).

---

[45] Dec.-Lei n.º 164/86 de 26 de Junho, com as alterações provenientes do Dec.-Lei n.º 228/87 de 11 de Junho e do Dec.-Lei n.º 229-G/88 de 4 Julho.
Dec.-Lei n.º 110/94, de 28 de Abril — estabelece regras sobre o exercício da actividade de mediador no mercado monetário e de câmbios. Revoga o Dec.-Lei n.º 164/86, de 26 de Junho.

4. LIMITES À PARTICIPAÇÃO NO CAPITAL

Não existem limites especiais.

5. OPERAÇÕES ACTIVAS

As Sociedades Mediadoras não estão autorizadas a realizar operações activas, dado que têm por objecto exclusivo a realização de operações de intermediação.

6. FINANCIAMENTO

Não estão expressamente definidas condições ou restrições ao financiamento das Sociedades Mediadoras.

7. DEVERES DA SOCIEDADE MEDIADORA

1 — As sociedades mediadoras são obrigadas a:

a) Certificar-se da identidade e da capacidade legal para contratar das pessoas singulares ou colectivas em cujos negócios intervierem;

b) Propor com exactidão e clareza os negócios de que forem encarregadas, procedendo de modo que não possam induzir em erro os contraentes;

c) Guardar completo segredo de tudo o que disser respeito às negociações de que se encarregarem;

d) Não revelar os nomes dos seus mandantes, excepto para permitir a contratação, entre estes, dos negócios jurídicos negociados por seu intermédio;

e) Comunicar imediatamente a cada mandante os pormenores dos negócios concluídos, expedindo no próprio dia a respectiva confirmação escrita.

2 — Nas operações que tiverem por objecto títulos:

a) o mediador deve exigir do mandante, antes da execução da ordem recebida, a entrega dos títulos a vender ou do documento que legalmente os represente ou da importância provável destinada ao pagamento da compra ordenada;

b) A falta de entrega dos títulos ou do documento representativo ou dos fundos pelo mandante eximirá definitivamente o mediador da obrigação de cumprir a respectiva ordem.

3 — O mediador a quem for conferido o mandato deverá, por todos os meios ao seu alcance, diligenciar pelo respectivo cumprimento (art. 3.º do Dec.-Lei n.º 110/94).

8. ACTOS PROIBIDOS ÀS SOCIEDADES MEDIADORAS

Às sociedades mediadoras é expressamente vedado o exercício de qualquer actividade não compreendida no seu objecto social e, nomeadamente:

a) Negociar operações a preços fictícios ou a cotações que não correspondam às do mercado ou que não tenham uma real contrapartida;

b) Conceder favores ou liberalidades, sob a forma de comissões ou outras, que possam afectar a imparcialidade ou a integridade das partes;

c) Propor transacções que visem aumentar artificialmente o volume de operações;

d) Exercer preferência entre clientes ou operar discriminações entre as operações propostas por aqueles;

e) Conceder empréstimos ou créditos, qualquer que seja a sua forma, natureza ou título;

f) Aceitar ou prestar garantias;

g) Receber, ter em depósito ou possuir, a qualquer título, dinheiro ou outros bens que não lhes pertençam, salvo o montante entregue pelo comprador ou títulos ou documentos que os representem entregues pelo vendedor e destinados a uma operação determinada e pelo período mínimo necessário à sua realização;

h) Participar no capital ou fazer parte dos corpos gerentes de outras sociedades mediadoras (art. 4.º do Dec.-Lei n.º 110/94).

9. ACTOS PROIBIDOS AOS SÓCIOS, MEMBROS DOS ÓRGÃOS SOCIAIS E EMPREGADOS:

1 — Aos administradores, directores, gerentes e membros de qualquer órgão das sociedades mediadoras é vedado:

a) Possuir participação de capital, fazer parte dos órgãos sociais ou desempenhar quaisquer funções noutras sociedades que se dediquem à mesma actividade;

b) Exercer, por si ou por interposta pessoa, operações de intermediação nos mercados monetários e de câmbios, pertencer a órgãos sociais de instituições financeiras ou ter nelas participação superior a 20% do respectivo capital.

2 — As proibições estabelecidas no número anterior serão extensivas:

a) A todos os sócios da sociedade, quando esta revista a forma de sociedade por quotas;

b) Aos accionistas com mais de 20% do capital da sociedade mediadora, tratando-se de sociedade anónima;

c) Aos indivíduos que exerçam funções técnicas de qualquer natureza ou de chefia de serviços nas sociedades referidas (art. 5.° do Dec.-Lei n.°110/94).

10. REQUISITOS DE CONSTITUIÇÃO

A sua constituição depende de autorização a conceder, caso a caso, pelo Banco de Portugal (art. 175.°, n.° 1 do RGIC), após parecer da Comissão do Mercado de Valores Mobiliários. As alterações dos contratos de sociedade, bem como a fusão e cisão destas sociedades estão sujeitas ao mesmo regime (art. 183.°, n.° 2 do R.G.I.C.).

11. RESERVAS DE CAIXA

As Sociedades Mediadoras não estão sujeitas à constituição de reservas de caixa.

12. ACESSO AO MERCADO MONETÁRIO INTERBANCÁRIO

As Sociedades Mediadoras que actuem por conta de instituições sujeitas à constituição de reservas de caixa podem procurar e oferecer fundos no MMI, nas mesmas condições das referidas instituições.

13. EMPRESAS EXISTENTES

FINCOR — MEDIAÇÃO FINANCEIRA, SA
SERVIMÉDIA — SOCIEDADE MEDIADORA DE CAPITAIS, SA
SIEMCA — SOCIEDADE MEDIADORA DE CAPITAIS, SA

SECÇÃO IV
**SOCIEDADES GESTORAS DE FUNDOS
DE INVESTIMENTO** [46]

1. NATUREZA

As Sociedades Gestoras de Fundos de Investimento são sociedades financeiras constituídas como sociedades anónimas. No título

---

[46] Dec.-Lei n.º 229-C/88, de 4 de Julho, alterado pelo art. 1.º do Dec.-Lei n.º 417/91 de 26/10, que alterou a redacção dos arts. 6.º, 11.º, 12.º, 13.º, 14.º, 19.º, 25.º, 26.º, 29.º e 30.º do Dec.-Lei n.º 229-C/88.

— Dec.-Lei n.º 316/93, de 21 de Setembro, estabeleceu o regime dos fundos de gestão de património imobiliário — FUNGEPI, que se regem por este diploma e, em tudo o que não o contrarie, pelo disposto no Dec.-Lei n.º 229-C/88, de 4 de Julho, e respectivos diplomas regulamentares.

— Portaria n.º 422-B/88, de 4 de Julho — Requisitos das sociedades gestoras de Fundos de Investimento.

— Dec.-Lei n.º 276/94, de 2/11 — estabelece o novo regime jurídico dos fundos de investimento imobiliário e preceitua que os três diplomas anteriormente referidos nesta nota mantêm a sua vigência relativamente aos fundos referidos no n.º 2 do art. 1.º do Dec.-Lei n.º 276/94 e suas sociedades gestoras.

— Dec.-Lei n.º 294/95, de 17/11, estabelece o novo regime dos fundos de investimento imobiliário.

V do C.M.V.M. fixou-se o estatuto jurídico base das actividades de intermediação em valores mobiliários aí definidas, nele se incluindo um conjunto de disposições gerais aplicáveis.

Às sociedades Gestoras de Fundos de Investimento aplica-se o disposto no art. 29.º-A (art. 181.º do R.G.I.C., nova redacção).

No art. 607, n.º 1 do C.M.V.M. dispõe-se que, para efeitos do título V daquele Código, se consideram intermediários financeiros as pessoas singulares ou colectivas legalmente autorizadas a exercer nos mercados de valores mobiliários uma ou mais das actividades de intermediação em valores mobiliários referidos no art. 608.º.

O art. 607.º, n.º 2 define que são considerados valores mobiliários para os efeitos do número anterior, além dos definidos na alínea a) do n.º 1 do art. 3.º, os direitos e os instrumentos financeiros a eles equiparados por força do n.º 2 do mesmo artigo.

Esclarece o art. 608.º do mesmo Código que se consideram actividades de intermediação em valores mobiliários as exercidas a título profissional e enumeradas nas suas várias alíneas, entre as quais se compreendem "a criação e administração de fundos de investimento mobiliário", referidas nas alínea i) do mesmo artigo, com a redacção dada pelo Dec.-Lei n.º 261/95, de 3 de Outubro.

Como se lê no preâmbulo do Dec.-Lei n.º 294/95, os fundos de investimento mobiliários e imobiliários encontravam-se ambos regulados pelo Dec.-Lei n.º 229-C/88, de 4 de Julho, até à entrada em vigor do Dec.-Lei n.º 276/94, de 2 de Novembro, que transpôs para a ordem jurídica interna a Directiva n.º 85/611/CEE, do Conselho, de 20 de Dezembro de 1985, reformulando assim o regime jurídico dos fundos de investimento mobiliário constituídos em Portugal.

O Dec.-Lei n.º 229-C/88, de 4 de Julho e a Portaria n.º 422/B/88, ambos de 4 de Julho, mantêm a sua vigência relativamente aos fundos referidos no n.º 2 do art. 1.º do Dec.-Lei n.º 276/94 ou sejam, os fundos de investimento imobiliário; os fundos de investimentos mobiliários constituídos por trabalhadores das sociedades anónimas resultantes da privatização de empresas públicas (cfr. o Dec.-Lei n.º 234/ /91, de 27/6); os fundos de capital de risco (cfr. Dec.-Lei n.º 187/91, de 17/5), os fundos de reestruturação e internacionalização empresarial (cfr. o Dec.-Lei n.º 214/92, de 13/10, alterado pelo Dec.-Lei n.º 338/93, de 30/9) e os fundos de gestão de património imobiliário (cfr. o Dec.-Lei n.º 316/93, de 21/9) e ainda às sociedades gestoras respectivas.

Os fundos de investimento são patrimónios autónomos (V. art. 3.º do Dec.-Lei n.º 276/94 e art. 2.º do Dec.-Lei n.º 294/95) de valores, que resultam da reunião e subsequente aplicação de poupanças em mercadorias de valores diversos.

Enquanto os fundos mobiliários investem em bens mobiliários (tais como acções, obrigações, dívida pública, etc.,) os fundos imobiliários investem essencialmente em imóveis de raiz e valores mobiliários de sociedades cujo objecto específico é a transacção, mediação, desenvolvimento ou exploração imobiliária.

De entre os fundos mobiliários distinguem-se os fundos de tesouraria (que investem em aplicações de prazo muito curto), os fundos de acções, os fundos de obrigações e os fundos internacionais (constituídos por aplicações financeiras em mercados internacionais).

2. NOVO REGIME JURÍDICO

O novo regime jurídico dos fundos de investimento mobiliário encontra-se hoje, como já se referiu, regulado pelo Dec.-Lei n.º 276/94, de 2/11, alterado quanto ao art. 44.º pelo Dec.-Lei n.º 308/95, de 20 de Novembro.

A constituição e o funcionamento dos fundos de investimento imobiliário acha-se disciplinado pelo Dec.-Lei n.º 294/95, de 17 de Novembro.

A Comissão do Mercado de Valores Mobiliários publicou o Regulamento da CMVM, n.º 96/3. relativo à Informação sobre Fundos de Investimento Imobiliário (D.R. II Série, de 29/3/96), que visa regulamentar de acordo com o disposto no n.º 2 do art. 38.º do Dec.-Lei n.º 294/95, os termos da prestação e informação trimestral sobre a composição discriminada das aplicações dos fundos de investimento imobiliário, valor líquido global e unidades em circulação dos mesmos.

Os fundos são divididos em partes, de características idênticas e sem valor nominal, designadas por unidades de participação.

As *unidades de participação* são valores mobiliários e podem ser representadas por certificados de uma ou mais unidades ou adoptar a forma escritural (arts. 27.° do Dec.-Lei n.° 276/94 e 31.° do Dec.-Lei n.° 294/95). As unidades já emitidas sob a forma de certificados são convertíveis em escriturais (V. C.M.V.M.).

Os fundos de investimento podem ser *abertos* (unidades de participação em número variável) ou *fechados* (unidades de participação em número fixo).

Podem existir, como modalidades especiais de fundos abertos, fundos de tesouraria (V. art. 52.° do Dec.-Lei n.° 276/94) e *fundos de fundos* constituídos exclusivamente por unidades de participação de outros fundos de investimento (V. art. 55.° e segs. do Dec.-Lei 276/94).

Poderão ser constituídos *agrupamentos de fundos de investimento*, administrados pela mesma entidade gestora, destinados a proporcionarem aos participantes vantagens no resgate e subscrição simultânea de unidades de participação dos fundos que os integram.

Esses agrupamentos acham-se regulamentados pelo Regulamento n.° 96/1 da Comissão do Mercado de Valores Mobiliários, de 7/3/96 (publicado no D.R. II Série, de 22/3/96).

Os agrupamento de fundos de investimentos mobiliário são definidos, nos termos do art. 1.° do Regulamento citado, como instituições de investimento colectivo constituídos por dois ou mais fundos de investimento mobiliário abertos identificados no regulamento de gestão, cada um deles com património autónomo e política de investimento própria e diferenciada dos restantes.

Os fundos integrantes de um agrupamento de fundos não podem ser comercializados fora desse agrupamento.

Dos agrupamentos de fundos não poderão fazer parte fundos de fundos (art. 1.°, n.° 7 do Regulamento citado).

Os agrupamentos que constituem os fundos que integram cada agrupamento de fundos devem ser confiados a um único depositário (art. 3.° do Regulamento citado).

Não podem ser adquiridos para os fundos que integram os agrupamentos de fundos, unidades de participação de fundos que integrem agrupamento de fundos.

Aos fundos que integrem um agrupamento corresponderá *um único regulamento de gestão* (V. art. 58.°, n.° 3 do Dec.-Lei n.° 276/94 e art. 5.° do Regulamento citado).

Os fundos de investimento são geridos por entidades próprias, constituídas para tal, que regularmente divulgam as taxas de rentabilidade e as comissões praticadas nos seus fundos.

Essas entidades que administram os fundos são denominadas *sociedade gestoras de fundos de investimento*.

Já se deixaram assinalados acima os casos em que a Portaria n.° 422-B/88, de 4 de Julho se mantém aplicável.

Uma mesma sociedade gestora não pode administrar simultaneamente fundos de investimento mobiliário e fundos de investimento imobiliário, mas podem representar, dentro da mesma espécie, um ou mais fundos de investimento (V. art. 6.° do Dec.-Lei 276/94 e 7.° do Dec.-Lei 294/95).

Qualquer sociedade gestora de fundos de investimento deve ter a sua sede e a sua administração em Portugal.

A administração de fundos de investimento, mobiliários ou imobiliários, pode ainda ser exercida por alguma das instituições de crédito referidas nas alíneas a) a f) do art. 3.° do R.G.I.C., (bancos, Caixa Geral de Depósitos, caixas económicas, Caixa Central de Crédito Agrícola Mútuo, caixas de crédito agrícola mútuo e sociedades de investimento), que disponham de fundos próprios não inferiores a 1,5 milhões de contos.

As entidades gestoras devem elaborar um *regulamento* de gestão de cada fundo, o qual, bem como as suas alterações serão sempre publicados no boletim de cotações de uma das bolsas.

As sociedades gestoras de fundos de investimento mobiliário, bem como *as sociedades gestoras de fundos de pensões* [47] podem

---

[47] Quanto a *fundos de pensões*, v. Dec.-Lei n.° 332/85, de 6/8. O art. 2.° deste Dec.-Lei considera como direito subsidiário destes o que regula a actividade seguradora.

A constituição de *sociedades gestoras de fundos de pensões* foi prevista no Dec.-Lei n.° 396/86, de 25/11, haja substituído pelo Dec.-Lei n.° 415/91, de 25/10.

gerir fundos de poupança em acções. O Dec.-Lei n.º 204/95, de 5/8/95, estabeleceu o regime de *planos de poupança em acções*.

3. CAPITAL

Nenhuma Sociedade Gestora de Fundos de Investimento pode constituir-se com um capital social realizado inferior a 50.000 ou 75.000 contos, conforme se trate, respectivamente, de Sociedades Gestoras de Fundos de Investimento mobiliários ou imobiliários (V. Portaria 95/94, de 9/2), não podendo, porém, em caso algum, os fundos próprios das sociedades gestoras de investimentos, abertos e fechados, mobiliários ou imobiliários, ser inferiores às seguintes percentagens do valor líquido global dos fundos que administrem:

- até 15 milhões de contos — 1%;
- no excedente a 15 milhões de contos — 1‰.

(V. Dec.-Lei n.º 276/94, art. 9.º e 294/95, art. 10.º)

4. LIMITES À PARTICIPAÇÃO NO CAPITAL

Não há limites especiais.

5. OPERAÇÕES ACTIVAS

A Sociedade Gestora de Fundos de Investimento poderá, no exercício das funções de gestão do fundo de investimento que administre, ter acesso ao mercado interbancário nas condições definidas pelo Banco de Portugal (art. 10.º do Dec.-Lei n.º 276/94, e art. 11.º do Dec.-Lei 294/95).

6. OPERAÇÕES VEDADAS

Há que distinguir os fundos de investimento mobiliário dos imobiliários:

A supervisão sobre estas sociedades é exercida pelo Instituto de Seguros de Portugal e não pelo Banco de Portugal. O R.G.I.C., como é sabido, não as classificou como sociedades financeiras.

QUANTO AOS MOBILIÁRIOS

1 — Às entidades gestoras é especialmente vedado:

a) contrair empréstimos por conta própria;
b) contrair empréstimos por conta dos fundos que administrem, salvo por 120 dias, seguidos ou interpolados, num período de um ano e até ao limite de 10% do valor global do fundo;
c) Onerar por qualquer forma os valores dos fundos, salvo para a obtenção dos empréstimos referidos na alínea anterior;
d) Proceder a operações por conta dos fundos que possam assegurar-lhes, bem como aos depositários ou aos participantes, uma influência notável sobre qualquer sociedade;
e) Adquirir, por conta própria, unidades de participação de fundos de investimento, com excepção de fundos de tesouraria que não sejam por si administrados;
f) Adquirir por conta própria outros valores mobiliários de qualquer natureza, com excepção dos de dívida pública, de títulos de participação e de obrigações de empresas cotadas em bolsa que tenham sido objecto de notação, correspondente pelo menos à notação A ou equivalente, por uma empresa de *rating* registada na Comissão do Mercado de Valores Mobiliários ou internacionalmente reconhecida;
g) Sem prejuízo da alínea anterior, conceder crédito, incluindo prestação de garantias, por conta própria ou por conta dos fundos que administrem;
h) Adquirir, por conta própria, imóveis para além do limite dos seus fundos próprios;
i) Efectuar, por conta própria ou dos fundos, vendas a descoberto sobre valores mobiliários.

2 — É permitido às entidades gestoras de fundos fechados que não sejam sociedades gestoras adquirir unidades de participação dos fundos que administrem, até ao limite de 25% do valor global de cada fundo.

3 — Às entidades gestoras que sejam instituições de crédito não é aplicável o disposto nas alíneas a), e), f) e h) do n.° 1 e, salvo quando actuem por conta dos fundos, o disposto nas alíneas g) e i) do mesmo número.

(V. art. 11.° do Dec.-Lei n.° 276/94)

QUANTO AOS IMOBILIÁRIOS

1 — As entidades gestoras é especialmente vedado:
a) Contrair empréstimos por conta própria;
b) Contrair empréstimos por conta dos fundos que administrem, salvo com carácter não permanente e até ao limite de 10% do valor global do fundo;
c) Onerar por qualquer forma os valores dos fundos, salvo para a obtenção dos empréstimos referidos na alínea anterior;
d) Adquirir por conta própria unidades de participação de fundos de investimento, com excepção de fundos de tesouraria;
e) Adquirir por conta própria outros valores imobiliários de qualquer natureza, com excepção dos de dívida pública, de títulos de participação e de obrigações de empresas cotadas em bolsa que tenham sido objecto de notação, correspondente, pelo menos, à notação A ou equivalente, por uma empresa de *rating* registada na Comissão do Mercado de Valores Mobilários ou internacionalmente reconhecida;
f) Sem prejuízo da alínea anterior, conceder crédito, incluindo prestação de garantias, por conta própria ou por conta dos fundos que administrem;
g) Adquirir por conta própria imóveis para além do limite dos seus fundos próprios;
h) Efectuar, por conta própria ou dos fundos, vendas a descoberto sobre valores mobiliários.

2 — É permitido às entidades gestoras de fundos fechados que não sejam sociedades gestoras adquirir unidades de participação dos fundos que administrem, até ao limite de 25% do valor global de cada fundo.

3 — Às entidades gestoras que sejam instituições de crédito não é aplicável o disposto nas alíneas a), d), e) e g) do n.º 1 e, quando actuem por conta própria, o disposto nas alíneas f) e h) do mesmo número.

(V. art. 12.º do Dec.-Lei n.º 294/95).

7. DEPOSITÁRIOS. FUNÇÕES

Os valores que constituem o fundo de investimento devem ser confiados a um único depositário.

Podem ser depositários as instituições de crédito referidas nas alíneas a) a f) do art. 3.º do R.G.I.C. que disponham de fundos próprios não inferiores a 1,5 milhões de contos.

O depositário deve ter a sua sede em Portugal ou, se tiver sede noutro Estado-membro da Comunidade Europeia, deve estar estabelecido em Portugal através de sucursal.

Compete, designadamente, ao depositário:
  a) Receber em depósito ou inscrever em registo os valores do fundo, consoante sejam titulados ou escriturais:
  b) Efectuar todas as compras e vendas dos valores do fundo de que a entidade gestora o incumba, as operações de cobrança de juros, dividendos e outros rendimentos por eles produzidos, bem como as operações decorrentes do exercício de outros direitos de natureza patrimonial relativos aos mesmos valores;
  c) Receber e satisfazer os pedidos de subscrição e de resgate de unidades de participação;
  d) Pagar aos participantes a sua quota-parte nos lucros do fundo;
  e) Ter em dia a relação cronológica de todas as operações realizadas e estabelecer mensalmente o inventário discriminado dos valores à sua guarda;
  f) Assumir uma função de vigilância e garantir perante os participantes o cumprimento do regulamento de gestão do fundo, especialmente no que se refere à política de investimentos.

2 — O depositário deve ainda:
  a) Assegurar que a venda, a emissão, o reembolso e a anulação das unidades de participação sejam efectuadas de acordo com a lei e o regulamento de gestão;
  b) Assegurar que o cálculo do valor das unidades de participação se efectue de acordo com a lei e o regulamento de gestão;

c) Executar as instruções da entidade gestora, salvo se forem contrárias à lei ou ao regulamento de gestão;

d) Assegurar que nas operações relativas aos valores que integram o fundo a contrapartida lhe seja entregue nos prazos conformes à prática do mercado;

e) Assegurar que os rendimentos do fundo sejam aplicados em conformidade com a lei e o regulamento de gestão.

3 — O depositário pode subscrever unidades de participação dos fundos relativamente aos quais exerce essas funções, sendo-lhe, no entanto, vedada a aquisição de unidades já emitidas.

4 — A substituição do depositário depende de autorização da Comissão do Mercado de Valores Mobiliáros, mediante parecer favorável do Banco de Portugal, devendo a autorização ser publicada em boletim de bolsa de valores e num jornal diário de grande circulação com a antecedência de 15 dias sobre a data em que a substituição produzirá os seus efeitos.

(V. art.13.° do Dec.-Lei n.° 276/94).

8. RESPONSABILIDADE DA ENTIDADE GESTORA E DO DEPOSITÁRIO

As entidades gestoras e os depositários respondem solidariamente perante os participantes pelo cumprimento das obrigações contraídas nos termos da lei e do regulamento de gestão.

A responsabilidade do depositário não é afectada pelo facto de a guarda dos valores do fundo ser por ele confiada, no todo ou em parte, a um terceiro.

(V. Dec.-Lei n.° 276/94, art. 15.° e Dec- Lei n.° 294/95, art. 16.°).

Permite-se a possibilidade de utilização, por parte das entidades gestoras de fundos de investimento mobiliário, de técnicas e instrumentos de cobertura de risco que tenham por objecto valores mobiliários, com vista a uma adequada gestão do património dos fundos (Regulamento n.° 46/14 da C.M.V.M., in D.R. II Série, de 18/10/96.

9. REMUNERAÇÃO DOS SERVIÇOS DA ENTIDADE GESTORA E DO DEPOSITÁRIO

1 — As remunerações dos serviços da entidade gestora e do depositário devem constar expressamente do regulamento de gestão do fundo e podem abranger apenas:

a) *Uma comissão de gestão,* a pagar periodicamente pelo fundo, destinada a cobrir todas as despesas de gestão;
b) *Uma comissão de emissão,* a cargo dos subscritores, destinada a cobrir as despesas de venda e emissão das unidades de participação;
c) *Uma comissão de resgate,* a suportar pelo participante;
d) *Uma comissão de depósito,* a pagar periodicamente pelo fundo, destinada a remunerar os serviços do depositário no âmbito das funções definidas no artigo 13.º, com excepção das mencionadas na alínea c) do n.º 1 do mesmo artigo.

2 — As despesas relativas à compra e venda de valores por conta dos fundos que sejam indicadas nos respectivos regulamentos de gestão constituem encargo dos mesmos fundos.
(V. art. 16.º do Dec.-Lei n.º 276/94).

10. RESERVAS DE CAIXA

As Sociedades Gestoras de Fundos de Investimento não estão sujeitas à constituição de reservas de caixa.

11. CONTAS DOS FUNDOS

As contas dos fundos são encerradas anualmente com referência a 31 de Dezembro e submetidas a certificação legal por revisor oficial de contas que não integre o conselho fiscal da entidade gestora, devendo o revisor pronunciar-se sobre a avaliação efectuada pela entidade gestora dos valores do fundo.
(V. art. 34.º do Dec.-Lei n.º 276/94).

12. SUPERVISÃO

Compete à Comissão do Mercado de Valores Mobiliários a fiscalização do disposto nos Decs.-Lei n.ºˢ 276/94 e 294/95, sem prejuízo da competência do Banco de Portugal em matéria de supervisão das instituições de crédito e sociedades financeiras.

13. NORMAS QUE REGULAM A AUTORIZAÇÃO PELA C.M.V.M. DAS ENTIDADES COLOCADORAS DE UNIDADES DE PARTICIPAÇÃO DE FUNDOS DE INVESTIMENTO MOBILIÁRIO.

As condições de acesso à actividade de colocação de unidades de participação de instituições de investimento colectivo, efectuada por conta das entidades gestoras de fundos de investimento mobiliário, nos termos dos n.ºˢ 1 e 3 do art. 28.º do Dec.-Lei n.º 276/94, de 2/11, obedecem às normas do Regulamento n.º 95/05, do C.M.V.M., de 27/9/95.

14. CONTABILIDADE DOS FUNDOS DE INVESTIMENTO MOBILIÁRIO

O Regulamento n.º 95/14 do Código do Mercado de Valores Mobiliários, publicado no D.R., II Série de 5/1/96, estabelece o regime a que deve obedecer a contabilidade dos fundos de investimento mobiliário. Contém, em anexo, o Plano contabilístico destes Fundos.

O Regulamento n.º 96/16 do C.M.V.M., publicado no D.R., II Série, de 21/1/97, estabelece, por sua vez, o regime a que deve obedecer a contabilidade dos fundos de investimento imobiliário.

15. EMPRESAS EXISTENTES

SOCIEDADES GESTORAS DE FUNDOS DE INVESTIMENTO MOBILIÁRIOS

Fundos Geridos

BARCLAYS — Fundos, SA
- BARCLAYS-Acções Portugal
- BARCLAYS-C.Prazo
- BARCLAYS-F.P.A.
- BARCLAYS-Tesouraria
- BARCLAYS-Rendimento
- BARCLAYS-Monetário
- BARCLAYS-Obrigações
- BARCLAYS-Obrigações Portugal

EUROVALOR —
— Soc.Gest.Fundos Inv.Mob.SA
- BFE/BBI Capitalização
- BFE/BBI Curto Prazo
- EUROCAPITAL
- EUROCASH
- EUROVALOR
- EUROVALOR RENDA MENSAL
- EUROVALOR TAXA FIXA
- EUROFIP
- PPA — Grupo BFE

M FUNDOS —
— Gestora Fundos Inv.Mob. SA
- M RENDIMENTO
- M CAPITAL
- M CAPITAL GLOBAL (Geocapital)
- M TESOURARIA
- M LIQUIDEZ
- PPA M POUPANÇA

Sociedades financeiras

M.G.FUNDOS —
— Soc.Gest.Fundos Inv.Mob.SA
{ MG ACÇÕES
  M.G.FUNDOS —MG OBRIGAÇÕES
  MG TESOURARIA

B.C.P. INVESTIMENTOS —
— Fundos Mob.SA
{
BCP - Curto prazo
BCP - Monetário
BCP - Obrigações
BCP - Global
BCP - Tesouraria
BCP - Acções
BCP - Alfa
BCP - Beta
BCP - Sigma
BCP - Índice de acções — B.V.L.
BCP - Moeda
BCP - Multidivisas
BCP - Novofundo capital
BCP - Novofundo obrigações
BCP - Portfolio Internacional
BCP - Multinvestimentos
BCP - Multiobrigações
BCP - Taxa fixa
DÍVIDA PÚBLICA
MERCADOS EMERGENTES
BCP - Eurocarteira
PPA - Multicapital
Privatizações

BCI —Soc.Gest.Fundos Inv.Mob.,SA
{
BCI — Acções Portugal
BCI — Iberfundo acções
BCI — Obrigações
BCI — Obrigações
BCI — Capital
BCI — Empresas
BCI — Lusocapital
Novo Fundo GCI
BCI — PPA

BANIFUNDOS —
— Soc.Gest. Fundos Inv.Mob SA
{ BANIF — Invest.Seguro
BANIF — Obrigações
BANIF — Tesouraria

BBV GEST —
— Soc.Gest-Fundos Inv. Mob.SA
{ BBV-liquidez
BBV-disponível
BBV-acções
BBV-obrigações
BBV-Tesouraria

CAIXAGEST —
— Téc.de Gestão de Fundos, SA
{ CAIXAGEST-curto prazo
CAIXAGEST-rendimento
CAIXAGEST-tesouraria
CAIXAGEST-valorização
CAIXAGEST-cash flow
CAIXAGEST-grand.empre.
CAIXAGEST-índice
CAIXAGEST-internacional
CAIXAGEST-liquidez
FUNDO TESOURARIA — Caixagest-moeda
CAIXAGEST-renda acumu.
CAIXAGEST-renda mensal
CAIXAGEST-Investimentos
CAIXAGEST-Investimentos II
F. TESOURARIA
PPA — Caixagest Valorização fiscal

BNC GERFUNDOS —
— Soc.Gest.Fun.Inv.Mob.SA
{ BNC-valor
BNC-rendimento

SOC. GESTORA FUNDOS INV. MOB
CREDIT LYONNAIS PORTUGAL,SA
{ CREDIT BOND
CREDIT CASH
CREDIT CURTO PRAZO
CREDIT RENDIMENTOS

CHEMICAL FUNDOS, SA { CHEMICAL BONDS
CHEMICAL TESOURARIA
CHEMICAL TRADING

DB FUNDOS —
— Soc.Gest.Fundos Inv.Mob.SA
{ DB investimento
DB tesouraria
DB rendimento

PLURIFUNDOS—
— Soc.Gest.Fund. Inv.Mob.SA
{ SOTTOBOND
SOTTOINVEST
SOTTO-CAPITAL
SOTTO-Div.Pública
SOTTO-TESOURARIA
SOTTO-FLOATING
SOTTO — Acumulação Taxa Fixa
SOTTO — Tesouraria Internacional
SOTTO-Global Opção Agressiva
SOTTO-Global Opção Conservadora
SOTTO-Global Opção Moderada
SOTTO-Mês
SOTTO-PPA
SOTTO-Trimestre
SOTTO-Valor

BPI FUNDOS — Gestão deFundos de Investimento Mobiliário, SA
{ BPI-América
BPI-Europa
BPI-Espanha
BPI-Acções
BPI-Eurobrigações
BPI-Tesouraria
BPI-Taxa fixa
BPI-Renda Mensal
BPI-Bonds
BPI-Divisas
BPI-Curto Prazo
BPI-Liquidez
BPI-Dívida Pública
BPI-Gestão Global (F.F.)
BPI-Poupança acções — PPA
BPI-Reforma
BPI-Rendimentos

CENTRAL FUNDOS — Soc.Gest.Fund de Investimento Mobiliário, SA.
- RAIZ Poupança em Acções
- RAIZ Poupança reforma
- RAIZ Rendimento
- RAIZ Tesouraria

CPG — Cª Port.Gest.Fundos Inv.Mob,SA
- POUPANÇA FIPOR
- CLP TESOURARIA
- FIPOR
- RENDIMENTO FIPOR
- MEALHEIRO FIPOR
- FIPOR — Dívida Pública
- PPA FIPOR

GERIFIRME — Soc.Gest.F.Invest.Mob.,SA
- BFB-MONETÁRIO
- BFB-TESOURARIA
- BFB-LIQUIDEZ
- BFB-RENDIMENTO

HISPANO PORTUG. — —Soc.G.F.Inv.Mob.SA
- BHI — Obrigações
- BHI — Div.Pub.
- BHI — Tesour.
- HISPANO PORTUGUÊS
- NOVO FUNDO Rendimento

INVESTIL — Soc.G.F.Inv.Mob.,SA
- BNU-ORIENTE CRESCIM.
- BNU-INTERNACIONAL
- BNU-PRESTÍGIO
- BNU-ACÇÕES
- BNU-OBRIGAÇÕES
- INVEST-RENDIMENTO ACUMUL.
- BNU TESOURARIA
- BNU-RENDIMENTO
- BNU-PPA
- INVEST
- INVEST OBRIGAÕES
- INVEST PORTUGAL
- INVEST VALORIZAÇÕES

Sociedades financeiras

PRIMOGEST — Gestão de Fundos Mobiliários, SA
{ PRIMUS
  PRIMUS-AFORRO
  PRIMUS-CAPITAL
  EUROPRIMUS-CE
  PRIMUS CUPÃO
  PRIMUS MOEDA
  BCM AFORRO }

SIFTA — Soc.Gest.F.Tesour³.Atl.,SA
{ F.TESOUR. ATLÂNTICA }

SOGEVAL-Soc.Gest.F.Inv.Mob.,SA
{ VALOR EMPRESAS
  VALOR CASH
  VALOR MAIS
  VALOR CRESCENTE
  VALOR RENDIMENTO
  VALOR TESOURARIA }

TOTTAFUNDOS, SA
{ UNICAPITAL
  TOTTA ACÇÕES
  TOTTA TESOURARIA
  TOTTA OBRIGAÇÕES
  UNICONTA
  CAPITAL PORTUGAL
  TOTTA PPA
  TOTTA TAXA FIXA
  UNIEUROPA
  UNIFUTUROS
  UNIGLOBAL
  UNIORIENTE
  UNIREFORMA — POUPANÇA REFORMA
  UNIUSA }

UNIGER — Soc.Gest.Fundos Inv.Mob.,SA
{ UBP-RENDIMENTO
  UBP-CRESCIMENTO
  UBP — CURTO PRAZO
  UBP-OBRIGAÇÕES
  UBP-VALORIZAÇÃO
  UBP-DÍVIDA PUBLICA
  UBP-MONETÁRIO
  UBP-INTERNACIONAL
  UNIECU }

ESAF-Espirito Santo Sociedade Gestora de Fundos Inv.Mob., SA
{
E.S. MONETÁRIO
E.S. EUROFUNDO
E.S. ACÇÕES EUROPA
E.S. OBRIGAÇÕES EUROPA
E.S. AMERICA
E.S. ÁSIA
E.S. CARTEIRA — F. FUNDOS
E.S. CAPITALIZAÇÃO
E.S. PPA
E.S. PORTOFÓLIO
E.S. CURTO PRAZO
E.S. POUPANÇA-REFORMA
MULTIPAR
E.S. TESOURARIA
E.S. ACÇÕES
E.S. OBRIGAÇÕES
E.S.TAXA FIXA
MULTI-ACÇÕES
GES INVEST
}

SOCIEDADES GESTORAS DE FUNDOS DE INVESTIMENTO IMOBILIÁRIO.

Fundos Geridos

BANCO MELLO COMERCIAL, SA { UBP-IMO1*

BARCLAYS — Ges.Fund. Inv. Imob.SA { Barclays Imobiliário.

B.COMERC.DE MACAU —
— Gest.Fund.Inv. Imob.SA
{
BONANÇA I*
BCM Predial I*
}

BCP — Inv.Fund. Imob.SA
{
Carteira Imobiliária
Gestão Imobiliária
Imocapital aberto
Portofólio Imobiliário
Renda Imobiliária
}

* Fundos fechados.

Sociedades financeiras 163

GESFIMO	{ Fimes (liquidação)* Prestige um*
BMF-Soc.Gestora Fundos Inv.SA	{ BMF I
IMOPOLIS — SGFII	{ Imopolis I* Império*
IMOSOTTO	{ Imosotto Acumulação Imosotto Rendimento
BNC Predifundos — Soc. Gest. Fund. Inv. Imob., SA	{ BNC Predifundo
CORREIA Y VIEGAS — Soc.Gest.Fund. I. Imob., SA	{ Correia & Viegas
BANCO EFISA, SA	{ Efisa Imobiliária*
ESAF-Esp.Santo Fund.Invest.Imob.SA	{ Gespatrimónio Rendimento
F. TURISMO — Soc.Gest. F.Invest. Imob.,SA	{ F.I.. Imobiliário Fechado F.Turismo
FINIMUS — Soc.Gest. Fundos Imob.,SA	{ Finimobiliário*
FUNDIMO — Soc.Gest. F.Invest. Imob.,SA	{ Fundimo
GEOGER-Soc.Gest.F.Inv.Imobiliário, SA	{ Geoger
GESFIMO-Espírito Santo Irmãos, Soc.Gest.de F.Inv.Imob., SA	{ Prestigest Um Fimes (em liquidação)
GESTAMORIM-Soc.Gest. de F.Inv.Imo,SA	{ Amorim Fundo

GESTIPRIMUS-Gestão Fund.Imob.SA	Imoatlântico Imoprimus Renda Imoprimus Valor Imotur I
GICES — Soc.Gest.Fun.Inv.Imob.SA	Geril Imobiliário (Gerimo)
Hispano Imobil.Soc.Gest.Fun.Inv.I.,SA	Gestimo Hispano Imob. II
IMOSOTTO — Soc.Gest.Fun.Inv.Imob.SA	Rendimento Acumulado
IMOPOLIS-Soc.Gest.F.Inv.Imob.SA	Imopolis I Império
MARGUEIRA — Soc. Gest.F.Inv.Imob.SA	Margueira Capital*
SELECTA — Soc. Gest F.Inv.Imob. SA	Selecto I
SOFINAC-Soc.Gest.F.Inv.Imob.SA	Grupo BFE Imofomento
Soc.Gest.de Imovest- Fun.Inv.Imob.,SA	Imovest
Soc.Gestora F. Primeiro Imob.,SA	Primeiro Imobiliário
REFUNDOS — Soc.Gest.Fun.Inv.Imob.SA	Maxirent*
SILVIP-Soc.Gest.F.V.Inv.Pred.(F. VIP),SA	VIP

Sociedades financeiras   165

SONAEGEST- Soc.Gest.Fun.Inv.SA	Imosonae Dois
TDF — Soc.Gest.Fun.Inv.Imob.SA	TDF* Renda Predial*
TOTTAFIMO — Soc.Gest.Fun.Inv.Imob.SA	Tottafimo *
Cia Gest.Fun. Imob. URBIFUNDO, SA	Urbifundo
CISF	Imopor
VILA GALÉ GEST- Soc.Gest.Fun.Inv. Imob.SA	Vila Galé
SG-GEF	Gef I * Gef II *

SECÇÃO V
SOCIEDADES EMITENTES
OU GESTORAS DE CARTÕES DE CRÉDITO [48]

1. OBJECTO

As sociedades a que se refere a alínea e) do n.º 1 do art. 6.º do R.G.I.C. têm por objecto exclusivo a emissão ou gestão de cartões de crédito.

---

[48] Dec.-Lei n.º 47912, de 7/9/67 — Determina que certas actividades das instituições de crédito ou das então parabancárias terão de ter autorização do Ministério das Finanças.
 — Port. n.º 644/70, de 16/12 — Cartões de crédito — emissão — requisitos.
 — Port. n.º 360/73, de 23/5 — Emissão de cartões de crédito — requisitos — Revogada pelo art. 5.º do Dec.-Lei n.º 166/95.
 — D.R. III Série, de 4/6/74 — Estatutos da Unicre.
 — Port. n.º 401/77, de 4/7 — Taxas de juro.

Para efeito do Dec.-Lei n.º 166/95, de 15 de Julho, não se consideram cartões de crédito os cartões emitidos para pagamento de bens ou serviços fornecidos pela empresa emitente. (art. 1.º do Dec.-Lei citado)

— Desp. Normat. n.º 220/77, in D. R. de 12/11 — I Série — Criação de Parabancária — Exploração dos cartões de crédito.
— Dec.-Lei n.º 45/79, de 9/3 — Extractos de conta — títulos executivos.
— Desp. Normat. n.º 220/79, in D. R. de 6/9 — I Série — Unicre — exploração dos cartões de crédito pelo BPSM e outros.
— Port. n.º 611/79, de 23/11 — Taxas de juro.
— Port. n.º 707/80, de 23/9 — Diner's Club Português, SARL, dispensa de revisão legal.
— Desp. n.º 121/81, de 18/2, in D.R. de 4/3 — II Série — Contrato de representação com CARTE BLANCHE INTERNATIONAL, LTD.
— Desp. Normat. n.º 139/81, de 23/4, in D.R. de 11/5 — Exploração dos cartões de crédito.
— Desp. n.º 153/81, de 14/7, in D.R. de 28/7 — II Série — Contrato de representação com Visa International Service Association.
— Desp. Normat. n.º 77/82, de 3/5, in D.R. de 17/5 — Utilização no estrangeiro de cartões de crédito
— Desp. Normat. n.º 82/82, de 19/5, in D.R. de 29/5 — Utilização de cartões de crédito de âmbito nacional.
— Port. n.º 867/82, de 13/9 — Unicre — aumento de capital.
— D. R. III série, de 8/2/84 — Aumento de capital da Unicre.
— Desp. Normat., D.R.II Série, de 17/4 — Adesão do Banco Pinto & Sotto Mayor ao círculo de sócios da UNICRE.
— D.R. III série, de 9/5/84 — Estatutos.
— Desp. Normat. n.º 45/86, de 31/5 — Determina que a utilização no estrangeiro de cartões de crédito emitidos ou a emitir por entidades autorizadas nos termos da Port. n.º 360/73, de 23/5, seja permitida nas condições que o Banco de Portugal autorizar.
— D.R. III Série, de 23/1/88 — Estatutos da Unicre, S.A.
— Desp. Normat., Sec. Estado do Tesouro, in D.R. II Série, de 15/6/88 — alarga às instituições de crédito a possibilidade de emitirem cartões de crédito, independentemente ou em associação com a UNICRE.
— Aviso 13/90, de 4/12 — Provisões Regulamentação.
— Aviso 15/90, de 28/12/90 — 2.º Supl. — Provisões aplicabilidade do Aviso 13/90
— D.R. III Série, de 30/10/90 — Órgãos Sociais
— D.R. III Série, de 17/9/91 — Prestação de contas 1989
— D.R. III Série, de 29/5/92 — Aumento de capital
— D.R. III Série, de 23/9/92 — Conselho Fiscal.

Um cartão de crédito é um meio de pagamento que não movimenta a conta corrente do cliente junto do banco, mas movimenta o que se designa por uma conta-cartão. Ao aderir a um dado cartão de crédito, o Banco atribui ao cliente um dado limite de crédito, em função da análise que faz do cliente (P. ex., nível de rendimentos, profissão, agregado familiar).

Tecnicamente, designa-se por crédito revolving, isto é, cada vez que o cliente efectua um pagamento, o valor respectivo é lançado a débito na conta-cartão e é assim reduzido o limite de crédito. Quando o cliente efectua um pagamento parcial ou total do saldo em dívida, o montante de crédito limite da conta é reconstituído em igual valor.

Um cartão de débito é um meio de pagamento que permite dois tipos de utilização, sempre com reflexo imediato na conta corrente que o cliente detém junto de uma instituição bancária:

— nos comerciantes, em terminais de pagamento automático (POS), para liquidação de compras;

— em caixas automáticas (ATM), para levantamentos em moeda nacional, consultas e outras operações diversas.

Um cartão dual (débito e crédito) tem um funcionamento misto. Nas ATM funciona como um cartão de débito, ou de crédito por opção do utilizador. Nos POS, que aceitam cartões de crédito, funciona como um cartão deste tipo.

2. ENTIDADES EMITENTES

Podem emitir cartões de crédito:
a) As instituições de crédito e as instituições financeiras para o efeito autorizadas;
b) as sociedades financeiras que tenham por objecto a emissão desses cartões;
(art. 2.º do Dec.-Lei citado)

— Dec.-Lei n.º 166/95, de 15/7 — Sociedades emitentes ou gestoras de cartões de crédito.

— Aviso 4/95, de 25/7/95 — define as condições a que ficam sujeitas as sociedades autorizadas a emitir cartões de crédito.

3. CONDIÇÕES GERAIS DE UTILIZAÇÃO

1 — As entidades emitentes de cartões de crédito devem elaborar as respectivas condições gerais de utilização de acordo com as normas aplicáveis, nomeadamente o regime jurídico das cláusulas contratuais gerais, e ter em conta as recomendações emanadas dos órgãos competentes da União Europeia.

2 — Das condições gerais de utilização devem constar os direitos e obrigações das entidades emitentes e dos titulares de cartões, designadamente a discriminação de todos os encargos a suportar por estes últimos.
(art. 3.° do Dec.-Lei citado)

4. COMPETÊNCIA DO BANCO DE PORTUGAL

Compete ao Banco de Portugal:
a) Definir, por aviso, as condições especiais a que ficam sujeitas as sociedades previstas no artigo 2.°, bem como a emissão e a utilização dos cartões de crédito;
b) Ordenar a suspensão de cartões de crédito cujas condições de utilização violem as referidas condições especiais e outras normas em vigor, ou conduzam a um desequilíbrio das prestações atentatório da boa-fé.
(art. 4.° do Dec.-Lei citado).

5. REGULAMENTO DOS CARTÕES DE CRÉDITO

De acordo com o disposto na alínea a) do art. 4.° do Dec.-Lei n.° 166/95, de 15/7, o Banco de Portugal fez publicar o Aviso n.° 4/95, de 28 de Julho (in D.R., II, n.° 173, 2.° Supl. de 28/7/95), que contém o Regulamento dos cartões de crédito.

6. UNICRE e SIBS

O despacho normativo n.º 220/77, de 26 de Outubro de 1977, extinguiu as empresas UNICRE e DINER'S CLUB PORTUGUÊS, SARL., e criou em sua substituição uma *Instituição de Crédito destinada à exploração dos cartões de crédito*. O Despacho Normativo n.º 220/79, de 31 de Julho, revogou o Despacho Normativo n.º 220/77 e autorizou a UNICRE — Cartão Internacional de Crédito, SARL., a emitir um novo cartão de crédito, para uso exclusivo de residentes em território nacional, que adoptou a denominação "CARTÃO UNIBANCO".

São accionistas da UNICRE diversas instituições de crédito, entre as quais o B.P.A. e o B.C.P.

A UNICRE tem por objecto a emissão de cartões de crédito para uso exclusivo de residentes em território nacional e cabe-lhe a negociação de contratos de representação com as entidades estrangeiras, emitentes dos respectivos cartões de crédito, tendo em vista a aceitação dos respectivos cartões por parte das entidades residentes em território nacional.

O Dec.-Lei n.º 45/79, de 9/3 atribui a natureza de *título executivo* aos extractos de conta passados por empresas que tenham por objecto a concessão de crédito, mediante a emissão de cartões de crédito. (V. arts. 1.º e 2.º deste diploma, explicitando o art. 2 as indicações que os extractos deverão conter).

Ultimamente iniciou-se um processo de liberalização, passando os Bancos a poderem emitir novamente, sob certas condições, cartões de crédito, emitidos de forma autónoma ou em associação com a Unicre.

Vêm sendo tomadas em Portugal várias iniciativas tendo por finalidade o estudo ou lançamento de outras modalidades de "cartões de pagamento", designação onde, para além dos cartões de crédito, se englobam também cartões de garantia de cheque, os cartões das ATM e os cartões de débito. Os avanços tecnológicos verificados e a integração de Portugal na CE, vêm permitindo grandes progressos, de que são exemplos os cartões com memória já utilizados nalguns países, o uso muito generalizado de terminais em supermercados e inúmeros estabelecimentos comerciais, como pontos de venda (POS).

A SIBS, Sociedade Interbancária de Serviços, SA, tem estatutariamente por objecto:

a) a instalação, montagem e gestão em Portugal de sistemas bancários de pagamento nacionais e ou internacionais;

b) a emissão, gestão e controle de cartões, que poderão revestir a forma de cartão de débito ou de crédito;

c) a celebração de contratos com entidades nacionais ou estrangeiras emissoras de cartão de débito ou de crédito;

d) a prestação de quaisquer serviços de alguma forma ligados a sistemas electrónicos de pagamentos, nomeadamente telecompensação e tratamento informático, e o fornecimento de equipamentos informáticos aos seus sócios, a prestatários dos seus serviços ou a terceiros.

e) a prestação de quaisquer serviços ligados a sistemas electrónicos de transmissão e gestão de informação e dados.

Na prática, traduz-se na gestão de todo o sistema automático de pagamentos, quer de cartões de crédito, quer de débito, sendo o sistema de cartão Multibanco o que maior favor mereceu do público.

A SIBS já colaborou na gestão de novos cartões de crédito lançados por alguns bancos, através das respectivas sociedades financeiras de aquisição a crédito (SFAC) (V. art. 2.º, alínea d) do Dec.--Lei n.º 206/95, de 14/8).

7. EMPRESAS EXISTENTES

CREDIPLUS — Cia. Port. Cartões Créd. para a Distribuição, SA.,
SIBS — Soc. Interb. Serviços, SA
UNICRE — Cartão Internacional de Crédito, SA

SECÇÃO VI
SOCIEDADES GESTORAS DE PATRIMÓNIOS [49]

1. NATUREZA

As Sociedades Gestoras de Patrimónios (S.G.P.) são sociedades financeiras constituídas como sociedades anónimas. Regem-se pelas normas do Dec.-Lei n.º 163/94, de 4 de Junho e pelas disposições aplicáveis do Regime Geral das Instituições de Crédito e Sociedades Financeiras.

Existe um Código de Conduta das Sociedades Gestoras de Patrimónios, a que já anteriormente nos referimos, e que foi aprovado em 7 de Abril de 1993.

2. OBJECTO

As sociedades gestoras de patrimónios, designadas abreviadamente por sociedades gestoras, são sociedades anónimas que têm por objecto exclusivo o exercício da actividade de administração de conjuntos de bens, que se designam por carteiras para os efeitos do Dec.-Lei citado, pertencentes a terceiros.

Para além da actividade referida as sociedades gestoras poderão ainda prestar serviços de consultoria em matéria de investimentos.

A gestão de carteiras é exercida com base em mandato escrito, celebrado entre as sociedades gestoras e os respectivos clientes, que deverá especificar as condições, os limites e o grau de discricionariedade dos actos na mesma compreendidos.

As sociedades gestoras remeterão à Comissão do Mercado de Valores Mobiliários, previamente à sua utilização, os modelos de contratos tipo que pretendam utilizar no exercício da sua actividade (art. 1.º do Dec.-Lei n.º 163/94).

---

[49] Dec.-Lei n.º 229-E/88 de 4 de Julho e Portaria 422-C/88 de 4 Julho, Dec.-Lei n.º 417/91, de 26/10 (adaptação ao C.M.V.M.) e Aviso n.º 12/92, II série, de 29/12 — 2.º Supl. (Fundos próprios).
V. hoje o Dec.-Lei n.º 163/94, de 4 de Junho, que revogou o Dec.-Lei n.º 229-E/88, alterado pelo Dec.-Lei n.º 17/97, de 21/1.

3. CAPITAL

As Sociedades Gestoras de Patrimónios devem ter, na data da constituição, um capital social realizado não inferior a 50.000 contos (V. Portaria n.º 95/94, de 9 de Fevereiro) e nunca inferior à soma de 0,1% e 0,05% das carteiras sob gestão, respectivamente, de valores mobiliários e imobiliários em relação às quais o mandato celebrado com o cliente preveja o poder de alienar (Portaria n.º 422-C/88, de 4 de Julho). Esta Portaria manter-se-á em vigor enquanto não for publicado o aviso a que se refere o art. 3.º do Dec.-Lei citado ([50]).

4. LIMITES À PARTICIPAÇÃO NO CAPITAL

Os membros dos órgãos de administração e fiscalização, das sociedades gestoras, os accionistas com mais de 20% do capital e os que exerçam funções consultivas, técnicas ou de chefia nas mesmas sociedades gestoras não poderão ter participação no capital, pertencer em nome próprio ou em representação de outrem, aos órgãos sociais ou desempenhar quaisquer funções noutras sociedades gestoras (art. 8.º do Dec.-Lei n.º 163/94).

5. DEPÓSITO BANCÁRIO

Todos os fundos e demais valores mobiliários pertencentes aos clientes das sociedades gestoras devem ser depositados em conta bancária.

As contas a que se refere o número anterior poderão ser abertas em nome dos respectivos clientes ou em nome da sociedade gestora, por conta dos clientes, devendo neste caso indicar-se no boletim de

---

([50]) Art. 3.º do Dec.-Lei n.º 163/94:

1 — O Banco de Portugal pode estabelecer, por aviso, que os fundos próprios da sociedade gestora sejam, em qualquer momento, superiores a uma percentagem certa do valor global das carteiras geridas.

2 — No mesmo aviso serão definidos os critérios de valorização das carteiras, devendo ser ouvida a Comissão do Mercado de Valores Mobiliários na parte respeitante aos valores mobiliários.

abertura da conta que esta é constituída ao abrigo do presente preceito legal.

A abertura das contas em nome da sociedade gestora, por conta dos clientes, deverá ser autorizada nos contratos referidos no n.º 4 do art. 1.º, podendo, em função do que nestes contratos se convencionar, respeitar:

a) a um único cliente;
b) a uma pluralidade de clientes.

No caso previsto na alínea b) do número anterior, a sociedade gestora obriga-se a desdobrar os movimentos da conta única, na sua contabilidade, em tantas subcontas quantos os clientes abrangidos.

As sociedades gestoras só podem movimentar a débito as contas referidas quando se trate de liquidação de operações de aquisição de valores, do pagamento de remunerações devidas pelos clientes ou de transferências para outras contas abertas em nome destes (art. 5.º do Dec.-Lei n.º 163/94).

6. OPERAÇÕES DE CONTA ALHEIA

No desenvolvimento da sua actividade as sociedades gestoras podem realizar as seguintes operações:

a) Subscrição, aquisição ou alienação de quaisquer valores mobiliários, unidades de participação em fundos de investimento, certificados de depósitos, bilhetes do Tesouro e títulos de dívida de curto prazo regulados pelo Dec.-Lei n.º 181/92, de 22 de Agosto, alterado pelo Dec.-Lei n.º 231/94, de 14/9, em moeda nacional ou estrangeira, com observância das disposições legais aplicáveis a cada uma destas operações;

b) Aquisição, oneração ou alienação de direitos reais sobre os bens imóveis, metais preciosos e mercadorias transaccionadas em bolsas de valores;

c) Celebração de contratos de opções, futuros e de outros instrumentos financeiros derivados, bem como a utilização de instrumentos do mercado monetário e cambial (art. 6.º do Dec.-Lei 163/94, tendo a alínea c) a redacção dada pelo artigo único do Dec.-Lei n.º 17/97, de 21 de Janeiro).

Na alínea c) primitiva permitia-se o acesso aos mercados de derivados, monetário e cambial apenas para cobertura de riscos de câmbio, de taxa de juros ou outros riscos financeiros das carteiras geridas pelas sociedades gestoras dos patrimónios.

Eliminou-se tal limitação, permitindo-se a estas sociedades a possibilidade de realização de operações com intuitos especulativos, o que garante ao cliente um acompanhamento das condições de realização destas operações através de uma gestão profissionalizada e especializada, o que a elevada especificidade das operações em mercado de derivados aconselha.

Colocou-se estas sociedades numa posição de paridade em relação a outros intermediários financeiros autorizados a desenvolver a actividade de gestão de patrimónios.

Com esta alteração legislativa houve a intenção de aumentar o número de intervenientes especuladores no mercado de derivados, o que, do ponto de vista do legislador, permitirá aumentar o grau de liquidez e de eficiência deste mercado.

7. OPERAÇÕES VEDADAS

Às Sociedades Gestoras de Patrimónios é especialmente vedado:
- conceder crédito sob qualquer forma;
- prestar garantias;
- aceitar depósitos;
- adquirir, por conta própria, valores mobiliários de qualquer natureza, com excepção de títulos de dívida pública emitidos ou garantidos por Estados Membros da O.C.D.E.;
- fazer parte dos órgãos de administração ou fiscalização de outras sociedades;
- adquirir imóveis para além do limite dos fundos próprios;
- contrair empréstimos, excepto para aquisição de bens imóveis ou equipamentos necessários à sua instalação e funcionamento até ao limite máximo de 10% dos fundos próprios.

As Sociedades Gestoras não podem adquirir para os seus clientes;

• Valores emitidos ou detidos por entidades que pertençam aos órgãos sociais das sociedades gestoras ou que possuam mais de 10% do capital destas.

• Valores emitidos ou detidos por entidades em cujo capital social participem em percentagem superior a 10%, ou de cujos órgãos sociais façam parte um ou vários membros dos órgãos de administração das sociedades gestoras em nome próprio ou em representação de outrém, e os seus cônjuges e parentes ou afins do 1.º grau.

Os valores mencionados poderão ser adquiridos pelas sociedades gestoras para os seus clientes desde que autorizadas por escrito por estes últimos (art. 7.º do Dec.-Lei 163/94).

8. REQUISITOS DE CONSTITUIÇÃO

A constituição de sociedades gestoras depende de autorização a conceder, caso a caso, pelo Banco de Portugal e pela Comissão M.V.M., devendo ser registadas junto daquelas instituições, antes do início da actividade (v. art. 175.º, 194.º do R.G.I.C. e art. 629.º e segs. do C.M.V.M.).

9. RESERVAS DE CAIXA

As Sociedades Gestoras de Patrimónios não estão sujeitas à constituição de reservas de caixa.

10. ACESSO AO MERCADO MONETÁRIO INTERBANCÁRIO

As Sociedades Gestoras de Patrimónios não podem procurar nem oferecer fundos ao MMI.

11. EMPRESAS EXISTENTES

BMF — Soc. de Gestão de Patrimónios, SA
BPA INVESTIMENTOS — Soc. Gestora de Patrimónios, SA
M.P. PORTFÓLIO — Soc. Gestora de Patrimónios, SA
BFE — Gestão de Patrimónios, SA
BSN PATRIMÓNIOS — Soc. Gest. Patrimónios SA
TOTTAGEST — Sociedade Gestão de Patrimónios, SA
B.C.P. INVESTIMENTOS — Gestão de Patrimónios, SA
CARNEGIE PORTUGAL — Soc. Gestora de Patrimónios, SA
BANIFÓLIO — Sociedade Gestora de Patrimónios, SA
ESAF – ESPIRITO SANTO — Gestão de Patrimónios, SA
I.F. PORTFÓLIO-Sociedade Gestora de Patrimónios, SA
M.FIDUCIÁRIA — Soc. Gest. Patrimónios, SA
MG PATRIMÓNIOS — Soc. Gest. Patrimónios SA
SOSERFIN — Gestão de Valores, SA
SOTTOGEST — Soc. Gest. Patrimómios, SA
P.&.I. – PROPRIEDADE E INVESTIMENTO, Sociedade Gestora de Património, SA

SECÇÃO VII
SOCIEDADES DE DESENVOLVIMENTO REGIONAL [51]

1. NATUREZA

As Sociedades de Desenvolvimento Regional (S.D.R.) são sociedades financeiras, constituídas sob a forma de sociedades anónimas, que têm por objecto a promoção do investimento produtivo na área da respectiva região e por finalidade o apoio ao desenvolvimento económico e social da mesma (art. 1.° do Dec.-Lei n.° 25/91, redacção do Dec.-Lei n.° 247/94, de 7/10).

---

[51] Dec.-Lei n.° 25/91 de 11/1. — estabelece o novo regime jurídico das S.D.R., alterado pelo Dec.-Lei n.° 247/74, de 7/10.
— Aviso n.° 12/92, II série, de 29/12 — 2.° Supl. (Fundos próprios).
— Dec.-Lei n.° 274/94, de 7/10, alterou vários artigos do Dec.-Lei n.° 25/91.
— Aviso n.° 7/94, de 24/10.

2. OBJECTO

1 — As SDR, através da realização de operações financeiras e da prestação de serviços complementares, promovem a dinamização do investimento e das relações empresariais, tendo em vista o aproveitamento dos recursos endógenos e das potencialidades da respectiva área geográfica de actuação, em conformidade com os objectivos da política de desenvolvimento regional.

2 — As SDR participam ainda, na medida dos meios técnicos e humanos disponíveis, com os órgãos competentes do Estado e das autarquias locais na prossecução dos objectivos de interesse regional, designadamente através das seguintes actividades:

a) Contribuição para a realização do desenvolvimento económico regional, em termos de preservação do equilíbrio ecológico e do património cultural e artístico da região, e da promoção de acções no âmbito do ordenamento do território, a par com a melhoria da qualidade de vida das populações e a criação de emprego;

b) Participação no lançamento de parques industriais e de pólos de desenvolvimento regional e no fomento da cooperação intermunicipal;

c) Divulgação de informações relevantes para o investimento e o desenvolvimento económico e social (art. 6.º do Dec.-Lei n.º 25/91, de 11/1).

3. CAPITAL

As SDR deverão possuir um capital social não inferior a 600.000 contos (Portaria n.º 95/94, de 9 de Fevereiro) e as acções são nominativas ou ao portador registadas (art. 2.º do Dec.-Lei citado, nova redacção).

4. LIMITES À PARTICIPAÇÃO NO CAPITAL

Não existem limites especiais.

5. OPERAÇÕES ACTIVAS

1 — No desenvolvimento da sua actividade podem as SDR efectuar as seguintes operações activas, tendo como beneficiários entidades com sede, estabelecimento principal ou actividade relevante na sua área geográfica:

a) Participar no capital de sociedades constituídas ou a constituir;

b) Conceder a empresas crédito, a médio e a longo prazos, destinado ao financiamento do investimento em capital fixo, à recomposição do fundo de maneio ou à consolidação de passivos, neste último caso em conexão com as acções tendentes à reestruturação ou recuperação das empresas beneficiárias;

c) Conceder crédito, a médio e a longo prazos, a profissionais livres para instalação na área da SDR ou para modernização ou renovação de equipamentos, quando se trate de especialidades de marcado interesse para a região;

d) Adquirir créditos, por cessão ou sub-rogação que hajam sido concedidos para fins idênticos aos indicados na alínea *b*);

e) Prestar garantias bancárias que assegurem o cumprimento de obrigações assumidas para fins idênticos aos indicados na mesma alínea *b*);

f) Adquirir obrigações e outros títulos de dívida negociáveis (art. 7.° do Dec.-Lei citado).

— Com vista nomeadamente, à realização das atribuições indicadas no artigo 6.°, podem ainda as SDR prestar os serviços e efectuar as operações seguintes:

a) Apoiar o lançamento de novas empresas;

b) Participar em acções tendentes à recuperação de empresas em deficiente situação económica ou financeira;

c) Realizar estudos técnico-económicos de viabilidade de empresas ou novos projectos de investimento, incluindo os que visem o acesso a sistemas de incentivos, a reestruturação e reorganização de empresas existentes, a promoção de mercados para escoamento de produções regionais, a melhoria de processos de produção e a introdução de novas tecnologias, em termos de um eficaz aproveitamento de recursos e factores produtivos locais;

d) Proceder ao estudo das modalidades de financiamento mais adequadas à natureza de empreendimentos referidos nas alíneas anteriores e promover a obtenção de crédito a médio e longo prazos junto de instituições de crédito ou estabelecimentos financeiros nacionais ou estrangeiros;

e) Colaborar na procura dos parceiros mais convenientes para projectos de criação ou recuperação de empresas;

f) Desenvolver, em colaboração, designadamente, com as comissões de coordenação regional, associações ou núcleos empresariais, universidades e institutos politécnicos, estudos sectoriais e regionais, bem como a constituição de uma base de dados sobre as empresas e as oportunidades de negócio na região;

g) Apoiar as autarquias locais que explorem serviços de interesse público, local ou regional, no estudo dos modelos de financiamento mais adequados, tendo em vista o lançamento de infra-estruturas e outros empreendimentos que contribuam para o desenvolvimento económico da respectiva área de actuação;

h) Celebrar contratos de prestação de serviços com entidades promotoras de empreendimentos ou responsáveis pela implementação de programas de carácter regional;

i) Proceder à gestão técnica, administrativa e financeira das intervenções operacionais incluídas no quadro comunitário de apoio (QCA) para as intervenções estruturais comunitárias no território português, mediante a celebração de contratos-programa com o Estado, conforme o disposto no artigo 31.º do Decreto-Lei n.º 99/94 de 19 de Abril (art. 8.º do Dec.-Lei citado, nova redacção).

6. RECURSOS ALHEIOS

1 — Para complemento dos respectivos fundos próprios podem as SDR obter recursos alheios através de:

a) Emissão de obrigações, de prazo não inferior a dois anos, até ao limite fixado no Código das Sociedades Comerciais;

b) Financiamentos, por prazo não inferior a dois anos, concedidos por instituições de crédito ou sociedades financeiras, até ao dobro dos fundos próprios da SDR;

c) Crédito, na modalidade de conta-corrente, por prazo inferior a dois anos, concedido por instituições de crédito, até ao limite máximo de 15% dos fundos próprios da SDR.

d) Emissão de títulos de dívida de curto prazo regulados pelo Dec.-Lei n.° 181/92, de 22 de Agosto, com observância do limite fixado às sociedades comerciais.

2 — O montante de crédito não utilizado nos termos da alínea *c)* do número anterior poderá acrescer ao limite fixado na alínea *b)* do mesmo número (V. art. 9.° do Dec.-Lei citado, nova redacção).

7. REQUISITOS DE CONSTITUIÇÃO

As SDR regem-se pelas normas do Dec.-Lei n.° 25/91, de 11 de Janeiro, com as alterações introduzidas pelo Dec.-Lei n.° 247/94, de 7 de Outubro e pelas disposições aplicáveis do R.G.I.C.

Além dos elementos indicados na Lei Geral, o pedido de autorização para a constituição de uma SDR deve ser instruído com parecer das comissões de coordenação regional das áreas abrangidas pela actividade da sociedade (art. 3.° do Dec.-Lei citado, nova redacção).

8. RESERVAS DE CAIXA

As SDR estão sujeitas à constituição de reservas de caixa.

9. SUPERVISÃO

As SDR estão sujeitas à supervisão do Banco de Portugal.

10. EMPRESAS EXISTENTES

FINANTEJO — Soc. de Desenvolv. Regional do Ribatejo, SA.
SODERA — Soc. de Desenvolv. Regional do Alentejo, SA.
SOSET — Sociedade de Desenv. Regional da Península de Setúbal, SA.

SECÇÃO VIII
SOCIEDADES DE CAPITAL DE RISCO — SCR [52]

1. NOÇÃO, OBJECTO E SEDE

As sociedades de capital de risco (abreviadamente designadas por SCR) têm por objecto o apoio e promoção do investimento e da inovação tecnológica em projectos ou empresas através da participação temporária no respectivo capital social. (art. 1.º, n.º 1 do Dec.-Lei n.º 433/91, de 7 de Novembro).

Para efeitos deste Dec.-Lei considera-se, participação no capital social a detenção de uma fracção do capital social de qualquer sociedade, bem como a titularidade de obrigações convertíveis em capital e efectivação de prestações suplementares de capital.

Constitui objecto acessório das SCR a prestação de assistência na gestão financeira, técnica, administrativa e comercial das sociedades em cujo capital social participem, nos termos do artigo 9.º (arts. 1.º e 2.º do Dec.-Lei n.º 433/91).

[52] Port. n.º 247/86, de 24/05 — Autoriza a constituição de uma sociedade de capital de risco sob a denominação de SPR — Soc. Port. de Capital de Risco, SARL, conforme foi requerido pelo B.P.A.
— D.R. — III Série, de 25/07/86 — Estatuto da Soc. Port. de Capital de Risco, SARL.
— Dec.-Lei n.º 67/87, de 09/02 — Determina que as sociedades de capital de risco, que venham a ser constituídas até 31/12/87 gozem da isenção de imposto de selo, devido no acto da sua constituição.
— Dec.-Lei n.º 124/87, de 17/03 — Estabelece o quadro fiscal das sociedades de capital de risco.
— Port. n.º 190/87, de 18/03 — Autoriza a constituição da sociedade de capital de risco Promindústria — Soc. Port. de Capital de Risco, SA.
— Dec.-Lei n.º 433/91, I-A, 07/11 — Funde os regimes jurídicos das sociedades de capital de risco (Dec.-Lei n.º 17/86, de 5 de Fevereiro) e das sociedades de fomento empresarial (Dec.-Lei n.º 284/88, de 15 de Julho). Rectificado no D.R. I Série, n.º 276, Suplemento, de 30/11/91.
— Aviso 12/92, II Série, de 29/12 — 2.º Supl. — Fundos próprios.
— Rectificação n.º 254/91 do Dec.-Lei n.º 433/91 in D.R. I Série, de 30/11.
— Dec.-Lei n.º 175/94, I-A, de 27/06/94 — altera o Dec.-Lei 433/91, de 07/11. Revoga os artigos 4.º, 15.º e 16.º do Dec.-Lei n.º 433/91.

As SCR têm sede em território nacional.

Podem as SCR dispor de formas de representação social em território nacional ou no estrangeiro, nos termos da lei geral (art. 5.° do Dec.-Lei n.° 433/91, alterado pelo Dec.-Lei 175/94).

2. REQUISITOS DE CONSTITUIÇÃO E CAPITAL MÍNIMO

As SCR constituem-se como sociedades comerciais sob a forma de sociedade anónima, devendo possuir um capital social não inferior a 600.000 contos (Portaria n.° 95/94, de 9 de Fevereiro).

As acções representativas do capital social das SCR são nominativas ou ao portador registadas.

Com excepção dos aumentos de capital por incorporação de reservas, o capital social das SCR só poderá ser realizado em dinheiro (art. 3.° do Dec.-Lei 433/91, alterado pelo Dec.-Lei 175/94).

A constituição da S.C.R., com sede em Portugal, depende de autorização, a conceder, caso a caso, pelo Banco de Portugal (V. art. 175.° do R.G.I.C.)

As SCR regem-se pelas normas do Dec.-Lei n.° 433/91, com as alterações introduzidas pelo Dec.-Lei n.° 175/94 e pelas disposições aplicáveis do Regime Geral das Instituições de Crédito e Sociedades Financeiras.

Refira-se que as *sociedades de fomento empresarial* são, no fundo, sociedades de capital de risco especiais (V. os arts. 18.° e segs. do DL n.° 433/91) e não possuem actualmente autonomia formal. Diferentemente se passavam as coisas no domínio do DL n.° 248/88 de 15/7, que as criou.

3. OPERAÇÕES ACTIVAS

No desenvolvimento da sua actividade, podem as SCR efectuar as seguintes operações activas:

a) Adquirir, a título originário ou derivado, quaisquer títulos ou participações no capital de sociedades, bem como aliená-los ou onerá-los;

b) Promover, em benefício das empresas por si apoiadas, a obtenção de crédito a médio ou longo prazos junto de instituições de crédito e de outros estabelecimentos financeiros e a colocação de acções, obrigações e outros títulos de dívida negociáveis, emitidos por aquelas empresas, e, bem assim, intervir, por qualquer outro modo, na preparação ou na colocação de emissões de tais títulos;

c) Participar na reestruturação financeira de empresas, através da aquisição de créditos, por cessão ou sub-rogação, a converter integralmente em participações no capital social ou na subscrição de obrigações convertíveis em acções ou de quotas de capital, devendo aquela conversão ser requerida no prazo máximo de 90 dias;

d) Gerir fundos de capital de risco; ([53])

e) Respeitado o disposto no artigo 7.º, subscrever obrigações de empresas sob qualquer forma legalmente permitida e proceder a outras aplicações nos mercados monetários e de capitais, nos termos e limites constantes da legislação em vigor (V. art. 6.º do Dec.-Lei citado).

4. LIMITES NAS OPERAÇÕES ACTIVAS

1 — No fim do terceiro exercício completo posterior à sua constituição, as SCR deverão ter um mínimo equivalente a dois terços do seu activo total aplicado em participações de capital social, não contando para o efeito o capital subscrito e não realizado.

2 — Nos casos de aumento do activo decorrente de reforço do capital, realizado em dinheiro, o prazo previsto na parte inicial do número anterior renova-se até ao fim do segundo exercício seguinte, quanto ao montante do aumento.

3 — As participações das SCR noutras sociedades não podem, no momento da sua realização:

a) Em cada caso, exceder 20% dos seus fundos próprios, definidos nos termos de aviso do Banco de Portugal;

b) Na sua totalidade, exceder três vezes os seus fundos próprios.

([53]) Os fundos de investimento de capital de risco (F.P.R.), criados pelo Dec.-Lei 187/91, de 17 de Maio, são verdadeiros fundos de investimento mobiliário especiais.

4 — Em cada momento, pelo menos, 75% das participações das SCR noutras sociedades não poderão ter estado na sua titularidade, seguida ou interpoladamente, por um período superior a 12 anos.

5 — Não poderão nunca representar mais de 50% do total de participações das SCR as que correspondam a mais de 50% dos direitos de voto das sociedades participadas (V. art. 7.º do Dec.-Lei n.º 433/91, alterado pelo Dec.-Lei 175/94).

5. PRESTAÇÃO DE OUTROS SERVIÇOS

As SCR podem também:

a) Prestar assistência na gestão financeira técnica, administrativa e comercial a sociedades em cujo capital participem;

b) Realizar estudos técnico-económicos de viabilidade de empresas ou de novos projectos de investimento, bem como das condições e modalidades do respectivo financiamento e estudos ou projectos visando a reorganização, concentração ou qualquer outra forma de racionalização da actividade empresarial, incluindo a promoção de mercados, a melhoria dos processos de produção e a introdução de novas tecnologias, desde que tais serviços sejam prestados a empresas participadas ou a empresas com as quais desenvolvam um projecto tendente à subscrição ou aquisição de correspondentes participações (V. art. 9.º do Dec.-Lei citado).

6. OPERAÇÕES ESPECIALMENTE VEDADAS

Ficam especialmente vedadas às S.C.R. as seguintes espécies de operações:

a) O exercício directo de qualquer actividade agrícola, comercial ou industrial;

b) A titularidade de participações em sociedades gestoras de participações sociais (SGPS), reguladas pelo Decreto-Lei n.º 495/88, de 30 de Dezembro, que detenham participações em instituições ou sociedades referidas na alínea *c*);

c) A participação no capital social de quaisquer instituições de crédito ou sociedades financeiras, bem como em sociedades cujo objecto compreenda a actividade de mediação sobre bens imóveis, a compra e compra e venda ou o arrendamento de bens imóveis, exceptuada a exploração agrícola, florestal, cinegética ou turística;

d) A aquisição ou posse de bens imóveis para além dos necessários às suas instalações próprias, salvo quando lhes advenham por efeito de cessão de bens, dação em cumprimento, arrematação ou qualquer outro meio legal de cumprimento de obrigações ou destinado a assegurar esse cumprimento, devendo, em tais situações, proceder à respectiva alienação em prazo que só pode exceder dois anos se, em casos excepcionais, o Banco de Portugal o autorizar;

e) A concessão de crédito ou a prestação de garantias sob qualquer forma ou modalidade, excepto às sociedades em que possuam participação, e apenas por meio de contratos de suprimentos não renováveis celebrados com estas sociedades até 50% da correspondente participação e até ao final do segundo exercício subsequente àquele em que o contrato foi celebrado (V. art. 12.º do Dec.-Lei 433/91, alterado pelo Dec.-Lei n.º 175/94).

7. EMPRESAS EXISTENTES

ARCO CAPITAL — Soc. Capital de Risco, SA
BNP — CAPITAL E SERVIÇOS — Soc. Cap. Risco, SA (em liquidação)
BNU CAPITAL — Sociedade de Capital de Risco, SA
CISF RISCO — Comp. Capital Risco, SA
COMPTRIS — Comp. Port. Capital Risco, SA
E.S. Capital — Soc. Capital de Risco, SA
F. TURISMO — Capital de Risco, SA
INTER RISCO — Soc. Capital Risco, SA
IPE CAPITAL — Sociedade de Capital de Risco, SA
NORPEDIP — Soc. para o Desenv. Industrial, SA
RAR — Soc. Capital Risco, SA (em liquidação)
RISFOMENTO — Sociedade de Capital de Risco, SA
SPR — Soc. Port. Capital Risco, SA
SULPEPIP — Soc. para Desenv. Industrial, SA

SECÇÃO IX
SOCIEDADES ADMINISTRADORAS DE COMPRAS EM GRUPO (SACEG) [54]

1. NATUREZA

A actividade de administração de compras em grupo só pode ser exercida por sociedades comerciais constituídas sob a forma de sociedades anónimas e que tenham esta actividade como objecto exclusivo (art. 6.°, n.° 1 do Dec.-Lei n.° 237/91, de 2 de Julho).

2. OBJECTO

Compete às SACEG a gestão dos fundos comuns e a representação dos participantes no exercício dos seus direitos em relação a terceiros.

---

[54] Port. n.° 316/88, de 18/05 — Estabelece os limites à duração dos grupos e a lista dos bens e serviços susceptíveis de serem adquiridos pelo sistema de compra em grupo.
— Port. n.° 317/88, de 18/05 — Aprova o Regulamento Geral do Funcionamento dos Grupos.
— Aviso n.° 7/89, D.R. I Série, 25/8 — Estabelece várias disposições para cumprimento pelas SACEG.
— Dec.-Lei n.° 237/91, D.R. I Série-A, de 02/07/91 — Estabelece o novo regime do sistema de compras em grupo e disciplina as entidades que procedem à respectiva administração. Revoga o Dec.-Lei 393/87, de 31/12.
— Port. 413/91 (2.ª Série), D.R. II Série, de 14/12 — Fixa o capital social mínimo das SACEG.
— Aviso n.° 1/92, MF, D.R. II Série, de 14/03 — Normas relativas ao Plano de Contas para as SACEG. Revoga o Aviso 7/88, D.R. I.ª Série de 30/12/88.
— Port. n.° 357/92, I-B, de 22/04 — Estabelece disposições relativas à fixação da relação entre os respectivos capitais próprios e o valor global dos contratos de compra em grupo celebrados pelas sociedades administradoras de compras em grupo (SACEG). Revoga a Port. n.° 234-A/89, de 28 de Março.
— Aviso 3/92, II Série, de 27/04 — Limites prudenciais.
— Port. n.° 942/92, I-B, de 28/09/92 — Regulamento Geral do Funcionamento dos Grupos.
— Aviso 12/92, II Série, de 29/12/92 — 2.° Supl — Fundos próprios.
— Dec.-Lei n.° 22/94, de 27/01, que alterou o Dec.-Lei n.° 237/91.
— Portaria n.° 95/94, de 9/02.
— Portaria n.° 126/95, de 4/2 — revogou a Portaria n.° 316/88.

Será objecto de portaria conjunta do Ministro das Finanças e do Ministro responsável pela área do comércio a fixação do elenco de bens e serviços susceptíveis de serem adquiridos através do sistema de compras em grupo, bem como a da duração máxima dos grupos em função da natureza dos bens ou serviços.

De acordo com a Portaria n.º 126/95, de 4 de Fevereiro, só podem ser adquiridos pelo sistema de compras em grupo bens de equipamento, bens de consumo duradouro, viagens e imóveis.

Os grupos não podem ter duração superior a 54 meses, com excepção dos constituídos para a aquisição de bens imóveis, cuja duração máxima é de 150 meses.

A presente portaria aplica-se aos grupos constituídos a partir da data da sua entrada em vigor.

3. CAPITAL

As SACEG devem possuir um capital social de montante não inferior a:

a) *50.000 contos,* nos casos em que não administrem grupos constituídos para aquisição de bens imóveis;

b) *100.000 contos* nos restantes casos.

(art. 1.º, alínea *q*) da Portaria n.º 95/94, de 9 de Fevereiro).

O capital social das SACEG será obrigatoriamente representado por acções nominativas ou ao portador registadas (art. 8.º do Dec.-Lei 237/91, com a redacção do Dec.-Lei 22/94).

4. LIMITES À PARTICIPAÇÃO NO CAPITAL

Não há limites especiais.

5. OPERAÇÕES ACTIVAS

As SACEG, na sua qualidade de intermediários entre compradores e vendedores, limitam-se a gerir fundos comuns constituídos por grupos de pessoas, designadas por participantes, mediante a entrega de prestações periódicas de natureza pecuniária, por forma que cada um dos participantes venha a adquirir os bens ou serviços a que se reportar o contrato.

6. LIMITES À ACTIVIDADE

Nos termos do art. 196.º do R.G.I.C., poderão ser impostos limites ao valor global dos contratos de compra em grupo celebrados por uma SACEG, nomeadamente em função dos fundos próprios respectivos (V. art. 10.º do Dec.-Lei 237/91, nova redacção).

O valor global dos contratos de compra em grupo não pode exceder 70 vezes o montante dos fundos próprios das respectivas sociedades administradoras. O valor dos contratos destinados à aquisição de imóveis para habitação contará por um quarto, para efeitos do limite referido (V. Portaria n.º 357/92, de 22/4, que foi mantida em vigor pelo art. 3.º do Dec.-Lei n.º 22/94, de 27/1, enquanto não for exercida a competência estatuída no art. 10.º do Dec.-Lei n.º 237/91, com a redacção dada pelo Dec.-Lei n.º 22/94).

1 — Às SACEG é especialmente vedado:

a) Contrair empréstimos;

b) Conceder crédito sob qualquer forma;

c) Onerar, por qualquer forma, os fundos dos grupos;

d) Ser participantes em grupos que administrem.

2 — A proibição prevista na alínea *d)* do número anterior é aplicável aos administradores e aos accionistas detentores de mais de 10% do capital das SACEG, às empresas por eles directa ou indirectamente controladas e aos cônjuges e parentes ou afins em 1.º grau (V. art. 9 do Dec.-Lei n.º 237/91, de 2.7.91)

A Portaria n.º 942/92, de 28 de Setembro, aprovou o Regulamento Geral do Funcionamento dos Grupos.

7. OBRIGAÇÕES DAS SACEG

1 — Incumbe especialmente às SACEG:

a) Receber e manter em boa ordem os fundos que lhes são confiados, com observância do disposto no n.º 3 deste artigo;

b) Cumprir as obrigações decorrentes do regulamento geral de funcionamento dos grupos;

c) Efectuar todas as operações necessárias e adequadas ao recebimento dos bens e serviços pelos participantes contemplados nos prazos previstos, designadamente contratando tudo o que for apropriado com os fornecedores daqueles bens e serviços;

d) Certificar-se de que os planos de pagamento contratados com os participantes se harmonizam com o valor do bem ou do serviço objecto do contrato;

e) Contribuir para o Fundo de Garantia do Sistema de Compras em Grupo, nos termos que vierem a ser fixados na portaria prevista no artigo 12.º;

f) Manter permanentemente actualizada a contabilidade dos grupos;

g) Contratar, em nome dos participantes, um seguro contra o risco de incumprimento pelos mesmos das suas obrigações, uma vez que tenham sido contemplados com o respectivo bem ou serviço, se não tiverem sido constituídas outras garantias adequadas.

2 — Os grupos constituídos com vista à aquisição de bens ou serviços no sistema de compras em grupo não gozam de personalidade jurídica, incumbindo à SACEG representar os participantes no exercício dos seus direitos em relação a terceiros.

3 — Os fundos confiados às SACEG com vista à aquisição dos bens ou serviços deverão ser depositados em conta bancária aberta exclusivamente para esse fim.

4 — As SACEG só podem movimentar a débito as contas referidas no número precedente para pagamento dos respectivos bens ou serviços ou de outras despesas a suportar pelos grupos, nos termos do n.º 3 do artigo 17.º, ou para efeitos de liquidação dos mesmos, sem prejuízo do disposto no número seguinte.

5 — A conta referida nos números anteriores poderá ainda ser movimentada a débito para fins de aplicação de excedentes de tesouraria em títulos da dívida pública de liquidez compatível com o cumprimento das suas obrigações para com os participantes.

6 — Os títulos referidos no número anterior deverão ser depositados na conta a que se refere o n.º 3.

7 — Os proveitos das aplicações efectuadas nos termos dos n.ºˢ 3 e 5 deste artigo serão afectos aos fundos dos grupos em 75%, respeitada a proporção das contribuições dos participantes (V. art. 9.º do Dec.-Lei citado).

8. RESERVAS DE CAIXA

As SACEG não estão sujeitas à constituição de reservas de caixa.

9. ACESSO AO MERCADO MONETÁRIO INTERBANCÁRIO

As SACEG não podem procurar nem oferecer fundos no MMI.

10. EMPRESAS EXISTENTES

ACP AUTOGRUPOS — Compra de Bens Móveis em Grupo, SA
AUTOGRUPOS — Adm. e Venda em Grupos de Bens de Consumo, Lda (em liquidação)
CN — PROMOGRUPO- Promoção e Gestão de Consórcios de Compra em Grupo, Lda (em liquidação)
CRÉDICOMPRAS — Formação e Administração de Compras em Grupo, Lda., (em liquidação)
GRUPINVESTE — Consórcio Intern. de Bens, Lda
INFORGRUPO — Prom. e Adm. de Comp. em Grupo, Lda (em liquidação)
INTERCOMPRAS — Prom. e Adm. de Comp. em Grupo, Lda (em liquidação)
JOVIGRUPOS S.A.C.E.G., SA (em liquidação)
LÍDER ADMINISTRAÇÃO — Gestão de Compras em Grupo, SA (em liquidação)
LUBRITEX — Soc. Administr. de Compras em Grupo, SA
LUSOGRUPOS — Adm. e Gest. de Comp. em Grupo, SA
MULTIGRUP — Adm. e Gest. de Comp. em Grupo, SA (em liquidação)
NORGRUPO — Soc. Adm. de Comp. em Grupo, SA
NOVOGRUPO — Administração e Venda de Bens em Grupo, Lda (em liquidação)

PORTIGRUPO — Promoção e Gestão de Vendas em Grupo, SA (em liquidação)
POLIGRUPO — Vend. e Adm. Grup. de Bens de Consumo, SA Sociedade Adm. de Comp. em Grupo MOVIGRUPO, Lda (em liquidação)
SOCIGRUPO — Administração de Compras de Bens em Grupo, Lda., (em liquidação)
SUPER C — SUPERGRUPOS — Soc. Prom. e Adm. de Compras em Grupo, SA
TOTOGEST — Poup. Prévia para Fins Determinados, Lda
TURIM S.A.C.E.G — Adm. de Comp. em Grupo, SA

SECÇÃO X
AGÊNCIAS DE CÂMBIOS

O art. 6.°, alínea *j*) do R.G.I.C. refere-se expressamente às agências de câmbios como sociedades financeiras.

Acham-se hoje reguladas pelo Dec.-Lei n.° 3/94, de 11 de Janeiro, alterado pelo Dec.-Lei n.° 298/95, de 18/11.

1. OBJECTO

1 — As agências de câmbios têm por objecto principal a realização de operações de compra e venda de notas e moedas estrangeiras ou de cheques de viagem.

2 — Acessoriamente, podem as agências de câmbios comprar e vender ouro e prata, em moeda ou noutra forma não trabalhada, bem como moedas para fins de numismática.

3 — Aplica-se às agências de câmbio, relativamente à compra e venda de ouro e prata, em moeda ou noutra forma não trabalhada, o regime definido para os Bancos e outras instituições de crédito no n.° 3 do artigo 15.° do Regulamento das Contrastarias, aprovado pelo Dec.-Lei n.° 391/79, de 20 de Setembro.
(art. 1.° do Dec.-Lei n.° 3/94, alterado pelo artigo único do Dec.-Lei n.° 298/95, de 18/11 e tendo em atenção a Declaração de rectificação n.° 159/95, in D.R., I, de 30/12).

2. FORMA, DENOMINAÇÃO E OUTROS REQUISITOS

As agências de câmbios, nos termos do art. 2.º do Dec.-Lei citado, deverão satisfazer os seguintes requisitos:
a) Adoptar a forma de sociedade anónima ou de sociedade por quotas;
b) Inserir na denominação social a expressão "agência de câmbios";
c) Preencher as demais condições de que depende a autorização e o exercício da actividade das sociedades financeiras. Ver arts. 174.º e 175.º do R.G.I.C.

3. CAPITAL SOCIAL

Têm de se constituir com um capital social não inferior a 20.000 cts (Portaria 28/94, de 11/1).

4. OPERAÇÕES COM RESIDENTES E NÃO RESIDENTES

As operações de compra e venda de notas e moedas estrangeiras ou de cheques de viagem realizados com residentes ou com não residentes, só poderão ser efectuadas contra escudos (art. 3.º do Dec.-Lei citado).
Nos termos do próprio preâmbulo do Dec.-Lei 3/94, a principal alteração traduz-se na eliminação da imposição de que as operações de compra e venda de moeda se relacionem com as deslocações ao estrangeiro ou com a permanência de não residentes em território nacional.
As agências de câmbios estão sujeitas a registo no Banco de Portugal, nos termos do art. 194.º do R.G.I.C.
O Dec.-Lei n.º 170/93, de 11 de Maio, que liberalizou os movimentos de capitais entre Portugal e o estrangeiro, revogou expressamente o aviso n.º 9 do Banco de Portugal, de 18/9/91, que definia as operações que as agências de câmbio estavam autorizadas a efectuar.

Deverá ter-se presente o disposto no Dec.-Lei, n.º 13/90, de 8 de Janeiro, quanto ao regime cambial e exercício do comércio de câmbios, tendo-se em atenção que este diploma legal foi rectificado no D.R. I Série, de 31/3/90 e alterado pelos Decs.-Leis n.º 64/91, de 8/2 e 170/93.

O art. 11.º do Dec.-Lei n.º 13/90, dispõe que:

1 — Só estão autorizadas a exercer o comércio de câmbios em território nacional as instituições de crédito e as sociedades financeiras para tanto expressamente habilitadas pelas normas legais e regulamentares que regem a respectiva actividade.

2 — O exercício do comércio de câmbios pelas entidades autorizadas limitar-se-á às operações expressamente previstas nas normas referidas no número anterior (versão do Dec.-Lei n.º 170/93).

Entende-se por exercício do comércio de câmbios a realização habitual e com intuito lucrativo, por conta própria ou alheia, de operações cambiais (art. 6.º do Dec.-Lei n.º 13/90).

As operações permitidas às agências de câmbios são tão só as referidas no art. 1.º do Dec.-Lei n.º 3/94 — compra e venda de notas e moedas estrangeiras ou de cheques de viagem.

O Aviso do Banco de Portugal n.º 5/93, de 1/10/93 (publicado no D.R. II Série, de 15/10/93), refere um conjunto de operações cuja contratação ou realização deve ser declarada ao Banco de Portugal, para efeitos de natureza estatística. Determina que essas informações podem, em alternativa, ser remetidas ao Banco de Portugal *por entidade autorizada a exercer o comércio de câmbios,* que assegure por conta do seu cliente o cumprimento das obrigações aí definidas.

O Aviso n.º 6/93, de 1/10/93 determina o seguinte:

1. A compra e venda de moeda estrangeira a que se refere o n.º 1 do art. 5.º do Dec.-Lei 13/90, de 8-1, compreende as seguintes operações:

1.1. — Compra e venda à vista de moeda estrangeira contra escudos ou de moeda estrangeira contra moeda estrangeira;

1.2. — Compra e venda a prazo de moeda estrangeira contra escudos ou de moeda estrangeira contra moeda estrangeira;

1.3. — A contratação de swaps de moedas;

1.4. — A compra e venda de opções cambiais;
1.5. — A compra e venda de futuros cambiais;
1.6. — A compra e venda de notas ou de moedas metálicas estrangeiras e de cheques de viagem;

2. As entidades autorizadas a exercer o comércio de câmbios podem negociar livremente com os clientes ou entre si as taxas de câmbio e as comissões a aplicar na operações referidas no número anterior.

3. O Banco de Portugal estabelecerá e divulgará diariamente, a título informativo, taxas de câmbio à vista, contra escudos, para um conjunto limitado de moedas ou unidades de conta, que reflectirão as cotações praticadas no mercado. Estas cotações denominam-se câmbios oficiais.

4. A composição do conjunto das moedas oficialmente cotadas é determinada pelo Banco de Portugal, tendo em conta a dimensão dos respectivos mercados, a sua convertibilidade e outros aspectos que possam ser considerados relevantes para o efeito.

5. As entidades que exerçam o comércio de câmbios devem afixar de forma visível, em todos os balcões, informação actualizada relativa às taxas de câmbio praticadas por essas instituições, bem como as comissões ou outros encargos que incidam sobre as operações cambiais.

6. As entidades que exerçam o comércio de câmbios devem prestar ao Banco de Portugal, de acordo com as instruções que por ele lhes forem transmitidas, os elementos informativos respeitantes às operações cambiais realizadas.

7. O disposto no n.° 6 do presente aviso reporta os seus efeitos a 1-1-93.

5. EMPRESAS EXISTENTES

Agências de Câmbios:

— A.C.V. — Ag. de Câmbios de Vilamoura, Lda

— Agência de Câmbios — J. R. Peixe Rei & Cia. Lda (Sucessores)
— Agência de Câmbios A. S., SA
— Agência de Câmbios Cunha, Lda
— Agência de Câmbios Central, Lda
— Agência de Câmbios O. Neves, Lda
— Cambitur — Ag. de Câmbios. Lda
— Capital Câmbios — Agência de Câmbios, SA
— Carvalho e Rebelo, Ag. de Câmbios, Lda
— Casa Condessa — Ag. de Câmbios, Lda
— Cotacâmbios — Ag. de Câmbios, SA
— Frederico — Ag. de Câmbios, Lda
— Oura Câmbios — Ag. de Câmbios, Lda
— Silva Moreira — Ag. de Câmbios, Lda
— Cambiális — Agência de Câmbios, Lda
— Europonto — Agência de Câmbios, Lda
— ISALGARVE — Agência de Câmbios, Lda
— LISCAMBIOS — Agência de Câmbios, SA
— MUNDIAL — Agência de Câmbios, Lda
— MUNDICÂMBIOS — Agência de Câmbios, Lda
— T. F. — Agência de Câmbios, Lda
— UNICÂMBIO — Agência de Câmbios, SA
— V. I. — Agência de Câmbios, Lda
— VICÂMBIOS — Agência de Câmbios, Lda
— Porto Câmbios — Agência de Câmbios, SA

SECÇÃO XI
FINANGESTE-EMPRESA FINANCEIRA DE GESTÃO E DESENVOLVIMENTO, SARL [55]

A Finangeste é considerada sociedade financeira pelo n.º 2 do art. 6.º do R.G.I.C., aprovada pelo Dec.-Lei n.º 298/92, de 31/12. É hoje uma sociedade anónima.

---

[55] Dec.-Lei n.º 540-A/74, de 12/10 — Fiscalização pelo Estado.
Resol. n.º 51-F/77, de 28/2/77 — Comissão Instaladora-Nomeação
Resol. n.º 51-G/77, de 28/2/77 — Extinção do BIP

Criada pelo art. 6.º do Dec.-Lei n.º 10/78, de 19 de Janeiro, com aditamento do Dec.-Lei n.º17/79, de 17/02, como instituição parabancária sob a forma de empresa pública, com personalidade jurídica, tendo por objecto a prática de operações de aquisição e cobrança de créditos, a gestão de participações financeiras noutras sociedades e a administração e valorização de patrimónios cuja titularidade lhe advenha por virtude daquela actividade ou da transmissão de passivos de outras instituições de crédito.

Tratava-se de uma instituição genericamente prevista em 28/02/77 [56], com solvabilidade garantida pelo Estado, e que teve à

Resol. n.º 51/H/77, de 28/2/77 — Saneamento Financeiro — B.B.I. e Pinto de Magalhães.
Dec.-Lei n.º 10/78, de 19/1 — Criação.
Desp. Minist. do MFP de 16/11/78, in D.R. de 26/12-II Série — B.P.S.M. — Gestão e conservação do património transferido para a parabancária.
Resol. n.º 29/79 de 17/01, in D.R. de 27/01 — I Série — Suspensão de juros.
Dec. n.º 17/79, de 17/2 — Aditamento ao art. 8.º do Dec.-Lei n.º 10/78, de 19/1.
Resol. n.º 68/79, de 21/02, in D.R. de 10/03-I Série — Extinção do BIP.
Resol. n.º 22/03 — I Série — Comissão Instaladora. Nomeação.
Resol. n.º 205/79, de 20/06/79, in D.R. de 14/07 — I Série — Suspensão de juros.
Dec.-Lei n.º 250/82, do MFP de 20/04, in D.R. de 26/06 — I Série — Estatutos.
Desp. do MFP de 13/8/82, in D.R. de 9/9 — II Série — Distribuição do capital social.
Desp. n.º 1033/86/X — do Ministério das Finanças, in D.R. II Série, de 21/03/86 — Distribuição do capital social.
Port. do Ministério das Finanças, in D.R. II Série, de 09/04/86 — Altera vários artigos dos Estatutos da FINANGESTE aprovados pelo Dec.-Lei n.º 250/82, de 26/07.
Port., D.R. — II Série, de 21/11/86 — Autoriza a alteração dos Estatutos da Finangeste.
Portaria do M.F., D.R. II Série, de 3/12/90 — Altera vários artigos do Dec.--Lei n.º 250/82, de 26/6, (Finangeste-Estatutos)
D.R. III Série de 22/6/92 — Aumento Capital
D.R. III Série de 22/6/92 — Órgãos Sociais
Convocatória, D.R. III Série, de 18/2/92 — Assembleia 20/3/92
Aviso 12/92, D.R.II Série, de 29/12/92 — 2.º Supl. — Fundos próprios.
D.L. 298/92, I-A, 28/12, Supl., art. 6.º-2 — Considera a Finangeste como Sociedade Financeira.

[56] Resoluções do C.M. 51-G/77 e 51-B/77.

data por finalidade imediata a recepção de valores a transferir por força de acções de saneamento financeiro então levadas a cabo nos Bancos Borges & Irmão e Pinto de Magalhães e ainda pela extinção do Banco Intercontinental Português.

Com relação ao último dos bancos, a FINANGESTE recebeu ainda a parte do património que não correspondia à actividade normal da banca comercial (6 milhões de contos): os activos e passivos relacionados com a acção desenvolvida pelo ex-presidente do Conselho de Administração do BIP e o complexo patrimonial designado por "Grupo Jorge de Brito", composto por imobilizações de prédios, títulos e obras de arte.

Para além destes valores a FINANGESTE recebeu o capital social, as reservas existentes e o saldo apurado na conta "Lucros e Perdas" do BIP e tornou-se responsável pelo pagamento ao Banco Pinto & Sotto Mayor (que integrou a actividade bancária do banco extinto) dos seguintes valores:

— Resgate de títulos redescontados, referentes à actividade não estreitamente bancária do banco extinto;

— Créditos bancários do BIP demonstradamente incobráveis até 31/03/1980, sempre que as provisões transferidas para o Banco Pinto & Sotto Mayor se revelassem insuficientes.

Com o Decreto-Lei n.° 250/82, de 26 de Junho, foi extinta a FINANGESTE, empresa pública, e criada uma sociedade anónima de responsabilidade limitada, com a designação de FINANGESTE- -EMPRESA FINANCEIRA DE GESTÃO E DESENVOLVIMENTO, SARL. Foram também aprovados os seus estatutos.

O seu objeto (art. 4.° dos Estatutos), acha-se hoje definido com a redacção dada pela Portaria de 3/12/90 do Ministro das Finanças (D.R. II Série), nos termos seguintes:

1 — A sociedade tem por objecto o exercício de actividades de natureza parabancária respeitantes à aquisição e recuperação de créditos, incluindo a gestão de participações sociais e de patrimónios cuja titularidade lhe advenha por virtude dos mecanismos legais e convencionais de cobrança de créditos, e a promoção do investimento em projectos e empresas com vista à valorização e ulterior alienação daqueles activos.

2 — Constitui objecto acessório da FINANGESTE a realização de estudos técnico-económicos de viabilidade e de racionalização da actividade de empresas ou de novos projectos de investimento, bem como a promoção dos mesmos através da participação temporária no respectivo capital social ou da gestão de fundos consignados, nas condições previstas na legislação sobre sociedades de capital de risco.

A duração da sociedade é hoje por tempo indeterminado (art. 3.º dos Estatutos, na redacção da Portaria referida).

CAPÍTULO V

DOS CONTRATOS BANCARIOS EM GERAL

Para além de referências legais genéricas a operações de banco (V. arts. 362.º e segs. do Código Comercial), da previsão legal de contratos, alguns tipificados, tais como o mandato comercial (arts. 231.º e segs. do C. Comercial), conta em participação (arts. 224.º e segs. do C.Comercial), crédito à habitação (Decs.-Lei n.º 328-B/86 e 250/93 e Portaria n.º 672/93), locação financeira (Decs.-Lei n.ºˢ 72/95 e 149/95), factoring (Dec.-Lei 171/15 e arts. 577.º, 578.º, 583.º e 587.º todos do Código Civil, quanto às cessões de créditos que estes contratos prevêem), depósitos de fundos (sem regulamentação especifica, para além das disposições gerais do art. 407.º do C. Comercial e 1.185.º do C. Civil) contrato de empréstimo bancário (arts. 396.º C. Comercial, 1142.º, 1143.º e 1145.º do C. Civil e Dec.-Lei 32.765, de 29/4/43), não há qualquer texto legal a reger as operações dos bancos em geral.

O art. 362.º do Código Comercial define a natureza comercial das operações de banco:

"São comerciais todas as operações de bancos tendentes a realizar lucros sobre numerário, fundos públicos ou títulos negociáveis, e em especial as de câmbio, os arbítrios ([57]), empréstimos, descontos, cobranças, aberturas de créditos, emissão e circulação de notas ou títulos fiduciários pagáveis à vista e ao portador."

O regime das operações bancárias decorre do disposto no art. 363.º do mesmo Código:

([57]) Não eram operações de Banco, no sentido jurídico, não são contratos especiais do comércio bancário, mas sim operações aritméticas e especulativas. — "comprar papel onde ele é mais barato para o revender onde ele é mais caro", eis o que se chama um arbítrio. Os arbítrios, podem ter por objecto, não somente as cambiais e os cheques, mas também os fundos públicos, acções, obrigações, coupons e outros valores de bolsa (Cunha Gonçalves, C. Comercial, Vol. 3.º pág. 378).

"As operações de banco regular-se-ão pelas disposições especiais respectivas aos contratos que representarem, ou em que a final se resolverem."

"*Elemento caracterizador da actividade bancária* — a intermediação nos mercados monetários, financeiro e cambial e tudo o que dela for acessório ou com ela estiver em conexão" — é o que parece resultar das disposições do art. 104.° da C.Polit. e art. 362.° do C. Comercial.

Assim, todas as operações têm como limite, para além de eventuais regulamentações gerais e legais próprias de algumas delas, como as acima referidas, a submissão ao direito comum dos contratos.

Todo o relacionamento estabelecido entre os bancos e os seus clientes sofre influências de vários factores, das quais destacamos:

— grandeza empresarial dos primeiros, face à maioria dos segundos, em muitos casos de pequena e média dimensão;

— número elevado de operações realizadas por cada banco;

— a velocidade a que se efectuam ou devem efectuar essas operações, com utilização de meios técnicos sofisticados e a necessidade de processos operacionais simplificados;

— necessidade de rápida resposta aos clientes, em relação às operações propostas, parecendo-nos que essa rapidez é de respeitar em especial na recusa de operações, em que o cliente terá de buscar soluções alternativas;

— procura de equilíbrio entre os bancos que buscam a obtenção de maior lucro e os clientes que preferenciam as operações menos onerosas, tudo agravado ou facilitado pela concorrência interbancária, de acordo com o ponto de vista do observador interessado.

Toda a actividade bancária decorre sob o signo da *liberdade contratual*, que o Código Civil define como:

1 — Dentro dos limites da lei, as partes têm a faculdade de fixar livremente o conteúdo dos contratos, celebrar contratos diferentes dos previstos neste código ou incluir nestes as cláusulas que lhes aprouver.

2 — As partes podem ainda reunir no mesmo contrato regras de dois ou mais negócios, total ou parcialmente regulados na lei.

(V. art. 405.° do Código Civil).

Como ensina o Prof. Antunes Varela [58] o princípio da liberdade contratual desdobra-se em vários aspectos a saber:

a) a possibilidade de as partes contratarem ou não contratarem, como melhor lhes aprouver;

b) faculdade de, contratando, escolher cada uma delas, livremente o outro contraente;

c) a possibilidade de, na regulamentação convencional dos seus interesses, se afastarem dos contratos típicos ou paradigmáticos disciplinados na lei (celebrando contratos atípicos) ou de incluírem em qualquer destes contratos paradigmáticos cláusulas divergentes da regulamentação supletiva contida no Código Civil.

"A garantia à primeira solicitação" não tem texto legal expresso a consigná-la. Decorre do princípio da liberdade contratual.

A admissibilidade de contratos-mistos é, ainda, uma afirmação da regra da liberdade contratual (por ex, na abertura de crédito documentário, que supõe uma venda, o banqueiro do comprador acha-se obrigado, por mandato deste, a pagar o preço logo que receba os documentos previstos).

SECÇÃO I
A FORMAÇÃO DOS CONTRATOS BANCÁRIOS

Contratos são negócios jurídicos plurilaterais.

O contrato pode definir-se como o acordo por que duas ou mais partes ajustam reciprocamente os seus interesses, dando-lhe uma regulamentação que a lei traduz em termos de efeitos jurídicos.

O negócio jurídico vem regulado nos arts. 217.º e seguintes do Código Civil.

Os arts. 405.º e segs. do Código Civil referem-se a disposições de ordem genérica relativas aos contratos.

É a propósito do negócio jurídico que o Código Civil regula a formação do contrato, a culpa nessa formação (art. 227.º), e a conclusão do contrato pela aceitação do proposta (art. 228.º e segs). As operações de banco têm natureza contratual.

---

[58] C. Civil anotado, vol. I, 1987, págs. 356 e 357.

É normal distinguir, quanto à formação dos contratos em geral, a contraposição entre contratos celebrados entre presentes e contratos celebrados entre ausentes.

Como ensina o Prof. Menezes Cordeiro [59], "nos contratos entre presentes não há entre as declarações de vontade das partes um intervalo de tempo juridicamente relevante. Pelo contrário, nos contratos entre ausentes, as diversas declarações são separadas por um intervalo de tempo, donde emergem consequências jurídicas. O critério é, pois, de ordem jurídica e não geográfica: o contrato celebrado por telefone entre duas pessoas muito distantes é um contrato entre presentes, enquanto o concluído presencialmente por celebrantes que, em momentos diferentes, tenham feito as suas declarações, é entre ausentes".

O art. 224.º do Código Civil refere-se à eficácia da declaração negocial:

"1. A declaração negocial que tem um destinatário torna-se eficaz logo que chega ao seu poder ou é dele conhecida; as outras, logo que a vontade do declarante se manifesta na forma adequada.

2. É também considerada eficaz a declaração que só por culpa do destinatário não foi por ele oportunamente recebida.

3. A declaração recebida pelo destinatário em condições de, sem culpa sua, não poder ser conhecida é ineficaz."

Os contratos entre presentes não revelam especial desvio ao esquema referido do art. 224.º do Código Civil referido. A recepção de uma declaração tende a confundir-se com a sua emissão e com o conhecimento. Por isso, segundo o Professor referido, "a doutrina ainda que com algumas prevenções, fala por isso, a propósito de contratos entre presentes, no predomínio da teoria do conhecimento".

A proposta em termos formais pode ser definida como a declaração feita por uma das partes e que, uma vez aceite pela outra ou pelas outras, dá lugar ao aparecimento de um contrato.

A proposta contratual, para o ser efectivamente deve reunir três requisitos essenciais:

---

[59] "Teoria Geral do Direito Civil", 1.º Volume, 2.ª edição, 1989, pág. 594 e 595.

— *deve ser completa* no sentido de abranger todos os pontos a integrar no futuro contrato.

— deve revelar uma *intenção inequívoca de contratar*. A proposta deve ser firme, para que a sua aceitação dê lugar ao aparecimento do contrato. Não há proposta quando a declaração do "proponente" seja feita em termos dubitativos ou hipotéticos.

— deve revestir *a forma* requerida para o negócio em jogo. A forma do contrato, como a de qualquer negócio, mais não é do que a forma das declarações em que ele assente [60].

Nos contratos entre ausentes a proposta surge como a primeira das declarações.

"Nos contratos entre presentes pode um dos celebrantes apresentar um clausulado, ao qual outro dê o seu assentimento, hipótese em que ambos funcionam como proponente e aceitante respectivamente, o que poderá ter interesse no domínio da interpretação das declarações de vontade. Pode, porém, suceder que as partes se limitem ambas a aceitar, em termos de não se poder destrinçar um proponente.

Em qualquer das hipóteses em que não seja possível distinguir uma proposta e uma aceitação, fica claro que os requisitos acima apontados para a declaração do proponente se devem reportar ao objecto que mereça o assentimento dos contratantes ou que ambos façam seu" [61].

O art. 228 do Código Civil refere-se à duração da proposta.

As alíneas b) e c) têm de ser interpretadas em torno do conceito indeterminado de período até que, em condições normais, proposta e aceitação cheguem ao seu destino.

Esse período será mínimo, se utilizado um meio de comunicação rápido — hoje em dia, mais do que o telegrama, o telex e o telefax fazem presumir um prazo extremamente curto.

Nas propostas contratuais por carta, poderá utilizar-se o critério explicitado no Dec.-Lei n.º 121/76 de 11 de Fevereiro para as notificações postais (V., hoje, art. 254.º, n.º 2 do C.P.C., nova redacção).

"A revogação da proposta é um acto unilateral, praticado pelo proponente, que tem por conteúdo a extinção da proposta previamente emitida. Em qualquer caso, deve ter-se presente que a

---

[60] Prof. Menezes Cordeiro, ob. cit., pág. 597 e 598.
[61] Prof. Menezes Cordeiro, ob. cit., pág. 599 e 600.

revogação em causa só é possível enquanto não houver contrato; passada tal marca, haveria já não uma mera revogação da proposta, mas a revogação do próprio contrato, a qual só é possível, em princípio, através de um acordo (distrate). Segundo o art. 230.°, a revogação é viável em duas hipóteses:
— Quando o proponente se tenha reservado a faculdade de revogar — art. 230.°/1;
— Quando a revogação se dê em moldes tais que seja, pelo destinatário, recebida *antes da proposta*, ou ao mesmo tempo com esta — art. 230.°/2" [62].

O contrato tem-se por celebrado no momento em que a recepção se torne eficaz e no lugar da recepção desta [63].

Refere ainda o mesmo Professor, nas lições citadas e numa antecipação notável no nosso País, à contratação através de autómato ou de computador.

Uma máquina automática ou através do acesso a um computador pode permitir a obtenção de informações, a realização de operações de câmbios e outras operações bancárias.

Discute-se na doutrina, quanto à "actividade jurídica" dos autómatos se se deve considerar como predominante *a teoria da oferta automática* (oferta ao público) ou *a teoria da aceitação automática* (o contrato só se concluiria através do funcionamento do autómato, se este se achar em condições de responder ao solicitado pelo utente, a quem caberia a formulação da proposta).

É evidente que o autómato não tem liberdade de decisão para aceitar ou recusar uma proposta. Ao programador cabe preparar e formular as opções desejadas e só ele as pode alterar.

O autómato reproduz a vontade do seu programador ou da pessoa a quem as actuações deste sejam imputáveis. Assim, a declaração feita através do autómato pode ser proposta ou aceitação ou, mais genericamente, pode ser de qualquer tipo, consoante a vontade dos programadores.

Os únicos limites que o direito opõe a este prolongamento da vontade humana têm a ver com a forma prevista para certas celebrações negociais [64].

---

[62] Prof. Menezes Cordeiro, ob. cit., pág. 605 e 606.
[63] Prof. Menezes Cordeiro, ob. cit., pág. 615.
[64] Prof. Menezes Cordeiro, ob. cit., pág. 624.

O encontro de manifestações de vontade entre as partes é essencial, quer do ponto de vista do banqueiro, quer do cliente.

As operações de marketing dos bancos, difundindo e procurando aliciar os seus clientes actuais ou futuros para a realização de operações, cujas excelências e melhores condições difundem e publicitam, não podem ser entendidas como ofertas ao público em sentido técnico-negocial. Trata-se apenas de convites a que os seus potenciais clientes entrem em contacto com os bancos autores dessas "campanhas publicitárias". As operações visadas não se tornam perfeitas pela simples aproximação do cliente a declarar o seu acordo ou aceitação. O simples convite publicitário, pressupõe negociações ulteriores, das quais pode resultar uma verdadeira proposta.

O consentimento do banco. É necessário que o banco visado explicite as condições concretas em que se propõe contratar, dê delas conhecimento ao seu cliente em termos de ele as compreender integralmente e que depois o banco dê então o seu acordo.

A solução proposta resulta de dois factores: *o carácter pessoal que caracteriza as operações bancárias*, realizadas "intuitu personae" e a possível imprecisão das fórmulas publicitárias, que embora de boa-fé, podem omitir alguns elementos do contrato.

Só quando o banco envia ao seu cliente o próprio impresso que exprime o conteúdo do contrato ou lho comunica por qualquer outra forma se pode considerar estar perante uma oferta no sentido preciso do termo.

O consentimento do cliente. Consiste, em muitas operações, na adesão aos termos propostos em impresso ou fórmula posta ao dispor pelo banco ou à proposta deste. Apesar do extraordinário aumento de produtos financeiros oferecidos pelos balcões e da progressiva complexidade destes, ainda muitos dos contratos celebrados são hoje *contratos de adesão*, o que, como muito bem sabem os juristas, não têm nada a ver com contratos-tipo ou minutas padronizadas circulando ao nível interno dos bancos para facilidade dos serviços. Muitos contratos, quer na área interna, quer na internacional são objecto de demoradas negociações quanto ao seu cláusulado último, ainda que partindo de minutas-base. Não há aqui que falar obviamente de contratos de adesão.

Mas, nos contratos de adesão o cliente adere a cláusulas que, no impresso que lhe é proposto, ele declara bem conhecer e que no entanto ele pode não conhecer ou não conhecer minuciosamente. Com vista a proteger os clientes, que se admite possam constituir a parte mais fraca ou menos experiente na contratação, foram estabelecidas pela lei limitações à liberdade contratual no domínio dos contratos de adesão. Trata-se do *Dec.-Lei n.° 446/85, de 25 de Outubro*, alterado pelo Dec.-Lei n.° 220/95, de 31/8/95, que disciplina, através de preceitos de natureza imperativa, as chamadas *"Cláusulas contratuais gerais"* [65]. É evidente que são os autores das minutas de contratos, de adesão ou não, que têm de estar atentos à observância dessas regras. Aos balcões compete diligentemente informar os clientes sobre os conteúdos dos contratos que outorgam, especialmente quando não assistidos por técnicos de Direito, agindo com observância das regras de conduta previstas nos arts. 73.° a 76.° do R.G.I.C., consubstanciadas ou não em Códigos de Conduta, a que já atrás nos referimos.

A tendência no Direito Bancário é a simplificação da forma, quando não legalmente exigida.

A recusa do banqueiro em contratar. Tem sido discutido, pelo menos na doutrina, se os bancos têm o direito de recusar contratar, designadamente de abrir uma conta, considerando-se essa abertura como um primeiro acto no relacionamento futuro do cliente com o banco.

Atribuindo aos bancos, sobretudo do sector público, o desempenho de uma função pública, já se tem defendido, sobretudo em França, a não possibilidade de recusa. Mas tal conceito de desem-

---

[65] V. Profs. Mário Júlio de Almeida Costa e António Marques Menezes Cordeiro, Cláusulas Contratuais Gerais (Anotação ao Dec.-Lei n.° 446/85, de 25 de Outubro), Coimbra, Almedina 1986.

— Dr. Joaquim de Sousa Ribeiro, Cláusulas Contratuais Gerais e o Paradigma do Contrato, Coimbra, 1990 e Responsabilidade e Garantia em Cláusulas Contratuais Gerais. Dec.-Lei n.° 447/85, de 25 de Outubro, Boletim da Faculdade de Direito de Coimbra, Estudos em Homenagem ao Prof. Doutor Ferrer Correia, separata de 1992.

— Prof. Inocêncio Galvão Telles, "Das condições gerais dos contratos e da Directiva europeia sobre as cláusulas abusivas", in "O Direito", Ano 127.°, 1995, III-IV (Julho-Dezembro), págs. 297 a 339.

penho de função pública ou de serviço público, não pode mesmo aí, ser entendido à letra com um conteúdo administrativista.

Tem de entender-se, cremos, que a possibilidade de recusar a abertura de uma conta está abrangida na sua liberdade contratual e que, a menos que o banqueiro esteja vinculado por um contrato--promessa anterior, por exemplo de mútuo ou de abertura de crédito, é também livre de contratar ou não com o cliente que o procura, como livre é de recusar a concessão de crédito [66].

A aprovação por um banco, em relação a um cliente, de um "plafond *interno* de crédito" não implica a obrigação de conceder crédito ao cliente.

Tal como não obrigará à concessão de crédito a aprovação de uma "linha de crédito", se os pressupostos desta aprovação se mostrarem, inexactos, viciados ou substancialmente alterados.

O novo Regime Jurídico dos cheques sem provisão, aprovado pelo Dec.-Lei n.º 454/91, de 28 de Dezembro, prevê situações em que a lei impõe ao banqueiro a recusa de contratar (V. arts. 3.º e 4.º do Dec.-Lei citado), (admitindo que decorridos certos prazos, *poderão*...), o que parece manifestamente apontar para a possibilidade e não para a obrigação de contratar.

SECÇÃO II
A PROVA DOS CONTRATOS BANCÁRIOS

1. O PRINCÍPIO DA LIBERDADE DA PROVA

Este princípio aplica-se às operações que o banco concluir com os comerciantes para ocorrer às necessidades do seu comércio, tudo sempre sem prejuízo de se verificar se existe exigência legal em contrário.

---

[66] V. Dr. Simões Patrício, "Recusa de crédito bancário", Boletim da Faculdade de Direito de Coimbra, 1984 — Estudos em Homenagem ao Prof. Ferrer Correia — separata de 1984. Há que estar atento à evolução legislativa posterior à elaboração deste estudo.
V. Prof. Leite de Campos, "A responsabilidade do Banqueiro pela concessão ou não concessão de crédito", R.O.A., Ano 46.º, n.º 1, pág. 49.

2. O OBJECTO DA PROVA

Não basta provar a existência de um acordo, é necessário estabelecer o seu conteúdo exacto. A prova do conteúdo é obviamente mais difícil, devendo ter-se em conta o que se achar legalmente previsto para determinada figura jurídica, salvo declaração expressa em contrário.

3. OS MEIOS DE PROVA

São muito diversos. A documentação trocada entre o banco e o seu cliente pode ser esclarecedora não só da existência do contrato, mas até do seu conteúdo.

Estão sujeitos ao registo comercial, relativamente às sociedades comerciais como os bancos, os factos referidos no art. 3.° do Código do Registo Comercial.

As instituições de crédito são consideradas comerciantes e daí decorre a simplificação inerente a essa qualidade para quem pratica actos em massa, com a presunção de comercialidade de todas elas, art. 2.° do Código Comercial — evitando assim a necessidade de prova, caso por caso, do carácter mercantil dos actos praticados.

Dada a sua qualidade de comerciantes, os livros de escrituração comercial podem ser admitidos em juízo, a fazer prova entre comerciantes em factos do seu comércio, nos termos decorrentes do art. 44.° do Código Comercial. Alguns actos estão regulados em termos simplificados. Assim, *o contrato de mútuo,* seja qual for o seu valor, quando feito por estabelecimentos bancários autorizados, pode provar-se por escrito particular, ainda que a outra parte contratante não seja comerciante (art. único do Dec.-Lei n.° 32.765, de 29 de Abril de 1943).

O Dec.-Lei n.° 29.833, de 17 de Agosto de 1939, dispõe que "o penhor que for constituído em garantia de créditos de estabelecimentos bancários autorizados produzirá os seus efeitos, quer entre as partes, quer em relação a terceiros, sem necessidade de o dono do objecto empenhado fazer entrega dele ao credor ou a outrem". Acha-se regulado no art. 2.° desse Dec.-Lei, o formalismo inerente a esse tipo de contratos.

Os contratos de compra e venda com mútuo, com ou sem hipoteca, referentes a prédios urbanos destinados a habitação, ou fracção autónoma para o mesmo fim, desde que o mutuante seja uma instituição de crédito autorizada a conceder crédito à habitação, podem ser efectuados por documento particular, nos termos do art. 2.º do Dec.--Lei n.º 255/93 de 15/7/93. Estes documentos particulares referidos têm a natureza de título executivo.

SECÇÃO III
A INTERPRETAÇÃO DOS CONTRATOS BANCÁRIOS

Têm de ter-se em atenção os princípios da liberdade contratual (art. 405.º do C. Civil) e da eficácia dos contratos (art. 406.º do C. Civil), este último estabelecendo que o "contrato deve ser pontualmente cumprido, e só pode modificar-se ou extinguir-se por mútuo consentimento dos contraentes ou nos casos estabelecidos na lei. Em relação a terceiros, o contrato só produz efeitos nos casos e termos especialmente previstos na lei".

Há que perscrutar a real intenção das partes, tanto para qualificar o contrato, como para determinar o seu conteúdo.Os usos bancários, a que já nos referimos, desempenham aqui um papel de grande importância.

Há que ter presente o disposto nos arts. 236.º a 239.º do Código Civil, que se transcrevem:

Sentido normal da declaração

1. A declaração negocial vale com o sentido que um declaratário normal, colocado na posição do real declaratário, possa deduzir do comportamento do declarante, salvo se este não puder razoavelmente contar com ele.

2. Sempre que o declaratário conheça a vontade real do declarante, é de acordo com ela que vale a declaração emitida (art. 236.º do Código Civil).

Casos duvidosos

Em caso de dúvida sobre o sentido da declaração, prevalece, nos negócios gratuitos, o menos gravoso para o disponente e, nos onerosos, o que conduzir ao maior equilíbrio das prestações (art. 237.° do Código Civil).

Negócios formais

1. Nos negócios formais não pode a declaração valer com um sentido que não tenha um mínimo de correspondência no texto do respectivo documento, ainda que imperfeitamente expresso.
2. Esse sentido pode, todavia valer, se corresponder à vontade real das partes e as razões determinantes da forma do negócio se não opuserem a essa validade (art. 238.° do Código Civil).

Integração

Na falta de disposição especial, a declaração negocial deve ser integrada de harmonia com a vontade que as partes teriam tido se houvessem previsto o ponto omisso, ou de acordo com os ditames da boa fé, quando outra seja a solução por eles imposta (art. 239.° do Código Civil).

SECÇÃO IV
A EXECUÇÃO DOS CONTRATOS BANCÁRIOS

As regras de direito comum são muitas vezes complementadas ou contrariadas por regras de direito cambiário, sejam as relativas às letras de câmbio ou ao cheque. O mecanismo do seu funcionamento impõe ao banqueiro o cumprimento de obrigações, designadamente quando mandatário encarregado da cobrança de efeitos comerciais — a apresentação a pagamento, a obrigação de apresentar a protesto, quando se não ache dispensado de tal formalismo, por exemplo.

O alargamento e apresentação de novos instrumentos de crédito, obriga o banqueiro a ser extremamente cuidadoso na concepção dos contratos respectivos quando inominados ou atípicos, em termos de não perder garantias, de se munir de títulos executivos, de obter elementos de prova juridicamente válidos e, tanto quanto possível, de fácil produção.

Na execução, como na formação e interpretação dos contratos, o princípio da boa-fé, agora tantas vezes acautelado nos próprios códigos de conduta, deve estar sempre presente. O banco procura contactar com clientes em quem confia e vice-versa.

SECÇÃO V
A UTILIZAÇÃO DE MEIOS ELECTRÓNICOS DE COMUNICAÇÃO E DE REALIZAÇÃO DE OPERAÇÕES BANCÁRIAS

1. *Transferências electrónicas de fundos* (EFT — Electronic funds transfer).

O que caracteriza a expressão referida é a utilização para o registo, transmissão e processamento de informações relativas a pagamentos e outras operações financeiras, de meios electrónicos, em vez dos meios clássicos — sobretudo o papel — e dos processos manuais de tratamento de dados.

O conceito de EFT é utilizado em sentido restrito, que não requere apenas que sejam utilizados meios electrónicos em uma qualquer fase do processamento de fundos, mas também que essa utilização ocorra já na operação que inicia o processo de transferência. Ficam assim excluídas do campo de aplicação directa da lei as transferências de fundos em que intervenham em alguma fase técnicas electrónicas de comunicação e de processamento de dados, mas cuja operação inicial seja ainda baseada num documento inscrito em papel (Electronic Funds Transfer Act norte-americano de 1978)([67]).

([67]) Dr. José António Veloso, "Electronic banking": uma introdução ao EFTS/Electronic Funds Transfer Sistems, 1987, págs. 7 e 8.
Embora excedendo o âmbito dos meios electrónicos de pagamento, afigura-se-nos um trabalho de alta valia técnica, a intervenção do Sr. Dr. José António Veloso, subordinada ao tema "Regulamentação dos sistemas de pagamento: aspectos gerais", apresentada no Seminário Internacional Sobre o Futuro

Vamos referir-nos apenas a esta actividade quando desenvolvida por bancos e outras instituições financeiras, isto é, no domínio do que vem sendo designado por actividade bancária electrónica (electronic banking).

Em matéria de pagamentos electrónicos, importa ter presente a existência de:

1.1. Código Europeu de boa conduta em matéria de pagamento electrónico (Relações entre as instituições, comerciantes-prestadores de serviços e consumidores).

Recomendação da Comissão, de 8 de Dezembro de 1987 (87/598/CEE), a que adiante nos referiremos.

Das quatro partes em que o Código está dividido, importa salientar as III e IV, que se ocupam das Disposições Gerais e das Disposições Complementares, que se transcrevem:

III
Disposições Gerais

I. *Contratos*

a) Os contratos celebrados pelos emissores ou seus representantes, quer com os prestadores de serviços, quer com os consumidores, devem ser reduzidos a escrito e ser concluídos na sequência de um pedido prévio. Definirão com precisão as condições gerais e especiais de convenção;

b) Os contratos serão redigidos na ou nas língua(s) oficial(ais) do Estado-membro onde o contrato é celebrado;

c) Qualquer tarifa de custos deve ser estabelecida de modo transparente, tendo em conta os encargos e riscos reais e sem dar origem a restrições da livre concorrência;

d) Todas as condições, desde que sejam conformes com a lei, devem ser livremente negociáveis e claramente estipuladas no contrato;

---

sistemas de Pagamento, Painel sobre Enquadramento Jurídico" organizado pelo Banco de Portugal, pela A.P.B. e pela SIBS, em 17 de Novembro de 1995, e publicada no n.º 36, Outubro/Dezembro 1995, na Revista da Banca.

e) As condições específicas de resolução de contrato devem ser especificadas e levadas ao conhecimento das partes antes da celebração do contrato.

II. *Interoperacionalidade*
A interoperacionalidade deve, dentro de certo prazo, ser total e universal, pelo menos na Comunidade, de modo a que o prestador de serviços e o consumidor possam aderir à(s) rede(s) ou ao(s) emissor(es) da sua escolha, podendo cada terminal funcionar com qualquer cartão.

III. *Equipamento*
a) Os terminais de pagamento electrónico devem realizar o registo, o controlo e a transmissão do pagamento, podendo ser integrados num terminal ponto de venda;
b) O prestador de serviços deve, se assim o desejar, ter a possibilidade de se equipar com um único terminal polivalente;
c) O prestador de serviços deve ter a liberdade de escolher o seu terminal ponto de venda. Deve poder alugá-lo ou adquiri-lo com a única condição de o mesmo ser aprovado por estar conforme às exigências do conjunto do sistema de pagamento e de se inserir no processo de interoperacionalidade.

IV. *Protecção dos dados e segurança*
a) O pagamento electrónico é irreversível. A ordem dada por meio de um cartão de pagamento é irrevogável e torna inadmissível, por conseguinte, qualquer tipo de oposição;
b) Os dados transmitidos, no momento de pagamento, ao banco do prestador de serviços e, posteriormente, ao emissor, não devem em caso algum afectar a protecção da vida privada. Estes dados limitam-se estritamente aos normalmente previstos para os cheques e transferências;
c) Os problemas suscitados pela protecção dos dados e pela segurança devem ser claramente evocados e solucionados em qualquer estádio dos contratos entre as partes.
d) Os contratos não devem prejudicar a liberdade de gestão e de concorrência entre os prestadores de serviços.

V. *Acesso equitativo ao sistema*
   a) Deve proporcionar-se a todos os prestadores de serviços interessados um acesso equitativo ao sistema de pagamento electrónico seja qual for a sua importância económica. Apenas pode ser recusado o acesso a um prestador de serviços por um motivo legítimo;
   b) A remuneração dos mesmos serviços para as operações realizadas num Estado-membro e para as operações transnacionais com outros países da Comunidade não deve apresentar diferenças injustificadas entre serviços internos e transnacionais, nomeadamente nas regiões fronteiriças.

IV
Disposições Complementares

I. *Relativas às relações entre emissores-prestadores de serviços*
   a) Tendo em vista favorecer a abertura entre sistemas de cartões diferentes, os contratos celebrados entre, por um lado, os emissores de um cartão e, por outro, os prestadores de serviços, não devem conter cláusula de exclusividade que exija que o prestador de serviços esteja limitado apenas ao sistema com o qual celebrou o acordo;
   b) Os contratos devem permitir que os prestadores de serviços possibilitem uma concorrência efectiva entre os diversos emissores. As disposições obrigatórias devem limitar-se estritamente às exigências técnicas que permitem assegurar o bom funcionamento do sistema.

II. *Relativas às relações emissores-consumidores*
O consumidor titular do cartão deve adoptar todas as medidas adequadas para garantir condições especiais (extravio ou furto) do contrato que assinou.

III. *Relativas às relações prestador de serviços-consumidor*
O prestador de serviços deve afixar, de forma bem visível os cartões ou siglas de cartões a que é aderente e que é obrigado a aceitar.

1.2. Recomendação da Comissão, de 17 de Novembro de 1988, relativa aos sistemas de pagamento e, em especial, às relações entre o titular e o emissor dos cartões (88/590/CEE), contendo um anexo, em que se acham reguladas as relações contratuais preconizadas entre o emissor e o titular, a forma do contrato, a língua a utilizar na celebração dos mesmos, os limites da responsabilidade do emissor, sendo quaisquer posteriores consequências financeiras e, em especial, as questões relativas ao montante dos prejuízos a indemnizar, reguladas pela lei aplicável ao contrato celebrado entre o emissor e o titular.

Os meios electrónicos de transferência de fundos de *massa*, isto é, encarados do ponto de vista do público como consumidor, levantam problemas jurídicos de prova, de erro, de fraude, de "adesão" contratual, de distribuição de risco, etc.([68]), pelo que se compreende que, subjacente ao uso destes meios pelos clientes dos bancos, haja por via de regra um contrato, às vezes "designado" como protocolo, em que se disciplinam as relações cliente-banco.

Do ponto de vista bancário é possível distinguir:

a) *EFT de correspondent banking*: transferência de fundos e intercâmbio de dados entre instituições bancárias.

b) *EFT de corporate banking*: desenvolvimento de novas técnicas nos pagamentos e comunicações entre banco e empresas: aplicação à gestão de dinheiro e de tesouraria, processamento e transmissão de informações no âmbito da gestão de carteira;

c) *EFT de retail banking*: despacho electrónico dos pagamentos e dos negócios em geral.

A evolução tecnológica veio permitir a criação da figura de banco ao domicílio "home banking" (particulares) e "corporate banking" (empresas), possíveis num futuro próximo na Internet.

([68]) Dr. José António Veloso, ob. cit., pág. 12.

Podem distinguir-se os seguintes conceitos básicos:

2. Videotexto

Processo técnico de video-comunicação. O videotexto é um sistema interactivo, que estabelece um verdadeiro circuito em dois sentidos entre o utente e o serviço emissor.

Pode utilizar-se um mini-terminal dotado de écran próprio, como equipamento posto à disposição do cliente.

Disponibilizam-se ao cliente a prestação de informações gerais com ofertas muito diversificadas de serviços de outra natureza, desde a marcação de bilhetes de viagem e de espectáculos e da reserva de hotéis, até às compras a partir de casa sem deslocação ao estabelecimento vendedor (home shopping) e a oferta de operações bancárias ao domicílio.

3. Serviços bancários à distância

3.1 — **Telebanco**: banco ao domicílio (home banking/office banking).

a) *Banco pelo telefone*: telebanco sem representação visual (banking by phone, phone banking).

A automatização deste procedimento traduz-se em o cliente poder dar instruções ao seu banco, com instruções dadas em código, em vez de instruções verbais, funcionando o telefone como um terminal telebancário.

O cliente pode realizar pelo telefone as habituais operações bancárias (desde a simples consulta de saldos até à concessão de crédito), bem como efectuar simulações e obter informações sobre produtos e serviços do banco.

Normalmente o cliente para ter acesso a este serviço deverá indicar o número do seu balcão e da sua conta DO, de que já é titular.

Dar início às relações negociais entre cliente e banco, exclusivamente por telefone, ainda que com posterior envio, para preenchimento pelo cliente, de impressos enviados por correio, só depois se abrindo a ou as respectivas contas bancárias, não é prática generalizada, ao que julgamos saber.

O mais corrente é a prévia abertura de conta, solicitando o cliente o acesso ao serviço de telebanco, ao mesmo tempo em que assina contrato (protocolo de adesão), que define as relações entre ambos, designadamente a repartição de riscos, preenchendo ainda uma ficha de segurança.

Mais modernamente as instruções podem ser dadas verbalmente pelo telefone, de acordo com as condições previamente estabelecidas por "protocolo".

O chamado "protocolo de adesão", é um contrato celebrado entre o banco e o cliente, no qual se definem:
— os serviços, informações e produtos disponíveis.
— a conta bancária que o cliente deseja utilizar nessas operações.
— um ou mais códigos de acesso, constituídos por algarismos ou outros elementos de preferência facilmente memorizáveis — nome do clube, local habitual de férias, data memorável, etc.
— autorização de gravação das comunicações como meio de segurança e de prova destas;
— previsão de custos a pagar pelo clientes em relação aos serviços bancários.
— condições em que o acesso ao serviço pode ser cancelado;
— previsão do banco poder exigir ao cliente a confirmação de uma ordem por escrito e que se identifique pessoalmente num balcão do banco.
— exclusão de responsabilidade do banco por erros, deficiências ou mal-entendidos ocorridos no âmbito da comunicação.
— previsão da alteração das condições gerais de utilização.
— condições de protecção de dados pessoais do cliente.
— fixação do foro competente para resolução das questões emergentes do contrato.

Este tipo de serviço comporta as modalidades de atendimento personalizado através de um operador do banco e de atendimento automático, através de um gravador de chamadas para prestar informações ou registar contactos solicitados.

Operações que envolvam maior responsabilidade para os intervenientes, tais como a abertura ou reforço de contas de poupança, a reserva de moeda estrangeira ou a comunicação do extravio ou furto de cartões de crédito ou débito ou cheques, apenas são praticáveis no atendimento por operador.

Nos bancos telefónicos existentes em Portugal, uns oferecem produtos próprios com taxas de juros diferentes das que são comercializadas pelas instituições principais dos grupos em que se integram, enquanto outras se limitam a prestar apoio aos serviços tradicionais, sem disponibilizarem produtos próprios.

O Prof. Menezes Cordeiro, como já se referiu, considerou os contratos celebrados por telefone, como contratos entre presentes [69].

Os serviços de videobanco caracterizam-se sempre por estabelecer uma ligação on-line entre clientes e banco que permita manter um diálogo interactivo em tempo real para realizar um conjunto mais ou menos variado de operações bancárias e até não bancárias.

Alguns sistemas prevêem a utilização de terminais de computador pessoal ou de um televisor com teletexto.

As relações do cliente com o banco, pressupõem a celebração de contrato e acesso através de código.

b) *Videobanco:* telebanco com representação visual ou video--comunicação, designadamente por videotexto.

3.2 — **Outros serviços bancários à distância**:
ATMs, POS, garantia e reforço de cheque, etc.,

a) **ATMS (Automated teller machines)**

São equipamentos electrónicos que se destinam primariamente à execução e actos de levantamento e depósito de fundos em conta bancária.

O cliente introduz na máquina um cartão dotado de uma fita magnética em que se encontram codificados o nome e número de identificação pessoal do titular da conta (personal identification number, PIN) e o número desta, digitando depois no teclado da

---
[69] Ob. cit., pág. 595.

máquina o seu número de identificação pessoal. Pode então fazer uma série de operações, desde o depósito ao levantamento de quantias, transferências interbancárias ao pagamento de serviços em geral, bem como de letras de câmbio para cujo pagamento o cliente foi avisado pelo banco domiciliatário ou tomador, alteração do código inicial, pedidos de informação sobre saldos da conta DO, ou movimentos feitos na conta nos últimos dias. De tudo recebe o cliente um pequeno documento para prova das operações realizadas, que serão, quando for caso disso, automaticamente creditadas ou debitadas na conta.

O funcionamento das ATM pode ser em linha ou fora de linha, conforme haja ligação permanente (24 horas) ou não ao sistema.

O risco de perda de cartão, a possibilidade de fraudes por quebra de confidencialidade dos números de identificação, e algumas avarias no sistema requerem, como muito bem nota o ilustre jurisconsulto Sr. Dr. J. A. Veloso, do ponto de vista jurídico, uma definição cuidadosa de regras de distribuição de risco, o que é feito através de contrato previamente assinado entre o banco e o cliente.

b) **Sistemas de pontos de venda** (Point-of-sales systems — POS).

São sistemas que permitem aos clientes de estabelecimentos comerciais pagar as suas compras mediante uma transferência de conta a conta. O POS requer a intervenção não só do cliente, que utiliza em regra o mesmo cartão de acesso às ATMs, mas também do comerciante, ao qual é feito o pagamento.

No sistemas mais usual o cliente activa a sua conta com a introdução do cartão. O POS está programado para creditar em determinada conta do comerciante, em determinada instituição de crédito, o montante a pagar pelo cliente. O comerciante digita o preço das compras. O cliente confirma, digita o seu PIN, confirma de novo e o sistema debita automaticamente a conta do cliente, independentemente da conta do cliente e do comerciante estarem sediadas na mesma instituição, e credita a conta do comerciante. É fornecido, em duplicado, documento comprovativo do movimento feito. Se a conta do cliente não apresenta saldo, a computador rejeita a operação.

As relações entre o comerciante e os bancos, estabelecidos normalmente através da SIBS, estão contratualmente reguladas, incluindo a comissão a pagar pela prestação deste serviço bancário.

c) Garantia e reforço de cheque

1. "No sistema de *garantia do cheque* (check guarantee) a instituição financeira emite e entrega ao cliente um cartão legível pelo computador, semelhante aos cartões de crédito vulgares (ou um cartão de crédito modificado com uma banda magnética). O cliente pode utilizar esse cartão nos estabelecimentos comerciais que disponham de terminais de computadores ligados à instituição emissora" ([70]).

E pode fazê-lo do seguinte modo. O cliente emite um cheque para pagamento de uma compra feita num estabelecimento comercial e exibe ao vendedor o seu cartão de garantia. O vendedor introduz o cartão no terminal, activa a conta do cliente e regista o montante do cheque. Se a conta do cliente tem saldo suficiente, o vendedor aceita o cheque.

Como consequência desse procedimento, o banco do cliente compromete-se a pagar ao comerciante vendedor, mesmo que o cheque já não tenha provisão no momento em que lhe for apresentado. Nisto consiste a garantia que o banco presta ao cliente.

Não conheço esta prática em Portugal.

Com o chamado "cartão de garantia", que alguns bancos emitiram, a sua exibição assegurava o pagamento do cheque emitido até determinado montante. Tal como no Euro-cheque.

2) No sistema do *reforço de cheque* (check authorization) face a um procedimento em tudo igual ao anteriormente descrito, o comerciante vendedor recebe por terminal apenas informação acerca da conta do cliente, mas daí não resulta a garantia do pagamento. Servirá apenas para informação do comerciante acerca do risco que corre em aceitar o cheque.

Também não conheço esta prática em Portugal.

Os procedimentos descritos não resultam em transferência electrónica de fundos, porque não existe a possibilidade de debitar ou creditar os valores nas contas respectivas — cliente comprador e vendedor. O pagamento faz-se pelo meio tradicional de apresentação do cheque a pagamento.

([70]) Dr. José António Veloso, ob. cit., pág. 58.

SECÇÃO VI
A INTERNET E O FUTURO

A Internet é um grande e crescente espaço de comunicação informática (via modem e linhas telefónicas) entre vários utilizadores de computadores. Constitui, assim, uma grande rede, que existe há cerca de 20 anos e que cobre quase todo o mundo. Esta rede permite ao utilizador receber e mandar mensagens para outras pessoas, procurar, escolher e recuperar a mais variada informação, transferir ficheiros e até fazer negócios.

A Internet, tal como hoje a conhecemos, tomou forma em 1990, e em dez anos os seus utilizadores cresceram de 5 mil para 30 milhões.

A rede Internet é composta por milhões de "locais" que são, eles próprios, redes de computadores. Todos estes locais ou "sites", como são vulgarmente conhecidos, estão ligados à Internet e, por consequência, ligados entre si. Daí que se fale na Internet como a "rede das redes" [71].

A Unicre, empresa responsável pela emissão do cartão Unibanco e gestora da rede de estabelecimentos aceitantes de cartões (Redunicre), está envolvida num projecto de implantação do comércio seguro (ou SEC — Secure Electronic Commerce), da Visa Internacional, em Portugal.

"Assegurar que os utilizadores de cartão de crédito, os comerciantes e as entidades bancárias possam efectuar e receber transacções monetárias pela Internet com a mesma integridade, segurança e privacidadade que os pagamentos efectuados hoje em dia sob outras formas correntes" é, segundo Rafael Nunes, do departamento de comunicação da Unicre, o objectivo do projecto SEC [72].

O "Jornal de Notícias", de 6/12/96, escrevia: "É já um lugar--comum considerar a Internet o meio de comunicação por excelência num futuro não muito distante. Perante esta realidade irreversível, a banca e o mundo financeiros em geral não podiam ficar indiferentes. Por isso, é hoje possível aceder a diversas instituições bancárias

---

[71] Revista Unibanco, "O ABC da Internet", Julho-Agosto 1996, págs. 18 e segs.
[72] Revista "Valor", Ano 6.°, n.° 268, Dezembro de 1996.

"on line". O mesmo jornal diz ter "navegado" nos meandros virtuais das praças financeiras do século XXI e ter deparado com o monopólio americano".

Referem a hegemonia norte-americana nas praças financeiras virtuais que sintetizam pela seguinte forma:

— Os produtos e serviços que disponibilizam são semelhantes entre si e constituem a transposição para o "ciberespaço" das operações financeiras executáveis nos tradicionais balcões. Assim, é possível efectuar consultas de saldos e movimentos de contas bancárias à ordem ou a prazo, ordens de transferência entre bancos diferentes, pagamento de despesas domésticas (água, luz, telefone, etc.), requisição de comprovativos de débito e crédito e de extractos de conta, operações de crédito, operações sobre valores imobiliários (subscrição de seguros e todas as outras actividades relacionadas com esta área) e solicitar informações de carácter financeiro (sobre taxas de juro, por exemplo) entre outras operações.

A Banca portuguesa começou há já algum tempo a preparar-se para a utilização desta via de comunicação, e embora estejam pelo menos já dezasseis instituições financeiras actualmente recenseadas na Internet, é ainda reduzida a interactividade "on line" da banca portuguesa com os seus clientes.

A Bolsa de Valores de Lisboa tem estado muito activa e em Julho de 1996 anunciava para um futuro próximo a comercialização de parte dos seus serviços.

A tecnologia tem ainda a resolver problemas vários:
a) *segurança* — imprescindível às transacções electrónicas e transferência de fundos;
b) *autenticação* — assegurar a compradores e vendedores que o dinheiro recebido é real.
c) *anonimato* — assegurar que a identidade de uns e outros, bem como as próprias transacções, permanece confidencial.
d) *divisibilidade* — para tornar práticas na Internet as transacções de pequenas quantias mas em enormes quantidades, o dinheiro electrónico terá de ser divisível em fracções sem que tal acarrete custos em tempo de computação.

Dificuldades várias se colocam ainda ao desenvolvimento da que vem sendo designada por "banca virtual":
1) dificuldade de controlo do dinheiro por autoridades centrais como o Banco de Portugal.
2) controlo fiscal das operações realizadas.

CAPÍTULO VI
SIGILO BANCÁRIO

SECÇÃO I
LINHAS GERAIS DE ORIENTAÇÃO

Em matéria de sigilo bancário, é possível identificar três orientações ou tendências que se desenham a nível internacional [73]:

A primeira, comum a sistemas de raiz anglo-saxónica (*maxime* o inglês e o norte-americano), não conhece uma aplicação formal dos conceitos de sigilo profissional do banqueiro ou de segredo bancário. Admite, no entanto, como regra o sancionamento civil da violação do dever de discrição bancária. E a tendência gerada no seio de uma temática mais geral — a do "direito à intimidade" ("the right to be left alone") — é para o reforço dos meios de defesa dos cidadãos.

Na Inglaterra, por exemplo, sendo muito limitado o direito atribuído aos agentes do fisco de se imiscuírem nos negócios da Banca e não existindo intervenção dos poderes públicos no funcionamento dos estabelecimentos de crédito, a não institucionalização do dever de sigilo não significa que este não se encontre relativamente garantido.

Segundo refere o Dr. Rodrigo Santiago [74] o direito inglês conhece, a par do "legal privilege", que o cliente confere ao advogado a quem solicita conselho, a figura da chamada "confidentiality", pela qual os advogados, médicos, padres, banqueiros, etc., estão obrigados a não revelar seja o que for sobre os negócios dos seus clientes, a terceiras pessoas, sem o consentimento daquelas [75].

---

[73] Neste sentido, V. Parecer da Procuradoria Geral da República de 5 de Abril de 1984, in D.R. II Série, de 11/4/85.

[74] "Do crime de violação de segredo profissional no Código Penal de 1982", pág. 79/80, sem dúvida o melhor trabalho sobre este tema, em língua portuguesa.

[75] V. "International Bank Secrecy", Sweet & Maxwell, 1992, pág. 243 a 269, em especial págs. 267 a 269.

Num livro recente, "Blanchiment d'argent et crime organisé — La dimension juridique" por Jean Louis Hérail e Patrick Ramael, P.U.F., 1996, transcreve-se no

Nos Estados Unidos da América, segundo o mesmo autor, há que distinguir dois tipos de informação por parte do cliente: a "confidence" e o "secret".

A confidence" é toda a informação do cliente protegida pelo "Attorney-client privilege". "Secret" é qualquer outra informação para a qual o cliente tenha solicitado seja mantida inviolada ou cuja revelação fosse susceptível de embaraçar o cliente ou de prejudicá-lo.

O "Bank Secrecy Act" enumerando as exigências legais provou ser bem sucedido no cumprimento da lei civil e criminal. Lançando mão do "Bank Secrecy Act", o governo perseguiu várias situações de lavagem de dinheiro dentro dos Estados Unidos e no estrangeiro.

Os termos do mesmo acto têm sido utilizados para identificar e provar vários outros tipos de crimes financeiros.

A Divisão Interna para Investigação Criminal em Matéria Tributária (Internal Revenue Service Criminal Investigation Division" tem perseverantemente aumentado o número de investigações iniciadas e de processos judiciais instaurados, justificados por violações criminais do "Bank Secrecy Act. A Fazenda Pública também aumentou o número de penalidades monetárias contra instituições financeiras por violações civis do Bank Secrecy Act" ([76]).

Uma segunda orientação, dominante na maioria dos sistemas jurídicos, *de que é expoente a França, tem sido construída à base das normas e prescrições* da teoria geral do segredo profissional.

Desde que a regulamentação bancária permita caracterizar o banqueiro, nas suas relações com o cliente, como "confidente necessário", a doutrina considera existir obrigação de sigilo.

É, no entanto, de notar que na França se dissociam frequentemente no segredo profissional dois aspectos: por um lado, a obrigação de sigilo, por outro, o dever de cooperação com a Justiça. Enquanto no caso dos sacerdotes e dos médicos o dever de sigilo seria total, no caso do banqueiro ele seria compatível com o dever de cooperar com a Justiça (por forma semelhante ao art. 184.º, do antigo Código Penal,

---

Anexo 6, um resumo elaborado pela "Federação Bancária da União Europeia" em Janeiro de 1996, sobre as legislações nacionais dos países nela integrados em matéria de sigilo bancário (págs. 174 a 190).

([76]) V. "International Bank Secrecy", Sweet & Maxwell, 1992, págs. 703 a 724, em especial pág. 723.

o art. 378.° do Código Penal Francês não prevê concretamente a hipótese do sigilo bancário, que, entretanto, se entende compreendida na previsão "quaisquer outras pessoas depositárias por estado ou profissão ou por funções temporárias ou permanentes de segredos que se lhes confiem").

Apesar do número de excepções, é possível afirmar que o segredo bancário é um princípio essencial da lei francesa. Na verdade, o Supremo Tribunal não admite excepções nas relações entre pessoas.

É só na perspectiva de interesses considerados superiores, porque dizem respeito à comunidade, que o direito à confidencialidade dá lugar ao direito à revelação, Contudo, isto resume-se a que a informação assim revelada é limitada a certas pessoas identificadas pela lei e uma vez assegurada que elas manterão a informação confidencial.

O alcance do segredo bancário é deste modo apenas atenuado, desde que seja só um alargamento do grupo de pessoas autorizadas a compartilhar informação que se mantenha confidencial ([77]).

Finalmente, *uma terceira orientação adopta um sistema reforçado de sigilo profissional,* que certos autores denominam segredo bancário, por contraposição a sigilo profissional do banqueiro.

É o sistema praticado na Suíça, no Líbano e no Luxemburgo.

Existe aqui uma protecção exaustiva do direito ao sigilo, quer em face do público em geral, quer perante os órgãos de gestão bancária e o próprio Estado.

Refira-se, porém, que esta protecção, no que respeita às relações das instituições bancárias com a administração da justiça, raramente é absoluta. Se quanto ao Líbano se pode sustentar a total indemnidade daquelas instituições perante as requisições da autoridade judiciária, já o mesmo não se pode dizer relativamente à Suíça. Neste país o princípio, em matéria penal, é o da obrigatoriedade de cooperação.

Só constituem excepção a este princípio da obrigatoriedade de cooperação os cantões de Neuchâtel e Valois.

Quanto à Suíça, a descrição do conteúdo actual do segredo bancário mostra que ele não pode ser simplesmente condenado como uma instituição que protege criminosos. Mais propriamente, a Suíça não deseja sacrificar o respeitável princípio do segredo

---

([77]) "International Bank Secrecy, cit. pág. 187 a 209, em especial pág. 209.

bancário, mas sim regulamentar o seu uso de forma a evitar que em cada banco o segredo possa ser utilizado para fins ilegítimos [78].

Em relação ao Luxemburgo, o segredo bancário é bem protegido. Um banqueiro ou um empregado de um banco que difunda os segredos que lhe estão confiados, comete uma infracção penal punível.

Os Estados-membros da Comunidade Europeia por vezes criticam o segredo bancário luxemburguês. O segredo bancário é visto por alguns Estados-membros da Comunidade Europeia como um obstáculo à livre circulação de capitais e à harmonização fiscal.

Contudo, o Luxemburgo não compartilha deste ponto de vista. O Luxemburgo está pronto a adoptar certas medidas relativas à manutenção da correcção e integridade da jurisdição financeira, como quanto à lei contra o branqueamento de capitais, mas recusa impor restrições significativas ao segredo bancário [79].

O art. 12.º da Directiva 77/780/CEE, na redacção que lhe foi dada pelo art. 16.º da Segunda Directiva do Conselho (89/646/CEE), de 15 de Dezembro de 1989, (Jornal Oficial das Comunidades Europeias, de 30/12/89) veio regulamentar com grande pormenor o dever de segredo profissional, compatibilizando-o com o dever de cooperação com outras entidades não bancárias.

Explicitações do princípio do sigilo bancário encontramo-las em Portugal já no Regulamento Administrativo do Banco de Portugal de 1891 (Diário do Governo, de 1 de Maio de 1891), que no seu art. 221.º dispunha: "As operações do banco e os depósitos dos particulares serão assuntos de segredo para todo o pessoal da sede e das delegações, qualquer que seja a sua categoria. Os empregados que as revelarem serão repreendidos, se da revelação não resultar dano; resultando, serão despedidos" [80].

Modernamente surgem no Dec.-Lei 47.909, de 7 de Setembro de 1967, no Dec.-Lei n.º 644/75 de 15 de Novembro que aprovou a então Lei Orgânica do Banco de Portugal, posteriormente nos arts.

---

[78] V. "International Bank Secrecy", cit. pág. 663 a 699, em especial pág. 696.

[79] V. "International Bank Secrecy", cit. pág. 471 a 480, em especial pág. 480.

[80] Quanto ao segredo profissional em geral, o Dr. Rodrigo Santiago, na ob. cit., a págs. 19 e segs., remonta às Ordenações e à legislação penal subsequente.

7.º e 8.º da Lei Orgânica das Instituições de Crédito Nacionalizadas (Dec.-Lei n.º 729-F/ 75, de 22 de Dezembro), no Dec.-Lei 2/78, de 9 de Janeiro, completado pelo Despacho Normativo n.º 357/79, de 20 de Novembro e *actualmente nos arts. 78.º a 84.º do Regime Geral das Instituições de Crédito e Instituições Financeiras (R.G.I.C.),* aprovado pelo Dec.-Lei n.º 298/92, de 31 de Dezembro e art. 650.º do *Código de Mercado de Valores Mobiliários,* com as alterações legislativas posteriores já indicadas.

O sistema perfilhado pelo legislador tal como apareceu formulado no Dec.-Lei n.º 2/78 parecia aproximar-se do terceiro sistema proposto, até numa forma extrema — *onde há dever de sigilo, não existe dever de cooperação.*

SECÇÃO II
REGULAMENTAÇÃO CONSTANTE DO REGIME GERAL DAS INSTITUIÇÕES DE CRÉDITO E DAS SOCIEDADES FINANCEIRAS E DO CÓDIGO DO MERCADO DE VALORES MOBILIÁRIOS

Art. 78.º

1 — Os membros dos órgãos de administração ou de fiscalização das instituições de crédito, os seus empregados, mandatários, comitidos e outras pessoas que lhes prestem serviços a título permanente ou ocasional não podem revelar ou utilizar informações sobre factos ou elementos respeitantes à vida da instituição ou às relações desta com os seus clientes cujo conhecimento lhes advenha exclusivamente do exercício das suas funções ou da prestação dos seus serviços.

2 — Estão designadamente, sujeitos a segredo os nomes dos clientes, as contas de depósito e os seus movimentos e outras operações bancárias.

3 — O dever de segredo não cessa com o termo das funções ou serviços.

Art. 79.º

1 — Os factos ou elementos das relações do cliente com a instituição podem ser revelados mediante autorização do cliente, transmitida à instituição.

2 — Fora do caso previsto no número anterior, os factos e elementos cobertos pelo dever de segredo só podem ser revelados:
 a) Ao Banco de Portugal, no âmbito das suas atribuições;
 b) À Comissão do Mercado de Valores Mobiliários, no âmbito das suas atribuições;
 c) Ao Fundo de garantia de depósitos, no âmbito das suas atribuições;
 d) Nos termos previstos na lei penal e de processo penal;
 e) Quando exista outra disposição legal que expressamente limite o dever de segredo.

Art. 80.º

1 — As pessoas que exerçam ou tenham exercido funções no Banco de Portugal, bem como as que lhe prestem ou tenham prestado serviços a título permanente ou ocasional, ficam sujeitas a dever de segredo sobre factos cujo conhecimento lhes advenha exclusivamente do exercício dessas funções ou da prestação desses serviços e não poderão divulgar nem utilizar as informações obtidas.

2 — Os factos e elementos cobertos pelo dever de segredo só podem ser revelados mediante autorização do interessado, transmitida ao Banco de Portugal, ou nos termos previstos na lei penal e de processo penal.

3 — Fica ressalvada a divulgação de informações confidenciais relativas a instituições de crédito no âmbito de providências extraordinárias de saneamento ou de processos de liquidação, excepto tratando-se de informações relativas a pessoas que tenham participado no plano de saneamento financeiro da instituição.

4 — É lícita, designadamente para efeitos estatísticos, a divulgação de informações em forma sumária ou agregada e que não permita identificação individualizada de pessoas ou instituições.

Art. 81.º

1 — O disposto nos artigos anteriores não obsta, igualmente, que o Banco de Portugal troque informações com as seguintes entidades:
   a) Comissão do Mercado de Valores Mobiliários;
   b) Instituto de Seguros de Portugal;
   c) Caixa Central de Crédito Agrícola Mútuo;
   d) Organismos encarregados da gestão dos sistemas de garantia de depósitos, ou de protecção dos investidores, quanto às informações necessárias ao cumprimento das suas funções;
   e) Autoridades intervenientes em processos de liquidação de instituições de crédito;
   f) Pessoas encarregadas do controlo legal das contas das instituições de crédito;
   g) Autoridades de supervisão dos Estados-membros da Comunidade Europeia, quanto às informações previstas nas directivas comunitárias aplicáveis às instituições de crédito e instituições financeiras;
   h) No âmbito dos acordos de cooperação que o Estado haja celebrado, autoridades de supervisão de Estados que não sejam membros da Comunidade Europeia, em regime de reciprocidade, quanto às informações necessárias à supervisão, em base individual ou consolidada, das instituições de crédito com sede em Portugal e das instituições de natureza equivalente com sede naqueles Estados.
   i) Bancos centrais e outros organismos de vocação similar, enquanto autoridades monetárias e outras autoridades com competência para a supervisão nos sistemas de pagamento.

2 — O Banco de Portugal poderá também trocar informações com autoridades, organismos e pessoas que exerçam funções equivalentes às das entidades mencionadas nas alíneas a) a f) do número anterior em Estados-membros da Comunidade Europeia ou em outros países, devendo, neste último caso, observar-se o disposto na alínea h) do mesmo número.

3 — Ficam sujeitas a dever de segredo todas as autoridades, organismos e pessoas que participem nas trocas de informações referidas nos números anteriores.

4 — As informações recebidas pelo Banco de Portugal nos termos do presente artigo só podem ser utilizadas:

a) Para exame das condições de acesso à actividade das instituições de crédito e das sociedades financeiras;

b) Para supervisão, em base individual ou consolidada, da actividade das instituições de crédito, nomeadamente quanto a liquidez, solvabilidade, grandes riscos e demais requisitos de adequação de fundos próprios, organização administrativa e contabilística e controlo interno;

c) Para aplicação de sanções;

d) No âmbito de recursos interpostos de decisões do Ministro das Finanças ou do Banco de Portugal, tomadas nos termos das disposições aplicáveis às entidades sujeitas à supervisão deste.

e) Para efeitos da política monetária e de funcionamento ou supervisão dos sistemas de pagamento.

5 — No caso previsto na alínea *i)* do número 1, o Banco de Portugal só poderá comunicar informações que tenha recebido das entidades referidas na alínea *g)* do mesmo número com o consentimento expresso dessas entidades.

Art. 82.º

Os acordos de cooperação referidos na alínea *h)* do n.º 1 e no n.º 2 do artigo anterior só podem ser celebrados quando as informações a prestar beneficiem de garantias de segredo pelo menos equivalentes às estabelecidas no presente diploma.

Art. 83.º

Independentemente do estabelecido quanto ao Serviço de Centralização de Riscos de Crédito, as instituições de crédito poderão organizar, sob o regime de segredo, um sistema de informações recíprocas com o fim de garantir a segurança das operações.

Art. 84.º

Sem prejuízo de outras sanções aplicáveis, a violação do dever de segredo é punível nos termos do Código Penal.

O art. 195.º do R.G.I.C. — preceitua que, salvo o disposto em lei especial, *as sociedades financeiras estão sujeitas,* com as necessárias adaptações, às regras de conduta próprias das instituições de crédito, incluindo *as disposições dos arts. 78.º a 84.º do mesmo diploma, relativas ao segredo profissional.*

Também o *Código do Mercado de Valores Mobiliários* contém várias disposições relativas ao *segredo profissional*, sujeitando as pessoas nelas referidas à observância do mesmo, sob pena de responsabilidade civil, disciplinar, criminal e por vezes contra-ordenacional.

Art. 45.º

Refere-se aos membros dos órgãos da C.M.V.M., ao pessoal dos seus quadros e às pessoas ou entidades, públicas ou privadas, que lhe prestem, a título permanente ou acidental, quaisquer serviços, enunciando no n.º 4 várias entidades com quem a C.M.V.M. pode trocar informações.

Art. 74.º

A Central de Valores Mobiliários e os intermediários financeiros encarregados do serviço de valores mobiliários escriturais, bem como o respectivo pessoal, *ficam obrigados a guardar segredo profissional* sobre os respectivos registos, os factos a que respeitam e a documentação que lhes serve de base.

Art. 233.º

Os membros dos Conselhos de Administração e Fiscal das associações de bolsa, o pessoal das mesmas e as pessoas ou entidades, públicas ou privadas, que lhes prestem, a título permanente ou acidental, quaisquer serviços *ficam sujeitos a segredo profissional* em termos idênticos aos estabelecidos no art. 45.°, podendo as associações da bolsa trocar informações entre si e têm o dever de prestar informações à C.M.V.M.

Art. 498.°

As pessoas que exerçam ou tenham exercido qualquer actividade nas associações prestadoras de serviços especializados (V. art. 481.°) *estão obrigadas a segredo profissional* em termos idênticos aos previstos no art. 45.°.

Art. 522.°

Os membros dos Conselhos de Administração e Fiscal da associação do mercado de balcão (V. art. 510.° e sgs.), incluindo o administrador-delegado ou os membros da comissão executiva, bem como o respectivo pessoal e todas as pessoas ou entidades, públicas ou privadas, que lhes prestem, a título permanente ou acidental, quaisquer serviços, *ficam sujeitos a segredo profissional*, em termos idênticos aos previstos no art. 45.°.

Art. 650.°

1 — Os intermediários financeiros, os membros dos seus órgãos sociais, quando esses intermediários forem pessoas colectivas, ou os responsáveis pela sua gestão e fiscalização quando forem pessoas singulares, bem como os seus trabalhadores, mandatários, comitidos e quaisquer outras pessoas que lhes prestem serviços a título permanente ou acidental *ficam sujeitos a segredo profissional* sobre tudo o que respeite às operações efectuadas e serviços prestados aos seus clientes, e bem assim sobre os factos ou informações relativos aos mesmos clientes ou a terceiros e cujo conhecimento lhes advenha do exercício das actividades referidas.

2 — o dever estabelecido no número anterior cessa quando:

a) o intermediário e as pessoas indicadas no mesmo número tenham de prestar informações ou fornecer outros elementos à CMVM ou ao Banco de Portugal, no âmbito das respectivas competências específicas, ou, ainda, às entidades gestoras das bolsas de valores ou de outros mercados secundários, nos casos e termos expressamente previstos no presente diploma ou em legislação especial que lhes respeite;

b) Exista qualquer outra disposição legal que afaste esse dever;

c) A divulgação da informação ou do fornecimento dos elementos em causa tiverem sido autorizados por escrito pela pessoa a que respeitam.

Como excepção ao dever de segredo, refere o art. 79.°, n.° 2, alínea *d)* do R.G.I.C. os casos previstos na lei penal e de processo penal.

Façamos um paralelo entre as disposições dos Códigos de Processo Civil e de Processo Penal.

O art. 519.° do Código de Processo Civil (na revisão de 1996) dispõe:

"1. Todas as pessoas, sejam ou não partes na causa, têm o dever de prestar a sua colaboração para a descoberta da verdade, respondendo ao que lhes for perguntado, submetendo-se às inspecções necessárias, facultando o que for requisitado e praticando os actos que forem determinados.

2. Aqueles que recusem a colaboração devida serão condenados em multa, sem prejuízo dos meios coercitivos que forem possíveis; se o recusante for parte, o tribunal apreciará livremente o valor da recusa para efeitos probatórios, sem prejuízo da **inversão do ónus da prova** decorrente do preceituado no n.° 2 do artigo 344.° do Código do Civil.

3. *A recusa é, porém, legítima se a obediência importar:*

a) Violação da integridade física ou moral das pessoas;

b) Intromissão na vida privada ou familiar, no domicílio, na correspondência ou nas telecomunicações;

c) Violação do sigilo profissional ou de funcionários públicos, ou do segredo de Estado, sem prejuízo do disposto no n.° 4.

4. Deduzida escusa com fundamento na alínea c) do número anterior, é aplicável, com as adaptações impostas pela natureza dos interesses em causa, o disposto no processo penal acerca da verificação da legitimidade da escusa e da dispensa do dever de sigilo invocado".

O n.° 2 do art. 519.° do Código de Processo Civil começa por se referir a quem não é parte, dizendo que quem se recusar a colaborar será condenado em multa (V. art. 102.°, alínea b) C. Custas Judiciais). A recusa equipara-se à falta de comparência injustificada à diligência.

Os meios coercitivos que forem possíveis, são os meios admitidos por lei, que se mostrem idóneos para obter o resultado desejado e apenas esses (V. art. 629.°, n.° 3 — comparência sob custódia, isto é, sob prisão).

Relativamente a quem é parte, determinou a 2ª parte do n.° 2 do art. 519.°, que o Tribunal apreciará livremente a recusa de colaboração na formação da sua convicção acerca de cada facto alegado.

Para além disso, por aplicação do disposto no n.° 2 do art. 344.° do Código Civil inverte-se o ónus da prova, isto é, invertem-se as regras consignadas nos arts. 342.° e 343.° do mesmo Código.

O n.° 3, alínea c) do art. 519.° acolhe a recusa de prestar esclarecimentos em matéria civil, fundada do sigilo bancário (sigilo profissional). Tal recusa deixa de ser legítima no caso de haver autorização do cliente transmitida às instituições de crédito (art. 79.°, n.° 1, acima transcrito), bem como no caso de o Juiz, tendo fundadas dúvidas sobre a legitimidade da escusa, proceder com as adaptações impostas pela natureza dos interesses em causa (n.° 4 do art. 519.° do C.P.C.) nos termos previstos nos números 2 e 3 do art. 135.° do Código de Processo Penal. O Juiz ao apreciar a legitimidade da escusa não poderá, porém, deixar de ponderar a natureza civil dos interesses em causa e a concreta proporcionalidade entre a restrição do direito à reserva na intimidade da vida privada (V. art. 26.°, n.° 1, do C.R.P.) que a dispensa do sigilo irá acarretar, por um lado, e, por outro lado, os concretos interesses da contraparte (V. art. 6.° da Lei n.° 33/95, de 18 de Agosto, que autorizou a revisão do C.P.C.), não esquecendo que, nos termos do art. 18.°, n.° 2, da Lei Fundamental "a lei só pode restringir os direitos, liberdades e garantias nos casos expressamente previstos na Constituição, devendo as restrições limitar-se ao necessário para salvaguardar outros direitos ou interesses constitucionalmente protegidos". Uma interpretação conforme à Constituição parece pois obrigar a uma aplicação restritiva da nova lei, parecendo pois que se poderá afirmar uma preferência genérica no sentido de que não haja dispensa de segredo, o que, pelo menos, implicará que, em casos de dúvida, não seja concedida tal dispensa.

O art. 618.º do Código do Processo Civil (na revisão de 1996) considera que podem recusar-se legitimamente a depor as pessoas adstritas ao segredo profissional, ao segredo de funcionários públicos e ao segredo de Estado, relativamente aos factos abrangidos pelo sigilo, aplicando-se neste caso o disposto no n.º 4 do art. 519.º acima transcrito.

O art. 135.º do Código do Processo Penal dispõe que não são obrigados a depor ou a prestar declarações:

1. Os ministros de religião ou confissão religiosa, os advogados, os médicos, os jornalistas, *os membros de instituições de crédito* e as demais pessoas a quem a lei permitir ou impuser que guardem segredo profissional, podem escusar-se a depor sobre os factos abrangidos por aquele segredo.

2. Havendo dúvidas fundadas sobre a legitimidade da escusa, a autoridade judiciária perante a qual o incidente se tiver suscitado procede às averiguações necessárias. Se, após estas, concluir pela ilegitimidade da escusa, ordena, ou requer ao tribunal que ordene, a prestação do depoimento.

3. *O tribunal imediatamente superior* àquele onde o incidente se tiver suscitado, ou, no caso de o incidente se ter suscitado perante o Supremo Tribunal de Justiça, o plenário das secções criminais pode decidir da prestação de testemunho com quebra do segredo profissional sempre que esta se mostre justificada face às normas e princípios, aplicáveis da lei penal, nomeadamente face ao princípio da prevalência do interesse preponderante. A intervenção é suscitada pelo Juiz, oficiosamente ou a requerimento.

4. O disposto no número anterior não se aplica ao segredo religioso.

5. Nos casos previstos nos n.ᵒˢ 2 e 3, a decisão da autoridade judiciária ou do tribunal é tomada, ouvido o organismo representativo da profissão relacionada com o segredo profissional em causa ([81]),

---

([81]) Em relação à actividade bancária poderá considerar-se, embora não isento de dúvidas, a Associação Portuguesa de Bancos.

nos termos e com os efeitos previstos na legislação que a esse organismo seja aplicável.

Art. 182.º do C.P.P. — "1. As pessoas indicadas nos arts. 135.º e 136.º apresentam à autoridade judiciária, quando esta o ordenar, os documentos ou quaisquer objectos que tiverem na sua posse e devam ser apreendidos, salvo se *invocarem, por escrito, segredo profissional* ou segredo de Estado.

2. Se a recusa se fundar em segredo profissional, é correspondentemente aplicável o disposto no art. 135.º, n.º 2".

O Dec.-Lei n.º 295-A/90, de 21 de Setembro, que reestruturou a Polícia Judiciária, no seu art. 7.º, n.º 2 dispõe que "os serviços públicos e as empresas públicas ou privadas deverão prestar à Polícia Judiciária a colaboração que justificadamente lhes for solicitada."

O dever de sigilo é, assim, atribuído por lei a funcionários públicos, a eclesiásticos, a médicos, e a farmacêuticos, a agentes diplomáticos, a membros do Governo, a advogados e outras pessoas, como é o caso dos *empregados bancários*.

Tem sido discutido se o dever de guardar sigilo subsiste no caso de a pessoa a quem aproveita ter sido autorizada a revelá-lo.

Não se pode dar uma resposta geral para todos os casos em que é admissível escusa; é necessário indagar, em cada caso, qual o interesse que impede a divulgação do segredo e determinar se é indisponível ou disponível.

Sendo disponível, como nos parece ser o caso do sigilo bancário, a autorização de revelação faz cessar o dever de sigilo.

Há muito que se vinha defendendo que, com referência *às simples informações comerciais*:

"Parece haver uma distinção a fazer:

Aquilo que o Banco (e seus trabalhadores) conhecem por força de informação confidencial, no exercício exclusivo da sua profissão, está sujeito a segredo;

Aquilo que o banco (e seus trabalhadores) por força da sua situação no meio económico, conhecem de apreciações de ordem geral fundadas sobre a experiência e julgamento de terceiros, é susceptível de constituir objecto de informação comercial.

De resto, a prestação de informações comerciais, vem prevista no art. 4.º, n.º 1, alínea o) do R.G.I.C.

Assim, o banco não carece de autorização do cliente para prestar indicações de carácter geral, que se não fundamentem em elementos confidenciais, mas sim, em dados que podem ser adquiridos por qualquer pessoa qualificada; *sempre que mesmo para uma apreciação muito geral sobre a situação económica de um cliente e sobre a oportunidade de com ele criar relações de negócios tenha de servir-se de elementos confidenciais, constitui norma de prudência obter a autorização do cliente*".

Afigura-se-nos manterem actualidade as conclusões do Parecer da Procuradoria-Geral da República, de 30 de Novembro de 1978, publicado no D.R. II Série de 24/2/79, embora emitido na vigência do Dec.-Lei 2/78:

1ª. Fora dos casos em que é admitida a dispensa do dever do segredo, os membros dos Conselhos de Administração, Gestão ou de Direcção ou de quaisquer órgãos e bem assim todos os trabalhadores de Instituições de Crédito, só podem revelar factos cujo conhecimento lhes advenha exclusivamente por virtude do exercício das suas funções quando tal dever de informação esteja consagrado na Lei;

2ª. Não existe disposição legal que preveja o dever de informação das entidades referidas na conclusão anterior relativamente a autoridades judiciárias e policiais quanto a factos objecto de sigilo profissional.

SECÇÃO III
VIOLAÇÃO DO SEGREDO BANCÁRIO NO NOVO CÓDIGO PENAL

O Dec.-Lei n.º 400/82, de 23 de Setembro, que então aprovou o Código Penal, no seu art. 6.º, n.º 2 revogou o art. 3.º do Dec.-Lei n.º 2/78, de 9 de Janeiro.

O Dec.-Lei n.º 2/78 foi por sua vez, expressa e globalmente revogado pelo art. 5.º do Dec.-Lei n.º 298/92, de 31 de Dezembro (R.G.I.C.)

O art. 1.º do Dec.-Lei n.º 48/95, de 15 de Março, determinou a publicação em anexo do Código Penal de 1982, depois de revisto, de acordo com a autorização legislativa concedida pela Lei n.º 35/94, de 15 de Setembro.

O Código Penal, assim revisto, entrou em vigor no dia 1 de Outubro de 1995 (passaremos a designá-lo por Código Penal de 1995). O art. 84.º do Regime Geral das Instituições de Crédito preceitua em matéria de violação do dever de segredo, que, sem prejuízo de outras sanções aplicáveis, é punível nos termos do Código Penal.

No domínio do Código Penal 1982, a violação do dever de segredo tinha assento próprio nos arts. 184.º e 185.º desse Código:

Art. 184.º — Violação do segredo profissional

"Quem, sem justa causa e sem consentimento de quem de direito, revelar ou se aproveitar de um segredo de que tenha conhecimento em razão do seu estado, ofício, emprego, profissão ou arte, se essa revelação ou aproveitamento puder causar prejuízo ao Estado ou a terceiros, será punido com prisão até 1 ano e multa até 120 dias".

Art. 185.º — Exclusão de ilicitude

"O facto previsto no artigo anterior não será punível se for revelado no cumprimento de um dever sensivelmente superior ou visar um interesse público ou privado legítimo, quando, considerados os interesses em conflito e os deveres de informação que, segundo as circunstâncias, se impõem ao agente, se puder considerar meio adequado para alcançar aquele fim".

O art. 184.º definia os elementos deste crime, e o art. 185.º introduzia uma causa de exclusão de ilicitude, que, uma vez retirada do Código, sujeita este crime, como os demais, ao preceituado na parte geral do Código, em matéria de exclusão da ilicitude.

Os empregados bancários de instituições que fossem empresas públicas nacionalizadas, de capitais públicos, com participação maioritária de capitais públicos, ou concessionários de serviços públicos, podiam porém ser responsabilizados nos termos do art. 433.º do Código Penal de 1982, por força dos arts. 4.º e 5.º alínea i) do Dec.-Lei 371/83, de 6 de Outubro.

Os bancos constituídos em Portugal por entidades privadas, bem como as sucursais no nosso País de bancos com sede no estrangeiro estão também sujeitos às regras de segredo bancário. O Código Penal actual (1995) inclui a matéria de segredo profissional no Capítulo VII do Código — Dos crimes contra a reserva da vida privada, nos arts. 195.º a 198.º.

Arts. 195.º — Violação de segredo

Quem, sem consentimento, revelar segredo alheio de que tenha tomado conhecimento em razão no seu estado, ofício, emprego, profissão ou arte é punido com pena de prisão até 1 ano ou com pena de multa até 240 dias.

Art. 196.º — Aproveitamento indevido de segredo

Quem, sem consentimento, se aproveitar de segredo relativo à actividade comercial, industrial, profissional ou artística alheia, de que tenha tomado conhecimento em razão do seu estado, ofício, emprego, profissão ou arte, e provocar deste modo prejuízo a outra pessoa ou ao Estado, é punido com pena de prisão até a 1 ano ou com pena de multa até 240 dias.

Sendo a violação praticada por funcionário público ou equiparado e relativa a facto de que tenha conhecimento no exercício das suas funções, é hoje subsumível ao disposto no art. 383.º do Código Penal de 1995, que corresponde, com alterações, ao art. 433.º do Código Penal de 1982.

Art. 383.º — Violação de segredo por funcionário

1. O funcionário que, sem estar devidamente autorizado, revelar segredo de que tenha tomado conhecimento ou que lhe tenha sido confiado no exercício das suas funções, ou cujo conhecimento lhe tenha sido facilitado pelo cargo que exerce, com intenção de obter, para si ou para outra pessoa, benefício, ou com a consciência

de causar prejuízo ao interesse público ou a terceiros, é punido com pena de prisão até 3 anos o com pena de multa.

2. O procedimento criminal depende de participação da entidade que superintender no respectivo serviço ou de queixa do ofendido.

Em relação ao disposto no art. 184.º do Código Penal de 1982, o art. 195.º do Código actual pune a simples revelação sem justa causa do segredo.

Elementos objectivos deste crime: a revelação de segredo alheio de que tenha tomado conhecimento em razão do seu estado, ofício, emprego, profissão ou arte.

Entende-se que basta a revelação a uma só pessoa. Os agentes não podem revelar ou utilizar informação sobre factos ou elementos respeitantes à vida da instituição ou às relações desta com os seus clientes, cujo conhecimento lhes advenha exclusivamente do exercício das funções ou da prestação dos seus serviços (art. 78.º, n.º 1, 2ª parte do R.G.I.C).

É necessário que essas outras pessoas sejam terceiros em relação ao dever de sigilo — isto é, que essas pessoas não sejam, também elas, obrigadas por dever de sigilo.

O n.º 2 do art. 78.º do R.G.I.C. contém enumeração exemplificativa de actos, operações ou elementos objecto de segredo bancário.

Autores (ou participantes) deste crime serão as pessoas indicadas no art. 78.º, n.º 1, 1ª parte do R.G.I.C. — os membros dos órgãos de administração ou de fiscalização das instituições de crédito, os seus empregados, mandatários, comitidos ou outras pessoas que lhes prestem serviços a título permanente ou ocasional, se o conhecimento dos factos lhe advier exclusivamente do exercício das suas funções ou da prestação dos seus serviços e ainda aqueles que com eles comparticipem (nos termos do art. 28.º do Código Penal).

Elementos subjectivos do crime — a vontade e o conhecimento de revelar o facto que constitui um segredo obtido nos termos referidos (de acordo com o art. 14.º do Código Penal).

É necessário que o agente actue dolosamente, isto é, que se represente e queira praticar a factualidade constitutiva do tipo objectivo.

Hoje, apenas o crime consumado é punido, não havendo lugar à punição da simples tentativa (há tentativa quando o agente pratica actos de execução de um crime que decidiu cometer, sem que este chegue a consumar-se — art. 22.º do Código Penal).

Porque, nos termos do art. 23.º, n.º 1 do Código Penal, salvo disposição em contrário (hoje inexistente após a revogação do art. 3.º do Dec.-Lei n.º 2/78), a tentativa só é punível se ao crime consumado respectivo corresponder pena superior a 3 anos de prisão, quer no caso do art. 195.º, quer no art. 196.º a tentativa não é punível.

O disposto no actual art. 196.º do C. Penal de 1995 resultou do aproveitamento indevido do segredo ter sido autonomizado do anterior art. 184.º do C. Penal de 1982.

Isto é, quem tão só revelou o segredo — art. 195.º.

Quem se aproveitou do segredo e provocou desse modo prejuízo a outra pessoa ou ao Estado — art. 196.º.

Com referência ao actual art. 195.º as penas previstas são elevadas de um terço nos seus limites mínimo e máximo se o facto for praticado:

a) para obter recompensa ou enriquecimento, para o agente ou para outra pessoa, ou para causar prejuízo a outra pessoa ou ao Estado; ou

b) através de meio de comunicação social.

Qualquer destas situações actua como **circunstância qualificativa**, atento o disposto no art. 197.º do mesmo Código. Isto é, a verificação dessa circunstância agrava a pena nos termos constantes do mesmo artigo.

A causa de exclusão da ilicitude do art. 185.º do Código de 1982 foi eliminada, havendo que, como já se referiu, procurar na parte geral do Código quais as circunstâncias que podem excluir a ilicitude de determinadas condutas.

Os arts. 34.º alínea *b)* (direito de necessidade) e 36.º, n.º 1 (conflito de deveres), ambos do Código Penal de 1995, poderão ser tomados em consideração pelo julgador como causas de exclusão da ilicitude quanto à revelação de segredo bancário.

Elementos objectivos do crime do art. 196.º são o aproveitamento indevido (sem consentimento) do segredo relativo a actividade comercial, industrial, profissional ou artística alheia, causando o agente prejuízo a outra pessoa ou ao Estado. O prejuízo causado pode ser de natureza económica ou não.

Há-de verificar-se prejuízo efectivo e não simples possibilidade de prejuízo. O crime deixou de ser de perigo, para passar a ser um crime de dano.

Autores (ou participantes) — os mesmos que no art. 195.°

Elementos subjectivos — a vontade e o conhecimento de se aproveitar do segredo e ainda de, com essa conduta, provocar prejuízo a outra pessoa ou ao Estado.

O procedimento criminal pelos crimes nos arts. 195.° e 196.° depende de queixa ou de participação (art. 198.°).

A prática de factos que integram qualquer destes dois crimes, pode ainda dar lugar a responsabilidade civil (dever de indemnizar por prejuízos causados) e disciplinar (V. cláusula 34.°, n.° 11, alínea c) do A.C.T.V.).

Importa abordar o problema da identificação do bem jurídico que o legislador visou proteger com a tipicificação deste crime.

Debatem-se fundamentalmente duas orientações:

Uma, dos que vêem na incriminação da violação do segredo profissional a exasperação da protecção da reserva da vida privada e da intimidade pessoal, ou, de toda a forma, de um direito geral de personalidade — numa palavra a protecção de um bem pessoal, ancorada no interesse individual do portador desse bem. Decorreria esta posição até como consequência do disposto no art. 26.°, n.° 1 da Constituição da República e hoje, porventura, da inclusão dos arts. 195.° e 196.° no Capítulo "Dos crimes contra a reserva da vida privada".

Outra, dos que buscam o fundamento da incriminação pela violação do dever de sigilo bancário na necessidade social de confiança em certos profissionais, deslocando o objecto da tutela penal para essa mesma confiança, enquanto bem social, considerando que a protecção do interesse privado da reserva da intimidade se torna mera consequência desta.

O Dr. Rodrigo Santiago propende para esta solução e invoca nesse sentido, como argumento histórico, a posição assumida pelo Prof. Eduardo Correia, quando da discussão do art. 194.º do Projecto do Código Penal, que referiu "a punição da violação do segredo profissional é o correlativo indispensável de todas as profissões que assentam numa relação de confiança".

Também o Prof. Figueiredo Dias se inclina a aceitar esta interpretação em parecer ainda inédito, em que afirma que a expressão acima citada "parece acarretar o cariz público imediato do fundamento da incriminação".

Nesta fase do nosso pensamento, julgamos também ser esta a posição mais correcta, sem deixarmos de considerar que a primeira posição não pode ser abandonada em absoluto, uma vez que o segredo bancário visa também defender as pessoas, pela tutela dos direitos de personalidade em geral.

Ora, já muito posteriormente à entrada em vigor do Código Penal de 1982, o Dec.-Lei n.º 14/84, de 11 de Janeiro de 1984, que alterou então o regime de julgamento e punição do crime de emissão de cheques sem provisão, no seu art. 3.º, n.º 2 veio dispor que as entidades e pessoas referidas no n.º 1 do art. 1.º do Dec.-Lei n.º 2/78, de 9 de Janeiro, são obrigados a fornecer às autoridades competentes para o inquérito ou instrução os elementos mencionados no n.º 2 do mesmo artigo, dispensa que só terá justificação nos termos das conclusões do Parecer referido da Procuradoria-Geral da República, as quais parecem manter validade em relação à generalidade dos crimes.

Na 1ª edição deste livro defendemos que, embora com dúvidas, deveria manter-se esta interpretação, apesar de revogado o Dec.-Lei 14/84, pelo art. 15.º, alínea b) do Dec.-Lei 454/91, de 28 de Dezembro, por se poder entender que a Lei n.º 25/81, de 21 de Agosto de 1981, se mantém em vigor quanto ao disposto no seu art. 8.º e considerando ainda e sobretudo o disposto no art. 181.º do Código de Processo Penal.

Formulamos agora maiores reservas quanto à interpretação que então defendemos e que cremos ter sido seguida em muitos casos.

Na verdade, o Dec.-Lei n.º 454/91, de 28/12 não previu qualquer disposição análoga relativa à obrigação ou dever das instituições de crédito de fornecerem às autoridades competentes para a investigação criminal os elementos necessários à investigação e que estão cobertos pelo dever de segredo bancário.

A orientação, que cremos ser dominante, vai no sentido de que à investigação dos crimes de emissão de cheque sem provisão se aplicam pura e simplesmente as normas do Código de Processo Penal (V. arts. 135.°, n.° 2, 181.°, 182.° e 183.° do Código de Processo Penal). Neste sentido, V. Acórdão da Relação de Lisboa, de 23/11/94, in Colectânea de Jurisprudência, Ano XIX, 1994, Tomo V, pág. 156.

O sistema agora instituído é o seguinte: as pessoas ou entidades referidas no n.° 1 do art. 135.° do C. Processo Penal, invocam o segredo profissional e podem escusar-se a depôr relativamente a factos cobertos pelo mesmo (V. quanto a testemunhas, o n.° 2 do art. 132.° do mesmo Código).

Nos termos do n.° 2 do art. 135.° a autoridade judiciária perante a qual o depoimento deve ser prestado procede a averiguações tendentes a determinar se a escusa é manifestamente inviável. Se assim concluir, ordena o depoimento, que não pode ser recusado. Se concluir pela viabilidade da escusa e entender não dever prescindir do depoimento, requer ao Tribunal superior que o ordene, usando para tanto, do disposto no n.° 3 do art. 135.° (redacção do Dec.-Lei n.° 317/95, de 28/11).

Em matéria cível, nenhuma disposição legal permite o fornecimento às autoridades judiciais de dados ou documentos sujeitos a sigilo bancário, com excepção hoje do n.° 4 do art. 519.° do C.P.C..

O art. 837.°-A do C.P.C. (*averiguação oficiosa e dever de cooperação do executado*) actual dispõe que:

1. Sempre que o exequente justificadamente alegue séria dificuldade na identificação ou localização de bens penhoráveis do executado, incumbe ao juiz determinar a realização das diligências adequadas.

2. Pode ainda o Juiz determinar que o executado preste ao tribunal as informações que se mostrem necessárias à realização da penhora, sob cominação de ser considerado litigante de má fé.

Mas tal disposição não se nos afigura poder conduzir à derrogação do disposto no art. 78.° do R.G.I.C. em matéria de sigilo bancário.

Antes de mais, nada se dispõe o n.º 1 do art. 837-A quanto à dispensa de observância das regras de sigilo profissional, nem se alcança que o legislador esteja a forçar o executado a abrir mão das regras de confidencialidade criadas para protecção dos seus próprios e legítimos interesses.

A dispensa de confidencialidade de dados pelo Juiz da causa, a que se refere o art. 519.º-A do C.P.C., refere-se à confidencialidade de dados que se encontrem na disponibilidade de serviços administrativos. Ora serviços administrativos, são todos os serviços das pessoas colectivas públicas (com excepção dos judiciais).

Hoje, o Professor Freitas do Amaral [82] prefere o conceito de serviço público, que inicialmente o Professor Marcello Caetano terá aceite até 1943 e define serviços públicos como "as organizações humanas criadas no meio de cada pessoa colectiva pública com o fim de desempenhar as atribuições desta, sob a decisão dos respectivos órgãos". Esta definição, corresponde, com ligeiras alterações, à noção de serviços administrativos dada pelo Professor Marcelllo Caetano [83]. O Professor Freitas do Amaral define hoje "pessoas colectivas públicas" como as pessoas colectivas criadas por iniciativa pública, para assegurar a prossecução necessária de interesses públicos, e para isso dotadas em nome próprio de poderes e deveres públicos" [84]. De resto, com referência a dados pessoais, mesmo na disponibilidade de tais serviços administrativos, ainda o Juiz terá de ter presente o disposto no art. 35.º, n.º 2 da Constituição Política e fazer um uso de tal artigo, que não desrespeite o art. 18.º, n.º 2 da Lei Fundamental.

Não se nos afigura, assim, pelas razões expostas que o Juiz da execução possa, com base no art. 837.º-A, n.º 1 ainda que completado pelo disposto 519.º-A, solicitar às instituições de crédito a indicação de bens penhoráveis que os executados nelas tenham depositado.

---

[82] Curso de Direito Administrativo, Vol. 1.º, 1.ª edição, 1986, págs. 616 a 622 e 2.ª edição, 1996, págs. 618 e segs. O Prof. Freitas do Amaral na 2.ª edição citada, a pág. 619 refere haver mais um argumento a seu favor — "é que também a C.R.P. utiliza, v.g. no art. 257.º, a expressão serviços públicos no sentido amplo que aqui lhe damos".

[83] Manual de Direito Administrativo, 8.ª edição, 1.º vol., págs. 229, 10.ª edição, reimpressão 1980, 1.º vol., págs. 237.

[84] Ob. cit., 1.ª edição, pág. 587.

Sugere-se a conveniência de, nestas circunstâncias e para obviar aos inconvenientes que poderão advir da falta de resposta aos pedidos de informações, solicitados por entidades judiciárias, policiais ou outras, quer directamente, quer através do Banco de Portugal, os serviços dos bancos canalizarem de imediato para os seus serviços jurídicos os pedidos recebidos, para competente análise jurídica e adequada resposta.

Note-se que até a cláusula 34.°, n.° 11, alínea c) do ACTV em vigor, considera dever dos trabalhadores "guardar sigilo profissional, de acordo com os termos e as limitações legais".

SECÇÃO IV
BUSCAS E APREENSÕES
EM ESTABELECIMENTOS BANCÁRIOS

Pela sua implicação com a salvaguarda do sigilo bancário, abordaremos agora o regime das buscas e apreensões.

Elas estão sujeitas a regimes diferentes, pelo que cumpre fazer a distinção.

1. BUSCAS

As buscas em estabelecimento bancário não têm regime especial, aplicando-se, assim, quanto a estas, o regime geral das buscas, regulamentado no Código de Processo Penal, nos arts. 174.° e seguintes.

A regra é a de que as buscas só podem, hoje, ser autorizadas ou ordenadas por despacho da autoridade judiciária competente, devendo esta, sempre que possível, presidir à diligência (art. 174.°, n.° 3, com referência ao art. 1.°, n.° 1 alínea b), todos do Código de Processo Penal).

Assim, *só os Juízes, os Juízes de Instrução e o Ministério Público podem autorizar ou ordenar buscas em estabelecimento bancário*, o que faz aumentar as dúvidas quanto à colaboração possível a prestar aos órgãos de polícia criminal [85] (quanto ao conceito de órgãos de policia criminal, veja-se a alínea c) do n.º 1 do art. 1.º e o art. 55.º relativamente à competência dos referidos órgãos, ambos do Código de Processo Penal), para além dos casos legalmente previstos [86].

[85] O conceito de órgãos de *polícia criminal* é amplo, como se depreende do texto do n.º 1, alínea c) do art. 1.º do Código de Processo Penal: *Policia criminal* é toda aquela à qual cabe levar a cabo actos ordenados por uma autoridade judiciária, ou directamente determinados pela lei processual penal. E seus órgãos são todas as entidades ou agentes dessa polícia. Consequentemente, não importa saber se lhe compete levar a cabo aqueles actos e se se trata de uma entidade ou de um agente dessa polícia.

Os órgãos de polícia criminal têm a competência genérica especificada no n.º 1 do art. 55.º do Código de Processo Penal e a especial indicada no n.º 2 desse artigo.

Os órgãos de polícia criminal não se confundem com o outro conceito que é o de autoridade de polícia criminal, cuja definição nos é dada pela enumeração taxativa, feita no n.º 1, alínea d), do Código de Processo Penal. Trata-se de entidades que ocupam os lugares mais elevados na hierarquia, aí especificados, e daquelas a quem os estatutos respectivos reconhecerem essa qualificação.

A este respeito, no que concerne à Polícia Judiciária, segundo o artigo 9.º do Dec.-Lei n.º 295-A/90, de 21 de Setembro (Lei Orgânica da Polícia Judiciária), são autoridades de polícia criminal, nos termos da alínea d) do n.º 1 do artigo 1.º do Código de Processo Penal, os seguintes funcionários:

a) Director-Geral;
b) Directores-gerais-adjuntos;
c) Subdirectores-gerais-adjuntos;
d) Directores do Departamento Central de Registo de Informação e Prevenção Criminal e do Gabinete Nacional da Interpol;
e) Assessores de Investigação Criminal;
f) Inspectores-coordenadores;
g) Inspectores;
h) Subinspectores;

[86] Ver art. 174.º, n.º 4 do C.P. Penal:
Ressalvam-se das exigências contidas no número anterior as revistas e as buscas efectuadas por órgão de polícia criminal nos casos:

a) de terrorismo, criminalidade violenta ou altamente organizada, quando haja fundados indícios da prática iminente de crime que ponha em grave risco a vida ou a integridade de qualquer pessoa;
b) em que os visados consintam, desde que o consentimento prestado fique, por qualquer forma, documentado; ou
c) aquando da detenção em flagrante por crime a que corresponda pena de prisão.

Estes vêm regulados no artigo 174.°, n.° 4 e no art. 251.°, ambos do Código de Processo Penal, que prevêem casos em que as buscas podem ser efectuadas sem autorização ou ordem das autoridades judiciárias.

No n.° 4 do art. 174.° do Código de Processo Penal, estabelece-se um regime excepcional, admitindo-se em nome de uma certa proporção racional de eficácia ou das particulares premências dos casos de terrorismo, criminalidade violenta ou altamente organizada (quanto ao que deve entender-se por terrorismo, criminalidade violenta ou altamente organizada, ver artigo 1.°, n.° 2 do Código de Processo Penal), que os órgãos de polícia criminal possam efectuar buscas fora do sistema geral de autorização ou ordem, descrito no n.° 3 do art. 174.° do Código de Processo Penal.

Mas nos casos em que o êxito da diligência se não compadece com qualquer demora, a lei não deixou de tomar cautelas quanto à validação pela autoridade judiciária. Daí o disposto no n.° 5.° do art. 174.° do Código de Processo Penal, exigindo, em tais casos e sob pena de nulidade, a comunicação da diligência ao Juiz de Instrução e consequente validação.

Importa referir ainda o disposto no art. 251.° do Código de Processo Penal [87]. Trata-se de uma nítida medida cautelar, de uma actividade típica de polícia, visando evitar a perda de um meio de prova que poderá desaparecer se não forem tomadas cautelas imediatas, por existir fundada razão de que o lugar onde se encontra o suspeito de um crime oculta objectos relacionados com o crime, susceptíveis de servir a prova, e que de outra forma poderiam perder-se.

As formalidades da busca constam do art. 176.° do Código de Processo Penal, do qual se transcreve o disposto no seu n.° 1, pela importância que assume.

Diz-se, aí, que "antes de se proceder à busca é entregue, salvo nos casos do art. 174.°, n.° 4, a quem tiver a disponibilidade do

---

[87] 1. Para além dos casos previstos no art. 174.°, n.° 4 os órgãos de polícia criminal podem proceder, sem prévia autorização da autoridade judiciária, à revista de suspeitos em caso de fuga iminente e a buscas no lugar em que eles se encontrarem, salvo tratando-se de busca domiciliária, sempre que tiverem fundada razão para crer que neles se ocultam objectos relacionados com o crime, susceptíveis de servir a prova e que, de outra forma, poderiam perder-se.

2. É correspondentemente aplicável o disposto no artigo 174.°, n.° 5.

lugar em que a diligência se realiza cópia do despacho que a determinou, na qual se faz menção de que pode assistir à diligência e fazer-se acompanhar ou substituir por pessoa da sua confiança e que se apresente sem delonga."

2. APREENSÕES EM ESTABELECIMENTOS BANCÁRIOS

Por nos parecer do maior interesse vamos debruçar-nos com algum detalhe sobre esta matéria.

A) Antecedentes

Ao pretender analisar com algum cuidado a interpretação do art. 181.º do Código de Processo Penal, e os problemas que a interpretação a aplicação do mesmo artigo suscita, passámos em revista a legislação processual penal portuguesa, a partir do Código de 1929.

Neste Código que, com inúmeras alterações, esteve em vigor até 1987, não havia disposição correspondente ao actual art. 181.º — apreensões em estabelecimento bancário.

Já havia fora do Código disposições quanto a buscas em escritórios de advogados (V. Estatuto Judiciário — art. 556.º) e em locais onde os médicos exercessem a sua profissão (V. Dec.-Lei n.º 32.171 de 29 de Julho de 1942), mas nada assinalámos quanto a estabelecimentos bancários.

Na legislação avulsa, que foi introduzindo alterações ao Código de 1929 até 1987, apenas o Dec.-Lei n.º 605/75, de 3/11 e o Dec.-Lei 377/77, de 6/9, se referem a buscas, que nos termos do primeiro diploma citado deviam ser presididas pelo Ministério Público no então existente "inquérito policial" e que no segundo diploma deviam ser autorizadas e presididas pelo Juiz de Instrução, tal como as apreensões. A Lei n.º 25/81, de 21 de Agosto, dispunha de igual forma, quanto ao Juiz de Instrução.

O anteprojecto do actual Código de Processo Penal, da autoria do então Juiz-Desembargador Dr. Maia Gonçalves, publicado em 1983 ([88]) não contém qualquer referência expressa a buscas e apreen-

---

([88]) V. Boletim do M.J. n.º 329, no título II, "Dos meios de Prova".

sões, referindo como meios de prova admissíveis "todos os que não sejam proibidos pela lei, sem dependência de apresentação prévia pelas partes".

No art. 172.º desse projecto refere-se ainda que "ninguém pode eximir-se a qualquer exame ou a facultar quaisquer coisas ou documentos que devam ser examinados".

Não havendo, como se disse, qualquer referência a buscas e apreensões, não aparece qualquer disposição especial relativa às apreensões em estabelecimento bancário, escritório de advogados e outros.

Sob a presidência do Prof. Figueiredo Dias veio a ser nomeada uma comissão encarregada de elaborar um Projecto de Código de Processo Penal, que veio a ser apresentado em 18/3/86, e que constitui, quase na integra, o texto do actual Código de Processo Penal.

Nesse projecto se inclui um artigo n.º 181.º, com conteúdo equivalente ao actual art. 181.º do Código.

É indiscutível que o novo Código de Processo Penal assenta numa estrutura basicamente acusatória integrada pelo princípio da investigação.

Este princípio — o da investigação — contrapôs-se ao da auto--responsabilidade das partes em matéria probatória, como acontece em processo civil. Obsta a que recaia sobre as partes qualquer ónus de afirmar, contradizer e impugnar e impõe-se ao tribunal que se socorra não apenas dos meios de prova apresentados pelos sujeitos processuais, mas que recorra oficiosamente a outros meios de prova "cujo conhecimento se afigura necessário à descoberta da verdade e boa decisão da causa".

O art. 181.º, n.º 1 do C.P.P. é um afloramento deste princípio fora da fase de julgamento [89].

"Contrariamente ao que sucede no C.P.P. de 1929, nem as normas relativas ao inquérito, nem as relativas à instrução consagram ostensivamente o princípio da verdade material, o que não significa que não vigore nessas fases processuais de forma mitigada" [90],

---

[89] Jornadas de Direito Processual Penal, realizadas no Centro de Estudos Judiciários e publicadas pela Livraria Almedina em 1988, subordinadas ao tema "Novo Código de Processo Penal", Meios de Prova, pelo Dr. Marques Ferreira, pág. 231.

[90] Jornadas de Direito Processual Penal citadas, pág. 231.

afirmação porventura não exacta, na medida em que se nos afigura ser ainda prevalente o principio da verdade material.

B) Enquadramento jurídico actual

O art. 181.° do Código de Processo Penal, na sua interpretação tem de ser aproximado do art. 178.° do mesmo Código. Neste último artigo se diz no n.° 1, em termos genéricos, que "são apreendidos os objectos que tiverem servido ou estivessem destinados a servir a prática de um crime, os que constituírem o seu produto, lucro, preço ou recompensa, e bem assim todos os objectos que tivessem sido deixados pelo agente no local do crime ou quaisquer outros susceptíveis de servir a prova".
O n.° 3 do art. 178.° dispõe que" as apreensões são autorizadas ou ordenadas por despacho da autoridade judiciária, salvo quando efectuadas no decurso de revistas ou buscas, caso em que lhes são aplicáveis as disposições previstas neste Código para tais diligências".
O art. 181.° refere-se à apreensão de bens em estabelecimentos bancários. E o legislador teve o cuidado de referir objectos que, apesar da sua natureza e valor podem ser apreendidos: títulos, valores, quantias e quaisquer objectos depositados em bancos ou outras instituições de crédito, mesmo que em cofres individuais, ainda que não pertençam ao arguido ou não estejam depositados em seu nome. Não quis restringir o disposto no art. 178.° quanto ao seu objecto, mas sim reforçar essa disposição, face à especial natureza dos bens existentes ou guardados em instituições de crédito, embora rodeando essas apreensões de especial cuidado.
Afastou o disposto no n.° 3 do art. 178.°, para determinar que só o Juiz tem competência para proceder à apreensão em instituições de crédito (V. art. 268.°., n.° 1. alínea c) e art. 181.°, ambos do C.P.P.).
E veio esclarecer que o exame de correspondência e qualquer documentação bancárias é também da competência exclusiva do juiz.
O Dr. António Augusto Tolda Pinto [91], entende até que a enumeração dos objectos susceptíveis de apreensão enumerados no art. 181.° do Código de Processo Penal é meramente exemplifica-

---

[91] "Novo Processo Penal", 2.ª edição, 1992, pág. 289.

tiva. Escreve "esta apreensão incide nomeadamente sobre títulos, valores, quantias e outros objectos depositados...." e entende que tal disposição não viola qualquer disposição relativa ao sigilo bancário.

Não faria sentido, que o Juiz podendo examinar a documentação, não a pudesse apreender quando se verificassem os pressupostos abaixo indicados.

Também não parece correcta a afirmação de que o exame desses documentos referidos no n.º 2 do art. 181.º, seja necessariamente instrumental em relação à apreensão dos objectos referidos no n.º 1 do mesmo artigo. Em muitos casos, o que se pretende é averiguar a efectivação de movimento de dinheiro, ou outros valores reflectidos na própria conta, indiciadores da prática de infracções criminais, e não a apreensão desse dinheiro, ou valores embora possam coexistir as duas situações.

Resulta, assim, que o Juiz pode examinar documentação bancária e pode apreendê-la, verificados os requisitos do art. 181.º.

"Em idênticas circunstâncias, segundo o Dr. Maia Gonçalves, é permitida a colheita de informações sobre contas bancárias" [92].

A autoridade judiciária procederá à apreensão quando, além do mais, se verificarem dois pressupostos:

1. os objectos ou documentação estejam relacionados com o crime e
2. revelem um interesse *qualificado de grande* para a descoberta da verdade ou para a prova.

O presente artigo 181.º "concede às autoridades judiciárias o poder de acesso a todos os elementos bancários considerados de interesse para a descoberta da verdade ou para a prova. Nesta parte, derroga o chamado segredo bancário" [93].

Nos termos do art. 183.º do Código de P. Penal, aos autos pode ser junta cópia dos documentos apreendidos, restituindo-se nesse caso o original. Tornado-se necessário conservar o original, dele pode ser

---

[92] Dr. Maia Gonçalves, Código de Processo Penal anotado, 1994, 6.ª edição, pág. 318.

[93] V. Código de Processo Penal anotado pelo Dr. José da Costa Pimenta, 1991, pág. 469.

feita cópia ou extraída certidão e entregue a quem legitimamente o detinha. Na cópia e na certidão é feita menção expressa da apreensão.

Do auto de apreensão é entregue cópia, sempre que solicitada, a quem legitimamente detinha o documento ou o objecto apreendidos, o que, acrescentamos, os serviços dos bancos devem sempre solicitar para sua salvaguarda interna e face aos clientes.

Situação diferente do acatamento de apreensão realizada pela autoridade judiciária ou em especial pelo juiz é a da entrega à autoridade judiciária, quando esta o ordenar, de documentos ou objectos solicitados aos membros das instituições de crédito, que os tiverem na sua posse e devam ser apreendidos, nos termos do art. 182.° do C.P.P.

No caso de as autoridades judiciárias ordenarem, *sem efectivação de busca ou apreensão*, a um membro de uma instituição de crédito a entrega de documentos ou de objectos que tiverem na sua posse e devam ser apreendidos, podem essas pessoas recusar-se a fazê-lo com fundamento em segredo profissional, mais concretamente em sigilo bancário.

A autoridade judiciária perante a qual a entrega deveria ser feita, procede a averiguações. ouvindo o organismo representativo da profissão a quem a lei atribui o segredo profissional, que se tem entendido ser a Associação Portuguesa de Bancos.

Se vier a concluir pela ilegalidade da recusa, deve ordenar ou requerer ao tribunal que ordene, que o visado apresente os documentos ou objectos que devam ser apreendidos (art. 135.°, n.° 2, ex vi do art. 182.°, n.° 2 do C.P.Penal).

Se vier concluir pela viabilidade da escusa, prescinde da entrega dos documentos ou objectos ou requer ao tribunal superior que a ordene. usando o processo regulado no art. 135.°, n.° 3 do C.P.Penal (redacção do Dec.-Lei n.° 317/95, de 28/11). A decisão a tomar terá de ser bem ponderada, atentos os interesses em jogo (administração da justiça e observância de sigilo bancário), interesses esses aflorados no art. 2.°. alínea 33 da Lei n.° 43/86, de 26 de Setembro (autorização legislativa em matéria de processo penal).

O tribunal superior ordenará a entrega de documentos ou objectos, tal como pode ordenar a prestação de depoimento sobre matéria sigilosa.

"O facto previsto no artigo anterior (violação de segredo profissional) não será punível se for revelado no cumprimento de um dever jurídico sensivelmente superior ou visar um interesse público ou privado legítimo, quando, considerados os interesses em conflito e os deveres de informação que, segundo as circunstâncias, se impõem ao agente, se puder considerar meio adequado para alcançar aquele fim".

Aprovado o novo Código de Processo Penal pelo art. 7.º do Dec.-Lei n.º 78/87, de 17 de Fevereiro, veio a entrar em vigor no dia 1 de Janeiro de 1988 (artigo único da Lei n.º 17/87, de 1 de Junho).

Importa ter presente o que foi afirmado nas Jornadas de Direito Processual Penal já acima referidas.

O Sr. Dr. Maia Gonçalves, em comunicação subordinada ao tema "Meios de Prova" afirmou nessas jornadas:

"No direito imediatamente anterior, em processo penal, os juízes de instrução e os tribunais não podiam ter acesso às contas bancárias, cobertas pelo segredo bancário. Mas o que não era permitido aos tribunais, únicos órgãos com legitimidade constitucional para a instrução e para a administração da justiça penal, era-o à Alta Autoridade contra a Corrupção ([94]). Se o tribunal, para o exercício das suas imperativas funções, precisasse de conhecer a movimentação de uma conta bancária ter-se-ia que dirigir àquela Alta Autoridade. Ora esta inversão de valores não pode manter-se, e daí a nova regulamentação para que o segredo bancário possa ser quebrado e para que possa haver lugar a apreensões e a exames nos estabelecimentos bancários, estes últimos nos termos minuciosamente regulados no art. 181.º" ([95]).

E mais adiante afirma:

"O art. 181.º estabelece os pressupostos e o processamento da apreensão em estabelecimentos bancários, bem como dos exames a correspondência ou a qualquer documentação bancária.

Como já se apontou, o regime vigente imediatamente anterior ao código privilegiava o sigilo bancário, em prejuízo das premências da investigação criminal, e incompreensivelmente não permitia

---

[94] V. Lei 45/86, de 1 de Outubro, hoje revogada.
[95] Ob. cit. pág. 201 e 202.

aos tribunais, únicos órgãos de soberania aos quais incumbe a administração da justiça penal, a requisição de informações sobre contas bancárias que era permitida à Alta Autoridade contra a Corrupção.

O Código procurou agora estabelecer um sistema ponderado, equilibrando os interesses em jogo fazendo rodear esse sistema das cautelas necessárias: trata-se da exigência de que as apreensões e exames em estabelecimentos bancários somente possam ser ordenados pela autoridade judiciária em casos extremos bem tipificados na lei, devendo o juiz fazer pessoalmente o exame, embora coadjuvado, e ficando todos os intervenientes vinculados pelo segredo de justiça relativamente a tudo aquilo que tiverem tomado conhecimento e que não tenha interesse para a prova" ([96]).

O Dr. Rodrigo Santiago, escreve, que "no que toca ao segredo bancário, este é, face à solução adoptada pelo Código de Processo Penal de 1987, verdadeiramente um "segredo fraco", por antifrase ao segredo dos advogados, que será o paradigma do "segredo forte" ([97]).

C) **Conclusões**

Do exposto parece lícito concluir:
1. Quanto a pedido feito a instituições de crédito de entrega de documentos ou objectos relativos à actividade bancária, bem como pedidos de informação envolvendo nomes dos clientes, contas de depósito e seus movimentos e outras operações bancárias, estão sujeitas a sigilo bancário (art. 78.º do Regime Geral das Instituições de Crédito e Sociedades Financeiras, aprovado pelo Dec.-Lei n.º 298/92, de 31/12, salvaguardadas as excepções previstas na lei.

— Os factos ou elementos das relações do cliente com a instituição só podem ser revelados mediante autorização do cliente nas situações e às entidades referidas no mesmo n.º 2 do art. 79.º do R.G.I.C. designadamente nos termos previstos na lei penal e de processo penal (art. 79.º do R.G.I.C., al. d).

([96]) Ob. cit. pág. 217.
([97]) "Do crime de violação de segredo profissional no Código Penal de 1982". Livraria Almedina, 1992, pág. 273.

— Há que analisar os arts. 195.º a 198.º e 36.º, n.º 1 do Código Penal de 1995 e os arts. 135.º, 181.º e 182.º do Código de Processo Penal. Neste sentido, V. o art. 12.º da Directiva 77/7880/CEE de 12 de Dezembro de 1977, na redacção que lhe foi dada pelo art. 16.º da Directiva n.º 89/646/CEE, de 15 de Dezembro de 1989:

"Os Estados-Membros legislarão no sentido de que todas as pessoas que exerçam ou tenham exercido uma actividade para as autoridades competentes, bem como os revisores ou peritos mandatados pelas autoridades competentes, fiquem sujeitos a segredo profissional. Este segredo implica que as informações confidenciais que recebam a título profissional não podem ser divulgadas a nenhuma pessoa ou autoridade, excepto de forma sumária ou agregada, de modo a que as instituições individuais não possam ser identificadas, *sem prejuízo dos casos que pertençam ao foro penal.*"

2. Quanto ao depoimento em processo penal dos membros de instituições de crédito, a recusa é possível, fundada em sigilo bancário, com as consequências que derivam do mesmo art. 135.º.

3. Quanto à entrega de documentos ou objectos em poder de membros de instituições de crédito, é possível a recusa nos termos do art. 182.º do C.P.Penal, com as consequências que derivam do art. 135.º, n.º 2 (redacção do Dec.-Lei n.º 317/95, de 28/11), por remissão do art. 182.º, n.º 2.

4. Quanto às buscas e apreensões em estabelecimentos de crédito, ordenadas pelas autoridades judiciárias e executadas pelo Juiz (arts. 181.º e 268.º, n.º 1, c), ambos do C.P.Penal), têm se der devidamente justificadas, mas não comportam oposição por parte das instituições de crédito. A recusa poderá fazer incorrer o recusante no crime de desobediência do art. 348.º, n.º 1, do Código Penal. Face a um mandado escrito para busca e apreensão ou só para apreensão, presidida pelo Juiz, aos bancos resta o acatamento da diligência e a exigência de que lhes seja entregue cópia do auto da apreensão e fotocópia dos documentos apreendidos.

5. Não está, pois, subjacente à plena aplicação do normativo do citado art. 181.º do Código de Processo Penal a teoria do paralelismo ("onde há dever de sigilo não existe dever de cooperação").

Aquilo a que chamam a "teoria do paralelismo", e que, em certa medida, se poderia ver reconhecida no Dec.-Lei 2/78, de 9 de

Janeiro, hoje revogado, não tem, nem tinha aplicação ao art. 181.° do Código de Processo Penal, pelas razões que já se deixaram expostas. Saliente-se que o Dec.-Lei 2/78 estava redigido em termos mais inflexíveis do que as actuais disposições do R.G.I.C.

6. Sendo a teoria do paralelismo, um critério que releva essencialmente em sede processual, não tem o Juiz de Instrução que resolver, previamente, a questão de índole substantiva da extensão e limites do segredo profissional para que possa actuar legitimamente. No caso do art. 181.° do Código de Processo Penal o banco sujeita-se à actuação do Juiz, perante mandado judicial que lhe é exibido.

7. Os únicos crimes cuja investigação criminal traz consigo a excepção à observância do segredo profissional são os crimes de tráfico ilícito de estupefacientes, previstos nos arts. 22.°, 23.°, 24.°. 26 e 28.° do Dec.-Lei n.° 15/93, de 22 de Janeiro, os relativos ao branqueamento de capitais previstos nos arts. 10.°, 11.° e 12.° do Dec.-Lei n.° 313/93, de 15/9/93 (prevenção da utilização do sistema financeiro para efeitos de branqueamento de capitais provenientes de negócios ilícitos de droga) e Dec.-Lei n.° 325/95, de 2 de Dezembro (medidas de natureza preventiva e repressiva aplicáveis a entidades não financeiras, contra o branqueamento de capitais e outros bens provenientes de crimes) e as infracções ligadas à criminalidade económica e financeira previstas na Lei n.° 36/94, de 19 de Setembro.

8. Na hipótese de apreensão judicial, a competência exclusiva e indelegável do Juiz de Instrução é compatível com a actuação das entidades coadjuvantes previstas no n.° 2 do art. 181.° do Código de Processo Penal. Há que definir os poderes de que estas gozam no desenrolar da diligência.

Assim, os órgãos de polícia criminal e os técnicos qualificados limitam-se a apoiar o juiz na efectivação da apreensão, os primeiros sobretudo quanto ao exercício da autoridade e disciplina do acto, e os segundos na prática de actos materiais e de interpretação técnica dos documentos. Importa salientar que todas estas entidades coadjuvantes ficam ligadas por dever de segredo, relativamente a tudo aquilo de que tiverem tomado conhecimento e não tiver interesse para a prova (V. art. 181.°, n.° 2 citado). Quanto aos factos, documentos e objectos com interesse para o processo parece evidente que ficam também sujeitos ao segredo de justiça.

9. O banco deve negar colaboração para entrega voluntária de bens ou informações, no âmbito de infracções que não permitem o afastamento do segredo profissional, mas não pode deixar de submeter-se às buscas e apreensões determinadas pelas autoridades judiciárias (art. 181.º) ou excepcionalmente pelos órgãos de polícia criminal, nos casos do n.º 4 do art. 174.º :

a) De terrorismo, criminalidade violenta ou altamente organizada, quando haja fundados indícios da prática iminente de crime que ponha em grave risco a vida ou a integridade de qualquer pessoa;

b) Em que os visados consintam, desde que o consentimento prestado fique, por qualquer forma, documentado; ou

c) Aquando de detenção em flagrante por crime a que corresponda pena de prisão.

Mas, nestes casos do art. 174.º, a realização da diligência é, sob pena de nulidade, imediatamente comunicada ao Juiz de Instrução e por este apreciada em ordem à sua validação.

10. O art. 182.º do C.P.Penal refere-se aos casos em que às pessoas indicadas no art. 135.º for ordenada apresentação de documentos ou de objectos que devam ser apreendidos, mas não a situações dessas no decurso de apreensões.

Nos casos do art. 182.º, se os membros das instituições de crédito invocarem por escrito segredo profissional, deve haver despacho do Juiz, notificado ao banco, a considerar ilegítima a escusa e a ordenar a diligência que há havia solicitado.

11. Com esta exigência do banco ao tribunal de despacho judicial considerando infundada a recusa do banco e ordenando a entrega de documentos ou objectos que devam ser apreendidos, cremos ficar salvaguardada a posição do banco face às entidades investigadas.

De igual modo, se o Juiz considerou válida a escusa e solicitou oficiosamente ou a requerimento do banco visado a intervenção do tribunal superior, deve a decisão deste ser comunicada ao banco em causa.

12. Coloca-se o problema de saber se, face ao teor literal do referido art. 181.º do Código de Processo Penal, é possível apreender documentos respeitantes a contas bancárias. Importa esclarecer se o exame a que alude o n.º 2 deste preceito legal é necessariamente instrumental, relativamente à apreensão de outros objectos.

Como já se referiu supra, é possível, ao abrigo do art. 181.º do Código de Processo Penal, apreender documentos respeitantes a contas, em execução de um mandado judicial para a sua apreensão. O exame a que alude o n.º 2 do art. 181.º, pese embora a redacção do artigo, que não se nos afigura feliz, dando lugar à dúvida formulada, cremos que não é necessariamente instrumental relativamente à apreensão dos outros objectos.

A não observância da regulamentação estabelecida no art. 181.º do Código de Processo Penal constitui irregularidade processual, com o regime dos artigos 118.º, n.º 2 e 123.º, todos do mesmo Código.

Contudo, a quebra do dever de segredo estabelecido no n.º 2 in fine do art. 181.º do diploma em análise, pode constituir o crime de violação de segredo profissional, previsto e punido nos arts. 195.º a 198.º do Código Penal.

SECÇÃO V
EXCEPÇÕES AO REGIME REGRA DE OBSERVÂNCIA DO SIGILO BANCÁRIO

1. DISPENSA VOLUNTÁRIA DO DEVER DE SIGILO

Os factos ou elementos das relações do cliente com a Instituição podem ser revelados mediante autorização do cliente, transmitida à Instituição (art. 79.º, n.º 1 do R.G.I.C.).

2. DISPENSA LEGAL DO DEVER DE SIGILO E/OU IMPOSIÇÃO LEGAL DO DEVER DE INFORMAR

2.1. Nos processos relativos ao consumo e tráfico ilícito de drogas, as instituições de crédito são obrigadas a fornecer elementos nos termos do art. 60.º do Dec.-Lei 15/93, de 22/1 ([98]), que dispõe:

([98]) O Dec. Regulamentar 61/94, de 12/10/94, regulamenta o Dec.-Lei 15/93. O Dec.-Lei 81/95, de 22/4, alterou o art. 57.º do Dec.-Lei 15/93. Deferimento à Polícia Judiciária, GNR e PSP da investigação criminal quanto a estes crimes.

"1 — Podem ser pedidas informações e solicitada a apresentação de documentos respeitantes a bens, depósitos ou quaisquer outros valores pertencentes a indivíduos suspeitos ou arguidos da prática de crimes previstos nos arts. 22.°, 23.°, 24.°. 26.° e 28.° ([99]), com vista à sua apreensão e perda para o Estado.

2 — A prestação de tais informações ou a apresentação dos documentos, quer se encontrem em suporte manual ou informático, não podem ser recusados por quaisquer entidades, públicas ou privadas, nomeadamente pelas instituições bancárias, financeiras ou equiparadas, por sociedades civis ou comerciais, bem como por quaisquer repartições de registo ou fiscais, desde que o pedido se mostre individualizado e suficientemente concretizado."

No mesmo sentido, V. arts. 10.°,11.° e 12.° do Dec.-Lei n.° 313/93, de 15/9/93 (Prevenção da utilização do sistema financeiro para efeitos de branqueamento de capitais). O art. 13.° deste mesmo Dec.-Lei dispõe que as informações prestadas *de boa-fé*, nos termos dos referidos artigos 10.°, 11.° e 12.° não constituem violação de qualquer dever de segredo, nem implicam para quem as presta, responsabilidade de qualquer tipo. De igual modo dispõe o art. 19.° do Dec.-Lei 325/95, de 2 de Dezembro, que se refere a medidas de natureza preventiva e repressiva contra o branqueamento de capitais e outros bens provenientes de crimes (V. capítulo de branqueamento de capitais).

2.2. Serão também satisfeitas as informações relativas a cartas rogatórias expedidas ao abrigo de convenções ou acordos ratificados por Portugal ou, não existindo, se for garantido o princípio da reciprocidade. Era o que constava do art. 50.°, n.°4 do Dec.-Lei n.° 430/83, de 13/12, que reformulou nessa data, o regime penal do consumo e tráfico ilícito de drogas. (V. Parecer da Procuradoria Geral da República, DR, II Série, pág. 3.381).

2.3. Fornecer as informações que se integrem no âmbito do Serviço da Centralização de Informações e Riscos de Crédito, (V. Dec.--Lei n.° 29/96, de 11/4) bem como aquelas que se enquadrem no sistema de informações recíprocas entre as instituições de crédito com o fim de garantir a segurança das operações (art. 83.° do R.G.I.C.)

([99]) V. Dec.-Lei n.° 15/93 em anexo.

2.4. As empresas seguradoras, para a exploração dos seguros previstos no Dec.-Lei n.º 183/88, de 24 de Maio (seguros de risco de crédito), podem:

— Ter acesso ao serviço de centralização dos riscos de crédito do Banco de Portugal, nos termos por este definidos e fornecendo as informações igualmente por este solicitadas, desde que se prendam com os riscos previstos neste diploma;

— Estabelecer com as instituições de crédito acordos de permuta de informações abrangidas pelo regime legal do segredo bancário.

2.5. Enviar ao Banco de Portugal os elementos de que necessitar para o desempenho da sua competência de Banco Central (arts. 18.º e segs. do D.L. n.º 337/90, de 30 de Outubro e *Dec.-Lei n.º 301/75 de 20 de Junho*) ([100]) e a remeter ao Ministro da Tutela (art. 13.º n.º1 do Dec.-Lei n.º 260/76, apenas quanto aos bancos total ou parcialmente públicos).

2.6. Ainda em relação ao Banco de Portugal os arts. 2.º e 3.º do Dec.-Lei n.º 454/91 de 28 de Dezembro (Novo Regime Jurídico dos cheques sem provisão) impõem que as instituições de crédito são obrigadas a comunicar ao Banco de Portugal:

a) Rescisão da convenção de cheque que hajam decidido e da *celebração de nova convenção com as mesmas entidades*;

b) Emissão de cheques sobre elas sacados, com data posterior à notificação a que se refere o n.º 4 do art. 1.º, pelas entidades com quem hajam rescindido a convenção de cheque, disso *notificando* igualmente o sacador e os outros co-titulares da conta sacada.

Com base nessas informações deverá o Banco de Portugal elaborar a listagem de utilizadores de cheque que oferecem risco, a comunicar a todas as instituições de crédito.

Fundados no principio de que a atribuição de um direito ou de um poder envolve a outorga dos meios necessários ao seu exercí-

---

([100]) Os elementos solicitados pelos funcionários do Departamento de Supervisão Bancária deste Banco Central, quando estes se apresentem devidamente credenciados para os fins de inspecção, deverão ser-lhes entregues pessoalmente, podendo ser-lhes pedido recibo, se assim for entendido por conveniente pela instituição inspeccionada.

cio, tem de concluir-se pela legitimidade do Banco de Portugal para solicitar às instituições de crédito, para os fins em causa, os elementos julgados necessários.

2.7. Inquéritos Parlamentares

Chama-se particularmente a atenção para os poderes conferidos às comissões parlamentares de inquérito.

O art. 13.º da Lei 5/93 de 1 de Março, que definiu o regime jurídico dos inquéritos parlamentares, dispõe que:

1 — As comissões parlamentares de inquérito gozam de todos os poderes de investigação das autoridades judiciárias.

2 — As comissões têm direito à coadjuvação dos órgãos de polícia criminal e de autoridades administrativas nos mesmos termos que os tribunais.

3 — A comissão de inquérito ou a sua mesa, quando aquela não esteja reunida, pode, a requerimento fundamentado dos seus membros, solicitar por escrito aos órgãos do Governo e da Administração ou a entidades privadas as informações e documentos que julguem úteis à realização do inquérito.

4 — A prestação das informações e dos documentos referidos no número anterior tem prioridade sobre quaisquer outros serviços e deverá ser satisfeita no prazo de 10 dias, sob pena das sanções previstas no art. 19.º (de natureza criminal), salvo justificação ponderosa dos requeridos que aconselhe a comissão a prorrogar aquele prazo ou a cancelar a diligência.

5 — O pedido referido no n.º 3 deverá indicar esta lei e transcrever o n.º 4 deste artigo e o n.º 1 do art. 19.º ([101]).

6 — No decorrer do inquérito só será admitida a recusa de fornecimento de documentos ou de prestação de depoimentos com o

---

([101]) 1 — Fora dos casos previstos no artigo 17.º, a falta de comparência, a recusa de depoimento ou o não cumprimento de ordens legítimas de uma comissão parlamentar de inquérito no exercício das suas funções constituem crime de desobediência qualificada, para os efeitos previstos no Código Penal.

2 — Verificado qualquer dos factos previstos no número anterior, o presidente da comissão, ouvida esta, comunicá-lo-á ao Presidente da Assembleia, com os elementos indispensáveis à instrução do processo, para efeito de participação à Procuradoria-Geral da República.

O art. 17.º citado refere-se ao regime de depoimentos.

fundamento em segredo de Estado ou em segredo de Justiça, nos termos da legislação respectiva.

2.8. — *Lei n.º 36/94, de 29/9/94* — *Institui medidas de combate à corrupção e criminalidade económica e financeira.*
Dispõe, no seu art. 5.º, que a *quebra do segredo profissional* se pode verificar:

"1 — Nas fases de inquérito, instrução e julgamento relativas aos crimes previstos no n.º 1 do artigo 1.º —, o segredo profissional dos membros dos órgãos sociais das instituições de crédito e sociedades financeiras, dos seus empregados e pessoas que prestem serviços às mesmas instituições e sociedades cede se houver razões para crer que a respectiva informação é de grande interesse para a descoberta da verdade ou para a prova.

2 — o disposto no número anterior depende sempre de prévia autorização do juiz em despacho fundamentado.

3 — O despacho a que se alude no número anterior pode assumir forma genérica em relação a cada um dos sujeitos abrangidos pela medida.

4 — Os documentos que o Juiz considerar que não interessam ao processo serão devolvidos à entidade que os forneceu ou destruídos, quando se não trate de originais, lavrando-se o respectivo auto. Todos os intervenientes nas operações referidas nos números anteriores ficam sujeitos ao dever de segredo, relativamente àquilo de que tenham tomado conhecimento".

2.9. *Administração Fiscal*

Já defendemos a obrigatoriedade de fornecer à Inspecção Geral de Finanças e à Direcção Geral das Contribuições e Impostos a documentação requerida por estas entidades que se mostrasse necessária à realização das funções que lhe estão cometidas (art. 57.º, n.º 1, alínea *e*) do Dec.-Lei n.º 153-Z/79, de 27/12 e art. 34.º, n.º 1, alínea *b*) do Dec.-Lei n.º 563/78, de 28/11, respectivamente) e ainda à Inspecção do Banco de Portugal de 24/10/79, o que mereceu o acordo do Secretário de Estado do Orçamento.

Posteriormente no Parecer da Procuradoria — Geral da República, de 05/04/85, publicado no D.R. — II Série, de 11/04/85, concluiu-se que:

1.º O Dec.-Lei n.º 2/78, de 09/01, que regulamentou o segredo bancário, ressalvou no art. 5.º os deveres de informação, estatística ou outra que, nos termos da legislação então em vigor, impendiam sobre as instituições de crédito.

2.º Ficou igualmente em vigor o disposto no art.137.º do Código do Imposto Municipal da Sisa e do Imposto sobre Sucessões e Doações, que exige a presença do Chefe da repartição de finanças no acto de abertura de cofres-fortes alugados quando o dono do cofre tiver conhecimento de que os valores neles guardados foram objecto de transmissão gratuita.

3.º O dever de sigilo bancário não sofreu derrogação imediata por força dos poderes gerais de fiscalização e exame conferidos na lei à administração fiscal (Decs.-Leis n.ºˢ 363/78, de 28/11, para a D.G.C.I. e 513-Z/79, de 27/12, para a I.G.F.).

4.º No caso de a dispensa do dever de segredo ser negada pelo órgão ou pessoa legalmente competente, pode a D.G.C.I. socorrer-se da providência prevista no art. 34.º, n.º 3 do Dec.-Lei n.º 363/78, requerendo ao tribunal competente, em pedido fundamentado, que autorize os exames ou diligências que entenda necessários e que caibam na previsão do n.º 1 do mesmo artigo.

O Dr. Saldanha Sanches ([102]) num estudo publicado na Ciência e Técnica Fiscal, partindo do "princípio constitucional da tributação do lucro real das empresas" (art. 107.º, n.º 2 do Const. Pol.), que relaciona com os princípios também constitucionais da legalidade (art. 3.º, n.º 2, da Const. Pol.) e da igualdade (art. 13.º da Const. Pol.) procura justificar o princípio da investigação fiscal em relação às sociedades comerciais, ainda que com derrogação do sigilo bancário, com base no artigo 108.º do C.I.R.C., que atribui um especial dever de fiscalização aos funcionários da Direcção-Geral de Contribuições e Impostos, não se justificando que os bancos criem zonas de contabilidade bancária que fiquem fora do acesso da inspecção da D.G.C.I., quer em relação aos seus clientes sociedades comerciais, quer em relação aos próprios bancos e outras instituições financeiras, cuja existência o R.G.I.C. prevê.

([102]) "Segredo Bancário e Tributário do Lucro Real", in Ciência e Técnica Fiscal, Boletim da Direcção-Geral das Contribuições e Impostos, n.º 377, Janeiro-Março de 1995.

Concretamente defende que é necessário compatibilizar o sigilo bancário com os deveres inspectivos da administração fiscal, sem violação do princípio constitucional da igualdade entre os contribuintes. E assim escreve:

"O princípio constitucional expresso é o do tributação segundo o lucro real que tem que ser considerado como uma concretização constitucional do princípio da igualdade que exige uma distribuição justa dos encargos tributários entre os contribuintes.

E essa tributação do lucro real tem como suporte a possibilidade da investigação administrativa dos elementos que a suportam: a consagração de um sistema de isenção de fiscalização para bancos, caixas de crédito agrícola mútuo, sociedades de investimento, sociedades de locação financeira, sociedades de factoring, sociedades financeiras de aquisição a crédito, e ainda outras empresas que a lei qualifique como instituições financeiras iria pôr em causa, além da possibilidade de estas instituições serem tributadas de acordo com o seu lucro real, a validade dos documentos que registando as transacções entre estas empresas e os seus clientes constituem os documentos comprovativos dos lançamentos contabilísticos que servem de prova dos custos dessas empresas."

"É este princípio que adquire expressão no art. 108.º do CIRC: este vem dar à Administração os poderes de que esta necessita para averiguar se a contabilidade das empresas se mostra ou não adequada para a determinação real do lucro.

E por isso tem de entender-se que a Administração, na sua acção fiscalizadora, tem o pleno direito de ter acesso a qualquer registo da escrita comercial de qualquer empresa, podendo proceder a exames e diligências "relativamente a qualquer pessoa ou entidades que tenham ligação com o contribuinte ou com ele mantenham relações económicas". Sob pena de ver verificada a previsão da alínea b) do art. 51.º: "recusa da exibição da contabilidade e demais documentos legalmente exigidos" o que conduziria à avaliação do seu lucro pelos métodos indiciários".

Com base neste raciocínio, creio ([103]) que entende não estar em vigor a providência do art. 34.º, n.º 3, do Dec.-Lei n.º 363/78.

Aduz mesmo que a ilicitude dos actos previstos no art. 185.º do Código Penal de 1982 se acharia excluída sempre que fosse justifi-

---

([103]) V. ob. cit., pág. 37, em que se refere ao art. 34.º, n.º 3 como "lei então em vigor".

cado por um interesse público legítimo como o do controlo dos factos tributários.
Mas o certo é que o Dec.-Lei n.° 367/78, tendo sofrido várias alterações, não viu revogado ou alterado o mencionado art. 34.°, n.° 3, que assim consideramos continuar em vigor.

Importa referir que o Dec.-Lei n.° 513-Z/79 não prevê a faculdade de recurso pela I.G.F. ao tribunal, atribuída à D.G.C.I., pelo que a I.G.F. não pode utilizá-la directamente. Contudo, o Ministro das Finanças pode sempre determinar a prática das diligências tidas por necessárias à D.G.C.I., no âmbito dos poderes-deveres que a esta cabem (V. art. 2.° do Dec.-Lei n.° 408/93, de 14/12) e, assim, por via da acção da D.G.C.I., poderá vir a desencadear-se a providência do art. 34.°, n.° 3, do mesmo Dec.-Lei n.° 363/78 que se mantém em vigor.

2.10. *Cheques destinados a pagamentos nas tesourarias da Fazenda Pública*
"No caso de devolução de cheques, quer por falta de provisão, quer por preterição de formalidades essenciais, deverá a instituição de crédito sacada comunicar o nome do sacador e respectivo domicílio ou sede". (art. 7.°-A do Dec.-Lei n.° 157/80, de 24 de Maio, aditado pelo Dec.-Lei 481/82 de 24/12).

2.11. *Devolução de cheques emitidos a favor do SIVA (Serviço de Administração do IVA)*
"No caso de devolução de cheques, deverão as instituições de crédito sacadas comunicar o nome do sacador e o respectivo domicílio ou sede" (art. 12.° do Dec.-Lei n.° 504-M/85, de 30/12).

3. PESSOAS COM DIREITO A CONHECER OS FACTOS OU ELEMENTOS SUJEITOS A SIGILO BANCÁRIO[104]:

3.1. O cônjuge do cliente, se este se encontrar impossibilitado de exercer a administração por se achar em lugar remoto ou não

---
[104] Embora não constituindo uma excepção ao regime-regra, uma vez que pressupõe autorização do titular, *os pedidos de auditores de sociedades*, têm sido

sabido ou por qualquer outro motivo, e desde que não tenha sido conferida a outrem procuração bastante para administração desses bens, ou ainda se o cliente conferir mandato ao cônjuge para administrar os seus bens próprios (art. 1678.°, n.° 2, al. *f*) e *g*) do Código Civil).

3.2. O cabeça de casal ([105]) e os sucessíveis interessados (antes da aceitação da herança) e os herdeiros no caso de morte do cliente (arts. 2024.°, 2030.° e 2079.° do Código Civil).

3.3. O representante legal do menor, de interdito ou do inabilitado (arts. 124.° e 1922.°, 143.° e segs. e 153.° e segs. do Código Civil).

3.4. *O liquidatário judicial nos processos de falência* — art. 134.°, n.° 4 *a*), 141.° e 145.°, n.° 1, alínea *b*) do Código dos processos especiais de recuperação da empresa e da falência.

3.5. *O gestor judicial* — nos processos de recuperação de empresas em situação de falência, pelo menos nos casos em que o Juiz lhe confira poderes especiais para obrigar a empresa e, bem assim, suspender ou restringir os poderes de administração dos titulares dos respectivos órgãos ou condicionar a validade dos actos de disposição ou/e administração por eles praticados ao prévio acordo do gestor judicial — art. 135.° n.° 2 do Código dos processos especiais de recuperação da empresa e da falência.

---

satisfeitos no nosso Banco pelas respectivas Secções de Valores — D.P.O., mediante pedido escrito dos representantes dos titulares das respectivas contas ou intervenientes nas operações que lhes dizem respeito.

([105]) O cargo de cabeça-de-casal defere-se pela ordem seguinte:

a) Ao cônjuge sobrevivo, não separado judicialmente de pessoas e bens, se for herdeiro ou tiver meação nos bens do casal;

b) Ao testamenteiro, salvo declaração do testador em contrário;

c) Aos parentes que sejam herdeiros legais;

d) Aos herdeiros testamentários.

De entre os parentes que sejam herdeiros legais, preferem os mais próximos em grau.

De entre os herdeiros legais do mesmo grau de parentesco, ou de entre os herdeiros testamentários, preferem os que viviam com o falecido há pelo menos um ano à data de morte.

Em igualdade de circunstâncias, prefere o herdeiro mais velho.

4. NOS CASOS DE ARROLAMENTO, (ART. 424.° DO C.P.C.), ARRESTO (ART. 406.° DO C.P.C.) E PENHORA DAS CONTAS DE DEPÓSITOS, O BANCO TERÁ DE TER EM CONTA O DISPOSTO NO ART. 861.°-A DO MESMO CÓDIGO:

Penhora de depósitos bancários
1. Quando a penhora incida sobre depósito existente em instituição legalmente autorizada a recebê-lo, aplicam-se as regras referentes à penhora de créditos, com as especialidades constantes dos números seguintes.
2. A instituição detentora do depósito penhorado deve comunicar ao tribunal o saldo da conta ou contas objecto da penhora na data em que esta se considera efectuada, notificando-se o executado de que as quantias nelas lançadas ficam indisponíveis desde a data da penhora, sem prejuízo do disposto no número seguinte.
3. O saldo penhorado pode, porém, ser afectado, quer em benefício, quer em prejuízo do exequente, em consequência de:
   a) Operações de crédito decorrentes do lançamento de valores anteriormente entregues e ainda não creditados na conta à data da penhora;
   b) Operações de débito decorrentes da apresentação a pagamento, em data anterior à penhora, de cheques ou realização de pagamentos ou levantamentos cujas importâncias hajam sido efectivamente creditadas aos respectivos beneficiários em data anterior à penhora.
4. A instituição fornecerá ao tribunal extracto de onde constem todas as operações que tenham afectado os depósitos penhorados após a data da realização da penhora.
5. Sendo vários os titulares do depósito, a penhora incide sobre a quota-parte do executado na conta comum, presumindo-se que as quotas são iguais".

O art. 861-A complementa o disposto no art. 856.° do C.P.C., uma vez que os depósitos bancários, como operações passivas por parte dos bancos, se traduzem na penhora de créditos sobre os bancos, a que o legislador entendeu acrescentar a regulamentação do art. 861.°-A.

O art. 861.º-A parece redigido a pensar na penhora da totalidade de um depósito existente numa conta bancária de um devedor. Mas se o depósito exceder, muito ou pouco, o montante mandado penhorar pelo Juiz (o qual não deverá exceder o valor da quantia exequenda e das custas prováveis do processo) afigura-se-nos que o banco é obrigado a cativar a quantia penhorada e só em relação a essa quantia será de observar o disposto nos n.ºs 2, 3 e 4 do art. 861.º-A.

Como consequência de uma penhora de uma parte de um depósito bancário, ficar o executado sujeito a ver devassada toda a movimentação da sua conta (saldo, movimentos estranhos ao disposto no n.º 3 do art. 861.º-A), parece-nos ser uma violência, com flagrante violação do sigilo bancário, que o legislador ainda não cometeu a imprudência de abolir.

5. AVERIGUAÇÕES PELOS SERVIÇOS DE AUDITORIA E INSPECÇÃO DOS BANCOS DE CONTAS DE FUNCIONÁRIOS ARGUIDOS DE PRÁTICAS IRREGULARES OU DESONESTAS

"Não há violação de sigilo bancário no caso de a Inspecção e Auditoria de um banco averiguarem o que se passa com contas de funcionários desse banco, arguidos de práticas irregulares e desonestas."
— V. Acórdão da Relação de Lisboa, de 6 de Julho de 1989, in "Colectânea de Jurisprudência, Ano XIV — 1989, Tomo 4, pág. 176".

No mesmo acórdão se estabelece a seguinte doutrina afirmada na sua incidência jurídico-laboral:

"Existe um dever legalmente imposto aos bancos que os obriga a inspeccionar os seus serviços, na defesa da sua própria clientela e da própria credibilidade da instituição bancária enquanto tal e para tal impõe-se-lhes verificar as actividades dos seus empregados, nomeadamente no que respeita aos movimentos das contas de depósitos que a eles respeitem".

O Acordão do Supremo Tribunal de Justiça, de 29 de Maio de 1991, estabeleceu a seguinte orientação:

"Na instrução de um processo disciplinar movido a um trabalhador, um banco tem o direito de proceder às necessárias investigações na defesa de todos os seus interesses, incluindo a análise da conta bancária do trabalhador arguido que, para este efeito, não intervém na qualidade de cliente do banco, quando as irregularidades que haja cometido tenham precisamente a ver com movimentações da sua conta susceptíveis de prejudicar outrem.

A invocação, neste caso, do direito ao sigilo bancário, com o propósito de invalidar o processo disciplinar e as investigações aí feitas, que comprovam a ilicitude da sua conduta, que o autor nem sequer negou, integra abuso de direito, já que invocou aquele direito em termos clamorosamente ofensivos da justiça e com manifesto excesso dos limites impostos pela boa fé, bons costumes e fim económico e social desse direito" (V. Boletim do Ministério da Justiça, n.º 407, pág. 308 e segs.).

Na verdade a actuação dos serviços de auditoria de um banco, nestas situações, em que procuram acautelar os próprios interesses da instituição em causa e os dos seus clientes (as contas dos clientes são também parte integrante da contabilidade dos bancos), ao procederem às averiguações em causa, fazem-no para protecção de um interesse privado legítimo (segurança da instituição em causa e seus clientes) e/ou de interesse público também legítimo (controlo interno e segurança do próprio sistema bancário).

A obrigação de controlo interno das instituições de crédito decorre da Directiva do Conselho n.º 89/646-CEE, de 15 de Dezembro, do art. 120.º do R.G.I.C. e da circular do Banco de Portugal, Série A, n.º 261, de 12/04/94, pelo que, para os efeitos do art. 195.º do Código Penal, a sua actuação estará a coberto de uma causa de exclusão da ilicitude (art. 36.º, n.º 1 do mesmo Código).

6. INFORMAÇÃO SOBRE A SITUAÇÃO ECONÓMICA DO REQUERENTE DE APOIO JUDICIÁRIO (V. Dec.-Lei 387-B/87, de 29 de Dezembro, que regulamenta o Acesso ao Direito e aos Tribunais — ainda muitas vezes impropriamente designado por Assistência Judiciária).

O art. 23.º, n.º 4 dispõe que:
"Nenhuma entidade, pública ou privada, poderá recusar-se a prestar, com carácter de urgência, as informações que o Tribunal requisitar sobre a situação económica do requerente de apoio judiciário."

A disposição citada não se refere à derrogação do dever de segredo bancário, pelo que parece aconselhável obter o consentimento do cliente, directamente ou através do Tribunal que solicita a informação.

CAPÍTULO VII
TÍTULOS DE CRÉDITO ([106])

SECÇÃO I
TÍTULOS DE CRÉDITO EM GERAL

1. CARACTERÍSTICAS GERAIS DOS TÍTULOS DE CRÉDITO

Ocupamo-nos neste momento dos títulos de crédito materializados, deixando para depois (Secção V) a apreciação dos títulos escriturais.

Título de crédito é tradicionalmente definido ou caracterizado como "documento necessário para exercitar o direito literal e autónomo nele mencionado" ([107]).

Por outras palavras, título de crédito é, geralmente, como o próprio nome indica, o documento representativo de um crédito que uma pessoa (o credor) tem sobre outra (o devedor). Tem a particularidade de que esse crédito se pode transmitir facilmente, transmitindo-se a qualidade de credor de uma para outra pessoa, nalguns casos porque se transfere simplesmente o documento, e, noutros, porque se transfere o documento e se preenchem certas formalidades normalmente simples.

2. INCORPORAÇÃO

A expressão títulos de crédito pode levar-nos a pensar que estes títulos apenas representam ou incorporam direitos de crédito,

---

([106]) Ver, por todos, o Prof. Vaz Serra, em "Títulos de Crédito", Boletim do Ministério da Justiça, n.ᵒˢ 60 e 61. Existe separata publicada em 1956.

([107]) Vivante, Trattato di Diritto Commerciale, Vol. III, pág. 123, citado pelos Professores Ferrer Correia "Lições de Direito Comercial", Vol. III, pág. 3 e Fernando Olavo, "Direito Comercial", Vol. II, 2.ª parte, Fascículo 1, pág. 13.

o que não é exacto, pois podem incorporar e na realidade incorporam por vezes direitos da mais variada natureza.

Há, na verdade, títulos que incorporam direitos de crédito propriamente ditos, como a *letra e a livrança* (Lei Uniforme sobre Letras e Livranças), o *cheque* (Lei Uniforme sobre Cheques), o *extracto de factura* (Dec. n.° 19.490, de 21 de Março de 1931) e as obrigações de sociedades (arts. 348.° e segs. do C.S.C.).

Outros títulos de crédito incorporam direitos reais (direitos sobre coisas) de disposição de mercadorias ou de penhor sobre elas, como a *guia de transporte* (Código Comercial, arts. 369.° e segs.), o *conhecimento de depósito* nos armazéns gerais [108] e a anexa *cautela de penhor (ou warrant)* [109], (Código Comercial, arts. 408.° e segs.) e o *conhecimento de carga* do transporte marítimo (arts. 5.°, 8.° e 11.° do Dec.-Lei n.° 352/86, de 21 de Outubro).

E outros há ainda que incorporam direitos sociais, como as acções das sociedades (Código Comercial, arts. 166.° e segs. — arts. 271.°, 276.° e 298.° e segs. do C.S.C.).

Como vamos ter ocasião de ver, *toda a disciplina jurídica dos títulos de crédito aparece enformada pela preocupação da defesa dos interesses de terceiros de boa-fé.* Quem tenha adquirido, pelo modo legal de transmissão, um título de crédito, deve poder confiar no seu conteúdo literal e estar defendido contra a alegação de quaisquer irregularidades que tenham ocorrido numa fase precedente da circulação do mesmo título. Sem este condicionalismo a *fácil circulação* a que estes títulos se destinam ficaria seriamente afectada.

Nos títulos de crédito, o documento não se restringe ao momento inicial da vida do direito, reveste carácter permanente: o

---

[108] Os armazéns gerais, a que o Código se refere n.° *art. 94.°* são estabelecimentos autorizados pelo Governo, que têm principalmente por fim prover à guarda e conservação das mercadorias neles depositadas, permitindo simultaneamente a sua circulação e a utilização do crédito.

[109] A palavra "*warrant*, de origem inglesa, é hoje quase universalmente adoptada para designar o título representativo do depósito de mercadorias em armazéns gerais. Importa, contudo, esclarecer que, em Inglaterra, os armazéns gerais não emitem um título duplo, como em Portugal, mas um único título chamado "warrant", que corresponde ao que nós designamos por *conhecimento de depósito*. Contudo, em Portugal, o nome "warrant" serve para designar a cautela de penhor.

documento é imprescindível não só para a constituição do direito, mas ainda para o exercício e a transferência do direito.

Assim, é a titularidade do documento que decide da titularidade do direito que indica; o documento é o principal, sendo o direito o seu acessório ([110]).

Na vida prática esta situação é com frequência particularmente evidente.

Se *A* é legítimo possuidor de um cheque e por qualquer razão o inutiliza, não poderá receber a importância dele constante, porque o não pode apresentar ao banco sacado.

B é portador de um título de 100 acções de determinada sociedade. Perde ou inutiliza o título e quer depois exercer os seus direitos, quer sociais, votar, eleger e ser eleito para os cargos sociais ou receber dividendos. Não o poderá fazer sem a apresentação do título.

O art. 367.º do Código Civil preceitua que podem ser reformados judicialmente os documentos escritos que por qualquer modo tiverem desaparecido. A Lei, atenta ao valor do título como documento e à necessidade da sua exibição para o exercício do direito, prevê no art. 484.º do Código Comercial e no Código de Processo Civil "a reforma de títulos". Está a mesma regulada nos arts. 1.069.º a 1.071.º do Código de Processo Civil, quando se trata de títulos destruídos, e no art. 1.072.º do mesmo Código quando se trata de títulos perdidos ou desaparecidos (todos os artigos mantiveram a numeração na versão de 1996).

Nestes processos especiais para reforma de títulos, transitada a decisão, pode o Autor requerer que o emitente ou os obrigados sejam notificados para, dentro do prazo que for fixado, lhe entregarem novo título, sob pena de ficar servindo de título a certidão do auto (na conferência de interessados) ou a certidão da petição e da sentença se na conferência referida não tiver havido acordo quanto à reforma dos títulos.

Importa salientar que se o título não aparecer até ser proferida a decisão, a sentença que ordenar a reforma declarará sem valor o título desaparecido, sem prejuízo dos direitos que o portador possa exercer contra o requerente (art. 1.072.º, alínea *c*) do Código de Processo Civil).

([110]) Prof. Ferrer Correia, ob. cit., pág. 4.

A propósito da reforma do título de crédito importa salientar que a reforma tanto pode ser pedida pelo dono do título como por qualquer outra pessoa que "tenha interesse na sua recuperação", como por exemplo o credor pignoratício, que pode muito bem ser, e é muitas vezes, uma instituição de crédito.

Outra hipótese prática muito frequente em que a titularidade do documento é que decide da titularidade do direito tem surgido nos processos de falência ou de insolvência, no domínio da legislação vigente anterior ao novo Código P.E.R.E. e Falência, indo certamente ocorrer o mesmo na assembleia de credores e na verificação de créditos previstas no novo diploma.

Assim, na assembleia de credores designada após a apresentação do comerciante à falência, quer no apenso da reclamação de créditos que se instrui ou forma com as várias reclamações de créditos apresentadas no prazo fixado na sentença declaratória de falência, é frequente surgirem créditos reclamados em duplicado. Assim, Francisco vendeu mercadorias a um falido, sacando sobre este letras, que o mesmo aceitou. Francisco, por necessitar de mobilizar antecipadamente os fundos consubstanciados nas letras, descontou-as no nosso banco. Aparecem agora no processo de falência Francisco e o B.P.A. a reclamar o mesmo crédito sobre o falido. O legítimo portador do título é o banco, ao qual Francisco endossou as letras para efeito de desconto. O Francisco invoca a venda que efectuou e muitas vezes oculta o desconto a que procedeu. É evidente que o Tribunal tem de considerar apenas o crédito do banco, porque este é legítimo portador dos títulos.

Já vimos, pois, que a posse do título é imprescindível ao exercício do direito e que o referido título incorpora ou integra os direitos dele decorrentes.

3. LITERALIDADE

Para além da característica da *incorporação*, o direito cartular (de "cartula", documento) reveste ainda as características da *literalidade*, da *abstracção* e da *autonomia*.

Por literalidade deve entender-se que o documento só vale pelo que nele está escrito.

O direito incorporado no título é um direito *literal* no sentido de que a letra do título é decisiva para a determinação do *conteúdo*, *limites* e *modalidades* do direito. A literalidade decorre da já referida conexão entre documento e direito, de forma que este é cartular; é tal como está expresso no documento ([111]).

A literalidade traduz-se em o subscritor do título não poder invocar contra o portador (de boa-fé) nem factos impeditivos, nem circunstâncias extintivas ou modificativas do direito, que não resultem do próprio título objectivamente considerado.

São irrelevantes as convenções ou acordos extra-cartulares (a não ser entre os respectivos sujeitos).

Assim, por força do art. 17.º da Lei Uniforme sobre Letras e Livranças, ao portador não podem ser opostas pelo subscritor excepções (meios de defesa) fundadas nas relações pessoais deste com a pessoa a quem directamente transmitiu a letra. Por exemplo, a eficácia da cláusula "não à ordem" depende de estar inserida no próprio título (art. 11.º, II, L.U.).

O Prof. Ferrer Correia ([112]) refere outro exemplo. De acordo com o art. 1.º da L.U. sobre L.L. é essencial indicar-se na letra a época do pagamento.

Contudo, a letra que não obedeça a este requisito não é nula: *nos termos do art. 2.º, II*, tem-se por pagável à vista. Admitamos que *A*, no momento do saque, combinou com *C* ser o pagamento exigível só passados dois anos, nada ficando todavia exarado na letra. A letra circulou e está agora nas mãos de *B*, que a apresenta a pagamento; o sacado não poderá defender-se invocando o que combinou com *A*. Funcionará a presunção do art. 2.º, que só poderá ser ilidida com o auxílio de elementos extraídos do próprio título.

O art. 6.º da L.U. dispõe que "se na letra a indicação da quantia a satisfazer se achar feita por extenso e por algarismos, e houver divergência entre uma e outra, prevalece a que estiver feita por "extenso" e assim, não poderá o sacador provar que a segunda é que corresponde à convenção firmada com o seu credor.

([111]) Prof. Ferrer Correia, ob. cit., pág. 8.
([112]) Prof. Ferrer Correia, ob. cit., pág. 40.

O art. 17.º veda igualmente que o subscritor demandado possa opor ao portador mediato ([113]) factos extintivos da obrigação cambiaria: excepção de pagamento feito a um portador antecedente, excepção de compensação, etc.

O art. 373.º do Código Comercial, consignando a literalidade da guia de transporte, ressalva, contudo, a invocação do erro involuntário de redacção.

4. ABSTRACÇÃO

Como referiremos adiante, o nascimento da obrigação cartular pressupõe uma relação jurídica anterior: a relação subjacente ou fundamental.

O negócio cambiário é abstracto — pode preencher uma diversidade de funções económico-jurídicas — não tem uma causa própria, tipificada legalmente — e é independente, em cada caso concreto, da sua causa, da função determinada que visa.

A obrigação cambiária pode ser assumida para efectuar um pagamento, por conta de um pagamento a efectuar, como garantia, crédito, pagamento, etc.; e pode ser assinada em face das mais diferentes relações fundamentais: compra e venda, mútuo, empréstimo de mercadorias, etc.

Isto quer dizer que o negócio cambiário pode preencher uma multiplicidade de funções e que só, caso a caso, se pode determinar a causa da sua emissão.

Porque o negócio cambiário é abstracto não poderemos saber qual a finalidade (função) com que os intervenientes emitiram ou transmitiram o título, ou, para além da relação jurídica subjacente

---

([113]) "A letra está no domínio das relações imediatas, quando está no domínio das relações entre um subscritor e o sujeito cambiário imediato (relações sacador--sacado, sacador-tomador, tomador-primeiro endossado, etc.), isto é, nas relações nas quais os sujeitos cambiários o são concomitantemente das relações extra-cartulares.

A letra está no domínio das relações mediatas, quando na posse de uma pessoa estranha às convenções extra-cartulares.

Aqueles são os portadores imediatos, estes, os terceiros portadores.

O portador da letra que a tenha recebido por cessão ou por sucessão "mortis causa" está na situação de portador imediato." (Dr. Abel Delgado, L.U.L.L., 6.ª edição, págs. 108).

(compra e venda, mútuo, p. ex.) não saberemos qual o fim com que os subscritores criaram ou emitiram o título. Tal só resulta do que se costuma designar por *convenção executiva*. É a convenção ou acordo pelo qual, credor e devedor estipulam, com referência à sua função recíproca na relação fundamental, a função ou finalidade com que emitem o título. Por exemplo: António comprou um televisor a cores a Francisco — *relação fundamental* e acorda com o Francisco em aceitar uma ou mais letras para pagamento do seu preço — *convenção executiva*.

O significado da abstracção está, pois, em que a causa é *separada* do negócio cambiário, decorre não dele próprio, mas de uma convenção subjacente, extra-cartular: convenção executiva em conexão com a relação fundamental ([114]).

A literalidade, conforme se trate de títulos causais ou de títulos abstractos que vivem independentemente da causa, é mais ou menos intensa, ou melhor processa-se directamente ou por referência. Assim, a letra e a livrança que são títulos abstractos, têm de enunciar directamente tudo quanto se mostra indispensável para definir o direito cartular (art. 1.º e 75.º da Lei Uniforme), porque não podem reportar-se à causa, mas as acções, que são títulos causais, satisfazem o princípio da literalidade, remetendo em parte para o acto constitutivo da sociedade, de onde constam estipulações necessárias à definição do direito social que incorporam (Código das Sociedades Comerciais, art. 304.º, n.º 5).

5. AUTONOMIA

Num sentido mais corrente ([115]) pretende-se tão só significar que o portador do título tem um direito próprio, independentemente de quaisquer obrigações existentes entre o primeiro credor e o devedor.

Pode dizer-se que a autonomia, no sentido indicado, é a expressão num conceito unitário de dois outros conceitos já referidos — o da literalidade e da abstracção.

([114]) Prof. Ferrer Correia, Ob. cit., pág. 46.

([115]) O Prof. Ferreira Correia distingue a autonomia do direito correlativo às obrigações cambiárias, do direito de autonomia sobre o título. O referido no texto é o primeiro sentido.

EM RELAÇÃO ÀS LETRAS DE CÂMBIO, o Dr. Abel Pereira Delgado ([116]) sintetiza o seu regime cambiário da seguinte forma:

a) *Incorporação da obrigação no título* (a obrigação e o título constituem uma unidade).

b) *Literalidade da obrigação* (a reconstituição da obrigação faz-se pela simples inspecção do título).

c) *Abstracção da obrigação* (a letra é independente da "causa debendi").

d) *Independência recíproca das várias obrigações incorporadas no título* (a nulidade de uma das obrigações que a lei incorpora não se comunica às demais).

e) *Autonomia do direito do portador* (o portador é considerado credor originário).

É jurisprudência dominante que o carácter literal e autónomo da letra só produz efeito, depois do título entrar em circulação e se encontrar em poder de terceiros de boa-fé.

Nas letras que não entraram em circulação ou em relação aos terceiros de má-fé, é lícito discutir e apreciar a "causa debendi".

Se o portador e endossado tinha conhecimento de que não existia qualquer obrigação causal e se o endosso a seu favor foi simulado e apenas efectuado com vista a impedir ou dificultar a invocação da existência da obrigação causal, deixarão de operar os princípios da literalidade, abstracção e autonomia, mesmo no domínio das relações mediatas.

SECÇÃO II
CLASSIFICAÇÃO DOS TÍTULOS DE CRÉDITO

Os títulos de crédito, ao serem tomados sob aspectos particulares, repartem-se em grupos autónomos com características próprias.

([116]) "Lei Uniforme sobre Letras e Livranças", anotada, Coimbra 1990, pág. 105.

1) **Quanto à entidade que os emite**
   - Títulos públicos
   - Títulos privados

2) **Quanto ao conteúdo do direito cartular**
   - Títulos de participação (ou corporativos)
   - Títulos representativos de mercadorias
   - Títulos que incorporam o direito a uma prestação em dinheiro

3) **Quanto à sua independência de uma causa-função**
   - Títulos causais
   - Títulos abstractos

4) **Quanto ao modo normal de circulação**
   - Nominativos
   - À ordem
   - Ao portador

5) **Quanto à forma de emissão**
   - Títulos em série
   - Títulos individuais

6) **Quanto à forma de representação**
   - Representados por títulos
   - Escriturais

1. QUANTO À ENTIDADE QUE OS EMITE

Títulos Públicos — são os emitidos pelo Estado ou por entes públicos no exercício de uma actividade pública; por exemplo, os fundos públicos, fundos do Estado, títulos de dívida pública ou títulos públicos negociáveis, como os designa o art. 483.º do Código

Comercial, as notas de banco, bem como obrigações de outras pessoas de direito público no desempenho daquela actividade.

Títulos Privados — são todos os demais, como por exemplo as letras, livranças, cheques, obrigações, etc., emitidos no exercício de uma actividade privada, quer por entes privados, quer por entes públicos.

Os títulos públicos oferecem por vezes particulares vantagens, como a aptidão a servirem para certas cauções e as isenções fiscais (embora estas isenções tenham sido também concedidas a obrigações de sociedades privadas, mas de interesse público), regulam-se na sua criação, circulação, extinção e reforma — em parte — por leis especiais e em regra deve a respectiva emissão ser em cada caso autorizada por diploma legal ([117]).

2. QUANTO AO CONTEÚDO DO DIREITO CARTULAR

Títulos de participação (ou corporativos) são os que atribuem ao seu titular um "status", a qualidade de membro de uma colectividade (Ex. acções das sociedades anónimas).

Títulos representativos de mercadorias investem o seu possuidor, além de um direito de crédito — o direito à entrega das mercadorias, num direito real sobre as mesmas (Ex. guia de transporte — art. 368.º e segs. e art. 374.º do Código Comercial), conhecimento de carga ([118]) (V. Dec.-Lei n.º 352/86, de 21/10, art. 5.º, 8.º e 11.º e a

---

([117]) Prof. Fernando Olavo, ob. cit. págs. 44 e 45.

([118]) *Recepção da mercadoria para embarque:*

– Quando o transportador receber a mercadoria para embarque deve entregar ao carregador um recibo ou um conhecimento de carga, com a menção expressa "para embarque", contendo:

a) Elementos referidos no n.º 1 do art. anterior (elementos para a declaração de carga);

b) O acondicionamento e o estado aparente da mercadoria;

c) O nome do navio transportador;

d) Outros elementos que considere relevantes.

– O transportador responde perante o carregador pelos danos resultantes de omissões ou incorrecções de qualquer elemento do recibo ou conhecimento de carga (art. 5.º do Dec.-Lei n.º 352/86).

Convenção de Bruxelas de 25 de Agosto de 1924 integrada no direito interno pelo Dec.-Lei n.º 37.748, de 1 de Fevereiro de 1950), conhecimento de depósito e cautela de penhor (ou Warrant) (V. art. 408.º e segs. do Código Comercial).

Títulos que incorporam o direito a uma prestação em dinheiro (letra, livrança e cheque).

A Lei Uniforme em matéria de letras e livranças foi aprovada pela Convenção de Genebra, a 7 de Março de 1930.

Os Estados signatários da Convenção foram a Alemanha, a Áustria, a Bélgica, o Brasil (que a não ratificou), a Colômbia, a Dinamarca, a Polónia, pela Cidade Livre de Dantzig, o Equador, a Espanha (que a não ratificou), a Finlândia, a França, a Grécia, a Hungria, a Itália, o Japão, o Luxemburgo, a Noruega, a Holanda, o Perú, Portugal, a Suécia, a Suíça, a Checoslováquia, a Turquia e a Jugoslávia.

A Lei Uniforme em matéria de cheques foi aprovada pela Convenção de Genebra, a 19 de Março de 1931, tendo assinado esta Convenção os mesmos Estados que assinaram a primeira com excepção do Brasil, da Colômbia e do Perú. Assinaram também o México, o Mónaco e a Roménia.

Emissão do conhecimento de carga:

– Após o início do transporte marítimo, o transportador deve entregar ao carregador um conhecimento de carga de acordo com o que determinarem os tratados e convenções internacionais referidos no artigo 2.º.

– O conhecimento de carga indicado no número anterior pode ser substituido pelo conhecimento de carga a que alude o artigo 5.º, depois de nele terem sido exaradas a expressão "carregado a bordo" e a data do embarque.

– O conhecimento de carga deve mencionar o número de originais emitidos.

– Depois de ter sido dado cumprimento a um dos originais mencionados no número anterior, todos os outros ficam sem efeito.

– Só o transportador da mercadoria tem legitimidade para emitir o respectivo conhecimento de carga. (art. 8.º do citado Dec.-Lei).

Natureza, modalidades e transmissão do conhecimento de carga:

– O conhecimento de carga constitui título representativo da mercadoria nele descrita e pode ser nominativo, à ordem ou ao portador.

– A transmissão do conhecimento de carga está sujeita ao regime geral dos títulos de crédito (art. 11.º do citado Dec.-Lei).

Com o Dec.-Lei n.º 454/91, de 28 de Dezembro, o crime de emissão de cheque sem provisão, passou a ser punido com as penas previstas para o crime de burla (V. arts. 217.º e 218.º do Código Penal).

3. QUANTO À SUA INDEPENDÊNCIA DE UMA CAUSA-FUNÇÃO

Títulos causais — são os que realizam ou preenchem uma causa função típica económico-jurídica, facilitando a circulação de direitos resultantes de anteriores negócios jurídicos neles mencionados e o respectivo exercício, como os títulos representativos e os títulos de participação.

Ao invés, *títulos abstractos* são os adequados a preencher diversas causas-funções económico-jurídicas e que vivem de certo modo independentemente dos negócios jurídicos que lhes dão origem, como a letra e a livrança.

Nos títulos causais não deixa de verificar-se a literalidade, porque o seu texto dá a conhecer, nem que seja por referência, o negócio causal (por exemplo, *na guia de transporte*, o contrato de transporte, *na acção*, o contrato de sociedade), ou a autonomia do direito cartular, o que se não verifica é a autonomia do título em relação ao negócio causal, cujo conhecimento proporciona aos sucessivos portadores, aos quais por isso podem ser opostas as excepções ex causa.

Nos títulos de crédito abstractos as excepções ex causa podem ser invocadas entre os signatários do título que sejam sujeitos do mesmo negócio causal, mas não entre os que o não sejam, a não ser que se verifique o caso previsto na parte final do art. 17.º da Lei Uniforme sobre Letras e Livranças, isto é, que o portador ao adquirir o título haja procedido conscientemente em detrimento do devedor, o que se justifica pela ilegalidade da aquisição ([119]).

4. QUANTO AO MODO NORMAL DE CIRCULAÇÃO

Títulos nominativos são endereçados pelo emitente a uma pessoa determinada e a sua circulação para outrem exige, sob pena de

---

([119]) Apud Prof. Fernando Olavo, ob. cit. págs. 48 a 55.

ineficácia em face de terceiros e do emitente do título, a intervenção deste, que averbará a transmissão em Livro de registo próprio.

Exemplos destes títulos são as acções e obrigações (quando nominativas)

Os títulos à ordem são igualmente endereçados a pessoa determinada mas esta, para se fazer substituir transmitindo o título, apenas tem que endossá-lo, ou seja: declarar a transmissão por escrito, normalmente nas costas ("en dos") do próprio título, sob a forma de uma ordem ao devedor. Exemplo de endosso: Pague-se ao Sr. F........ ou à sua ordem."

Os títulos desta natureza, que o uso comercial mais tem generalizado, são: as letras, as livranças, cheques (quando não forem ao portador), conhecimentos de depósito e cautelas de penhor-warrants (dos armazéns gerais), guias de transporte (quando passadas à ordem) e conhecimentos de carga (do transporte marítimo, também quando passados à ordem).

Nos títulos ao portador, não se faz menção da pessoa autorizada a exercer o direito cartular e por isso eles se transmitem por simples tradição, circulam mediante a entrega real: o seu titular é o portador.

A entrega do título é também necessária, mas não bastante, em qualquer das outras espécies — nominativas e à ordem — pois a posse do documento é, como já se disse, condição indispensável para se exercer o direito que nele se menciona.

São títulos ao portador de uso muito frequente: *as notas de banco, os cheques, as acções, as obrigações, os títulos de participante* ([120]), *os conhecimentos de carga e as guias de transporte, quando passadas ao portador.*

5. QUANTO À FORMA DE EMISSÃO

Os títulos em série são os emitidos em massa para serem tomados por uma pluralidade de pessoas, muitas vezes até oferecidos ao público em geral, ao passo que os individuais são os emitidos singularmente (como letras, as livranças, os cheques, etc.,)

([120]) V. Dec.-Lei n.º 321/85, de 5 de Agosto, com as alterações dos Dec.-Lei n.os 407/86, de 06/12; 229-A/88, de 04/07; 311/89, de 21/09; e 213/91, de 17/06.

para cada um ser tomado em regra por uma só pessoa, conquanto possa haver co-titulares.

No primeiro caso, os títulos do mesmo tipo e emitente incorporam direitos idênticos, correspondendo a cada unidade o mesmo valor nominal, a mesma percentagem no dividendo ou de juro, e por isso são *fungíveis*; mas cada título pode representar uma só unidade (título unitário) ou mais de uma (título múltiplo) — por ex. títulos de uma acção ou de uma obrigação ou títulos de várias acções ou de várias obrigações. Os títulos individuais divergem uns dos outros, incorporam direitos diferentes e são consequentemente *infungíveis*.

A prática tem vulgarizado no nosso país a possibilidade de, com o acordo do emitente e as despesas a cargo do possuidor interessado, reunir títulos em série unitários em um ou mais títulos múltiplos ou cindir títulos múltiplos em vários títulos unitários ou múltiplos, sempre de valor correspondente ao inicial.

Entre nós admite-se um caso especial de cisão de título singular quando no art. 410.º do Código Comercial se estabelece que "o portador do conhecimento de depósito e da cautela de penhor tem direito de pedir, à sua custa, a divisão da coisa depositada, e que por cada uma das respectivas fracções se lhe dêem títulos parciais em substituição do título único e total que será anulado ([121]).

6. QUANTO À FORMA DE REPRESENTAÇÃO

Quanto a, acções e obrigações representadas por títulos escriturais, é assunto que será tratado adiante, na Secção V deste capítulo.

SECÇÃO III
A RELAÇÃO CARTULAR E SUBJACENTE

O direito cartular, isto é, o direito que resulta do título de crédito, pressupõe uma relação jurídica anterior – a relação subjacente ou fundamental –, de forma que sem esta relação não se

---

([121]) Prof. Fernando Olavo, ob. cit., págs. 62 a 64.

explica a criação do título. O titular da guia de transporte (título de crédito) tem o direito de obter as mercadorias no lugar onde elas devem ser entregues depois de transportadas (V. arts. 368.º e segs. do Código Comercial) porque entre o expedidor das mercadorias e o transportador foi celebrado um contrato de transporte (relação fundamental) pelo qual este se obrigou a transportá-las até ao lugar da sua entrega; determinada pessoa tem acções de uma sociedade anónima (títulos de crédito) e assim é titular do "status" de sócio, nos termos do acto constitutivo e do estatuto da respectiva sociedade (relação fundamental); quem emite uma letra de câmbio e a transmite a outrem, dando-lhe o direito de exigir determinada quantia em dinheiro, fá-lo por lhe ser devedor da mesma quantia em virtude dum contrato de mútuo, venda de mercadorias, etc. (relação fundamental).

O direito cartular pressupõe uma relação jurídica prévia e tem normalmente o mesmo conteúdo económico de um dos direitos que decorrem dessa relação jurídica. O título de crédito em confronto com a relação fundamental apresenta-se com uma feição unilateral: refere-se exclusivamente aos direitos de uma só das partes. A razão de ser desta feição unilateral alcança-se facilmente se tivermos presente que o título de crédito é um instrumento para a circulação de direitos: para a circulação do direito de uma das partes num contrato bilateral, é esse direito considerado isoladamente dos direitos da parte contrária ([122]).

Relação entre o negócio cartular e o negócio subjacente

O negócio cartular declaratório nos títulos causais, precisamente porque estes são causais, está ligado ao negócio subjacente, a que aliás o título se refere ou deve referir. Daí que o direito cartular dependa também e esteja sujeito ao negócio causal, podendo ser designadamente invocadas contra qualquer portador as excepções "ex causa".

Este nexo entre o negócio cartular e o causal, bem como a própria função específica dos títulos causais, fazem que não seja possível conceber uma circulação do direito derivado do negócio causal autónoma da do direito cartular, nem uma acção cartular ao lado da resultante do negócio causal.

([122]) Apud. Prof. Ferrer Correia, ob. cit., págs. 5 e 6.

Os títulos de crédito abstractos, embora originados por um negócio jurídico, vivem independentemente da causa, e por isso admite-se em princípio que coexistam par a par a relação cartular e a subjacente, o direito e acção cartular e o direito e acção subjacente ([123]).

O negócio cartular como negócio jurídico unilateral
Apurado que o título insere um negócio jurídico, importa deixar esclarecido se tal negócio jurídico é um negócio bilateral ou contrato ou um negócio unilateral.

A doutrina dominante considera o negócio constante do título como negócio unilateral
Espécie que a nossa lei expressamente prevê (Código Civil, art. 457.º). É esta concepção que se coaduna com a característica fundamental da autonomia de posições nos títulos de crédito, com a própria forma que a lei impõe a alguns deles, como à letra, à livrança e ao cheque, ou com a vinculação para com as pessoas indeterminadas (por exemplo, Lei Uniforme sobre Letras e Livranças, arts. 1.º, 9.º, 15.º, 28.º, 30.º, 47.º, 75.º, 77.º e 78.º; Lei Uniforme sobre Cheques, arts. 1.º, 12.º, 18.º, 25.º e 44.º ([124]).

Depois de se ter deixado consignado que a fonte do direito cartular e da correspondente obrigação é um negócio jurídico unilateral, importa agora deixar expresso *em que momento preciso se constitui em definitivo este negócio jurídico e o subscritor do título de crédito fica portanto vinculado.*

Para citar apenas as mais frequentemente invocadas, referiremos as teorias da criação e da emissão.

É geralmente aceite a *doutrina da emissão*, segundo a qual o negócio cartular só se torna perfeito com a emissão ou desapossamento voluntário por parte do subscritor. Mas a tomada do título por outrem, consequente da emissão, não representa uma aceitação à declaração do subscritor. A vontade de este se obrigar é que só se torna definitiva quando põe o título em circulação, já que antes disso ele está no seu domínio incondicionado e consequentemente não pode vinculá-lo nem preencher a sua função.

([123]) Apud Prof. Fernando Olavo, ob. cit., pág. 76.
([124]) Prof. Fernando Olavo, ob. cit., págs. 86 e 87.

Assim à luz desta doutrina, conforme com o conteúdo normal da vontade do declarante e com a própria realidade das coisas, as condições de validade do negócio reportam-se ao momento da emissão, e, no caso de furto, roubo ou extravio do título, ao terceiro portador de boa-fé não é lícito exigir a obrigação ao subscritor desapossado contra sua vontade — o que não pode deixar de considerar-se mais razoável e equitativo.

A doutrina da emissão encontra, para mais, apoio no regime estatuído pelo art. 29.º da Lei Uniforme sobre Letras e Livranças. Este artigo preceitua que "se o sacado, antes da restituição da letra riscar o aceite que tiver dado, tal aceite considera-se recusado", o que revela que, enquanto a declaração do subscritor (na hipótese o aceitante) não sai do seu domínio, ele não se encontra vinculado e consequentemente o negócio não está perfeito ([125]).

Expostas estas breves noções sobre as relações cartular e subjacente, vamos também, de forma abreviada embora, referir algumas aplicações práticas destas noções em relação aos títulos com que mais frequentemente trabalhamos – a letra e o cheque.

1. A EMISSÃO DE LETRAS NÃO PRODUZ NOVAÇÃO ([126])

I — A novação da obrigação fundamental ou subjacente pela cambiária repugna ao carácter abstracto desta última, o que já resultava do Código Comercial – artigo 577.º – e hoje aparece ainda mais saliente na Lei Uniforme, nomeadamente, no seu artigo 17.º, e no artigo 16.º do Anexo II da Convenção de Genebra, de 7 de Junho de 1930, onde se declara fora do âmbito da Lei Uniforme as questões respeitantes às relações jurídicas que serviram de base à emissão da Letra.

II — O Assento do Supremo Tribunal de Justiça, de 8 de Maio de 1928, dispôs de modo diverso, mas tão-só para o caso especial do saque de compensação e na vigência do artigo 284.º do Código Comercial, devendo entender-se que o Assento e o preceito legal que ele interpretou já não estão em vigor, pois toda a matéria

---

([125]) Prof. Fernando Olavo, ob. cit., págs. 88 a 95
([126]) Dr. José Caramona Ribeiro, "Lei Uniforme sobre Letras e Livranças" 1976, pág. 31.

das letras de câmbio se encontra regulada na Lei Uniforme e, nesta, não há preceito equivalente ao referido no art. 284.°.

III — Aliás, a vontade de contrair nova obrigação em substituição da antiga deve ser expressamente manifestada – artigo 859.° do Código Civil – e, por outro lado, a questão considera-se arrumada pelo Assento do Supremo Tribunal de Justiça, de 9 de Maio de 1936, interpretado no sentido de que, extinta a acção cambiária por prescrição, pode ainda reportar-se o credor à obrigação fundamental, com o que se consagra a doutrina de que a relação subjacente não se extingue por novação ([127]).

IV — No Acórdão do Supremo Tribunal de Jsutiça, de 4 de Junho de 1996, conclui-se que:

"I — Para que haja novação, necessário é que esteja expressamente manifestada a vontade de contraír nova obrigação em substituição da antiga.

II — Provando-se que o plano financeiro da empresa devedora consistiu na concessão, pela instituição bancária sua credora, de um novo empréstimo de montante equivalente ao devido destinado a liquidar todas as suas obrigações anteriores, assim regularizando a sua dívida e respectivos encargos, deve considerar-se ter havido novação.

III — Pelo que o credor não pode dar à execução as livranças emitidas em garantia da anterior dívida". (Colectânea de Jurisprudência, Ano IV, S.T.J., 1996, Tomo 2, pág. 105)

Também a emissão de um cheque não produz a novação do contrato subjacente, motivo porque as obrigações que, deste resultam continuam a existir ao lado das que resultam da subscrição do título ([128]).

2. VALOR DA LETRA QUANDO A RELAÇÃO SUBJACENTE É UM EMPRÉSTIMO

Há que distinguir as situações, conforme se verificou ou não a prescrição cambiária:

([127]) *Dispõe o art. 859.° do Código Civil* que "a vontade de contrair a nova obrigação em substituição da antiga, deve ser expressamente manifestada". V. Acórdão da Relação de Coimbra, de 31/7/74, in B.M.J., n.° 240, pág. 277.

Relembra-se, a propósito deste Assento, que o art. 2.° do Código Civil foi revogado pelo art. 4.° do Dec.-Lei n.° 329-A/95, de 12 de Dezembro, tendo, assim, a doutrina que os assentos estabeleciam deixando de ter força obrigatória geral.

([128]) V. Revista de Legislação e Jurisprudência, Ano 65, pág. 25.

a) *Antes de se verificar a prescrição cambiária*

A jurisprudência tem decidido que, não obstante a relação subjacente ou fundamental da letra ser um mútuo de montante superior àquele por que, segundo a lei, não é exigida forma especial, a obrigação cambiária não deixa de ser válida e eficaz, mesmo nas relações imediatas.

Tem-se entendido, com efeito, que, mesmo nas relações imediatas, não pode o devedor cambiário opor ao portador a falta de forma ([129]).

b) *Depois de prescrita a acção cambiária*

É jurisprudência corrente que a letra passa a valer como documento particular e, como tal, se o mútuo for de quantia superior a 200.000$00 só pode ser provado por documento assinado pelo mutuário e se for de quantia superior a 3.000.000$00 só pode sê-lo por escritura pública, nos termos previstos no art. 1143.º do Código Civil (Dec.-Lei n.º 163/95, de 13/07).

Há que ter presente, no entanto, que o empréstimo mercantil *entre comerciantes* admite todo o género de prova, qualquer que seja o seu valor (art. 396.º do Código Comercial).

E em relação aos negócios bancários, há que considerar que os contratos de mútuo, seja qual for o seu valor, quando feitos por estabelecimentos bancários autorizados, podem provar-se por escrito particular, ainda que a outra parte não seja comerciante (artigo único do Dec.-Lei n.º 32.765, de 29 de Abril de 1943).

3. RELAÇÃO JURÍDICA CONTRÁRIA À LEI

Provado que a letra apenas traduz um vínculo resultante de negócio de contrabando pactuado entre o sacador-portador e o aceitante, inexiste uma relação causal válida, nos termos do n.º1 do art. 280.º do Código Civil ([130]).

([129]) Ver "Revista de Legislação e Jurisprudência", Ano 103.º, págs. 441.

([130]) Acórdão da Relação de Lisboa, de 1 de Julho de 1970, in Boletim do Ministério da Justiça, n.º 199.º, págs. 277.

O art. 280.° do Código Civil dispõe que:
1. É nulo o negócio jurídico cujo objecto seja física ou legalmente impossível, contrário à lei ou indeterminável.
2. É nulo o negócio contrário à ordem pública ou ofensivo dos bons costumes.

4. LETRAS TITULANDO PRESTAÇÕES

I — O art. 781.° do Código Civil, segundo o qual nas obrigações divididas em prestações, a falta de realização de uma delas importa o vencimento das restantes não é aplicável quando o credor, em vez de optar pela tutela jurisdicional da relação subjacente, opta pela correspondente à relação cambiária, mesmo que a letra não tenha passado das relações imediatas.

II — Na verdade, desde que o autor não prescinda da sua situação de sujeito cambiário e, portanto, das garantias que as letras lhe oferecem, não pode colocar-se na situação do réu, alegando um facto — o vencimento antecipado — que modifica o efeito jurídico da obrigação da letra.

III — A obrigação cambiária não deixa de ser abstracta e literal mesmo nas relações imediatas, só acontecendo que, no domínio destas últimas, fica sujeita às excepções que nas relações pessoais dos sujeitos imediatos se fundamentam, não nas relações cartulares ([131]).

5. ACÇÃO CAMBIÁRIA

A acção cambiária é a que emerge directamente da letra.
È aquela em que se pede o valor da letra, isto é, o pagamento dela.
Há *acções cambiárias directas* e *acções cambiárias de regresso*.
A acção directa é a que é dirigida pelo sacador contra o devedor principal, isto é contra o aceitante ou contra o avalista deste.

Mas o portador legítimo pode demandar todos ou alguns dos co-obrigados cambiários (art. 47.° da Lei Uniforme sobre Letras e Livranças).

([131]) Acórdão da Relação de Lisboa, de 16 de Julho de 1971, in Boletim do Ministério da Justiça n.° 209, a pág. 190.

O direito de regresso é o direito que o portador tem de exigir, dos obrigados indirectos ou de regresso, o pagamento da letra quando o não tenha obtido do sacado.

O portador pode, para exercer o direito de regresso, recorrer aos tribunais accionando os devedores de regresso ou, em vez disso, pode sacar uma letra à vista sobre um dos devedores de regresso (ressaque — V. art. 52.° da Lei Uniforme) ou pode remeter a letra ao devedor para a soma ser paga directamente ou lançada em conta-corrente; ou indirectamente por intermédio de um correspondente ou de um banco encarregado da cobrança.

Importa agora referir *quando pode exercer-se o direito de regresso*:

A — *NO VENCIMENTO* — O direito de regresso pode ser exercido, no vencimento, se o pagamento não foi efectuado (art. 43.°).

A falta de pagamento pressupõe a apresentação do título ao devedor principal, na época do vencimento.

A recusa do pagamento deve ser comprovada pelo protesto (ver art. 44.°).

B — *ANTES DO VENCIMENTO* — A acção de regresso pode ser exercida, mesmo antes do vencimento, nos seguintes casos:

a) Se houver recusa total ou parcial do aceite (art. 43.° n.° 1). Esta recusa deve ser comprovada pelo protesto (art. 44.°).

A falta de aceite do sacado pressupõe a apresentação da letra ao sacado para fins de aceite.

b) Nos casos de falência do sacado, quer tenha havido aceite quer não (art. 43.° n.° 2).

A falência do sacado dispensa a comprovação pelo protesto.

A expressão "falência" do art. 43.° refere-se à falência propriamente dita.

Só há falência, depois de uma decisão judicial transitada em julgado.

c) Nos casos de suspensão de pagamentos do sacado, ainda que não constatada por sentença (art. 43.° n.° 2).

Tanto importa que o sacado insolvente, seja ou não titular de empresa.

d) Nos casos de execução promovida contra o sacado sem resultado (art. 43.º n.º 2).

e) Nos casos de falência do sacador de uma letra não aceitável (art. 43.º n.º 3).

Nestes casos, o regresso só é admissível quando haja proibição absoluta de apresentação da letra ao sacado para aceite (art. 22.º. II, não o sendo quando o sacador, simplesmente, proibiu a apresentação ao aceite num período inicial limitado (art. 22.º III).

Nas obrigações cambiárias, se o sacador paga a obrigação, pode exigir a prestação total, e não proporcional ao aceitante e ao avalista (solidários): se for o avalista a pagar, pode exigir o pagamento do aceitante; mas se for este a pagar, nada pode exigir dos restantes signatários (Ac. Rel. do Porto de 15/3/1968, in Jur. Rel. 14.º — 345) ([132]).

No caso de um portador de um cheque que não haja sido pago e cuja recusa de pagamento tenha sido verificada nos termos do art. 40.º, tem o direito de recorrer aos tribunais contra qualquer das pessoas obrigadas, individual ou colectivamente, sem necessidade de observar a ordem segundo a qual elas se obrigaram.

Esta acção é cambiária, pois emerge directamente do cheque.

A prescrição do direito de exercer a acção cambiária vem regulada no art. 52.º da respectiva Lei Uniforme:

"Toda a acção do portador contra os endossantes, contra o sacador ou contra os demais co-obrigados *prescreve decorridos que sejam seis meses*, contados do termo do prazo de apresentação.

Toda a acção de um dos co-obrigados no pagamento de um cheque contra os demais prescreve no prazo de seis meses, contados do dia em que ele tenha pago o cheque ou do dia em que ele próprio foi accionado".

Não se deve confundir a "prescrição do art. 52.º referido com a *prescrição do procedimento criminal por emissão de cheque sem provisão*, a que adiante nos referiremos.

Do Assento do Supremo Tribunal de Justiça de 12 de Julho de 1962 decorre que, prescrita a obrigação cambiária, a letra não perde, só por esse facto, a qualidade de título executivo, porquanto a prescrição não é de conhecimento oficioso (art. 303.º do Código Civil).

([132]) Dr. Abel Pereira Delgado, Lei Uniforme sobre Letras e Livranças, págs. 250 e 251.

6. ACÇÃO CAUSAL

A acção causal é a que resulta do negócio subjacente que determinou a obrigação cambiária. É uma acção de direito comum.

A prescrição da acção cambiária não inibe o credor de exigir do devedor o cumprimento da obrigação causal.

O mesmo sucede faltando à letra ou ao cheque um requisito essencial.

A acção causal tem de ser proposta dentro do prazo ordinário da prescrição, que é de 20 anos (art. 309.º do Código Civil), não havendo hoje, no Código Civil vigente, lugar a distinguir entre a boa e má-fé do devedor.

Pretendendo-se na mesma acção obter a condenação do marido aceitante da letra e do cônjuge não subscritor do título, poderão invocar-se duas causas de pedir:

a) contra o marido invoca-se como causa de pedir a obrigação cambiária;

b) contra a ré mulher, além da qualidade de cônjuge, a natureza da relação jurídica subjacente que a torna responsável pela dívida do marido (art. 1691.º, n.º 1 alínea *d)* do Código Civil ([133]).

Tal situação em relação ao banco portador será ainda mais facilmente concebível na acção proposta com base no contrato de desconto.

7. ACÇÃO DE ENRIQUECIMENTO SEM CAUSA

Quando não for possível recorrer nem à acção cambiária, nem à acção causal, há ainda o recurso à acção de não enriquecimento sem causa.

A acção de enriquecimento cambiário é uma acção subsidiária excepcional, pelo facto de o possuidor ter perdido a acção cambiária genuína contra todos os obrigados e não ter acções causais contra nenhum; funda-se na existência de um dano do portador da

---

([133]) Ver Acordão do Supremo Tribunal de Justiça, de 3/11/1972, in Boletim do Ministério da Justiça, n.º 221, pág. 248 e Revista dos Tribunais, Ano 90.º, pág. 463.

letra e de um enriquecimento. O seu pressuposto é, afinal, a inexistência, ineficácia ou prescrição do direito causal.

São requisitos do enriquecimento sem causa ([134]):
a) o enriquecimento de alguém;
b) o consequente empobrecimento de outrem;
c) o nexo causal entre o enriquecimento do primeiro e o empobrecimento do segundo;
d) a falta de causa justificativa do enriquecimento.

Importa referir que o direito à restituição por enriquecimento sem causa *prescreve no prazo de três anos* a contar da data em que o credor teve conhecimento do direito que lhe compete e da pessoa do responsável, sem prejuízo da prescrição ordinária se tiver decorrido o respectivo prazo a contar do enriquecimento (art. 482.º do Código Civil).

Ainda sobre a acção cartular importará referir *a acção executiva que o art. 46º, alínea c) do Código de Processo Civil (revisão de 1996) permite.* Nos termos do art. 818.º, n.º 2 do C.P.C. (revisão de 1996) tratando-se de execução fundada em escrito particular sem a assinatura reconhecida, pode o juiz suspender a execução, ouvido o embargado, se o embargante alegar a não genuinidade da assinatura e juntar documento que constitua princípio de prova, sem que o embargante tenha de prestar caução.

As letras, livranças e cheques já constituiam títulos executivos independentemente de reconhecimento notarial (art. 51.º do C.P.C., na redacção do Dec.-Lei n.º 242/85, de 9 de Julho). O art. 51.º, n.º 1 do C.P.C., com a redacção referida, foi considerado de aplicação imediata, mesmo em execuções pendentes (Assento do S.T.J. de 10/11/93, in D.R. I Série, de 18/12/93).

([134]) Sobre enriquecimento sem causa, ver os arts. 473.º e segs. do Código Civil e os Profs. Antunes Varela, "Das Obrigações em Geral" 2.ª edição, Vol. I, pág. 350 e segs. e Mário Júlio de Almeida Costa "Direito das Obrigações", pág. 325 e segs.

SECÇÃO IV
CLÁUSULA SEM DESPESAS INSERTA NAS LETRAS

É a cláusula pela qual se pode dispensar o protesto.

Tanto pode ser inserta pelo sacador, por um endossante ou por um avalista.

O artigo 46.º da Lei Uniforme sobre Letras e Livranças dispõe que:

"O sacador, um endossante ou um avalista pode, pela cláusula "sem despesas", "sem protesto", ou outra cláusula equivalente, dispensar o portador de fazer um protesto por falta de aceite ou falta de pagamento, para poder exercer os seus direitos de acção.

Essa cláusula não dispensa o portador da apresentação da letra dentro do prazo prescrito, nem tão-pouco dos avisos a dar. A prova da inobservância do prazo incumbe àquele que dela se prevaleça contra o portador.

Se a cláusula foi escrita pelo sacador produz os seus efeitos em relação a todos os signatários da letra; se for inserida por um endossante ou por um avalista, só produz efeito em relação a esse endossante ou avalista. Se, apesar da cláusula escrita pelo sacador, o portador faz o protesto, as respectivas despesas serão da conta dele. Quando a cláusula emanar de um endossante ou de um avalista, as despesas do protesto, se for feito, podem ser cobradas de todos os signatários da letra."

Desta cláusula devem constar os dizeres por que se ilide a obrigação do protesto e a assinatura do interveniente, que dispensa o protesto. Não é necessário ser datada. A cláusula pode ser escrita por forma mecânica ou manualmente, e sê-lo no rosto ou no verso da letra.

A inserção desta cláusula não dispensa o portador da apresentação da letra dentro do prazo prescrito nem tão pouco dos avisos. Mas, pela sua inserção, fica eliminado o protesto como diligência cambiária e como condição de regresso. Da aposição desta cláusula resulta a inversão do ónus da prova da apresentação tempestiva ao obrigado principal.

Apesar da cláusula "sem despesas", se o portador do título o protestar fica com uma prova segura de a letra ter sido apresentada ao sacado, em devido tempo.

O tratamento dos efeitos comerciais tem vindo a sofrer sucessivas alterações.

Antes de mais foi **a normalização da letra** (que permitiu a sua leitura automática).

Seguidamente procurou-se solicitar aos clientes a **domiciliação da letra**, isto é, que na emissão do título indicassem como local de pagamento a sede ou estabelecimento principal da instituição cujos serviços posteriormente pretenderiam utilizar, para desconto ou simples cobrança dos mesmos títulos.

Seguidamente adoptou-se *a retenção dos efeitos* (truncagem) no banco tomador após a sua aceitação para desconto ou cobrança, circulando apenas a informação electrónica, o que veio a permitir a liberalização da forma e do local do pagamento. Este processo, que dispensa a circulação física dos títulos, com os inerentes custos administrativos, veio permitir o pagamento de letras por utilização dos ATM e o recurso a qualquer balcão do sistema para o mesmo fim.

A domiciliação da letra nas localidades das sedes ou estabelecimentos principais das instituições leva por um lado à concentração de protestos nos Cartórios Privativos de Lisboa e do Porto, cujos inconvenientes podem ser eliminados quer pela utilização de meios electrónicos de comunicação de dados aos cartórios, para o que existem projectos já elaborados, quer pela incentivação do hábito da aposição da cláusula "sem despesas" nos títulos cambiários, que diminuiria os actos administrativos a praticar e o risco de perda de direitos sobre o cedente e seus avalistas, o que tem estado a ser observado por vários bancos.

O Banco de Portugal, após audição das instituições de Crédito, através da APB, aprovou em 5/9/96 a nova versão do Regulamento do Sistema de Compensação Interbancária (SICOI). Este Regulamento foi incluído no Boletim de Normas e Instruções do Banco de Portugal (BNBP), a divulgar em Outubro de 1996, e entrou em vigor em 1 Dezembro de 1996.

SECÇÃO V
TÍTULOS ESCRITURAIS ([135])

1. GENERALIDADES

Como se escreveu no preâmbulo *do Dec.-Lei n.° 229-D/88 de 4 de Julho* "com vista à desmaterialização dos títulos, requisito indispensável à dinamização do mercado de capitais, entendeu o Governo criar um género de acções não tituladas".

Os títulos negociáveis, representativos de direitos dos accionistas ou de credores a prazo designam-se por valores mobiliários. Os abreviadamente designados como títulos escriturais são *valores mobiliários escriturais*.

Neste sentido dispõe o art. 47.° do C.M.V.M. ([136]), que:

1 — As acções, obrigações, títulos de participação, fundos públicos e demais valores mobiliários podem ser representados por títulos ou assumir forma meramente escritural.

2 — Tratando-se de acções e de outros valores mobiliários convertíveis em acções ou que dêem direito à sua subscrição ou aquisição, o contrato da sociedade emitente deve estabelecer qual das formas de representação previstas no número anterior podem revestir, entendendo-se, no seu silêncio, que ambas são admitidas.

3 — A modalidade de representação escolhida para cada emissão, ainda que esta se faça por séries, aplicar-se-á obrigatoriamente a todos os valores mobiliários que a integram.

([135]) Ao texto apresentado serviu de apoio básico, Paul Didier, Droit Commercial, tomo 3, pág. 55 a 70.

Já estávamos na revisão de provas tipográficas deste livro quando nos chegou às mãos a tese de Mestrado do Dr. Amadeu José Ferreira, "Valores Mobiliários Escriturais — um novo modo de representação e circulação de direitos", acabado de publicar pela Almedina. Do que nos foi dado cumpulsar da mesma, justifica-se a referência que aqui se deixa consignada, embora já sem qualquer influência possível no texto.

([136]) Nesta Secção, todos os artigos citados sem qualquer indicação, são do Código do Mercado de Valores Mobiliários, aprovado pelo Dec.-Lei n.° 142-A/91, de 19 de Abril, com as alterações introduzidas pelos Decs.-Leis n.ºs 89/94, de 2/4; 186/94, de 5/7; 204/94, de 2/8; 196/95, de 29/7; 261/95, de 3/10 e 232/96, de 5/12.

Em princípio a conversão de valores mobiliários escriturais em titulados só é permitida para negociação no estrangeiro (V. art. 72.° e art. 70.° a 73.° do Regulamento da Central de Valores e do Sistema de Liquidação e Compensação).

A conversão de valores mobiliários titulados em escriturais é admitida, verificados determinados requisitos referidos no art. 48.°, bem como nos arts. 64.° a 69.° do Regulamento citado.

1 — "O Ministro das Finanças, sob proposta da CMVM ou de sua própria iniciativa, mas com audiência prévia da Comissão, poderá estabelecer, mediante portaria, que todas ou algumas espécies de valores mobiliários, ou os valores mobiliários emitidos por determinadas categorias de entidades, só sejam negociáveis em bolsa desde que revistam a forma escritural.

2 — A determinação prevista no número anterior poderá limitar-se a novas emissões ou aplicar-se a valores anteriormente emitidos, devendo, todavia, neste último caso, e tratando-se de títulos que já se encontrem cotados, fixar um prazo razoável para, sem suspensão da sua negociação em bolsa, as entidades emitentes promoverem a sua eventual conversão em valores escriturais (art. 49.°)

Tradicionalmente distinguiam-se duas formas: Os títulos nominativos e os títulos ao portador e duas espécies — as acções a e as obrigações.

Os títulos ao portador estavam expostos aos riscos de perda e de furto. Os seus proprietários guardavam-nos nos cofres alugados pelos bancos.

Mas era necessário retirá-los desses cofres periodicamente para cortar os cupões, receber os dividendos e os juros, exercer os direitos de subscrição ou de atribuição de títulos em função dos já possuídos.

Os proprietários dos títulos confiavam este trabalho e a guarda dos títulos aos bancos, que lhes prestavam por outro lado o serviço de acompanhar o calendário das operações sociais com mais cuidado do que estava ao alcance dos próprios proprietários isolados. Alguns iam mesmo mais longe e solicitavam aos seus bancos que gerissem a sua carteira de títulos, que vendessem e comprassem os títulos nos momentos oportunos, uma vez que os ganhos em capital são muitas vezes mais interessantes do que os rendimentos dos títulos.

Os bancos tenderam a organizar-se de maneira racional e compreenderam rapidamente que as operações por transferência de conta a conta e sem entrega material seria para os mesmos bem mais favorável.

Hoje as formas aproximam-se e as espécies diversificam-se. Hoje a maior parte dos valores mobiliários que circulam no mercado financeiro só estão materializados por uma inscrição na conta do seu titular — títulos escriturais.

2. O TÍTULO ESCRITURAL É TAMBÉM UM TÍTULO NEGOCIÁVEL

Ao contrário de outros títulos negociáveis, que se transmitem por via de endosso (títulos materializados à ordem) ou por simples tradição (títulos materializados ao portador) o título escritural transmite-se exclusivamente por transferência de conta a conta.

3. DUAS FORMAS DE TÍTULOS ESCRITURAIS

Os títulos escriturais podem seguir o regime dos títulos nominativos ou ao portador.

1 — "Os valores mobiliários titulados serão representados por títulos nominativos ou ao portador, convertíveis ou não entre si, conforme se estabeleça na legislação especial que os regule, nas disposições legais e estatutárias por que se reja a entidade emitente ou, se essa legislação ou disposições o permitirem, nas condições especiais fixadas para cada emissão.

2 — Os valores mobiliários escriturais seguirão, com as modificações resultantes do presente diploma, o regime dos títulos nominativos ou ao portador consoante o que se determine nas disposições legais e estatutárias aplicáveis ou nas condições da respectiva emissão, ou, se aquelas disposições ou as condições da emissão não o proibirem, de acordo com a opção dos seus titulares." (art. n.º 52)

"Os valores mobiliários escriturais não têm número de ordem e são exclusivamente materializados pela sua inscrição em contas abertas em nome dos respectivos titulares, através das quais se comprovam a sua natureza, características e situação jurídica e se processam ou registam, mediante lançamentos e anotações adequados, todas as operações de que são objecto e o exercício dos direitos de conteúdo patrimonial que lhes respeitam." (Ver art. n.° 56.°, n.°1)

Os valores mobiliários ao portador são os inscritos nas contas detidas pelos intermediários autorizados, por conta e ordem dos respectivos titulares ([137]). Na medida em que a sociedade respectiva

---

([137]) Nas contas abertas a que se refere o art. 56, n.° 1, se efectuam as inscrições em *registos* relativos às várias situações jurídicas incidentes sobre valores mobiliários escriturais. V. art. 56.° n.° 2:

«2 — As contas referidas no número anterior devem conter e relevar as seguintes menções e factos:

a) O seu número de ordem e data de abertura;

b) O nome, domicílio e número fiscal do seu titular ou titulares, bem como, neste último caso, a identificação do representante comum e as quotas dos contitulares, se não forem iguais;

c) A identificação da entidade emitente e a descrição dos valores mobiliários a que a conta respeita, com indicação da sua natureza, categoria, valor nominal e demais características, e bem assim das alterações que porventura se verifiquem em qualquer desses elementos;

d) A quantidade de valores mobiliários que pertença, em cada momento ao titular ou titulares da conta, especificando se os mesmos se encontram ou não liberados, bem como, neste último caso, o valor em dívida;

e) Os dividendos, juros, prémios, participações em resultados ou outras remunerações em numerário atribuídos e pagos a esses valores, com indicação, sendo caso disso, da conta bancária em que foram creditados;

f) A atribuição gratuita ou onerosa ou a subscrição de valores mobiliários, da mesma ou de diferente natureza, a que os valores registados dêem direito, seja a que título for;

g) A conversão, total ou parcial, dos valores registados em outros de diferente natureza, no exercício de direito que os primeiros confiram ao seu titular, com a especificação dos novos valores e o cancelamento do registo dos valores convertidos;

h) As alienações e aquisições de valores a que o titular proceda, debitando, no primeiro caso, e creditando, no segundo, a respectiva conta pelos valores transaccionados;

i) Os direitos eventualmente destacados dos valores inscritos, por cedência a terceiros ou para exercício ou negociação autónomos;

j) A constituição, transmissão, modificação e extinção de usufruto sobre os valores registados;

não tem contas desses títulos, que são detidos por terceiros que agem independentemente da sociedade, esta ignora o nome dos seus titulares que são, assim, para ela anónimos ou "ao portador".

Em princípio, os títulos escriturais admitidos à negociação em bolsa podem ser nominativos ou ao portador, à escolha do seu titular, salvo quando a lei ou os estatutos impõem a forma nominativa.

4. A CIRCULAÇÃO DOS TÍTULOS ESCRITURAIS

A circulação dos títulos escriturais é assegurada sobretudo pela Central de Valores Mobiliários, uma vez que os títulos desta natureza são controlados entre as sociedades emissoras e os intermediários financeiros que estão associados na Central de Valores.

Daqui resulta que se o titular de um título ao portador o cede a outrem, dá uma ordem de transferência ao seu banqueiro, titular das contas junto da Central de Valores, para que proceda à transferência para a conta do intermediário que tem a conta relativa ao comprador do título em questão, o qual credita então a conta do seu cliente, sendo certo que o pagamento se faz em caminho inverso da circulação do título.

A central não executa as ordens de transferência de títulos, um a um. Reúne todas as ordens da mesma natureza, compensa os

---

l) A constituição e extinção do penhor, caução, consignação de rendimentos, arresto ou outra providência cautelar, penhora, apreensão em processo de falência ou insolvência e quaisquer outros ónus ou encargos sobre os mesmos valores ou seus rendimentos; os empréstimos que deles se façam para a realização ou caucionamento de operações de bolsa por terceiros; e as demais limitações ou vinculações com eficácia real a que, em virtude de acto ou facto posterior à respectiva emissão, fiquem sujeitos quanto aos direitos que lhes são inerentes e respectivo exercício, e, nomeadamente, quanto à sua transmissão ou oneração;

m) Os bloqueios previstos no n.º 2 do artigo 54.º, nos n.os 2 e 3 do art. 68.º e o n.º 1 do artigo 69.º;

n) Os demais lançamentos e anotações indispensáveis para cumprimento do disposto em outra legislação geral ou especial aplicável, e bem assim os que a própria natureza específica ou as condições particulares dos valores mobiliários em causa tornem necessários para os fins referidos no n.º 1 do presente artigo, para a adequada defesa dos direitos e interesses dos investidores e da entidade emitente e para assegurar a regularidade, rapidez e segurança das transacções.

totais de sentido contrário e só transfere o saldo. Daqui resulta que a central é designada por sociedade de compensação e não apenas sociedade de transferência de valores mobiliários.

Esta foi a resultante final de os bancos se terem visto investidos na qualidade de depositários de enormes massas de títulos, que os obrigavam à manipulação de enormes quantidades de papel. Quem se não lembra dos graves problemas dos "atrasados" na banca portuguesa? Tudo empurrou os bancos, também em Portugal, para substituirem a moeda fiduciária por moeda escritural, os títulos materializados por títulos escriturais, tendo a utilização crescente dos meios informáticos feito o resto.

5. PROCESSO REGISTRAL

"O sistema de registo e controle dos valores mobiliários escriturais é assegurado pela participação integrada das entidades emitentes, da *Central de Valores Mobiliários* e dos intermediários financeiros a que se refere o artigo seguinte" (art. 58.°, n.°1).

Competência

Pertence aos intermediários financeiros autorizados pela Comissão do M.V.M., como se vê do art. 59.°.

"1 — *O serviço de registo de valores mobiliários escriturais será obrigatoriamente prestado por intermediários financeiros autorizados e registados pela C.M.V.M.* para a prestação desse tipo de serviço e que se encontrem filiados para o efeito na Central de Valores Mobiliários, prevista no artigo 188.°, e no sistema de liquidação e compensação de operações sobre valores mobiliários, regulado nos artigos 459.° e seguintes.

2 — A autorização e registo previstos no número anterior só podem ser outorgados pela C.M.V.M. *a instituições de crédito, sociedades de investimento, sociedades financeiras de corretagem e sociedades corretoras* que demonstrem possuir todos os meios, nomeadamente informáticos, e a capacidade técnica e financeira indispensáveis para garantir a prestação do serviço de valores mobiliários escriturais em condições adequadas de eficiência e segurança, e terão sempre a sua eficácia condicionada à comprovação pelo inter-

mediário financeiro da sua filiação na Central e sistema de liquidação e compensação a que se refere o número anterior.

3 — Para os efeitos do presente artigo, *a Junta do Crédito Público* será equiparada,no que exclusivamente respeite à prestação de serviços de registo de valores mobiliários escriturais representativos de *dívida pública nacional*, a intermediário financeiro autorizado, desde que se filie na Central de Valores Mobiliários e no sistema de liquidação e compensação referidos no n.° 1" (art. 59.°).

Legitimidade

Vem definida nos arts. 61.°, n.ᵒˢ 3, 4 e 5 e 65.°, n.° 4.

Inscrição de actos jurídicos

Ter em atenção o disposto nos arts. 61.°, n.° 1 e 65.° n.° 2.

Registos definitivos e provisórios

O seu regime acha-se definido no art. 63.°.

Prioridade

Ter em atenção o disposto nos arts. 62.°, n.° 1, 61.°, n.° 6 e 64.°, n.° 3.

Impugnação (recursos)

«Não há regras explícitas sobre a impugnação de actos de registo incidentes em valores mobiliários escriturais. Enquanto a omissão se mantiver, deve entender-se que as decisões registrais dos intermediários financeiros podem ser impugnadas apenas através de acções declarativas a propor perante os tribunais comuns".

A transmissão de valores mobiliários escriturais ou a constituição de direitos sobre eles é ineficaz em relação a terceiros, enquanto o registo não se mostrar efectuado.

O registo de valores mobiliários escriturais tem, no direito português, *natureza constitutiva* ([138]).

---

[138] Apud Prof. Carlos Ferreira de Almeida, in "Desmaterialização dos títulos de crédito: valores mobiliários escriturais", Revista da Banca, n.° 26, Abril/Junho 1993, pág. 31 e 35, distribuída em Maio de 1994.

6. O REGIME DOS TÍTULOS ESCRITURAIS

Hoje em dia, os títulos escriturais substituíram os títulos materializados, tais como os havíamos conhecido.

As características mais indicadas em relação aos títulos de crédito materializados — incorporação, literalidade, abstracção e autonomia — perderam toda a razão de ser em relação aos títulos escriturais ([139]).

O título escritural consubstancia-se numa inscrição sobre uma conta. Essa inscrição pertence ao titular que ela designa.

O titular dessa inscrição é o proprietário do título, do mesmo modo que os anteriores titulares de títulos nominativos ou ao portador materializados. Ele continua a ser o único com poder para ordenar qualquer modificação sobre os títulos.

A inscrição a favor do proprietário é o sinal e a prova dos seus direitos face à sociedade emissora e ela garante-os como garantia ao detentor de um título ao portador materializado.

O título escritural é consequentemente uma metamorfose, do título negociável, diferente na forma, mas idêntico quanto ao fundo, aos velhos títulos nominativos ou ao portador.

([139]) O Prof. Ferreira de Almeida, no artigo citado, a pág. 37 refere-se à literalidade e à autonomia nos seguintes termos:

"A *literalidade* consiste na correspondência entre o conteúdo do direito e o sentido literal do texto do documento. A literalidade subsiste nos valores mobiliários escriturais, porque os direitos são definidos nos precisos termos (art. 64.°, n.° 6) dos registos onde se referem os respectivos elementos tipificadores (art. 56.°, n.° 2)."

"A *autonomia* do direito do titular (em relação a direitos anteriores sobre o mesmo título) tem como equivalente, nos valores mobiliários não titulados, a presunção inilidível de titularidade conferida ao titular segundo o registo que tenha adquirido o direito de boa fé (art. 64.°, n.°6, correspondente ao art. 16.° de LULL). Em matéria de valores mobiliários escriturais, o princípio «*posse vale título*» é substituído pelo princípio registo vale título, que só não se aplica ao titular registral adquirente de má fé ou a título gratuito."

E acrescenta "É evidente que nos valores mobiliários escriturais *não pode haver incorporação propriamente dita*".

7. OS MOVIMENTOS DE TÍTULOS

Os títulos inscritos em conta são objecto de diversos movimentos por ordem dos seus titulares, sendo o detentor das contas os seus mandatários remunerados.

8. TRANSFERÊNCIA EM CONTA DE VALORES ESCRITURAIS

1 — "A transferência, a título gratuito ou oneroso, de valores mobiliários escriturais opera-se pelo seu lançamento a débito na conta do anterior proprietário, e a crédito na conta de que o adquirente seja titular ou que, no caso contrário, para o efeito se lhe abrirá.

2 — Os lançamentos referidos no número anterior são efectuados com base nos documentos legalmente exigíveis para a validade da transmissão dos valores a transferir, de acordo com a natureza, condições de emissão e situação jurídica.

3 — Salvo se o contrário resultar de legislação especial aplicável, dos estatutos ou lei orgânica da entidade emitente, das próprias condições da emissão ou de obrigações ou vinculações decorrentes dos factos jurídicos previstos nas alíneas *i)* a *l)* do n.º 2 do artigo 56.º ([140]), a transmissão entre vivos de valores mobiliários escriturais dependerá apenas da apresentação de declaração de venda assinada pelo respectivo titular ou seu representante, ou de ordem escrita, deles emanada, determinando ao intermediário financeiro detentor da conta do vendedor a transferência dos valores em causa para a conta do adquirente junto do mesmo ou de outro intermediário financeiro.

4 — Tratando-se de transacções realizadas em bolsa ou em outros mercados secundários, compete aos intermediários financeiros que tenham recebido as correspondentes ordens de venda e de compra promover, oficiosa e obrigatoriamente, no prazo máximo estabelecido para a liquidação dessas transacções e, em qualquer caso, nunca mais de cinco dias depois da data destas, o seu registo nas contas dos interessados.

5 — No registo das transacções a que se refere o presente artigo, os débitos e créditos a efectuar pelos intermediários finan-

---

([140]) Vão transcritas supra na nota 137.

ceiros nas contas dos interessados terão sempre por contrapartida lançamentos de sentido inverso nas correspondentes contas abertas em nome da Central de Valores Mobiliários nos livros dos mesmos intermediários, nos termos da alínea c) do n.º 3 do artigo 58.º" (art. 65.º).

8.1. As ordens de movimentação

As ordens de movimentação são em princípio dadas pelo titular da inscrição ou seu representante (intermediário financeiro). Podem também provir de pessoa diferente daquela que está inscrita. Assim sucede quando a propriedade do título é transmitida "mortis causa" ou em consequência de partilha.

Em todos os casos, o detentor da conta deve assegurar-se, sob sua responsabilidade, da identidade e da capacidade jurídica do dador da ordem, bem como da regularidade da ordem dada. As diligências necessárias variam de acordo com a qualidade do autor da ordem (o titular inscrito, o intermediário financeiro, o beneficiário de disposição testamentária ou de sucessão hereditária) procurando os textos legais conciliar as exigências contrárias da segurança e da rapidez das operações.

O cumprimento de obrigações fiscais deve achar-se assegurado nos termos gerais.

8.2. As diversas ordens de movimentação

As ordens de transferência são aquelas que, na sequência de uma cessão directa ou de uma negociação em bolsa, visam a transferência da propriedade do título. Têm por efeito, uma vez executadas, tornar oponíveis a terceiros a transferência de propriedade ajustada entre as partes e realizada entre elas desde a conclusão do seu contrato.

Os direitos relativos a valores mobiliários escriturais só podem ser exercidos por quem figure como seu titular no registo.

As ordens de transferência são ordens cujo objecto é fazer constatar pelo detentor de contas, quer uma mudança de propriedade que não provém de uma cessão directa, nem de uma negociação em bolsa (ex. transmissão sucessória), quer uma modificação no conteúdo dos direitos, da capacidade e da qualidade civil do titular.

Outras ordens são as que resultam da constituição de penhor (V. arts. 666.º e seg. do C.C. e 397.º e segs. do C.Comercial), ou de apreensão, resulte esta de uma apreensão decorrente da efectivação de uma penhora (V. art. 821.º e seg. do C.P.C.), de um procedimento cautelar, como um arresto (V. arts. 381.º e segs. do C.P.C., revisão de 1996), ou de uma apreensão num processo falimentar (V. art. 175.º, 176.º e 178.º do Código dos Processos Especiais da Recuperação da Empresa e de Falência).

O titular de valores mobiliários que os dá em penhor declara a constituição de penhor ao detentor das contas que transfere ou poderá transferir logo os títulos dados em caução para uma conta especial aberta em nome do seu titular. A declaração, datada e assinada pelo titular, precisa o montante da dívida garantida, assim como a designação e o número de títulos dados em garantia. Qualquer título que venha em substituição ou em complemento de estes dados em garantia é, salvo convenção em contrário, compreendido no documento de constituição do penhor na data da declaração. Por exemplo: acções distribuídas a um accionista, por virtude de aumento de capital por incorporação de reservas, em função das acções de que já era titular. Uma declaração de constituição do penhor é entregue ao credor pignoratício.

9. POSIÇÕES E EXTRACTOS DE CONTAS

Os detentores de contas, quer sejam sociedades emissoras ou intermediários, entregam a todos os titulares duma conta de títulos, que o solicitem à sua custa, um certificado, extracto ou relação, atestando a natureza, o número de títulos inscritos na sua conta e as indicações que da mesma constam.

Assim o titular pode produzir a prova dos seus direitos face a terceiros e, se assim acontecer, perante o próprio emissor.

Os intermediários habilitados devem por outro lado, pelo menos uma vez por ano, enviar a cada titular um extracto de títulos mencionando o saldo dos títulos que figuram em contas abertas em seu nome.

10. O EXERCÍCIO DE DIREITOS

Os direitos do titular não são afectados pela desmaterialização dos títulos, sendo que o seu exercício se pode considerar até simplificado.

Os intermediários são obrigados a alertar a sua clientela no caso de operações financeiras, tais como as de aumento de capital, troca ou conversão de obrigações, ofertas públicas.

A participação nas assembleias de accionistas ou de obrigacionistas está dependente do depósito de uma declaração do intermediário financeiro, constatando a indisponibilidade dos títulos até à data da assembleia.

É o que o C.M.V.M., no seu art. 56.º, n.º 2 alínea *m*), designa por *bloqueio* (inscrição registral que evidencia indisponibilidade temporária) e que, nos termos da alínea citada, se pode verificar em casos de exercício de uma faculdade em certa data (por ex. exercício do direito de voto em assembleia geral) — V. art. 54.º n.º 2, ou de ordem de venda em bolsa de valores mobiliários escriturais ainda não efectivada — V. art. 68.º, n.ºs 2 e 4.

Quanto a operações fora da bolsa, os bloqueios não têm registo autónomo, podendo apenas fazer-se com base em registo provisório da transacção a efectuar. É o que resulta do art. 69.º, n.º 2, que se transcreve:

«2 — O bloqueio de valores mobiliários escriturais a transaccionar fora do mercado secundário, ou sobre os quais impendam quaisquer ónus ou encargos, ou que se encontrem sujeitos, quanto aos direitos patrimoniais ou sociais que os integram ou à sua disponibilidade, a outras limitações ou vinculações devidamente inscritas nas respectivas contas, só poderá fazer-se mediante registo provisório das transacções a efectuar, nos termos do art. 63.º.»

Segundo o Prof. Inocêncio Galvão Telles, o bloqueio de valores estabelecidos no art. 54.º, n.º 2 do C.M.V.M. tem de ter uma duração predeterminada, estando necessariamente sujeito a um termo certo, atingido o qual caducará antomaticamente, mas o referido bloqueio poderá cessar ainda antes desse termo, mediante livre revogação que dele faça o titular dos valores ("O Direito", Ano 126.º, 1944, III-IV, págs. 387-394).

O art. 305.º do Código das Sociedades Comerciais prevê a existência, na sede da sociedade, de um livro de registo das acções de modelo oficialmente aprovado, permitindo ainda a respectiva substituição por um registo informático, nos termos a fixar em portaria conjunta dos Ministros das Finanças e da Justiça.

Só, com a Portaria n.º 647/93, de 7 de Julho, tal livro foi aprovado.

Como se refere no preâmbulo da Portaria, "O mencionado livro ou registo informático que o substitua destinam-se também à inscrição das conversões das acções tituladas em escriturais e destas em tituladas e, bem assim, da integração das acções escriturais no sistema de registo e de controlo, nos termos dos artigos 48.º, 72.º e 58.º do Código do Mercado de Valores Mobiliários.

Finalmente, de acordo com o artigo 85.º do mesmo diploma, os referidos livro ou registo informático suportarão, ainda, o registo da integração das acções fungíveis no sistema de depósito e de controlo, bem como a respectiva cessação."

A escolha contratual do regime a que se equiparam as acções escriturais (portador ou nominativas) é importante até para se saber qual a forma a adoptar para a convocação de assembleias gerais de accionistas (V.C.S.C., art. 377.º n.º 3).

11. RESPONSABILIDADE DOS INTERMEDIÁRIOS FINANCEIROS E DA CENTRAL DE VALORES

É importante referir o disposto no art. 73.º quanto a responsabilidades:

1 — "Salvo quando resultem de culpa dos lesados, e sem prejuízo das sanções disciplinares, contra-ordenacionais ou criminais em que possam incorrer, os intermediários financeiros encarregados do serviço de registo de valores mobiliários escriturais respondem por todos os prejuízos sofridos pelos proprietários desses valores, pelos titulares ou beneficiários de outros direitos, ónus, encargos, limitações ou vinculações sobre eles existentes ou por terceiros em consequência de falta, irregularidade, erros, deficiências ou demoras na realização dos correspondentes registos, e, em geral, da infracção pelos mesmos intermediários de quaisquer pre-

ceitos legais e regulamentares aplicáveis, nomeadamente do estabelecido nos artigos 68.° e 69.° e em outras disposições que regulem a verificação da identidade e legitimidade dos comitentes e da situação jurídica dos valores a transaccionar.

2 — Os intermediários financeiros serão isentos das sanções referidas no número anterior, e terão direito de regresso contra a Central de Valores Mobiliários pelo montante das indemnizações devidas nos termos do mesmo número, sempre que os factos em que a sua responsabilidade se baseie derivem de falta, erro, insuficiência ou demora de informações por ela fornecidas, de incumprimento de disposições legais e regulamentares a que se encontre sujeita ou de qualquer outra circunstância que lhe seja imputável.

3 — Também sem prejuízo de outras sanções em que eventualmente incorra, e para além do estabelecido no número anterior, a Central de Valores Mobiliários responde, salvo culpa do lesado, por todos os prejuízos directamente sofridos pelos intermediários financeiros e pelas entidades emitentes em virtude de falta, irregularidade, erro, insuficiência ou demora na realização dos registos e na transmissão das informações que no exercício das suas funções específicas e em cumprimento das disposições legais e regulamentares aplicáveis, lhe competir efectuar e fornecer, ou de qualquer outro facto que lhe seja imputável.

4 — Nos casos do número precedente, a Central de Valores Mobiliários terá direito de regresso contra os intermediários financeiros pelas indemnizações devidas às entidades emitentes, e contra estas, pelas indemnizações que tenha de pagar àqueles, sempre que as irregularidades ou factos em que tais indemnizações se baseiem houverem resultado de falta, erro, insuficiência ou demora de informações que, consoante os casos, esses intermediários ou essas entidades se encontrassem obrigados a fornecer ou de quaisquer outras irregularidades ou factos por que sejam responsáveis." (art. 73.°)

Importa alertar ainda que o art. 671.°, n.° 2 qualifica como *contra-ordenações graves* os actos praticados, pelos intermediários financeiros, entidades emitentes e Central de Valores Mobiliários, com violação das regras a que estão sujeitos.

SECÇÃO VI
COMO FUNCIONA A CENTRAL DE VALORES MOBILIÁRIOS

A "CENTRAL DE VALORES MOBILIÁRIOS" — entidade cuja criação, referida no Código do Mercado de Valores Mobiliários — CMVM foi justificada pela existência de valores mobiliários escriturais e pelas grandes dificuldades das liquidações que o crescimento do mercado de bolsa, ocorrido em 1987, fez evidenciar, consiste num novo sistema de custódia suportado na imobilização dos títulos, efectuando-se as transferências de propriedade por mero registo informático.

A Central de Valores Mobiliários, geralmente designada por Central, é definida pelo art. 188.º da CMVM ([141]), e rege-se também

---

([141]) Art. 188.º do C.M.V.M.
(Central de Valores Mobiliários)

1 — As associações de bolsa a que se refere o artigo 190.º, com a participação, se se mostrar conveniente e, em qualquer caso, com a filiação obrigatória dos intermediários financeiros abrangidos pelo disposto no n.º 3 do presente artigo, deverão promover a criação e manutenção da Central de Valores Mobiliários destinada a assegurar a estruturação, administração e funcionamento do sistema de registo e controle de valores mobiliários escriturais definido no artigo 58.º e do sistema de depósito e controle de valores titulados previsto nos artigos 85.º e 86.º, bem como, em geral, a criar as demais condições necessárias para facilitar a liquidação física das operações de compra e venda de valores escriturais e titulados que se realizem nas bolsas de valores e em outros mercados secundários.

2 — Para os efeitos do número anterior, a Central de Valores Mobiliários poderá ainda incumbir-se, de conta dos intermediários financeiros nela filiados, da guarda da totalidade ou de parte dos valores mobiliários titulados que em cada momento se encontrem depositados junto deles.

3 — É obrigatória a filiação na Central de Valores Mobiliários:

 a) Dos intermediários financeiros que exerçam as actividades referidas no artigo 59.º e no n.º 1 do artigo 87.º;

 b) Dos intermediários financeiros que sejam associados, membros ou não membros, das associações de bolsa.

4 — Para além das demais limitações a que ficam sujeitos no exercício da sua actividade por força de outras disposições do presente diploma, os intermediários financeiros legal e estatutariamente autorizados a receber do público valores mobiliários para guarda e administração e ordens para a sua transacção em bolsa ou noutros mercados secundários, que não se encontrem filiados na Central de Valores Mobiliários, não terão acesso directo aos serviços desta nem

pelo Regulamento Geral da Central de Valores Mobiliários e do Sistema de Liquidação e Compensação, que foi aprovado pela Comissão do Mercado de Valores Mobiliários ao abrigo do disposto no n.º 7 do art. 188.º do referido Código e se encontra publicado em anexo aos Boletins de Cotação das Bolsas de Valores de Lisboa e do Porto de 12 de Setembro de 1991.

Os artigos *1.º a 3.º deste Regulamento* definem os âmbito e regime jurídico, as funções da Central e o Sistema, pela forma seguinte:

ao sistema de liquidação e compensação de operações sobre valores mobiliários previsto no artigo 459.º

5 – Da Central de Valores Mobiliários participarão também obrigatoriamente, quando se constituam, *as entidades gestoras de mercados secundários referidas nas alíneas b) e c) do n.º 1 do artigo 174.º*

6 – A Central de Valores Mobiliários poderá ser organizada, operada e gerida por uma associação autónoma que as associações de bolsa, por si mesmas, ou com comparticipação das demais entidades referidas nos números anteriores, constituam, nos termos dos artigos 481.º e seguintes, exclusivamente para esse efeito ou tendo também por objecto a criação e funcionamento de um sistema integrado de compensação e liquidação física e financeira das operações sobre valores mobiliários realizadas nos mercados secundários.

7 – O regulamento geral da Central de Valores mobiliários fica sujeito à prévia aprovação:

a) Do Ministro das Finanças, mediante portaria e sob proposta da CMVM, quando se verifique a hipótese prevista no n.º 2 do artigo 76.º;

b) Da CMVM, no caso contrário.

8 – Os custos globais de funcionamento da Central de Valores Mobiliários serão suportados pelos intermediários financeiros e pelas entidades emitentes de valores titulados ou escriturais, através do pagamento de comissões e outras remunerações devidas em razão dos serviços prestados pela Central, sendo tais comissões e remunerações, ou os critérios para a sua fixação, estabelecidos pela CMVM sob proposta daquela.

9 – As comissões e outras remunerações a cobrar pelos intermediários financeiros pelos serviços prestados aos seus clientes no ambito do sistema de registo e controle de valores titulados ou de qualquer outro sistema incluído no objecto da Central de Valores Mobiliários serão por eles livremente estabelecidas ou acordadas com os interessados, sem prejuízo de a CMVM poder, sempre que o entenda necessário para defesa do investidor, e depois de ouvida a Central, fixar limites para esses encargos ou normas de acordo com as quais devam ser definidos.

10 — A CMVM poderá autorizar, nos termos e para os efeitos a fixar em regulamento, inclusive os previstos nos arts. 59.º e 87.º, que outras entidades além das referidas nos n.ºs 1, 3 e 5, nacionais ou estrangeiras, incluindo entidades gestoras de mercados secundários, que prestem serviços de liquidação e compensação de

Art. 1.º

A Central de Valores Mobiliários e o Sistema de Liquidação e Compensação de Âmbito Nacional, a seguir designados em conjunto por Central, regem-se pelo presente Regulamento, pelas disposições gerais que lhes sejam aplicáveis e bem assim pela demais regulamentação que pelas entidades competentes venha a ser emitida.

Art. 2.º

A Central tem por funções assegurar:

a) a estruturação, administração e funcionamento do sistema de registo e controle de valores mobiliários e, nos termos dos artigos 15.º e seguintes do presente Regulamento, do sistema de depósito, guarda e controle de valores mobiliários titulados fungíveis;

b) a liquidação e compensação das operações sobre valores mobiliários registados ou depositados;

c) a prestação de um serviço adequado para o exercício dos direitos de conteúdo patrimonial respeitantes aos valores mobiliários registados ou depositados;

d) a prestação de outros serviços de interesse do mercado de valores mobiliários em geral para os quais se encontre devidamente autorizada.

Art. 3.º

1. À Central incumbe a organização e gestão de um sistema com vista ao adequado desempenho das funções a que se refere o artigo anterior.

2. Entende-se por Sistema, no âmbito do presente Regulamento, o conjunto de equipamentos informáticos e de instruções lógicas, bem como a rede de comunicações que integra aqueles equipamentos, interligando a Central e os intermediários financeiros e demais entidades que, por força do presente Regulamento, se encarreguem, participem ou colaborem no desempenho das actividades a desenvolver para efeitos do cumprimento do disposto no artigo anterior.

3. Salvaguardado o aspecto da comunicação em contínuo que visa assegurar, o Sistema processa a informação e desencadeia os

---

transacções realizadas em mercados organizados sobre valores mobiliários e direitos ou instrumentos financeiros aos mesmos equiparados, participem ou se filiem na Central de Valores Mobiliários ou com esta estabeleçam qualquer outro tipo de ligação operacional.

procedimentos subsequentes rigorosamente no horário ou no prazo que para o efeito forem fixados pela Central.

4. Salvo disposição em contrário, os relatórios, guias e demais documentação destinados aos intermediários financeiros ou bolsas de valores são emitidos pelo Sistema através destas últimas.

Os arts. 15.° a 17.° reportam-se à guarda de títulos:

Art. 15.°

1. Para efeitos do disposto na parte final da alínea a) do art. 2.°, deverá a Central promover a criação de um cofre, designado Cofre da Central (abreviadamente Cofre), o qual se regerá pelas disposições constantes do presente Regulamento ou que, por força dele, se devam considerar aplicáveis.

2. Entende-se por Cofre, o conjunto integrado de meios informáticos e humanos que, em locais vocacionados especialmente para o efeito, leva a cabo, em interligação, através do Sistema, com a Central, o serviço de guarda de títulos, nos termos que no presente Regulamento e nas demais disposições aplicáveis se estabelecem.

3. A Central poderá, ainda, recorrer a intermediários financeiros ou outras entidades que entenda devidamente habilitadas, com vista à prestação, por estes, que se designarão para o efeito "Instituições prestadoras do serviço de custódia" (abreviadamente, I.P.S.C.), do serviço de guarda de determinados conjuntos de títulos.

Art. 16.°

1. Os títulos que, por força do n.° 3 do artigo anterior, venham a ser guardados junto das I.P.S.C., devem ser distribuídos por forma a que, para além do Cofre da Central, aqueles que hajam sido emitidos pela mesma entidade se não encontrem guardados em mais de um espaço físico.

2. O sistema de registo e controle dos valores mobiliários guardados nos termos do presente Regulamento é assegurado pelo Central, em interligação, sendo caso disso, com as I.P.S.C.

3. Para efeitos do disposto no número anterior, deverá a Central criar e manter contas que reflictam, a todo o momento a totalidade dos valores guardados e manter informação actualizada sobre a quantidade a cargo de cada I.P.S.C.

Art. 17.º

A entrega de títulos a guardar ou guardados no Cofre, em caso, respectivamente, de depósito ou de levantamento, deverá ser feita junto de balcões para o efeito constituídos pela Central, situados, obrigatoriamente, em cada uma das localidades onde se encontrem sediadas as bolsas de valores ou centros de transacção.

Nos termos conjugados do disposto no n.º 2 do citado art. 188.º e no art. 2.º do referido Regulamento, a Central encontra-se incumbida do depósito, guarda e controlo dos valores mobiliários.

Nos termos do art. 188.º do CMVM já referido, a Central destina-se a assegurar a estruturação, administração e funcionamento do sistema de registo e controlo dos valores mobiliários escriturais e do sistema de depósito e controlo de valores titulados previsto nos arts. 85.º e 86.º do mesmo Código, bem como, em geral, a criar condições para a fácil liquidação física das operações de compra e venda de valores escriturais e titulados que se realizem nas Bolsas de Valores e em outros mercados secundários.

Para assegurar o funcionamento da Central (CVM) está regulamentarmente definida a obrigatoriedade de nela estarem filiadas diversos tipos de entidades:

a) Os Intermediários Financeiros que exercem as actividades referidas no art. 59 e no n.º 1 do art. 87 do Código de Mercado de Valores Mobiliários (CMVM);

b) Os Intermediários Financeiros que sejam associados, membros ou não membros, das Associações de Bolsa;

c) As entidades gestoras de mercados secundários referidas nas alíneas *b)* e *c)* do n.º 1 do art. 174, do CMVM, que no futuro venham a constituir-se.

Estão forçosamente "depositados" na Central ([142]):
— os valores mobiliários escriturais;

([142]) Ver art. 459.º do C.M.V.M.:

(Sistema de liquidação e compensação)

1 — A liquidação das operações de bolsa deve processar-se diariamente, através de um sistema de liquidação e compensação de âmbito nacional especialmente criado para o efeito, em interligação com a Central de Valores Mobiliários a que se refere o artigo 188.º

— os valores mobiliários titulados objecto de transacção, em bolsa ou noutro mercado secundário, *legalmente abrangidos pelo sistema de liquidação e compensação de âmbito nacional.*

— os valores titulados, genericamente designados por acções ao portador ou quaisquer outros valores nominativos ou ao portador, cuja legislação especial pela qual se regem ou cujos Estatutos ou Lei Orgânica da entidade emitente obriguem ao regime de registo ou de depósito;

São objectivos da Central:
* Suporte das Emissões de Valores Mobiliários Escriturais;
* Imobilização de Valores Mobiliários Titulados;
* Transferência de Propriedade por mero registo;
* Exercício dos direitos patrimoniais.

2 — Serão ainda obrigatoriamente liquidadas através do sistema previsto no número anterior todas as transacções efectuadas em outros mercados secundários e que tenham por objecto:

a) Valores mobiliários escriturais, quer se encontrem quer não admitidos à negociação em bolsa;

b) Valores mobiliários titulados que estejam admitidos à negociação em bolsa.

3 — As transacções realizadas nos mesmos mercados sobre valores mobiliários titulados não admitidos à negociação em bolsa poderão ser igualmente liquidadas e compensadas através do referido sistema, nos termos que se estabeleçam no respectivo regulamento.

4 — Excluem-se do disposto nos n.ºs 2 e 3:

a) As operações efectuadas por intermediários financeiros que não satisfaçam as condições estabelecidas no artigo 59.º ou no artigo 87.º, consoante as que forem exigíveis em cada caso;

b) As transacções realizadas em mercados secundários especiais criados nos termos da alínea *c)* do n.º 1 do artigo 174.º ou constituídos no próprio âmbito das bolsas para tipos particulares de operações, sempre que a estrutura ou modo de funcionamento desses mercados, a natureza específica dos valores mobiliários que neles se negoceiam ou as características das transacções que neles se efectuam imponham, aconselhem ou levem as autoridades gestoras dos mesmos mercados a optar, com a concordância da CMVM, pela organização de um sistema autónomo de liquidação e compensação.

5 — Enquanto o sistema mencionado no n.º 1 não se encontrar em operação, e bem assim sempre que, por qualquer motivo, o seu funcionamento se encontrar interrompido, as bolsas e os restantes mercados secundários abrangidos por esse sistema assegurarão a liquidação das respectivas transacções através de sistemas alternativos organizados ao nível de cada um deles.

É de referir os grandes ganhos de produtividade obtidos com o funcionamento da Central:
— pela imobilização dos títulos em cofres da Central, efectuando-se a transferência de propriedade por mero registo informático;
— a inexistência do corte de cupões no exercício de direitos de conteúdo patrimonial e a não necessidade dos intermediários financeiros de se relacionarem com a Entidade Emitente, passando esta a relacionar-se apenas com a Central, que lhe envia suportes magnéticos com toda a informação necessária.

As entidades emitentes devem promover a inscrição das emissões de valores mobiliários na Central.

Por sua vez, os valores mobiliários são distribuídos pelas contas dos Intermediários Financeiros depositários (Bancos, Sociedades Financeiras de Corretagem, Sociedades Corretoras).

Cada Intermediário Financeiro tem na Central contas abertas em função do tratamento fiscal que incide sobre os valores mobiliários ou de outra razão entendida como importante. Nas contas da Central (em cada uma), está a globalidade dos títulos dos clientes de cada Intermediário Financeiro, segmentado e descriminado emissão a emissão, que os registos internos de cada Intermediário desdobram por cliente.

O novo sistema de custódia que constitui a Central é um dos serviços que integra a Interbolsa — Associação para a Prestação de Serviços às Bolsa de Valores.

Os serviços prestados pela Interbolsa são, para além da Central:
— Tradis — Sistema de Negociação em Contínuo;
— Sistema de Liquidação e Compensação;
— SIME — Serviço de Informações ao Mercado.

A criação dos sistemas regeu-se pelo princípio de integração máxima de todos os serviços que se pretende sejam prestados ao mercado de valores mobiliários.

Assim, o Sistema de Negociação em Contínuo está totalmente integrado com os sistemas da Central e de liquidação.

O Sistema de Liquidação e Compensação constitui um pré--requisito para a negociação em contínuo e a emissão de valores mobiliários escriturais.

O SIME alimenta, por sua vez, os sistemas de informação SIIB (Sistema Interactivo de Informações da Bolsa de Valores de Lisboa) e o SIBOP (Sistema de Informação da Bolsa de Valores do Porto).

A globalidade deste sistema de informação integrada é conseguida através de nós de comunicação informática que ligam todos os Intermediários Financeiros ás duas Bolsas de Valores (Lisboa e Porto) bem como ao Sistema de Negociação em Contínuo (TRADIS) que opera em âmbito nacional. A Interbolsa reveste a natureza de associação civil sem fins lucrativos, regendo-se pelos arts. 157.° e seguintes do Código Civil, em tudo o que não for especialmente regulado pelo Código do Mercado de Valores Mobiliários e pelos respectivos estatutos.

Foi constituída esta associação em 2 de Abril de 1993, conforme se vê do D.R. III Série, Suplemento, n.° 115, de 18 de Maio de 1993.

Nos termos do art. 2 dos seus estatutos, a Interbolsa tem por objecto assegurar a prestação, nas melhores condições técnicas e operacionais, de algum ou alguns dos serviços cuja competência cabe às associações de bolsa, designadamente aqueles relacionados com:

a) A criação e funcionamento, a nível nacional, de uma Central de Valores Mobiliários, nos termos legais;

b) a organização e operação, igualmente a nível nacional, de sistemas de liquidação e compensação física e financeira de transacções sobre valores mobiliários;

c) a montagem e operação de sistemas informatizados de negociação de valores em bolsa;

d) A prestação de quaisquer outros serviços de interesse das bolsas e, se for o caso, de outros mercados secundários ou do mercado de valores mobiliários em geral.

Na prática, pode dizer-se que a Interbolsa gere a Central de Valores e gere o sistema de negociação de valores de âmbito nacional (tradis) em bolsa. E que dentro da gestão da Central, gere o sistema de compensação e liquidação, gere o sistema de registo de valores escriturais e ainda o depósito e controlo de valores titulados.

A Interbolsa presta ainda serviços a outros intermediários financeiros, como por exemplo bancos e corretores, que operam no mercado secundário, fornecendo elementos para gestão (por ex: variações diárias), a partir do centro de dados da Interbolsa.

Fora da bolsa podem agir como intermediários financeiros os Bancos, as Sociedades Financeiras de Corretagem, as Sociedades

Gestoras de Patrimónios e as Sociedades Gestoras de Fundos de Investimento Mobiliário, todos eles com acesso aos serviços da Interbolsa.

SECÇÃO VII
DO CRIME DE EMISSÃO DE CHEQUE SEM PROVISÃO [143]

É de todos conhecida a ineficácia do regime legal deste crime mesmo após a publicação do Dec.-Lei n.º 454/91, de 28 de Dezembro. A criminalidade deste tipo não parou de aumentar, a Polícia Judiciária ficou pejada de processos em instrução, os Tribunais sobrecarregados com julgamentos e o cheque, esse, cada vez mais desacreditado.

Não espanta, por isso, que o legislador tenha co-responsabilizado as instituições de crédito no combate ao cheque sem provisão, criando *a obrigatoriedade de rescisão da convenção do cheque* em determinadas situações, obrigando as instituições de crédito a *serem selectivas na entrega dos "livros de cheques"*, que deve pressupor uma relação de confiança, decorrente de um conhecimento mínimo do cliente, *na obrigação de pagamento de cheques em determinadas situações* e ainda no alargamento do conceito de crime de emissão de cheque sem provisão, com a incriminação expressa de determinados comportamentos em consequência da sua proximidade material: levantamento, após a entrega do cheque de fundos necessários ao seu pagamento integral e proibição à instituição sacada do pagamento de cheque emitido e entregue (V. art. 11.º, n.º 1, alíneas *a)*, *b)* e *c)* do Dec.-Lei n.º 454/91, que a seguir se transcreve).

---

[143] Ver em especial, Dr. António Augusto Tolda Pinto, "Cheques sem Provisão" — Regime geral e contraordenacional, Almedina, Coimbra, 1992 e Dr. Abel Delgado, "Cheques sem Provisão", Livraria Petrony, Lisboa, 1993 e Prof. Germano Marques da Silva, "Crimes de Emissão de cheque sem provisão", U.C.E. Editora, 1996.

1. SITUAÇÕES COMPREENDIDAS NA NOÇÃO DE CHEQUE SEM PROVISÃO

Art. 11.º:

1 — Será condenado nas penas previstas para o crime de burla, observando-se o regime geral de punição deste crime, quem, causando prejuízo patrimonial:

a) Emitir e entregar a outrem, cheque de valor superior ao indicado no artigo 8.º que não for integralmente pago por falta de provisão, verificada nos termos e prazos da Lei Uniforme Relativa ao Cheque;

b) Levantar, após a entrega do cheque, os fundos necessários ao seu pagamento integral;

c) Proibir à instituição sacada o pagamento de cheque emitido e entregue.

2 — Nas mesmas penas incorre quem endossar cheque que recebeu, conhecendo a falta de provisão e causando com isso a outra pessoa um prejuízo patrimonial.

Nos termos do n.º 3 do art. 11, "a responsabilidade pela prática do crime de emissão de cheques em provisão extingue-se pelo pagamento", que funciona assim, como causa extintiva da responsabilidade criminal.

Esse pagamento para produzir esse efeito tem de ser efectuado "até ao primeiro interrogatório de arguido em processo penal", que em regra é feito na fase de inquérito, "directamente pelo sacador ao portador do cheque, do montante deste, acrescido dos juros compensatórios e moratórios calculados à taxa máxima de juro praticada, no momento do pagamento, pela entidade bancária sacada, para operações activas de crédito, acrescido, ainda, de 10 pontos percentuais, podendo ser efectuado depósito à sua ordem se o portador do cheque recusar receber ou dar quitação."

A qualidade de arguido vem definida no art. 57.º do Código de Processo Penal, que no seu art. 58.º preceitua quando é obrigatória a constituição de arguido.

A reparação parcial do prejuízo até ao primeiro interrogatório do arguido, na medida que diminui o valor do prejuízo pode dar lugar a que o crime seja subsumido ao disposto no art. 217.º (crime comum) ou ao disposto no art. 218.º, n.º 1 ou 2 (crime qualificado), ambos do Código Penal de 1995.

A reparação total ou parcial de prejuízo causado pelo crime tem ainda efeitos na pena a aplicar ao agente, mesmo se efectuada após o primeiro interrogatório do arguido (V. arts. 217.º, n.º 4, 218.º, n.º 3, 206.º e 207.º, todos do Código Penal de 1995). A reparação parcial do prejuízo, quando efectuada até ao início da audiência de julgamento em primeira instância pode justificar uma atenuação especial da pena, nos termos do art. 73.º do Código Penal da 1995.

O n.º 4 do mesmo art. 11.º dispõe que "os mandantes, ainda que pessoas colectivas, sociedades ou meras associações de facto, são civil e solidariamente responsáveis pelo pagamento de multas e indemnizações em que forem condenados os seus representantes, contanto que estes tenham agido nessa qualidade e no interesse dos representados."

Porque o n.º 1 do art. 11.º referido, remete para as penas do crime de burla e regime geral de punição deste crime, resulta que o crime de emissão de cheque sem provisão pode hoje ter natureza pública, semipública ou particular, quando, antes do código penal de 1995 tinha natureza pública.

O art. 202.º do Código Penal de 1995, integrado no Título II "Dos Crimes contra o património " define, para efeito do disposto nos artigos seguintes, os conceitos de:

a) Valor elevado: aquele que exceder 50 unidades de conta avaliadas no momento da prática do facto;

b) Valor consideravelmente elevado: aquele que exceder 200 unidades de conta avaliadas no momento da prática do facto;

c) Valor diminuto: aquele que não exceder uma unidade de conta avaliada no momento da prática do facto;

Enquanto não existir uma definição do conceito de unidade de conta para efeitos substantivos, há que utilizar a noção de unidade de conta processual estabelecida pelos arts. 5.º e 6.º, n.º 1 do Dec.--Lei n.º 212/89, de 30 de Junho, segundo os quais:

Art. 5.º
1. Em substituição da unidade de conta processual penal (UC) e da unidade de conta de custas (UCC), é criada a unidade de conta processual (UC), à qual passa a reportar-se qualquer referência legal às primeiras.

2. Entende-se por unidade de conta processual (UC) a quantia

em dinheiro equivalente a um quarto da remuneração mínima mensal mais elevada, garantida, no momento da condenação, aos trabalhadores por conta de outrem, arredondada, quando necessário, para o milhar de escudos mais próximo ou, se a proximidade for igual, para o milhar de escudos imediatamente inferior.

Art. 6.º
1. Trienalmente e com início em Janeiro de 1992, a UC considera-se automaticamente actualizada nos termos previstos no artigo anterior a partir de 1 de Janeiro de 1992, devendo para o efeito atender-se sempre à remuneração mínima que, sem arredondamento, tiver vigorado no dia 1 de Outubro do ano anterior.
2. ....

2. CRIME DE DANO. DOLO GENÉRICO

E, como consequência directa da referência *ao elemento prejuízo material*, deixou de ser um crime de perigo, para ter passado a ser considerado *um crime de dano ou de resultado*.

Não é legalmente exigível a existência do propósito ou intenção de prejudicar de defraudar por parte do emitente do cheque, isto é, *não se exige o dolo específico. Basta o dolo genérico* — querer emitir e entregar um cheque com conhecimento da falta de provisão, não se abstendo de praticar um facto que é crime, que o autor sabe que o é, bem como, que o prejuízo material é uma consequência possível ou mesmo necessária da sua conduta.

"No regime actual, o bem jurídico protegido é, como na burla, o património do tomador do cheque e, por isso, o prejuízo patrimonial integra o tipo do crime como seu elemento essencial (evento)" ([144]).

O dolo há-de verificar-se no momento em que o acto é praticado, isto é, no momento da emissão e entrega do cheque, do levantamento dos fundos, da proibição de pagamento ou do endosso. É nesse momento que o agente tem de ter consciência de todos os elementos do crime" ([145]).

([144]) Prof. Germano Marques da Silva, ob. cit., pág. 46.
([145]) Prof. Germano Marques da Silva, ob. cit., pág. 64.

Como é sabido, o legislador, como forma de garantir o aumento desejável da confiança no cheque como meio de pagamento, veio preceituar no art. 8.º, n.º 1 do Dec.-Lei n.º 454/91, que:
"1. A instituição de crédito sacada é obrigada a pagar, não obstante a falta ou insuficiência de provisão, qualquer cheque emitido através de módulo por ela fornecido, de montante não superior *a cinco mil escudos.*
2. O disposto neste artigo não se aplica quando a instituição sacada recusar o pagamento do cheque por motivo diferente da falta ou insuficiência de provisão."

3. O ASSENTO DO S.T.J., DE 27/1/93

Alguns meses volvidos sobre a entrada em vigor deste novo diploma, e tendo-se gerado controvérsia jurisprudencial acerca de uma possível despenalização do crime de emissão de cheque sem provisão, o Supremo Tribunal de Justiça veio a proferir *o Assento n.º 6, de 27/1/93,* publicado no D. R. I Série, de 7/4/93, do seguinte teor:
"— Por tudo o que se expôs, decide-se solucionar o conflito de jurisprudência gerado entre os Acórdãos da Relação de Lisboa de 7 de Junho de 1992, proferido no processo n.º 3080, da 5.ª Secção, e de 1 de Julho de 1992, prolatado no processo n.º 27.796, da 3.ª Secção, *fixando a jurisprudência pelo modo seguinte:*
O artigo 11.º, n.º 1, alínea a), do Dec.-Lei n.º 454/91, de 28 de Dezembro, não criou um novo tipo legal de crime de emissão de cheque sem provisão nem teve o efeito de despenalizar as condutas anteriormente previstas e puníveis pelo artigo 24.º do Decreto n.º 13.004, de 12 de Janeiro de 1927, apenas operando essa despenalização quanto aos cheques de valor não superior a 5.000$00 e quanto aos cheques de valor superior a esse montante em que não se prove que causaram prejuízo patrimonial".

4. PENAS APLICÁVEIS

De acordo com o disposto no art. 11.º, n.ºˢ 1 e 2 do Dec.-Lei n.º 454/91, de 28 de Dezembro, os autores de crimes de emissão de cheques sem provisão, praticados em qualquer das formas previstas na citada disposição legal, serão condenados nas penas previstas para o crime de burla, observando-se o regime geral da punição deste crime. Temos, assim, *o crime de emissão de cheques sem provisão simples*, previsto no art. 217.°, n.° 1 do Código Penal, ex vi dos n.ºs 1 e 2 do art. 11.° do Dec.-Lei n.° 454/91:

Art. 217.°

1. Quem com intenção de obter para si ou para terceiro enriquecimento ilegítimo, por meio de erro ou engano sobre factos que astuciosamente provocou, determinar outrem à prática de actos que lhe causem, ou causem a outra pessoa, prejuízo patrimonial é punido com pena de prisão até 3 anos ou com pena de multa.

2. A tentativa é punível.

3. O procedimento criminal depende de queixa.

4. É correspondentemente aplicável o disposto no art. 206.° e na alínea a) do art. 207.° ([146]).

O crime de emissão de cheque sem provisão agravado vem previsto no art. 218.° do Código Penal, ex vi dos n.ºs 1 e 2 do art. 11.° do Dec.-Lei n.° 454/91.

Art. 218.° do Código Penal (burla qualificada)

1. Quem praticar o facto previsto no n.° 1 do artigo anterior é punido, se o prejuízo patrimonial for de valor elevado, com pena de prisão até 5 anos ou com pena de multa até 600 dias.

2. A pena é a de prisão de 2 a 8 anos se:

a) O prejuízo patrimonial for de valor consideravelmente elevado;

([146]) Artigo 206.° (restituição ou reparação).

1. Quando a coisa furtada ou ilegitimamente apropriada for restituída, ou tiver lugar a reparação integral do prejuízo causado, sem dano ilegítimo de terceiro, até ao início da audiência de julgamento em 1.ª instância, a pena é especialmente atenuada.

2. Se a restituição ou reparação forem parciais, a pena pode ser especialmente atenuada.

Artigo 207.° do C. Penal (acusação particular).

a) Se o agente for cônjuge, ascendente, descendente, adoptante, adoptado, parente ou afim até ao 2.° grau da vítima, ou com ela viver em condições análogas às dos cônjuges;

b) ...

b) O agente fizer da burla modo de vida; ou
c) A pessoa prejudicada ficar em difícil situação económica.
3. É correspondentemente aplicável o disposto no art. 206.°.

Para determinar as penas aplicáveis ao crime de emissão de cheque sem provisão, há que ter presente o disposto no art. 202.° alíneas a), b), e c) do Código Penal, conjugado com o preceituado nos arts. 217.° e 218.° do Código Penal, tudo atento o disposto nos arts. 11.°, n.ᵒˢ 1 e 2 do Dec.-Lei n.° 454/91.

Assim se o valor do prejuízo for igual ou inferior a 50 unidades de conta (correspondente à burla simples), com prisão até 3 anos ou com pena de multa (entre 10 e 360 dias — V. art. 47.° do Código Penal).

Se, correspondendo à burla qualificada, o prejuízo patrimonial for de valor elevado, isto é, for superior a 50 unidades de conta, mas não exceder 200 unidades de conta e não se verificar nenhuma das circunstâncias previstas nas alíneas b) ou c) do n.° 2 do art. 218.° do Código Penal, a pena aplicável será de prisão até 5 anos ou com pena de multa até 600 dias.

Se o prejuízo patrimonial for de valor elevado, isto é, for superior a 50 unidades de conta, mas não exceder 200 unidades de conta e se verificar alguma das circunstâncias previstas nas alíneas b) e c) do n.° 2 do art. 218.° do Código Penal a pena aplicável é a de prisão de 2 a 8 anos.

Se o valor do prejuízo for de valor consideravelmente elevado (superior a 200 unidades de conta), a pena aplicável é de 2 a 8 anos — art. 218.°, n.° 2, alínea a) do Código Penal.

5. O PAGAMENTO COMO CAUSA EXTINTIVA DA RESPONSABILIDADE CRIMINAL

O pagamento previsto nos termos do n.° 3 do art. 11.° do Dec.-Lei n.° 454/91, actua como *causa extintiva da responsabilidade criminal*, sendo certo que, como resulta da letra do n.° 3 do referido artigo, o pagamento pode exceder o montante do cheque — ver acréscimos previstos no texto do n.° 3 — parecendo possível que, mesmo assim, o prejuízo patrimonial sofrido pelo beneficiário do cheque seja ainda superior.

A emissão de um cheque consiste no seu preenchimento e posterior entrega ao tomador.

Deve observar-se o disposto nos arts. 1.º, 2.º e 3.º da Lei Uniforme sobre Cheques.

O Prof. Germano Marques da Silva chama a atenção para vários problemas que a interpretação do n.º 3 do art. 11.º suscita.

a) Assim, afirma "importa esclarecer que o pagamento parcial, não é apenas o pagamento feito pela instituição de crédito sacada, nos termos do art. 34.º da Lei Uniforme relativa ao cheque, mas esse pagamento e ainda o que for feito directamente ao portador, pessoalmente ou por meio de depósito, nos termos do art. 11.º, n.º 3 do Dec.-Lei n.º 454/91".

b) Não obstante o pagamento feito no quantitativo previsto no n.º 3 do art. 11.º, quando o valor do prejuízo for controvertido, será "necessário aguardar pelo julgamento para decidir se os pagamentos efectuados até ao primeiro interrogatório do arguido repararam ou não integralmente os prejuízos causados com o comportamento ilícito.

c) Admite que "o pagamento com efeito extintivo da responsabilidade criminal e do procedimento pode ser efectuado por terceiro que não seja penal ou civilmente responsável" ([147]).

d) São de equiparar ao pagamento todos as formas legais de extinção das obrigações, incluindo a renúncia do credor, desde que verificadas até ao momento do primeiro interrogatório do arguido em processo penal.

6. ELEMENTOS DO CRIME

Neste tipo de crime devem distinguir-se:
a) *Elementos objectivos:*
— Preenchimento do cheque de montante superior a 5.000$00 com a assinatura do sacador;
— Falta de provisão;
— Verificação do prejuízo patrimonial (em função do não pagamento integral por falta de provisão);

([147]) Ob. cit., págs. 22, 23 e 69.

b) *Elementos subjectivos:*
— Conhecimento pelo emitente da falta de provisão;
— Vontade de praticar o facto, sabendo que o mesmo é ilícito.
Do art. 11.° citado se conclui não ser punível este crime quando praticado por mera culpa. É necessário dolo, admitindo-se o dolo eventual.

Os elementos constitutivos dos crimes de emissão de cheque sem provisão resultam do art. 11.°, n.ᵒˢ 1 e 2 do Dec.-Lei n.° 454/91, completados com os arts. 217.° e 218.° do Código Penal.

7. CONDIÇÕES OBJECTIVAS DE PUNIBILIDADE

— apresentação do cheque a pagamento *no prazo de oito dias* (art. 29.° da L.U.), a contar da data da emissão;
— não pagamento por falta de provisão, verificada esta nos termos e prazos da Lei Uniforme sobre cheques.

A falta de provisão parece não dever ser considerada no momento da emissão e entrega do cheque, mas sim no momento em que o cheque deva ser apresentado a pagamento. A solução não é pacífica.

8. VERIFICAÇÃO DE RECUSA DE PAGAMENTO

A recusa de pagamento tem de ser verificada por uma de três formas:
1) por um acto formal (o protesto);
2) por uma declaração do banco sacado, datada e escrita sobre o cheque, com indicação do dia em que este foi apresentado a pagamento;
3) por uma declaração datada de uma Câmara de Compensação, constando que o cheque foi apresentado em tempo útil e não foi pago (V. art. 41.° da L.U.).

Problema curioso é o de saber a relevância do protesto feito antes da data constante no cheque como data da emissão. Parece dever entender-se que não se verifica a condição objectiva de punibilidade.

Nos termos do art. 28.º da L.U. "o cheque apresentado a pagamento antes do dia indicado como data da emissão é pagável no dia da apresentação". Esta disposição é válida para efeitos cambiários, mas não para efeitos penais.

9. AINDA A PROPÓSITO DAS SITUAÇÕES COMPREENDIDAS NA NOÇÃO DE CHEQUE SEM PROVISÃO.

Acrescentamos ainda algumas considerações a propósito de:

1) *Alínea b) do art. 11.º* — levantar, após a entrega do cheque, os fundos necessários ao seu pagamento integral;

O levantamento de fundos (total ou parcial), só será objecto de censura penal se o cheque, uma vez apresentado a pagamento, não for integralmente pago por falta de provisão, e esta tiver sido verificada nos 8 dias seguintes ao dia indicado no cheque como data da sua emissão (V. arts. 29.º e 40.º da L.U.);

2) *Alínea c) do art. 11.º* proibição à instituição sacada do pagamento do cheque emitido e entregue.

Tem de tratar-se de uma causa injustificada de proibição.

São irrelevantes para este fim os vícios das obrigações subjacentes.

A declaração escrita de extravio ou furto do cheque feita pelo sacador obriga o banco a não pagar, mas a responsabilidade será do sacador que a dá.

Só na fase de inquérito, o Ministério Público poderá ajuizar se a ordem dada ao banco foi legítima ou ilegítima e depois agir em conformidade.

3) *Número 2 do art. 11.º* — endosso de cheque, por portador originário ou não, que tomou conhecimento da falta de provisão e, posteriormente o endossou a terceiros causando com isso a esse terceiro um prejuízo patrimonial.

O conhecimento da falta de provisão não necessita de resultar da apresentação do cheque a pagamento por parte do tomador originário e consequente aposição dessa mesma falta.

10. EXTINÇÃO DA RESPONSABILIDADE CRIMINAL

Já atrás nos referimos às penas aplicáveis ao crime de emissão de cheque sem provisão.
Como dispõe o n.º 3 do art. 118.º do Código Penal, "quando a lei estabelecer para qualquer crime, em alternativa, pena de prisão ou de multa, só a primeira é considerada para efeito do disposto neste artigo".

A responsabilidade criminal extingue-se:
1) *Por prescrição* decorridos 10 anos sobre a prática do crime punível com pena de prisão cujo limite máximo seja igual ou superior a 5 anos (art. 118.º, n.º 1, al. b), com referência ao art. 218.º, todos do Código Penal) ou decorridos 5 anos quando o crime for punível com pena de prisão até 3 anos (art. 118.º, n.º 1, alínea c), com referência ao art. 217.º n.º 1 todos do Código Penal.

O prazo de prescrição do procedimento criminal corre desde o dia em que o facto se tiver consumado (art. 119.º, n.º 1 do Código Penal) e este consuma-se no momento em que se verificou o prejuízo do portador, isto é, no dia em que o cheque não foi pago, por recusa de pagamento pelo banco.

2) *Por pagamento efectuado até ao primeiro interrogatório do arguido em processo penal* (V. art. 11.º, n.º 3) — constituirá um *pressuposto processual negativo*.

(Ver o n.º 4 do art. 11.º quanto à responsabilidade civil e solidária dos mandantes, ainda que pessoas colectivas, sociedades ou meras associações de facto desde que tenham agido nessa qualidade e no interesse dos representados:

3) *Morte do agente* (V. art. 127.º do Código Penal);
4) *Amnistia* (V. art. 127.º do Código Penal);

Quanto aos crimes públicos (V. art. 218.º, n.º 1 e 2) basta a simples denúncia ao Ministério Público. Outros crimes de emissão de cheque sem provisão são crimes semipúblicos (V. art. 217.º, n.ºs 1 e 3) ou particulares (V. art. 207.º, alínea a) e art. 217.º, n.º 4), tudo por remissão do já referido art. 11.º, n.ºs 1 e 2 do Dec.-Lei n.º 454/91.

O procedimento criminal pelos crimes semipúblicos e particulares depende da queixa do ofendido (arts. 113.º a 117.º do Código Penal).

No caso de crime particular é necessária ainda a acusação do assistente, que se deve ter constituído como tal no termo do inquérito (arts. 50.°, n.° 1 e 285.° do Código de Processo Penal).

11. PRAZOS PARA PROMOÇÃO DO PROCEDIMENTO CRIMINAL E PARA FORMULAR O PEDIDO DE INDEMNIZAÇÃO CÍVEL

O procedimento criminal depende de queixa quanto aos crimes semipúblicos e particulares, como já se referiu.

O direito de queixa extingue-se no *prazo de 6 meses* a contar da data em que o titular tiver tido conhecimento do facto e dos seus autores, ou a partir da morte do ofendido, ou da data em que ele se tiver tornado incapaz (art. 115.° do Código Penal).

O art. 52.° da Lei Uniforme dispõe que é de seis meses o prazo de prescrição da acção do portador contra os obrigados por falta de pagamento do cheque. Há quem entenda que este há-de ser o prazo para formular o pedido de indemnização civil conexo com o processo crime, a exercer nos termos do art. 71.° e segs. do Código de Processo Penal.

De acordo com o disposto no art. 498.°, n.° 3 do Código Civil, o direito de indemnização para o qual o n.° 2 do artigo estabelece o prazo de 3 anos, se o facto ilícito constituir crime para o qual a lei estabeleça prescrição sujeita a prazo mais longo, é este o prazo aplicável, a ser exercido no processo criminal ou em separado, se se verificarem as condições previstas no art. 72.° do Código de Processo Penal. Isto obviamente nos casos em que o cheque emitido e não pago constitua crime, porque se não vier a demonstrar-se ter constituído crime, o prazo será o previsto no art. 52.° da Lei Uniforme, a observar à cautela.

12. SANÇÕES ACESSÓRIAS. PUBLICIDADE DA DECISÃO CONDENATÓRIA

Sanções acessórias à condenação por crime de emissão de cheque sem provisão.

Dispõe o art. 12.º do Dec.-Lei n.º 454/91:

"1 — A quem for condenado por crime de emissão de cheque sem provisão, pode o tribunal aplicar as seguintes sanções acessórias:
 a) Interdição temporária do uso de cheque;
 b) Publicidade da decisão condenatória.

2 — A interdição temporária do uso de cheque terá a duração mínima de 6 meses e a máxima de 3 anos.

3 — A publicidade da decisão condenatória faz-se, a expensas do condenado, em publicação periódica editada na área da comarca da prática da infracção ou, na sua falta, em publicação periódica da comarca mais próxima, bem como através da afixação de edital, por período não inferior a 30 dias, no local habitualmente destinado para o efeito.

4 — Em casos particularmente graves, pode o tribunal, também a expensas do condenado, ordenar que a publicidade seja feita no Diário da República ou através de qualquer meio de comunicação social.

5 — A publicidade será feita por extracto de que constem os elementos da infracção e as sanções aplicadas, bem como a identificação do agente.

6 — A sentença que condenar em interdição temporária do uso de cheque deve ordenar ao condenado que restitua às instituições de crédito que lhos forneceram, todos os módulos de cheques que tiver em seu poder ou em poder dos seus mandatários.

7 — Incorre na pena do crime de desobediência quem não respeitar a injunção a que se refere o número anterior, e na do crime de desobediência qualificada, quem emitir cheques enquanto durar a interdição fixada na sentença.

8 — O condenado em interdição do uso de cheque poderá ser reabilitado judicialmente se, pelo menos por um período de 2 anos depois de cumprida a pena principal, se tiver comportado por forma que torne razoável supor que não cometerá novos crimes da mesma natureza.

9 — A sentença que condenar em interdição de uso de cheque é comunicada ao Banco de Portugal, que informará todas as instituições de crédito de que devem abster-se de fornecer ao conde-

nado e aos seus mandatários cheques para movimentação das suas contas de depósito, salvo no caso previsto no artigo 6.º.

10 — A sentença que conceder a reabilitação é igualmente comunicada ao Banco de Portugal para informação a todos as instituições de crédito."

13. TRIBUNAL COMPETENTE

Nos termos do art. 13.º do Dec.-Lei 454/91 "é competente para conhecer do crime de emissão de cheque sem provisão, o tribunal da Comarca onde se situa o estabelecimento de crédito em que o cheque foi inicialmente entregue para pagamento."

PROCEDIMENTOS ADMINISTRATIVOS RELATIVOS A CHEQUES
fixados pelo Banco de Portugal, em anexo à Circular, Série A, n.º 281, de 22 de Novembro de 1995

CHEQUES
Restrição ao uso de cheque

O Decreto-Lei n.º 454/91, de 28 de Dezembro, atribuiu ao Banco de Portugal competência para fixar os requisitos a observar no fornecimento de impressos de cheque e para transmitir às instituições de crédito as instruções tendentes à aplicação uniforme das disposições relativas à restrição ao seu uso.
Assim, ao abrigo do art. 7.º do referido Decreto-Lei n.º 454/91 e da alínea b) do n.º 1 do art. 22.º da sua Lei Orgânica, o Banco de Portugal determina o seguinte:

I. ÂMBITO DE APLICAÇÃO

1. São destinatários das presentes Instruções:
a) Os bancos;
b) A Caixa Geral de Depósitos;
c) As caixas económicas;
d) A Caixa Central de Crédito Agrícola Mútuo;
e) As caixas de crédito agrícola mútuo.

II. FORNECIMENTO DE IMPRESSOS DE CHEQUE

2. As instituições de crédito não podem confiar impressos de cheque às entidades:
a) Que integrem a listagem de utilizadores de cheque que oferecem risco divulgada pelo Banco de Portugal;
b) Que estejam judicialmente interditas do uso de cheque, logo que de tal facto sejam informadas;

c) Em cuja ficha de abertura de conta não conste a indicação de conferência de elementos com base no bilhete de identidade civil, ou outro que legalmente o substitua para todos os efeitos, no caso de residentes em Portugal, e documento equivalente ou passaporte, no caso de residentes no estrangeiro.

3. As entidades abrangidas pelo disposto no número anterior poderão movimentar as contas respectivas através de cheques avulsos, visados ou não, desde que respeitem o estabelecido no n.° 1 do art. 6.° do Decreto-Lei n.° 454/91.

4. Nas requisições de impressos de cheque devem constar as moradas actuais dos requisitantes, de modo a poderem ser confirmadas ou rectificadas as constantes na ficha de abertura de conta, e a obrigação de os titulares ou representantes os restituirem caso ocorra a rescisão da convenção do seu uso.

5. Aos impressos de cheque que fornecerem as instituições de crédito devem juntar cópia da requisição respectiva.

6. Os primeiros impressos de cheque devem ser fornecidos através dos Correios, sob registo, para a morada indicada na ficha de abertura de conta, ou entregues ao próprio cliente, no balcão, contra a apresentação de carta-aviso endereçada pela instituição de crédito para a mesma morada e a exibição do respectivo bilhete de identidade.

III. RESCISÃO DA CONVENÇÃO DE CHEQUE

7. As instituições de crédito devem rescindir qualquer convenção que atribua o direito de emissão de cheque a quem, pela utilização indevida, revele pôr em causa o espírito de confiança que deve presidir à sua circulação. Considerar-se-ão, entre outras circunstâncias, as seguintes:

a) O emitente não proceder à regularização de cheque sacado sobre conta cujo saldo não apresente provisão bastante, como dispõe o n.° 2 do art. 1.° do Decreto-Lei n.° 454/91;

b) O emitente ter sido notificado três vezes no prazo de seis meses para regularizar cheques sacados sobre conta cujo saldo não apresente provisão bastante;

c) Tiverem sido emitidos três cheques no prazo de seis meses e devolvidos por saque irregular (divergência de assinatura, insuficiência de assinatura ou assinatura não autorizada para determinado saque);

d) Tiverem sido emitidos dois cheques sobre conta encerrada.

8. As instituições de crédito devem ainda rescindir qualquer convenção que atribua o direito de emissão de cheque a quem integre a listagem de utilizadores de cheque que oferecem risco.

9. Um cheque emitido sobre conta cujo saldo não apresente provisão suficiente deve considerar-se regularizado se, no prazo de dez dias:

a) For reapresentado e pago;

b) O emitente exibir prova de pagamento ao portador da importância nele indicada;

c) O emitente aprovisionar a conta com os fundos necessários e os afectar durante trinta dias ao seu pagamento.

10. Considera-se que participam na emissão de um cheque os co-autores do saque e os titulares da conta sacada, incluindo as pessoas colectivas, para efeitos do n.º 2 do art. 1.º do Decreto-Lei n.º 454/91.

11. Para efeitos do art. 1.º do Decreto-Lei n.º 454/91, consideram-se apenas os cheques apresentados a pagamento dentro do prazo legal.

12. Presumem-se emitidos no dia da apresentação os cheques com data de emissão posterior.

13. As instituições de crédito não poderão devolver cheques com fundamento na rescisão da convenção do seu uso ou no facto de o nome do sacador figurar na listagem de utilizadores de cheque que oferecem risco.

IV. EXTENSÃO A CO-TITULARES DA RESCISÃO DE CONVENÇÃO

14. A rescisão de convensão é extensiva apenas aos co-titulares da conta sobre a qual foi emitido o cheque que lhe deu causa; não a co-titulares de outras contas nas quais também aqueles figurem, excepto se a instituição de crédito dispuser de elementos que permitam provar que aqueles não são alheios aos actos que provocaram a rescisão.

15. A rescisão de convenção com entidades que integrem a listagem de utilizadores de cheque que oferecem risco, efectuada por força do disposto no n.º 3 do art. 3.º do Decreto-Lei n.º 454/91, não é extensiva aos co-titulares, que se presumem alheios aos actos que motivaram a sua inclusão na listagem, salvo se as instituições de crédito dispuserem de elementos que permitam provar o contrário.

V. NOTIFICAÇÕES E COMUNICAÇÕES

16. As notificações previstas no Decreto-Lei n.º 454/91 devem ser feitas nos prazos seguintes:

a) Até ao fim do 2.º dia útil após a devolução do cheque em causa, no caso do n.º 2 do art. 1.º;

b) Até ao fim do 5.º dia útil após o prazo de dez dias previsto no n.º 2 do art. 1.º ou após a verificação de qualquer das situações referidas em 7, no caso previsto no n.º 4 do mesmo artigo;

c) Até ao fim do 5.º dia útil após a apresentação do cheque em causa, no caso da alínea b) do n.º 1 do art. 2.º.

d) Até ao fim do 5.º dia útil após a recepção da listagem divulgada pelo Banco de Portugal, no caso do n.º 3 do art. 3.º.

17. Aos prazos indicados nas alíneas anteriores somam-se dez dias úteis para efeitos de cumprimento do disposto no Capítulo VII.

18. As notificações a que se refere a parte final do n.º 2 do art. 1.º do Decreto-Lei n.º 454/91 deverão obrigatoriamente mencionar:

a) A identificação do balcão, o número de conta sacada, o número do cheque devolvido e o valor respectivo;

b) As modalidades de regularização admitidas, o prazo concedido para o fazer e as bases legais correspondentes, a saber: Instruções do Banco de Portugal e o n.º 2 do art. 1.º do Decreto-Lei n.º 454/91;

c) As consequências da não apresentação de prova da regularização do cheque devolvido, nomeadamente a rescisão de convenção do seu uso;

19. As notificações a que se referem o n.º 4 do art. 1.º e o n.º 3 do art. 3.º do Decreto-Lei n.º 454/91 deverão obrigatoriamente mencionar:

a) As circunstâncias que fundamentam a rescisão de convensão (a não regularização de cheque no prazo indicado, a inclusão do nome do notificado na listagem de utilizadores de cheque que oferecem risco ou outra) e a base legal correspondente;

b) A exigência de restituição dos impressos de cheque em poder do notificado e da indicação por este dos cheques emitidos em data anterior à recepção desta notificação;

c) A possibilidade de movimentação de conta através de cheques avulsos, prevista no n.º 1 do art. 6.º do diploma citado;

d) O dever do notificado se abster de emitir cheques sobre a instituição de crédito notificante ou sobre qualquer instituição de crédito, consoante o caso.

20. A notificação da recisão de convenção aos co-titulares, efectuada ao abrigo do n.º 3 do art. 1.º do Decreto-Lei n.º 454/91, deve ainda mencionar que esta poderá ser anulada se aqueles demonstrarem que são alheios aos actos que motivaram a rescisão e que, se o fizerem no prazo de dez dias, a rescisão não será comunicada ao Banco de Portugal.

21. As notificações referidas devem ser autenticadas com as assinaturas que obriguem a instituição de crédito remetente.

22. As instituições de crédito devem comunicar ao Banco de Portugal todas as situações previstas no n.º 1 do art. 2.º do Decreto-

-Lei n.º 454/91, através do File Transfer System da SIBS, até ao fim do 2.º dia útil seguinte à sua verificação. No caso indicado no número 20 devem adicionar-se os dez dias nele referidos.

23. As rescisões efectuadas por força do disposto no n.º 3 do art. 3.º do Decreto-Lei n.º 454/91 e as utilizações de cheque posteriores a estas rescisões não deverão ser comunicadas.

24. As instituições de crédito devem observar as definições, tabelas e procedimentos operacionais da aplicação informática que gere a informação processada, constantes no Manual de Descrição de Ficheiros divulgado através de Carta-circular.

25. As propostas de remoção da listagem de utilizadores de cheque que oferecem risco devem indicar as razões que as fundamentam e serem autenticadas nos termos do anterior número 21.

26. Os efeitos da emissão de cheque em violação do dever referido no n.º 5 do art. 1.º do Decreto-Lei n.º 454/91 não se tornam extensivos aos co-titulares que não participem na referida emissão, embora devam ser notificados desta ocorrência.

VI. LISTAGEM DE UTILIZADORES DE CHEQUE QUE OFERECEM RISCO

27. Logo que tome conhecimento de que uma entidade foi objecto de duas ou mais rescisões de convenção de cheque ou que violou o dever de se abster de emitir ou subscrever cheques, o Banco de Portugal inclui-la-á na listagem de utilizadores de cheque que oferecem risco, comunicando, diariamente, essa inclusão a todas as instituições de crédito, com indicação da data de entrada da mesma entidade na listagem.

28. Juntamente com as informações a que se refere o número anterior, o Banco de Portugal comunicará às instituições de crédito os dados referentes às pessoas abrangidas pelas sentenças de interdição temporária do uso de cheque e de reabilitação, referidas no art. 12.º do Decreto-Lei n.º 454/91.

29. Se o Banco de Portugal não determinar a remoção, o período de permanência na listagem de utilizadores de cheque que oferecem risco é de dois anos, contados a partir da data de entrada, findo o qual as instituições de crédito deverão considerar que aqueles deixaram de nela constar.

VII. CHEQUES TRUNCADOS APRESENTADOS NA COMPENSAÇÃO

30. Os cheques truncados que forem objecto de devolução por qualquer motivo, antes de devolvidos aos portadores, deverão ser fotocopiados pelas instituições tomadoras, as quais imediatamente promoverão a entrega da cópia obtida às instituições sacadas, para verificação dos elementos nele constantes, designadamente, identificação do emitente e verificação da data.

31. As instituições sacadas devem indicar, através de código especial, que os cheques de valor compreendido no montante da truncagem, emitidos sobre contas nas quais tenha recaído alguma rescisão de convenção, lhes devem ser apresentados.

VIII. DISPOSIÇÕES FINAIS

32. As instituições de crédito devem comunicar ao Banco de Portugal a unidade de estrutura que funcionará como Centro de Contacto (denominação, morada, telefone e telefax), interlocutor das dúvidas e esclarecimentos de e para a sua rede de balcões, relacionados com as normas aplicáveis à restrição ao uso de cheque.

33. Toda a correspondência e demais documentação relacionada com a matéria em apreço, bem como as dúvidas suscitadas na aplicação destas normas, deve ser dirigida ao:
Departamento de Operações de Crédito e Mercados (DOC)
Rua Francisco Ribeiro, n.º 2-3.º
1101 Lisboa Codex.

34. As presentes Instruções entram em vigor em 2 de Janeiro de 1996.

CAPÍTULO VIII
ALGUMAS QUESTÕES PRÁTICAS A PROPÓSITO DAS GARANTIAS ESPECIAIS DAS OBRIGAÇÕES

SECÇÃO I
CONSIDERAÇÕES DE ORDEM GERAL

Quem contrai para com outro uma obrigação legalmente exigível (excluímos, portanto, as obrigações naturais ([148]), coloca-se na situação de que o seu credor lhe possa exigir judicialmente o seu cumprimento.

Nisso consiste a garantia da obrigação.

Tal garantia traduz-se na susceptibilidade de, em caso de necessidade, obter a condenação do devedor na realização da prestação devida através de uma acção de condenação, que no caso de reconhecer o direito do credor, condenará por sentença o devedor a cumprir a sua obrigação. Se, obtida essa sentença condenatória, o devedor continuar a não cumprir, o credor pode executá-la, isto é, requerer ao tribunal a efectivação forçada do seu direito (execução) à custa do património de devedor (art. 817.º do Código Civil).

Desta situação decorre que o património do devedor é a garantia geral ou comum dos credores.

Deste modo respondem pelas dívidas do devedor todos os bens que façam parte do património do devedor (art. 601.º), ficando excluídos os que tenham licitamente saído do património do devedor antes da execução ([149]) e sujeitos ao seu pagamento os

---

([148]) O art. 402.º do Código Civil define obrigação natural, a que se funda num mero dever de ordem moral ou social, cujo cumprimento não é judicialmente exigível, mas corresponde a um dever de justiça.

([149]) Os que tenham saído ilicitamente do património do devedor poderão ser objecto de impugnação pauliana nos termos dos arts. 610.º e segs. do Código Civil.

bens entretanto ingressados no mesmo património (art. 601.º do Código Civil e art. 821.º do C.P.C.).

É evidente que as noções que se estão a expor, dirigidas não necessariamente a juristas, são apresentadas por forma extremamente simples e visam introduzir figuras jurídicas do maior interesse na vida bancária.

Se o devedor contrai obrigações em número e/ou montante que não pode cumprir (para maior facilidade de compreensão referir-nos--emos sempre a obrigações pecuniárias) e os seus credores se encontrarem todos perante o devedor em igualdade de circunstâncias, isto é, sem qualquer preferência a favor de qualquer deles, os credores serão pagos proporcionalmente pelo preço dos bens do devedor, quando ele não chegar para integral satisfação dos débitos (art. 604.º, n.º 1 do Código Civil).

É neste condicionalismo que quem se coloca por força de contrato na posição de ser credor de outrém, procura reforçar as suas garantias perante o devedor. Procura o credor obter pagamento preferencial em relação aos demais credores ou obter do devedor que este afecte certos bens ao pagamento preferencial de certo crédito ou obtenha de terceiros a especial afectação de bens a esse pagamento ou a garantia de procederem a esse pagamento.

Surgem assim duas espécies de garantias especiais das obrigações do devedor — as *garantias pessoais* e as *garantias reais*.

Nas *garantias pessoais*, outra ou outras pessoas ficam responsáveis com os seus patrimónios pelo cumprimento da obrigação. Isto é, do ponto de vista do credor respondem perante este mais pessoas além do devedor e mais patrimónios além do património deste.

Nas garantias reais, o credor adquiriu o direito de se fazer pagar, de preferência a quaisquer outros credores, pelo valor ou pelos rendimentos de certos e determinados bens do próprio devedor ou de terceiro, ainda que esses bens venham a ser posteriormente transferidos para a titularidade de terceiro.

Responderão assim certos bens em especial a favor do credor e eventualmente bens pertencentes a pessoa diversa do devedor.

Estas garantias podem resultar da *própria lei*, de *negócio jurídico* e de *sentença*.

A nossa Lei Civil reconhece *como garantias pessoais* a *fiança*, a *sub-fiança* e o *mandato de crédito*.

Adiante nos referiremos ao caso das cartas de conforto.

A par da fiança todos conhecemos em direito comercial a figura do *aval*, que apareceu na linguagem jurídica inicialmente sempre ligada aos títulos de crédito. A partir de 1961 e mais recentemente pelo menos a partir de 1973, com a Lei n.º 1/73, de 2 de Janeiro, surgiu na linguagem jurídica o termo aval em sentido diverso do tradicional — referimo--nos *aos avales do Estado* tão vulgarizados durante os anos de crise económica e que o parecer da Procuradoria-Geral da República de 28/04/83 ([150]) tornou matéria de viva discussão a sua natureza jurídica e preocupante para os credores, designadamente bancários, o regime decorrente da conclusão alcançada quanto à exigência de juros moratórios.

Como garantias reais admitidas pela nossa lei há que considerar:
— a consignação de rendimentos
— o penhor
— a hipoteca
— os privilégios creditórios
— o direito de retenção
— a penhora e o arresto

Muito frequente na vida comercial é a chamada garantia bancária e o aval bancário. Este último, no sentido tradicional da palavra, resulta apenas da qualidade da pessoa que apõe o aval num título de crédito — uma instituição de crédito.

A *garantia bancária* aparece ou configurando a simples natureza da fiança — caso das fianças prestadas perante as alfândegas ou o que a doutrina consagrou chamar "garantia bancária autónoma", automática ou à primeira solicitação ([151]).

A garantia bancária autónoma é um produto da liberdade contratual, que se caracteriza por o banco que a presta se obrigar a pagar logo que o pagamento lhe é exigido, sem poder formular quaisquer objecções, situação muito vulgar, porque se rodeou de contra-garantias bastantes para salvaguardar qualquer desembolso que venha a fazer a favor do beneficiário da garantia, por força da prestação da mesma.

([150]) Ver D.R. II Série, de 05/01/84.
([151]) "Garantievertrag, "Guarantee upon first demand" ou "Garantie à première demande".

As figuras jurídicas a que nos referimos são certamente do conhecimento das pessoas a quem estas linhas se destinam e parecer-nos-ia impertinente alinhar um conjunto de noções mais do que elementares ou procurar transformar esta troca informal de opiniões em arrastada exposição jurídica, necessariamente incompleta por carência absoluta de tempo.

Tendo presente a nossa experiência já alongada destas matérias, afigura-se-nos de maior utilidade transmitir algumas reflexões que essa experiência nos proporcionou e colocar-vos de sobreaviso quanto a situações perigosas do ponto de vista da defesa dos interesses dos bancos no exercício do seu comércio.

Assim, quanto às garantias pessoais, a fiança e o aval não oferecem dúvidas de maior nas relações credor-fiador ou credor-avalista.

SECÇÃO II
AVALES DO ESTADO

1. EM GERAL

Mas já é importante explicitar que os chamados *avales do Estado* ([152]) segundo o n.º 1 da Base VII, da Lei 1/73, de 2 de Janeiro (V. Despacho Normativo n.º 231/78, de 27/05/78) podem ser prestados por uma de três formas: ou por outorga (intervenção directa) em contratos, ou pela emissão de declarações de aval autenticadas com o selo branco da Direcção-Geral do Tesouro ou pela assinatura de títulos representativos das operações de crédito avalizadas ([153]).

([152]) Consideram-se avales de Estado os concedidos pela Direcção Geral do Tesouro e pelo IAPMEI, nos termos da legislação citada — Lei n.º 1/73 e Despacho Normativo n.º 231/78. O Despacho Normativo n.º 231/78, em relação ao IAPMEI, fala em certificados de aval, cujo original será entregue à entidade financiadora, ficando cópia na posse do Instituto e da Direcção-Geral do Tesouro (n.º 7, 2 do referido D. N.).

([153]) Em relação ao Crédito Agrícola de Emergência, veio o Dec.-Lei n.º 251/75, de 23 de Maio, prever a prestação deste tipo de crédito, assegurado por termos de responsabilidade ou avales prestados pelo Instituto de Reorganização Agrária e posteriormente pelo Instituto de Gestão e Estruturação Fundiária. A prestação destes avales foi consubstanciada em cartas dirigidas aos então mutuários

A primeira observação que cumpre fazer é a de que a palavra aval não é empregue no sentido próprio e tradicional de *aval* — acto pelo qual um terceiro ou um signatário da letra garante o pagamento da letra por parte de um dos seus subscritores. A obrigação do avalista, do ponto e vista cambiário, é subsidiária ou acessória de outra obrigação cambiária ou da obrigação de outro signatário. Mas o devedor de aval não se limita a responsabilizar-se pela pessoa por honra de quem presta o aval; assume a responsabilidade abstracta, objectiva pelo pagamento da letra.

Logo assim resulta que a palavra *aval* surge nos diplomas indicados não em sentido próprio, mas como equivalente a garantia.

Os limites para a concessão de avales do Estado, quer quanto a operações financeiras internas, quer externas têm vindo a ser fixados, nos termos da alínea *i*) do art. 164.º da Constituição, por Lei da Assembleia da República, sendo incluídos no Orçamento Geral do Estado desde 1990.

Também os Governos Regionais da Madeira e Açores podem prestar avales, dentro de limites fixados pelas respectivas Assembleias Regionais.

Nos termos do Dec.-Lei n.º 608/76, de 24/7, o Estado pode ser representado na defesa dos seus interesses, pelas instituições de crédito que tenham concedido créditos a empresas com aval prestado por intermédio do IAPMEI.

Segundo o referido parecer da Procuradoria Geral da República, de 28/4/83, o aval do Estado não se confunde com o aval cambiário pelas seguintes razões:

a) O aval do Estado é uma obrigação de direito público ([154]) que necessita de autorização especial;

---

e intermediários na atribuição de crédito (comissões liquidatárias dos grémios da lavoura ou associações agrícolas do tipo cooperativo), com cópia para as instituições de crédito encarregadas de conceder esse crédito. A partir do Dec.-Lei n.º 56/77, de 18/2 passaram a ser mutuários perante as instituições de crédito os próprios beneficiários do crédito Agrícola de emergência.

([154]) Em sentido diferente do defendido pela Procuradoria Geral da República, V. Dr. Costa Freitas "O Aval do Estado — natureza jurídica e efeitos", in Boletim da Ordem dos Advogados, n.º 23, Fevereiro de 1984; Dr. Alberto Luís, "Direito Bancário", Almedina, 1985, pág. 177 e segs. e Prof. Raúl Ventura "Aval do Estado. Vencimento da Obrigação do Estado Avalista", in Revista da Banca, n.º 4, Outubro/Dezembro de 1987.

b) Enquanto no regime do aval cambiário o avalista se responsabiliza objectivamente pelo pagamento da obrigação cambiária, sem qualquer privilégio sobre os bens do avalizado, nos avales do Estado este apenas se responsabiliza pelas entidades a favor de quem prestou o aval, ficando a deter sobre os bens da empresa avalizada os privilégios creditórios referidos no n.° 2 da Base VII da Lei 1/73.

c) O aval de direito público apresenta-se como uma verdadeira garantia subjectiva, traduzindo-se numa obrigação acessória da obrigação do mutuário, visto que tem por fim garantir o cumprimento desta. A obrigação é acessória no sentido de que não subsiste sem a obrigação principal, mas não subsidiária, já que o seu cumprimento pode ser exigido, logo que se verifique o inadimplemento pelo devedor, sem prévia excussão dos bens deste.

Tal posição não parece indiscutível, sendo embora certo que no regime do aval cambiário o avalista se responsabiliza objectivamente pelo pagamento da obrigação cambiária, sem qualquer privilégio sobre os bens do avalizado, enquanto nos avales por ele concedidos o Estado apenas se responsabiliza pelas entidades a favor dos quais prestou o aval, ficando a gozar sobre os bens do avalizado de privilégio creditório mobiliário geral (n.° 2 do art. 735.° do Código civil) e com a graduação equivalente à dos créditos do Estado por impostos (alínea *a)* do n.° 1 do art. 747.° do Código Civil). Tal privilégio só funcionará quando o aval for prestado a uma empresa privada, que detenha bens móveis.

Mas, no que este parecer veio ser inovador é quando concluiu que "o Estado só é responsável pelos juros moratórios respeitantes a débitos por ele avalizados desde a data em que a entidade financiadora o tiver interpelado para pagar (arts. 805.°, n.°1 e 806.°. n.° 1 do Código Civil).

Daqui que, a aceitar-se como boa esta interpretação, resulta que o credor de uma obrigação assegurada por aval do Estado terá de estar atento ao incumprimento do devedor para, sem perda de tempo, exigir daquele o cumprimento da obrigação assegurada.

Sendo inúmeras nos últimos anos estas situações, facilmente se compreende o alcance prático do parecer e quanto é importante estar atento a esta situação.

Não se deixará contudo de salientar que as conclusões do parecer apenas são obrigatórias para os Magistrados e Agentes do Ministério Público e porque homologado pelo Secretário de Estado do Tesouro vale como interpretação oficial perante os respectivos serviços (Ver Lei n.° 47/86, de 15 de Outubro — Lei Orgânica do Ministério Público, arts. 39.° e 40.°) não estando os tribunais obviamente vinculados nos seus julgamentos a esta interpretação.

2. O REGIME DO DEC.-LEI N.° 127/96

O Dec.-Lei n.° 127/96, de 19/8/96, define o regime e sistema de garantia do Estado a empréstimos bancários (SGEEB), no âmbito do quadro de acção para a recuperação de empresas viáveis em situação financeira difícil (QARESD), aprovado pela Resolução do Conselho de Ministros n.° 100/96, publicado no DR. 1ª Série-B, n.° 153, de 4/7/96, que propõe seja feito com base em "operações de consolidação financeira e reestruturação empresarial".

A Resolução do Conselho de Ministros n.° 100/96, já referida, criou o Gabinete de Coordenação para a Recuperação de Empresas (GACRE) de composição bastante alargada e que funcionará na dependência operativa do Ministro da Economia e cujo Regulamento interno se acha publicado no D.R.-II Série, de 24/2/97.

O desenvolvimento e operacionalização do plano de acção baseia-se em três pilares fundamentais:

1. Reforço da capacidade empresarial;
2. Melhoria da articulação entre o sistema financeiro e as empresas.
3. Intervenção rigorosa, coordenada e célere do Estado.

Os contratos de "acordo de consolidação financeira e restruturação empresarial" serão articulados — sempre que aplicável — com acordos de regularização das dívidas fiscais e à segurança social autónomos ou no quadro de processos especiais de recuperação (no quadro da regulamentação do art. 59.° da Lei n.° 10/B/96 ([155]) e da revisão no mesmo sentido do Dec.-Lei n.° 411/91 de 17/10, que esta-

---

([155]) A Lei 10-B/96 aprovou o Orçamento do Estado para 1996. O art. 59.° refere-se à mobilização de activos e recuperação de créditos, sem referência à prestação de garantias pelo Estado, que só aparecem referidas no art. 64.° da mesma Lei.

beleceu então um novo regime jurídico de regularização das dívidas à Segurança Social), que poderão envolver:

a) Dação em pagamento de bens afectos à actividade com arrendamento e opção de recompra;

b) Conversão de créditos em capital e ou cessão a valor de mercado;

c) Diferimentos de prazos de pagamento.

Complementarmente surge o sistema de garantia do Estado a empréstimos bancários disponibilizável a empresas viáveis com desequilíbrios financeiros com base em operações de "consolidação financeira e reestruturação empresarial".

O SGEEB implicará uma garantia cobrindo até 50% do risco no montante das operações não coberto por garantias reais, sendo suportado por instrumentos adequados (linha de crédito revolving e depósitos de garantia do Estado remunerados com base na LISBOR) com um plafond geral anual e permitindo ao empresário beneficiar de uma taxa de juro mais favorável definida como um prémio de risco reduzido (variável, mas sujeito a um limite máximo) sobre uma taxa de referência no mercado.

O Dec.-Lei n.º 124/96, de 10 de Agosto alterado pelo Dec.-Lei n.º 235-A/96, de 9/12, pretende ter criado um sistema mais simples e flexível para a regularização das dívidas ao Estado, a que obedecerão todas as intervenções de natureza particular ou específica.

Pretendeu-se com este diploma aproveitar a experiência de aplicação do Dec.-Lei n.º 225/94, de 5 de Setembro, que permitiu a regularização em prestações da dívida anterior a 31 de Dezembro de 1993, unicamente em relação aos contribuintes que dispunham de recursos para pagar, até fins de 1994, todas as dívidas vencidas desde o início do ano.

O acesso às medidas excepcionais previstas no Dec.-Lei n.º 124/96 está condicionado, entre outras condições, à prestação à administração fiscal de todas as informações relevantes para apuramento da dívida, verificação e controlo da situação tributária do devedor, bem como, tratando-se de pessoa colectiva, dos membros dos respectivos órgãos de administração, se necessário (art. 3.º, n.º 1, alínea c)), salvo no caso de pagamento imediato.

Para tanto, as entidades devedoras interessadas em beneficiar destas medidas excepcionais, deverão apresentar requerimento na repartição de finanças da sua residência ou sede, até 31 de Janeiro de 1997, acompanhado das autorizações decorrentes da lei, sendo emitida autorização nos termos previstos no n.º 1 do art. 79.º do Regime Geral das Instituições de Crédito e Sociedades Financeiras, para autorizar a Administração Fiscal a aceder às contas bancárias de que a firma/signatário seja titular em instituições bancárias, bem como aos respectivos movimentos ou a outras operações bancárias em que seja interveniente (art. 14.º, n.º 1 do Dec.-Lei n.º 124/96, na redacção do Dec.-Lei n.º 235.º-A/96, e Anexo E previsto na Portaria n.º 544/96, de 4/10) ([156]).

([156]) O Ministério das Finanças, através do seu Despacho n.º 414/96-XIII, publicado no D.R., II Série, de 12/10/96, com referência ao regime estabelecido pelo Dec.-Lei n.º 124/96, de 10/8, determinou que:
a) Em relação aos contribuintes não aderentes, que a não adesão seja considerada como intenção de manutenção de uma situação ilegal, pelo que os serviços devem, logo que terminado o período de adesão, proceder à instauração de processos de averiguações relativas a infracções fiscais cometidas por não aderentes, bem como, no que a estas respeita, dar prioridade ao prosseguimento dos processos já instaurados;
b) Em relação aos contribuintes aderentes, os serviços devem, na avaliação da respectiva situação concreta, valorar positivamente, *para todos os efeitos, incluindo para efeitos de aplicação de contra-ordenações e não instauração de processo de averiguações,* como manifestações de boa fé, todas as iniciativas daqueles destinadas à reposição da verdade fiscal e ao pagamento, a pronto ou em plano de prestações credível, das importâncias em dívida, bem como todas as diligências que contribuam para o esclarecimento da situação tributária e garantia do pagamento das dívidas.
Porque a alínea b) acima referida suscitou fundadas dúvidas, designadamente por parte do Ministério Público, quanto à orientação definida de não instauração de processos de averiguações em relação aos contribuintes aderentes ao sistema previsto no Dec.-Lei n.º 124/96, de 10/8, a Lei n.º 51-A/96, de 9/12, veio alterar o Dec.-Lei n.º 20-A/90, de 15 de Janeiro (Regime Jurídico das Infracções Fiscais não Aduaneiras) nos seguintes termos:
Artigo 1.º (**Âmbito de aplicação**)
O presente diploma é aplicável aos crimes de fraude fiscal, abuso de confiança fiscal e frustração de créditos fiscais que resultem das condutas ilícitas que tenham dado origem às dívidas abrangidas pelo disposto no Decreto-Lei n.º 225/94, de 5 de Setembro, e no Decreto-Lei n.º 124/96, de 10 de Agosto.

O pagamento das dívidas abrangidas pelo Dec.-Lei n.° 124/96 terá início a partir de Fevereiro de 1997 e a redução do valor dos créditos é apenas aplicável aos créditos relativos a juros de mora vencidos e vincendos e a juros compensatórios (art. 4.°, n.° 1, redacção do Dec.-Lei n.° 235-A/96).

O art. 284.° do Código do Processo Tributário (na redacção do Dec.-Lei n.° 125/96, de 10/8) permite a dação em pagamento como causa da extinção da obrigação tributária, embora a título excepcional. O Dec.-Lei 125/96, de 10 de Agosto veio alargar e flexibilizar os pressupostos da dação em pagamento, bem como dos

---

Artigo 2.° **(Suspensão do processo e da prescrição)**
1 — Se o agente obtiver da administração fiscal, nos termos legais, autorização para efectuar o pagamento dos impostos e respectivos acréscimos legais em regime prestacional, o processo de averiguações será suspenso enquanto se mantiver o pagamento pontual das prestações.
2 — A autorização a que se refere o número anterior suspende igualmente o processo penal fiscal durante o mesmo período e nas mesmas condições.
3 — O prazo de encerramento do processo de averiguação a que se refere o n.° 3 do artigo 43.° do Regime Jurídico das Infracções Fiscais não Aduaneiras, aprovado pelo Decreto-Lei n.° 20-A/90, de 15 de Janeiro, bem como o prazo de prescrição do procedimento criminal por crime fiscal, suspendem-se por efeito da suspensão do processo, nos termos dos números anteriores.

Artigo 3.° **(Extinção da responsabilidade criminal)**
O pagamento integral dos impostos e acréscimos legais extingue a responsabilidade criminal.

Artigo 4.° **(Dever de comunicação)**
Para efeitos do disposto nos artigos 2.° e 3.°, a administração fiscal comunicará ao Ministério Público as autorizações concedidas para pagamento, em regime prestacional, dos impostos e acréscimos legais bem como o respectivo pagamento integral ou incumprimento.

Artigo 5.° **(Exclusão)**
Independentemente de o agente ser ou não pessoa singular, o regime de suspensão e de extinção previsto no presente diploma não é aplicável ao crime de fraude fiscal quando se verifique qualquer das circunstâncias previstas nas alíneas c) a f) do n.° 3 do artigo 23.° do Regime Jurídico das Infracções Fiscais não Aduaneiras, aprovado pelo Decreto-Lei n.° 20-A/90, de 15 de Janeiro, com a redacção que lhe foi dada pelo Decreto-Lei n.° 394/93, de 24 de Novembro.

Artigo 6.° **(Processo penal de segurança social)**
As disposições da presente lei são aplicáveis, com as devidas adaptações, aos crimes que tenham dado origem a dívidas à segurança social.

Artigo 7.° **(Entrada em vigor)**
A presente lei entra em vigor na data da sua publicação.

poderes de disposição dos bens dados em pagamento. Este Dec.- -Lei veio também afastar a regra geral da prioridade da penhora dos bens móveis, nos casos em que a sua aplicação possa comprometer a cobrança da dívida exequenda, designadamente por esses bens serem de difícil guarda, conservação ou alienação.

O art. 2.º do Dec.-Lei n.º 127/96 define as condições de acesso ao sistema de garantia do Estado a empréstimos bancários (SGEEB).

O Despacho n.º 114/96 do Ministro da Economia, de 14 de Outubro (DR II Série, n.º 238/96, suplemento) fixou as condições de acesso ao sistema de garantia do Estado a empréstimos bancários no quadro de acção para a recuperação de empresas em situação financeira difícil.

Ao abrigo deste sistema o Estado garantirá parcialmente financiamentos bancários, contratados entre as instituições de crédito e as empresas, com o objectivo de promover a consolidação financeira e a reestruturação destas.

As garantias do Estado prestadas ao abrigo do SGEEB regem- -se pelas disposições constantes deste Dec.-Lei n.º 127/96 e, subsidiariamente pelo regime jurídico próprio do aval do Estado, isto é, pela Lei n.º 1/73, de 2 de Janeiro, e pelo Dec.-Lei 346/73, de 10/7, que regulamentou a amortização e juros relativos aos avales concedidos ao abrigo da Lei n.º 1/73 e sua contabilização.

O orgão de administração de sociedade que se encontre numa das situações descritas no art. 2.º do Dec.-Lei n.º 127/96 poderá contactar uma qualquer instituição de crédito, solicitando-lhe que lidere um processo tendente à consolidação financeira e reestruturação empresarial da sociedade em causa.

A instituição de crédito que aceite liderar esse processo fará uma sumária apresentação escrita da sociedade ao Gabinete de Coordenação para a Recuperação de Empresas (GACRE), para que este determine se a empresa em causa, preenchidos os pressupostos indicados no artigo anterior, se enquadra nos critérios e parâmetros, a fixar pelo GAGRE segundo orientação do Ministro de Economia, para efeitos de prestação da garantia ao abrigo do SGEEB.

(art. 3.º do Dec.-Lei n.º 127/96).

Se não for aprovado pelas instituições de crédito o projecto de consolidação financeira e de reestruturação empresarial e se verificar, quer pelas últimas contas do exercício, quer por contas posteriormente realizadas, estar perdida a totalidade do capital social, deverá o órgão de administração, nos termos da lei, requerer a falência da sociedade, salvo se, tendo razões bastantes para o fazer, optar pelo requerimento da providência de recuperação adequada (art. 7.º do Dec.-Lei 127/96), o que parece ser a negação do próprio conceito de recuperação de empresa.

2.1. O empréstimo bancário

1 — A totalidade dos montantes em dívida às instituições de crédito que declarem aceitar o projecto e que, nos termos do projecto aprovado, devam ser consolidados, juntamente com os montantes novos a mutuar adicionalmente constituirão, para efeito da garantia a prestar pelo Estado ao abrigo do SGEEB, o empréstimo bancário.

2 — O empréstimo bancário a que se refere o presente diploma é um financiamento bancário, cujo capital e juros são parcialmente garantidos pelo Estado do abrigo do SGEEB, contratado entre as instituições de crédito que tenham aprovado o projecto e a sociedade mutuária, nas condições estabelecidas no presente diploma.

3 — Apenas poderão beneficiar de garantia do Estado ao abrigo do SGEEB empréstimos bancários com a duração mínima de três anos e máxima de oito, que respeitem as seguintes condições:

a) Consagrem um período de carência não inferior a seis meses;

b) Estabeleçam que, em caso de incumprimento, apenas poderão ser renegociados uma única vez e que a renegociação não poderá postecipar o vencimento da última prestação de reembolso de capital e juros em mais de um ano relativamente ao prazo inicialmente contratado;

c) Cujo montante global represente mais de 50% do total do passivo da sociedade, com excepção dos débitos a fornecedores que não estejam em situação de mora e dos débitos com garantia real anterior;

d) Operem a consolidação da totalidade dos créditos sem garantia real detidos pelas instituições de crédito que aceitem o projecto, à data do contrato.

4. Cada sociedade comercial apenas poderá ser uma única vez mutuária de um empréstimo bancário garantido pelo Estado ao abrigo do SGEEB. (art. 9.º do Dec.-Lei n.º 127/96).

2.2. Garantia do Estado

1 — O empréstimo bancário integrado em projecto aprovado poderá ser garantido pelo Estado ao abrigo do SGEEB, numa percentagem variável, a definir pelo GACRE em função da composição do empréstimo bancário, e que se situará entre 25% e 50% do capital e juros deste.

O empréstimo bancário deverá ter uma composição que se situará nos seguintes limites:

a) Novos montantes mutuados para liquidação de dívidas fiscais e à segurança social já vencidas, que não podem exceder 25% do total do empréstimo bancário;

b) Montantes anteriormente liquidados e objecto de consolidação, que não podem exercer 25% do total do empréstimo, salvo se, e na medida em que, as dívidas referidas na alínea a) perfizerem um montante que seja inferior a 25% do total do empréstimo bancário;

c) Novos montantes mutuados para fins diversos dos referidos na aliena a), que não podem perfazer um montante inferior a 50% do total do empréstimo bancário.

3 — A percentagem coberta pela garantia referida no n.º 1 circunscreve-se à parte do empréstimo não coberto por garantias reais.

4 — A garantia do Estado a prestar ao empréstimo bancário será sempre de montante global superior ao montante das dívidas da sociedade mutuária que, nos termos do empréstimo bancário garantido ao abrigo ao SGEEB, forem pagas à administração fiscal e à segurança social.

5 — A parte do empréstimo garantida pelo Estado no âmbito do SGEEB vence uma taxa de juro igual à taxa LISBOR, acrescida de uma sobretaxa máxima de 2%.

6 — Para efeitos do número anterior, será aplicável, em cada prestação, a taxa LISBOR para idêntico prazo em vigor na data de início da respectiva contagem de juros.

7 — A garantia do Estado, prestada ao abrigo do SGEEB em qualquer empréstimo bancário, não pode exceder, em capital, 1000 milhões de escudos.

8 — A garantia do Estado vigora entre a data da concessão da mesma e o integral reembolso do capital e juros do empréstimo bancário ou o integral pagamento da garantia pelo Estado.
(art. 10.° do Dec.-Lei n.° 127/96)

2.3. Forma e efeitos da garantia

1 — A garantia referida no n.° 1 do artigo anterior é prestada pelo Estado a favor das instituições de crédito credoras do empréstimo bancário concedido nos termos do presente diploma, **através de despacho do Ministro das Finanças**, com a faculdade de delegação, uma vez verificados os pressupostos da sua atribuição pelo GACRE, em deliberação homologada pelo Ministro da Economia.

2 — A garantia do Estado prestada ao abrigo do SGEEB consistirá num aval pelo montante garantido.

3 — Após a concessão da garantia referida no n.° 1, o Estado efectuará, através da Direcção-Geral do Tesouro (DGT), junto da instituição de crédito líder, que para o efeito actuará como agente das restantes, um depósito de montante igual a 20% do capital por ele garantido, que terá a natureza e se subordinará ao **regime dos depósitos de tesouraria do Estado**.

4 — O aval será prestado pelo Estado através do Ministro das Finanças.

5 — A taxa de juro do depósito mencionado no n.° 3 será igual à taxa de absorção de fundos pelo Banco de Portugal em vigor no início de cada período de contagem de juros, vencendo-se os respectivos juros semestralmente, os quais serão capitalizados na conta de depósito.
(art. 11.° do Dec.-Lei n.° 127/96)

2.4. Incumprimento

1 — Em caso de incumprimento do empréstimo bancário, o pagamento pelo Estado do montante garantido é efectuado por

lançamento a débito, na conta de depósito, desse mesmo montante pela instituição de crédito líder, actuando como agente das instituições de crédito mutuantes, após a notificação ao GACRE e DGT desse incumprimento.

2 — Em caso de insuficiência do depósito para pagamento integral do montante abrangido pela garantia, o Estado, nos termos do regime do aval, pagará o montante restante no prazo de 60 dias após a notificação daquele incumprimento ao GACRE e à DGT. (art.12.º do Dec.-Lei 127/96)

O mesmo Dec.-Lei 127/96 prevê situações em que se verificará o vencimento antecipado do empréstimo bancário.

Prevêem-se também casos de caducidade da garantia concedida pelo Estado, se se provar serem falsas, incompletas ou incorrectas informações prestadas pelas instituições de crédito intervenientes e que tenham sido determinantes para a concessão da garantia.

Após a publicação do Dec.-Lei n.º 127/96, consideramos hoje ser discutível se a obrigação contraída pelo Estado ao conceder uma garantia em qualquer das modalidades previstas na Lei 1/73, poderia ser considerada uma obrigação de direito público, uma vez que embora antecedida a prestação da garantia por um acto administrativo de autorização, ela era depois concedida como uma verdadeira fiança ou aval bancário, sujeita à apreciação dos tribunais comuns.

A garantia hoje prevista no Dec.-Lei n.º 127/96 tem a natureza de uma obrigação solidária em relação ao principal devedor, mas a parte da dívida não coberta pelo depósito inicial (V. n.º 3 do art. 11.º) só será paga pelo Estado no prazo de 60 dias após notificação daquele incumprimento ao CAGRE (Gabinete de Coordenação para a Recuperação de Empresas e à D.G.T (Direcção-Geral do Tesouro).

Afigura-se-nos ter assim a natureza de um contrato de garantia com uma incidência ou objecto público, de que só a administração pública dispõe, em consideração dos interesses públicos da economia. Cremos que, constituída a garantia, a figura contratual daí resultante não tem a natureza de direito privado, até porque o Estado intervém em todo este processo no exercício do seu poder de mando, sendo parte de relações de direito público, nas quais predomina portanto a disciplina imposta pelo interesse público.

Embora o Dec.-Lei n.º 127/96 seja omisso, é lícito, face ao disposto nos arts. 805.º, n.º 1 e 806.º, n.º 1 do Código Civil concluir que o Estado só é responsável pelo juros moratórios decorridos 60 dias após a notificação ao CAGRE e à DGT da insuficiência do depósito inicial de 20% por ele constituído junto da instituição de crédito líder para pagamento da totalidade do montante garantido.

SECÇÃO III
GARANTIAS BANCÁRIAS AUTÓNOMAS [157]

Caracterizam-se por o banco dever pagar logo que o pagamento lhe é exigido pelo beneficiário, que se limita a comunicar o incumprimento da obrigação (principal) do mandante, pelo que o banco não pode formular quaisquer objecções.

As garantias deste tipo nasceram da prática bancária internacional, apoiam-se na liberdade contratual, e se bem que tenham sido objecto de estudo em vários países sobretudo na Alemanha, cremos não terem regulamentação legal em qualquer país.

A Câmara de Comércio Internacional (C.C.I.), que começou por reconhecer este tipo de garantias com reservas, elaborou em colaboração com a Comissão das Nações Unidas para o Direito Comercial Internacional (CNUDCI) e aprovou em 1978, as "Regras Uniformes sobre as garantias contratuais", que são oferecidas ou sugeridas a quem queira reproduzi-las ou para elas remeter nos seus contratos.

[157] Ver:
– "Preliminares sobre a garantia" "on first demand", pelo Dr. Simões Patrício, Revista da Ordem dos Advogados, Ano 43, Dezembro 1983, pág. 645.
– Com carácter mais prático, embora com interesse, "Garantias Bancárias" por José Rebelo Martins e Ernesto de Oliveira Ferreira, 1983, edição do BESCL.
– "Garantias bancárias, contrato de garantia à primeira solicitação (parecer), in Colectânea de Jurisprudência, Ano XI, 1986, Tomo 5, pág.15 e segs. pelo Prof.Mário Júlio de Almeida Costa e António Pinto Monteiro.
– "Garantia Bancária Autónoma", pelo Prof. Inocêncio Galvão Telles, Lisboa 1991.
– "A garantia bancária autónoma no âmbito das garantias especiais das obrigações", in Revista da Ordem dos Advogados, Ano 53, Abril 1993, pág. 61 e segs, pelo Dr. Manuel Castelo Branco.

As partes fizeram um uso muito limitado, quer do instituto da "garantia acessória", quer do formulário oferecido por essas Regras Uniformes.

Assim, a C.C.I. veio a fazer *uma revisão das mesmas, que ficou concluído em Abril de 1991*, que, contrariamente ao anterior, não se aplica às garantias acessórias, mas apenas às garantias autónomas, isto é, aquelas que "pela sua natureza constituam negócios separados dos contratos em que possam estar baseadas".

Só a garantia prestada com total independência e abstracção do negócio que lhe deu causa constitui garantia autónoma à primeira solicitação (first demand). É a este tipo de garantias que se referem as Regras Uniformes de 1991.

Estas regras não são obrigatórias, mas as partes, quer os bancos garantes, quer os beneficiários, podem convencionar aplicar-lhes tais regras.

Este tipo de garantias constituem hoje uma prática corrente, em especial nos contratos internacionais de empreitada, de engeneering, de cooperação industrial, etc.

A figura da garantia autónoma não está contemplada pela lei portuguesa, mas é admitida, como já se referiu, dentro do princípio da liberdade contratual, considerada como um negócio atípico.

Nos termos do art. 22.º das Regras Uniformes de 1991, o termo da garantia deve ser especificado com relação a uma data ou a um documento referido na garantia, sendo que, em caso de se prever uma data e um evento, a garantia caducará com a verificação do primeiro.

A lei aplicável resultará do convencionado pelas partes e supletivamente das regras gerais de direito privado. As Regras Uniformes dispõem que se aplicará a lei do país de domicílio do banco na falta de estipulação das partes.

O banco está abrigado a informar imediatamente o mandante do pedido de pagamento apresentado pelo beneficiário (art. 17.º e 21.º das Regras Uniformes).

Podem apontar-se quatro tipos de garantias autónomas ([158]), também designadas frequentemente como abstractas:

a) bid bonds, também ditas em inglês "tender-guarantees" "offerte-garantie", em holandês, "garantias de soumission", *garan-*

([158]) Dr. Simões Patrício, ob. citada, pág. 680.

tias de subsistência da oferta – ou, talvez antes, da prestação material que é objecto da operação económica – exigidas ao concorrente a certa empreitada e mediante as quais um banco ou uma seguradora se obrigam a pagar determinada soma pecuniária no caso de o concorrente não subscrever o contrato ou não prestar outra garantia, a da respectiva boa execução, no momento da assinatura do contrato.

O garante pagará uma determinada quantia, se o mandante não assinar e não cumprir com as formalidades prévias de assinatura, determinado contrato, a que se obrigou. É uma garantia típica dos contratos de empreitada.

b) performance bonds (segundo a terminologia inicialmente específica das seguradoras, em contraposição às "performance guarantees", próprias da banca), "garanties de bonne exécution" por cujo intermédio o garante se obriga a efectuar ao beneficiário uma prestação, acaso o garantido não cumpra pontualmente as suas obrigações, ou prestações, contratuais. Registam-se dois subtipos na prática: as que se resolvem num pagamento em espécie, garantias portanto a 100% (próprias das "bonding companies" inglesas e americanas) e as que se resolvem num pagamento indemnizatório (mais vulgares na prática bancária e que em regra orçam os 10% da obra);

É uma garantia tipicamente utilizada em contratos de empreitada, mas também utilizável em contratos de prestação de serviços e de compra e venda.

c) repayment guarantees, "garanties de remboursement", *garantias de reembolso*, onde o banco ou a seguradora garantem a restituição do recebido pelo beneficiário, do mandante, se não foram executadas as prestações a respeito das quais foi realizada essa antecipação.

É a utilizada em contratos de promessa de compra e venda para assegurar ao promitente comprador a restituição do sinal.

d) Standby Letter of Credit — formalmente são cartas de crédito e desenvolveram-se nos E.U.A. e no Canadá, onde, devido a restrições legais à prestação de garantias pelos bancos, têm desempenhado a função de "first demand guarantee". São emitidas por um banco a favor de um beneficiário (comprador de bens ou serviços) por instrução de um cliente e mandante (vendedor de bens ou serviços), garantindo ao beneficiário o pagamento de determinada quantia, em dinheiro, no caso de incumprimento, ou cumprimento defeituoso, do contrato.

Na doutrina contrapõem-se duas teses quanto à admissibilidade legal deste negócio jurídico:

— *a tese do negócio concreto ou causal*, que conduz à consideração da sua validade;

— *a tese do negócio abstracto*, de origem alemã mas aceite pelos juristas latinos, que não arguem a nulidade do negócio basicamente por uma razão de ordem prática — o reconhecimento de que tal tipo de negócio corresponde às exigências do comércio internacional.

Importa, apesar da brevidade das presentes considerações, deixar anotado que há um caso extremo em que o banco pode e deve recusar o pagamento. É o que ocorre quando o beneficiário, ao reclamar o pagamento, procede com manifesta má-fé.

De acordo com os ensinamentos do Prof. Galvão Telles, "não basta que o banco alegue a má-fé. Torna-se necessário que ela seja patente, não oferecendo a menor dúvida, por decorrer com absoluta segurança de prova documental em poder do banco. Por exemplo, trata-se de uma garantia de entrega de mercadoria, o importador reclama a efectivação da garantia alegando não ter recebido a mercadoria, mas o banqueiro tem diante de si o respectivo certificado de desalfandegamento no país de destino" ([159]).

SECÇÃO IV
**CONSIGNAÇÃO DE RENDIMENTOS
E CONSIGNAÇÃO DE RECEITAS**

Na definição de garantias reais que acima apresentámos dissemos que o credor adquire o direito de se fazer pagar, de preferência a quaisquer outros credores, pelo valor ou pelos rendimentos de certos e determinados bens do próprio devedor ou de terceiro, ainda que esses bens venham a ser posteriormente transferidos para a titularidade de terceiro.

([159]) Ob. cit. pág. 35.

A consignação de rendimentos de coisas imóveis, bem como o penhor, penhora, arresto e o arrolamento de créditos garantidos por consignação de rendimentos de coisas imóveis e ainda a transmissão de créditos garantidos por consignação de rendimentos de coisas imóveis, estão sujeitos a registo predial (Código do Registo Predial aprovado pelo Dec.-Lei n.º 224/84, de 6/7, art. 2.º, n.º 1, alínea *h*), *i*) e *o*).

A consignação de rendimentos pode ser voluntária ou judicial ([160]).

Nos termos do art. 660.º do Código Civil, o acto constitutivo da consignação voluntária deve constar de escritura pública (art. 80.º, n.º 2, alínea c) do Cód. Notariado) ou testamento, se respeitar a coisas imóveis, e de escrito particular, quando recaía sobre móveis.

A consignação está sujeita a registo, salvo se tiver por objecto os rendimentos de títulos de crédito nominativos, devendo neste caso ser mencionada nos títulos e averbada, nos termos da respectiva legislação (art. 660.º, n.º 2 do C. Civil e art. 881.º, n.º 4 do C.P.C., quanto à consignação judicial).

O devedor pode dispor dos bens que produzem o rendimento. Mas o direito de garantia, uma vez registado, segue as transmissões verificadas sobre os bens móveis ou imóveis, sendo, assim, oponível a terceiros.

A consignação extingue-se pelo decurso do prazo, pela extinção da obrigação garantida, pelo perecimento da coisa e pela renúncia do credor.

Importa chamar a atenção, que, ao contrário do penhor e da hipoteca, a consignação de rendimentos não permite a realização pecuniária obtida pela venda judicial da coisa objecto de garantia como forma de assegurar a efectivação do direito do credor.

A garantia decorrente da consignação consiste na adjudicação ao credor dos rendimentos derivados da coisa-objecto por conta dos juros, do capital ou de ambos (art. 656.º, n.º 2 C.C.), sendo imputados, neste caso, primeiro aos juros e depois ao capital (art. 661.º, n.º 2.º C.C.).

([160]) Antes das modificações introduzidas no Código de Processo Civil pelo Dec.-Lei n.º 47.690, de 11 de Maio de 1967, esta figura era designada por adjudicação de rendimentos.

A consignação de rendimentos é um direito real de garantia, uma vez que é acessória de um crédito que visa garantir ([161]).

Ora tudo isto vem a propósito de vos sensibilizar para que não estabeleçam confusão entre esta figura e a chamada *consignação de receitas* que há alguns anos, começou a merecer o favor das Direcções Comerciais como forma de garantir o cumprimento de obrigações assumidas por certos clientes do banco.

É preciso deixar bem claro que *só a consignação de rendimentos constitui um meio de garantia*.

A consignação de receitas pode surgir inserida num contrato de empréstimo ou de financiamento como mera cláusula contratual, ou surgir até autonomamente como objecto de um contrato. Mas, num caso como noutro, não constituirá mais do que uma estipulação, sem qualquer eficácia em relação a terceiros aos quais não é oponível ([162]) e sem nenhum efeito de garantia, obrigando-se o consignante a afectar parte ou a totalidade das receitas ao regular e pontual cumprimento de uma obrigação pecuniária.

SECÇÃO V
RISCOS NA ACEITAÇÃO DE GARANTIAS HIPOTECÁRIAS OU POR PENHORES, QUE DEVEM SER DEVIDAMENTE PONDERADOS

Nos termos do art. 666.º do Código Civil, o penhor confere ao credor o direito à satisfação do seu crédito, bem como dos juros, se os houver, com preferência sobre os demais credores, pelo valor de certa coisa móvel, ou pelo valor de créditos ou outros direitos não susceptíveis de hipoteca, pertencentes ao devedor ou a terceiro.

O penhor é um direito acessório, já que acompanha sempre a obrigação garantida e se extingue quando esta se extingue (art. 677.º do Código Civil).

A obrigação garantida pelo penhor pode ser futura ou condicional.

([161]) Ver Prof. António Menezes Cordeiro, "Direitos Reais", Volume II, págs. 1094 a 1096.

([162]) Para além, é óbvio, da própria eficácia externa das obrigações.

A regra constante do n.º 1 do art. 669.º do Código Civil, que exige a entrega da coisa empenhada ao credor sofre algumas excepções.

O penhor, no âmbito do direito civil não tem importância que se assemelhe às outras garantias reais. Já assim não sucede no âmbito do direito comercial, designadamente no direito bancário.

Esta garantia incide, no campo de direito bancário, sobre títulos de crédito, materializados ou escriturais, mercadorias, pedras e metais preciosos, todos esses bens de fácil circulação. O próprio dinheiro, designadamente quando constituído objecto de um depósito à ordem ou a prazo, pode ser objecto de penhor.

Assim, é havido como penhor o depósito a que se refere o n.º 1 do art. 623.º do Código Civil.

A nossa lei admite duas espécies de penhor — o penhor civil e o penhor comercial, também designado por penhor mercantil.

Para que o penhor seja considerado mercantil é mister que a dívida que se cauciona proceda de acto comercial (art. 397.º do Código Comercial).

Contudo, é no Direito Civil, subsidiário do Direito Comercial (V. art. 3.º do Código Comercial), que se encontra a regulamentação geral do penhor.

O penhor pode incidir sobre coisas ou sobre direitos (V. arts. 679.º e 680.º do Código Civil).

O penhor de coisa incide sobre bens corpóreos e o penhor de direitos sobre bens incorpóreos.

No comércio bancário são importantes e frequentes o penhor sobre mercadorias, como penhor de coisas e o penhor sobre títulos de crédito, como penhor de direitos.

Importa salientar que o penhor dado em garantia de créditos bancários é uma operação comercial em relação aos estabelecimentos bancários, uma vez se destina a caucionar operações de banco, consideradas operações comerciais nos termos do art. 362.º do Código Comercial.

Mesmo que o devedor não seja comerciante, estar-se-á sempre perante um penhor mercantil, como resulta do art. 99.º do Código Comercial, que se refere aos actos mistos (acto civil em relação a uma das partes e comercial em relação à outra), e que a disposição citada do Código Comercial impõe que sejam reguladas pelas disposições da lei comercial quanto a todos os contraentes.

O penhor em caução de créditos bancários está sujeito, quanto a alguns aspectos, a disposições especiais, mesmo em relação ao Código Comercial.

Na verdade, dispõe o art. 402.° do Código Comercial, que: "Ficam salvas as disposições especiais que regulam os adiantamentos e empréstimos sobre penhores feitos por bancos ou outros institutos para isso autorizados" ([163]).

Ainda nos termos do art. 667.° do Código Civil, só tem legitimidade para dar bens em penhor quem os puder alienar.

O Código Civil vigente aboliu qualquer forma especial para a constituição do penhor de coisas (V. art. 219.° do Código Civil) ([164]).

No que respeita ao penhor constituído em garantia de crédito de estabelecimento de crédito, aplica-se o regime especial do art. 2.° do Dec.-Lei n.° 29.833, de 17 de Agosto de 1939, que se mantém em vigor, atento até o disposto no art. 668.° do Código Civil ([165]).

Os penhores constituídos ao abrigo do Dec.-Lei n.° 29.833, são autenticados pelo notário com um chamado "termo de autenticação",

---

([163]) Quanto à indústria de empréstimos sobre penhores, Ver Dec.-Lei n.° 17.766, de 17/12/29, completado e alterado pelos Dec.-Lei n.° 29.640, de 30/5/39; Dec.-Lei 32.428, de 24/11/42 (regulamentado pelas Portarias n.ºs 10.448, de 22/7/43 e 10.471, de 19/8/43); Dec.-Lei n.° 225/80, de 12/7 e Dec.-Lei n.° 341/85, de 22/8. Cabe à Caixa Geral de Depósitos exercer função tutelar em relação às casas de penhores (V. arts. 4.°, n.°2 dos respectivos Estatutos).

([164]) Podem considerar-se implicitamente revogados o art. 400.° do Código Comercial e o § único do Dec.-Lei n.° 32.032, de 22 de Maio de 1942.

([165]) Transcreve-se o referido Dec.-Lei n.° 29.833:

"*art. 1.°* – O penhor que for constituído em garantia de créditos de estabelecimentos bancários autorizados produzirá os seus efeitos, quer entre as partes, quer em relação a terceiros, sem necessidade de o dono do objecto empenhado fazer entrega dele ao credor ou a outrém.

§ 1.° – Se o objecto empenhado ficar em poder do dono, este será considerado, quanto ao direito pignoratício, possuidor em nome alheio, e as penas de furto ser-lhe-ão impostas se alienar, modificar, destruir ou desencaminhar o objecto sem autorização escrita do credor, e bem assim se o empenhar novamente sem que no novo contrato se mencione, de modo expresso, a existência do penhor ou penhores anteriores, que, em qualquer caso, preferem por ordem de datas.

no qual os devedores assinam perante o notário e declaram ficarem cientes das obrigações que assumem, designadamente as referidas nos transcritos §§ 1.º e 2.º do art. 1.º do Dec.-Lei ([166]).

Não confundir, pois, com o reconhecimento presencial de assinaturas (Cfr. arts. 151.º e 153.º, n.º 5 do Cód. do Notariado).

No que respeita ao penhor de direitos, ressalvado pelo disposto no n.º 3 do Dec.-Lei n.º 29.833, há que ter presente o disposto no n.º 1 do art. 681.º do Código Civil, segundo o qual a constituição do penhor de direitos está sujeita à forma e publicidade exigidos para a transmissão dos direitos empenhados.

Contudo, ter presente na constituição de penhor de créditos hipotecários sobre imóveis, a exigência de escritura pública (V. art. 681.º, n.º 1, com referência ao art. 578.º, ambos do Código Civil) e a obrigatoriedade de registo ([167]), (art. 2.º, I, alínea *o*) do Código do Registo Predial).

Quanto ao penhor de títulos de crédito materializados, v., quanto a letras e livranças, o art. 19.º da respectiva Lei Uniforme endosso pignoratício, ou simples declaração no registo, quanto aos títulos nominativos — art. 399.º do Código Comercial, aproximando-se o regime do penhor de títulos ao portador do regime do penhor de coisas, tudo em atenção à forma da sua transmissão.

Quanto aos títulos escriturais, há-de proceder-se ao penhor como penhor de direitos de crédito, com a notificação do intermediário financeiro em cuja conta conste a existência desses títulos.

---

§ 2.º Tratando-se de objecto pertencente a uma pessoa colectiva, o disposto no parágrafo antecedente aplicar-se-á àqueles a quem incumbir a sua administração.

art. 2.º – O contrato de penhor regulado neste decreto constará de documento autêntico ou de documento autenticado e os seus efeitos contar-se-ão da data do documento no primeiro caso e da data do reconhecimento autêntico no segundo. No documento transcrever-se-á obrigatoriamente as disposições dos §§ 1.º e 2.º do art.1.º, cumprindo ao notário assegurar a observância do presente preceito.

art. 3.º – Ressalva-se o penhor de créditos, de títulos de crédito, de quotas e de coisas imateriais, que, mesmo quando em garantia de operações bancárias, continuará submetido ao regime até agora em vigor.

([166]) Ver arts. 35.º, n.º 3 e 150.º a 152.º do Código do Notariado.

([167]) O penhor de quotas, o penhor de créditos hipotecários, bem como o de créditos garantidos por consignação de rendimentos de coisas imóveis, estão os dois primeiros sujeitos à exigência de escritura pública, bem como ao registo predial.

Importa referir ainda o art. 682.º do Código Civil:
"O titular do direito empenhado deve entregar ao credor pignoratício os documentos comprovativos desse direito que estiverem na sua posse e em cuja conservação não tenha interesse legítimo."

A obrigação consignada neste artigo destina-se a facilitar o exercício do direito cedido. Aconselha-se a exigência da entrega dos documentos comprovativos do direito empenhado, embora não essencial para a existência do penhor ou para a sua eficácia.

Também a *hipoteca*, nos termos do art. 686.º do Código Civil, "confere ao credor o direito de ser pago pelo valor de certas coisas imóveis, ou equiparadas, pertencentes ao devedor ou a terceiro com preferência sobre os demais credores que não gozem de privilégio especial ou de prioridade de registo".

A obrigação garantida pela hipoteca pode ser futura ou condicional.

As hipotecas, podem constituir-se voluntariamente, ser legais ou judiciais.

É importante a disposição do art. 4.º do Código de Registo Predial segundo o qual "os factos sujeitos a registo podem ser invocados entre as próprias partes ou seus herdeiros", mas exceptuando o n.º 2 deste artigo "os factos constitutivos de hipoteca, cuja eficácia, entre as próprias partes, depende da realização do registo". V., quanto a bens móveis sujeitos a registo, o art. 3.º, n.º 2 do Código do Registo de Bens Móveis, aprovado pelo art. 1.º do Dec.-Lei n.º 277/95, de 25/10.

O registo funciona como condição de eficácia do acto constitutivo de hipoteca voluntária, não só em relação a terceiros, como ainda em relação às próprias partes, mas não é condição de validade do mesmo. Daí resulta que a hipoteca poderá vir a ser registada em qualquer altura, assim como em certos casos pode o respectivo registo ser cancelado, sem que isso importe a extinção da hipoteca (V. Código do Registo Predial, art. 56.º).

No entanto, em relação às hipotecas legais (art. 704.º do Código Civil) e às hipotecas judiciais (art. 710.º do Código Civil) o registo funciona como acto constitutivo, dado que não existem sem ele.

Importa, pois, quando for caso disso, que os interessados verifiquem, sempre que possível, se as hipotecas se acham devidamente registadas, o que facilmente se consegue pela exibição do título de registo, certidões e fotocópias (requisitadas em impresso modelo oficial) e *notas de registo* ou do seu *averbamento nas cadernetas respectivas* ou pela *exibição de certidão de encargos*, esta última com o especial interesse de evidenciar outros encargos registados antes, que confiram preferência aos respectivos titulares no ressarcimento dos seus créditos.

Só uma palavra para lembrar que em caso de falência ou insolvência deixam de produzir efeitos as garantias resultantes de penhora ou de hipoteca judicial (art. 1235.°, n.° 3 do Código de Processo Civil) — hoje, art. 200.°, n.° 3 do Código dos Processos Especiais de Recuperação da Empresa e de Falência.

Pareceria, assim, que com a obtenção do penhor ou de hipoteca o credor bancário poderia ficar tranquilo quanto à segurança do crédito concedido.

Mas há que ter presente a *figura dos privilégios creditórios* que consistem na faculdade que a lei, em atenção à causa do crédito, concede a certos credores, *independentemente do registo*, de serem pagos com preferência a outros.

O privilégio creditório é garantia mais forte do que a hipoteca, pois, havendo concurso de credores, os privilégios imobiliários preferem à hipoteca, assim como preferem à consignação de rendimentos e ao direito de retenção, ainda que estas garantias sejam anteriores (art. 751.° Código Civil).

Os artigos 733.° e seguintes do Código Civil referem-se aos privilégios imobiliários que são sempre especiais.

Ora sucedeu que o Estado preocupado com as *dívidas à então Previdência (hoje Segurança Social)* veio estabelecer nos arts. 10.° a 12.° do Dec.-Lei n.° 103/80, de 9 de Maio ([168]), privilégio a favor das

---

([168]) Os arts. 10.° a 12.° do Dec.-Lei 103/80, de 9 de Maio dispõem que:
– Os créditos das caixas de previdência por contribuições e os respectivos juros de mora gozam de privilégio mobiliário geral, graduando-se logo após os créditos referidos na alínea *a*) do n.°1 do art. 747.° do C.Civil. Este privilégio prevalece sobre qualquer penhor, ainda que de constituição anterior.

Os créditos pelas contribuições, independentemente da data da sua constituição, e os respectivos juros de mora gozam de privilégio imobiliário sobre os bens imóveis existentes no património das entidades patronais à data da instauração do processo executivo, graduando-se logo após os créditos referidos no art. 748.° do Código Civil.

O pagamento das contribuições será também garantido por *hipoteca legal*

Caixas de Previdência (entenda-se Segurança Social), em termos que constituem um perigo objectivo para a defesa dos interesses dos demais credores (no nosso caso dos bancos) que, em caso de execução podem ver-se facilmente preteridos pela graduação à frente dos seus créditos, dos resultantes das dívidas à Segurança Social.

Para acautelar esta situação o nosso banco fez distribuir uma informação de serviço, em que se determina que se deverão instruir os processos de penhores ou hipotecas a constituir a favor do banco com certidão prévia comprovativa por parte dos caucionantes da sua situação contributiva perante a Segurança Social.

No caso de haver contribuições em dívida à Segurança Social, submeter-se-á à apreciação da Direcção respectiva a situação, antes da efectivação das operações a garantir mediante penhores ou hipotecas.

O novo Código de Falências veio dispor no seu artigo 152.º que "com a declaração de falência se extinguem imediatamente os privilégios creditórios do Estado, das autarquias locais e das instituições de Segurança social, passando os respectivos créditos a ser exigíveis apenas como créditos comuns."

Outra situação que pode inutilizar a garantia resultante da hipoteca é a de se verificar em relação ao objecto hipotecado *direito de retenção* do empreiteiro enquanto o dono da obra lhe não pagar o preço da empreitada ([169]).

---

sobre os imóveis existentes no património das entidades patronais, nos mesmos termos que a contribuição predial.

([169]) Em parecer elaborado em 1986, a que tivemos acesso, afirmou-se que "a jurisprudência tem evoluído no sentido de não reconhecer ao empreiteiro direito de retenção pelos créditos emergentes da obra, pelo que, de ora em diante, o Banco deve, na sua relação com devedores seus também devedores de empreiteiros, considerar significativamente reduzido o risco de exercício do direito de retenção pelos empreiteiros e não o reconhecer se invocado".

Só que o Prof. Inocêncio Galvão Telles, publicou na Revista "O Direito" /Anos 106.º – 119.º – 1974/1987) no seu artigo doutrinal subordinado ao tema "O direito de Retenção no contrato de empreitada", em que conclui que "o empreiteiro, quer de obra mobiliária, quer de obra imobiliária, tem o direito de retenção do objecto da empreitada, esteja a obra já concluída ou não, desde que no caso concreto não a tenha ainda entregue e a respectiva propriedade lhe não pertença".

Na mesma Revista (ano 120.º 1988 – I-II, foi publicado o Acordão da

É que o direito de retenção prevalece sobre a hipoteca, ainda que esta tenha sido registada anteriormente (art. 759.º, n.º 2 do Código Civil).

Há que explicitar que o direito de retenção não resulta apenas do contrato de empreitada, mas de outras situações em que o credor estando obrigado a entregar certa coisa, o seu crédito resultar de despesas feitas por causa dela ou de danos por ela causados (art. 754.º do Código Civil).

O beneficiário da promessa de transmissão ou de constituição de direito real que obteve a tradição da coisa a que se refere o contrato prometido goza do direito de retenção, sobre essa coisa, pelo crédito resultante do não cumprimento imputável à outra parte, nos termos do artigo 442.º (art. 755.º, n.º 1, alínea *f*) C.C. na redacção do Dec.-Lei n.º 379/86, de 11/11) ([170]).

Porque é um direito de garantia, o detentor pode fazer executar as coisas imóveis, como o pode fazer o credor hipotecário (art. 759.º), sendo pago, em qualquer dos casos, com preferência aos demais credores do devedor.

Há portanto que ter presente a seguinte ordem de preferências; primeiro, os privilégios; depois, o direito de retenção; por último, a hipoteca. A anterioridade da garantia não tem relevância.

Importa também verificar se o prédio dado de hipoteca está locado, se a sua exploração foi cedida a alguém ou se esse imóvel ou fracção autónoma se acha constituído em direito real de habi-

---

Relação de Lisboa, de 12 de Outubro de 1987, julgando no sentido do artigo doutrinal referido.

O Prof. Ferrer Correia e o Dr. Joaquim de Sousa Ribeiro, publicaram na "Colectânea de Jurisprudência", 1988, Tomo I, Pág.15, um parecer no sentido de que "o empreiteiro, seja qual for a modalidade de empreitada, pode reter a obra total ou parcialmente realizada, em garantia do pagamento das despesas suscitadas pelo sua execução."

([170]) Ver «O direito de retenção e a situação do credor hipotecário», pelo Dr. Pedro Sameiro, in Revista da Banca, n.º 26, Abril/Junho 1993, pág. 89 e segs, referindo-se à perversão de todo o sistema legal em vigor, quando o construtor utiliza os promitentes – compradores e o seu direito de retenção como um escudo contra o Banco credor, tentando forçá-lo a negociar e evidenciando-lhe a debilidade da garantia hipotecária perante aquele direito.

tação periódica, vulgarmente conhecido por *time sharing* V. Dec.--Lei n.º 275/93, de 5 de Agosto de 1993.

O direito real de habitação periódica é constituído por negócio jurídico a celebrar por escritura pública.

A oneração ou a transmissão por acto entre vivos de direitos reais de habitação periódica faz-se mediante declaração das partes no certificado predial, com reconhecimento presencial das assinaturas do constituinte do ónus ou do alienante respectivamente, e está sujeita a registo nos termos gerais (arts. 7.º e 12.º, n.º1 do Dec.-Lei citado)

A razão de ser do interesse no conhecimento da existência dos referidos direitos sobre os prédios hipotecados, resulta da circunstância de eles subsistirem mesmo no caso de alienação forçada do prédio por via executiva, sendo evidentemente certo que a existência desses direitos diminui o valor venal do prédio e consequentemente a possibilidade de o credor (banco, neste caso) se ressarcir pelo produto da sua venda forçada.

Face a estas justificadas preocupações, os Serviços Jurídicos do nosso banco têm aconselhado a inclusão, nas escrituras de hipotecas, de cláusulas que procuram defender o banco destes riscos ([171]).

([171]) "Que a presente hipoteca pode ser executada quando vencida qualquer das responsabilidades que assegura ou quando não for cumprida qualquer das obrigações do devedor perante o Banco. Que, nos casos de: o(s) prédio(s) ora hipotecado(s) vir(em) a ser objecto de execução, arresto ou qualquer outra forma de apreensão judicial; de, sem autorização expressa do Banco, vir(e)m o(s) mesmo(s) prédio(s) a ser(em) dado(s) de exploração ou locado(s), for(e)m objecto de constituição de direito de habitação periódica, vir(em) a ser(em) alienado(s) total ou parcialmente ou por qualquer outra forma onerado(s) ou, de um modo geral, for prejudicada a sua livre disposição; ou ainda de, por qualquer outra causa, a presente hipoteca diminuir de valor, pode o Banco:

a) exigir imediatamente o cumprimento das obrigações que a presente hipoteca assegura, podendo esta ser executada;

b) ou exigir a substituição ou reforço da hipoteca e, se o devedor o não fizer no prazo que o Banco para o efeito lhe conceder, exigir então o imediato cumprimento das obrigações".

SECÇÃO VI
DIREITOS DO CREDOR, FACE À INSUFICIÊNCIA OU DIMINUIÇÃO DAS GARANTIAS PRESTADAS

Após efectivada uma determinada operação, rodeada de garantias, pode suceder que os serviços do banco credor venham a verificar que as garantias prestadas se tornaram insuficientes ou diminuíram.

Para se dar execução ao reforço ou substituição das garantias há que começar por averiguar quais os factos que determinaram essa insuficiência ou diminuição da garantia e uma vez determinadas, há que tomar posição:

— ou os serviços comerciais do banco conseguem, extrajudicialmente, contactar o cliente e obter o reforço ou substituição das garantias:

— ou esse contacto não resultou e há que pedir a intervenção dos Contenciosos no sentido de accionar os meios judiciais próprios designadamente através do processo dos arts. 991.° e segs. do Código de Processo Civil.

Várias situações são de considerar:

1. NÃO PRESTAÇÃO OU DIMINUIÇÃO DE GARANTIAS POR CAUSA IMPUTÁVEL AO DEVEDOR

No caso de diminuírem as garantias prestadas ou não chegarem a ser prestadas as garantias prometidas, por causa imputável ao devedor (acção ou omissão deste, sua negligência ou esquecimento), pode o credor *exigir o cumprimento imediato da obrigação* ou em alternativa *exigir a substituição ou reforço das garantias* (Ver arts. 701.° e 780.° do Código Civil).

Como ensina o Prof. Antunes Varela "a diminuição das garantias ou a falta das garantias prometidas releva, quer a garantia tenha sido prestada ou prometida no momento da constituição da obrigação, quer seja prestada ou prometida em momento posterior".

2. PERECIMENTO OU INSUFICIÊNCIA DA GARANTIA POR CAUSA NÃO IMPUTÁVEL NEM AO DEVEDOR NEM AO CREDOR

Hipoteca (art. 701.° C.C.); *Penhor* (art. 678.°); *Consignação de rendimentos* (art. 665.°). No caso de perecer a coisa hipotecada ou empenhada ou se extinguirem os rendimentos consignados ou ainda no caso de qualquer das referidas garantias se tornar insuficiente, para segurança da obrigação, quando não for imputável ao devedor nem ao credor tal perecimento ou insuficiência — hipótese de caso fortuito — pode o credor *exigir a substituição ou reforço da garantia* e, subsequentemente, no caso de o devedor o não fazer *exigir o cumprimento imediato da obrigação*.

3. RISCO DE INSOLVÊNCIA DO FIADOR

Nos termos do art. 633.° do Código Civil, relativo à fiança, se o fiador mudar de fortuna, de modo que haja risco de insolvência, tem o credor a faculdade de *exigir o reforço da fiança*.

Se o devedor não reforçar a fiança ou não oferecer outra garantia idónea dentro do prazo que lhe for fixado pelo Tribunal, tem o credor o direito de *exigir o imediato cumprimentos da obrigação*.

SECÇÃO VII
GARANTIAS GENÉRICAS PRESTADAS A FAVOR DE BANCOS OU DE OUTRAS ENTIDADES.

Nos termos do art. 280.°. n.° 1 do Código Civil é nulo o negócio cujo objecto seja indeterminável.

O objecto do negócio pode ser indeterminado, mas o que não pode ser é indeterminável.

Há que conciliar o disposto no art. 400.°, do Código Civil com o disposto no referido art. 280.°, n.° 1 do mesmo Código.

Nada obsta a que, tendo o objecto do negócio jurídico ficado indeterminado, o tribunal proceda à determinação da prestação, nos termos do art. 400.º do C.C., desde que as partes lhe tenham dado, para tanto, algum critério objectivo; só na falta de tal critério, tendo em conta o art. 280.º, n.º 1 do C.C., deverá o tribunal declarar a nulidade do negócio jurídico.

Haverá que distinguir entre a fiança genérica de obrigações já constituídas da relativa a obrigações futuras, sendo que nas primeiras haverá porventura a possibilidade de, por simples operações aritméticas, tornar determinável o conteúdo do objecto da fiança, caso em que a nulidade se não verificará.

Pelo contrário, nos caso de obrigações futuras, se por um lado o credor verá melhor garantido o crédito antes de o conceder, importa que o garante, no momento de celebrar o contrato, esteja em condições de saber com precisão o que está a afiançar.

A análise dos arts. 628.º, n.º 2 e 654.º do Código Civil não deixa margem para dúvidas quanto à validade da fiança de obrigações futuras.

Não parece de todo admissível que o garante se veja obrigado a responder ilimitadamente quanto ao valor, indefinidamente quanto ao tempo e incaracterizada e indeterminadamente por obrigações de terceiro, documento mantido em poder do credor afiançado, que um dia o utilizará. quando as relações que levaram o fiador a prestar a fiança há muito cessaram e o seu controlo sobre a actividade do afiançado há muito cessou.

A fiança há-de minimamente ser determinada quanto ao montante afiançado, quanto à natureza das operações que venham a ser celebradas entre o afiançado e o seu futuro credor, tendo o fiador ao seu alcance o conhecimento dos limites da sua obrigação ou, ao menos, o critério ou critérios de fixação desses limites ([172]).

O Supremo Tribunal de Justiça tem propendido para considerar nula a fiança genérica — V. Acórdão de 19/10/91, 21/1/93, 11/5/93 e 10/11/93, publicados respectivamente na Colectânea de Jurisprudência do S.T.J., I (1993), Tomo I, pág. 71 a 74; I (1993), Tomo II, pág. 98 a 100 e I (1993), Tomo III, pág. 124.

([172]) Prof. Vaz Serra, Anotação ao Ac. do S.T.J., de 2 de Novembro de 1973, in Rev. de Legislação e Jurisprudência, Ano 107 (1974/75), pág. 260, citado pelos Drs. Pedro Romano Martinez e Pedro Fuzeta da Ponte, in "Garantias de Cumprimento", Almedina, 1994, pág. 34 e segs.

Penso que o mesmo carácter genérico de garantias prestadas ao bom cumprimento de obrigações futuras, sem qualquer critério de determinação das obrigações garantidas, se deverá aplicar quando a garantia prestada, em vez de pessoal o for por penhor, ou até por simples livrança de caução em branco, em que a autorização de preenchimento da mesma não defina como, quando e em relação a que operação tal título pode vir a ser utilizado ([173]).

É prática que sempre me pareceu desaconselhável, por se me afigurar que tais situações são igualmente abrangidas pelo art. 280.º n.º 1 do Código Civil, podendo tais negócios ser considerados nulos.

SECÇÃO VIII
GARANTIAS MERAMENTE OBRIGACIONAIS

Tem-se vindo a generalizar na prática bancária a prestação de determinadas garantias, que não concedendo ao credor qualquer garantia oponível a terceiros no caso de concurso de credores, têm apesar disso vindo a ganhar o favor de algumas instituições de crédito.

Tais garantias geram relações meramente obrigacionais entre o devedor e o credor, o que levou alguns autores a considerar tais garantias meramente "aparentes" ([174]).

A consideração das cartas de conforto como meras garantias aparentes não se me afigura exacto em todas as suas modalidades, como se pode ver no capítulo IX deste livro e, de resto, os autores aí citados referem, pelo menos em algumas das suas modalidades.

a) **"Negative pledge"** — (compromisso negativo)

Por força desta cláusula, de influência anglo-saxónica, o devedor obriga-se a não onerar mais o seu património, isto é, a não

---

([173]) V. A.S.T.J., de 28/5/91, in Bol. M. J., 407, pág. 580 citado pelo Dr. Pedro Romano Martinez, ob. cit., pág. 31, nota 18, in fine.

([174]) V. Drs. Pedro Romano Martinez e Pedro Fuzeta da Ponte, ob. cit., pág. 19 e segs.

constituir quaisquer outras garantias reais sobre os seus bens ou rendimentos.

O conteúdo das obrigações assumidas pelo mutuário varia de caso para caso, segundo a capacidade negocial das partes ([175]).

Na prática, pactua-se que o desrespeito da obrigação decorrente da cláusula em análise confere ao mutuante a faculdade de exigir o cumprimento antecipado da totalidade do crédito.

Esta cláusula não tem nada a ver com qualquer garantia real. Não só o devedor pode assumir obrigação de conteúdo semelhante em relação a mais de um credor, como assumir em relação a outro credor obrigações de conteúdo mais gravoso.

O compromisso assumido tem carácter meramente obrigacional e o credor beneficiário desse compromisso, em caso de concurso de credores concorre com o credor resultante da violação do mesmo em pé de igualdade, se ambos foram titulares de documento comprovativo dos seus créditos.

b) Cláusula pari passu

Noutros ordenamentos jurídicos, designadamente também nos sistemas anglo-saxónicos, é possível ao devedor assegurar que um crédito concedido por um banco se manteria privilegiado em relação a outros créditos que lhe viessem a ser concedidos. Isto é, o devedor pode, por negócio jurídico celebrado com um seu credor, pactuar um direito de preferência na graduação de créditos que lhe sejam concedidos.

Tal situação não é possível em Portugal, em que a preferência entre créditos só pode resultar da constituição de direitos reais de garantia.

Assim, não nos deveremos deixar influenciar por tais cláusulas. O devedor pode estabelecer tal garantia a favor de mais de um credor. Por outro lado, o seu incumprimento não acarretará consequências para o devedor e o credor manterá uma posição paritária de credor comum com outros credores no caso de concurso de credores ([176]).

([175]) Mascarenhas Simões "Contratos Internacionais; Cláusula de Negative pledge, Revista Valor, de 27/12/91, pág. 34.

([176]) Mascaranhas Simões, ob. cit., pág. 40.

c) **Cross default** (incumprimento cruzado)

Embora não tipificado no nosso ordenamento jurídico, esta cláusula que temos visto introduzir com certa frequência em contratos bancários, parece-nos ser a única defensável face ao nosso Código Civil.

Estabelecem-se as obrigações que o devedor assume perante o banco quanto à operação concreta pactuada.

Mas, para além dessas obrigações directamente relacionadas com a operação contratada, as partes (banco e cliente) pactuam que o incumprimento de obrigações assumidas pelo cliente em relação a outras operações, pactuadas ou não com o mesmo banco, implicarão o vencimento antecipado das obrigações contratadas com o banco na operação em causa. No fundo, o banco concede um crédito a um seu cliente envolvido em outras operações, na persuasão de que o cliente irá pontualmente honrar tais compromissos, o que, a não se verificar, poderá criar uma situação de incumprimento generalizado, que pode conduzir até a uma situação falimentar.

O banco convenciona então com o seu cliente, no contrato em que lhe concede crédito, que o contrato se resolverá, não obstante o devedor ter cumprido as suas obrigações perante a instituição de crédito concedente do empréstimo, em caso de incumprimento perante qualquer outro credor, que pode ser ou não outra instituição de crédito.

Tratar-se-á, neste caso, da resolução do contrato atribuída a uma das partes por convenção (V. art. 432.º do Código Civil).

O art. 780.º do Código Civil permite ao credor, estabelecida tal cláusula, a exigência do cumprimento imediato da obrigação, não obstante o prazo estabelecido a favor do devedor.

Não se trata pois, de qualquer preferência estabelecida a favor do credor, mas sim de uma garantia de natureza puramente obrigacional.

d) **Contratos-promessa de garantias especiais**

Nada obsta à celebração de contratos-promessa de fiança, penhor, hipoteca ou outras garantias.

Sobretudo a celebração de contratos-promessa de hipoteca começou a generalizar-se, atribuindo alguns intervenientes grande favor a este contrato, a que certa concorrência comercial não tem sido estranha. O cliente evita as despesas da escritura e dos registos prediais, o que obviamente o satisfaz, face a outras instituições que não acolhem a mesma solução.

O contrato-promessa de hipoteca sobre imóveis ou móveis sujeitos a registo, ou é celebrado com eficácia real (art. 413.º do Código Civil) e nesse caso não evita as despesas referidas, ou não confere ao credor qualquer preferência na cobrança dos seus créditos.

O mesmo se passa com os contratos-promessa de outras garantias reais, como os de penhor, que não produzem efeitos em relação a terceiros.

As consequências do não cumprimento deste tipo de contratos-promessa ou se reduzem à responsabilidade civil contratual (arts. 798.º e segs. do Código Civil) ou podem eventualmente dar lugar a execução específica do contrato.

Admitindo que a natureza destes contratos não se oponha à execução específica (V. arts. 830.º do C. Civil), se não foi observado o formalismo dos arts. 410.º, n.º 3 e 413.º do Código Civil é manifesta a prática não eficácia da mesma para constituição de uma garantia. E essa é uma realidade a ter sempre presente, não sendo aconselhável conceder crédito com base em tão insuficiente ou mesmo inexistente garantia.

CAPÍTULO IX

CARTAS DE CONFORTO OU DECLARAÇÕES DE PATROCÍNIO ([177])

As "Comfort letters", na expressão inglesa consagrada no comércio internacional ("lettres de intention" ou "lettres de patronage", na terminologia francesa, ou "Patronaterklärungen" na terminologia alemã), têm sido entendidas como meras obrigações morais, ou simples compromissos de honra, assumidos por uma determinada sociedade perante um banco, em que a subscritora dessa carta apresenta um certo cliente, por via de regra uma sociedade afiliada ou em que a subscritora da carta tem posição accionista ou quotista muito significativa ou mesmo dominante, tendo em vista a concessão de crédito a essa outra sociedade sua dependente.

Como é sabido, as subscritoras de tais cartas pretendem subtrair-se à assunção de uma responsabilidade solidária com a participada pelas responsabilidades que esta assume, evitar a contabilização do seu endividamento, que resultaria da prestação de uma garantia e fugir aos encargos fiscais resultantes da prestação de uma fiança ([178]).

Outras vezes a sociedade — mãe recorre a este tipo de cartas, porque mantém uma política de não prestar garantias, ou para contornar restrições financeiras ou legais que a impedem de as prestar ([179]).

Contrariamente à ideia generalizada de que da "comfort letter" não resulta qualquer obrigação para o seu subscritor, o qual perderá apenas junto da Banca a credibilidade que lhe era dispensada, em razão do prestígio e reputação de que gozava, a

---

([177]) Publicado da "Revista da Banca", n.º 24. Out/Dezembro 1992, pág. 113 e segs. Posteriormente, o Sr. Prof. Menezes Cordeiro publicou um interessante estudo sobre "As cartas de conforto no Direito Bancário".

([178]) As fianças são tributadas em Portugal em imposto de selo, à taxa de 5%o sobre o seu valor. (V. art. 94.º da Tabela Geral do Imposto do Selo).

([179]) *The Law relating to domestic Banking*, Banking Law, Vol I, Londres, – Sweet & Maxwell, 1987, pág. 341.

verdade é que não é possível construir um conceito unitário sobre a natureza destas "cartas".

Há que analisar os termos deste tipo de cartas e, de acordo com as situações que delas decorrem, tentar caracterizar as obrigações que delas resultam — só morais, jurídicas ou de ambas as naturezas ([180-181]).

1) *Um primeiro grupo de cartas* pode ser definido como não contendo obrigações jurídicas, mas simples declarações, constitutivas quando muito de um compromisso moral, ou de uma obrigação natural.

Neste grupo incluem-se as cartas nas quais a sociedade-mãe apresenta a sociedade afiliada ao Banco, dando ou não indicação sobre a política de grupo em que se inserem, ou indica que a sociedade-mãe conhece a situação financeira da afiliada e que ela se acha em condições de fazer face às suas obrigações.

Do ponto de vista jurídico, se a subscritora da carta, traindo a confiança que nela depositava o Banco, recusa reconhecer qualquer valor à carta que subscreveu, não será fácil responsabilizá-la.

Mas a actuação da subscritora da carta poderá configurar a existência de responsabilidade civil delitual, se a subscritora da carta cometeu uma falta, por imprudência ou negligência na declaração feita na carta, ao fazer crer ao banqueiro, a quem ela se destinava, que a beneficiária do crédito era solvente, quando bem

---

([180]) Neste sentido, Ver *Droit du crédit*, por Alain e Marie-Claire Piédelière, 2.ª edição, Presses Universitaires de France, 1987, pág.157

([181]) As quatro categorias de cartas de patrocínio a que nos referiremos vêm descritas num artigo " Les Lettres d'intention" de Jean Pierre Bertrel, na *Revue Banque*, n.° 465, Outubro de 1986, pág. 895 a 900. Na mesma Revista, pode ver-se, *n.° 393*, Março de 1980, págs. 329 e segs; *n.° 412*, Dezembro 1981, págs. 1.455 e segs; *n.°448*, Março 1985, págs. 337 e sgs. Em relação às três primeiras categorias de cartas de patrocínio, V. Michel de Juglart et Benjamin Ippolito – Traité de Droit Commercial, Tomo 7, "Banques et Bourses", 3.ª Edição por Lucien M. Martin, 1991, págs. 291 a 294. V. ainda *Contratos Bancários*, sobre a Direcção de Rafael Garcia Villaverde e Coordenação de Rafael Bonardell Lenzano, Madrid, 1992, "Las cartas de patrocínio; su diversidad y su compleja delimitation contratual, págs. 721 a 737, designando como débeis as que nós considerámos como 1.° grupo e *fortes* as demais.

sabia que essa solvabilidade se achava já comprometida, causando assim prejuízos ao Banco ([182]).

2) *Um segundo grupo de cartas* contêm uma obrigação jurídica de fazer algo, de origem contratual, mas só podendo ser qualificada como de obrigação de meios (e não de resultados). Será o caso em que a sociedade subscritora se obriga, como accionista da beneficiária do crédito, a fazer todo o possível para esta continuar a sua actividade normal e a sua existencia social, de forma a que a mesma possa cumprir os seus compromissos face ao seu Banco.

O não cumprimento por parte da sociedade subscritora das suas obrigações pode dar lugar a uma acção de perdas e danos, se se demonstrar o incumprimento contratual e a relação de causalidade entre o incumprimento e o prejuízo sofrido pelo banqueiro (prova eventualmente difícil de fazer).

3) *Cartas que contêm igualmente uma obrigação (jurídica) de fazer ou prestar algo, de origem contratual mas podendo ser qualificada de obrigação de resultado.*

São, por exemplo, aquelas pelas quais a sociedade-mãe assuma o compromisso firme de colocar ou manter a sua afiliada em condições de reembolsar o Banco no vencimento do crédito concedido.

Este compromisso aparece acompanhado, por vezes, de outras declarações:

1. Prometem não ceder a sua participação social na beneficiária do crédito.

2. Noutros casos, a sociedade dominante pode assegurar que manterá o seu domínio sobre a sociedade dominada e não reduzirá a sua participação sem avisar previamente o credor ([183-184]).

([182]) V. arts. 483.° e 485.° do Código Civil.

([183]) São ainda conhecidas *declarações de política de grupo*, pelas quais a sociedade dominante manifesta que é seu hábito manter as suas participadas em condições financeiras de honrar os seus compromissos, e *declarações de influência* que consistem na declaração da sociedade dominante de que se empenhará a exercer a sua influência sobre a participada por forma a que esta cumpra regularmente as suas obrigações perante o credor.

([184]) A sociedade dominante responde pelas obrigações da sociedade dominada (art. 501.°, por remissão do art. 491.°, ambos do Código das Sociedades Comerciais).

3. Noutras situações existe uma declaração de responsabilização subsidiária, que consiste em a empresa dominante assumir, ou prometer assumir, as responsabilidades da participada em caso de alteração significativa da estrutura do capital social, ou, em caso de incumprimento desta, dos compromissos assumidos pela participada perante o destinatário da carta; esta declaração pode revestir a natureza de promessa de garantia (por exemplo: promessa de fiança).

Este tipo de obrigações tem sido qualificado como obrigação de resultado pela jurisprudência francesa, a qual entende que, se o subscritor da carta não pode invocar uma causa estranha que lhe não seja imputável (V. Art. 1.147.º do C.C. francês)[185], a inexecução destas obrigações permite a obtenção de uma indemnização por perdas e danos, presumindo-se incumprimento contratual, e a existência da relação de causalidade entre a falta contratual e o prejuízo resultante da falta de cumprimento da afiliada, que será mais fácil estabelecer do que nos casos precedentes[186]. No Direito português serão aplicáveis, em princípio, os arts. 798.º, 799.º e 562.º e segs., todos do Código Civil.

O montante das perdas e danos, podendo vir a ser fixado no montante das somas devidas pela afiliada, aproxima, quanto aos efeitos, este tipo de "cartas de conforto" de um resultado próximo de uma fiança.

É, contudo, evidente, porque a fiança não se presume e tem de ser assumida como tal (V. art. 628.º do C.Civil), que a responsabilidade em que o subscritor da "carta de conforto" pode incorrer resultará da sua não actuação em conformidade com a mesma carta — não prestação de apoio à beneficiária do crédito — em prejuízo do Banco e não só da simples subscrição da carta.

---

[185] *Art. 1.147* – o devedor é condenado, quando for o caso, ao pagamento de perdas e danos, seja em consequência de inexecução da obrigação, seja em consequência e atraso na execução, desde que não prove que a inexecução provém de uma causa estranha, que não lhe pode ser imputada, e mais, que não havia má-fé alguma da sua parte.

[186] Na Revue Banque, n.º 515 – Abril 1991, págs. 416 e 417, num artigo intitulado "Lettres de confort ou garantie", escreve Jacques Terray, que uma carta de conforto que contém uma obrigação de resultado é constitutiva de uma garantia. A Cour de Cassation francesa assimila à fiança a carta de conforto de onde decorre uma obrigação de resultado.

4) Uma quarta categoria reporta-se àquelas *cartas em que o seu conteúdo literal comporta uma verdadeira obrigação de pagar, em vez e em substituição do devedor principal e que são, na verdade, fianças encapotadas.*

Será o caso de uma sociedade dominante, que manifesta a intenção de apoiar a sua afiliada nas suas necessidades financeiras e, se necessário, de se substituir a ela no cumprimento dos compromissos assumidos.

Neste grupo de cartas se poderão incluir, ou dele aproximar, aquelas que contêm uma declaração de mandato de crédito, pela qual a sociedade dominante manda o Banco para conceder crédito à sua participada. O mandato de crédito, se fôr aceite, coloca o autor do encargo a responder como fiador (art. 629.º do Código Civil).

Deste conjunto de situações referidas, resulta que só caso a caso é possível determinar qual a relevância jurídica das cartas emitidas.

As três primeiras categorias de cartas não terão relevância jurídica como fianças, embora pareça poderem fazer incorrer os seus subscritores em responsabilidade civil (e até criminal se tiver existido dolo de enganar e de causar prejuízo ao Banco).

Na segunda e terceira categorias referidas — omissão de comportamento da subscritora da carta de acordo com os termos da carta — tal omissão poderá torná-la responsável pelas perdas e danos a que der causa ao Banco destinatário da mesma.

As cartas incluídas no quarto grupo devem ser consideradas como fianças e como tal ser tratadas, inclusivé para efeitos contabilisticos.

Vamos agora debruçar-nos sobre a relevância jurídica das cartas em termos gerais, ou seja que abrange os quatro tipos acima indicados, sendo porém certo que algumas das fontes de obrigações que seguidamente se indicam poderão não ter aplicabilidade concreta (nos segundo, terceiro e quarto tipo de cartas) por concomitantemente existirem vias de responsabilização, cujos pressupostos são de verificação mais fácil, ou cujos efeitos melhor tutelam a posição do Banco lesado.

1. DA RESPONSABILIDADE PRÉ-CONTRATUAL

O art. 227.º do Código Civil dispõe:
"1. Quem negoceia com outrem para conclusão de um contrato deve, tanto nos preliminares como na formação dele, proceder

segundo as regras da boa fé, sob pena de responder pelos danos que culposamente causar à outra parte.
2. A responsabilidade prescreve nos termos do art. 498.º".

Este artigo consagra, em termos gerais, a "responsabilidade por culpa na formação dos contratos (culpa in contrahendo), também designada por responsabilidade pré-contratual.

A declaração contida na "comfort letter" pode considerar-se um negócio jurídico unilateral receptício, porquanto a declaração de vontade tem de ser dirigida e comunicada a certa pessoa.

Embora o preceito do art. 227.º aponte para a sua aplicação exclusiva aos contratos, a verdade é que a doutrina tem apontado para a sua aplicação também aos negócios unilaterais, ou até aos puros actos jurídicos, desde que tenham um destinatário [187].

O destinatário do acto que razoavelmente nele confie e em conformidade regule os seus interesses, poderá sofrer prejuízos, se vier a verificar-se, designadamente, que ele é inválido ou ineficaz, por culpa do respectivo autor [188].

São pressupostos da responsabilidade pré-contratual, os requisitos comuns da responsabilidade civil: um facto voluntário, positivo ou omissivo, do agente, o carácter ilícito desse acto, a culpa do seu autor e a ocorrência de um dano causalmente ligado a esse acto.

Na fase de negociações, sobressai, entre outros, o dever de lealdade entre as partes.

A este propósito escreve a Dra. Ana Prata, que "pode dizer-se que é actualmente entendimento maioritário o de que, revestindo o dever de lealdade pré-contratual configuração progressivamente alargada em razão da crescente confiança gerida pela evolução dos contactos pré-negociais, impõe ela que a parte, que saiba — ou deva saber com a normal diligência — que algum risco ameaça o sucesso do processo negociatório, o comunique à contra-parte, advertindo-a, em particular, da necessidade de adequada prudência na realização de gastos, ou na privação de ganhos. A violação do dever pré-contratual de lealdade pode consubstanciar, pois, uma conduta omissiva — e frequentemente assim será — mas pode

---
[187] Dr.ª Ana Prata, "Notas sobre responsabilidade pré-contratual", in *Revista da Banca*, Número 16, Outubro/Dezembro 1990, pág. 93.
[188] Idem.

também traduzir-se num positivo comportamento de incitamento da contraparte a praticar actos"... ([189]).

Segundo refere o Dr. Jorge Ferreira Sinde Monteiro, a natureza jurídica da "carta (ou declaração) de patrocínio tende a ser contratualizada pela doutrina alemã, pelo menos quando é feita face a uma pessoa determinada ([190]).

Saber em que medida o subscritor da carta induziu o banqueiro a conceder crédito, enganando-o por negligência ou intencionalmente, terá de ser averiguado, caso a caso, em concreto.

Têm surgido alguns trabalhos jurídicos versando a responsabilidade do banqueiro pela concessão de crédito.

Será agora o momento de equacionar a responsabilidade daqueles, como o subscritor deste tipo de cartas, que levam o banqueiro a conceder crédito em condições de insegurança, fundado na confiança que os subscritores de tais cartas lhes merecem.

Estamos a raciocinar em termos de estas cartas terem antecedido a concessão do crédito e terem sido emitidas para determinar o banqueiro a aceitar a realização da operação proposta.

2. DA RESPONSABILIDADE DELITUAL

Se a subscritora da carta tinha perfeito conhecimento de que a beneficiária da carta atravessava uma situação económica difícil e, apesar disso, fingiu ignorar essa situação para conseguir que o crédito fosse concedido, o seu comportamento poderá integrar a prática de um crime previsto e punido no art. 38.º do Dec.-Lei n.º 28/84, de 20/1/84, ou mesmo de um crime de burla por omissão (V. art. 217.º do Código Penal) ([191]). O art. 12.º do Código Penal,

---

([189]) Ob. cit. pág. 139.
([190]) *Responsabilidade por conselhos, recomendações ou informações*, Almedina, 1989, pág. 558, nota 351.
([191]) *O art. 38.º do Dec.-Lei n.º 28/84 (Fraude na obtenção de crédito)* dispõe que:
 1 – Quem ao apresentar uma proposta de concessão, manutenção ou modificação das condições de um crédito destinado a um estabelecimento ou empresa:
 a) prestar informações escritas inexactas ou incompletas destinadas a acreditá-lo ou importantes para a decisão sobre o pedido;

na revisão vigente, veio prever a punição dos indivíduos que praticam infracções na qualidade de membros de uma pessoa colectiva (neste caso os subscritores da carta enviada por uma sociedade) ou em representação de outrem.

Se o procedimento do subscritor da carta for criminalmente ilícito, haverá obrigação de indemnizar pelos danos causados (art. 485.º, n.º 2 do Código Civil).

O art. 494.º do Código Civil admite uma limitação equitativa de responsabiliadade nos casos de mera culpa.

Se tiver havido dolo (cf. art. 483.º do Código Civil) a indemnização não pode deixar de corresponder aos danos, devendo ser fixada nos termos dos arts. 562.º e seguintes ([192]).

b) utilizar documentos relativos à situação económica inexactos ou incompletos, nomeadamente balanços, contas de ganhos e perdas, descrições gerais do património ou peritagens;

c) ocultar as deteriorações da situação económica entretanto verificadas em relação à situação descrita aquando do pedido de crédito e que sejam importantes para a decisão do pedido; será punido com prisão até 3 anos e multa até 150 dias.

2 – Se o agente, actuando pela forma descrita no número anterior, obtiver crédito de valor consideravelmente elevado, a pena poderá elevar-se até 5 anos de prisão e até 200 dias de multa.

3 – No caso do número anterior, se o crime tiver sido cometido em nome e no interesse de pessoa colectiva ou sociedade, o tribunal poderá ordenar a dissolução destas.

4 – O agente será isento de pena:

a) se espontaneamente impedir que o credor entregue a prestação pretendida;

b) se, no caso de a prestação não ter sido entregue sem o seu concurso, se tiver esforçado com anterioridade séria e espontaneamente para impedir a entrega.

5 – A sentença será publicada.

Quanto a fraude na obtenção de crédito, v. ainda o art. 2.º do Dec.-Lei n.º 325/95, de 2/12, por remissão para o art. 1.º da Lei n.º 36/94, de 29/9.

O art. 217.º do Código Penal preceitua que:

"1. Quem, com a intenção de obter para si ou para terceiro enriquecimento ilegítimo, por meio de erro ou engano sobre factos que astuciosamente provocou, determinar outrém à prática de actos que lhe causem, ou causem a outra pessoa, prejuízo patrimonial, é punido com pena de prisão até 3 anos ou com pena de multa.

2. A tentativa é punível.

3. O procedimento criminal depende de queixa.

4. É correspondentemente aplicável o disposto no artigo 206.º e na alínea a) do artigo 207.º°".

([192]) Prof. Antunes Varela, ob. cit., vol. I, pág. 497.

Os pressupostos da responsabilidade delitual são os comuns da responsabilidade civil, já acima referidos a propósito da responsabilidade pré-contratual.

3. DA RESPONSABILIDADE POR ABUSO DE DIREITO

Outro aspecto digno de ponderação é o de saber se o subscritor da carta excedeu os limites impostos pela boa fé (V. art. 762.º, n.º 2 do Código Civil) ou se ao prestar uma declaração que foi determinante da concessão de crédito abusou do direito de informar (V. art. 334.º do Código Civil), excedendo os limites impostos pela boa fé ou pelos bons costumes.

Como refere o Dr. Jorge Ferreira Sinde Monteiro, "o mínimo de conteúdo delitual que, inquestionavelmente, se retira do art. 334.º do Código Civil: aquele que, de uma forma ofensiva para os bons costumes, causa intencionalmente um dano a outrem fica obrigado a indemnizar o lesado" ([193]).

"Parece apropriado, além da constatação de uma conduta ofensiva dos bons costumes por parte daquele que informa, o requisito do dolo eventual (consciência de que a informação poderá servir para uma tomada de decisão de carácter patrimonial, com possíveis prejuízos, e aceitação deste resultado)" ([194]).

"Pressuposto da responsabilidade (e da ofensa dos bons costumes) tem sempre de ser a cognoscibilidade, por parte da pessoa que informa, da relevância ou importância da informação para quem a recebe, nomeadamente que este a pretende tomar como base para uma disposição de carácter patrimonial" ([195]).

"Se é cognoscível que uma informação é pedida (ou, de qualquer forma dada) para servir como base ou elemento para uma decisão de carácter patrimonial (e é a regra na vida comercial), há um mínimo de cuidado exigível no tráfico" ([196]).

No tipo de cartas que se vem procurando analisar, a indução do Banco a contratar por via da subscrição da "comfort letter",

---

([193]) Ob. cit., pág. 552.
([194]) Ob. cit. págs. 361 e 362.
([195]) Ob. cit. pág. 563.
([196]) Ob. cit. págs. 564 e 565.

seguida de um comportamento contrário ao do conteúdo da declaração, poderá constituir um "venire contra factum proprium" (que se verifica quando uma pessoa age de modo a criar noutra a convicção legitima de que terá um certo comportamento, positivo ou negativo, e depois procede contrariamente a essa expectativa) [197].

4. CONCLUSÕES PRÁTICAS SOBRE AS "COMFORT LETTERS"

Com o que se deixa dito, não se pretende concluir que as "comfort letters" referidas supra nos três primeiros tipos de cartas constituam qualquer forma de garantia contratual e, portanto, incentivar o seu uso, aliás já tão frequente no comércio bancário.

Pretende-se tão só significar que, mesmo não constituindo garantia dos financiamentos concedidos, os seus subscritores podem incorrer em responsabilidade civil pré-contratual, delitual ou por abuso de direito perante o Banco a quem endereçaram tais cartas. Sempre? Não necessariamente. Haverá que averiguar, caso a caso, os termos, condições e condicionalismos em que a carta foi emitida.

Pode assim concluir-se que qualquer dos três primeiros tipos de cartas de conforto pode dar lugar a responsabilidade pré-contratual, delitual ou por abuso de direito, nos termos que se deixaram referidos. Nos terceiro e quarto tipos, porque a subscritora tenderá a não se escusar ao cumprimento, tais situações deverão ser raras, sendo certo em todo o caso, que poderá especialmente haver responsabilização a título de incumprimento da promessa de fiança, ou mesmo de fiança respectivamente.

No caso do primeiro tipo de cartas referido — cartas de introdução ou de pura apresentação do beneficiário do crédito, ainda que não acompanhadas de qualquer declaração complementar, como as de conservar a sua participação social, ou de tudo fazer para que o Banco seja reembolsado, pode dar lugar à existência de responsabilidade civil delitual, em boa parte dos casos apenas se a subscritora da carta cometeu, por imprudência ou negligência, na declaração feita na

---

[197] Prof. Almeida Costa, *Direito das Obrigações*, 5ª edição, Almedina, 1991, pág. 142, nota 1.

carta, uma falta, ao fazer crer ao banqueiro, que a beneficiária do crédito era solvente, quando bem sabia que essa solvabilidade se achava já comprometida à data da subscrição da carta.

Quanto ao segundo grupo de cartas em que o autor da carta se obriga a agir por forma, ou a tudo fazer, no que dele depender para que a afiliada esteja sempre em condições de fazer face aos seus compromissos — *obrigação de fazer* sem ir até à obrigação de resultado — pode haver lugar paradigmaticamente a uma acção de perdas e danos se se demonstrar o incumprimento da obrigação de meios e a relação de causalidade entre o incumprimento e o prejuízo sofrido pelo banqueiro.

O beneficiário da carta terá de fazer a prova do incumprimento do autor da carta, isto é, que este não fez tudo o que estava ao seu alcance para conceder àquele a quem foi concedido o crédito *certo meio concreto* que lhe facilitaria o cumprimento da obrigação para com o Banco e que se comprometera a propiciar.

No terceiro tipo de cartas em que a sociedade-mãe se obriga a, em qualquer momento, colocar a afiliada em situação de honrar a sua assinatura ou, por outras palavras, assegurar que a afiliada estará sempre em situação de fazer face aos seus compromissos — situação em que a obrigação de fazer é uma obrigação de resultado — a inexecução desta obrigação permite a obtenção de uma indemnização por perdas e danos por incumprimento contratual, mais fácil de obter que nos casos precedentes, pois aqui apenas será necessário demonstrar que o autor da carta não agiu de modo a que o beneficiário do crédito pudesse pagar ao Banco, sendo certo que então o autor da carta não se pode eximir a responder, alegando que propiciou ao devedor do Banco este ou aquele meio.

Em relação ao quarto tipo de cartas, em que o seu conteúdo literal comporta obrigação de pagar em vez e em substituição do devedor principal. Neste grupo se inserem as cartas que incluem declarações de mandato de crédito. A responsabilidade resultará também de incumprimento contratual, mas bastando aqui o facto de o devedor principal não ter cumprido, para que nasça a responsabilidade do autor da carta.

CAPÍTULO X
DA RECUPERAÇÃO DA EMPRESA E DA FALÊNCIA

SECÇÃO I
INTRODUÇÃO

1. BREVE PERSPECTIVA HISTÓRICA DO DIREITO FALIMENTAR EM PORTUGAL [198]

A matéria de falências era regulada pelo Livro III da Parte I do Código Comercial de 1833.

Em 1899 foi publicado um Código de Falências, autónomo. Em 1905 o Governo publicou um novo Código de Processo Comercial, que resultou das matérias contidas no Código de Processo Comercial, acrescidas do Código das Falências de 1899, Lei das Sociedades por Quotas de 11/4/1901 e outros diplomas.

Em 1935, a matéria das falências separou-se uma vez mais do Código de Processo Comercial de 1905 para constituir de novo um Código autónomo.

Os dois diplomas vieram a fundir-se no Código de Processo Civil de 1939 que, com várias alterações, em especial a de 1961, se manteve em vigor até 1 de Janeiro de 1997.

No Código do Processo Civil de 1961 a falência era tratada sob a rubrica "da liquidação de patrimónios", no capítulo XV do referido Código, Secção III — liquidação em benefício de credores, o qual era regulado a par das liquidações em benefício de sócios e do Estado.

Através dos processos de *falência*, destinados a liquidar o património do devedor comerciante e de *insolvência* que visava liquidar o património do devedor não comerciante, ambas as liquidações eram concebidas em benefício dos seus credores.

---

[198] Sobre o processo de falência no Código de Processo Civil e a recuperação de empresas no domínio do Dec.-Lei n.º 177/86, V. Vasco Soares da Veiga, "Falência e Insolvência", in Direito das Empresas, edição do INA, 1990.

Foi *a fase da falência-liquidação*.

A esta fase da falência-liquidação sucederam-se várias iniciativas legislativas no sentido da *falência-saneamento*, em que as medidas concebidas, com intervenção do Estado e das instituições de crédito, tendiam a procurar sanear as empresas consideradas economicamente recuperáveis.

Esta segunda fase iniciou-se com a declaração da empresa em situação economicamente difícil (Dec.-Lei n.º 864/76, de 23 de Dezembro e Dec.-Lei n.º 353-E/77, de 29 de Agosto), regime que ainda hoje se mantém, a que se seguiu a celebração de contratos de viabilização (Dec.-Lei n.º 124/77, de 1 de Abril, hoje desactivado) e a criação da Parempresa (Dec.-Lei n.º 125/79, de 10 de Maio e Dec.-Lei n.º 310/79, de 20 de Agosto), hoje extinta.

A esta fase preliminar da falência-saneamento seguiu-se uma outra tecnicamente mais elaborada com a publicação do *Dec.-Lei n.º 177/86, de 2 de Julho* — processo especial de recuperação da empresa e da protecção dos credores;

A revisão legislativa de 1990 (Dec.-Lei n.º 10/90, de 5 de Janeiro), veio complementar o Dec.-Lei n.º 177/86.

Apesar desta evolução legislativa foram muitos os aspectos negativos apontados à coexistência autónoma do processo de falência com o de recuperação de empresas. (Dec.-Lei 177/86).

Era a dispersão por vários diplomas legais da matéria relativa ao processo falimentar, a confusão entre algumas providências de recuperação da empresa (concordata e acordo de credores) e os meios preventivos e suspensivos específicos do processo de falência, com a mesma denominação e regimes jurídicos semelhantes e propícios a confusão. Mantinha-se o processo de falência concebido ainda como falência-liquidação do património da empresa a favor dos credores. Por outro lado, o próprio Dec.-Lei 177/86 não era poupado a críticas, dizendo-se que passou a ser utilizado não para protecção dos credores, mas sim, contra os credores. Muitos terão sido os casos em que a empresa em situação de falência requereu o processo de recuperação nos termos do Dec.-Lei 177/86 para impedir o prosseguimento de execuções contra ela propostas pelos credores, invocando possibilidades e hipóteses de recuperação jamais verificadas.

2. O NOVO CÓDIGO DOS PROCESSOS ESPECIAIS DE RECUPERAÇÃO DA EMPRESA E DE FALÊNCIA

O Código vigente aprovado pelo Dec.-Lei n.º 132/93, de 23 de Abril, para entrar em vigor no dia 22 de Julho de 1993 (V. art. 8.º n.º 1 do diploma de aprovação), determinou a entrada em vigor na mesma data das alterações introduzidas ao Código Penal, às quais será aplicável o disposto no n.º 4 do art. 2.º deste Código, isto é, será aplicável ao agente o regime mais favorável dos dois eventualmente aplicáveis.

As alterações dos arts. 14.º, 264.º e 300.º do Código de Processo Tributário, entraram em vigor no dia 28 de Abril, isto é, 5 dias depois da publicação do Dec.-Lei n.º 132/93. Já posteriormente também os arts. 13.º e 282.º do Código de Processo Tributário viram alterada parcialmente a sua redacção pelo art. 52.º da Lei n.º 52--C/96, de 27 de Dezembro de 1996 (D.R. I Série-A), para entrarem em vigor em 1 de Janeiro de 1997 e o Dec.-Lei n.º 23/97, de 23/1 aditou o art. 14.º-A, que se refere à responsabilidade de gestores de bens ou direitos de não-residentes.

Escrevemos em 1990 que, autonomizadas ou não as matérias específicas da falência e da recuperação de empresas, o que já então nos parecia mais evidente era a necessidade de as mesmas serem julgadas por juízes comerciais, ou assessorados por técnicos comerciais e de gestão conhecedores dos problemas e das questões de natureza mercantil que se suscitam nestes processos. Quem não conhecer o mundo dos negócios, não saiba analisar um balanço, não tenha uma noção clara do que é gerir, dificilmente poderá conduzir com êxito tais processos ([199]).

Assim, depositamos fundadas esperanças no resultado prático da decisão de criar tribunais de 1ª instância de competência especializada, denominados "tribunais de recuperação de empresas e de falência". (Lei n.º 37/96, de 31/8).

A referida Lei dispõe ainda:

Art. 2.º – 1. Compete aos tribunais de recuperação da empresa e de falência preparar e julgar os processos especiais de recuperação da empresa e de falência.

([199]) "Direito das Empresas", pág. 259.

2. A competência a que se refere o número anterior abrange os respectivos incidentes e apensos, bem como a execução das decisões.

Art. 3.º – Os tribunais de recuperação da empresa e de falência funcionam como tribunais singulares.

Art. 4.º – A competência dos actuais tribunais mantém-se para os processos neles pendentes à data da instalação dos novos tribunais.

Art. 5.º – 1. O disposto nos artigos anteriores será objecto de regulamentação por decreto-lei ([200]).

2. A presente lei entra em vigor com o diploma que a regulamentar.

([200]) Tal regulamentação foi feita através do Decreto-Lei n.º 40/97, de 6 de Fevereiro:
«A Lei n.º 37/96, de 31 de Agosto, criou tribunais de 1.ª instância de competência especializada denominados "tribunais de recuperação da empresa e de falência", com a competência material definida no seu artigo 2.º.

Importa desenvolvê-la, tornando efectiva essa criação, particularmente necessária nas áreas metropolitanas de Lisboa e Porto, onde se concentra a parcela mais significativa de processos de recuperação da empresa e de falência.

Assim, e numa primeira fase, a ampliar gradualmente, criam-se dois tribunais, que compreendem, no seu âmbito territorial, as comarcas integradas nas referidas áreas metropolitanas, localizados, respectivamente, em Lisboa e em Vila Nova de Gaia, este fora da sede da área metropolitana do Porto em função da menor dificuldade na obtenção de adequado espaço físico para o instalar.

Pelo exposto, nos termos da alínea c) do n.º 1 do artigo 201.º da Constituição, o Governo decreta o seguinte:

Artigo 1.º – (**Criação de tribunais de recuperação da empresa e de falência**)

1. São criados tribunais de recuperação da empresa e de falência com sede em Lisboa e Vila Nova de Gaia.

2. Os tribunais referidos no número anterior são tribunais de acesso final.

Artigo 2.º – (**Competência territorial**)

1. O tribunal de Recuperação da Empresa e de Falência de Lisboa compreende a área das comarcas de Almada, Amadora, Barreiro, Cascais, Lisboa, Loures, Mafra, Moita, Montijo, Oeiras, Palmela, Seixal, Sesimbra, Setúbal, Sintra e Vila Franca de Xira.

2. O Tribunal de Recuperação da Empresa e de Falência de Vila Nova de Gaia compreende a área das comarcas de Espinho, Gondomar, Maia, Matosinhos, Porto, Póvoa de Varzim, Valongo, Vila do Conde e Vila Nova de Gaia.

Artigo 3.º – (**Composição dos tribunais**)

1. O Tribunal de Recuperação da Empresa e de Falência de Lisboa é composto por dois juízos.

O actual Governo, na Resolução do Conselho de Ministros n.° 100/96, de 4/7/96, publicada no D.R., I Série - B, da mesma data, anunciou e esboçou um quadro de acção para a recuperação de empresas em situação financeira difícil. Tal regime veio a concretizar--se, quanto à regularização das dívidas fiscais e a Segurança Social no Dec.-Lei n.° 124/96, de 10 de Agosto, já alterado pelo Dec.-Lei n.° 235-A/96, de 9/12 e ainda na publicação do Dec.-Lei n.° 127/96 (recupração de empresas em situação financeira difícil) com envolvimento da Banca na concessão de empréstimos, garantidos parcialmente pelo Estado. Nessa Resolução, o Conselho de Ministros anunciou o propósito de alteração do actual Código dos Processos Especiais de Recuperação da Empresa e da Falência, no sentido de "simplificação, aceleração e reorientação do processo falimentar, com base em princípios de rigor e objectividade, contrariando práticas artificiais, propiciadoras do arrastamento de situações insustentáveis, indutoras de mecanismos preversos de benefício do infractor e penalização dos contribuintes cumpridores, por forma a viabilizar a recuperação de activos e a sustentação possível do emprego".

O projecto de alteração desse Código, a que ainda não foi dada qualquer publicidade aos profissionais do foro em geral, pode vir a pecar, por essa razão, por falta de sentido prático na dinâmica que vier a ser proposta, verificando-se, porventura alguma precipitação, por não estarem devidamente experimentados os pontos fra-

---

2. O Tribunal de Recuperação da Empresa e de Falência de Vila Nova de Gaia é composto por um juízo.
Artigo 4.° – (**Secretarias judiciais**)
O quadro de pessoal das secretarias judiciais dos Tribunais referidos no artigo anterior constam do mapa anexo ao presente diploma.
Artigo 5.° – (**Instalação**)
Os tribunais ou juízos criados pelo presente diploma entram em funcionamento na data em que for determinada a respectiva instalação, por portaria do Ministro da Justiça.
Artigo 6.° – (**Disposições subsidiárias**)
As disposições gerais sobre a organização e competência dos tribunais judiciais de competência genérica são aplicáveis aos tribunais de recuperação da empresa e de falência em tudo quanto for omisso na Lei n.° 37/96, de 31 de Agosto, e neste diploma.
(*Publicado no D.R., I Série-A, de 6/2/97*).

cos da legislação acima referida, cujos resultados práticos se nos afigura não haver ainda tempo suficiente para avaliar.

Para já, o número de tribunais de 1.ª instância de competência especializada criados, parece-nos manifestamente insuficiente e irá criar graves dificuldades práticas aos profissionais do foro e consequentemente ao bom funcionamento do sistema, embora se registe como posição positiva, o propósito anunciado de vir a ampliar gradualmente o seu número.

As considerações subsequentes reportam-se ao Código vigente, aprovado pelo Dec.-Lei n.º 132/93, de 23 de Abril. Neste Código, sem prejuízo das disposições relativas à extinção das Câmaras de falências (art. 5.º do diploma de aprovação), o mesmo Código não se aplica às acções pendentes à data da sua entrada em vigor. O diploma é omisso quanto ao regime a seguir, após a sua entrada em vigor, quando um processo de falência pendente passe a processo de recuperação ou vice-versa.

3. DISPOSIÇÕES INTRODUTÓRIAS COMUNS AOS PROCESSOS DE RECUPERAÇÃO E DE FALÊNCIA

Toda a empresa em situação de insolvência pode ser objecto uma ou mais providências de recuperação ou ser declarada em regime de falência.

Só deve ser decretada a falência da empresa insolvente quando ela se mostrar economicamente inviável ou se não considerar possível, em face das circunstâncias, a sua recuperação financeira. (art. 1.º do C.P.E.R.E. e de Falência) [201].

O art. 2.º do mesmo diploma dá a *noção de empresa* como sendo toda a organização dos factores de produção destinada ao exercício de qualquer actividade agrícola, comercial ou industrial ou de prestação de serviços.

O art. 3.º caracteriza a *situação de insolvência*, como sendo, a da empresa que, por carência de meios próprios e por falta de

---

[201] Todos os artigos citados neste capítulo, sem qualquer indicação, referem-se ao Código dos Processos Especiais de Recuperação da Empresa e de Falência.

crédito, se encontre impossibilitada de cumprir pontualmente as suas obrigações.

As providências de recuperação da empresa são a concordata, o acordo de credores, a reestruturação financeira (nova providência introduzida por este Código) e a gestão controlada (art. 4.°).

A empresa insolvente que se considere economicamente viável e julgue superável a deficiente situação financeira em que se encontra pode requerer em juízo a providência de recuperação adequada (art. 5.°).

a) *Admissibilidade de coligação no âmbito destes processos, quando se trate de sociedades em relação de grupo.*

Será possível requerer a falência ou a recuperação de empresas contra mais do que uma sociedade, por se entender que as mesmas estão entre si numa relação de domínio, de grupo ou até de simples interdependência?

O novo n.° 4 do art. 30.° do C.P.C. veio consagrar a posssibilidade do recurso à figura da coligação no âmbito dos processos especiais de recuperação da empresa e de falência, quando os requerentes justifiquem a existência de uma relação de grupo, nos termos dos arts. 488.° e seguintes do Código das Sociedades Comerciais.

b) *Mandatários judiciais*

Nos termos do art. 32.°, n.° 1, alínea *a*) do C.P.C. é obrigatória a constituição de advogado, nas causas da competência dos tribunais com alçada, em que seja admissível recurso ordinário.

Nos processos de falência ou de recuperação de empresa, de valor superior à alçada do tribunal de comarca (500.000$00 — art. 20.° da Lei n.° 38/87, de 23/12) é obrigatória a constituição de advogado.

Para efeitos processuais, o valor da causa é determinado sobre o activo constante do balanço do devedor ou, na falta deste, sobre a indicação feita no requerimento ou petição de apresentação, que será corrigido logo que se verifique ser diferente o valor real (art. 11.°).

Nos processos de recuperação da empresa (v. art. 56.°) e no processo de falência (v. arts. 228.° e 229.°), cabe recurso ordinário de alguns despachos, decisões ou sentenças.

Na assembleia de credores, estes podem fazer-se representar por mandatários com poderes especiais para deliberar sobre a providência de recuperação mais adequada. As entidades públicas referidas no n.° 1 do art. 22.° podem fazer-se representar nos termos previstos nos n.ᵒˢ 2 e 3 da mesma disposição (v. art. 47.°).

Assim, nos processos de valor superior à alçada do tribunal de comarca é obrigatória a constituição de advogado nos processos de apresentação à falência ou em que se requeira qualquer providência de recuperação.

O mandato para apresentação à falência ou requerer qualquer providência, por parte da empresa devedora, deve conter poderes especiais, como é de fácil intuição e de geral entendimento. Efectivamente a procuração geral só pode autorizar actos de mera administração — art. 1159.° do Código Civil.

Ora a apresentação à falência ou o requerimento para aplicação de medida de recuperação envolvem a própria capacidade pessoal do falido e todos os seus bens, pelo que não se pode ter como acto de mera administração.

A este respeito diz o Dr. Sousa Macedo que o próprio mandatário judicial deve receber procuração com poderes especiais para o efeito, não valendo a simples procuração com poderes gerais. Obstará a esta exigência a assinatura do apresentante conjuntamente com o advogado ([202]).

Quanto à reclamação de créditos em processo de falência, a lei não obriga a que as reclamações sejam subscritas por advogado.

A constituição de advogado só é obrigatória, no caso de contestação do crédito reclamado de valor superior à alçada do Tribunal de Comarca (v. art. 192.°). De notar, como escreve o Prof. Lebre de Freitas ([203]), que o patrocínio não é obrigatório para a

---

([202]) Neste sentido, apenas quanto ao processo de falência, V. Dr. Pedro de Sousa Macedo, Manual de Direito das Falências, Almedina, 1964, Vol. I, págs. 327 e 328.

([203]) Prof. José Lebre de Freitas, "A acção executiva à luz do Código revisto", 2.ª edição, Coimbra Editora, 1997.

reclamação, mas apenas para a apreciação, isto é, apenas quando for impugnado o crédito reclamado de valor superior à alçada do Tribunal de Comarca e a partir do momento da impugnação (art. 60.º, n.º 2 do C.P.C.).

c) *Legitimidade para requerer a recuperação ou a falência*

A iniciativa do pedido de recuperação ou de declaração de falência por parte da empresa devedora cabe ao respectivo titular ou ao órgão social incumbido da sua administração (gerência, administração ou direcção, conforme se trate de uma sociedade por quotas ou anónima, afigurando-se-nos dever ser junto documento comprovativo da deliberação tomada) art. 7.º.

Qualquer credor

Qualquer credor, ainda que preferente, e seja qual for a natureza do seu crédito pode requerer, em relação à empresa que considere economicamente viável, a aplicação da providência de recuperação adequada, desde que se verifique algum dos seguintes factos reveladores da situação de insolvência do devedor:

a) Falta de cumprimento de uma ou mais obrigações que, pelo seu montante ou pelas circunstâncias do incumprimento, revele a impossibilidade de o devedor satisfazer pontualmente a generalidade das suas obrigações;

b) Fuga do titular da empresa ou dos titulares do seu órgão de gestão, relacionada com a falta de liquidez do devedor e sem designação de substituto idóneo, ou abandono do estabelecimento em que a empresa tem a sede ou se exerce a sua principal actividade;

c) Dissipação ou extravio de bens, constituição fictícia de créditos ou qualquer outro procedimento anómalo que revele o propósito de o devedor se colocar em situação que o impossibilite de cumprir pontualmente as suas obrigações.

A alínea *a)* não se restringe às obrigações pecuniárias e, assim, o reiterado incumprimento de outras obrigações, terá de ser devidamente valorado (por ex., resultantes de contratos celebrados com o devedor).

Verificado qualquer dos factos referidos nas alíneas transcritas, pode também a falência ser requerida por qualquer credor, quando não considere a empresa economicamente viável.

O Ministério Público

Pode requerer a adopção da providência de recuperação adequada quando a empresa tenha sido declarada em situação economicamente difícil e haja interesse económico e social na manutenção da sua actividade.

Também, verificado qualquer dos factos referidos nas alíneas acima transcritas, pode o Ministério Público, em representação dos interesses que lhe estão legalmente confiados (mora no pagamento de salários, de dívidas ao Fisco ou à Segurança Social), requerer a falência da empresa.

A empresa

Logo que falte ao cumprimento de uma das suas obrigações, nas circunstâncias descritas supra na alínea a) do n.º 1 do art. 8.º, deve a empresa, dentro dos 60 dias subsequentes, requerer a sua declaração de falência, salvo se, tendo razões bastantes para o fazer, optar pelo requerimento da providência de recuperação adequada (art. 6.º).

Consagra este artigo um verdadeiro *dever de iniciativa processual do devedor.*

Também, nos termos do art. 7.º do Dec.-Lei n.º 127/96, de 10 de Agosto, apresentado a uma qualquer instituição de crédito um processo tendente à consolidação financeira e reestruturação empresarial da sociedade em causa, se o projecto não fôr aprovado pelas instituições de crédito, pela administração da sociedade, pelos sócios ou pelo Gabinete de Coordenação para a Recuperação de Empresas (GACRE), e se se verificar, quer pelas últimas contas do exercício, quer por contas posteriormente realizadas, estar perdida a totalidade do capital social, *deverá o órgão de administração, nos termos da lei, requerer a falência da sociedade,* salvo se, tendo razões bastantes para o fazer, optar pelo requerimento da providência de recuperação adequada.

O Tribunal oficiosamente

A falência pode ainda ser oficiosamente decretada pelo tribunal, nos casos especialmente previstos na lei (art. 8.°, n.° 4): V. arts. 25.°, 53.°, 56.° n.° 4, 76.°, 82.°, 86.° e 122.°.

Saliente-se que não existe hoje qualquer prazo de caducidade para o requerimento da falência (o prazo de três anos do art. 1.175.° do C.P.C. foi abolido), pelo que qualquer das entidades com legitimidade para requerer a falência ou a recuperação da empresa o pode fazer, enquanto a situação se mantiver.

Subsiste um prazo de caducidade apenas no caso de o devedor ter falecido ou cessado a sua actividade, em que a falência pode ainda ser requerida por qualquer credor interessado ou pelo Ministério Público, *dentro do ano posterior* a qualquer dos factos referidos nas alíneas *a*), *b*) e *c*) do n.° 1 do artigo anterior, quer a situação de insolvência se tenha revelado antes, quer depois da morte ou da cessação de actividade do devedor (art. 9.°).

Os processos de recuperação da empresa e de falência, incluindo os embargos e recursos a que houver lugar, têm carácter urgente e gozam de precedência sobre o serviço ordinário do tribunal.

Nem o falecimento do devedor, nem o de qualquer dos credores determina a suspensão do processo de recuperação da empresa ou do processo de falência (art. 10.°).

d) *Órgãos auxiliares do Tribunal*

Desapareceram no novo Código as funções do Síndico da falência bem como as Câmaras de Falências de Lisboa e Porto.

As funções de administrador de falências, como liquidatário do conjunto dos bens e direitos que constituíam o activo do falido ou insolvente, foi extinto e *em sua substituição surgiu a figura de liquidatário judicial*, uma vez que decretada a falência, há tão só que proceder à liquidação da empresa em estado de insolvência.

Do mesmo modo, as funções designadas no Dec.-Lei 177/86 como de administrador judicial foram extintas, para dar lugar às funções de *gestor judicial*, a quem cabe gerir as empresas a que seja aplicada uma medida de recuperação das previstas no Código (V. art. 28.°, al. *a*)).

As listas de gestores e liquidatários judiciais constituem listas únicas, sem diferenciação de funções no acto de recrutamento e constituirão 4 listas distritais, uma por cada um dos distritos judiciais (Ver Dec.-Lei n.º 254/93, de 15 de Julho).

No prazo de 60 dias após a data da entrada em vigor do Dec.--Lei 254/93, os administradores judiciais inscritos na antiga lista nacional prevista no Dec.-Lei n.º 276/86, de 4 de Setembro, puderam requerer a inscrição numa das listas distritais.

À *comissão de credores* cabe fiscalizar a gestão da empresa e auxiliar a actividade do gestor judicial. No desempenho da sua função, pode a comissão examinar livremente os livros e documentos da empresa e informar-se do estado e evolução dos seus negócios (art. 42.º).

A constituição e funcionamento da comissão de credores vem disciplinada no art. 41.º do mesmo Código, que adiante se transcreve.

4. ESTRUTURAÇÃO DOS PRESSUPOSTOS DOS PROCESSOS DE RECUPERAÇÃO E DE FALÊNCIA COM BASE NA SITUAÇÃO DE INSOLVÊNCIA

A opção pelo processo de recuperação ou pelo processo de falência depende da verificação ou não da viabilidade económica da empresa, bem como da possibilidade desta ser financeiramente recuperável (V. art. 1.º, n.º 2).

Os factos que constituem os índices reveladores da situação de insolvência, já acima transcritos, são comuns ao processo de recuperação e ao processo de falência (V. art. 8.º, n.º 1).

Confrontados os índices de insolvência do novo Código com os motivos de declaração de falência do antigo art. 1.174.º do C.P.C., pode concluir-se:

a) que foi excluído, como índice de insolvência, a insuficiência do activo para fazer face ao passivo, o que se verificava nas sociedades de responsabilidade limitada (V. art. 1.174.º, n.º 2 do C.P.C.).

b) foi substituída a presunção de "cessação de pagamentos pelo devedor" pela de "falta de cumprimento de uma ou mais obrigações".

c) Passou a relacionar-se o índice da fuga do devedor com a sua falta de liquidez.

Como já se referiu supra, foi abolido o prazo de caducidade para o requerimento da falência, que se achava previsto no art. 1.175.º do C.P.C.

Os índices de insolvência constituem presunções ilidíveis do referido estado.

Uma questão que já era controvertida era a de se saber se a conversão da execução em falência, "se o património do devedor executado não chegar para pagamento dos créditos verificados" (art. 870.º, n.º 1.º do C.P.C. na anterior redacção) dispensa a verificação dos pressupostos da falência. Inclinamo-nos para que é necessário verificarem-se os factos índices ou factos reveladores da situação de insolvência do devedor.

O actual artigo 870.º do C.P.C. preceitua que "qualquer credor pode obter a suspensão da execução, a fim de impedir os pagamentos, mostrando que foi requerido processo especial de recuperação da empresa ou de falência do executado. A nova redacção do art. 870.º abrange todo e qualquer credor do executado, portador ou não de título executivo, seja ou não reclamante no processo de execução.

5. COROLÁRIOS DA HARMONIZAÇÃO DOS PRESSUPOSTOS DOS PROCESSOS DE RECUPERAÇÃO E DE FALÊNCIA

Primeiro corolário — dever de o empresário se apresentar à falência ou ao processo de recuperação no prazo de 60 dias a contar da verificação da insolvência (art. 6.º).

O juízo acerca da viabilidade económica e das possibilidades de recuperação financeira da empresa é feito pelo próprio empresário (diversamente do regime do art. 1.140.º do C.P.C., na redacção do Dec.-Lei n.º 177/86).

Segundo corolário — ligações entre os processos de recuperação e de falência:

a) Convolação do processo de recuperação em processo de falência:

— primeira hipótese — a do art. 53.º, n.º 1, na sequência do art. 17.º, n.º 3 do Dec.-Lei n.º 177/86 — se a assembleia de cre-

dores não deliberar dentro dos oito meses subsequentes ao despacho de prosseguimento da acção, caducam os efeitos do despacho, devendo ser declarada, ao mesmo tempo, a falência da empresa;
— *segunda hipótese* — a do art. 53.°, n.° 2, na sequência do art. 18.° do Dec.-Lei n.° 177/86 — se os credores que representam pelo menos 75% do valor dos créditos aprovados rejeitarem no processo, na assembleia ou fora dela, qualquer meio de recuperação da empresa, deve o juiz, sem necessidade de aguardar o prazo referido no número anterior, declarar a caducidade do despacho de prosseguimento da acção, decretando a falência da empresa.

b) Falência em caso da não homologação da providência de recuperação pelo juiz (art. 56.°, n.° 4).

c) Situação de frustração dos objectivos das providências de recuperação aprovadas:
— *anulação das providências* — arts. 72.°, 73.°, 74.° e 75.° do novo Código (anulação da concordata, consequências da anulação, casos de caducidade da concordata e novo processo de recuperação e nova concordata); arts. 83.° a 85.° (anulação do acordo de credores, afastamento da anulação e efeitos da anulação), art. 96.° (anulação da providência de reestruturação financeira) e art. 117.° (anulação da gestão controlada);
— *declaração da falência do devedor concordatário* — arts. 76.° e 77.°;
— *pedido de falência da sociedade resultante do acordo de credores* — art. 86.°.
— *possibilidade de cessação antecipada da gestão controlada* — art. 116.°.

d) Opção inicial pelo processo de recuperação ou de falência
— *oposição preliminar dos credores* ao pedido de recuperação ou de falência.

1 — *Quando*, antes de proferido o despacho sobre a verificação dos pressupostos legais do processo de recuperação, *seja deduzida oposição ao prosseguimento da acção por credores que representem pelo menos 75% do valor dos créditos conhecidos* e aleguem a inviabilidade económica da empresa, deve o juiz, se reconhecer a existência de qualquer dos factos previstos no n.° 1

do art. 8.°, depois de ouvido o representante legal da empresa, declarar a falência dela.

2 — Quando de igual modo, antes de declarada a falência requerida, seja deduzida oposição ao prosseguimento desse processo, por credores que representem, pelo menos, 75% do valor dos créditos conhecidos e aleguem a viabilidade económica da empresa, deve o juiz, quando reconheça a existência de qualquer dos factos mencionados no n.° 1 do artigo 8.°, depois de ouvido o apresentante ou requerente da falência, mandar a acção prosseguir como processo de recuperação (art. 23.°).

Inovação — oposição do devedor e de credores que representem 30% do valor dos créditos à recuperação ou à falência (V. n.ºˢ 3 e 4 do art.25.°, a seguir transcritos).

Despacho de prosseguimento da acção

1 — Efectuadas as diligências e recolhidos os elementos necessários (no prazo de 21 dias — art. 24.°), *deve o juiz, dentro dos sete dias subsequentes* ao termo do prazo fixado no artigo anterior, decidir sobre o prosseguimento da acção.

2 — Não havendo prova dos pressupostos legalmente exigidos, é o processo arquivado, independentemente de oposição; havendo prova de qualquer deles, deve o juiz declarar reconhecida a situação de insolvência e ordenar o prosseguimento da acção, nos termos requeridos.

3 — *Se contra o pedido de declaração de falência for deduzida oposição do devedor e de credores que representem, pelo menos, 30% do valor dos créditos conhecidos* e nela se alegar e justificar a viabilidade económica da empresa, *pode o juiz*, ponderando os elementos recolhidos e concluindo pela probabilidade séria da sua recuperação, *mandar prosseguir a acção como processo de recuperação da empresa.*

4 — *Se for contra o pedido de recuperação que o devedor e credores que representem, pelo menos, 30% do valor dos créditos conhecidos* deduzam oposição, nela alegando e justificando a inviabilidade económica da empresa, *pode o juiz mandar prosseguir a acção como processo de falência,* quando nenhuma probabilidade séria exista da sua recuperação.

5 — Do despacho que ordene o prosseguimento da acção cabe recurso, que sobe imediatamente e em separado, com efeito meramente devolutivo, já não cabendo recurso da decisão proferida pelo tribunal de 2.ª instância (art. 25.°).

SECÇÃO II
FASE PROCESSUAL DE RECUPERAÇÃO DA EMPRESA

Ordenado o prosseguimento da acção de recuperação da empresa nos termos dos arts. 23.°, n.° 2 ou 25.°, n.ºs 1 e 2, deve o juiz, no respectivo despacho:

a) Designar o gestor judicial;

b) Nomear a comissão de credores incumbida de defender os interesses de todos eles;

c) Fixar o prazo de duração do período de estudo e de observação a que a empresa fica sujeita, nunca superior a 90 dias;

d) Convocar imediatamente a assembleia de credores para o termo do período de estudo e observação, fixando dia, hora e local para o efeito (art. 28.°).

Proferido o despacho de prosseguimento da acção ficam imediatamente suspensas todas as execuções instauradas contra o devedor e todas as diligências de acções executivas que atinjam o seu património, incluindo as que tenham por fim a cobrança de créditos com privilégio ou com preferência; a suspensão abrange todos os prazos de prescrição e de caducidade oponíveis pelo devedor.

A suspensão mantém-se até ao decurso do prazo de 8 meses sem que a assembleia de credores delibere, e ainda nos demais casos indicados no art. 29.°, n.° 2.

É também *suspensa* durante o mesmo período *a contagem de juros* de qualquer natureza dos débitos da empresa.

São nulos todos os negócios jurídicos entre vivos posteriores ao despacho de prosseguimento da acção que envolvam alienação ou oneração de acções ou de partes sociais da sociedade devedora, bem como a alienação, oneração ou locação de imóveis da empresa, a cessão da exploração ou o trespasse de estabelecimentos que lhe pertençam, salvo quando autorizados previamente ou ratificados pelo juiz, com parecer favorável do gestor judicial e da comissão de credores, ou apenas desta, se a gestão da empresa estiver cometida ao gestor judicial. Os negócios jurídicos só são susceptíveis de ratificação desde que celebrados no interesse da empresa e quando, por manifesta urgência, não tenha sido possível obter a autorização prévia do juiz (art. 30.°).

Cálculo dos créditos — *os montantes dos créditos de capital e juros* que possam ser apreciados na assembleia de credores *devem reportar-se todos à data da entrada da petição inicial em juízo* (art. 31.°)

Os adiantamentos de fundos efectuados pelos credores devem ser pagos pela empresa com precipuidade sobre qualquer outro crédito, gozando de privilégios mobiliário e imobiliário especiais sobre os respectivos bens da empresa, com preferência não apenas sobre os demais privilégios, incluindo os privilégios por despesas de justiça, mas também sobre as outras garantias, ainda que anteriores (art. 34.°).

1. FUNÇÕES DO GESTOR JUDICIAL

1 — Ao gestor judicial cumpre orientar a administração da empresa, fazer o diagnóstico das causas da situação em que ela se encontra, ajuizar da sua viabilidade económica e estudar os meios de recuperação mais adequados à prossecução do seu objecto e à salvaguarda dos interesses dos credores.

2 — O juiz pode, se tal for necessário à tutela dos interesses dos credores, conferir ao gestor poderes para obrigar a empresa e, bem assim, suspender ou restringir os poderes de administração dos titulares dos respectivos órgãos ou condicionar a validade dos actos de disposição ou de administração por eles praticados ao prévio acordo do gestor judicial.

3 — Para o desempenho da sua função, *cabe ainda ao gestor judicial:*

a) *Elaborar a relação provisória das verbas do passivo da empresa, emitindo parecer fundamentado sobre os débitos relacionados e reclamados;*

b) Elaborar o relatório destinado à assembleia de credores;

c) Tomar ou propor ao tribunal as providências urgentes necessárias à defesa do património da empresa perante terceiros, incluindo os credores, independentemente da vontade dos titulares dos órgãos sociais ou do próprio empresário;

d) Informar a comissão de credores sobre os actos de gestão praticados no decurso do período de observação e levar ao seu conhecimento, em tempo oportuno, os factos ou documentos que interessam à determinação do meio de recuperação da empresa;

e) Assegurar às comissões de trabalhadores, durante o período de recuperação da empresa, o exercício dos direitos que legalmente lhes são conferidos (V. Lei n.° 46/79, de 12 de Setembro, art. 18.° a 33.°), para além dos direitos que, quanto às mesmas, são previstos no presente diploma (art.35.°).

O Dec.-Lei n.° 254/93, de 15/7, define o regime de remunerações, estatuto, adiantamentos e reembolsos de despesas do liquidatário judicial. Foi completado pelo Dec.-Lei n.° 188/96, de 8/10, que veio introduzir regras limitativas ao exercício e acumulação de funções de gestor ou liquidatário judicial.

O gestor judicial logo que entra em exercício pode livremente examinar os livros e documentos da empresa e informar-se sobre a evolução dos seus negócios.

Ao gestor judicial no desempenho das acções referidas supra, nas alíneas a) e b), cabe:

a) elaborar a relação provisória dos créditos, podendo ser assessorado por técnicos ou peritos, se a contratação destes tiver obtido parecer favorável da comissão de credores.

Para elaboração desta relação pode solicitar aos credores informações necessárias e requerer ao juiz a requisição de elementos indispensáveis (art. 37.°).

b) elaborar o relatório a apresentar à assembleia de credores.

1 — No relatório deve o gestor apreciar especialmente a exactidão do balanço apresentado, a situação comercial e a evolução dos negócios do devedor e ainda, em função do diagnóstico traçado sobre a situação da empresa e a sua viabilidade económica, propor o meio de recuperação mais ajustado à recuperação visada e à protecção dos interesses dos credores.

2 — O relatório é apresentado em duplicado, até sete dias antes da data marcada para a assembleia de credores, destinando-se um dos exemplares à comissão de credores e ficando o outro disponível na secretaria judicial, para consulta dos interessados.

3 — Um terceiro exemplar do relatório deve ser remetido à entidade administrativa competente em matéria de inspecção de trabalho (art. 38.°).

Órgão hoje muito importante no desenvolvimento do processo de recuperação de empresas é a *comissão de credores* a quem cabe fiscalizar a gestão da empresa e auxiliar a actividade do gestor judicial, e cuja constituição e funcionamento se acha regulada no art. 41.°. A função desta comissão aproxima-se da antiga função do síndico de falências.

Constituição e funcionamento da comissão de credores

1 — A comissão de credores, nomeada e empossada pelo juiz, é composta *por três ou cinco membros*, devendo o encargo da presidência recair, de preferência, sobre o maior credor da empresa e a escolha dos restantes assegurar a adequada representação das *várias classes de credores e dos diversos interesses em jogo* na recuperação; em qualquer caso, um dos membros da comissão representará os trabalhadores que detenham créditos sobre a empresa, devendo a sua escolha ser feita pelo juiz, de acordo, sempre que possível, com a designação feita pelos próprios trabalhadores ou, existindo esta, pela comissão de trabalhadores.

2 — Sendo três os membros da comissão, haverá um ou dois suplentes; quando forem cinco, haverá sempre dois suplentes.

3 — A comissão não pode deliberar sem a presença da maioria dos seus membros, sendo as deliberações tomadas por maioria de votos dos membros presentes e cabendo ao presidente, em caso de empate, voto de qualidade; nas deliberações é admitido o voto escrito se, previamente, todos os membros tiverem acordado nesta forma de deliberação.

4 — O juiz pode, a todo o momento, por iniciativa própria ou a requerimento fundamentado dos interessados, alterar a composição da comissão.

5 — Quando a escolha para a comissão recaia em pessoa colectiva ou em sociedade, compete a esta designar o seu representante, mediante procuração ou credencial subscrita por quem a obriga (art. 41.°).

2. CONVOCAÇÃO DA ASSEMBLEIA DE CREDORES

A data, hora e local da assembleia de credores são imediatamente comunicados por anúncio publicado no Diário da República e num dos jornais mais lidos da localidade e por editais afixados na porta da sede e do estabelecimento principal da empresa; os 10 maiores credores conhecidos, bem como a empresa e a comissão de trabalhadores, são também avisados do dia, hora e local da reunião, por circulares expedidas sob registo. Quando o Banco credor não esteja entre os 10 maiores credores, é urgente que o "balcão" a que se reportam as relações com a instituição, sem prejuízo das publicações referidas, informe urgentemente e à cautela o advogado a quem esteja afecto o processo, da data designada para a assembleia de credores. Na verdade

No prazo de 14 dias a contar da publicação no D.R.:

— os credores, ainda que preferentes, devem reclamar os seus créditos;

— os que já tenham reclamado podem ainda corrigir ou completar a justificação;

— os créditos relacionados na petição inicial do credor que instaurar o processo de recuperação, assim como os indicados pelo devedor apresentante consideram-se reclamados.

Nos 14 dias subsequentes, — *impugnação de créditos*: a empresa pode impugnar os créditos reclamados ou os credores os indicados pela empresa, quando for esta a apresentante.

Nos 7 dias subsequentes, ao recebimento dos duplicados das reclamações ou impugnações *a comissão emite parecer* e consideram-se impugnados os créditos sobre os quais tenha recaído parecer desfavorável da comissão.

Nos sete dias posteriores, o gestor judicial deve elaborar a *relação provisória dos créditos* reclamados ou relacionados pela empresa.

Os créditos constantes da relação provisória elaborada pelo gestor serão classificados nas seguintes categorias:

a) Créditos que não tenham sofrido impugnação e reconhecidos pelo gestor judicial;

b) Créditos impugnados por credores, pela empresa ou pela comissão de credores, mas reconhecidos pelo gestor judicial;

c) Créditos não reconhecidos pelo gestor judicial, impugnados ou não;

d) Créditos abrangidos nas alíneas anteriores que gozem de garantia real sobre bens da empresa;

e) Créditos compreendidos nas alíneas a) a c) que gozem de garantia real ou pessoal prestada por terceiro (art. 46.º n.º 2).

Participantes na assembleia

1 — A assembleia de credores reúne sob a presidência do juiz e nela podem participar a empresa, através do seu titular ou dos seus representantes, o Ministério Público, o gestor judicial, os membros da comissão de credores e os credores cujos créditos, impugnados ou não, figurem na relação provisória de créditos elaborada pelo gestor judicial, não obrigando a falta de nenhum deles ao adiamento da reunião.

2 — São equiparados aos credores originários os credores que mostrem ter adquirido os créditos no decorrer do processo.

3 — Têm direito de participar na assembleia, mas sem direito de voto, os terceiros garantes do cumprimento das obrigações da empresa, que possam sub-rogar-se nos direitos dos respectivos credores, bem como os coobrigados com direito de acção ou de regresso contra a empresa.

4 — É ainda facultada mas sem direito de voto, a participação na assembleia, até três representantes, da comissão de trabalhadores ou, na falta desta, até três representantes de trabalhadores por estes designados.

5 — *Os credores podem fazer-se representar por mandatários com poderes especiais* para deliberar sobre a providência de recuperação adequada à situação da empresa e as entidades públicas referidas no n.º 1 do artigo 22.º ([204]) podem fazer-se representar nos termos previstos nos n.ºs 2 e 3 da mesma disposição (art. 47.º).

([204]) Dispõe o art. 22.º:

1 — Proferido o despacho de citação dos credores e, quando for caso disso,

De assembleia provisória a definitiva

Toma-se por base a relação provisória de créditos elaborada pelo gestor judicial, para efeito da sua aprovação ou rejeição.

Votam todos os credores incluídos na relação provisória, tenham ou não sido impugnados.

Nenhum credor pode votar o seu próprio crédito, a não ser que este haja sido reconhecido pelo gestor judicial.

O número de votos de cada credor corresponde ao *valor em contos do crédito provisoriamente relacionado*.

Os créditos que não tenham sido impugnados consideram-se imediatamente aprovados.

A aprovação dos créditos, a que se procederá nos termos dos n.os 5 e 6 do art. 48.º, sê-lo-à por *maioria simples* de votos dos presentes e só produzirá efeitos relativamente à constituição definitiva da assembleia de credores.

Da deliberação da assembleia que aprove ou não o crédito pode qualquer interessado reclamar para o juiz, oralmente na própria assembleia ou por escrito no prazo de 7 dias.

3. DA ASSEMBLEIA DEFINITIVA

Constituída pelos credores cujos créditos foram aprovados ou atendidos nas reclamações.

---

do próprio devedor, e sem prejuízo das citações ordenadas, é o processo continuado com vista ao Ministério Público, a fim de que este, havendo créditos do Estado, de institutos públicos sem a natureza de empresas públicas, ou de instituições da segurança social, dê imediato conhecimento da pendência da acção ao membro do Governo que superintenda no sector económico a que pertence a empresa devedora.

2 — As entidades públicas titulares de créditos sobre as empresas podem a todo o tempo confiar a mandatários especiais, designados nos termos legais ou estatutários, a sua representação no processo, em substituição do Ministério Público.

3 — A representação de entidades públicas credoras e do departamento governamental referido no n.º 1 pode ser atribuída a um mandatário comum, se tal for determinado por despacho conjunto do membro do Governo responsável pelo sector económico a que pertença a empresa e do membro do Governo que tutela a entidade credora.

Sendo necessário ao conveniente andamento dos trabalhos, *pode o juiz limitar a participação na assembleia definitiva aos credores que representem uma percentagem mínima do valor dos créditos aprovados, a qual não pode ser fixada em mais de 5%* podendo os titulares de créditos de valor inferior agrupar-se ou fazer-se representar por outro credor com poderes bastantes para participar na deliberação da assembleia.

A assembleia definitiva inicia-se com a discussão do relatório do gestor judicial, ao qual cabe expor em resumo as razões justificativas do meio proposto para a recuperação, podendo o juiz convidar o representante da empresa a expor as razões da situação dela e as providências que considera mais aconselhadas, sem prejuízo dos direitos conferidos por lei à comissão de trabalhadores.

Os credores podem propor o meio de recuperação que considerem mais adequado à protecção dos seus interesses, ainda que não seja proposto pelo gestor judicial nem o indicado pela empresa ou pelo credor que requereu a abertura do processo (n.os 3, 4 e 5 do art. 50.º).

Se a assembleia de credores não deliberar dentro dos 8 meses subsequentes ao despacho de prosseguimento da acção, caducam os efeitos do despacho, devendo ser declarada, ao mesmo tempo, a falência da empresa (art. 53.º).

Estando a decorrer, à data da apresentação do requerimento referido no n.º 5 do art. 14.º do Dec.-Lei n.º 124/96, de 10/8, processo judicial de recuperação de empresa, poderá o tribunal, a requerimento da empresa, ouvida a comissão de credores, prorrogar o prazo para a realização da assembleia definitiva de credores, até à data do despacho que, recair sobre tal requerimento que deverá ser proferido no prazo de 60 dias (V. n.º 6 do art. 14.º do Dec.-Lei 124/96, na redacção do Dec.-Lei n.º 235-A/96, de 9/12.

Mas *a falência pode ser declarada antes de decorrido o prazo de oito meses referido* — se os credores que representem, pelo menos, 75% do valor dos créditos aprovados rejeitarem no processo, na assembleia ou fora dela, qualquer meio de recuperação da empresa, deve o juiz declarar a caducidade do despacho de prosseguimento da acção, decretando a falência da empresa.

Dupla maioria necessária para as deliberações que aprovem as providências de recuperação (artigo 54.º):

1 — Devem ser *aprovadas por credores* com direito de voto, quer comuns, quer preferentes, *que representem pelo menos 75% do valor de todos os créditos* aprovados para efeito de constituição da assembleia definitiva de credores — V. art. 48.º

2 — Não ter a oposição de credores que representem 3/4, ou mais, dos créditos directamente atingidos pela providência (tenham ou não sido aprovados) — V. art. 62.º

Para bem se entender esta votação com dupla maioria, importa começar por recordar que já na vigência do Dec.-Lei 177/86 se preceituava a igualdade dos credores comuns e com garantia de terceiros, sendo certo que os credores privilegiados não eram afectados pelas providencias votadas (V. art. 4.º desse Dec.-Lei).

Também face ao novo Código os credores privilegiados não são afectados (V. art. 62.º).

Para os credores com garantia de terceiros poderem agir contra o garante não podem ter aprovado, nem aceitado a medida proposta (V. art. 63.º).

As providências que envolvam extinção ou modificação dos créditos sobre a empresa são apenas aplicáveis aos créditos comuns e aos créditos com garantia prestada por terceiro e ainda aos crédito com garantia real, que a ela tenham renunciado, esclarecendo-se que as providências que envolvam modificações dos créditos, podem respeitar tanto à sua natureza e acessórios, como à sua exigibilidade.

Assim, a dupla votação tem de ser entendida do seguinte modo:

1. As providências devem ser aprovadas por credores com direito de voto, mas que representam 75% do valor de todos os créditos constantes da relação provisória elaborada pelo gestor judicial, que hajam sido aprovados nos termos do art. 48.º. Mas, para evitar que as providências pudessem ser votadas efectivamente apenas por credores, que por elas não seriam afectados, exigiu-se uma dupla maioria.

2. Não ter a oposição de credores que representem 3/4, ou mais, dos créditos directamente atingidos pela providência. Resulta do art. 62.º, que esta maioria será formada por:

1) Créditos comuns;

2) Créditos com garantia prestada por terceiros;
3) Créditos com garantia real, na parte em que a ela tenham renunciado, hipótese em que ficam equiparados a créditos comuns;

Dispensa de acordo da empresa devedora para a aprovação e homologação das providências de recuperação, com algumas excepções (art. 55.º).

Constituem essas excepções a concordata, bem como os meios integrativos da reestruturação financeira ou da gestão controlada que envolvam a dação em cumprimento ou a cessão de bens aos credores (V. arts. 100.º e 88.º, n.º 1 alíneas d) e e).

Regime da desistência do pedido e da instância (arts. 57.º e 58.º).

Registos respeitantes à acção de recuperação (arts. 59.º a 61.º).

O art. 59.º, alínea a) preceitua que estão sujeitas a registo comercial a acção especial de recuperação da empresa, bem como o despacho de prosseguimento da acção referido no art. 28.º e no art. 60.º que estão sujeitas a registo predial as decisões judiciais sobre negócios abrangidos no n.º 2 do art. 30.º, que afectem a alienação, oneração ou locação de imóveis da empresa.

O processo de registo está regulado no art. 61.º. Sobre a projecção deste Código nos registos comercial e predial, V. Dr. Fernando Elísio Rodrigues Fontinha, Código dos Processos Especiais de Recuperação da Empresa e de Falência — Principais alterações e projecções nos registos comercial e predial, Edição Cosmos, Lisboa — 1993.

SECÇÃO III
PROVIDÊNCIAS DE RECUPERAÇÃO

1. PRINCÍPIOS GERAIS

Igualdade entre os credores

1 — As providências que envolvam a extinção ou modificação dos créditos sobre a empresa são apenas aplicáveis aos créditos comuns e aos créditos com garantia prestada por terceiro, devendo incidir proporcionalmente sobre todos eles, salvo acordo expresso

dos credores afectados, e podem estender-se ainda, nos mesmos termos, aos créditos com garantia real sobre bens da empresa devedora, se o credor tiver renunciado à garantia.

2 — *O Estado, os institutos públicos sem a natureza de empresas públicas e as instituições da segurança social titulares de créditos privilegiados sobre a empresa* podem dar o seu acordo à adopção das providências referidas no número anterior, desde que o membro do Governo competente o autorize.

3 — Qualquer redução do valor dos créditos dos trabalhadores deverá ter como limite a medida da sua penhorabilidade e depender do acordo expresso deles (art. 62.°).

Quanto à redução do valor dos créditos dos trabalhadores deverá ter-se em atenção o disposto no art. 824.°, n.° 1, alínea *a*) do Código de Processo Civil, que fixa os limites de penhorabilidade dos salários dos trabalhadores entre 1/3 e 1/6 (n.° 2), podendo hoje o Juiz excepcionalmente isentar de penhora os rendimentos referidos (n.° 3).

Os arts. 63.°, 64.° e 65.° referem-se sucessivamente à manutenção dos direitos dos credores contra terceiros, aos direitos dos vinculados por garantias ou dos coobrigados e aos novos créditos privilegiados.

Este último art. 65.° reveste particular importância, porquanto se refere aos créditos constituídos sobre a empresa, depois de proferido o despacho de prosseguimento dos autos e antes de findo o período de observação, que gozam de privilégio mobiliário geral, graduado antes de qualquer outro crédito, sem prejuízo do disposto no n.° 4 do art. 34.° (adiantamentos para fazer face às remunerações do gestor comercial), desde que o juiz, mediante proposta do gestor comercial com parecer favorável da comissão de credores, os tenha declarado contraídos no interesse simultâneo da empresa e dos credores.

Ocupar-nos-emos agora das várias providências de recuperação previstas neste Código.

Para além da concordata, do acordo de credores e da gestão controlada, a inovação é a introdução da figura da reestruturação financeira.

A propósito *da reestruturação financeira* escreve-se no relatório do diploma que "há, efectivamente, entre os meios de auxílio utilizáveis na salvação financeira das empresas deficitárias, alguns que, afastando-se manifestamente do perfil clássico da concordata e do acordo de credores, também se não integram no modelo da gestão controlada.

A gestão controlada, como o próprio nome indica, pressupõe a existência de um plano concertado de actuação empresarial mais ou menos demorado, cuja execução é entregue a uma nova administração. E há, ao lado dela, operações muito simples, de execução imediata ou de realização a curto prazo, que, sem necessidade de recurso a qualquer nova administração ou de elaboração de qualquer plano global de actividade, podem contribuir eficazmente, para o saneamento financeiro da empresa.

É precisamente a este novo tipo de intervenção auxiliar que o art. 87.° do novo Código se quer referir quando prescreve que "a reestruturação financeira é o meio de recuperação da empresa insolvente que consiste na adopção pelos credores de uma ou mais providências destinadas a modificar a situação do passivo da empresa ou a alterar o seu capital, em termos que assegurem, só por si, a superioridade do activo sobre o passivo e a existência de um fundo de maneio positivo".

2. CONCORDATA

À *concordata* se referem os arts. 66.° a 77.°, sendo de salientar os arts. 66.°, 67.° e 70.°.

Noção da Concordata

A concordata é o meio de recuperação da empresa insolvente que consiste na simples redução ou modificação da totalidade ou de parte dos seus débitos, podendo a modificação limitar-se a uma simples moratória (art. 66.°).

Cláusula salvo regresso de melhor fortuna

1 — Na falta de estipulação em contrário, a concordata fica subordinada à cláusula "salvo regresso de melhor fortuna", que produz efeitos durante 10 anos, ficando a empresa obrigada, logo

que melhore de situação económica, a pagar rateadamente aos credores concordatários, sem prejuízo dos novos credores, que têm preferência sobre eles.

2 — Sempre que a concordata fique subordinada à cláusula "salvo regresso de melhor fortuna", qualquer dos credores concordatários pode, durante a vigência da cláusula, alegando fundamentalmente que o devedor dispõe de meios bastantes para o efeito, requerer o pagamento do valor integral dos débitos que hajam sido reduzidos pela concordata.

3 — A acção destinada a obter o pagamento integral segue os termos do processo sumário e corre por apenso ao processo de recuperação da empresa; a citação da empresa e dos 10 maiores credores concordatários é feita pessoalmente, nos termos e pelas formas prescritos na lei processual, sendo os restantes chamados por citação edital (art. 67.º).

Efeitos da homologação

1 — A homologação torna a *concordata obrigatória para todos os credores que não disponham de garantia real sobre bens do devedor ou a ela tenham renunciado*, sem excepção daqueles cujos créditos não tenham sido reclamados ou verificados para efeitos da assembleia de credores, desde que se trate de créditos anteriores à entrada da petição inicial em juízo, embora de vencimento posterior.

2 — A concordata pode ainda ser obrigatória para os credores que, não renunciando embora à garantia real sobre os bens do devedor, lhe hajam dado o seu acordo.

3 — Sendo o devedor uma sociedade, os credores só têm acção contra os bens pessoais dos sócios de responsabilidade ilimitada, pela parte dos créditos que exceda a percentagem constante da concordata, se tal direito lhes for expressamente reconhecido no texto da providência aprovada. (art. 70.º).

Saliente-se que, nos termos do art. 75.º, os credores por créditos posteriores à aprovação da concordata podem requerer a abertura de *novo processo de recuperação* da empresa e nele aprovarem *nova concordata*, sem prejuízo da anterior.

As deliberações de aprovação da concordata estão sujeitas ao quórum mencionado no art. 54.º

Há que referir o disposto nos arts. 76.º e 77.º, quanto à declaração de falência do devedor concordatário e aos direitos dos credores nessa eventualidade.

Declaração de falência do devedor concordatário

1 — *Os credores por créditos anteriores à deliberação da assembleia de credores que aprovou a concordata* podem requerer a falência da empresa, quando se verifique algum dos seguintes factos:

a) Fuga do titular da empresa ou dos titulares do seu órgão de gestão, sem designação de substituto idóneo, ou abandono do estabelecimento em que a empresa tenha a sede ou exerça a sua principal actividade;

b) Dissipação ou extravio de bens, ou outro procedimento abusivo que revele o propósito de iludir os credores, ou alguns deles, ou de frustrar o cumprimento das obrigações da concordata, quer os actos se refiram a bens existentes à data da homologação da concordata, quer a bens posteriormente adquiridos;

c) Falta de cumprimento de alguma das obrigações assumidas na concordata.

2 — No caso da alínea *c)* do número anterior, são sempre ouvidos o devedor concordatário e os seus garantes, se os houver, os quais podem, antes de proferida a sentença, impedir a declaração de falência, satisfazendo os direitos do requerente (art. 76.º).

Direitos dos credores no caso de falência do devedor concordatário

Se for declarada a falência do devedor concordatário antes de cumprida integralmente a concordata, não podem os credores, por crédito anterior à aprovação desta, concorrer à falência senão pela importância que ainda não hajam recebido da percentagem estipulada; subsistem, porém, as garantias convencionadas para o pagamento dessa percentagem (art. 77.º).

3. ACORDO DE CREDORES

Ao acordo de credores se referem os arts. 78.° a 86.°.
O art. 78.° dá-nos a noção de acordo de credores.

1 — O acordo de credores é o meio de recuperação da empresa insolvente que consiste na constituição de uma ou mais sociedades destinadas à exploração de um ou mais estabelecimentos da empresa devedora, desde que os credores, ou alguns deles, se disponham a assumir e dinamizar as respectivas actividades.

2 — A constituição da nova sociedade determina a extinção da pessoa colectiva titular da empresa objecto do acordo de credores.

E o art. 80.° refere-se *à formação e património da sociedade*.

1 — Na constituição da nova sociedade entram os credores que subscrevam o acordo, nela podendo ainda participar, com aprovação da assembleia, outros credores que adiram ao projecto, bem como outras pessoas.

2 — As participações sociais dos credores são representadas, total ou parcialmente, pelo valor correspondente aos seus créditos, deduzidas as responsabilidades relativas aos créditos daqueles que não subscrevem o acordo e a ele não adiram.

3 — À sociedade fica pertencendo o activo da empresa, na parte que exceder o pagamento dos créditos com preferência.

4 — No activo da nova sociedade podem ainda integrar-se bens da empresa sujeitos a qualquer direito real de garantia, desde que os credores que subscreveram o acordo ou a ele aderiram, ou alguns deles apenas, renunciem à garantia, depois de se terem sub-rogado no respectivo crédito, e com este crédito concorram para a formação da sua participação social.

5 — Se os credores que subscreveram o acordo ou a ele aderiram, ou alguns deles apenas, optarem por caucionar o crédito munido de garantia real sobre bens da empresa devedora, podem estes bens ingressar também no activo da nova sociedade, com o consequente aumento, quer da parte social dos credores que assumiram o encargo, quer do próprio capital social da nova sociedade.

Esta medida é aprovada nos termos do art. 54.° do Código.

A nova sociedade fica especialmente obrigada a satisfazer aos credores comuns não aceitantes, no prazo máximo de sete anos, a percentagem dos seus créditos fixada no acordo.

A falta de cumprimento da obrigação assumida determina a declaração de falência da sociedade, se, depois de ouvidos o devedor e os seus garantes, a percentagem dos créditos dos credores não aceitantes não for imediatamente paga (art. 82.º).

Sendo requerida a falência da nova sociedade com base em crédito anterior à deliberação do acordo de credores, observar-se-á, o disposto no n.º 2 do art. 76.º, isto é, são sempre ouvidos o devedor que interveio no acordo de credores e os seus garantes, se os houver, os quais podem, antes de proferida a sentença, impedir a declaração de falência, satisfazendo os direitos do requerente.

4. REESTRUTURAÇÃO FINANCEIRA

À *reestruturação financeira* já nos referimos acima, enunciando a noção constante do Código, como sendo o meio de recuperação da empresa insolvente que consiste na adopção pelos credores de uma ou mais providências destinadas a modificar a situação do passivo da empresa ou a alterar o seu capital, em termos que assegurem, só por si, a superioridade do activo sobre o passivo e a existência de um fundo de maneio positivo (art. 87.º).

Homologada a reestruturação financeira, a empresa mantém a mesma administração.

Importa enunciar as providências que a assembleia de credores pode aprovar.

Providências

1 — *As providências* de reestruturação financeira, *com incidência no passivo da empresa*, que a assembleia de credores pode aprovar são as seguintes:

a) A redução do valor dos créditos, quer quanto ao capital, quer quanto aos juros;

b) O condicionamento do reembolso de todos os créditos ou de parte deles às disponibilidades do devedor;

c) A modificação dos prazos de vencimento ou das taxas de juro dos créditos;

d) A dação em cumprimento de bens da empresa para extinção total ou parcial dos seus débitos. (V. arts. 837.° e segs. do Código Civil).
e) A cessão de bens aos credores. (V. art. 831.° e segs. do C.C.).

2 — As *providências* de reestruturação financeira, *com incidência na estrutura do capital da empresa*, são as seguintes:

a) O aumento do capital da sociedade com respeito pelo direito de preferência dos sócios;

b) A conversão de créditos sobre a sociedade em participações no aumento de capital deliberado nos termos da alínea anterior, na parte não subscrita pelos sócios;

c) A reserva à subscrição de terceiros do aumento de capital deliberado nos termos da alínea a), na parte não subscrita;

d) A redução de capital para cobertura de prejuízos (art. 88.°).

Também esta medida é aprovada nos termos do art. 54.° do Código.

A certidão da deliberação tomada e da respectiva homologação judicial *constitui título executivo*, quanto às obrigações dela decorrentes, e serve de título bastante para a inscrição dos actos sujeitos a registo (art. 94.°, n.° 2).

5. GESTÃO CONTROLADA

A gestão controlada é o meio de recuperação da empresa insolvente que assenta num plano de actualização global, concertado entre os credores e executado por intermédio de nova administração, com um regime próprio de fiscalização (art. 97.°)

Plano

1 — O plano, aprovado pela assembleia de credores e homologado por decisão judicial, deve traçar as linhas gerais da futura gestão da empresa, programando a sua execução em bases de carácter técnico, administrativo, económico e financeiro criteriosamente definidas.

2 — O plano deve especificamente indicar o prazo durante o qual será executado, os objectivos concretos que visa atingir, os

meios propostos para a sua prossecução, as fases do seu processamento e todos os demais termos a que deva subordinar-se a sua realização (art. 98.°)

Estrutura do plano

O plano pode ter por base alguma ou algumas das providências referidas no artigo seguinte e ser integrado com providências complementares de natureza jurídica, financeira, comercial, administrativa ou de outra ordem, convenientes à sua perfeita execução, desde que susceptíveis de realização mediante deliberação dos titulares do capital da empresa (art. 99.°). Por exemplo, elaboração de novo plano estratégico, alteração da distribuição, etc.

Constituem providências de gestão controlada as mencionadas supra nos n.os 1.° e 2.° do art. 88.°, quando integradas num plano de intervenção duradoura na direcção técnica ou administrativa da empresa, entregue a nova administração.

Pode também servir de base à gestão controlada a alienação de participações representativas da totalidade ou de parte do capital social da empresa.

Nos casos a que se referem os números anteriores, o regime especial da providência que serve de base ao plano global não prejudica a aplicação das regras próprias da gestão controlada (art. 100.° do Código).

Iniciativas para a execução do plano

1 — Podem ser prescritas na deliberação da assembleia, como meios de execução do plano, iniciativas referentes à gestão futura da empresa, designadamente:

a) O lançamento de novos empreendimentos compreendidos no objecto social;

b) a obtenção de créditos mediante concessão de privilégio;

c) O trespasse ou a cessão temporária da exploração de estabelecimentos da empresa;

d) O encerramento de estabelecimento ou a cessação de determinadas actividades;

e) A autonomização jurídica de estabelecimentos comerciais ou industriais, através da sua transferência para sociedades dominadas pela empresa, já existentes ou a constituir para o efeito;

f) A venda, permuta ou cessão de elementos do activo;

g) A locação de bens;

h) a resolução dos contratos bilaterais da empresa devedora, nomeadamente contratos de locação financeira ou de compra e venda com reserva de propriedade.

2 — No âmbito das relações laborais, sem prejuízo dos direitos conferidos por lei à comissão de trabalhadores, pode o plano prescrever, entre outras, as seguintes iniciativas:

a) A adopção das providências legalmente admitidas para as empresas declaradas em situação económica difícil;

b) A obtenção, por parte da nova administração, dos poderes legalmente reconhecidos ao liquidatário judicial da falência para ajustamento do quadro laboral da empresa às reais possibilidades do seu capital de giro e às efectivas necessidades da sua produção (art. 101.°).

Também esta medida é aprovada nos termos do art. 54.° do Código.

À deliberação da assembleia que aprova as providências de gestão controlada é aplicável, depois da homologação judicial, o disposto no art. 94.°, isto é, a certidão da deliberação tomada e da respectiva homologação *constitui título executivo* (art. 102.° do Código).

A gestão controlada tem a *duração* fixada no plano, não excedente *a dois anos*, podendo o prazo ser prorrogado por um ano mais, de uma só vez, mediante decisão do juiz, a requerimento da administração da empresa devedora ou da comissão de fiscalização.

Nova administração — Os credores, ao aprovarem o plano, devem designar logo a nova administração incumbida de o executar, na qual podem ser incluídos administradores cessantes, cuja permanência seja considerada conveniente para a gestão da empresa, e o próprio gestor judicial.

Pode no plano aprovado determinar-se que a administração da empresa devedora seja entregue a uma organização especializada, mediante contrato de gestão a realizar com a sociedade gestora pelo prazo adequado (art. 104.° do Código).

Suspensão dos órgãos sociais

Durante o período de execução da gestão controlada, fica suspenso o funcionamento da assembleia geral e do conselho fiscal, bem como o exercício dos direitos de voto dos titulares do capital da empresa, cabendo à assembleia de credores, convocada pelo juiz, a requerimento da nova administração ou da comissão de fiscalização, *a apreciação e aprovação do relatório e contas da administração*, a deliberação sobre o preenchimento de vagas, a destituição e substituição de membros da administração e ainda a deliberação sobre eventual resolução do contrato de gestão previsto no n.° 4 do art. anterior e a subsequente celebração de novo contrato ou a designação de nova administração (art. 105.°).

Fiscalização

1 — A assembleia de credores *designará* uma *comissão de fiscalização* à qual compete, durante o período da gestão controlada, *velar pela execução do plano, e exercer as funções que, nos termos da lei, caibam aos órgãos de fiscalização das sociedades.*

2 — A comissão de fiscalização pode requerer ao juiz a convocação da assembleia de credores que aprovou a gestão controlada, sempre que julgue conveniente exigir prestação de contas ou proceder à revisão do plano ou a substituições no órgão incumbido da administração.

3 — A comissão de fiscalização pode opor-se a qualquer acto da administração que considere prejudicial aos objectivos do plano, cabendo ao juiz solucionar o litígio, depois de ouvida a assembleia de credores.

4 — *A comissão de fiscalização pode ser assistida por um revisor oficial de contas* e dela *pode ainda participar um representante dos titulares da empresa* (art. 106.°).

Como já dissemos, a aprovação da medida de gestão controlada deverá efectuar-se nos termos do art. 54.° do Código.

O disposto no art. 107.° n.° 2 parece indicar o quórum necessário para a assembleia tomar deliberações que não sejam as de aprovação da medida de gestão controlada. Cremos referir-se às deliberações previstas no art. 105.° e 106.°, n.° 1 do Código.

Termo normal da gestão controlada

1 — Findo o prazo fixado para a sua duração, cessa a gestão controlada, retomando a empresa a sua actividade normal para que os credores insatisfeitos possam livremente exercer os seus direitos.

2 — Com a extinção da gestão controlada cessa de igual modo a eficácia das suspensões prescritas nos arts. 29.° e 30.°, mas não se interrompe a execução das providências duradouras ressalvadas no n.° 2 do art. 95.° e no n.° 3 do art. 103.°.

3 — A cessação da gestão controlada, qualquer que seja o seu fundamento, não afecta a validade dos providências adoptadas pela assembleia de credores no processo de recuperação, nem a eficácia dos actos praticados pela administração durante a gestão controlada da empresa (art. 115.°).

Cessação antecipada da gestão

1 — A requerimento da administração, da comissão de fiscalização, de credores que representem, pelo menos, 75% do passivo da empresa, do titular desta ou, tratando-se de sociedade, de titulares da maioria do capital social, pode o juiz, ouvida a administração e a comissão de fiscalização, quando não sejam os requerentes, decretar a cessação da gestão controlada antes do termo do prazo, com fundamento na frustração substancial e irreversível dos objectivos do plano.

2 — A cessação antecipada da gestão controlada equivale ao reconhecimento do não cumprimento das obrigações assumidas pela empresa e pode ser invocada como causa de vencimento antecipado das obrigações ainda não exigíveis (art. 116.°).

Embora sendo curta a experiência sobre a aplicação deste Código admite-se como possível que, cessada a gestão controlada, se venha a requerer nova falência ou nova recuperação da empresa.

Parece continuar a não ser possível a adopção de providências de recuperação mistas, à semelhança do que já era entendimento no domínio do Dec.-Lei 177/86.

A última Secção do Título II, relativo ao regime subsequente do processo de recuperação, refere-se às isenções emolumentares e benefícios fiscais que visam estimular a adopção das medidas de recuperação referidas (V. arts. 118.° a 121.° do Código).

SECÇÃO IV
PROCESSO DE FALÊNCIA

1. ALGUNS ASPECTOS DO PROCESSO

O art. 122.º do Código refere-se à imediata declaração da falência, nos casos de falta de oposição ao pedido formulado pelo devedor que se apresentou à falência.

O processo de falência termina, em caso de:
— inexistência de bens penhoráveis (art. 186.º)
— insuficiência do activo para satisfação das custas e demais despesas do processo (art. 187.º).

Da sentença que declara a falência só cabem embargos (arts. 129.º a 131.º) e já não oposição de embargos e interposição de recurso como no regime anterior (art. 1183.º, n.º 3 do C.P.C.)

O art. 125.º esclarece quem é sujeito passivo da declaração de falência.

1 — Tratando-se de associações, comissões especiais ou sociedades sem personalidade jurídica, só os seus sócios, associados ou membros civilmente responsáveis são declarados em situação de falência.

2 — No caso de insolvência do *estabelecimento individual de responsabilidade limitada* ([205]), a declaração de falência só abrange o estabelecimento; mas estender-se-à também ao seu titular, se a separação de patrimónios não tiver sido observada por ele.

3 — No caso de exercício de actividade económica, quer sob a falsa aparência de sociedade sujeita à disciplina do Código das Sociedades Comerciais, quer depois de celebrado o contrato de sociedade, mas antes de realizado o seu registo definitivo, só as pessoas directamente responsáveis perante terceiros podem ser declaradas em situação de falência.

Este número 3 refere-se às sociedades irregulares.

O que são *falências derivadas* resulta do art. 126.º, que preceitua:

([205]) V. Dec.-Lei n.º 248/86, de 26/8. Só os valores afectos à exploração da actividade comercial respondem pelas dívidas do comerciante individual constituído em E.I.R.L.

1 — A declaração de falência de uma sociedade sujeita à disciplina do Código das Sociedades Comerciais envolve a de todos os sócios de responsabilidade ilimitada.

2 — Também a falência de cooperativa determina a de todos os seus cooperantes de responsabilidade ilimitada.

3 — Se respeitar a um agrupamento complementar de empresas [206], a declaração de falência determina a de todos os seus membros que, nos termos da respectiva legislação, sejam solidariamente responsáveis por qualquer das dívidas objecto do processo de falência.

4 — Respeitando a declaração de falência a um agrupamento europeu de interesse económico [207], não determina ela necessariamente a de todos os seus membros; mas os credores podem requerer a declaração de falência daqueles que se encontrem insolventes.

---

[206] As sociedades podem agrupar-se, nos termos das disposições da Lei n.º 4/73, de 4 de Junho e do Decreto-Lei n.º 430/73, de 25 de Agosto, com o objectivo de melhorar as suas condições de exploração ou optimizar os resultados das suas actividades, sem perda de personalidade jurídica de cada uma delas. O agrupamento, constituído através da escritura pública e sujeito às formalidades exigidas para a constituição das sociedades comerciais, designa-se por agrupamento complementar de empresas e a firma ou denominação particular respectiva deve conter o aditamento "Agrupamento Complementar de Empresas", ou, simplesmente as suas iniciais "A.C.E.". São entendimentos económicos entre empresas e, contrariamente ao que a sua designação faria supor, não constituem grupos de empresas.

[207] Trata-se de uma nova figura de direito comunitário, supranacional, que tem por objectivo facilitar a cooperação entre empresas e profissionais liberais de diferentes Estados membros. (V. Regulamento (CEE) n.º 2.137/85 do Conselho de 25/7/85, in Jornal Oficial das Comunidades Europeias, n.º L 199, de 31/7/85).

Consoante o seu objecto, o contrato de agrupamento tem carácter civil ou comercial.

É comercial se o agrupamento tem por objecto praticar actos de comércio (art. 3.º do Dec.-Lei n.º 148/90, de 9%5).

Adquire personalidade jurídica com a inscrição definitiva da sua constituição no registo comercial (art. 1.º do Dec.-Lei n.º 148/90 e art. 7.º do C.R. Comercial).

A denominação do agrupamento deve incluir o aditamento "agrupamento europeu de interesse económico" ou a abreviatura "AEIE" (art. 4.º do Dec.-Lei n.º 148/90) e pode transformar-se em agrupamento complementar de empresas ou vice-versa (art. 11.º do Dec.-Lei n.º 148/90).

As sanções para o incumprimento de determinadas normas por que se rege este agrupamento foram estabelecidas pelo Dec.-Lei n.º 1/91, de 5 de Janeiro.

5 — Para efeito do disposto nos números anteriores, há-de o requerimento para apresentação ou pedido de declaração de falência identificar cada um dos sócios, cooperantes ou membros interessados, com os demais elementos necessários.

2. LIQUIDATÁRIO JUDICIAL E COMISSÃO DE CREDORES NA LIQUIDAÇÃO DA MASSA FALIDA

O liquidatário judicial (correspondente na generalidade das suas funções às do antigo administrador de falências), é nomeado pelo juiz, tendo em conta elementos de informação recolhidos pelo próprio (v. art. 24.°), bem como as propostas feitas pelos credores e as indicações da própria empresa.

A escolha recairá em pessoa inscrita na lista oficial respectiva, sempre que se não mostre possível ou conveniente a nomeação da pessoa indicada pelos credores ou pela empresa.

Escusado será salientar quanto será importante que os estabelecimentos a que estavam afectos os negócios do falido, prestem com urgência, especialmente fora dos grandes centros, informações aos advogados a quem os processos estejam afectos sobre a pessoa a indicar para tais funções.

O Dec.-Lei n.° 254/93, de 15 de Julho, define o estatuto, regimes de remuneração, adiantamentos e reembolso de despesas do liquidatário judicial. Como já se referiu supra, o Dec.-Lei n.° 188/96, de 8/10 veio introduzir regras limitadoras ao exercício e acumulação das funções de gestor ou liquidatário judicial.

Ao liquidatário compete:

a) Representar a massa em juízo, activa e passivamente;

b) Prestar oportunamente à comissão de credores e ao tribunal todas as informações necessárias sobre a administração e a liquidação da massa falida;

c) Exercer, relativamente aos trabalhadores do falido, todas as competências decorrentes do regime jurídico da cessação do contrato individual de trabalho, pelas formas de cessação aí previstas a que concretamente houver lugar. (art. 134.°).

3. APREENSÃO DE BENS

Proferida a sentença declaratória da falência, procede-se à imediata apreensão dos elementos da contabilidade e de todos os bens susceptíveis de penhora, ainda que arrestados, penhorados ou por qualquer forma apreendidos ou detidos, seja em que processo for, com ressalva apenas dos que hajam sido apreendidos por virtude de infracção, quer de natureza criminal, quer de mera ordenação social.

Os bens isentos de penhora só são integrados na massa falida se o devedor voluntariamente os apresentar (art. 175.º).

O poder de apreensão resulta da declaração de falência, devendo o liquidatário diligenciar no sentido de os bens lhe serem imediatamente entregues, para que deles fique depositário.

A apreensão é feita pelo próprio liquidatário, assistido pela comissão de credores ou por um representante desta e, quando conveniente, na presença do credor requerente da falência e do próprio falido (art. 176.º).

A apreensão pode ser feita por meio de deprecada e é feita mediante *arrolamento* ou por entrega directa *através de balanço*.

O liquidatário fará juntar, *por apenso ao processo de falência,* o auto do arrolamento e do balanço respeitantes a todos os bens apreendidos, ou a fotocópia dele, quando efectuado em comarca deprecada.

O liquidatário deve registar prontamente a apreensão dos bens cuja penhora esteja sujeita a registo (art. 178.º).

A comissão de credores a quem compete fiscalizar a actividade do liquidatário judicial e prestar-lhe colaboração, será composta por 3 a 5 membros, devendo a presidência recair, de preferência, sobre o maior credor e a escolha dos restantes assegurar a adequada representação das várias classes de credores e dos diversos interesses em causa na liquidação (art. 139.º).

A administração dos bens que compõem a massa falida, durante o período da liquidação, compete ao liquidatário judicial, sob a direcção do juiz e com a cooperação e fiscalização da comissão de credores (arts. 141.º a 144.º).

Ao liquidatário judicial cabe especialmente:
a) Prover à conservação e frutificação dos direitos do falido, evitando quanto possível o agravamento da situação económica dele;

b) Promover, mediante prévia concordância da comissão de credores, a venda imediata dos bens da massa falida que não possam ou não devam conservar-se por estarem sujeitos a deterioração ou depreciação, ou por haver manifesta vantagem na antecipação da venda;

c) Diligenciar, quando nisso haja conveniência e mediante prévia concordância da comissão de credores, pelo imediato cumprimento de obrigação do falido submetida a direito de retenção ou munida de garantia especialmente onerosa;

d) determinar, ouvida a comissão de credores, o encerramento temporário ou definitivo de qualquer dos estabelecimentos do falido (art. 145.º).

As somas recebidas em dinheiro pelo liquidatário, ressalvadas as indispensáveis às despesas correntes de administração, devem ser imediatamente depositadas na Caixa Geral de Depósitos *ou em outra instituição de crédito escolhida pelo liquidatário*, com a concordância da comissão de credores.

4. EFEITOS DA FALÊNCIA

4.1. *A inibição do falido* para administrar e dispor dos seus bens havidos ou que de futuro lhe advenham, por si ou, no caso de sociedade ou pessoa colectiva, pelos órgãos que o representem, os quais passam a integrar a massa falida, sujeita à administração e poder de disposição do liquidatário judicial (art. 147.º).

A declaração de falência determina o encerramento dos livros do falido e implica a inibição dele ou, no caso da sociedade ou, de pessoa colectiva dos seus administradores para o exercício do comércio, incluindo a possibilidade de ocupação de qualquer cargo de titular de órgão de sociedade comercial ou civil, associação privada de actividade económica, empresa pública ou cooperativa (art. 148.º, n.º 1).

Esta solução legal, abrangendo os titulares dos órgãos de gestão da pessoa colectiva falida, em exercício de funções ao tempo da declaração de falência pode ser atenuada pela aplicação do disposto no art. 236.º, n.º 1, alínea d) deste Código.

O falido, se pessoa singular, pode ser autorizado a praticar actos relacionados com o comércio, se indispensáveis à sua manutenção e que não prejudiquem a boa liquidação da massa (art. 148.º, n.º 2).

Ao falido ou, no caso de sociedade ou pessoas colectivas, os seus administradores, podem ser fixados alimentos em casos de absoluta necessidade (art. 150.°).

4.2. *Imediato vencimento de todas as obrigações do falido*, ainda que sujeitas a prazo não vencido (art. 151.°).

4.3. *Encerramento de todas as contas-correntes do falido*, diligência indispensável para o conhecimento exacto das posições credora/devedora do falido em relação a cada uma das pessoas com quem contratou, apurando-se o saldo final que das mesmas contas resultar (art. 151.°).

4.4. *Cessação da contagem de juros ou de outros encargos sobre as obrigações do falido* sendo rigorosamente apurado o montante em escudos, correspondente à liquidação das obrigações expressas em moeda estrangeira ou sujeitas a qualquer factor de actualização (art. 151.°).

4.5. *Extinção dos privilégios creditórios* do Estado, das autarquias locais e das instituições de Segurança Social, passando os respectivos créditos a ser exigíveis apenas como créditos comuns (art. 152.°).

O legislador espera que este efeito da falência leve estes credores a assumirem a solução de recuperação das empresas, abdicando de posições irredutíveis.

Por outro lado, poderá levar os credores comuns, em processo de recuperação, a procurar e desejar a falência para obter a extinção dos privilégios creditórios, o que não estaria no espírito do legislador.

Tanto quanto sabemos, espera-se que o legislador venha a rever todo o regime dos privilégios creditórios.

Os administradores, gerentes e outras pessoas que exerçam, ainda que somente de facto, funções de administração nas empresas e sociedades de responsabilidade limitada são subsidiariamente responsáveis em relação àquelas e solidariamente entre si por todas as contribuições e impostos relativos ao período de exercício do seu cargo, salvo se provarem que não foi por culpa sua que o património da empresa ou sociedade de responsabilidade limitada se tornou insuficiente para a satisfação dos créditos fiscais (v. art. 13.º do Código de Processo Tributário, aplicável às dívidas à Segurança Social por força do art. 1.º do mesmo Código). Também o art. 7.º-A do *Regime Jurídico das Infracções Fiscais não Aduaneiras* preceitua que:

1 — Os administradores, gerentes e outras pessoas que exerçam funções de administração em pessoas colectivas e entes fiscalmente equiparados são subsidiariamente responsáveis, em caso de insuficiência do património destas, por si culposamente causada, nas relações de crédito emergentes da aplicação de multas ou coimas àquelas entidades referentes às infracções praticadas no decurso do seu mandato.

2 — Se forem várias as pessoas responsáveis nos termos do número anterior, é solidária a sua responsabilidade.

Do preceituado nestas disposições resultará que as pessoas referidas tenderão a procurar pagar à Segurança Social e ao Estado para salvaguarda da responsabilidade que lhes poderá ser exigível. Nalguns casos, porventura, fá-lo-ão em prejuízo das dívidas aos trabalhadores. É que agora o chefe da Repartição de Finanças no processo de execução fiscal, poderá requerer a *reversão* contra os responsáveis subsidiários, isto é, fazer prosseguir a execução contra os mesmos (V. arts. 239.º e segs, designadamente 246.º do Código de Processo Tributário). Só a prática virá a demonstrar o alcance prático desta disposição.

Quanto aos administradores e gerentes, estes poderão opor-se à reversão, tentando fazer prova de que não têm culpa no não pagamento.

Não esquecer que o pagamento das contribuições à Segurança Social pode ser garantido ainda por *hipoteca legal*, (que produz os seus efeitos nos processos de falência e de recuperação) sobre os imóveis existentes no património das entidades patronais, nos mesmos termos que a contribuição autárquica (art. 24.º do Código da Contribuição Autárquica, aprovado pelo Dec.-Lei n.º 442-C/88, de 30/1), sendo o registo da hipoteca legal efectuado gratuitamente (art. 7.º n.º 1 do Dec.-Lei n.º 411/91, de 17/10), o que a Segurança Social tem vindo a realizar.

4.6. *Perda do direito de compensação.* A partir da data da sentença de declaração de falência, os credores perdem a faculdade de compensar os seus débitos com quaisquer créditos que tenham sobre o falido (art. 153.°).

4.7. *Efeitos da falência sobre as causas em que o falido seja parte*

1 — Declarada a falência, todas as acções em que se apreciem questões relativas a bens compreendidos na massa falida, intentadas contra o falido, ou mesmo contra terceiros, mas cujo resultado possa influenciar o valor da massa, são apensadas ao processo de falência, desde que a apensação seja requerida pelo liquidatário judicial, com fundamento na conveniência para a liquidação.

2 — O disposto no número anterior não é aplicável às acções sobre o estado e a capacidade das pessoas.

3 — *A declaração de falência obsta à instauração ou ao prosseguimento de qualquer acção executiva contra o falido*; porém, se houver outros executados, a execução prossegue contra estes (art. 154.°).

Aproveitamento de execuções pendentes.
Por força do princípio da universalidade do procedimento consignado no art. 1198.° do C.P.C. (hoje art. 154.° do novo Código de Falências) a declaração da falência obsta que se instaure ou prossiga execução contra o falido.

Se a execução estiver finda, há que respeitar o que nesta foi feito, incluindo os pagamentos realizados. Se a execução prosseguir após a declaração de falência, corre esta por tribunal incompetente e há erro na forma de processo. Em face do n.° 1 do art. 199.° do C.P.C., o erro na forma de processo importa unicamente a anulação dos actos que não possam ser aproveitados, devendo praticar-se os que forem estritamente necessários para que o processo se aproxime, quanto possível, da forma estabelecida pela lei.

Assim, as vendas realizadas devem respeitar-se, fazendo-se a transferência das quantias em depósito para o processo de falência ao ordenar-se a remessa da execução.

Quando algum credor (ou o exequente) tenha sido dispensado

de depositar todo ou parte do preço dos bens que adquiriu, nos termos do art. 887.° do C.P.C. de 1996, há que verificar se se deve manter a dispensa (Cfr., hoje o art. 183.° do Código) [208].

O art. 887.° é de aplicar se houver sentença de verificação de créditos transitada em julgado e ainda quando reclamada a garantia e provada a sua regular constituição e registo não tenha sido impugnada.

Se não houver ainda verificação e graduação de créditos, aplica-se o regime do n.° 2 do art. 887.° do C.P.C.

Se a graduação houver sido impugnada por via de recurso, atender-se-á ao efeito do recurso interposto para aplicar um ou outro dos dois regimes mencionados.

O art. 264.° do Código de Processo Tributário determina que:

1 — Proferido o despacho judicial de prosseguimento da acção de recuperação da empresa ou declarada a falência, serão sustados os processos de execução fiscal que se encontrem pendentes e todos os que de novo vierem a ser instaurados contra a mesma empresa, logo após a sua instauração.

2 — O tribunal judicial competente avocará os processos de execução fiscal pendentes, os quais serão apensados ao processo de recuperação ou ao processo de falência, onde o Ministério Público reclamará o pagamento dos respectivos créditos pelos meios aí previstos.

3 — Os processos de execução fiscal, antes de remetidos ao tribunal judicial, serão contados, fazendo-se neles o cálculo dos juros de mora devidos.

4 — Os processos de execução fiscal avocados serão devolvidos logo que cesse o processo de recuperação ou logo que finde a falência.

5 — Se a empresa, o falido ou os responsáveis subsidiários vierem a adquirir bens em qualquer altura, o processo de execução fiscal prossegue para cobrança do que se mostre em dívida à Fazenda Pública, sem prejuízo das obrigações contraídas por esta no âmbito do processo de recuperação, bem como sem prejuízo da prescrição.

---

[208] V. Dr. Pedro de Sousa Macedo, "Manual de Direito das Falências", Vol. II, pág. 404 e 405.

O juiz requisitará ao tribunal ou entidade competente a remessa, *para efeitos de apensação* aos autos da falência, de todos os processos nos quais se tenha efectuado qualquer acto de apreensão ou detenção de bens do falido (art. 175.°, n.° 3).

4.8. *Inoponibilidade à massa falida dos negócios realizados pelo falido posteriormente à declaração de falência.*

Se celebrados a título oneroso com terceiros de boa fé, a inoponibilidade só principia com o registo da sentença.

Podem, contudo, ser confirmados pelo liquidatário judicial, quando nisso haja interesse para a massa falida (art. 155.°).

4.9. *Actos que podem ser resolvidos em benefício da massa por simples carta registada com aviso de recepção* não sendo, assim, objecto de impugnação pauliana:

a) Os actos que envolvam diminuição do património do falido, celebrados *a título gratuito* nos *dois anos anteriores à data da abertura do processo* conducente à falência, incluindo o repúdio de herança ou legado;

b) A partilha celebrada menos de um ano antes da data da abertura do processo conducente à falência, em que o quinhão do falido haja sido essencialmente preenchido com bens de fácil sonegação, cabendo aos co-interessados a generalidade dos imóveis e dos valores nominativos;

c) Os actos *a título oneroso* realizados pelo falido, *nos seis meses anteriores à data da abertura do processo* conducente à falência, com sociedades por ele dominadas, directa ou indirectamente, ou, no caso de falência de sociedades ou de pessoa colectiva, com sociedades que dominem, directa ou indirectamente, o capital da sociedade ou pessoa colectiva falida ou por esta dominadas, ou com os seus administradores gerentes ou directores.

Quanto a sociedades em relação de domínio — V. art. 486.° do C.S.C.

2 — O disposto no número anterior não abrange os donativos conformes aos usos sociais, nem o cumprimento de obrigações naturais.

3 — A resolução *pode ser efectuada por carta registada com*

aviso de recepção, no prazo de três meses, a partir do momento em que o liquidatário tenha conhecimento do negócio (art. 156.º).

Se o liquidatário já conhecia o acto resolúvel antes de iniciar funções, parece legítimo recorrer ao disposto no art. 329.º do C.C. — "o prazo de caducidade, se a lei não fixar outra data, começa a correr no momento em que o direito puder legalmente ser exercido".

4.10. *Rescisão dos actos celebrados pelo falido nos casos dos arts. 610.º e seguintes do Código Civil*

O art. 158.º, tendo em vista o requisito da má fé referido no art. 612.º do Código Civil ([209]) dispõe que se presumem celebrados de má fé pelas pessoas que neles participem:

a) Os actos realizados pelo falido a título oneroso, nos dois anos anteriores à data da abertura do processo conducente à falência, *em favor* do seu cônjuge, de parentes ou afim até ao 4.º grau, da pessoa com quem ele vivesse em união de facto ou de pessoas a ele ligadas por um qualquer vínculo de prestação de serviços ou de natureza laboral, *bem como de sociedades coligadas* ou dominadas por ele;

b) O pagamento ou compensação convencional de dívida não vencida, e também da dívida vencida, quando ocorrer dentro do ano anterior à data da abertura do processo conducente à falência e com valores que usualmente a isso não são destinados;

c) as garantias reais posteriores ao nascimento das obrigações asseguradas, quando constituídas e dentro do ano anterior à data de abertura do processo conducente à falência e bem assim as garantias reais constituídas simultaneamente com as obrigações garantidas dentro dos 90 dias anteriores à mesma data;

d) Os actos a título oneroso realizados pelo falido dentro dos dois anos anteriores à data da abertura do processo conducente à falência, em que as obrigações por ele assumidas excedem manifestamente as da contraparte.

([209]) O art. 612.º do Código Civil dispõe que:

1. O acto oneroso só está sujeito à impugnação paulina se o devedor e o terceiro tiverem agido de má fé; se o acto for gratuito, a impugnação procede, ainda que um e outro agissem de boa fé.

2. Entende-se por má fé a consciência do prejuízo que o acto causa ao credor.

e) A fiança, subfiança e mandatos de crédito, em que o falido haja outorgado nos dois anos anteriores à abertura do processo conducente à falência e que não respeitem a operações negociais com real interesse para ele.

Resolvido o negócio jurídico ou julgada procedente a impugnação pauliana, os bens ou os valores correspondentes revertem para a massa falida (art. 159.º).

4.11. *Remuneração de sócios e de membros dos corpos sociais* — a declaração de falência da sociedade implica a caducidade imediata do direito a qualquer espécie de remuneração que os seus sócios ou membros dos corpos sociais estejam recebendo pelo exercício de funções na empresa (art. 174.º).

4.12. *Outros efeitos em relação a negócios jurídicos do falido.*
O Código das Falências prevê ainda a situação da compra e venda ainda não cumprida (art. 161.º), a cujo regime equipara o das vendas com entregas periódicas e contrato de fornecimento (art. 162.º), da venda a prestações e operações semelhantes (art. 163.º), da venda de coisas já expedidas à data da declaração de falência (art. 164.º), da falência de um ou mais membros do agrupamento complementar de empresas (art. 165.º), da associação em participação que se extingue pela falência do contraente associante (art. 166.º), dos contratos de mandato ou de comissão (art. 167.º), do contrato de agência, que se extingue com a declaração de falência de qualquer dos contraentes (art. 168.º), do arrendamento em que o falido é arrendatário (art. 169.º), do arrendamento em que o falido é senhorio (art. 170.º), da restituição pelo falido de coisas que detenha a título precário (art. 171.º).

O Dec.-Lei n.º 70/97, de 3 de Abril de 1997, veio reconhecer a oponibilidade à massa falida e aos credores dessa massa de estipulações bilaterais de compensação no âmbito de contratos sobre instrumentos financeiros nos seguintes termos:

Artigo 1.º
1 — O negócio jurídico através do qual as partes, na sua qualidade de intervenientes em contratos sobre instrumentos financeiros, de que decorrem direitos e obrigações similares, acordam em que

todas as obrigações entre elas contraídas no âmbito desse negócio se considerarão compensadas, na parte relevante, se uma das partes vier a ser declarada em estado de falência, é oponível à massa falida e aos credores dessa massa.

2 — O disposto no número anterior é aplicável, com as devidas adaptações, se o negócio jurídico estabelecer que a mesma compensação terá lugar se um dos sujeitos vier a ser objecto de medida de recuperação, de saneamento ou outras de natureza similar.

Artigo 2.º
Para efeitos do disposto no presente diploma, são considerados instrumentos financeiros os valores mobiliários, os contratos a prazo relativos a divisas, a taxas de juro e a taxas de câmbio, os *swaps*, as opções e outros contratos de natureza análoga.

Artigo 3.º
O disposto no presente diploma prevalece sobre qualquer outra disposição legal, ainda que de natureza especial.

5. EFEITOS EM RELAÇÃO AOS TRABALHADORES DO FALIDO

Em secção autónoma do Código refere-se a situação dos contratos de trabalho, preceituando o Código que *aos trabalhadores do falido* se aplica, quanto à manutenção dos seus contratos, após a declaração de falência, o regime geral de cessação do contrato de trabalho (art. 172.º). Daí resulta que a falência só por si não faz caducar o contrato de trabalho. (V. art. 56.º do Dec.-Lei n.º 64-A/89).

"A extinção automática dos contratos de trabalho só virá a operar-se quando o estabelecimento ou complexo laboral vier a ser definitivamente encerrado, em consequência da declaração da falência.

Daí que no período que decorre entre a sentença falimentar e o encerramento definitivo do estabelecimento, incumba ao liquidatário judicial continuar a satisfazer integralmente as obrigações que dos referidos contratos resultem para os trabalhadores, nomeadamente o pagamento dos salários.

O liquidatário judicial, pode, todavia, antes do encerramento definitivo do estabelecimento, fazer cessar os contratos de trabalho dos trabalhadores, cuja colaboração não seja indispensável à manutenção do funcionamento da empresa.

Os trabalhadores cujos contratos cessem com o encerramento definitivo do estabelecimento, e aqueles que forem sendo dispensados por não se mostrarem indispensáveis à laboração da empresa, beneficiam do regime do despedimento colectivo, consagrado nos arts. 16.º a 25.º do Dec.-Lei n.º 64.º-A-89.

Se à data da declaração de falência, os trabalhadores forem credores da falida, deverão reclamar a verificação dos respectivos créditos" ([210]) (v. art. 188.º).

Ter também presente *que os trabalhadores com salários em atraso* gozam de privilégios mobiliário e imobiliário geral (V. Lei 17/86, de 14/6, art. n.º 12.º).

Termos subsequentes à declaração de falência

Após a apreensão dos bens e formalismo subsequente, desenvolvem-se hoje paralelamente *a liquidação do activo* e a *verificação do passivo*.

6. LIQUIDAÇÃO DO ACTIVO

Até à publicação do Dec.-Lei n.º 177/86 só concluída a verificação do passivo se procedia à venda de todos os bens e direitos da massa até completa liquidação, o que era feito pelo administrador orientado pelo síndico.

Com a nova redacção que então foi dada ao art. 1.245.º do C.P.C., declarada a falência, procedia-se à venda de todos os bens e direitos da massa até completa liquidação, independentemente da verificação do passivo. É este o regime mantido pelo actual art. 179.º.

A liquidação do activo é efectuada pelo liquidatário judicial, com a cooperação e fiscalização da comissão de credores, *constituindo o processado relativo à liquidação um apenso ao processo de falência*. Deve ser concluída no prazo de seis meses, prorrogáveis (art. 180.º).

([210]) Apud Dr. Abílio Neto, "Contrato de trabalho" — Notas práticas, 11.ª edição 1992, pág. 691.

A venda dos bens da massa é feita segundo as modalidades estabelecidas para o processo de execução.

No caso de o activo do falido compreender algum estabelecimento comercial, a venda incidirá, nessa parte, sobre a totalidade do estabelecimento, a não ser que não haja proposta satisfatória ou se reconheça vantagem na venda separada dos bens que o integram (art. 181.°). Esta disposição visa salvaguardar os valores da massa falida.

Aos credores com garantia real que adquiram bens integrados na massa falida e aos titulares de direito de preferência é aplicável o disposto para o exercício dos respectivos direitos na venda judicial (art. 183.°). Ver, quanto à dispensa de depósito do preço na venda judicial, o art. 887.° e os arts. 892.° e 896.°, n.° 3 do C.P.C., quanto aos preferentes que pretendam exercer o seu direito.

Quanto ao depósito do produto da liquidação, dispõe o art. 185.° que à medida que a liquidação se for efectuando, é o seu produto depositado à ordem da administração da massa, salvas quantias absolutamente necessárias a fazer face a despesas correntes, *na Caixa Geral de Depósitos ou em outra instituição de crédito* escolhida pelo liquidatário, com a concordância da comissão de credores.

A movimentação do depósito efectuado, seja qual for a sua modalidade, só pode ser feita mediante assinatura conjunta do liquidatário judicial e de um, pelo menos, dos membros da comissão de credores.

Devem ser feitas aplicações desses fundos depositados em modalidades sem grande risco (art. 185.°).

7. VERIFICAÇÃO DO PASSIVO. (RECLAMAÇÃO DE CRÉDITOS)

1 — Dentro do prazo fixado na sentença declaratória da falência, *entre 20 a 60 dias*, devem os credores do falido, incluindo o Ministério Público na defesa dos interesses que represente, reclamar a verificação dos seus créditos, quer comuns, quer preferenciais, por meio de requerimento no qual indiquem a sua proveniência, natureza e montante, podendo ainda alegar o que houverem por necessário acerca da falência.

2 — O prazo começa a contar-se desde a data da publicação da sentença no Diário da República.

3 — O credor que tenha o seu crédito reconhecido por decisão definitiva não está dispensado de o reclamar no processo de falência, se nele quiser obter pagamento.

4 — Consideram-se devidamente reclamados o crédito do requerente da falência bem como os créditos exigidos nos processos em que já tenha havido apreensão de bens do falido ou nos quais se debatam interesses relativos à massa, se esses processos forem mandados apensar aos autos da falência dentro do prazo fixado para a reclamação (art. 188.°).

Embora não encontre no novo Código disposição equivalente à do antigo art. 1222.° do C.P.C., pensamos que continuará a facilitar a boa ordenação do processo de falência constituir a partir da primeira reclamação apresentada na secretaria o apenso destinado à reclamação e verificação de créditos, no qual se incorporam todas as reclamações apresentadas posteriormente e respectiva documentação. Cfr. art. 190.°, que apenas refere que as reclamações de créditos são autuadas por apenso e os processos apensados serão identificados por cota ou por termo.

Os advogados dos Bancos deverão ter particular atenção à publicação de anúncios de declaração de falência no D. R. e, com base nesses anúncios, colhem-se elementos "via terminal" sobre as responsabilidades do falido e pedem-se informações e documentação aos diversos serviços do Banco.

É extremamente importante que todos os serviços prestem a melhor colaboração quanto a responsabilidades existentes e remetam em tempo útil aos advogados titulares dos respectivos processos toda a documentação que titule esses créditos, bem como a que comprove a existência de garantias.

Continuamos a pensar que este apenso de reclamação de créditos é o mais complexo dos que integram o processo de falência e que ainda não foi desta feita que o legislador agarrou a melhor solução para o simplificar.

As reclamações são apresentadas no prazo indicado.

1 — Findo esse prazo, deve o liquidatário, *dentro dos 14 dias*

seguintes, apresentar na secretaria, a fim de ser junta ao apenso das reclamações, uma relação de todos os credores reclamantes, à qual pode ser acrescentada uma outra, com a indicação de créditos não reclamados que conste existirem e se lhe afigure terem alguma consistência.

2 — Os credores identificados na segunda relação devem ser avisados pelo liquidatário, por carta registada, para se pronunciarem sobre a situação no prazo de sete dias, valendo como apresentada em tempo útil a reclamação que entreguem na sequência do aviso (art. 191.º).

Neste apenso se incorporam as contestações às reclamações, que podem ser feitas pelo próprio falido ou pelos credores (art. 192.º).

O reclamante cujo crédito haja sido contestado pode responder à contestação dentro dos 7 dias subsequentes.

Nos 14 dias posteriores ao termo do prazo das respostas às contestações, deve o *liquidatário juntar aos autos* o seu *parecer final*, sucintamente fundamentado, e, bem assim, *o da comissão de credores* sobre os créditos reclamados.

Procede-se seguidamente *ao saneamento do processo*:

1 — Junto o parecer final do liquidatário e o da comissão de credores, é o processo imediatamente concluso ao juiz, para que seja proferido despacho saneador, nos termos previstos no Código de Processo Civil.

2 — Os créditos não impugnados consideram-se logo verificados; *e como verificados se consideram ainda os que, apesar de contestados, possam ser imediatamente reconhecidos em face da prova contida nos autos.*

3 — Se nenhum dos créditos tiver sido impugnado ou a verificação dos impugnados não necessitar de prova posterior, o saneador tem, quanto a eles, a forma e o valor de sentença, que os declara verificados e os gradua em harmonia com as disposições legais, fixando logo a data da falência.

4 — Se a verificação de algum dos créditos necessitar de prova posterior, devem considerar-se verificados os que o puderem já ser, embora a graduação de todos fique reservada para a sentença final (art. 196.º).

Segue-se a realização de diligências instrutórias (art. 197.º).

Ouvido o Ministério Público no interesse geral dos credores é designado dia para a audiência de discussão e julgamento, que segue os termos do art. 199.º.

Seguidamente o juiz profere sentença nos termos do art. 200.º, na qual gradua em conformidade com a lei os créditos verificados e fixa a data da falência, se antes o não tiver feito.

A graduação é geral para os bens da massa falida e é especial para os bens a que respeitem direitos reais de garantia.

Na graduação de créditos *não é atendida a preferência resultante de hipoteca judicial, nem a proveniente da penhora*, mas as custas pagas pelo autor ou exequente são equiparadas às do processo de falência para o efeito de saírem precípuas da massa.

Findo o prazo das reclamações, poderão ainda ser verificados novos créditos por meio de acção proposta contra os credores *no prazo de um ano* subsequente ao trânsito em julgado da sentença de declaração da falência, *que correrá por apenso*.

A lei prevê ainda que possa ser requerida a restituição e separação de bens da massa falida, quer porque o falido era deles possuidor em nome alheio, quer porque o cônjuge do falido ou terceiro têm direito a exigir essa separação (V. arts. 201.º e 202.º).

8. PAGAMENTO AOS CREDORES

Liquidados os bens onerados com garantia real, é imediatamente feito o pagamento ao respectivo credor, o qual, não ficando integralmente pago, é logo incluído pelo saldo entre os credores comuns (art. 209.º)

Rateios especiais

1 — Sempre que haja em depósito quantias que assegurem uma distribuição não inferior a 5% do valor dos créditos comuns, o liquidatário judicial apresentará, com o parecer da comissão de credores, para ser junto ao processo principal, o plano e mapa de rateio que entenda dever ser efectuado.

2 — O juiz decidirá sobre os pagamentos que considere justificados (art. 210.º).

Reservas

Os pagamentos aos credores com garantia real e os rateios parciais devem ser efectuados de modo que fiquem sempre em depósito 25% do produto de cada um dos bens liquidados, para garantia das custas e demais despesas que forem contadas a final (art. 211.°).

Pagamento no caso de devedores solidários

1 — Quando, além do falido, outro devedor solidário com ele se encontre na mesma situação, os credores que hajam concorrido a cada massa falida pela totalidade dos seus créditos não podem receber em pagamento qualquer quantia sem apresentarem os seus títulos, ou certidões deles se estiverem juntos a algum processo, para aí serem averbados os pagamentos que receberem.

2 — Os credores devem fazer ainda as participações necessárias em todos os processos nos quais hajam reclamado o seu crédito, sob pena de restituírem em dobro o que indevidamente tiverem recebido e de responderem pelos danos que causarem (art. 212.°).

A distribuição e rateio final do produto da liquidação do activo são efectuados pela secretaria do tribunal, quando o processo for remetido à conta e em seguida a esta.

Todos os pagamentos são efectuados, sem necessidade de requerimento, por meio de cheques sobre a conta da falência (art. 215.°).

9. CONTAS DO LIQUIDATÁRIO

Cumpre ao liquidatário apresentar relatório sobre o estado da liquidação, visado pela comissão de credores e destinado a ser junto ao processo.

O liquidatário promoverá o arquivamento de todos os elementos relativos a cada diligência da liquidação, indicando nos autos o local onde os respectivos documentos se encontram (art. 219.°). Ter presente o disposto no art. 14.° do Código de Processo Tributário, com a redacção que lhe foi dada pelo art. 4.° do Dec.-Lei 141/93:

Responsabilidade dos liquidatários das sociedades

1 — Na liquidação de qualquer sociedade, devem os liquidatários começar por satisfazer as dívidas fiscais, sob pena de ficarem pessoal e solidariamente responsáveis pelas importâncias respectivas.

2 — A responsabilidade prevista no número anterior fica excluída em caso de dívidas da sociedade que gozem de preferência sobre os débitos fiscais.

3 — Quando a liquidação ocorra em processo de falência, devem os liquidatários satisfazer os débitos fiscais em conformidade com a ordem prescrita na sentença de verificação e graduação dos créditos nele proferida (art. 14.º do C.P.T.).

Essas contas serão apresentadas no fim de cada período de seis meses e nos 14 dias subsequentes ao termo do período fixado para a liquidação, podendo este último prazo ser prorrogado por despacho judicial (art. 220.º).

A prestação de contas pode ser voluntária ou forçada.

As contas serão apresentadas com observância do disposto no art. 222.º, com um requerimento do administrador, assim se iniciando mais um apenso deste complicado processo — *o apenso de contas do liquidatário.*

10. INDICIAÇÃO DE INFRACÇÃO PENAL e DIREITO PENAL DA INSOLVÊNCIA [211]

Nos termos do art. 224.º, logo que haja conhecimento de factos que indiciem a prática de qualquer dos crimes previstos e punidos nos arts. 227.º a 229.º do Código Penal (insolvência dolosa, falência não intencional e favorecimento de credores), mandará o juiz dar conhecimento da ocorrência ao Ministério Público, para efeitos do exercício da acção penal.

Sendo a denúncia feita no requerimento inicial, são as testemunhas ouvidas sobre os factos alegados na audiência de julga-

---

[211] Esta matéria foi tratada pelo Dr. Pedro Caeiro "sobre a natureza dos crimes falenciais", Boletim da Faculdade de Direito da Universidade de Coimbra, Coimbra Editora, 1996, realizado antes da revisão do Código Penal introduzida pelo Dec.-Lei n.º 48/95, de 15 de Março.

mento para a declaração de falência, extractando-se na acta os seus depoimentos sobre a matéria.

Dos depoimentos prestados extrair-se-à certidão, que será mandada entregar ao Ministério Público, conjuntamente com outros elementos existentes.

A declaração de falência interrompe o prazo de prescrição do procedimento criminal, que é de 5 ou 10 anos conforme a pena aplicável for de prisão máxima igual ou inferior a 5 anos (V. art. 118.º, n.º 1, als. *b*) e *c*) do Código Penal).

Revogou o Dec.-Lei 132/93, o art. 324.º do anterior Código Penal, que se referia à incriminação da "frustração de créditos" aplicável à insolvência de não comerciantes.

Insolvência dolosa

Preceitua *o actual art. 227.º do Código Penal* que:
"1. O devedor que com intenção de prejudicar os credores:
a) Destruir, danificar, inutilizar ou fizer desaparecer parte do seu património;
b) Diminuir ficticiamente o seu activo, dissimulando coisas, invocando dívidas supostas, reconhecendo créditos fictícios, incitando terceiros a apresentá-los ou simulando, por qualquer outra forma, uma situação patrimonial inferior à realidade, nomeadamente por meio de contabilidade inexacta, falso balanço, *destruição ou ocultação de documentos contabilísticos ou não organizando a contabilização, apesar de devida;*
c) Criar ou agravar artificialmente prejuízos ou reduzir lucros; ou
d) Para retardar falência, comprar mercadorias a crédito com o fim de as vender ou utilizar em pagamento por preço sensivelmente inferior ao corrente;
é punido, *se ocorrer a situação de insolvência e esta vier a ser reconhecida judicialmente,* com pena de prisão até 3 anos ou com pena de multa.
2. Se a falência vier a ser declarada em consequência da prática de qualquer dos factos descritos no número anterior, o devedor é punido com pena de prisão até 5 anos ou com pena de multa até 600 dias.

3. O terceiro que praticar algum dos factos descritos no n.º 1 deste artigo com o conhecimento do devedor ou em benefício deste é punido com a pena prevista nos números anteriores, conforme os casos, especialmente atenuada.

4. O concordatado que não justificar a regular aplicação dada aos valores do activo existentes à data da providência é punido com a pena prevista no n.º 1".

Neste artigo foi acrescentada a parte final da alínea *b*) do n.º 1 "destruição ou ocultação de documentos contabilísticos ou não organizando a contabilidade, apesar de devida", bem como a alínea *c*) do mesmo número um: "criar ou agravar artificialmente prejuízos ou reduzir lucros".

Trata-se de um crime público.

A parte final do n.º 1 do art. 227.º — "se ocorrer a situação de insolvência e esta vier a ser reconhecida judicialmente" — constitui uma condição de punibilidade.

Falência não intencional

O art. 228.º do Código Penal dispõe que:

"O devedor que, por grave incúria ou imprudência, prodigalidade ou despesas manifestamente exageradas, especulações ruinosas ou grave negligência no exercício da sua actividade, criar um estado de insolvência é punido, se a falência vier a ser declarada, com pena de prisão até 1 ano ou com pena de multa até 120 dias".

O crime previsto neste artigo passou a assumir a natureza de crime público.

Favorecimento de credores

Ainda *o art. 229.º do Código Penal* prevê outro tipo de delito de insolvência, que também tem a natureza de crime público.

Dispõe o referido art. 229.º que:

"O devedor que, conhecendo a sua situação de insolvência ou prevendo a sua iminência e com intenção de favorecer certos credores em prejuízo de outros, solver dívidas ainda não vencidas ou as solver de maneira diferente do pagamento em dinheiro ou valores usuais, ou der garantias para suas dívidas a que não era obrigado, é punido:

a) Com pena de prisão até 2 anos ou com pena de multa até 240 dias, se vier a ser declarada a falência;

b) Com pena de prisão até um ano ou com pena de multa até 120 dias, se vier a ser reconhecida judicialmente a insolvência".

Há que ter em conta o disposto no art. 12.º do Código Penal, que estabelece a extensão da punibilidade de certos tipos de crime (como os previstos nos arts. 227.º a 229.º do mesmo Código), ao titular dos órgãos da pessoa colectiva, quando esta é a interessada directa da acção criminosa.

Na instrução e julgamento das infracções acima referidas, observar-se-ão os termos prescritos nas leis de processo penal (art. 226.º).

Assim, havendo nos autos de falência indícios de insolvência dolosa, ou não intencional, deve o agente do Ministério Público do Tribunal da falência remeter os elementos necessários ao competente magistrado do Ministério Público (ou à Polícia Judiciária, nas comarcas onde for caso disso) para proceder a inquérito, seguindo os autos, que assim forem instaurados, os termos normais do processo penal, pelo que, sendo caso disso, a acusação, a eventual pronúncia ou despacho equivalente, e o julgamento se processarão no tribunal que, para tanto, for competente nos termos da Lei Orgânica dos Tribunais Judiciais e do Código de Processo Penal.

Nos termos do art. 227.º, deve ser remetido ao tribunal de falência:

1 — Certidão do despacho de pronúncia, da sentença e acórdãos proferidos no processo penal e, no caso de não ter sido deduzida acusação da decisão que o tenha determinado.

2 — A remessa da certidão deve ser ordenada na própria decisão proferida no processo penal.

Abandonou-se a classificação da falência como casual, culposa ou fraudulenta, que constava do art. 1274.º do antigo C.P.C.

11. ACORDO EXTRAORDINÁRIO

Como se escreve no relatório preambular do Dec.-Lei n.° 132/93, de 23 de Abril, "A opção feita pelo novo sistema", que eliminou a concordata e o acordo de credores, como meios preventivos e/ou suspensivos da falência, "não obsta a que, uma vez discutida a falência, os credores e a devedora decidam *pôr termo ao processo, com os olhos postos na pura liquidação da empresa,* ao abrigo do acordo extraordinário previsto e regulado no novo diploma".

Dispõe o art. 232.° que:

1 — Em qualquer fase da liquidação mas depois de proferida a sentença de verificação de créditos, pode a maioria absoluta dos credores reconhecidos que represente, pelo menos, 75% do valor dos créditos comuns verificados requerer, conjuntamente com o falido, seus herdeiros, ou representantes, a homologação do acordo extraordinário, constante de documento autêntico ou autenticado, que entre si tenham firmado.

2 — O acordo deve conter, além da identificação das partes, a menção dos créditos de que são titulares, segundo a sentença de verificação do passivo, e a indicação das garantias a que os credores preferentes hajam renunciado.

3 — O requerimento deve ser acompanhado de dois duplicados e de duas fotocópias, uma das quais se destina ao arquivo do tribunal, enquanto a outra fica na secretaria judicial para consulta dos interessados.

O art. 233.° determina que:

1 — Se não for liminarmente indeferido, o requerimento de homologação do acordo extraordinário determina a suspensão dos termos do processo de falência, sem prejuízo dos efeitos para o falido da indiciação das infracções criminais a que se refere o n.° 1 do art. 224.°; o processo prosseguirá, todavia, se, por decisão definitiva, o acordo não for homologado.

2 — O despacho de indeferimento é notificado aos requerentes, por meio de carta registada.

Este meio de suspensão de efeitos da falência, comporta a intervenção dos credores certos e incertos, para deduzirem oposição por embargos e do liquidatário judicial e da comissão de credores para juntarem parecer fundamentado sobre as condições legais do acordo e a probabilidade do seu cumprimento por parte do falido.

Os embargos podem ser contestados e a sentença que os julgue concluirá pela homologação ou rejeição do acordo.

Os efeitos da homologação do acordo vêm descritos no art. 237.° do Código, segundo o qual:

1 — O processo de falência é declarado findo se, por decisão definitiva, o acordo for homologado, sem prejuízo dos efeitos para o falido da indiciação das infracções criminais a que se refere o n.° 1 do art. 224.°.

2 — Com a homologação do acordo, o devedor recupera nos termos convencionados o direito de disposição dos seus bens e a livre gestão dos seus negócios, cessando as atribuições da comissão de credores e do liquidatário judicial, com excepção das referentes à apresentação de contas e das estipuladas no acordo.

3 — A homologação torna o acordo obrigatório para todos os credores, incluindo os que não tenham reclamado a verificação dos seus créditos, desde que estes sejam anteriores à declaração da falência, e abrangendo os próprios credores preferentes, desde que o acordo não afecte as garantias que eles mantenham.

4 — Após a homologação do acordo, *os credores* só podem exercer contra o devedor os direitos a que não hajam renunciado, mas *mantêm o direito de requerer a declaração de falência dele*, uma vez verificados os respectivos requisitos legais ou o incumprimento do acordo (art. 237.°).

12. CESSAÇÃO DOS EFEITOS DA FALÊNCIA EM RELAÇÃO AO FALIDO. REABILITAÇÃO DO FALIDO

Há que ter em conta o disposto nos arts. 238.° e 239.°.

1 — Os efeitos decorrentes da declaração de falência, relativos ao falido, podem ser levantados pelo juiz, a pedido do interessado, nos seguintes casos:

a) Havendo acordo extraordinário entre os credores reconhecidos e o falido, homologado nos termos do art. 237.°;

b) Depois do pagamento integral ou da remissão de todos os créditos que tenham sido reconhecidos;

c) Pelo decurso de cinco anos sobre o trânsito em julgado da decisão que tiver apreciado as contas finais do liquidatário;

d) Quando não tenha havido instauração de procedimento criminal e o juiz reconheça que o devedor, ou, tratando-se de sociedade ou pessoa colectiva, o respectivo administrador, agiu no exercício da sua actividade com lisura e diligência normal.

2 — A decisão é proferida no processo de falência, juntos os documentos comprovativos necessários e produzidas as provas oferecidas e depois de ouvido o liquidatário judicial, e será averbada à inscrição do registo da falência, a instância do interessado (art. 238.°).

1 — Levantados os efeitos da falência nos termos do artigo anterior, o juiz decretará a reabilitação do falido, desde que se mostrem extintos os efeitos penais decorrentes da indiciação das infracções previstas no n.° 1 do art. 224.°.

2 — A decisão de reabilitação é igualmente averbada no registo à inscrição da falência, a instância do interessado (art. 239.°).

13. CONCORDATA PARTICULAR

Dispõe o art. 240.°, que:

1 — *O devedor insolvente que, por não ser titular de empresa*, não beneficie dos meios de recuperação previstos no título II pode evitar a declaração de falência requerida pelos credores, submetendo à homologação do juiz, até à data da sentença, uma proposta de concordata particular.

2 — Independentemente do pedido de declaração de falência apresentado pelos credores, pode o devedor, na situação prevista no número anterior, submeter à homologação do juiz uma proposta de concordata particular.

Esta proposta, para ser aprovada, necessita de aceitação pela maioria qualificada a que se refere o n.° 1 do art. 54.°, isto é, aprovação por credores com direito de voto, quer comuns, quer preferentes, que representem pelo menos 75% do valor de todos os créditos aprovados na assembleia de credores (v. art. 48.°) e não ter a oposição de credores que representem 3/4, ou mais, dos créditos directamente atingidos pela providência (art. 62.°).

Tanto a proposta como a aceitação devem constar de documento autêntico ou autenticado.

O art. 242.º estipula que:

Se não for liminarmente indeferido, o requerimento de homologação da concordata determina a suspensão dos termos do processo de falência, que volta, todavia, a prosseguir, se a concordata não for homologada por decisão definitiva; tendo a proposta de concordata sido apresentada pelo devedor, sendo o pedido de declaração de falência previamente apresentado pelos credores, a não homologação da concordata determina a abertura da instância de falência.

Comporta a intervenção dos credores certos e incertos para deduzirem a oposição por embargos.

Os embargos podem ser contestados nos sete dias subsequentes à notificação da sua dedução, realizando-se em seguida todas as diligências probatórias requeridas pelos interessados ou determinadas pelo tribunal.

A sentença que julgue os embargos concluirá pela homologação ou rejeição da concordata (art. 244.º).

São aplicáveis à concordata particular, com as necessárias adaptações, as disposições relativas à concordata como providência de recuperação (art. 245.º).

14. DUPLA CIRCULAÇÃO ENTRE OS PROCESSOS DE FALÊNCIA E DE RECUPERAÇÃO DA EMPRESA

Como se escreve no preâmbulo do Dec.-Lei n.º 132/93, "já no diploma de 1986 (Dec.-Lei 177/86) se estabeleciam algumas das testas-de-ponte entre a tentativa de saneamento e a queda na falência, quando, depois de requerido o auxílio à empresa, se malogravam todas as expectativas da sua salvação. Mas não são menos importantes, dentro dos critérios prioritários abraçados na lei, as testas-de--ponte destinadas a garantir a passagem do processo de falência para o regime de recuperação da empresa, facultada pelas circunstâncias.

E é essa *dupla circulação*, mais adequada às rápidas e imprevistas oscilações da economia contemporânea que o novo Dec.-Lei procura criteriosamente facilitar".

Passagem da recuperação para falência

— Art. 53.º, n.º 1 — decurso do prazo de 8 meses no processo de recuperação, sem se deliberar qualquer medida;
— Art. 53.º, n.º 2 — rejeição maioritária da recuperação.
— Art. 56.º, n.º 4 — transitada em julgado a decisão de não homologação da providência de recuperação aprovada, cabe ao juiz a declaração imediata da falência.
— Art. 72.º, 73.º, 74.º e 75.º — a concordata caduca com a anulação da concordata, com a sua caducidade, com a homologação de nova concordata ou com a declaração de falência do devedor.
— Arts. 76.º e 77.º — declaração de falência do devedor concordatário.
— Art. 82.º — no acordo de credores, a falta de cumprimento da obrigação assumida determina a declaração de falência da sociedade.
— Arts. 83.º a 85.º — anulação do acordo de credores.
— Art. 86.º — pedido de falência da sociedade resultante do acordo de credores com base em crédito anterior ao mesmo acordo.
— Art. 96.º — anulação da providência de reestruturação financeira.
— Art. 117.º — anulação da gestão controlada.

Passagem da falência para recuperação:

— Art. 23.º, n.º 2 — requerida a falência pode prosseguir como processo de recuperação.
— Art. 25.º, n.º 3 — requerida a falência pode prosseguir como processo de recuperação.

CAPÍTULO XI
SOCIEDADES COM PROCESSO CONSTITUTIVO INCOMPLETO

SOCIEDADES IRREGULARES

1. GENERALIDADES

A abertura de contas bancárias, bem como a celebração de quaisquer negócios jurídicos com eventuais candidatos a clientes, implica em princípio que os serviços procurem contratar com sociedades regularmente constituídas.

Note-se, contudo, que nos termos dos arts. 202.° e 207.° do Código das Sociedades Comerciais se prevê, quer em relação às sociedades por quotas, quer em relação às sociedades anónimas, que as entradas em dinheiro possam em parte ser diferidas (n.° 2 do art. 202.° e n.° 2 do art. 277.°).

A soma das entradas em dinheiro já realizadas deve ser depositada em instituição de crédito, antes de celebrado o contrato, *numa conta aberta em nome da futura sociedade*, devendo ser exibido ao notário o comprovativo de tal depósito por ocasião da escritura.

Dessas contas só poderão ser efectivados levantamentos nos casos previstos nas diversas alíneas do n.° 4 do art. 202.° e do n.° 4 do art. 277.°.

É frequente que nas próprias escrituras de constituição de sociedade fiquem os gerentes (sociedades por quotas) ou os administradores ou directores (sociedade anónimas) autorizados a proceder a levantamentos para fazer face às despesas notariais, de registo, publicidade e outras. Nesses casos, as contas são abertas em nome da futura sociedade e, mesmo antes do registo, podem ser movimentadas "para fins determinados" previstos nas próprias escrituras (V. art. 19.°, n.° 1, al. d) do C.S.C.).

Na aceitação de papel comercial para desconto, embora sendo o descontário sacador cliente do Banco, deverá evitar-se a intervenção, como aceitantes ou outros intervenientes, de pessoas colectivas não regularmente constituídas.

Do mesmo modo, no pedido de prestação de garantias bancárias, bem como na efectivação de outras operações deverá evitar-se negociar com sociedades irregularmente constituídas.

E de qualquer modo, quando, a título excepcional, se admita negociar com uma sociedade irregular, que carecerá de personalidade jurídica, deverá tal circunstância, se admitida superiormente, ser analisada do ponto de vista de determinar quem são os responsáveis pelos actos praticados por esse ente jurídico imperfeito.

Sensibilizar os possíveis intervenientes na efectivação de operações bancárias para as consequências jurídicas de admitirem contratar com sociedades cujo processo constitutivo se mostre incompleto é o objectivo deste capítulo.

Iremos, assim, procurar passar em revista os principais aspectos deste problema.

2. CONSTITUIÇÃO DE SOCIEDADES COMERCIAIS

A constituição das sociedades comerciais implica a celebração por escritura publica (art. 80° alínea *e*) do Código do Notariado) e o registo definitivo do contrato constitutivo (art. 5.° do Código das Sociedades Comerciais).

3. O REGISTO DO CONTRATO

O registo na Conservatória competente passou a ser um *requisito de validade* do acto constitutivo da sociedade [212].

O registo comercial é um meio de publicidade do contrato.

Sem ele a sociedade não existe como sociedade comercial, não tem personalidade jurídica [213], não é comerciante.

---

[212] V. Funções do Registo Comercial, in "Os efeitos do registo e das publicações obrigatórias", Lisboa, 1994, pelo Dr. José Pedro Fazenda Martins, pág. 20 e segs.

[213] Em sentido contrário, Dr. Fazenda Martins, ob. cit., pág. 52 e 59.

Mas o contrato pode produzir alguns efeitos:
— quer entre as partes;
— quer perante terceiros.

O art. 18.º, n.º 5 do C.S.C. impõe a inscrição do contrato no registo comercial, nos termos da lei respectiva, que é o Código do Registo Comercial.

Nos termos do Código do Registo Comercial:
— o contrato de sociedade está sujeito a registo (art. 3.º, alínea *a*).

— os factos sujeitos a registo só produzem efeitos face a terceiros depois da data do respectivo registo. Existindo publicação obrigatória, é a data da publicação que parece contar (art. 14.º, n.º 2 com a alteração introduzida pelo Dec.-Lei n.º 216/94, de 20/8), não bastando que aquele tenha sido efectuado.

— *esse registo, que é obrigatório, deve ser requerido no prazo de três meses* a contar da data em que tiverem sido titulados (art. 15.º, n.º 1 do Código do Registo Comercial, na redacção do Dec.-Lei n.º 31/93, de 12/2/93).

A não feitura deste registo, acarreta a inexistência da sociedade e está sujeita a coima (art. 17.º do Código do Registo Comercial).

O Dr. Fazenda Martins refere que "após a escritura pública reune-se já um núcleo patrimonial relevante, composto pela entrada dos sócios, que se forem em espécie, podem consistir até num estabelecimento comercial" [214].

Coloca o problema de saber de antes do registo podem ser contraídas dívidas que se imputem ao referido património.

O art. 19.º, n.º 1 do C.S.C. preceitua que com o registo definitivo, a sociedade assume de pleno direito as obrigações previstas nas várias alíneas desse n.º 1 "assunção" esta que parece ser automática, por contraposição com a estabelecida no art. 19.º, n.º 2, o que tudo aponta para que o legislador os encare como resultado de uma actividade normal.

O art. 61.º do Código do Registo Comercial preceitua que:

1. Nenhum facto referente a comerciante individual, pessoa colectiva sujeita a registo ou estabelecimento individual de responsabilidade limitada pode ser registado sem que se mostre efec-

---

[214] Ob. cit., pág. 47.

tuado o registo do início de actividade do comerciante individual ou da constituição da pessoa colectiva ou do estabelecimento de responsabilidade limitada.

2. Exceptuam-se a concordata, o acordo de credores, a gestão controlada, a falência e insolvência, bem como o penhor, a penhora, o arresto e o arrolamento de quotas de sociedades por quotas e o penhor de partes de sociedades em nome colectivo e em comandita simples.

3. Do primeiro registo decorre a matrícula do comerciante individual, da pessoa colectiva ou do estabelecimento individual de responsabilidade limitada.

4. PUBLICAÇÃO

Os actos relativos à sociedade estão sujeitos a publicação, para além, do registo.

As publicações obrigatórias (V. arts. 70.°, n.° 1, al. a) e b) e 72.°, n.° 2 do Código do Registo Comercial), devem ser feitas, a expensas da sociedade, no Diário da República ou, tratando-se de sociedades com sede nas regiões autónomas, nas respectivas folhas oficiais (art. 167.° do C.S.C.).

A publicação é promovida oficiosamente pelo conservador do registo comercial, no prazo de 30 dias depois de efectuado o registo e a expensas do interessado (art. 71.° do Código do Registo Comercial).

Nos termos do já referido art. 14.°, n.° 2 do Código do Registo Comercial, os factos sujeitos a registo e publicação obrigatória nos jornais só produzem efeitos contra terceiros depois da data da publicação. Assim, só o cumprimento final da publicação permite o início da oponibilidade a terceiros.

Nos termos do art. 168.°, n.° 2 do C.S.C, a sociedade não pode opor a terceiros actos cuja publicação seja obrigatória sem que esta esteja efectuada, salvo se a sociedade provar que o acto está registado e que o terceiro tem conhecimento dele.

A *publicação* é um *requisito de eficácia* do contrato de sociedade.

5. O REGISTO PRÉVIO

O art. 18.° do Código das Sociedades Comerciais veio permitir a constituição da sociedade comercial mediante registo prévio.

Dispõe o art. 18.º:

"1. Quando não tenham convencionado entradas em espécie ou aquisições de bens da sociedade, os interessados na constituição da sociedade podem apresentar na competente conservatória do registo comercial requerimento para registo prévio do contrato juntamente com um projecto completo do contrato de sociedade.

2. A escritura pública deve ser lavrada nos precisos termos do projecto previamente registado, caso não haja motivo legal para recusa.

3. No prazo de quinze dias, o notário deve enviar ao conservador certidão da escritura para conversão do registo em definitivo.

4. O disposto nos números anteriores não é aplicável à constituição das sociedades anónimas, quando efectuada com apelo a subscrição pública.

5. No caso de os interessados não terem adoptado o processo permitido pelos n.ᵒˢ 1 a 3, o contrato da sociedade, depois de celebrado na forma legal, deve ser inscrito no registo comercial, nos termos da lei respectiva."

Lançando-se mão do registo prévio, teremos como passos importantes do processo de constituição da sociedade:
 a) o registo prévio
 b) a escritura pública
 c) a conversão do registo em definitivo
 d) as publicações

Escusado será dizer, que referindo-se o registo prévio a um projecto de contrato, não se produzem os efeitos próprios do contrato, havendo tão só a obrigação de outorgar a escritura de acordo com o projecto, se se pretender completar a constituição da Sociedade.

6. EFEITOS DO CONTRATO

Como escreve o Dr. Brito Correia[215], "Caso o processo contratual de constituição da sociedade seja completado com respeito por todas as exigências legais, a sociedade constitui-se validamente, pro-

---

[215] Direito Comercial, 2.º vol., Sociedades Comerciais, Lisboa, 1989, pág. 182.

duzindo o contrato todos os seus efeitos próprios: a sociedade adquire personalidade jurídica, bem como a qualidade de comerciante (não se exigindo, para isso, o efectivo exercício do comércio), os bens correspondentes às entradas dos sócios realizadas são adquiridos pela sociedade, os sócios passam a ter as obrigações e direitos previstos na lei e no contrato, a sociedade assume diversos direitos e obrigações indicados na lei e no contrato (CSC art. 19.°), etc."

A constituição da sociedade desenrola-se na prática de uma sucessão de actos. Há que analisar os efeitos que esses actos vão produzindo, antes de completado o processo, mesmo que cada um deles respeite inteiramente as exigências legais.

Há que analisar os arts. 36.° a 40.° do C.S.C. e que são aplicáveis às sociedades existentes à data da entrada em vigor do C.S.C. (Ver art. 534.° do C.S.C).

É necessário deixar claro que a lei não permite que os sócios atinjam, através de uma sociedade irregular, os mesmos resultados que obteriam com uma sociedade regular.

Há que distinguir dois grandes grupos de situações:

1) Sociedades com processo constitutivo incompleto;

2) Sociedades com processo constitutivo viciado (não foram respeitados alguns pressupostos ou requisitos).

Nos casos "em que há uma pura invalidade substantiva e registo não nulo — v.g. uma sociedade registada mas constituída com vício substancial, que implique a nulidade do contrato social e que contrata com terceiros, não há razão para recorrer à confiança num registo desconforme para salvaguardar a posição da contraparte. A tutela de terceiros é conseguida pelo regime específico dos vícios do contrato social (art. 52.° e 165.° do CSC) que, ou exclui a retroactividade da invalidade, ou protege dessa retroactividade os terceiros de boa-fé (não havendo, portanto, necessidade de intervenção de disposições do registo)".

"Em suma, o art. 14.° do Código do Registo Comercial, vale quando um terceiro confia num registo nulo e conforma a sua actuação com esse registo (v.g., não conhece a exoneração de um sócio de uma sociedade em nome colectivo, porque não foi registada — art. 3.°, g) e contrata, pensando que gozaria daquela garantia patrimonial acrescida, mas não quando adquire algum direito da mesma natureza e por isso incompatível com o não registado [216]".

É defensável que apenas ao terceiro de boa-fé não pode ser oposto o facto, mas tal não consta do texto do art. 14.º citado.

7. SOCIEDADES COM PROCESSO CONSTITUTIVO INCOMPLETO [217]

Vamos, seguindo a cronologia do C.S.C. e a sistematização do Dr. Brito Correia na obra citada, analisar as várias situações possíveis, chamando a atenção que "os problemas são sobretudo delicados, quando os sócios iniciam o exercício de actividades em nome de sociedades antes de completado o processo constitutivo ou apesar dos vícios deste".

Dentro do primeiro grupo acima referido, há que considerar quatro situações diferentes:

a) Sociedades meramente aparentes;

b) Sociedades constituídas sem escritura pública (mas sem outros vícios);

c) Sociedades cujo contrato foi celebrado por escritura pública, mas não registado;

d) Sociedades constituídas por escritura pública e registadas, mas sem publicação.

É às sociedades referidas nas alíneas *a)*, *b)* e *c)*, que se refere o art. 174.º. n.º 1, alínea *e)* do C.S.C, quando fala de "sociedades irregulares"

7.1. Sociedades meramente aparentes

Dispõe o art. 36.º n.º1 do C.S.C. que:
" 1. Se dois ou mais indivíduos, quer pelo uso de uma firma comum, quer por qualquer outro meio, criarem a falsa aparência de que existe entre eles um contrato de sociedade responderão

---

[216] Dr. Fazenda Martins, ob. cit., págs. 28 e 29.
[217] Direito Comercial, 2.º vol., Sociedades Comerciais, Lisboa, 1989, pág. 184 e segs.

solidária e ilimitadamente pelas obrigações contraídas nesses termos por qualquer deles."

Nesses casos " não se constitui uma sociedade, nem uma pessoa colectiva, nem um património autónomo, mas apenas uma contitularidade de obrigações (e, eventualmente, de direitos), nos termos gerais.

7.2. Sociedades constituídas sem escritura pública

Esta situação está prevista no art. 36.°, n.° 2 do C.S.C.:
"2. Se for acordada a constituição de uma sociedade comercial, mas, antes da celebração das escritura pública, os sócios iniciarem a sua actividade, são aplicáveis às relações estabelecidas entre eles e com terceiros as disposições sobre sociedades civis."

As partes iniciaram uma actividade em comum apesar do vício de forma.

Ter-se-á constituído uma verdadeira sociedade entre as partes, mas não uma sociedade comercial propriamente dita (V. art. 5.° do C.S.C., já citado): não se constitui uma nova pessoa colectiva e a sociedade não é comerciante.

Como preceitua o art. 36.°, n.°2 do C.S.C. é uma sociedade sujeita por lei ao regime das sociedade civis (V. C.C., arts. 980.° a 1021.°).

Dos arts. 997.° e 998.° do Código Civil resulta que, pelas dívidas sociais respondem a sociedade e, pessoal e solidariamente os sócios, sendo certo que o sócio demandado para pagamento dos débitos da sociedade pode exigir a prévia excussão do património social.

Importa ter presente o disposto no art. 42.°, n.° 1, alínea e) do C.S.C., segundo o qual, depois de efectuado o registo definitivo do contrato de sociedade por quotas, anónima ou em comandita por acções, o contrato de sociedade só pode ser declarado nulo por alguns dos vícios referidos nas diversas alíneas do mesmo artigo, designadamente, no que ao caso interessa, por não ter sido reduzido a escritura pública o contrato de sociedade, o que implica a entrada da sociedade em liquidação (art. 52.° do C.S.C.).

Nos termos do art. 172.° do C.S.C.," *se o contrato de sociedade não tiver sido celebrado na forma legal ou o seu objecto for ou se tornar ilícito ou contrário à ordem pública, deve o Ministério Público*

requerer, sem dependência de acção declarativa, a liquidação judicial da sociedade, se a liquidação não tiver sido iniciada pelos sócios ou não estiver terminada no prazo legal".
Esse prazo é de 3 anos, prorrogável por mais 2 anos (art. 150.° C.S.C).
"Em todo o caso", como escreve o Dr. Brito Correia, "a situação poderá ainda ser regularizada (art. 173.° C.S.C.) mediante a outorga da escritura e a realização do registo das publicações, podendo a sociedade comercial então constituída assumir, com o registo, os direitos e obrigações emergentes de negócios jurídicos concluídos antes da celebração da escritura, desde que nesta sejam especificados e expressamente ratificados e bem assim, os decorrentes de negócios jurídicos celebrados pelos gerentes, administradores ou directores ao abrigo de autorização dada por todos os sócios na escritura (C.S.C., art. 19.°, n.° 1 al. *b*) e *c*))"[218].

7.3. Sociedade constituída por escritura pública, mas não registada

Como é sabido, as sociedades não registadas não existem como sociedades comerciais, não têm personalidade jurídica e não são comerciantes (V. art. 5.° do C.S.C. e art. 13.° do C. Comercial).

O Código distingue, estabelecendo regras específicas, que se referem às relações entre os sócios (art. 37.°) e às relações da sociedade com terceiros (arts. 38.° a 40.°).

O Dr. Fazenda Martins[219] coloca o problema de saber o que acontece quando a sociedade actua no mercado sem registo, não porque ainda não foi realizado, mas porque os sócios dele desistiram definitivamente, ultrapassando os prazos para a inscrição.
Chama a atenção, cremos que bem, que a nossa lei não comina a dissolução da sociedade, o que resulta claramente da análise dos arts. 141.° e segs do C.S.C., admitindo mesmo que a sociedade pode continuar a sua actividade.

---

[218] Ob. cit., Vol. II, pág. 188.
[219] Ob. cit., pág. 74.

Não cremos que esta argumentação colha. O legislador não previu a dissolução, pela razão simples de que sem registo não há sociedade, há apenas responsabilidade daqueles que agiram em nome da mesma.

7.3.1. Relações entre os sócios

Dispõe a este respeito o art. 37.º do C.S.C. "Consequentemente, a sociedade, nesta situação, não existe como sociedade comercial, nem tem personalidade jurídica (C.S.C., art. 5.º), mas constituem-se relações jurídicas entre os sócios (por exemplo, criam-se obrigações de entrada, direitos aos lucros e direitos de voto) a que se aplica o C.S.C., e o próprio contrato. Trata-se, pois de um acto de comércio e de uma sociedade, embora irregular.

Existe contitularidade ou comunhão sobre os bens correspondentes às entradas realizadas e outros bens adquiridos em nome da sociedade ou do conjunto dos sócios. Forma-se, assim, um fundo comum, concebendo-se que seja exercida actividade comum ([220]).

Seja qual for o tipo de sociedade visado pelos contraentes, a transmissão por acto entre vivos das participações sociais e as modificações do contrato social requerem sempre o consentimento unânime dos sócios (V. art. 37.º, n.º 2 do C.S.C.).

7.3.2. Relações com terceiros

Do art. 168.º, n.ºs 1 e 4 do C.S.C. resulta um regime geral de inoponibilidade a terceiros dos actos sujeitos a registo comercial, mas não registados, permitindo, todavia, que os terceiros se prevaleçam deles (V. ainda arts. 13.º, n.º 2 e 14.º n.º 4 do Código do Registo Comercial).

A lei estabelece regras próprias para cada um dos tipos de sociedades. Vejamos:

a) *Sociedades em nome colectivo*
Há que ter presente o disposto no art. 38.º do C.S.C., que preceitua:

([220]) Ob. cit., Vol. II, pág. 189.

"1. Pelos negócios realizados em nome de uma sociedade em nome colectivo, com o acordo expresso ou tácito de todos os sócios, no período compreendido entre a celebração da escritura, e o registo definitivo do contrato de sociedade respondem solidária e ilimitadamente todos os sócios. O referido consentimento presume-se.
2. Se os negócios realizados não tiverem sido autorizados por todos os sócios, nos termos do n.º 1, respondem pessoal e solidariamente pelas obrigações resultantes dessas operações aqueles que as realizarem ou autorizarem.
3. As cláusulas do contrato que atribuam a representação apenas a alguns dos sócios ou que limitem os respectivos poderes de representação não são oponíveis a terceiros, salvo provando-se que estes as conheciam ao tempo da celebração dos seus contratos."

Segundo o Dr. Fazenda Martins, "o registo constitutivo anda arredado das sociedades de pessoas [221], afirmação que não se nos afigura comprovada. O art. 126.º do Código das Falências comina a falência derivada dos sócios de responsabilidade ilimitada nas sociedades sujeitas ao C.S.C.

b) *Sociedades em comandita simples*

Situação regulada no art. 39.º do C.S.C., que dispõe:
1. Pelos negócios realizados em nome de uma sociedade em comandita simples, com o acordo expresso ou tácito de todos os sócios comanditados, no período compreendido entre a celebração da escritura e o registo definitivo do contrato de sociedade respondem todos eles, pessoal e solidariamente. O referido consentimento dos sócios comanditados presume-se.
2. À mesma responsabilidade fica sujeito o sócio comanditário que consentir no começo das actividades sociais, salvo provando ele que o credor conhecia a sua qualidade.
3. Se os negócios realizados não tiverem sido autorizados pelos sócios comanditados, nos termos do n.º 1, respondem pessoal e solidariamente pelas obrigações resultantes dessas operações aqueles que as realizarem ou autorizarem.
4. As cláusulas do contrato que atribuam a representação apenas a alguns dos sócios comanditados ou que limitem os respec-

---

[221] Ob. cit., pág. 62.

tivos poderes de representação não são oponíveis a terceiros, salvo provando-se que estes as conheciam ao tempo da celebração dos seus contratos.

Se o credor conhecia os sócios comanditários nessa qualidade, o Dr. Brito Correia ([222]) inclina-se para que a responsabilidade "deva considerar-se solidária, mas limitada, à semelhança do que o C.S.C. estabelece para os sócios de sociedades por quotas (art. 40.º, n.º 1). Os sócios comanditários que não consentirem no começo de tais actividades não respondem por elas".

c) *Sociedades por quotas, anónima ou em comandita por acções*

Veja-se o disposto no art. 40.º do C.S.C., que preceitua:

1. Pelos negócios realizados em nome de uma sociedade por quotas, anónima ou em comandita por acções no período compreendido entre a celebração da escritura e o registo definitivo do contrato de sociedade respondem ilimitada e solidariamente todos os que no negócio agirem em representação dela, bem como os sócios que tais negócios autorizarem; os restantes sócios respondem até às importâncias das entradas a que se obrigaram, acrescidas das importâncias que tenham recebido a título de lucros ou de distribuição de reservas.

2. Cessa o disposto no número precedente se os negócios forem expressamente condicionados ao registo da sociedade e à assunção por esta dos respectivos efeitos.

Os sócios referidos na parte final do n.º 1 do art. 40.º do C.S.C. incorrem em responsabilidade que "deve considerar-se solidária com a dos demais (apesar de o art. 40.º não o dizer expressamente), pelo facto de a lei não dizer o contrário, colocar o preceito na sequência da regra anterior, que estabelece a solidariedade, e por ser esta a regra no direito comercial (C. Comercial art. 99.º)" ([223]) (V. art. 100.º C. Comercial).

Nos casos previstos no art. 40.º, n.º 2, não se aplicando o regime do art. 40.º, n.º 1, valem as limitações de responsabilidade estabelecidas para o respectivo tipo de sociedade.

Nas sociedades por quotas vigora o regime da solidariedade, respondendo cada um pelas entradas de todos (arts. 197.º, n.º 1 e

---

[222] Ob. cit., Vol. II, pág. 191.
[223] Ob. cit., Vol. II, pág. 191.

207.º do C.S.C.). Não há razão para tratar os sócios mais favoravelmente antes que depois do registo; muito pelo contrário (²¹⁷).

Analisadas as relações para com terceiros, tendo em atenção os vários tipos de sociedades, e sempre com referência à sociedade constituída por escritura publica, mas não registada, parece poder concluir-se que esse contrato cria uma situação de comunhão e um património autónomo, ainda que a autonomia patrimonial não seja plena.

Há que ter presente que o art. 8.º do C.P.C. de 1969 reconhecia às sociedade irregulares personalidade jurídica passiva e activa (esta só quanto à reconvenção).

O referido art. 8 do C.P.C. preceituava:

1. A pessoa colectiva ou sociedade que não se ache legalmente constituída, mas que proceda de facto como se o estivesse, não pode opor, quando demandada, a irregularidade da sua constituição; mas a acção pode ser proposta só contra ela, ou só contra as pessoas que, segundo a lei, tenham responsabilidade pelo facto que serve de fundamento à demanda, ou simultaneamente contra a pessoa colectiva ou sociedade e as pessoas responsáveis.

2. Sendo demandada a pessoa colectiva ou sociedade, é-lhe licito deduzir reconvenção.

Como se escreve no preâmbulo do Dec.-Lei n.º 329-A/95, de 12 de Dezembro que alterou o Código de Processo Civil "no que se refere à personalidade judiciária, procura articular-se o regime da personalidade judiciária limitada das sociedades irregulares constantes do actual art. 8.º do C.P.C., ao novo regime de aquisição da personalidade jurídica pelas sociedades comerciais, decorrente do art. 5.º do C.S.C."

Assim, o art. 6.º do Código de Processo Civil, versão de 1996, dispõe que "têm ainda personalidade judiciária
    d) As sociedades comerciais, até à data do registo definitivo do contrato pelo qual se constituem, nos termos do art. 5.º do C.S.C.

Assim, o contrato de sociedade que estamos a analisar, validamente celebrado por escritura pública, mas não registado, dá origem

---

(²²⁴) Dr. Fazenda Martins, ob. cit., pág. 62.

não a uma sociedade comercial, já atrás definida, mas a uma sociedade irregular, que não tem personalidade, não sendo por isso comerciante, mas dotada de personalidade judiciária activa e passiva.

Se chegar a iniciar o exercício de actividades constitui-se uma situação de comunhão e, em certas condições, já referidas, há limitações da responsabilidade de alguns sócios.

A falta de registo está sujeita a coima (V. art. 17.° do Código de Registo Comercial).

A sociedade irregular não está sujeita aos processos de falência ou de recuperação de empresas (V. art. 125.°, n.° 3 do C.P.E.R.E. e de Falências).

Os sócios destas sociedades, que não adquirem a qualidade de comerciantes, poderão vir a considerar-se em situação de insolvência, no sentido amplo do novo Código dos Processos Especiais de Recuperação da Empresa e da Falência, se a sua actividade puder integrar-se na noção de empresa do art. 2.° desse Código e se se verificar algum dos factos referidos nas alíneas *a*), *b*) e *c*) do art. 8.° do mesmo Código, reveladores da situação de insolvência do devedor.

A situação destas sociedades é susceptível de regularização, mediante a realização do registo e das publicações e o pagamento da coima.

"Com o registo, a sociedade pode assumir os direitos e obrigações emergentes de negócios jurídicos concluídos antes da celebração da escritura, desde que nesta sejam especificados e expressamente ratificados, e bem assim os decorrentes de negócios jurídicos celebrados ao abrigo da autorização dada por todos os sócios na escritura (C.S.C. art. 19.°, n.° 1, al. *b*) e *c*))" [225].

7.4. Sociedades constituídas por escritura publica e registadas, mas sem publicação

A publicação é um requisito de oponibilidade a terceiros da constituição da sociedade [226].

---

[225] Ob. cit., Vol. II, pág. 195.
[226] O Dr. Fazenda Martins, ob. cit., pág. 31 e 77 defende que as publicações teriam eficácia meramente declarativa.

Esta situação vem regulada nos três primeiros números do art. 168.º do C.S.C.:

"1. Os terceiros podem prevalecer-se de actos cujo registo e publicação não tenham sido efectuados, salvo se a lei privar esses actos de todos os efeitos ou especificar para que efeitos podem os terceiros prevalecer-se deles.

2. A sociedade não pode opor a terceiros actos cuja publicação seja obrigatória sem que esta seja efectuada, salvo se a sociedade provar que o acto está registado e que o terceiro tem conhecimento dele.

3. Relativamente a operações efectuadas antes de terem decorrido dezasseis dias sobre a publicação, os actos não são oponíveis pela sociedade a terceiros que provem ter estado, durante esse período, impossibilitados de tomar conhecimento da publicação."

CAPÍTULO XII

BRANQUEAMENTO DE CAPITAIS

1. UTILIZAÇÃO PARA ESSE EFEITO DO SISTEMA FINANCEIRO

As expressões "branqueamento de dinheiro" e "branqueamento de capitais" [227] reportam-se às tentativas dos participantes em actividades ilícitas de transformar o *"dinheiro sujo"* proveniente do tráfico de estupefacientes, do terrorismo e do crime organizado (prostituição, emigração ilegal de cidadãos do terceiro mundo, tráfico de mulheres e menores), em *dinheiro limpo, tornado branco*, isto é, em transferir os capitais envolvidos nessas actividades ilícitas, para o mercado financeiro normal, onde as bem instaladas cabeças dessas organizações, irão usufruir de receitas aparentemente lícitas e certamente significativas, a partir dos investimentos financeiros ou imobiliários realizados a partir de dinheiro, cuja origem parece totalmente lícita (reciclagem do dinheiro).

É hoje infelizmente um lugar comum falar dos problemas da droga, sua produção, comercialização, efeitos nefastos para o consumidor.

---

[227] Sobre este tema, a Revista da Banca publicou dois interessantes artigos:
— Luta contra a «Lavagem do Dinheiro», pelo meu saudoso Colega e Amigo Dr. António de Campos, in n.º 15, Julho/Setembro de 1990;
— «A Banca perante o Branqueamento de Capitais», pelo Dr. Jorge Patrício Paúl, in n.º 26, Abril/Junho 1993, que inclui "exemplos de transacções suspeitas" e "exemplos de métodos de branqueamento utilizados e de casos reais de branqueamento de dinheiro ocorridos em vários países".
O livro "Lavadores de dinheiro", de Robert E. Pouris, edição brasileira de MAKRON Books do Brasil Editora, Lda, 1993, descreve procedimentos de uma série de importantes operações de lavagem de dinheiro. Dá orientação a bancos e outras instituições financeiras sobre como lidar com problemas ligados aos lavadores de dinheiro.
Ver, ainda "Blanchiment d'argent et crime organisé — la dimension juridique" — Presses Universitaires de France, 1996, já citado.

Têm sido justificadas até actuações militares pelo desejo de combate à droga. Em alguns países aplica-se a pena de morte aos participantes em tais actos. Endurecem os sistemas penais, mas o fenómeno persiste com as suas terríveis consequências.

O envolvimento, ainda que involuntário, das instituições de crédito em operações de reciclagem de capitais de origem criminosa, afecta a reputação dessas instituições e abala ou pode abalar a confiança do público no sistema bancário.

Infelizmente esta situação parece poder detectar-se à escala mundial e, assim, a preocupação das autoridades dos vários países, com destaque para os da U.E., no combate a esta situação, tem vindo a crescer de forma muito sensível.

Destacam-se das **iniciativas internacionais**:

— *A Convenção de Viena*, da ONU, contra o tráfico ilícito de Estupefacientes e de Substâncias Psicotrópicas adoptada em 20 de Dezembro de 1988, que Portugal ratificou oportunamente e à qual adoptou o seu direito interno, através do Decreto-Lei n.° 15/93, de 22 de Janeiro.

— *Declaração de Basileia*, de 12 de Dezembro de 1988, que visava impedir a utilização do sistema financeiro para fins de reciclagem de capitais.

— *Cimeira de Paris dos sete Países mais desenvolvidos*, de Julho de 1989, que instituiu o denominado Grupo de Acção Financeira (G.A.F.I.).

— As *Recomendações* de Fevereiro de 1990, do *GAFI*.

— *A Convenção do Conselho da Europa*, em Estrasburgo, assinada por Portugal em 8 de Novembro de 1990.

— *Esta Convenção* sobre o Branqueamento, Detecção, Apreensão e Perda dos Produtos do Crime, incita os Estados membros a alargar o combate ao branqueamento de capitais provenientes não apenas do tráfico de droga e precursores, mas também de outras formas de criminalidade, tais como o tráfico de armas, o terrorismo, o tráfico de crianças e de mulheres jovens, bem como outras infracções graves de que se obtenham proventos importantes.

— Ao nível da UE, *A Directiva n.° 91/308/CEE, do Conselho, de 10 de Junho de 1991*, relativa à prevenção da utilização do sistema financeiro para efeitos de branqueamento de capitais (V. legislação anexa)

Ao nível interno português

— Em 8 de Fevereiro de 1991, a Associação Portuguesa de Bancos elaborou e sujeitou à assinatura de 31 instituições de crédito associadas na A.P.B. um protocolo de acordo quanto às regras relativas à prevenção da utilização do sistemas bancário na reciclagem de capitais de origem criminosa. Pelo seu interesse, anexa-se o texto respectivo (V. documentação anexa).

— A Lei 16/93, de 3 de Junho de 1993, concedeu a autorização ao Governo para legislar em matéria de utilização do sistema financeiro para efeitos de prevenção do branqueamento de capitais. (V. legislação anexa).

O sentido da autorização é o de permitir uma adequada transposição para a ordem jurídica nacional da Directiva n.º 91/308/CEE, acima referida.

Foi entretanto publicado na ordem jurídica interna o Dec.-Lei n.º 15 /93, que prevê, no seu art. 23.º a incriminação da actividade de branqueamento dos capitais obtidos por essa via (Ver texto integral corrigido, no D.R. – I Série A, de 20/2/93).

Dispõe esse art. 23.º:

1. Quem, sabendo que os bens ou produtos são provenientes da prática, sob qualquer forma de comparticipação, de infracção prevista nos artigos 21.º, 22.º, 24.º e 25.º ([228]);

a) Converter, transferir, auxiliar ou facilitar alguma operação de conversão ou transferência desses bens ou produtos, no todo ou em parte, directa ou indirectamente, com o fim de ocultar ou dissimular a sua origem ilícita ou de auxiliar uma pessoa implicada na prática de qualquer dessas infracções a eximir-se às consequências jurídicas dos seus actos é punido com pena de prisão de 4 a 12 anos;

b) Ocultar ou dissimular a verdadeira natureza, origem localização, disposição, movimentação, propriedade desses bens ou produtos ou de direitos a eles relativos é punido com pena de prisão de 2 a 10 anos;

c) Os adquirir ou receber a qualquer título, utilizar, deter ou conservar é punido com pena de prisão de um a cinco anos.

([228]) Ver legislação em anexo.

2 — A punição pelos crimes previstos no número anterior não excederá a aplicável às correspondentes infracções dos artigos 21.º, 22.º. 24.º e 25.º.

3 — A punição pelos crimes previstos no n.º1 tem lugar ainda que os factos referidos nos artigos 21.º, 22.º, 24.º e 25.º hajam sido praticados fora do território nacional.

E o art. 60.º do mesmo Dec.-Lei n.º 15/93, veio consagrar a dispensa do dever de sigilo, quanto à prestação de informações relativas à prática dos crimes referidos.

A Lei n.º 45/96, de 3/9, alterou vários artigos da Lei n.º 15/93 (regime jurídico do tráfico e consumo de estupefacientes), tendo as penas previstas nos arts. 21.º, 22.º e 23.º sido aumentadas de um terço nos seus limites mínimo e máximo, verificadas determinadas circunstâncias (art. 24.º, na redacção da Lei 45/96).

O *Dec.-Lei n.º 313/93*, de 15 de Setembro de 1993, transpôs para a ordem jurídica interna a Directiva n.º 91/308/CEE, do Conselho, de 10 de Junho de 1991, relativa à prevenção da utilização do sistema financeiro para efeitos de branqueamento de capitais (V. legislação anexa).

O âmbito de aplicação do Dec.-Lei n.º 313/93, de 15 de Setembro ficou, deste modo, restrito a este tipo de criminalidade e a sua prevenção nos fluxos e operações que transitam pelas instituições de crédito, sociedades financeiras, empresas seguradoras e sociedades gestoras de fundos de pensões.

Ficaram de fora actividades susceptíveis de utilização para branqueamento e que já vinham sendo detectadas há muito, em especial as ligadas ao jogo (casinos e também os ganhadores de lotarias) e as de comércio de bens de elevado valor: imóveis (especialmente em certas zonas de turismo), pedras e metais preciosos, antiguidades, obras de arte, automóveis, barcos e aeronaves.

Surgiu, assim, no uso da autorização legislativa concedida pela Lei n.º 32/95, de 18 de Agosto, o Dec.-Lei n.º 325/95, de 2 de Dezembro, que introduziu ligeiros aperfeiçoamentos no âmbito do combate ao branqueamento proveniente do tráfico de droga e da competência para as suas investigações, ao mesmo tempo que estabeleceu medidas de natureza preventiva e repressiva contra o branqueamento de capitais e de outros bens provenientes dos crimes indicados no mesmo diploma.

O art. 2.º do Dec.-Lei n.º 325/95 por remissão para o art. 1.º da Lei 36/94, de 29 de Setembro, prevê a punição de quem assumir determinadas condutas descritas nesse artigo, aproveitando-se de bens ou produtos provenientes da prática sob qualquer forma de comparticipação, dos seguintes crimes:
— terrorismo;
— tráfico de armas;
— extorsão de fundos;
— rapto;
— lenocínio;
— corrupção, peculato e participação económica em negócio;
— administração danosa em unidade económica do sector público;
— fraude na obtenção ou desvio de subsídio, subvenção ou crédito;
— infracções económico-financeiras de dimensão internacional ou transnacional.

As condutas referidas são:
— Converter, transferir, auxiliar ou facilitar alguma operação de conversão ou transferência desses bens ou produtos, no todo ou em parte, directa ou indirectamente, com o fim de ocultar ou dissimular a sua origem ilícita ou de ajudar uma pessoa implicada na prática de qualquer dessas infracções a eximir-se às consequências jurídicas dos seus actos, – punida com pena de prisão de 4 a 12 anos;
— Ocultar ou dissimular a verdadeira natureza, origem, localização, disposição, movimentação, propriedade desses bens ou produtos ou direitos a eles relativos, – punida com pena de prisão de 2 a 10 anos.
— Adquirir ou receber tais bens ou produtos a qualquer título, os utilizar, deter ou conservar, – punida com pena de prisão de 1 a 5 anos.

O n.º 2 do referido art. 2.º do Dec.-Lei n.º 325/95 determina que a punição pelos crimes mencionados no número anterior não deve exceder os limites mínimo e máximo previstos para as correspondentes infracções principais.

E o n.º 3 esclarece que a punição pelos crimes previstos no n.º 1, tem lugar ainda que os factos que integram a infracção principal tenham sido praticados fora do território nacional.

2. PREVENÇÃO DA UTILIZAÇÃO DO SISTEMA FINANCEIRO PARA EFEITOS DE BRANQUEAMENTO DE CAPITAIS PROVENIENTES DOS NEGÓCIOS ILÍCITOS DA DROGA

DO REFERIDO DEC.-LEI N.º 313/93,
EXTRAEM-SE COMO PONTOS PRINCIPAIS:

2.1. Âmbito de aplicação do diploma

Aplica-se às neste diploma chamadas entidades financeiras:
a) instituições de crédito;
b) sociedades financeiras;
c) empresas seguradoras, na medida em que exercem actividades no âmbito do ramo "vida";
d) sociedades gestoras de fundos de pensões, que tenham a sua sede no território português;
e) sucursais e agências gerais, situadas em território português, das entidades referidas nas alíneas anteriores, que tenha a sua sede no estrangeiro;
f) sucursais financeiras exteriores;
g) entidades que explorem o serviço público de correio, na medida em que prestem serviços financeiros.

Às entidades financiadoras referidas é aplicável o disposto no Capítulo II do Dec.-Lei 313/93 quanto às operações que envolvam ou possam envolver a prática de crimes a que acima se alude, referidos no art. 2.º do Dec.-Lei n.º 325/95, sendo-lhes aplicável a exclusão de responsabilidade referida no art. 13.º do primeiro diploma citado.

Em relação às entidades financeiras as obrigações decorrentes do Dec.-Lei n.º 313/93 são as seguintes:

2.2. Obrigação de identificar, em relação aos clientes, os seus representantes ou pessoas que actuem por conta daqueles.

Sobre esta matéria, regulada nos arts. 3.° e 5.° do Dec.-Lei 313/93, foi recomendado na ordem interna do B.P.A. que:

a) Se as contas a abrir forem de pessoas singulares (em nome individual, solidárias ou conjuntas), devem ser identificados todos os titulares através de bilhete de identidade ou passaporte válido. As referências a tais documentos e outras complementares (endereços, telefones, actividades, entidades patronais, etc.,) serão inscritas completa e detalhadamente nas fichas de assinaturas, não devendo ser efectuada qualquer operação significativa com clientes cuja identidade não esteja rigorosamente referenciada;

b) Se as contas a abrir forem tituladas por sociedades nacionais, além da escritura de constituição, registo e cartão nacional de pessoa colectiva, serão pedidos elementos de identificação dos administradores ou sócios e respectivos mandatários ou procuradores.

Se forem tituladas por sociedades estrangeiras, deve exigir-se a documentação comprovativa da sua regular constituição no país de origem (documento equivalente ao registo comercial);

c) Sempre que se efectuem transacções com entidades não clientes, cujo valor isolado ou em conjunto seja igual ou superior a 2.500 contos, deve ser obtida a completa identificação dos intervenientes na operação, sob pena de, em caso de recusa de prestação desta informação, as operações não se realizarem;

d) Em caso de suspeita ou conhecimento de que os clientes actuam por conta de terceiros, deverão ser exigidas informações e identificação das pessoas por conta de quem actuam, sem as quais o Banco não procederá à realização da operação;

e) Em caso de ocorrência de situações que possam configurar branqueamento de capitais, deverão os órgãos envolvidos suspender a realização da operação até instruções superiores em contrário e dar conhecimento à sua hierarquia;

f) Analisadas as situações detectadas que possam configurar branqueamento de capitais e, se existirem fundamentos, pode do processo ser feita a devida comunicação à entidade judicial competente. Não existindo fundamentos, para tanto a operação será concretizada.

2.3. Obrigação especial de identificar os clientes quando haja *suspeitas fundadas* da prática do crime previsto no art. 23.° do Dec.-Lei n.° 15/93, de 22 de Janeiro.

De igual forma se deverá proceder quanto aos beneficiários de um seguro ou de uma operação do ramo "Vida" e de um plano de pensões, quando se verifique a suspeita referida. É o que resulta também do art. 5.° do mesmo diploma.

2.4. Deveres especiais de diligência (art. 8.° do Dec.-Lei 313/91)

Todas as operações (como por exemplo, depósitos — numerário ou cheque — transferências, transacções em moeda estrangeira e de títulos, etc.) que pela sua natureza, complexidade, volume ou carácter inabitual, relativamente à actividade do cliente, se revelem susceptíveis de integrar o crime de tráfico ilícito de bens ou produtos (designadamente drogas) — art. 23.° do Dec.-Lei n.° 15/93 — devem ser cuidadosamente analisadas. Se se tratar de operações que, isoladamente ou em conjunto, sejam de valor igual ou superior a 2.500 contos, dever-se-á obter do cliente informação escrita sobre a origem e o destino dos fundos, bem como sobre a identidade dos beneficiários e a justificação das operações em causa.

2.5. Obrigação de conservar documentos (art.9.° do Dec.--Lei n.° 313/91)

Os documentos comprovativos de identificação, ou suas referências, devem ser conservados durante cinco anos após o termo das relações com os clientes. Serão conservados pelo período de dez anos, a contar das datas das transacções, os originais, cópias ou microformas dos documentos comprovativos e registos das operações referidas em 2.4, bem como das informações sobre a origem e destino dos fundos, a justificação das mesmas e ainda da identificação dos seus beneficiários, prorrogando-se os prazos referidos até que finde o processo de indemnizações decorrentes da nacionalização da banca (V. Dec.-Lei n.° 173/85, de 24 de Maio);

2.6. Dever especial de colaboração (art. 10.° do Dec.-Lei n.° 313/91)

A prestação de informações pelas entidades financeiras, seus órgãos e funcionários, de factos susceptíveis de associação à lavagem de dinheiro, ou o fornecimento de elementos solicitados no âmbito das investigações criminais, têm de respeitar as regras estabelecidas para a sua prestação.

O Banco não pode revelar ao cliente ou a terceiros a comunicação de qualquer destas informações, nem que se encontra em curso uma investigação criminal.

2.7. Dever de abstenção (art. 11.° do Dec.-Lei n.° 313/91) quanto à execução de quaisquer operações que as entidades financeiras *paralelamente suspeitem* estar relacionadas com a prática do crime previsto no art. 23.° do Dec.-Lei n.° 15/93, de 22 de Janeiro.

As referidas entidades devem informar do pedido de realização das mesmas o Procurador-Geral da República ou o Magistrado do Ministério Público por ele designado. A suspensão das operações pode ser determinada por estes magistrados e está sujeita a confirmação do Juiz de Instrução Criminal.

2.8. Dever de denúncia (art. 12.° do Dec.-Lei n.° 313/91), por parte das autoridades de supervisão, à autoridade judiciária competente sempre que, nas inspecções efectuadas às aqui chamadas entidades financeiras, ou por qualquer outro modo, tenham conhecimento de factos que indiciem a prática do crime previsto no art. 23.° do Dec.-Lei n.° 15/93. Também nesta situação não pode ser revelado ao cliente ou a terceiros a comunicação de qualquer destas informações, nem que se encontra em curso uma investigação criminal.

2.9. Exclusão da responsabilidade (art. 13.° do Dec.-Lei n.° 313/91). As informações prestadas de boa fé, nos termos dos artigos 10.°, 11.° e 12.° não constituem violação de qualquer dever de segredo, nem implicam para quem as preste, responsabilidade de qualquer tipo.

2.10. Dever de as entidades financeiras, incluindo as respectivas filiais e sucursais no estrangeiro, estabelecerem processos adequados de controlo interno e de comunicação que conduzam ao cumprimento das obrigações constantes deste diploma, proporcionando aos seus dirigentes e empregados a formação adequada ao reconhecimento das operações em causa (art. 14.°, n.° 2 do Dec.--Lei 313/91).

Como é evidente, em toda a execução do disposto neste Dec.--Lei 313/91, a regra principal no comportamento dos bancos e seus empregados tem de ser de redobrado bom senso nas iniciativas a tomar e de total discrição e prudência no relacionamento com os clientes.

— O capítulo III deste Dec.-Lei estabelece que às infracções previstas no presente capítulo é subsidiariamente aplicável, em tudo o que não contrarie as disposições dele constantes, o regime geral das contraordenações, previsto no Dec.-Lei n.° 443/82, de 27/10, alterado pelos Decs.-Leis n.ºs 356/89, de 17/10 e 244/95, de 14/9.

Define-se no art. 17.° quem são os responsáveis pela prática das infracções referidas neste capítulo:

a) As entidades financeiras;

b) As pessoas singulares que sejam membros dos órgãos de pessoas colectivas ou que nelas exerçam cargos de direcção, chefia ou gerência, ou actuem em sua representação, legal ou voluntária, e, ainda no caso de violação do dever previsto no n.°4 do art. 10.°, os seus empregados e outras pessoas que lhes prestem serviço a título permanente ou ocasional.

Saliente-se que o art. 22.° declara que *a negligência é punível*, embora o montante da coima não possa exceder metade do montante máximo previsto para a respectiva contra-ordenação.

3. **MEDIDAS DE NATUREZA PREVENTIVA E REPRESSIVA APLICÁVEIS A ENTIDADES NÃO FINANCEIRAS, CONTRA O BRANQUEAMENTO DE CAPITAIS E OUTROS BENS PROVENIENTES DE CRIMES.**

Em relação às entidades não financeiras (Dec.-Lei n.° 325/95) referem-se as seguintes situações:

3.1. Casinos — V. art. 4.° do Dec.-Lei n.° 325/95, em anexo
3.2. Mediação imobiliária — V. art. 5.° do Dec.-Lei n.° 325/95.

3.3. Compra e venda de imóveis — V. art. 6.º do Dec.-Lei n.º 325/95.
3.4. Bilhetes ou títulos ao portador — V. art. 7.º do Dec.-Lei n.º 325/95.
3.5. Bens de elevado valor unitário — V. art. 8.º do Dec.-Lei n.º 325/95.
3.6. As obrigações referidas de 3.1. a 3.5 aplicam-se tanto às operações de branqueamento de bens ou produtos derivados das infracções a que alude o art. 2.º do Dec.-Lei n.º 325/95, como às respeitantes aos bens ou produtos provenientes do tráfico de droga e precursores (V. Dec.-Lei n.º 313/93, de 15 de Setembro).
3.7. À prestação de informações em cumprimento das obrigações referidas nos artigos anteriores á aplicável o disposto nos n.ºs 3 e 4 do art. 10 e no art. 13.º do Dec.-Lei n.º 313/93. (Ver, supra, n.ºs 2.6. e 2.9).
3.8. Autoridades de fiscalização
Inspecção-Geral de Jogos — pontos 3.1. e 3.4.
Inspecção-Geral das Actividades Económicas — pontos 3.2, 3.3 e 3.5

As obrigações das entidades financeiras acima identificadas, mesmo quando envolvam a prática dos crimes referidos supra com referência ao art. 2.º do Dec.-Lei 325/95 continuam a ser reguladas pelo Capítulo II do Dec.-Lei n.º 313/93, já atrás referido, continuando a ser-lhes aplicável o art. 13.º daquele diploma (exclusão de responsabilidade).

A violação dessas obrigações, quanto às entidades financeiras, continua a ser punida como contra-ordenação nos termos do Capítulo III do Dec.-Lei n.º 313/93.

O regime de contra-ordenação relativo ao incumprimento do disposto no Dec.-Lei n.º 325/95 por entidades não financeiras acha-se previsto no Capítulo IV deste diploma.

Presume-se deferida à Polícia Judiciária em todo o território a competência exclusiva para a investigação dos crimes de branqueamento de capitais, outros bens ou produtos (art. 4.º n.º 1, alínea 2) do Dec.-Lei n.º 295-A/90, com a redacção dada pelo art. 18.º do Dec.-Lei n.º 325/95, de 2/12).

Ver em anexo:

— Protocolo de acordo, de 8/2/91;
— Directiva 91/308/CEE;
— Lei 16/93, de 3/6/93;
— Dec.-Lei n.º 313/93, de 15/9/93;
— Lei n.º 36/94, de 29/9/94;
— Lei n.º 32/95, de 18/8/95;
— Dec.-Lei n.º 325/95, de 2/12/95;

CAPÍTULO XIII
NOVOS PRODUTOS FINANCEIROS

SECÇÃO I
OS CONTRATOS DE EMPRÉSTIMOS SINDICADOS EM REGIME DE LEILÃO DE TAXAS DE JURO
(EMPRÉSTIMOS CRISTAL)

1. CONSIDERAÇÕES GERAIS

Com vista a melhor definir os contornos dos "empréstimos cristal" [229], começará por salientar-se que:

1) Existem quatro tipos de intervenientes num empréstimo sindicado em regime de leilão de taxas de juro:

O 1.º a empresa mutuária;

O 2.º são os bancos mutuantes;

O 3.º são os bancos que integram uma linha da back-up, para garantirem os empréstimos, caso haja desinteresse por parte dos bancos mutuantes;

O 4.º interveniente é o banco-agente, que organiza e coordena as relações entre os diversos intervenientes e procede à realização dos diversos leilões.

2) Para cada banco mutuante a sua participação (normalmente por um período de 3 ou 6 meses) não é de mera cedência de fundos como se de uma aplicação alternativa de tesouraria se tratasse.

É de facto uma concessão de crédito por aquele período e o banco incorrerá sempre em risco de crédito, caso se verifique algum acto de incumprimento (event default).

3) Em cada intervenção de crédito "roll-over", cada banco deverá ponderar dois tipos de risco:

---

[229] Ver Parecer do Prof. Inocêncio Galvão Telles "Empréstimos Cristal (uma nova realidade bancária)", in "O Direito", 1993, I-II, págs. 177 e segs. Ver também, o parecer do Prof. Menezes Cordeiro, "Empréstimos Cristal — natureza e regime", in "O Direito", 1995, III-IV (Julho-Dezembro), págs. 463 e segs.

— **o risco de crédito do mutuário**, no sentido de que este não incorra em incumprimento durante aquele período;

— **o risco de back-up**, (que incorpora o risco de crédito e de liquidez dos bancos participantes na Back-up), no sentido de que, qualquer que seja a situação nos mercados monetários, cambiais, e interbancários, aqueles bancos garantem o crédito à empresa (e consequentemente reembolso aos bancos no início dos períodos "roll-over").

Do lado do mutuário, a Back-up concorre com os fundos, caso outros Bancos não estejam interessados em o fazer, a uma taxa até à taxa de intervenção.

4) Por estas razões o risco de crédito não é só dos bancos que concorrem ao último leilão, mas dos bancos que concorrem a todos os leilões, se entretanto a mutuária incumprir.

5) Contabilisticamente, os bancos que integram a Back-up devem contabilizá-las em responsabilidades extra-patrimoniais.

Só há lugar à contabilização como crédito, quando efectivamente desembolsado.

6) As comissões normalmente cobradas neste tipo de operação, cobradas ou não todas em cada operação, são as seguintes:

Comissão de organização – inicial – reporta-se ao risco inicial assumido, incluindo o risco de imagem na organização do sindicato (flat rate) – em função da organização e independentemente de qualquer desembolso.

Comissão de agente – organização do sindicato e dos leilões.

Comissão de tomada firme – sobre o capital em divida (utilizado) anual, paga semestralmente.

Comissão de imobilização – É repartida pelos vários intervenientes que tomarem firme a operação. Sobre o capital não utilizado anual.

O sindicato assume riscos:

Risco de liquidez – que é o dos tomadores em leilão não ocorrerem em número suficiente e o sindicato ter de assegurar fundos.

Risco da taxa de juro – o juro não pode exceder determinada taxa – a taxa de intervenção.

Risco de crédito – o risco de não reembolso do crédito concedido, só é assumido pelos membros do sindicato, enquanto tomadores de crédito, tais como quaisquer outros tomadores subsequentes.

Rácios de solvabilidade – deverão afectar o sindicato quanto à prestação de garantias, se as houver, e os tomadores de fundos em leilão durante o período de vigência.

Importa salientar que a garantia prestada pelo sindicato será uma *garantia de liquidez* e não de pagamento. Não garantem pagar aos tomadores se o mutuário o não fizer — garantem sim que disponibilizarão fundos a favor do mutuário até ao limite acordado, se não acorrerem ao leilão tomadores em número suficiente ao preenchimento daquele montante.

2. NATUREZA DA OPERAÇÃO

A figura dos empréstimos CRISTAL apenas poderá, em nosso entender, ser incluída no quadro das chamadas "Revolving Underwriting Facilities", correntes em outros países e expressamente referidas nas Partes II dos Anexos aos Avisos n.os 12/90 e 1/93 de 8/6/93, do Banco de Portugal para efeitos de tratamento no rácio de solvabilidade.

Nesta figura, o caso típico corresponde a um contrato celebrado entre o mutuário e um conjunto de instituições de crédito organizadas em sindicato com um banco designado como agente, no sentido de que este assegura a colocação e renovação periódica de um empréstimo de curto prazo.

Normalmente, no estrangeiro existe a representação por títulos de crédito de curto prazo ("notes"), colocados em cada renovação. O banco agente encarrega-se de colocar em bancos ou investidores institucionais os referidos empréstimos (podendo a colocação ser feita em regime de leilão), por via da constituição de um sindicato que garante a tomada do crédito em cada período.

Com a publicação da legislação reguladora do mercado de papel comercial, a que adiante nos referiremos, poderá alterar-se o procedimento descrito, passando a ser este transaccionado entre os vários tomadores interessados.

3. QUANTO À FORMA DE CLASSIFICAR AS RELAÇÕES ENTRE AS INSTITUIÇÕES DO SINDICATO FINANCEIRO E OS BANCOS QUE CONCORREM AOS LEILÕES

Consideramos que as instituições dos sindicatos financeiros têm, na verdade, uma função subsidiária em relação à intervenção dos bancos seleccionados nos leilões, que são efectivamente as *mutuantes directos* à empresa mutuária.

As instituições sindicadas celebram com a mutuária um contrato-promessa de mútuo ou de abertura de crédito conforme as condições em que se comprometem a diligenciar a disponibilidade de fundos, com montantes e datas determinadas de utilização ou com simples fixação de montantes ou plafonds utilizáveis. Por este contrato, pagam apenas o selo de contrato e só com a celebração do contrato definitivo, após o primeiro leilão, será pago para além do selo do contrato (671$00)[230] o selo de 5%o sobre o montante envolvido, quer se trate de mútuo ou de abertura de crédito[231].

O sindicato, por via do agente, está a assumir desde logo os riscos de liquidez e de taxa de juro, a que acima nos referimos.

Nos contratos iniciais — de promessa e definitivo — desde logo deverá ficar cláusulado que, com a realização dos vários leilões (primeiro e subsequentes), os membros do sindicato ou outras instituições que ocorram aos vários leilões e que tomem por si a responsabilidade temporalmente limitada de disponibilizarem conjuntamente o capital mutuado, assumem *o risco do crédito* inerente à sua quota-parte de capital disponibilizado.

Desde logo no contrato inicial do sindicato com a mutuária deverá ficar clausulado que a mutuária desde logo consente na transmissão pelos primeiros tomadores (membros ou não do sindicato) a terceiros das respectivas posições contratuais, na globalidade ou parcialmente.

Assim, das cessões de posições contratuais que se irão verificar, resultarão simples modificações subjectivas na relação contratual básica (contrato de mútuo ou de abertura de crédito), a qual persistirá, embora com novos titulares.

---

[230] Art. 92.º da Tabela Geral do Imposto do Selo.
[231] Arts. 1.º e 54.º da Tabela Geral do Imposto do Selo.

Como ensina o Prof. Antunes Varela, "a cessão da posição contratual implica a existência de dois contratos:

O contrato-base e o contrato-instrumento da cessão, que é o realizado para transmissão de uma das posições derivadas do contrato-base. E envolve três sujeitos: o contraente que transmite a sua posição (cedente); o terceiro que adquire a posição transmitida (cessionário); e a contraparte do cedente no contrato originário, que passa a ser contraparte do cessionário (contraente cedido, ou simplesmente, o cedido). A relação contratual que tinha com um dos titulares o cedente é a mesma de que passa a ser sujeito, após o negócio, o cessionário" ([232]).

No caso em análise, *contrato-base* é o contrato inicial de mútuo ou abertura de crédito celebrado em execução do contrato-promessa inicial. *Contratos-instrumentos de cessão* são os que, em consequência de cada leilão, se deverão realizar entre os primeiros tomadores do crédito concedido e os que os substituirem na tomada de crédito no período seguinte.

Cedentes serão os anteriores tomadores em relação aos tomadores decorrentes de cada novo leilão.
Cessionários serão os novos tomadores decorrentes de cada leilão.
Cedida — a empresa mutuária.

Essas cessões de posição contratual, saliente-se, processar-se-ão, como se deixou dito, entre os sucessivos tomadores de fundos e nunca relativamente ao sindicato de garantia de colocação. Esses contratos estarão apenas sujeitos ao selo de contrato de 671$00 e para acautelar indefinições futuras em caso de incumprimento do mutuário, haverá toda a vantagem em que passem a ser materializados em documento escrito. A ausência total de titulação do crédito dos bancos tomadores nos leilões, que se vem verificando, contribui para uma certa confusão que parece estabelecer-se.

Só com o resultado do primeiro leilão se designam as instituições mutuantes de capital à empresa mutuária.

([232]) Código Civil Anotado, Vol. I, 4.ª edição, págs. 400 e 401, em anotação ao art. 424.º.

Em cada período decorrente de um leilão, o risco do não pagamento de juros é dos bancos que então forem detentores do crédito. Apenas está garantido que o capital será pago pela substituição da tomada do crédito no período seguinte, assegurado pelo sindicato de tomada firme. Do mesmo modo, o risco do capital entre dois leilões é dos bancos detentores do crédito.

Assim, antes de cada leilão, o agente ao convidar várias instituições para o mesmo, deve disponibilizar dados objectivos que permitam ajuizar da situação financeira da mutuária. Os candidatos a tomadores devem estar cientes de que correm durante o período em causa o risco de crédito.

Os tomadores de crédito em cada leilão correm *o risco de crédito e de liquidez* do sindicato de garantia de colocação.

Quanto à manutenção de uma "back-up line" durante a vida do empréstimo, essa obrigação extinguir-se-á com o último dos leilões, se todo o crédito for tomado.

No que se refere à responsabilidade pelo reembolso do capital, deve caber apenas à empresa mutuária, já que se trata de uma obrigação do devedor que se vence no termo do prazo do empréstimo. Podem ter sido estipulados reembolsos durante a vida do empréstimo ou abates de crédito não utilizado ou não utilizado totalmente, que necessariamente se repercutirão no montante do reembolso final.

O risco de crédito acaba por transferir-se para os bancos tomadores resultantes do último leilão, de que, por força da "back-up-line", podem fazer parte membros do sindicato, mas apenas por esse facto.

Finalmente, parecer-nos-ia desejável, ou mesmo indispensável, que, à semelhança do que se verifica noutros sistemas financeiros, os contratos que implicam envolvimento de médio prazo contivessem sempre disposições que impusessem a obrigatoriedade do respeito permanente de indicadores mínimos de solvabilidade do mutuário, considerando-se o empréstimo vencido sempre que se verificasse o seu desrespeito. No caso dos empréstimos "Cristal", tal representaria uma garantia acrescida do sindicato de garantia de colocação e uma exigência maior na apreciação do risco por parte dos participantes nos leilões.

SECÇÃO II
PAPEL COMERCIAL

1. NOÇÃO

Este novo instrumento financeiro, inspirado na tradição do Commercial-paper norte americano e nos billets de trésorerie financeira [233], caracteriza-se pela emissão de notas promissórias, vencíveis a curto prazo que poderão ser vendidas directamente pelos emitentes (grandes empresas, institucionais) aos investidores (bancos, fundos de investimento e fundos de pensões, seguradoras, empresas com excedentes cíclicos de tesouraria, particulares), ou ser colocadas no mercado através de agentes (dealers, bancos, etc).

A venda directa pelos emitentes aos investidores só será possível, nas grandes empresas que reúnam "salas de dealing". Embora havendo empresas nessas condições, não se conhece nenhum caso em Portugal de venda directa, pelo menos até esta data. Também não há conhecimento da intervenção de dealers (que não bancos intervindo como tal) na colocação deste papel no mercado.

Já vimos escrito que estas notas promissórias podem gozar da facilidade de renovação periódica. Não será exacto. As facilidades de crédito inerentes à realização da operação é que podem prever a renovação da utilização desta forma de crédito, através da realização de uma operação totalmente nova, ou pela opção de emissões em contínuo no âmbito de um programa.

As notas promissórias, à semelhança dos bilhetes de tesouro, são tomadas por desconto e podem destinar-se a financiar, em relação às empresas emitentes, as necessidades de fundo maneio, de financiamentos intercalares ao investimento ou mesmo de financiamento a médio prazo ao investimento, quando o programa preveja a renovação.

O papel comercial acha-se hoje regulado pelo *Decreto-Lei n.º 181/92, de 22 de Agosto* alterado pelo Dec.-Lei n.º 231/94, de 14/9 e pelo Aviso do Banco de Portugal n.º 11/92, de 8/9/92, alterado pelos avisos do mesmo Banco n.ºs 6/94 e 2/95, respecti-

---

[233] V. Dr. José Manuel Gonçalves Santos Quelhas, "Sobre a Evolução Recente dos Sistemas Financeiros (novos produtos financeiros)", separata do Boletim de Ciências Económicas, da Universidade de Coimbra, 1996, págs. 106 e segs.

vamente de 14/9 e de 20/5 (v. DR n.º 213, Série II, de 14/9/94 e n.º 117, Série II, de 20/5/95). O Dec.-Lei n. 231/94 veio possibilitar a emissão de "papel Comercial" por entidades não residentes e em moeda estrangeira. Para tanto *eliminou-se do art. 1.º do Dec.-Lei n.º 181/92 a exigência de que os emitentes tivessem sede ou direcção efectiva em território português.*

Do regime legal estabelecido e até do preâmbulo do próprio Dec.-Lei n.º 181/92, resulta que a emissão de papel comercial pode ficar subordinada a dois estatutos diferentes:

a) Se considerado como *valor monetário*.

Subscrição particular — prazo < 2 anos

Subscrição pública — prazo < 1 ano,

ficará sujeito à disciplina do Dec.-Lei e à do *Avisos* citados.

b) Se considerado como *valor mobiliário*.

Subscrição pública — prazo > 1 ano e < 2 anos

cai no âmbito do, C.M.V.M., como refere o art. 14.º n.º 1 do Dec.-Lei citado, com as alterações constantes dos n.os 2, 3 e 4 do mesmo artigo. Ficará sujeito às regras do *Dec.-Lei* e ao *C.M.V.M.*

O art. 1.º do citado Dec.-Lei, define quem pode emitir estes títulos e os requisitos legais que as entidades emitentes devem preencher.

Vejamos:

1. "As sociedades comerciais ou civis sob forma comercial, as cooperativas, as empresas públicas e as demais pessoas colectivas de direito público ou privado, poderão emitir e oferecer à subscrição, pública ou particular, títulos que representem direitos de crédito sobre as entidades emitentes, nos termos do presente diploma.

2. As entidades emitentes deverão preencher, cumulativamente, os seguintes requisitos:

a) Evidenciar no último balanço aprovado, consoante o caso, capitais próprios ou património líquido, não inferiores a 1 milhão de contos, ou o seu contravalor em escudos, caso esses capitais ou património sejam expressos em moeda diferente do escudo;

b) Apresentar resultados ou variações do património liquido positivos nos três últimos exercícios, com contas aprovadas, anteriores àquele em que ocorrer a oferta.

3. As entidades referidas no n.º 1 ficam dispensadas dos requisitos previstos no n.º 2, desde que o cumprimento das obrigações de pagamento inerentes aos títulos seja assegurado perante os tomadores através de garantia autónoma, à primeira interpelação, prestada por alguma das instituições de crédito mencionadas no artigo 6.º."

Quanto aos requisitos legais que as entidades emitentes devem preencher, deverá considerar-se, a par dos referidos no n.º 2 do art. 1.º, acima transcrito, a *notação de rating* por empresa especializada, referida no art. 7.º, n.º 2, alínea *f)* do mesmo Dec.-Lei, a que as empresas emitentes não recorrem com frequência.

Nos termos do referido art. 6.º do Dec.-Lei n.º 181/92, com redacção do Dec.-Lei n.º 231/94, "as obrigações decorrentes da emissão poderão ser garantidas por instituições de crédito que satisfaçam cumulativamente, as seguintes condições:

a) o seu objecto abranja a prestação de garantias;

b) os seus fundos próprios não sejam inferiores a 1 milhão de contos ou o seu contravalor em escudos quando esses fundos sejam expressos em moeda estrangeira".

Na data de vencimento dos títulos a sua remuneração consiste na diferença entre o preço de subscrição e o reembolso ao valor nominal.

2. CONDICIONANTES DA EMISSÃO

— O montante máximo de recursos que as entidades não financeiras abrangidas pelo art. 1.º do Dec.-Lei n.º 181/92, com excepção das pessoas colectivas do direito público, poderão obter através da emissão dos títulos previstos no mesmo diploma legal será o triplo dos capitais próprios ou, no caso de entidades que não sejam obrigadas à adopção do Plano Oficial de Contabilidade, o triplo do património líquido.

— As instituições sujeitas à constituição de disponibilidades mínimas de caixa devem incluir o papel comercial emitido na sua base de incidência (V. n.ºs 1.º e 2.º do Aviso 11/92, com a alteração introduzida pelo Aviso n.º 6/94).

3. FORMAS DE COLOCAÇÃO

— Directa pelo emitente;
— Através de Instituições Financeiras, com recurso às seguintes modalidades:

1) *Leilão competitivo de taxas de juro*:

a) ou há um sindicato tomador firme em cada emissão que organiza o leilão para colocar noutras instituições que poderão adquirir a taxas inferiores à taxa de intervenção (similar ao caso dos Cristais).

b) Ou o emitente tem a possibilidade de aceitar as propostas que apresentem taxas mais competitivas, uma vez que não é definida uma taxa de intervenção.

2) *"Dealership"* — O emitente contrata com Instituições Financeiras, numa "base de melhor esforço", colocações até ao montante e taxa indicados pelo próprio.

O artigo 2.° do mesmo Dec.-Lei preceitua que:

"1. Os títulos serão emitidos por prazo fixo, inferior a um ano, sendo admitido o seu resgate, antes do fim do prazo, nos termos previstos nas condições da emissão.

2. A aquisição pelas entidades emitentes equivale ao resgate.

3. O valor nominal mínimo dos títulos será fixado por portaria do Ministro das Finanças.

4. A emissão e oferta poderão ser feitas de forma contínua, de acordo com um programa estabelecido em função das necessidades financeiras da entidade emitente.

5. A emissão de títulos a que se refere este artigo não está sujeita a registo comercial, nem lhe é aplicável o disposto no artigo 349.° do Código das Sociedades Comerciais (limites de emissão de obrigações).

A Portaria n.° 815-A/94, de 14/9 estipula que os títulos de dívida de curto prazo, instituídos pelo Dec.-Lei n.° 181/92, sejam emitidos com valor ou contravalor, se denominados em moeda estrangeira, unitário mínimo de 10.000 contos.

1. Os títulos referidos no art. 2.° devem, previamente, ser domiciliados junto de uma instituição sujeita à supervisão do Banco de Portugal ou de uma sucursal em Portugal de instituição de crédito autorizada noutro Estado membro da União Europeia, e em cujo objecto se integre a guarda e administração de títulos por conta de terceiros.

2. As instituições referidas no número anterior não poderão aceitar a domiciliação sem antes se terem certificado de que a emissão é feita em conformidade com o disposto no presente diploma e respectivas normas complementares e regulamentares.

3. As instituições domiciliatárias deverão manter actualizado o registo da emissão e de todas as transmissões dos respectivos títulos.

4. A produção dos efeitos da transmissão de títulos relativamente ao emitente só se opera após comunicação daquela transmissão, efectuada pelo transmissário, à entidade domiciliatária (art. 3.º do Dec.-Lei citado, com a redacção do Dec.-Lei n.º 231/94).

1. *Os títulos referidos no artigo 2.º deverão ser nominativos* não podendo transmitir-se por endosso em branco.

2. Poderão ainda ser emitidos sob forma escritural (e é esta a prática que vem sendo utilizada), fazendo-se a sua colocação e movimentação através de contas abertas em nome dos respectivos titulares, nas condições que venham a ser fixadas por aviso do Banco de Portugal (art. 4.º do Dec.-Lei citado).

A subscrição deste tipo de papel pode ser *pública* ou *privada*. Nas emissões até um ano, ou até dois anos, efectuadas por subscrição particular, não existe necessidade de qualquer autorização prévia da C.M.V.M., contrariamente ao que se verifica no caso dos empréstimos obrigacionistas emitidos por entidades não financeiras.

As emissões podem ser de três tipos — *com período de subscrição único, em série e contínua*.

E as obrigações assumidas pelo Banco podem ser de simples domiciliação, colocação, tomada firme, prestação de garantia, auxiliar no processo de emissão, de notação de rating e assessoria financeira ("back up" lines).

A emissão pode ser feita de forma contínua ou por séries, de acordo com um programa estabelecido em função das necessidades financeiras da entidade emitente.

As obrigações de pagamento decorrentes da emissão poderão ser garantidas por instituições de crédito, nos termos já referidos do art. 6.º do Dec.-Lei citado.

As sociedades emitentes ficam obrigadas a elaborar uma nota informativa sobre a emissão e a sua situação financeira e, bem assim, a publicar os elementos de informação periódica que vierem a ser definidos por aviso do Banco de Portugal (art. 7.º, do Dec.-Lei citado).

Assim, num programa de papel comercial anotar-se-ão as seguintes alíneas:

Emitente — identificação, incluindo os elementos referidos no art. 171.º do C.S.C.
Agente pagador e *entidade domiciliatária.*
Dealers do programa — designação da entidade que assegura o serviço de pagamento de juros e reembolso dos títulos, caso seja distinta do emitente.
Rating — notação de rating por empresa especializada.
Montante do programa — ...$00
Prazo do programa — prazo inferior a 1 ano, com o valor nominal mínimo fixado por portaria do Ministro das Finanças.
Representação — Títulos nominativos com o valor nominal mínimo fixado, com representação escritural.
Prazo das emissões — Poderão ser emitidos títulos por prazos variáveis até 2 anos [234]. No caso de colocação por leilão competitivo de taxas de juro, o prazo mínimo será de 1 mês [235].
Métodos de colocação — As várias emissões a realizar no âmbito do Programa serão colocadas por leilão competitivo de taxas de juro ou por colocação directa através das instituições indicadas como Dealers do Programa.
Indexante — A taxa de juro de referência do Programa será a LISBOR.

A LISBOR para cada prazo é a média aritmética das taxas de cedência de fundos oferecidas por Instituições Financeiras no Mercado Interbancário, calculada e divulgada nos écrans da REUTERS às 11 horas de cada dia útil (página LBOA ou outra que a substitua).

Taxa de Juro — Os títulos serão emitidos às taxas fixas resultantes das propostas aceites em cada leilão ou em cada colocação directa [236].

---

[234] A prática até agora tem sido de 3 a 6 meses.
[235] A legislação referida não fixa prazo mínimo.
Os prazos têm sido de 3 meses e poderão ser no mínimo de 1 mês.
[236] A taxa de juro pode ser fixa ou variável.

Pagamento de Juros — Os juros serão contados dia a dia, a partir da data de emissão, e pagos postecipadamente na data de vencimento da emissão. Para efeitos de cálculo de juros considera--se que o ano civil tem 365 dias.

Forma de Emissão — A desconto por dentro no prazo ou ao valor nominal, por opção do emitente [237]. Sempre que o prazo de emissão seja inferior a um mês, a forma de emissão é sempre ao valor nominal.

Preço de Subscrição — Igual ao valor nominal ou resultante da aplicação da seguinte fórmula, se a forma de emissão for a desconto por dentro no preço:

$$PS = \frac{VN}{1 + \frac{(i \times Pzo)}{100 \times 365}}$$

em que,
PS = Preço de Subscrição
VN = Valor nominal do Papel Comercial
i = Taxa de desconto anual, correspondente à taxa de juro proposta
Pzo = prazo de emissão em dias.

Reembolso — Será efectuado ao valor nominal.

Reembolso antecipado — O emitente poderá resgatar total ou parcialmente cada emissão antes do fim do seu prazo, comprando os títulos no mercado.

Transmissibilidade — Os títulos são livremente negociáveis mas, de acordo com o n.º 4 do art. 3.º do Decreto-Lei n.º 181/92, de 22 de Agosto, a produção dos efeitos da transmissão dos títulos relativamente ao emitente só se opera após comunicação daquela transmissão, efectuada pelo transmissário, à entidade domiciliatária.

---

[237] Na prática financeira diferenciam-se duas modalidades de desconto: o "desconto por dentro" ou "racional" e o "desconto por fora" ou "comercial". O primeiro é calculado a partir do valor actualizado do título, ou seja, do capital que o subscritor realmente antecipa; o segundo é calculado sobre o valor nominal do título, isto é, sobre um capital superior àquele que o subscritor realmente adianta.

4. REGIME FISCAL

— Os rendimentos do "papel comercial" têm um regime fiscal semelhante ao das obrigações.

Aqueles rendimentos, independentemente dos títulos serem ou não emitidos a desconto, são considerados rendimentos de aplicação de capitais e, como tal, estão sujeitos a retenção na fonte do IRS ou IRC (actualmente à taxa de 20%), sendo esta liberatória para efeitos de IRS, salvo se os sujeitos passivos optarem pelo seu englobamento para efeitos de determinação da matéria colectável. Para os sujeitos passivos e não isentos de IRC, o montante de imposto retido na fonte será dedutível à colecta (actualmente calculada à taxa de 20%) para efeitos de determinação ([238]) do imposto a pagar.

Em ambos os casos, os referidos rendimentos não se encontram abrangidos pelo regime de pagamento por avença do Imposto sobre Sucessões e Doações. Estão sujeitas ao regime geral.

As mais valias resultantes da alienação do Papel Comercial estão excluídas da incidência de IRS, mas concorrem para a determinação da matéria colectável em IRC sendo, neste caso, tributadas nos termos gerais.

Juros — isentos de imposto de selo.
Paga comissões — de colocação — sujeita ao imposto de selo 6%.
Comissões de garantia — imposto de selo de 5‰.

Livremente transmissível pelo tomador, a qualquer taxa, o que não afecta o emitente.

Numa emissão de papel comercial poderão cobrar-se, ao emitente, conforme os casos, as seguintes comissões:

— Comissão de organização
— Comissão de tomada firme
— Comissão de colocação
— Comissão de garantia
— Comissão de notação de rating
— Comissão de agente pagador
— Outras despesas

([238]) No caso dos títulos emitidos a desconto, a retenção na fonte do imposto só ocorre na data do reembolso dos mesmos, uma vez que é nesse momento que se verifica o vencimento do rendimento.

5. VANTAGENS DO PAPEL COMERCIAL

Do ponto de vista comercial, têm sido indicadas as seguintes:

• *Na óptica do emitente*
— Redução dos custos de financiamento, dado possibilitar menor intermediação bancária;
— Diversificação das fontes de financiamento;
— Redução significativa de custos (não se verifica a incidência do imposto de selo sobre os juros e sobre o valor do contrato).
— Possibilidade de estruturar planos de financiamento flexíveis.
— Enquanto nos empréstimos obrigacionistas o montante máximo é do capital social da sociedade emitente (V. art. 349.º do C.S.C.), excepto nos ACE sem capital, nas emissões de papel comercial o limite máximo é de três vezes os capitais próprios do emitente (V. n.º 1 do Aviso n.º 11/92, com a redacção dada pelo Aviso n.º 6/94)

• *Na óptica do investidor*
— Acesso a um instrumento alternativo de aplicação, a taxas competitivas e com elevada liquidez;
— Permite uma melhor gestão e rendibilidade dos excedentes de tesouraria;
— Pela via do rating, permite uma optimização da gestão do risco de portfólios de títulos.

SECÇÃO III
CERTIFICADOS DE DEPÓSITO

Os certificados de depósito, criados pelo Dec.-Lei n.º 74/87, de 13 de Fevereiro, acham-se hoje regulados pelo Decreto-Lei n.º 372/91, de 8/10.

Noção

As instituições de crédito legalmente autorizadas a receber depósitos podem emitir certificados de depósito, nos termos deste diploma, em representação de depósitos que, para o efeito, sejam nelas constituídos, em escudos ou em moeda estrangeira (art. 1.º do Dec.-Lei 372/91, com a redacção que lhe foi dada pelo Dec.-Lei n.º 387/93, de 20/11).

De acordo com o art. 2.º deste diploma, os certificados de depósito são nominativos e transmissíveis por endosso, com eles se transferindo todos os direitos relativos aos depósitos que representam. Na transmissão dos certificados de depósito não é admitido o endosso em branco.

As instituições de crédito deverão manter um registo actualizado das emissões de certificados de depósito, bem como das respectivas transmissões.

Os direitos transmitidos por endosso só são invocáveis pelo transmissário após comunicação da aquisição do certificado de depósito à instituição emitente do mesmo.

As instituições de crédito podem adquirir os certificados por elas emitidos, os quais se consideram resgatados, liquidando o depósito correspondente.

Os certificados titulam depósitos, cujos prazos serão estabelecidos pelas partes contratantes (art. 3.º do Dec.-Lei citado).

De acordo com o art. 4.º do mesmo diploma:

1. Os juros dos depósitos representados por certificados podem ser liquidados:

a) Na data do vencimento do depósito representado pelo certificado ou à data da sua mobilização, caso esta se verifique antes do fim do prazo para o qual o depósito foi constituído;

b) A intervalos acordados entre as partes, devendo a última contagem de juros coincidir com o vencimento do depósito.

2. Os juros são pagos:

a) Mediante a apresentação dos certificados de depósito, na modalidade prevista na alínea *a)* do número anterior;

b) Mediante a apresentação dos cupões respeitantes a cada período de contagem de juros, na modalidade prevista na alínea *b)* do mesmo número.

3. Na hipótese prevista na alínea *b)* do n.º 1, os depósitos podem vencer juros a taxa fixa ou variável, sendo esta última

indexada ao valor de uma ou mais taxas de referência fixadas no momento da emissão.

Os depósitos cujos certificados, à data do vencimento, estejam depositados na instituição de crédito emitente poderão ser renovados nas mesmas condições, por acordo prévio entre as partes (art. 5.° do Dec.-Lei citado).

O art 37.° do E.B.F. manda aplicar aos rendimentos dos certificados de depósito o regime fiscal dos rendimentos dos depósitos a prazo, sendo-lhes assim aplicável a taxa de 20% de IRS do art. 74.°, n.° 3, alínea a), que incide sobre os juros de depósitos à ordem ou a prazo.

SECÇÃO IV
**MERCADO DE FUTUROS E OPÇÕES.
INSTRUMENTOS ALTERNATIVOS**

1. INTRODUÇÃO

1. Porque as duas associações de bolsas de valores existentes no nosso País acordaram na implementação do mercado de produtos financeiros derivados, criando um mercado especial destinado à transacção de "futuros" e "opções", cometido em exclusivo à Bolsa de Valores do Porto, pareceu-nos de todo o interesse alinhar algumas considerações sobre esta matéria, pese embora a inexperiência do nosso País quanto a estes produtos.

Os "futuros" e as "opções" são, do ponto de vista jurídico, figuras distintas. Os futuros apresentam-se como uma modalidade de operações de bolsa a prazo, isto é, em que é diferido o momento em que as obrigações emergentes da realização da operação são exigíveis; nas opções o que está em causa é a negociação do direito de comprar ou de vender um determinado activo num momento futuro previamente determinado.

As opções e os futuros dão lugar a contratos diferentes, embora apresentando algumas semelhanças: ambas estão inteiramente relacionados com *os mercados dos activos de base*, servem a mesma função económica, os seus participantes têm as mesmas características e ambos os mercados têm capacidade para causar problemas se não forem devidamente regulados.

Este tipo de produtos implica conhecimentos altamente especializados, que transcendem em muito as noções que vamos procurar apresentar, sendo que a sua utilização se incorrecta pode provocar graves prejuízos ou perdas.

Os futuros como as opções, por darem direito ao seu titular de transaccionar outro activo que não o deles próprios e, consequentemente, de o seu valor ser determinado a partir do valor e características desse activo, são designados por *derivados*. A esse outro activo dá-se o nome de *activo de suporte* ou *activo de base*.

As primeiras opções surgiram para transaccionar acções. Nas várias praças mundiais funcionam hoje *opções* sobre acções, obrigações mercadorias, *futuros*, divisas, índices e taxas de juros e futuros sobre mercadorias, obrigações, índices, divisas, taxas de juro e swaps.

Ambos os produtos prosseguem como objectivo a cobertura de riscos, embora não deixando de ser utilizados como elementos de pura especulação. Se a especulação que permitem é um mal ou uma condição de vida do sistema é outro problema. O interesse em especular atrai ao sistema parceiros dispostos s correrem riscos, que o homem prudente deseja afastar e não está disposto a correr.

2. CONTRATOS TRADICIONAIS

Os contratos de compra e venda podem, no comércio jurídico corrente e quanto ao momento do seu cumprimento, ser classificados como contratos à vista, com entrega imediata ou no próprio acto (contratos *spot* na linguagem anglo-saxónica) e contratos a prazo ou *forward* (na mesma terminologia anglo-saxónica).

Estes contratos traduzem um acordo bilateral em que as partes acordam mutuamente todos os seus elementos constitutivos (preço, quantidade, qualidade, data e local de entrega, etc).

Este tipo de contratos acarreta problemas próprios:

— **morosidade negocial**: demora em encontrar a contraparte e necessidade de chegar a acordo em todas as cláusulas.

— **dificuldade ou impossibilidade** em alterar ou anular o contrato.
— **risco de a contraparte** não cumprir o contrato (risco de crédito).
— **pouca transparência** ao nível da informação sobre as transacções efectuadas e sobre as ofertas existentes.

Para obviar aos problemas suscitados pelos contratos a prazo surgem os **contratos firmes a prazo**, que são **contratos a prazo transaccionados numa bolsa**.
Nestes contratos deixa de ser necessário procurar a contraparte porque as ordens são centralizadas na bolsa. Porque as suas cláusulas são estandardizadas, é menor o seu número e é, consequentemente, mais fácil chegar a acordo, o que torna as negociações menos morosas.
Existe maior segurança nas negociações por serem os órgãos de bolsa que superintendem em tais operações. Melhorando também a informação, conduz ao desaparecimento do risco de crédito, uma vez que a bolsa garante o cumprimento dos contratos. O prazo, decorrendo a sua fixação da convergência de interesses de um número grande de investidores, é tendencialmente mais justo, do que o que decorreria de uma negociação particular.
Apesar de tudo, mesmo nestes contratos firmes a prazo a sua alteração ou anulação é difícil e mantém-se alguma morosidade negocial.
Diz-se ser para obviar a estes inconvenientes que surgem os contratos de futuros.

3. DERIVADOS

3.1. Contratos de futuros

Compete à C.M.V.M. e às associações de bolsa proceder à definição e conteúdo das operações de bolsa negociáveis a futuro, havendo que estabelecer uma câmara de compensação (clearing house) que assegure a compensação e liquidação das referidas operações.
O Código de Mercado de Valores Mobiliários, aprovado pelo Dec.-Lei n.º 142-A/91, de 10 de Abril, apenas nos artigos 418.º a

424.º se referia às operações sobre futuros, então legalmente designadas por "operações a prazo liquidáveis por compensação", prevendo o art. 424.º as operações a futuro sobre instrumentos financeiros.

Só com o Dec.-Lei n.º 196/95, de 29 de Julho, que alterou disposições várias do C.M.V.M., este Código veio consagrar, embora por forma cautelosa, a regulamentação legal deste tipo de operações.

Logo no preâmbulo do Dec.-Lei referido, o legislador refere o intuito de ir ao encontro da pretensão manifestada pela Associação da Bolsa de Valores do Porto de dar início, com a maior brevidade possível, ao funcionamento do mercado de futuros e opções.

Este propósito resulta do acordo estabelecido entre as bolsas de valores de Lisboa e Porto, através da dedicação exclusiva da primeira às operações a contado e da segunda às operações a prazo.

As operações a prazo podem ter por objecto valores mobiliários [239] e direitos e instrumentos financeiros a eles equiparados por força do n.º 2 do art. 3.º do C.M.V.M. (V. art. 409.º do mesmo Código) isto é:

"Sem prejuízo do disposto no art. 2.º, equiparam-se aos valores mobiliários referidos na alínea a) do número anterior:

a) os direitos de conteúdo económico destacáveis desses valores, desde que susceptíveis de negociação autónoma no mercado secundário;

b) os instrumentos financeiros, nomeadamente futuros e opções, negociados em bolsa, traduzidos em contratos padronizados a prazo que tenham por objecto, directa ou indirectamente, valores mobiliários, de natureza real ou teórica, taxas de juro, divisas ou índices sobre valores mobiliarios, taxas de juro ou divisas."

Nos termos do art. 409.º, n.º 4 do C.M.V.M. (redacção do Dec.-Lei n.º 196/95), as operações a prazo podem ser:

a) Firmes a prazo; — V. arts 413.º e 414.º

---

[239] Para os efeitos deste diploma consideram-se:

a) **Valores Mobiliários** — as acções, obrigações, titulos de participação e quaisquer outros valores, seja qual for a sua natureza ou forma de representação, ainda que meramente escritural, emitidos por quaisquer pessoas ou entidades públicas ou privadas, em conjuntos homogéneos que confiram aos seus titulares direitos idênticos e legalmente susceptíveis de negociação num mercado organizado (art. 3.º, n.º 1, al. a) do C.M.V.M.).

b) Com opção complementar de compra ou de venda; — V. art. 415.º
c) Com opção de compra ou venda; — V. art. 416.º
d) Com prémio; — V. art. 417.º
e) Futuros; — V. art. 418.º e 420.º
f) Opções; — V. art. 419.º e 420.º

Os preços formulados em bolsa, através de operações a prazo, para os instrumentos financeiros equiparados a valores mobiliários que delas são objecto podem constituir **cotação** nos termos e para os efeitos a definir em regulamentação da C.M.V.M. Cfr. arts. 455.º e 436.º e art. 19.º do Regulamento da C.M.V.M. n.º 95/11 (Normas gerais de negociações de futuros e opções).

A entidade gestora do mercado (a própria Bolsa) em que se realizam operações a prazo pode prestar serviço de simples registo de operações a prazo que não tenham sido negociadas nesse mercado (V. n.ºˢ 6 e 7 do art. 411.º do C.M.V.M.).

Pela realização de operações a prazo deve ser prestada caução nos termos que vierem a ser definidos nos regulamentos a que se refere o art. 423.º, sendo os membros do mercado responsáveis perante a entidade gestora pela sua constituição, reforço ou substituição (art. 412.º do C.M.V.M.).

Os arts. 418.º a 420.º do C.M.V.M. definem e regulamentam o regime jurídico dos futuros e das opções:

Art. 418.º

Operações de futuros

"São operações de futuros os contratos a prazo que têm directa ou indirectamente por objecto, como activo subjacente, valores mobiliários de natureza real ou teórica, direitos a eles equiparados por força da alínea a) do n.º 2 do art. 3.º. taxas de juro, divisas, e através dos quais as partes se obrigam, nos termos e de acordo com a modalidade de liquidação estabelecidos no contrato:

    a) à liquidação física da operação, na data do respectivo vencimento, com o pagamento pelo comprador do preço estipulado do activo subjacente, contra a entrega desse activo pelo vendedor;

b) ou, apenas, ao pagamento pelo comprador ao vendedor ou por este àquele, consoante os casos, da diferença entre o preço resultante do contrato e um preço de referência calculado pela entidade gestora para a data de liquidação da operação."

Art. 419.º

Opções

"As opções são contratos que têm directa ou indirectamente por objecto, como activo subjacente, valores mobiliários, direitos a eles equiparados por força da alínea a) do n.º 2 do art. 3.º, futuros, taxas de juro, divisas ou índices sobre valores mobiliários, taxas de juro ou divisas, e através dos quais uma das partes fica constituída no direito de, até à data do vencimento do contrato ou nessa data, por sua exclusiva iniciativa e de acordo com a modalidade estabelecida para a liquidação da operação:

 a) Comprar (opção de compra) ou vender (opção de venda) à outra parte o activo subjacente, pelo preço (preço de exercício) e nas quantidades para o efeito estipulados;
 b) Ou de exigir a liquidação meramente financeira do contrato, com obrigação para a outra parte de lhe pagar, tratando-se de opção de venda, a diferença positiva que porventura exista entre o preço de exercício e um preço de referência calculado pela entidade gestora do mercado para a data da liquidação, ou, tratando-se de opção de compra, a diferença negativa que eventualmente se verifique entre esses dois preços."

Art. 420.º [240]

Regras gerais sobre futuros e opções

1 — Apenas poderão ser negociados contratos padronizados, aprovados pela CMVM, sob proposta da entidade gestora do mercado.

---

[240] Ver os seguintes Regulamentos da C.M.V.M., de 9.11.95;
— N.º 95/9 — Normas gerais do mercado de futuros e opções;
— N.º 95/10 — Normas gerais dos contratos negociáveis de futuros e opções;
— N.º 95/11 — Normas gerais da negociação de futuros e opções;
— N.º 95/12 — Regulamento da C.M.V.M. sobre o registo, liquidação e compensação de futuros e opções in D.R. n.º 277, Série II, de 30.11.95.

2 — Sem prejuízo do disposto no n.º 3 do art. 411.º a suspensão da negociação de qualquer contrato aprovado nos termos do número anterior só pode ter lugar com autorização da CMVM, sob proposta da entidade gestora, ou por decisão da primeira, com prévia audiência da segunda.

3 — A entidade gestora do mercado assumirá a posição de contraparte em todas as operações realizadas e deverá dispor da estrutura e serviços indispensáveis para garantir o processamento dessas operações em adequadas condições de regularidade, eficiência, segurança e transparência.

4 — Para os fins previstos no número anterior, a entidade gestora do mercado deverá, nomeadamente, dispor de uma câmara de compensação que assegure:

a) O registo de todas as operações efectuadas;

b) A oportuna constituição, reforço, redução e liberação das cauções, de outras garantias dessas operações, bem como a realização dos ajustes diários de ganhos e perdas emergentes dos contratos negociados:

c) A liquidação e compensação das operações;

d) O encerramento de posições ou a sua transferência para outros membros do mercado, sempre que a defesa deste e dos agentes que nele intervêm o exijam.

5 — A organização e gestão dos serviços da câmara de compensação pautar-se-á por princípios de rigorosa separação e autonomia em relação aos restantes serviços da entidade gestora, devendo o pessoal da câmara estar exclusivamente afecto as respectivos serviços.

6 — As posições decorrentes de operações de futuros e opções podem ser encerradas:

a) Por compensação, através da realização em bolsa, pelo interessado, de uma operação de sentido inverso;

b) Por liquidação efectuada, consoante o que se estabelecer no contrato respectivo, através da entrega do activo subjacente, ou de outro equivalente, pelo vendedor e do pagamento pelo comprador do preço estipulado (liquidação física), ou apenas através do pagamento ou recebimento pelos interessados no resultado financeiro líquido da operação (liquidação financeira).

7 — Os direitos e obrigações emergentes de uma operação sobre opções extinguem-se ainda pelo não exercício da opção até à data do respectivo vencimento."

É de salientar a *estandardização* como uma das principais características dos mercado de futuros e opções. *Padronizados* chama o CMVM aos contratos que podem ser negociados (V. art. 420.°, n.° 1 transcrito).

Definidos nos contratos a negociar a quantidade unitária, a data de expiração e outras características aprovadas pela C.M.V.M. sob proposta da entidade gestora do mercado, a bolsa, as cláusulas sobre que incidirá a discussão das partes ficarão praticamente reduzidas ao preço do futuro.

Sobre um mesmo activo, a bolsa poderá vir a listar uma série de contratos que deferirão na data de vencimento, qualidade e quantidade do activo.

É de crer que um investidor, ao dar uma ordem de compra ou venda para o seu corretor, apenas precise de especificar qual dos contratos "listados" quer comprar/vender e a que preço.

A característica mais importante dos contratos de futuros é o seu *carácter negocial*.

Quem compra ou vende um futuro não é obrigado a cumprir as obrigações que nele assume, pois pode negociar a sua posição em qualquer momento **antes da data do vencimento do contrato ou nessa data**.

Se o investidor quiser desligar-se das obrigações assumidas num contrato de futuros antes da data do vencimento tem tão só de efectuar uma transacção em bolsa, designada por operação de reversão (off-set ou closing-out), com a qual anula a sua posição inicial.

Assim, conforme a sua posição no contrato, o comprador deve vender em bolsa um contrato com as mesmas características do contrato em que detém uma posição compradora (venda para fecho de posição).

O vendedor deve comprar um contrato com as mesmas características do contrato em que detém uma posição compradora (compra para fecho de posição).

A estas operações de reversão se refere o art. 420.°, n.° 6, alínea a) do C.M.V.M.

Se não praticarem estas operações de reversão antes da data de vencimento do contrato, terão obviamente de cumprir a sua parte no contrato: o comprador pagará o preço acordado e receberá o activo; o vendedor receberá o preço acordado e entregará o activo.

Os preços dos contratos de futuros são determinados em bolsa, em regime de leilão competitivo, da mesma forma que nas bolsas de valores. Porque as negociações se fazem através da bolsa, esta funciona como contra-parte, razão pela qual a ordem de compra ou de venda é remetida à bolsa, sem que haja a necessidade de procurar uma contra-parte.

As operações efectuadas sobre futuros são supervisionadas por uma câmara de compensação. que entre outras funções, assegura a liquidação e compensação das operações (V. art. 420.°, n.° 4, alínea b) do C.M.V.M.).

Perante a câmara de compensação, tudo se passa como se cada contrato se desdobrasse em dois. É à câmara de compensação que o comprador de um contrato de futuros deve exigir a entrega do activo contra o pagamento do respectivo preço e que o vendedor deve exigir o pagamento do valor envolvido no contrato contra a entrega do activo.

Da alínea b) do n.° 6 do art. 420.° do C.M.V.M. colhe-se que a obrigação assumida num contrato de futuros pode não se traduzir na compra/venda do activo, mas sim na entrega de um valor monetário.

Refere-se a mencionada alínea b) as duas modalidades pelas quais a liquidação da operação pode ser efectuada, consoante o que se estabelecer no contrato respectivo:
- *a liquidação física* — através da entrega do activo subjacente, ou de outro equivalente, pelo vendedor e do pagamento pelo comprador do preço estipulado. Quanto a este tipo de liquidação há tão só que salientar que, quer a entrega e recebimento do preço, quer a entrega e recebimento do activo subjacente ou equivalente são feitos à bolsa e não directamente entre o comprador e o vendedor.
- *a liquidação financeira (cash-settlement)* — traduz-se no pagamento ou recebimento pelos interessados do resultado financeiro líquido da operação. Na data do vencimento, a parte que ficar a perder com a operação entrega à outra parte (sempre através da bolsa) o valor correspondente ao seu prejuízo, que corresponde precisamente ao lucro que a outra parte obtém com a operação.

Numa bolsa podem coexistir dois contratos sobre um mesmo activo, com as mesmas características, mas com diferentes formas de liquidação.

Como é evidente, há activos que por não terem uma existência física (taxas de juro, índices, etc.) só admitem a modalidade de liquidação financeira.

Actualmente é possível na Bolsa de Valores do Porto, negociar contratos de futuros sobre Obrigações do Tesouro a 10 anos, o contrato de futuros OT 10, e contratos de futuros sobre um índice bolsista, o contrato de futuros PSI-20 e o contrato de futuros Lisbor 3 meses.

O contrato de futuros OT 10 permite aos agentes económicos proceder à cobertura de risco de flutuações de taxas de juro de longo prazo. É o caso do risco inerente à detenção de uma carteira de obrigações de taxa fixa ou a uma emissão obrigacionista a realizar numa data futura. Possibilita ainda o ajustamento da estrutura de balanço em termos de prazo (duration), sem alteração da composição dos activos e dos passivos e a imunização de um portfolio de obrigações entre outras estratégias.

O contrato de futuros PSI 20 disponibiliza aos agentes económicos um instrumento para o desenvolvimento de múltiplas estratégias de investimento e de cobertura de risco. A cobertura do risco de queda de cotações das acções inerentes à detenção de uma carteira de acções é a possibilidade mais inovadora permitida pela utilização deste contrato. Entre outras estratégias poderemos também destacar a compra/venda de futuros PSI-20 com vista ao ajustamento do binómio risco/retorno de uma carteira de acções, sem alteração da sua composição e com custos de transação muito reduzidos.

O contrato de futuros sobre taxas de juros de curto prazo, o Lisbor 3 meses, pode ser utilizado para garantir taxas de financiamento ou aplicação de fundos, em datas futuras. Permite, também, a cobertura de posições em instrumentos cujo rendimento esteja indexado à Lisbor (obrigações, crédito à habitação, etc.), em *forward rate agreements*, em *swaps* de taxas de juro e em derivados cambiais.

Através da Portaria n.° 222/96, de 24/6, após parecer do Banco de Portugal e da C.M.V.M., nos termos do n.° 1 do art. 422.° do Código do Mercado de Valores Mobiliários, o Governo através do Ministério das Finanças, decidiu:

1.° — Conceder autorização à Associação da Bolsa de Derivados do Porto para negociar contratos de futuros e opções que tenham por objecto taxas de juro de curto prazo.

2.º — As operações que tenham por objecto os contratos mencionados no n.º 1 regem-se pelos preceitos do Código do Mercado de Valores Mobiliários e demais normas regulamentares, com as devidas adaptações, designadamente aquelas emitidas ao abrigo do artigo 423.º daquele Código.

A Comissão do Mercado de Valores Mobiliários veio fixar quais os encargos que incidem sobre a realização de operações de bolsa a futuro, quer no plano do investidor, quer no dos intermediários financeiros, atendendo à dupla vertente que estas operações contemplam — instrumento para a cobertura de risco, e forma de realização de mais-valias.

O Regulamento n.º 5/96 da Comissão de M.V.M., publicado no D.R., II Série, de 29.04.96, fixou *as taxas de realização de operações de bolsa sobre futuros* PSI-20 e futuros OT-10, nos seguintes termos:

1 — Por cada contrato de futuros negociado em bolsa é devida, tanto pelo comprador como pelo vendedor, uma taxa, que tem como limite máximo:

  a) Por cada contrato de futuros sobre o índice PSI-20 — 250$;

  b) Por cada contrato de futuros sobre obrigações do Tesouro a 10 anos, denominado OT-10 — 500$;

  c) Pela liquidação física de cada contrato de futuros — 1.000$.

2 — A ABPD, através de circular aprovada pelo seu conselho de administração, pode estabelecer taxas de montante inferior.

3 — Pela realização de operações sobre futuros, incluindo a sua liquidação física e a prestação de cauções, não são devidas quaisquer outra taxas para além das que vierem a ser fixadas nos termos do número anterior.

4 — A ABDP, através da circular a que se refere no n.º 2, fixa as regras necessárias à execução do presente regulamento.

5 — O presente regulamento entra em vigor no dia posterior à sua publicação no DR.

O Regulamento n.º 96/7, da C.M.V.M., publicado no D.R., II Série, de 18.05.96, fixou as *comissões a cobrar pelos intermediários* *financeiros* pela intervenção na negociação de valores mobiliários. O presente regulamento institui o princípio da liberdade de fixação das comissões pelos intermediários financeiros, acompanhado da obrigatoriedade de prestação de uma informação precisa, completa e de fácil conhecimento sobre o custo dos serviços por eles prestados, por forma a assegurar que os investidores possam conhecer o custo global da operação que pretendam efectuar, independentemente da eventual intervenção de outros intermediários na execução da mesma.

As comissões publicitadas pelo intermediário que contactar com o investidor devem corresponder ao custo total da operação a suportar por este.

O Regulamento n.º 96/10, da C.M.V.M., publicado no D.R., II Série, de 24.07.96, contém as normas gerais aplicáveis aos contratos negociáveis através de operações de futuros e opções que tenham como objecto instrumentos do mercado monetário, para além do disposto no Código do Mercado de Valores Mobiliários e nos Regulamentos da C.M.V.M., n.ºˢ 95/9, 95/11 e 95/12.

O Regulamento n.º 96/11, também da C.M.V.M., publicado no D.R., II Série, de 24.07.96, fixou *as taxas de realização de operações de bolsa sobre futuros LISBOR três meses.*

3.2. Contratos de opções

Vêm descritos no art. 419.º do CMVM, já atrás transcrito. Podem definir-se com simplicidade como um contrato negociável, efectuado na bolsa, no qual o vendedor, em troca de uma contrapartida monetária (o prémio), dá ao comprador o direito de lhe comprar (opção de compra) ou vender (opção de venda), até uma determinada data (data de vencimento ou de expiração), um activo (activo subjacente ou de base) em condições padronizadas, a um preço pré--fixado (preço de exercício).

Antes de mais, uma opção é um contrato bilateral.

O comprador do contrato (option holder), que, pelo pagamento do preço acordado tem o direito de poder exigir da contraparte um determinado comportamento (a compra ou a venda do activo ao preço pré-fixado) ou ao comprar esse direito tem de pagar um preço, o prémio (option premium).

O vendedor do contrato (option writer) tem o dever de ficar à disposição da outra parte para que, nas condições pré-acordadas no contrato, lhe possa ser exigido o comportamento mencionado. O vendedor recebe como contra-partida o prémio.

Os contratos de opções, tal como os relativos a futuros, são contratos padronizados e com o cumprimento garantido pela Câmara de Compensação.

Convém desde já atentar no disposto no n.º 7 do art. 420.º do C.M.V.M. — "os direitos e obrigações emergentes de uma operação sobre opções extinguem-se ainda pelo não exercício da opção até à data do respectivo vencimento".

É o comprador quem decide se se realiza ou não a transacção — ele tem o direito, que não a obrigação, de exercer o contrato, enquanto o vendedor, sujeito à vantagem do primeiro, cumpre o contrato se o comprador o exigir e se este não o exigir não tem poder de o forçar a cumprir.

Nos contratos de opções é possível autonomizar as opções de compra (*call options*), que dão ao seu detentor o direito de comprar, e as opções de venda (*put options*), que dão ao respectivo detentor o direito de vender.

Mas estes **calls** e os **puts** são contratos diferentes, transaccionados separadamente e não constituem lados opostos da mesma operação.

Cada um destes direitos de compra ou de venda pode, por sua vez, ser autonomamente objecto de transacção.

Pode comprar-se um direito de comprar, tal como se pode vender um direito de comprar.

Pode comprar-se um direito de vender, tal como se pode vender um direito de comprar.

O comprador de um call tem o direito, mas não a obrigação de comprar.

O vendedor de um call tem a obrigação de vender, se tal lhe for exigido.

O comprador de um put tem o direito, mas não a obrigação de vender.

O vendedor de um put tem a obrigação de comprar se tal lhe for exigido.

A negociação antecede a liquidação

Como já foi anteriormente referido, *a liquidação* da operação pode ser física — compra ou venda à outra parte do activo subjacente pelo preço e nas quantidades para o efeito estipuladas, ou

Liquidação meramente financeira do contrato com obrigação para a outra parte de lhe pagar, tratando-se de opção de venda, a diferença positiva que porventura exista entre o preço de exercício e um preço de referência calculado pela entidade gestora do mercado (a bolsa) para a data da liquidação, ou, tratando-se de opção de compra, a diferença negativa que eventualmente se verifique entre esses dois preços.

As posições decorrentes de operações de futuros e opções podem ser encerradas nos termos previstos no n.° 6 do art. 420.° do CMVM.

3.3. Intermediários financeiros

O investidor dirige-se, através de um intermediário financeiro autorizado (V. art. 421.° do C.M.V.M.) ao mercado especial de futuros e opções e, face às diferentes possibilidades padronizadas pela entidade gestora do mercado (a bolsa), realiza uma operação a futuro sobre o activo subjacente que mais lhe convier [241].

Sobre as entidades autorizadas a realizar operações de futuros e opções, cfr. n.° 5 do art. 206.° do C.M.V.M.[242].

---

[241] O Regulamento da CMVM n.° 97/01, publicado no D.R. – II Série, de 7/2/97, disciplina a Recepção e transmissão de ordens de bolsa por intermediários financeiros não membros do mercado onde se realizem operações de futuros e opções.

[242] Os n.ºˢ 4 e 5 do art. 421.° do CMVM limitam o leque de entidades que podem ter acesso às funções de compensação (excluem-se das entidades previstas no art. 206.° as sociedades corretoras, por força do disposto no art. 2.° do Dec.-Lei n.° 229-I/88 de 4 de Julho e as sociedades de investimento, por força do disposto na alínea 1 do n.° 1 do art. 3.° do Dec.-Lei n.° 260/94, de 23 de Outubro.

Fazem incidir sobre os membros compensadores uma especial responsabilidade pelo cumprimento de todas as obrigações emergentes das operações nas quais têm intervenção (directa – operações por si realizadas – ou indirecta – operações realizadas por membros negociadores que através delas compensem).

Para garantir a posição contratual adquirida, o investidor faz um depósito "margem" (que corresponderá a uma percentagem do valor do activo subjacente) junto da câmara de compensação, a qual poderá vir a ser ajustada em função da variação do preço/cotação do activo subjacente.

Assim, pela negociação a futuro pode o investidor garantir antecipadamente que, mediante o pagamento do valor da margem, será possível adquirir, na data do vencimento, a quantidade acordada do activo subjacente pelo preço previamente fixado.

A intervenção da câmara de compensação assegura o cumprimento do contrato, garantindo a liquidação física ou financeira da operação, com o que eliminado fica o risco de crédito.

O art. 421.º referido esclarece que os intermediários financeiros poderão desempenhar, exclusiva ou cumulativamente funções de:
 a) negociação;
 b) compensação;
 c) criação de mercado;

3.4. O hedging. Os hedgers. Os especuladores e os arbitragistas.

O heldging é uma técnica desenvolvida pelos empresários, na ausência de outras formas de protecção como os seguros, em que procuram cobrir a longo prazo os riscos sobretudo de variações de preços em relação a bens a que se acham ligados no processo produtivo e/ou de marketing.

Os riscos de variação de preços a acautelar são vários. Indicam-se como exemplos os seguintes:
— receio de que adquiridas matérias-primas, o preço destas desça;
— receio de que suba o preço das matérias-primas de que necessita e ainda não adquiriu;
— receio de que o prazo de mercadorias em stock para venda desça antes desta se concretizar;
— risco de subida de preço entre o momento da venda de mercadorias a prazo e a data da efectiva entrega das mesmas.

— risco de alteração do valor de divisas em operações com o exterior.
— risco de variações de taxas de juro em relação a empréstimos efectuados ou financiamentos contratados.

A técnica do hedging consiste na tomada de uma posição no mercado de futuros inversa à detida no activo de base, de forma a que o futuro proteja o activo contra perdas (e vice-versa).

A técnica consiste em negociar em futuros por forma inversa do risco que se pretende acautelar.

O possuidor de uma mercadoria cujo preço se teme venha a descer, pode ser objecto de uma venda de futuros cobrindo o prazo de risco pressentido. Se o preço da mercadoria descer perde, mas esse prejuízo será compensado pelo lucro na venda de futuros, cujo preço fixado é superior ao real no momento da concretização da operação.

Aos investidores que recorrem ao mercado de opções e futuros para cobrir o risco de variação de preços dá-se o nome de **hedgers**.

Os especuladores são definidos pelo Dr. João Paulo Peixoto [243], como incluindo, para além dos jogadores, todos aqueles que baseiam as suas compras e vendas em expectativas, com a finalidade de obterem lucros a partir da variação do preço das mercadorias. Por exemplo, refere, um industrial que utilize os derivados para comprar as matérias-primas, e que faz variar o seu nível de stock em função de expectativas, pode ser considerado um especulador.

Sem os especuladores os hedgers poderiam não encontrar liquidez suficiente para efectuar as coberturas desejadas de uma forma eficaz. Nessas circunstâncias poderiam os hedgers ser levados a efectuar contratos entre eles próprios, hipótese em que, em vez de afastarem o risco, o estariam a distribuir entre eles.

A arbitragem é definida pelo mesmo autor [244] como "uma técnica de trading (comercial), em que as transacções efectuadas permitem realizar mais-valias resultantes de anomalias de preços entre instrumentos idênticos ou similares.

Isso é feito através da compra do instrumento relativamente mais barato e da venda simultânea (consubstanciada numa tomada

---

[243] Futuros e Opções", 1995, edição da Futop, pág. 194.
[244] Ob. cit., pág. 198.

de posição igual, mas do lado oposto) do que está relativamente mais caro".

A matéria de futuros e opções suscita problemas de natureza contabilística e fiscal.

Do ponto de vista fiscal o artigo 30.° do Orçamento de Estado para 1995, aprovado pela Lei n.° 39-B/94, de 27 de Dezembro, concedeu ao Governo autorização legislativa, relativa à fiscalidade de novos instrumentos financeiros, nos seguintes termos:

"Fica o Governo autorizado a estabelecer o regime fiscal aplicável aos novos instrumentos financeiros, designadamente futuros e opções, tendo em conta as suas especificidades, as normas contabilistas aplicáveis, a diversidade de agentes económicos intervenientes no mercado e as características deste, bem como a finalidade da operação, tendo em vista a criação de um quadro fiscal adequado às necessidades de desenvolvimento do mercado mas preventivo da fraude e evasão fiscal".

No uso da autorização legislativa concedida pelo art. 30.° do Orçamento de Estado para 1996, aprovado pela Lei n.° 10-B/96, de 23 de Março, criaram-se normas especiais:

a) em matéria de imposto de selo (Dec.-Lei n.° 85/96, de 29/6), consagrou-se uma solução de neutralidade no âmbito do imposto do selo, concretizada através de uma isenção, a qual tem em vista eliminar os obstáculos que a incidência dos arts. 92.° e 94.° da Tabela Geral do Imposto de selo poderia ocasionar à implementação e expansão desse mercado. O referido Dec.-Lei n.° 85/96, no seu artigo único incluiu no art. 92.° da Tabela referida uma isenção de imposto numa nova alínea c), nos seguintes termos:

"c) os escritos de quaisquer contratos que devam ser celebrados no âmbito das operações a prazo realizadas, registadas, liquidadas ou compensadas através da bolsa e que tenham por objecto, directa ou indirectamente, valores mobiliários, de natureza real ou teórica, direitos a eles equiparados, contratos de futuros, taxas de juro, divisas ou índices sobre valores mobiliários, taxas de juro ou divisas."

E o mesmo Dec.-Lei n.° 85/96, no art. 94.° da Tabela, que se refere à tributação em imposto do selo relativo à fiança, caução ou penhor aditou um n.° 4, nos seguintes termos:

"4) Ficam isentas do imposto as garantias inerentes às operações a prazo realizadas, registadas, liquidadas ou compensadas através da bolsa e que tenham por objecto, directa ou indirectamente, valores mobiliários, de natureza real ou teórica, direitos a eles equiparados, contratos de futuros, taxas de juro, divisas ou índices sobre valores mobiliários, taxas de juro ou divisas."

b) *estabeleceu-se o regime dos derivados quanto a impostos sobre o rendimento* (Dec.-Lei n.° 257-B/96, de 31 de Dezembro):

Incluem-se na categoria de *rendimentos de capitais* (categoria E) os ganhos decorrentes de operações de swap, para o que se alargou o âmbito de aplicação da alínea p) do n.° 1 do artigo 6.° do Código do IRS.

Os rendimentos de instrumentos financeiros derivados não previstos no referido artigo 6.°, são qualificados como rendimentos comerciais e industriais (categoria C) ou agrícolas (categoria D), conforme os casos.

Assim, o Dec.-Lei n.° 257-B/96 alterou as alíneas g) do n.° 2 do art. 4.° e o n.° 2 do art. 5.°, ambos do Código do IRS.

Estabeleceu-se a regra da valorização ao preço de mercado no final do exercício, dos instrumentos transaccionados em bolsa de valores.

Previram-se regras de retenção na fonte do IRS devido (art. 91.°, n.° 1 do Código do IRS).

Estabeleceram-se regras de tributação em termos do IRC e introduziram-se normas de prevenção da evasão fiscal.

O legislador estabeleceu duas medidas de benefício fiscal temporário justificadas pelo interesse do desenvolvimento do mercado organizado em Portugal.

Para tanto, os arts. 34.° e 36.°-A do Estatuto dos Benefícios Fiscais passaram a ter a seguinte redacção:

Art. 34.° (Contratos de futuros e opções celebrados em bolsa de valores)

"1 – Até 31 de Dezembro de 2001, os rendimentos líquidos de cada exercício respeitantes a contratos de futuros e opções sobre acções, reais ou teóricas, ou índices sobre essas acções celebradas em bolsa de valores, obtidas por pessoas singulares, fundos de investimento e fundos de capital de risco, constituídos de acordo com a legislação nacional, são tributados autonomamente à taxa de 10%.

2 – Os rendimentos líquidos de cada exercício, positivos ou negativos, relativos a contratos de futuros e opções celebrados em bolsa de valores e a que não seja aplicável o disposto no n.º 1, cuja finalidade não seja a de cobertura nos termos do artigo 68.º-B do Código do IRC, contam para efeitos de IRS ou de IRC pelos seguintes valores:
   a) Exercício de 1997 — 50% do seu valor;
   b) Exercício de 1998 — 60% do seu valor;
   c) Exercício de 1999 — 70% do seu valor;
   d) Exercício de 2000 — 80% do seu valor;
   e) Exercício de 2001 — 90% do seu valor.

3 – Relativamente aos contratos referidos no número anterior, a parte do rendimento líquido negativa não deduzida num exercício pode ser deduzida ao rendimento líquido positivo obtido num ou mais dos cinco exercícios seguintes, aplicando-se, até ao exercício de 2001, ao valor líquido dessa dedução a percentagem referida no n.º 2 que respeita ao exercício em que é feita a dedução.

Art. 36.º-A — Swaps e empréstimos de instituições financeiras não residentes

"Ficam isentos de IRC os juros decorrentes de empréstimos concedidos por instituições financeiras não residentes a instituições de crédito residentes, bem como os ganhos obtidos por aquelas instituições decorrentes de operações de swap efectuadas com instituições de crédito residentes".

Do ponto de vista contabilístico, o Dr. Rui Martins dos Santos [245] refere que a contabilização dos futuros, envolve a consideração de quatro aspectos essenciais:
"**Em primeiro lugar, a avaliação de posições abertas**: em termos contabilísticos dos futuros são considerados como compromissos extra-patrimoniais. Deverão ser avaliados a valores de mercado e a diferença de reavaliação, constitui um lucro ou prejuízo cujo tratamento é descrito adiante. O *mark-to-market* dos contratos só possível graças à liquidez de mercado, é um requisito de trans-

---
[245] Mercado de Futuros, edição do BPI, Estudos Económicos e Financeiros, Julho, 1994, págs. 51 e 52.

parência da informação contabilística, e é coerente com a avaliação de outras operações.

Em segundo lugar, a data de reconhecimento de lucros ou prejuízos. Após o apuramento dos lucros ou prejuízos é necessário definir em que período serão reconhecidos. As comissões devem ser imediatamente reconhecidas após a transação. Mas os prejuízos e lucros de reavaliação têm um tratamento mais complexo. Em certos sistemas contabilísticos, pode ser estabelecida uma diferenciação das operações de *"trading"* e de *"cobertura"*, sendo o reconhecimento imediato no primeiro caso, e postecipado no segundo acaso, sendo reconhecido apenas no mesmo período em que são gerados proveitos ou custos pelo activo ou passivo coberto pelo futuro.

Em terceiro lugar, o tratamento de margens: a margem inicial deverá figurar como activo presente no balanço. As variações de margens correspondentes a lucros ou prejuízos, deverão ter o tratamento acima mencionado. Os valores cedidos em garantia devem ser apresentados em contas extrapatrimoniais ou contas de ordem.

Em quarto lugar, a identificação do activo subjacente ao contrato: a entrega do activo a prazo não é fundamental nestes contratos. Os activos subjacentes não deverão ser inscritos no balanço."

O Regulamento n.º **95/14** da Comissão do M.V.M., publicado no D.R., II Série, de 5.01.96, que estabelece a Contabilidade dos Fundos de Investimento Mobiliário, refere-se à contabilização dos contratos de futuros e opções no ponto 2.3.6 (critérios valorimétricos) e no ponto 5.3 (operações em moeda estrangeira) determinam-se as regras para contabilização das operações à vista (*spot*) — 5.3.1.; operações a prazo (*forward*) 5.3.2; operação de *"swap"* de moeda 5.3.3; operações a prazo 5.4; contratos a prazo de taxa de juro (*"FRAS"*) 5.4.1; operações de *"swap"* de taxa de juro (IRS) 5.4.2; operações de opções (*"Options"*) 5.4.3 e operações com contratos de "futuros" 5.4.4.

4. INSTRUMENTOS ALTERNATIVOS

Os agentes económicos têm à sua disposição para cobertura do risco de variação de preços, para além dos futuros e opções, dois grandes grupos de instrumentos substitutos de produtos derivados

— o dos contratos com características opcionistas, negociados em bolsa e, consequentemente, sujeitos ao regime legal do Código do M.V.M., e o dos contratos que apresentando algumas semelhanças com futuros e opções, são negociados no mercado interbancário e não estão sujeitos ao regime legal do Código do M.V.M.

4.1. Warrants

Conferem a quem os detém a possibilidade de comprar um determinado activo. Os mais importantes são os referentes a acções, a que nos vamos referir, mas podem incidir sobre outros activos, como sejam as divisas.

Um warrant de acções é um contrato muito versátil, sendo possível utilizá-lo de diversas formas:

I) pode dar direito a adquirir acções da empresa que o emite ou de uma outra (geralmente do mesmo "grupo", embora ultimamente se assista a emissões de warrants sobre empresas com as quais não há qualquer tipo de ligação).

II) pode ser vendido de forma isolada ou conjuntamente com outro instrumento (obrigações ([246]), acções preferenciais, etc);

III) a sua emissão pode ter como finalidade obter fundos para a empresa que os emite ou tornar mais atractivo o instrumento que o acompanha; por vezes, são dados a bancos de investimento como compensação pelos serviços prestados;

IV) para o adquirir (no momento da emissão) pode ser necessário pagar um determinado preço ou não; neste segundo caso, geralmente existe um custo implícito na sua obtenção (por exemplo, quando são "dados" a quem compra obrigações de uma empresa, o custo implícito é, usualmente, uma taxa de juro mais baixa nas obrigações).

As obrigações com warrants, isto é obrigações que conferem o direito a subscrever uma ou várias acções, acham-se previstas nos

---

([246]) Nos Estados Unidos, uma proporção significativa das obrigações privadas é emitida com warrants.

arts. 360.° alínea d), 372.°-A e 372.°-B do Código das Sociedades Comerciais.

Salvo se o contrário tiver sido estabelecido nas condições de emissão, os direitos de subscrição podem ser alienados ou negociados independentemente das obrigações (art. 372.° -B, n.° 4 do C.S.C.). Mas a empresa emitente não pode transaccionar autonomamente a sua posição em bolsa quanto aos warrants.

O objectivo primordial do emitente de obrigações com warrants é o de diminuir a taxa de juro da emissão, ou seja, os seus encargos financeiros.

O detentor de um warrant, ao contrário do accionista, não tem direito a voto, nem aos dividendos distribuídos. Para deter o warrant é necessário pagar um determinado preço (implícito ou explícito).

4.2. Obrigações convertíveis

Ás obrigações convertíveis em acções se referem os arts. 360.° alínea c) e 365.° a 372.° do C.S.C.

As obrigações convertíveis são aquelas que, por decisão do seu emissor, podem ser convertidas num número definido de acções da mesma empresa, desde que se verifiquem certas condições, durante um determinado período. O direito de conversão não é cotado separadamente, pelo que é incorporado na cotação da obrigação [247].

O prémio (ou o preço da opção): é o custo de oportunidade implícito na aquisição das obrigações convertíveis; geralmente, a contrapartida da opção de conversão é uma taxa de juro mais baixa que a do mercado [248].

O preço de exercício é o preço efectivo da compra de acções.

4.3. Obrigações com acordo de recompra (callable bonds).

Não têm tratamento autónomo no C.S.C., cabendo a sua previsão, em termos gerais, apenas no art. 352.°, n.° 1, alínea e) — outras características particulares da emissão.

---

[247] Ilídio Barreto, "Obrigações — análise e gestão", 1991, pág. 31.
[248] João Paulo Peixoto, ob. cit., 160.

Trata-se de obrigações que concedem à entidade que as emitiu o direito de as comprar, independentemente da vontade dos seus subscritores, em condições pré-fixadas no tocante ao período e ao preço (preço do exercício) a que essa recompra se efectua.

A sociedade que emite as obrigações fica com a opção de recomprar as obrigações nas condições constantes da própria emissão. O detentor das obrigações fica sujeito a que a sociedade emitente decida exercer a sua opção e lhas adquira.

O acordo de recompra visa proteger a sociedade contra variações adversas na taxa de juro.

Como refere o Dr. João Paulo Peixoto [249] os efeitos de uma emissão de callable bonds são muito semelhantes aos da emissão de obrigações normais acompanhadas pela compra de um call (daí o seu nome): a entidade emissora fica com a possibilidade (mas não a obrigação) de comprar as obrigações, e o investidor, tendo de subordinar-se à sua vontade, fica numa posição semelhante à do vendedor de um call.

4.4. Obrigações com acordo de revenda (putable bonds)

Também não têm tratamento autónomo no C.S.C., cabendo também apenas na previsão genérica do art. 352.º, n.º 1, alínea e) — outras características particulares da emissão.

Estas obrigações dão a possibilidade aos seus subscritores de, dentro das condições estabelecidas quando da emissão, as revenderem à sociedade que as emitiu.

Segundo refere o Dr. João Paulo Peixoto [250], actualmente em Portugal a maior parte das obrigações **callable** são simultaneamente **putable**.

4.5. Direitos de subscrição

Em certas situações a lei confere aos accionistas de uma determinada sociedade o direito de preferência na subscrição de novas acções da mesma sociedade.

---

[249] Ob. cit., 163.
[250] Ob. cit., 165.

Esses accionistas passam a deter um direito preferencial de subscrição de acções, em função da sua qualidade de accionista.
O detentor de um certo número de acções — uma ou várias — pode subscrever novas acções da mesma sociedade.
Tal situação verifica-se na subscrição de acções convertíveis (art. 367.° do C.S.C.), nos aumentos de capital por entradas em dinheiro (art. 458.° a 460.° do C.S.C.) mesmo no caso de subscrições indirectas, em que o aumento de capital é subscrito por uma instituição financeira, a qual assumirá a obrigação de as oferecer aos accionistas ou a terceiros, nas condições estabelecidas entre a sociedade e a instituição, mas sempre com respeito do disposto nos artigos anteriores (art. 461.° do C.S.C. e arts. 119.° a 122.° do Código do M.V.M.).

O facto de um accionista ter um direito de subscrição de novas acções, não o vincula a que exerça tal direito.

Daí que se possa considerar que um direito de subscrição é muito semelhante a uma opção de compra de acções[251].

5. CONTRATOS DE BALCÃO

Até agora acupámo-nos de contratos com a natureza de opções que, negociadas nas bolsas, permitem aos agentes económicos precaverem-se contra os riscos de variação de preços.

Vamos agora referir-mo-nos a um conjunto de instrumentos transaccionados no mercado interbancário com uma função semelhante de cobertura do risco de variação da taxa de juro ou da taxa de câmbio.

5.1. As opções convencionais

Estas opções oferecidas pelos bancos aos seus clientes, e que não são negociadas em bolsa a que já atrás nos referimos, não são padronizadas, razão pela qual podem ser negociadas em função dos interesses específicos do cliente, quanto a data, local de entrega, quantidade base, etc.,

A uma maior flexibilidade opõem-se uma menos transparência no mercado e a dificuldade em anular os contratos efectuados.

---

[251] V. Dr. J. P. Peixoto, ob. cit., pág. 167.

Só é possível obter lucros com elas pelo seu exercício, razão pela qual não são utilizáveis com o objecto de cobrir posições.

5.2. Swaps

Designa-se por swap um contrato bilateral em que duas partes acordam trocar (to swap) entre si, os pagamentos de juros ou de capital e juros, na mesma moeda ou em moedas diferentes, com base em regras preestabelecidas. Os dois pagamentos têm montantes iniciais e durações equivalentes, diferindo apenas quanto às taxas de juros ou de câmbio.

Na falta de regulamentação legal, funciona o princípio da liberdade contratual.

"Dissecando uma operação de *swap*, deparamos com a realização de duas operações paralelas, de sentido contrário; cada interveniente procede à contracção de um empréstimo e à realização simultânea de uma aplicação de fundos, com o mesmo prazo de duração e idêntico montante de referência, mas com diferentes taxas de juros ou diferentes divisas.

A transacção efectua-se com o intuito de aproveitar as diferentes vantagens comparativas de cada um dos operadores. Justifica-se a realização de um *swap* quando um interveniente tem acesso a um determinado mercado, de taxas de juro ou de câmbio, em melhores condições comparativas do que a contraparte, tendo esta, por sua vez, vantagem comparativa no acesso a outro mercado, também de taxas de juro ou de câmbio.

Através da realização do *swap*, cada interveniente pode aproveitar a vantagem comparativa da contraparte, tendo acesso a taxas de juro e de câmbio de outra forma inacessíveis" ([252]).

As operações de swap podem ser subdivididas em dois grandes grupos: os swaps de taxa de juro e os swaps de divisas (que também podem conter um swap de taxa de juro).

([252]) Dr. José Manuel Gonçalves Santos Quelhas, "Sobre a evolução recente do Sistema Financeiro (novos produtos financeiros)", Separata do boletim de Ciências Económicas, Coimbra, 1996, pág. 93.

Um swap de taxa de juro consiste num acordo de pagamentos periódicos recíprocos, durante um determinado período de tempo, que se estabelece entre duas entidades, visando cada uma um dado objectivo.

Um swap de divisas é igualmente um acordo de pagamentos recíprocos entre duas entidades, durante um determinado período de tempo. A principal diferença reside no facto de os dois fluxos de pagamentos serem realizados em moedas diferentes o que, por sua vez, obriga à permuta do capital no inicio e final do período [253].

"As instituições financeiras têm assegurado, desde o início, o papel de mercado deste produto, através do desempenho de quatro funções fundamentais:

a) cotação de preços das operações (função intermediação) dotando o produto de preços de orientação e o mercado da necessária eficiência para operar;

b) aconselhamento e consultoria da configuração de operações menos standard (função arquitectura financeira), procurando responder e/ou identificar as necessidades específicas dos seus clientes;

c) normalização e controlo administrativo das operações (função operacional);

d) efectivação de um mercado secundário de swaps (função liquidez).

Por sua vez, as instituições financeiras podem utilizar estes produtos com três perspectivas distintas:

"a) actividade de intermediação (trading), limitando-se a obter uma determinada margem entre dois swaps de sinal contrário.

b) na gestão dos seus activos e passivos, quer utilizando as operações de swap na optimização da rentabilidade e/ou custo do capital, bem como no âmbito de políticas de gestão de riscos (nomeadamente de taxa de juro e cambial); os swaps, enquanto instrumento de gestão, oferecem às instituições financeiras as mesmas possibilidades que a qualquer outra empresa.

---

[253] Ver António S. Gomes Mota e Jorge H. Correia Tomé, "Mercado de Títulos", Texto Editora, 1991, pág. 315 a 351, com desenvolvidas considerações sobre este produto. Ver, ainda Dr. João Paulo Peixoto, ob. cit., pág. 170 a 173.

c) no aproveitamento de oportunidades de arbitragem, tirando partido da sua posição privilegiada nos mercados financeiros" [254].

Em Portugal supomos serem os swaps sobre a taxa de juro os mais frequentemente negociados.

5.3. Forward rate agreements (FRA'S) Contratos a prazo de taxa de juros

Podem sintetizar-se as características deste produto pela seguinte forma, descrita no "Mercado de Títulos", já citado:

"Contrato

Um **FRA** representa a celebração de um contrato de fixação a prazo de uma taxa de juro entre duas partes, o comprador e o vendedor. As suas características principais são as seguintes:

Montante

A fixação da taxa tem como base um determinado montante teórico (porque não envolve qualquer financiamento/aplicação entre as partes) sobre o qual se procede ao cálculo de juro. À priori, não existe qualquer limitação quanto ao montante do contrato.

Prazo de diferimento

Período compreendido entre a celebração do FRA e o momento para o qual se fixa a taxa de juro. Regra geral, este prazo tem como unidade o mês.

Prazo da operação

Período da operação teórica sobre o qual se pretende fixar a taxa de juro (um financiamento de três meses, por exemplo).

---

[254] "Mercado de Títulos" citado na nota anterior, pág. 327 e 328.

Taxa de juro do contrato

Taxa livremente acordada entre o comprador e o vendedor e que representa a taxa fixada a prazo.

Taxa de juro de liquidação

Para os diferentes prazos da operação (geralmente de um a doze meses) existe uma taxa de referência diária que em princípio reflectirá as taxas das operações no mercado interbancários para idênticos prazos. No caso português este processo é controlado pela Associação Portuguesa de Bancos, à qual as principais instituições financeiras fazem chegar diariamente as suas cotações (taxas de compra e venda de fundos) para os prazos de um a doze meses, Destas cotações obtêm-se uma taxa média diária para cada prazo (com eliminação prévia da cotação mais alta e mais baixa), que no seu conjunto constituirão, assim, as taxas de liquidação dos **FRA**.

Posição no contrato

Como se referiu anteriormente, em cada contrato existe um comprador e um vendedor. Por convenção, o comprador é aquele que tem um resultado positivo no **FRA** se a taxa de liquidação for superior à do contrato e negativo se a taxa de liquidação for inferior à do contrato. O vendedor tem, naturalmente, a posição oposta.

Identificação do FRA

Atendendo aos diferentes prazos de diferimento e de operação, verifica-se a coexistência de uma grande variedade de **FRA**. Em ordem a estandardizar-se a utilização do produto, foi instituída uma forma única de designação assente em apenas dois números. Por exemplo, o **FRA 3x9** significa um contrato a liquidar dentro de três meses (prazo de diferimento), relativo a uma operação de seis meses; o segundo número adiciona sempre o prazo de diferimento com o prazo da operação.

Fórmula de cálculo do FRA

A fórmula genérica de cálculo do resultado de um FRA é a seguinte:

$$\frac{(TL-TF) \times N \times I}{36500 + (Tl \times N)}$$

onde

TL — taxa de liquidação (em %);
TF — taxa de contrato (FRA (em %);
N — prazo de operação;
I — montante (teórico) do FRA" [255].

Os **FRA'S** permitem aos bancos e às empresas clientes dos mesmos transformar depósitos ou empréstimos financeiros a taxas variáveis em empréstimos a taxas fixas, por determinado período, subsistindo o carácter da dívida principal na sua totalidade [256].

"Note-se que um **FRA** não representa para o banco um compromisso de emprestar ou investir. A operação de garantia de taxa é distinta do empréstimo ou colocação que lhe dá origem, podendo inclusivamente ter lugar numa outra instituição financeira que não aquela que concede o empréstimo ou aceita o depósito. O banco simplesmente garante ao seu cliente, numa certa data, uma taxa para um determinado montante teórico (igual ao montante da operação que o cliente deseja cobrir), entre uma data-valor futura (que corresponde à data em que o empréstimo ou colocação em causa se iniciará) e uma data de vencimento (que equivale à data de vencimento dessa operação). Atingida a data-valor, as duas partes regularizam a diferença entre a taxa garantida pelo banco e a taxa de mercado subjacente à posição que a empresa vai cobrir (taxa de liquidação) [257].

---

[255] "Mercado de Títulos" citado, pág. 304 e 305.
[256] João Paulo Peixoto, ob. cit., pág. 174.
[257] V. Dr. João Paulo Peixoto, ob. cit., pág. 174.

5.4. Caps, floors e collars

Um cap sobre a taxa de juro é um contrato que limita o custo máximo de um empréstimo, sem que se abdique dos ganhos resultantes de descidas das taxas de juro (uma vez que o empréstimo é realizado a taxas variáveis), durante um período de tempo estabelecido.

A entidade vendedora, que pode não ser o mesmo banco que negociou o empréstimo (as duas operações são distintas e separáveis) cobra um prémio para assegurar ao comprador que a taxa de juro efectiva do seu empréstimo não excederá a taxa de juro máxima negociada para o período de duração da operação em causa.

Se a taxa de juro da operação exceder o **cap**, a entidade vendedora efectua o pagamento do diferencial de taxas, por forma a que o custo total da operação (empréstimo) não ultrapasse o nível acordado.

Os floors (mínimos) são contratos em que a taxa fixada é a de remuneração mínima para uma determinada operação. Dá lugar também ao pagamento de um prémio e visa garantir ao investidor uma taxa mínima de remuneração a uma aplicação financeira. O risco assegurado é o de uma descida inesperada.

Os collars traduzem-se num contrato que engloba as limitações resultantes dos caps e dos floors. Por via desse contrato estabelece-se ao mesmo tempo um limite superior e um limite inferior para a variação da taxa de juro relativa a um empréstimo ou a uma aplicação financeira, procurando, por essa forma, excluir os riscos de variação das taxas nas operações consideradas e para além dos limites.

Se as taxas de juro ultrapassarem os limites definidos haverá lugar a acertos ou regularizações pelas diferenças verificadas.

Como nota o Dr. João Paulo Peixoto[258], "também para este tipo de contrato se pode estabelecer um paralelo entre o tipo de cobertura que proporciona e aquela que resultaria de uma estratégia combinada de compra de um call e venda de um put, no caso de um empréstimo, ou de compra de um put e venda de um **call** no caso de um depósito".

---

[258] Ob. cit., 181.

6. COMPENSAÇÃO DE CRÉDITOS DO ESTADO OU DE OUTRAS PESSOAS COLECTIVAS PÚBLICAS EM MATÉRIA DE ACORDOS SOBRE PRODUTOS FINANCEIROS DERIVADOS, COM CRÉDITOS E DÉBITOS DA MESMA NATUREZA OU DE NATUREZA SIMILAR.

Refere-se a excepções ao disposto no artigo 583.º, n.º 1, alínea c) do Código Civil.

Limitamo-nos a transcrever o Decreto-Lei n.º 1/97, de 7 de Janeiro, publicado no D.R., I Série – A:

"O desenvolvimento crescente das relações do Estado com os mercados financeiros, num contexto de crescente integração dos mesmos, exige que a gestão da dívida pública se adeque à permanente evolução do seu funcionamento, em ordem a que os interesses do Estado possam ser cabalmente prosseguidos com a necessária flexibilidade.

Entre as medidas de carácter legislativo que cumpre adoptar, destaca-se a necessidade de adaptar a nossa lei, tal como têm feito outros Estados europeus, às práticas contratuais vigentes nos mercados financeiros em matéria de acordos sobre produtos financeiros derivados.

Importa, nomeadamente, neste âmbito, regular com clareza a aceitação pelo Estado das cláusulas de compensação (denominadas de *netting* e *set-off*) que constam daqueles acordos de enquadramento, eliminando por esta via as dúvidas que, na ausência de preceito expresso derrogando o artigo 853.º, n.º 1, alínea c), do Código Civil, se suscitam quanto à possibilidade da sua consagração nos contratos a celebrar pelo Estado.

Assim, tendo em consideração o disposto no artigo 71.º da Lei n.º 10-B/96, de 23 de Março:

Nos termos da alínea a) do n.º 1 do artigo 201.º da Constituição, do Governo decreta o seguinte:

Art. 1.º — Nos contratos financeiros compreendidos no âmbito do presente decreto-lei pode o Estado, pelo Ministro das Finanças, com faculdade de delegação, aceitar cláusulas de compensação de créditos e débitos da mesma natureza, ou de natureza similar, desde que decorrentes desses contratos.

Art. 2.º — Para efeitos do presente decreto-lei, entende-se por contratos financeiros:
   a) contratos relativos a taxas de juros:
      I) *Swaps* de taxas de juro (na mesma moeda);
      II) *Swaps* de taxas de juro variáveis, de naturezas diferentes;
      III) Contratos a prazo relativos a taxas de juro (*forward rate agreements, swaps-fras*);
      IV) Contratos de futuros relativos a taxas de juro;
      V) Contratos de opções relativos a taxas de juro;
      VI) Outros contratos de natureza similar;
   b) Contratos relativos a taxas de câmbio e a ouro:
      I) Contratos relativos a taxas de câmbio à vista;
      II) Contratos a prazo relativos a divisas;
      III) *Swaps* cruzados (relativos a taxas de juro e taxas cambiais);
      IV) Contratos de futuros de câmbio;
      V) Contratos de opções sobre divisas;
      VI) Outros contratos de natureza similar.

Art. 3.º — 1 — As cláusulas de compensação que podem ser aceites pelo Estado têm por conteúdo a determinação de valores ou taxas no termo dos contratos financeiros em causa, mediante a sua compensação, de forma que se fixe o montante líquido devido por uma parte à outra e apenas tal montante seja exigível na data dos termos dos contratos.

2 — Os acordos de compensação a celebrar pelo Estado são bilaterais e podem respeitar a contratos financeiros presentes ou futuros.

3 — Os acordos de compensação podem reportar-se a contratos financeiros certos e determinados ou integrar-se em acordos gerais que disponham sobre a compensação dos montantes devidos nos termos de um ou mais contratos financeiros celebrados entre as partes.

Art. 4.º — 1 — O Ministro das Finanças pode, por despacho, autorizar outras pessoas colectivas públicas a aceitar cláusulas de compensação em contratos financeiros.

2 — As pessoas colectivas públicas que sejam instituições financeiras não carecem da autorização prevista no precedente n.º 1.

MINISTÉRIO DAS FINANÇAS

DECRETO-LEI N.º 298/92 ([259])

de 31 de Dezembro

A criação de um espaço integrado de serviços financeiros constitui um marco fundamental no processo de constituição do mercado único da Comunidade Europeia. A integração financeira assenta em cinco pilares: a liberdade de estabelecimento das empresas financeiras; a liberdade de prestação de serviços pelas mesmas empresas; a harmonização e o reconhecimento mútuo das regulamentações nacionais; a liberdade de circulação de capitais; a união económica e monetária.

O sistema financeiro nacional tem vindo a ser objecto, ao longo da última década, de uma profunda e gradual transformação estrutural que corresponde a uma verdadeira revolução do seu quadro regulamentar e institucional e, bem assim, do respectivo regime de concorrência.

A rápida e sustentada dinâmica de crescimento económico dos últimos anos criou um contexto particularmente favorável à expansão e reforço da solidez das instituições de crédito, quer públicas, quer privadas, bem como ao desenvolvimento e sofisticação das operações de intermediação financeira.

Consolidada a liberalização do mercado interno e tendo as instituições de crédito reagido muito positivamente aos estímulos de um mais agressivo regime de concorrência, o ano de 1992 marca a entrada do processo de liberalização externa na fase de maturidade.

O compromisso de participação plena no processo de concretização da união económica e monetária na Europa foi acolhido no Programa do XII Governo Constitucional, aprovado pela Assembleia da República em 14 de Novembro de 1991. E com o ingresso do

---

([259]) D.R. I Série – A, de 31/12/92.

escudo no mecanismo das taxas de câmbio do Sistema Monetário Europeu em Abril último e o anúncio da liberalização completa dos movimentos de capitais, a partir do final do corrente ano, deram-se já os passos necessários para a concretização de dois dos pilares acima referidos.

Com o presente diploma concretizam-se os restantes pilares.

Com efeito, ao proceder-se à reforma da regulamentação geral do sistema financeiro português, com exclusão do sector de seguros e de fundos de pensões, transpõem-se também para a ordem jurídica interna os seguintes actos comunitários:

Directiva n.º 77/780/CEE do Conselho, de 12 de Dezembro de 1989, na parte que, a coberto das derrogações acordadas, ainda não fora acolhida na legislação nacional;

Directiva n.º 897/646/CEE do Conselho, de 15 de Dezembro de 1989 (Segunda Directiva de Coordenação Bancária);

Directiva n.º 92/30/CEE do Conselho, de 6 de Abril de 1992, sobre supervisão das instituições de crédito em base consolidada.

Indicam-se de seguida algumas das principais soluções acolhidas no diploma.

As empresas financeiras são repartidas entre instituições de crédito e sociedades financeiras, abandonando-se, deste modo, a anterior classificação tripartida entre instituições de crédito, instituições parabancárias e auxiliares de crédito. Com base nos critérios distintivos adoptados, procede-se a uma nova arrumação das espécies existentes de empresas financeiras. Assim, às anteriores categorias de instituições especiais de crédito vêm juntar-se as sociedades de investimento, as sociedades de locação financeira, as sociedades de *factoring* e as sociedades financeiras para aquisições a crédito (artigo 3.º).

Na delimitação do objecto ou âmbito de actividade dos bancos, foi acolhido, na sua quase amplitude máxima, o modelo da banca universal (artigo 4.º). A este propósito, haverá que ressalvar, designadamente, a realização de operações de bolsa, que continua a ser regulada no Código do Mercado de Valores Mobiliários.

Nos títulos II, III e IV são previstas e reguladas várias situações relativas ao acesso à actividade das instituições de crédito. Em especial, cabe salientar a atribuição ao Banco de Portugal da competência para autorizar a constituição de instituições de crédito nos casos em que a decisão de autorização se deva pautar por critérios de natureza técnico-prudencial, com exclusão de quaisquer critérios de conveniência económica (artigo 16.º). No que respeita ao estabelecimento de sucursais e à prestação de serviços, o regime do diploma é delineado por forma a assegurar entre nós o mecanismo do chamado «passaporte comunitário», previsto pela Segunda Directiva de Coordenação Bancária.

Nos diversos capítulos do título VI prevê-se um conjunto de regras de conduta que devem guiar a actuação das instituições de crédito, seus administradores e empregados nas relações com os clientes. Enquanto no capítulo I são definidos os deveres gerais da conduta a observar pelas instituições de crédito e seus representantes, nos capítulos seguintes referem-se grupos específicos de normas de conduta, designadamente as relacionadas com o segredo profissional, defesa da concorrência e publicidade.

A preocupação de fazer assentar cada vez mais a actuação das instituições de crédito e outras empresas financeiras em princípios de ética profissional e regras que protejam de forma eficaz a posição do «consumidor» de serviços financeiros não se manifesta apenas pela consagração expressa dos apontados deveres gerais de conduta e das demais normas referidas, mas explica ainda o incentivo que se pretende dar à elaboração de códigos deontológicos de conduta pelas associações representativas das entidades interessadas (artigo 77.º, n.ºs 2 a 4). Desta forma, a orientação que já consta do Código do Mercado de Valores Mobiliários, confinada aí às actividades de intermediação de valores mobiliários, é alargada às restantes actividades desenvolvidas pelas instituições de crédito e demais empresas financeiras.

As normas prudenciais constam principalmente do capítulo II do título VII.

Mantém-se a orientação do direito anterior no sentido de conferir ao Banco de Portugal amplos poderes de regulamentação técnica nesta matéria (artigo 99.º).

No entanto, o próprio diploma prevê e explicita diversas normas de natureza prudencial, das quais é possível destacar as relativas ao controlo da idoneidade dos detentores de participações qualificadas nas instituições de crédito (artigos 102.º e 103.º) e as que procuram assegurar a idoneidade, experiência, independência e disponibilidade dos membros do órgão de administração das mesmas instituições (artigos 30.º, 31.º e 33.º).

Na linha de orientação que tem vindo a ser seguida entre nós, a supervisão das instituições de crédito e das sociedades financeiras, em especial a sua supervisão prudencial, continua confiada ao Banco de Portugal. Ressalva-se, naturalmente, a competência fiscalizadora e supervisora da Comissão do Mercado de Valores Mobiliários na área das actividades de intermediação de valores mobiliários.

Relativamente à supervisão das instituições de crédito estabelecidas no nosso país e em outro ou outros Estados membros da Comunidade Europeia, dá-se corpo ao princípio da supervisão pelas autoridades do Estado de origem.

Nos artigos 130.º e seguintes estabelecem-se as bases necessárias para que seja possível passar a ser feita a supervisão das instituições de crédito em base consolidada de acordo com os princípios da Directiva n.º 92/30/CEE do Conselho, de 6 de Abril de 1992.

É mantida a orientação, tradicional entre nós, no sentido da existência de um regime especial de saneamento das instituições de crédito.

O novo regime apresenta-se, no entanto, a vários títulos, diferente do que se encontrava em vigor. Designadamente, e para além da atribuição à autoridade de supervisão prudencial das instituições de crédito da competência para tomar a iniciativa e para superintender nas medidas de saneamento, é de salientar que a nova lei passa a conter um elenco muito mais diversificado de medidas de intervenção, permitindo uma melhor adequação às necessidades de saneamento sentidas em cada caso. Com efeito, estabelece uma distinção entre medidas mais brandas, que não envolvem uma intervenção directa na instituição, destinadas a resolver perturbações ou crises financeiras menos graves, e medidas que já implicam uma intervenção directa na gestão da instituição de crédito, concretizada, em especial, pela nomeação de administradores provisórios (juntamente ou não com uma comissão de fiscalização).

Nos artigos 154.º e seguintes do título IX é criado e regulado um fundo de garantia de depósitos, do qual serão participantes obrigatórios todas as instituições de crédito que captem depósitos abrangidos pela garantia, com excepção das caixas de crédito agrícola mútuo pertencentes ao Sistema Integrado do Crédito Agrícola Mútuo, as quais continuarão a participar no seu fundo específico (artigo 156.º, n.º 3).

Trata-se de medida que se antevê da maior importância na defesa dos pequenos depositantes e, reflexamente, da estabilidade do sistema financeiro.

O título X contém o regime jurídico geral das sociedades financeiras. Dada a grande diversidade de espécies destas sociedades, naturalmente tal regime geral deverá ser completado pelas respectivas leis especiais (artigo 199.º).

Entre outros, poderão apontar-se como mais significativos os seguintes aspectos:

a) No respeitante à autorização de sociedades financeiras ou de sucursais de empresas congéneres estrangeiras, o diploma segue modelo equivalente ao estabelecido para as instituições de crédito;

b) Transpõe-se a Segunda Directiva de Coordenação Bancária, assegurando o «passaporte comunitário» às sociedades financeiras e empresas congéneres comunitárias que sejam filiais a pelo menos 90% de instituições de crédito e obedeçam aos restantes requisitos legais (artigos 184.º e 188.º);

c) Manda-se aplicar às sociedades financeiras o regime sobre o controlo da idoneidade dos detentores de participações qualificadas, concretizando-se deste modo a solução que já hoje consta do Código do Mercado dos Valores Mobiliários para os chamados «intermediários financeiros»;

d) Atribui-se papel importante à Comissão do Mercado de Valores Mobiliários sempre que estejam em causa actividades de intermediação no domínio dos mercados de valores mobiliários.

Finalmente o título XI estabelece o regime sancionatório. No plano geral, é tipificado como crime, punido com prisão até três anos, o exercício não autorizado da actividade de recepção, do público, por conta própria ou alheia, de depósitos ou outros fundos reembolsáveis. No plano do ilícito administrativo, a prevenção e repressão das condutas irregulares são prosseguidas no quadro do regime dos ilícitos de mera ordenação social, devidamente adaptado às características e necessidades próprias do sector financeiro.

Foram ouvidos os Governos Regionais das Regiões Autónomas dos Açores e da Madeira.

Assim:

No uso da autorização legislativa concedida pela Lei n.º 9/92, de 3 de Julho, e nos termos das alíneas *a)* e *b)* do n.º 1 do artigo 201.º da Constituição, o Governo decreta o seguinte:

Artigo 1.º É aprovado o Regime Geral das Instituições de Crédito e Sociedades Financeiras, adiante designado por Regime Geral, o qual faz parte integrante do presente decreto-lei.

Art. 2.º O Regime Geral entra em vigor no dia 1 de Janeiro de 1993.

Art. 3.º — 1 — Até 31 de Dezembro de 1993, as instituições de crédito devem adaptar as acções representativas do seu capital ao disposto na alínea *d)* do n.º 1 do artigo 14.º do Regime Geral.

2 — As situações de desconformidade com o disposto nos n.ᵒˢ 1 e 3 do artigo 100.º e nos n.ᵒˢ 1 e 2 do artigo 113.º do Regime Geral verificadas em 1 de Janeiro de 1993 devem ser regularizadas no prazo máximo de um ano a contar daquela data.

3 — Relativamente às instituições de crédito que à data da publicação do presente diploma detenham uma participação superior à mencionada no n.º 1 do artigo 101.º do Regime Geral, o prazo de três anos referido nesse preceito é substituído pelo de cinco anos a contar daquela data.

4 — Aos factos previstos nos artigos 210.º e 211.º do Regime Geral praticados antes da entrada em vigor deste Regime e já puníveis nos termos de legislação agora revogada é aplicável o disposto nos artigos 201.º a 232.º, sem prejuízo da aplicação da lei mais favorável.

5 — Aos processos pendentes em 1 de Janeiro de 1993 continua a aplicar-se a legislação substantiva e processual anterior, sem prejuízo da aplicação da lei mais favorável.

Art. 4.º Consideram-se autorizadas, para os efeitos dos artigos 174.º e seguintes do Regime Geral, as sociedades mediadoras do mercado monetário ou de câmbios que à data da entrada em vigor daquele Regime se encontrem registadas no Banco de Portugal, nos termos do n.º 1 do artigo 4.º do Decreto-Lei n.º 164/86, de 26 de Junho, na redacção dada pelo Decreto-Lei n.º 229-G/88, de 4 de Julho.

Art. 5.º — 1 — É revogada, a partir da data da entrada em vigor do Regime Geral, a legislação relativa às matérias nele reguladas, designadamente:
Decreto-Lei n.º 41 403, de 27 de Novembro de 1957;
Decreto-Lei n.º 42 641, de 12 de Novembro de 1959;
Decreto-Lei n.º 46 302, de 27 de Abril de 1965;
Decreto-Lei n.º 46 492, de 18 de Agosto de 1965;
Decreto-Lei n.º 46 493, de 18 de Agosto de 1965;
Decreto-Lei n.º 47 413, de 23 de Dezembro de 1966;
Decreto-Lei n.º 205/70, de 12 de Maio;
Decreto-Lei n.º 119/74, de 23 de Março;
Decreto-Lei n.º 540-A/74, de 12 de Outubro;
Decreto-Lei n.º 76-B/75, de 21 de Fevereiro;
Decreto-Lei n.º 183-B/76, de 10 de Março;
Decreto-Lei n.º 353-S/77, de 29 de Agosto;
Decreto-Lei n.º 372/77, de 5 de Setembro;
Decreto-Lei n.º 2/78, de 9 de Janeiro;
Decreto-Lei n.º 23/86, de 18 de Fevereiro;
Decreto-Lei n.º 24/86, de 18 de Fevereiro;
Decreto-Lei n.º 25/86, de 18 de Fevereiro;
Decreto-Lei n.º 318/89, de 23 de Setembro;
Decreto-Lei n.º 91/90, de 17 de Março;
Decreto-Lei n.º 333/90, de 29 de Outubro;
Portaria n.º 23-A/91, de 10 de Janeiro;
Decreto-Lei n.º 186/91, de 17 de Maio;
Decreto-Lei n.º 149/92, de 21 de Julho.

2 — Os artigos 1.º e 3.º do Decreto-Lei n.º 28/29, de 23 de Janeiro, consideram-se revogados na data de entrada em vigor da portaria a publicar ao abrigo do disposto no n.º 1 do artigo 95.º do Regime Geral.

3 — Os Decretos-Leis n.ºs 207/87, de 18 de Maio, e 228/87, de 11 de Junho, deixam de ser aplicáveis às instituições de crédito e às sociedades financeiras a partir da data de entrada em vigor do Regime Geral.

4 — As remissões feitas para preceitos revogados consideram-se efectuadas para as correspondentes normas do Regime Geral.

DECRETO-LEI N.º 246/95 [260]

de 14 de Setembro

O presente diploma, completado pelos respectivos diplomas regulamentares, tem em vista, por um lado, proceder à transposição para a ordem jurídica portuguesa da Directiva n.º 94/19/CE, do Parlamento Europeu e do Conselho, de 30 de Maio de 1994, relativa aos sistemas de garantia de depósitos, e, por outro, introduzir no regime jurídico nacional algumas alterações aconselhadas pela reflexão que sobre ele incidiu.

Consagra-se o princípio basilar de que, no âmbito da Comunidade Europeia, a garantia dos depositantes deve ser assegurada pelo sistema do país de origem da instituição de crédito depositária, tanto relativamente aos depósitos captados nesse país como relativamente aos que sejam captados noutros Estados membros, seja por via de sucursais ou em prestação directa de serviços. Todavia, reconhece-se às instituições de crédito autorizadas noutros Estados membros e que disponham de sucursais em Portugal o direito de adesão voluntária ao sistema português, quando este seja mais favorável que o do país de origem.

Transitoriamente, a cobertura concedida pelo Fundo de Garantia português, relativamente aos depósitos captados noutros Estados membros da Comunidade Europeia por sucursais de instituições de crédito com sede em Portugal, não poderá exceder a que for proporcionada pelo sistema de garantia do país de acolhimento. Naturalmente a inversa será também verdadeira, e a nossa lei só é omissa a tal respeito por se entender que cabe à lei do país de origem consagrar essa limitação.

Em matéria de depósitos excluídos da garantia, assinala-se que passam a integrar esta categoria os constituídos em nome de fundos de investimento, fundos de pensões ou outras instituições de

---

[260] D.R. I Série – A, de 14/9/95.

investimento colectivo (expressão esta que visa abranger organismos deste tipo, nacionais ou estrangeiros, que possam surgir), dada a desproporção entre a sobrecarga financeira imposta às instituições participantes no Fundo, em termos de base de incidência das suas contribuições, se estes depósitos forem garantidos e o reduzido significado que, dado o limite da garantia, o eventual reembolso teria para tais depositantes.

A nova redacção dada às alíneas d) a g) do artigo 165.º do Regime Geral das Instituições de Crédito e Sociedades Financeiras, aprovado pelo Decreto-Lei n.º 298/92, de 31 de Dezembro, vai ao encontro da regra, estabelecida pela directiva, de que todos os depósitos devem ser garantidos, com as excepções que decorrem do disposto no artigo 2.º (a título obrigatório) e no n.º 2 do artigo 7.º, conjugado com o anexo I (a título facultativo).

Finalmente, abre-se a via à passagem do actual regime contributivo, em numerário, a um regime misto, em que parte das contribuições anuais devidas ao Fundo pelas instituições de crédito que nele participam poderá ser representada por compromissos de pagamento, caucionados por penhor de valores mobiliários que, evidentemente, deverão ser caracterizados por um reduzido risco de crédito e uma elevada liquidez.

Assim:

Nos termos da alínea a) do n.º 1 do artigo 201.º da Constituição, o Governo decreta o seguinte:

Artigo 1.º — Os artigos 89.º, 155.º, 156.º, 157.º, 159.º, 160.º, 161.º, 162.º, 164.º, 165.º, 166.º e 167.º do Regime Geral das Instituições de Crédito e Sociedades Financeiras, aprovado pelo Decreto-Lei n.º 298/92, de 31 de Dezembro, passam a ter a seguinte redacção:

Vão inseridos no lugar próprio do texto.

Artigo 2.º — O presente diploma produz efeitos desde 1 de Julho de 1995.

DECRETO-LEI N.º 232/96 ([261])

de 5 de Dezembro

A realização do mercado interno da União Europeia, compreendo um espaço em que a livre circulação de mercadorias, pessoas, capitais e serviços é assegurada, tem como vector relevante a liberalização dos serviços financeiros.

Neste sentido, o sistema financeiro nacional sofreu uma profunda transformação estrutural, à qual correspondeu uma verdadeira reforma do quadro regulamentar, corporizada na aprovação do Regime Geral das Instituições de Crédito e Sociedades Financeiras e do Código do Mercado de Valores Mobiliários.

No entanto, a experiência adquirida ao longo do tempo demonstra que estes diplomas legais necessitam de uma adaptação constante ao ambiente dos mercados financeiros em permanente mutação, quer em termos de integração horizontal, abrangendo uma série cada vez maior de sociedades financeiras, quer em termos de integração vertical, através do reforço e do aperfeiçoamento dos sistemas de controlo e de supervisão existentes.

O presente diploma transpõe para a ordem jurídica interna a Directiva n.º 93/22/CEE, de 10 de Maio de 1993, relativa aos serviços de investimento (DSI), a Directiva n.º 95/26/CE, do Parlamento Europeu e do Conselho, de 29 de Junho de 1995, relativa ao reforço da supervisão prudencial, que é geralmente conhecida por "Directiva Post-BCCI", bem como a Directiva n.º 96/13/CE, do Conselho, que, alterando o n.º 2 do artigo 2.º da Directiva n.º 77/780, deixou de excluir a Caixa Económica Montepio Geral do âmbito de aplicação dessa e das restantes directivas aplicáveis às instituições de crédito. Esta alteração vem permitir que seja satisfeita a pretensão daquela instituição de crédito relativamente à concessão do «passaporte» comunitário.

([261]) D.R. I Série – A, de 5/12/96.

A estabilidade legislativa aconselhou a que se aproveitasse o ensejo para efectuar, de uma só vez, todas as alterações necessárias no Regime Geral das Instituições de Crédito e Sociedades Financeiras e no Código do Mercado de Valores Mobiliários.

A directiva relativa aos serviços de investimento teve por objectivo essencial criar as condições de exercício das liberdades de estabelecimento e de prestação de serviços das chamadas «empresas de investimento» com sede nos Estados membros da União Europeia, podendo dizer-se que está para as empresas de investimento como a chamada «Segunda Directiva Bancária» (Directiva n.º 89/646/CEE) está para as instituições de crédito.

Assentou-se no princípio básico de que as empresas que prestam serviços de investimento deverão ser sujeitas a uma autorização emitida pelo Estado membro de origem tendo em vista assegurar a protecção dos investidores e a estabilidade do sistema financeiro. Desta forma, estabeleceu-se uma harmonização das condições de forma a obter-se um reconhecimento mútuo das autorizações e dos sistemas de controlo prudencial, que permite a concessão de uma autorização única válida em toda a Comunidade e a aplicação do princípio do controlo pelo Estado membro de origem, permitindo às empresas de investimento a liberdade para criar sucursais e prestar serviços transfronteiriços nos mesmos moldes que os permitidos às instituições de crédito, sendo, assim, um instrumento essencial para a realização do mercado interno, decidida pelo Acto Único Europeu e programada pelo Livro Branco da Comissão, sob o duplo aspecto da liberdade de estabelecimento e da liberdade de prestação de serviços, no sector das empresas de investimento.

De facto, embora aplicável às instituições de crédito e em certos casos também às sociedades financeiras, o Regime Geral já dispunha de normas equivalentes à maior parte das previstas na DSI, nomeadamente as que tratam das condições de acesso à actividade, da liberdade de estabelecimento e da liberdade de prestação de serviços. Por isso, o presente diploma estende às empresas de investimento, em certos aspectos com as adaptações necessárias, o quadro jurídico aplicável, nas matérias relevantes, às instituições de crédito.

Por outro lado, a experiência recente da aplicação dos mecanismos que regulam ao nível comunitário a supervisão prudencial dos operadores económicos do sector financeiro recomenda a adopção de medidas a fim de reforçar a cooperação e troca de informações entre as entidades de supervisão dos vários Estados membros. É facilitada, pois, a troca de informações confidenciais entre as autoridades responsáveis pela supervisão que cheguem ao seu conhecimento no exercício das suas funções.

Cabe salientar ainda que na transposição da DSI foi acolhida a derrogação de que Portugal beneficia no que diz respeito ao acesso das instituições de crédito aos mercadores regulamentados. Assim, sem prejuízo do regime estatuído para o mercado de derivados, a admissão das instituições de crédito aos mercados regulamentados continua a estar vedada até 31 de Dezembro de 1999.

Aproveitou-se o ensejo para delimitar de forma mais precisa o âmbito de competência do Banco de Portugal e da Comissão do Mercado de Valores Mobiliários (CMVM), tendo-se modificado, designadamente, o regime de intervenção desta última na fase de constituição dos chamados «intermediários financeiros», na acepção do Código do Mercado de Valores Mobiliários, e na fase do respectivo registo.

Desta forma, alarga-se a intervenção da CMVM, afirmada agora na prestação de informações sobre a idoneidade dos detentores de participações qualificadas à autoridade competente para a autorização, o Banco de Portugal.

Por outro, na esteira da orientação definida na DSI e por forma a sujeitar a prossecução de actividades de intermediação em valores mobiliários a exigências relativas à organização e funcionamento internos dos intermediários financeiros e, bem assim, a um conjunto de regras de deontologia profissional, cujo controlo é cometido à CMVM, confere-se uma autonomia ao registo de intermediários financeiros junto da CMVM, na medida em que se atribui a esta autoridade e competência para recusar o registo relativamente a requisitos não objecto de apreciação formal pelo Banco de Portugal e que se mostrem relevantes para o exercício de actividades de intermediação em valores mobiliários.

Assim:
Nos termos da alínea a) do n.º 1 do artigo 201.º da Constituição, o Governo decreta o seguinte:

Artigo 1.º

Os artigos 4.º, 13.º, 14.º, 20.º, 41.º, 69.º, 81.º, 103.º, 105.º, 120.º, 121.º, 181.º e 196.º, do Regime Geral das Instituições de Crédito e Sociedades Financeiras, aprovado pelo Decreto-Lei n.º 298/92, de 31 de Dezembro, passam a ter a seguinte redacção:
Vão inseridos no lugar próprio do texto.

Artigo 2.º

Ao Regime Geral das Instituições de Crédito e Sociedades Financeiras, aprovado pelo Decreto-Lei n.º 298/92, de 31 de Dezembro, é aditado o artigo 29.º-A e acrescentado o título X-A, com a seguinte redacção:
Vão inseridos no lugar próprio do texto.

....

Artigo 5.º

O Ministro das Finanças aprovará, por portaria, a lista dos mercados regulamentados de que Portugal é Estado membro de origem, para os efeitos do disposto na Directiva n.º 93/22/CEE, do Conselho, competindo à CMVM a comunicação da mesma lista aos outros Estados membros e à Comissão da União Europeia, nos termos previstos na referida directiva.

Artigo 6.º

Não obstante o disposto no artigo 4.º do Regime Geral das Instituições de Crédito e Sociedades Financeiras, a aquisição da qualidade de membros de um mercado regulamentado continua a ser regulada por lei especial.

Artigo 7.º

As empresas de investimento com sede em Portugal devem adaptar os seus contratos de sociedade ao regime estabelecido no título x-A do Regime Geral das Instituições de Crédito e Sociedades Financeiras até 1 de Fevereiro de 1997, submetendo os respectivos projectos à aprovação do Banco de Portugal.

Artigo 12.º

O presente diploma entra em vigor 60 dias após a sua publicação.

REGIME GERAL DAS INSTITUIÇÕES DE CRÉDITO E SOCIEDADES FINANCEIRAS

TÍTULO I
DISPOSIÇÕES GERAIS

Artigo 1.º
Objecto do diploma

1 — O presente diploma regula o processo de estabelecimento e o exercício da actividade das instituições de crédito e das sociedades financeiras.

2 — As instituições de crédito sob a forma de empresa pública ficam sujeitas às normas do presente diploma que não sejam incompatíveis com a sua forma.

Artigo 2.º
Instituições de crédito

São instituições de crédito as empresas cuja actividade consiste em receber do público depósitos ou outros fundos reembolsáveis, a fim de os aplicarem por conta própria mediante a concessão de crédito.

Artigo 3.º
Espécies de instituições de crédito

São instituições de crédito:
 a) Os bancos;
 b) A Caixa Geral de Depósitos, Crédito e Previdência;
 c) As caixas económicas;
 d) A Caixa Central de Crédito Agrícola Mútuo;
 e) As caixas de crédito agrícola mútuo;
 f) As sociedades de investimento;

g) As sociedades de locação financeira;
h) As sociedades de *factoring*;
i) As sociedades financeiras para aquisições a crédito;
j) Outras empresas que, correspondendo à definição do artigo anterior, como tal sejam qualificadas pela lei.

Artigo 4.°
Actividades das instituições de crédito

1 — Os bancos podem efectuar as operações seguintes e prestar os serviços de investimento a que se refere o artigo 199.°-A não abrangidos por aquelas operações ([262]):

a) Recepção de depósitos ou outros fundos reembolsáveis;

b) Operações de crédito, incluindo concessão de garantias e outros compromissos, locação financeira e *factoring*;

c) Operações de pagamento;

d) Emissão e gestão de meios de pagamento, tais como cartões de crédito, cheques de viagem e cartas de crédito;

e) Transacções, por conta própria ou da clientela, sobre instrumentos do mercado monetário e cambial, instrumentos financeiros a prazo e opções e operações sobre divisas ou sobre taxas de juro e valores mobiliários;

f) Participação em emissões e colocações de valores mobiliários e prestação de serviços correlativos;

g) Actuação nos mercados interbancários;

h) Consultoria, guarda, administração e gestão de carteiras de valores mobiliários;

i) Gestão e consultoria em gestão de outros patrimónios;

j) Consultoria das empresas em matéria de estrutura do capital, de estratégia empresarial e de questões conexas, bem como consultoria e serviços no domínio da fusão e compra de empresas;

l) Operações sobre pedras e metais preciosos;

m) Tomada de participações no capital de sociedades;

n) Comercialização de contratos de seguro;

o) Prestação de informações comerciais;

p) Aluguer de cofres e guarda de valores;

q) Outras operações análogas e que a lei lhes não proíba.

([262]) Redacção do Dec.-Lei 232/96, de 5/12.

2 — A Caixa Geral de Depósitos, Crédito e Previdência pode efectuar todas as operações permitidas aos bancos, sem prejuízo de outras atribuições conferidas pela legislação que lhe é própria.

3 — As restantes instituições de crédito só podem efectuar as operações permitidas pelas normas legais e regulamentares que regem a sua actividade.

Artigo 5.º
Sociedades financeiras

São sociedades financeiras as empresas que não sejam instituições de crédito e cuja actividade principal consista em exercer uma ou mais das actividades referidas nas alíneas b) a i) do n.º 1 do artigo anterior, excepto locação financeira e *factoring*.

Artigo 6.º
Espécies de sociedades financeiras

1 — São sociedades financeiras:
a) As sociedades financeiras de corretagem;
b) As sociedades corretoras;
c) As sociedades mediadoras dos mercados monetário ou de câmbios;
d) As sociedades gestoras de fundos de investimento;
e) As sociedades emitentes ou gestoras de cartões de crédito;
f) As sociedades gestoras de patrimónios;
g) As sociedades de desenvolvimento regional;
h) As sociedades de capital de risco;
i) As sociedades administradoras de compras em grupo;
j) As agências de câmbio;
l) Outras empresas que sejam como tal qualificadas pela lei.

2 — É também sociedade financeira a FINANGESTE — Empresa Financeira de Gestão e Desenvolvimento, S.A.

3 — Para os efeitos deste diploma, não se consideram sociedades financeiras as seguradoras e as sociedades gestoras de fundos de pensões.

4 — Rege-se por legislação especial a actividade das casas de penhores.

Artigo 7.º
Actividade das sociedades financeiras

As sociedades financeiras só podem efectuar as operações permitidas pelas normas legais e regulamentares que regem a respectiva actividade.

Artigo 8.º
Princípio da exclusividade

1 — Só as instituições de crédito podem exercer a actividade de recepção, do público, de depósitos ou outros fundos reembolsáveis, para utilização por conta própria.

2 — Só as instituições de crédito e as sociedades financeiras podem exercer, a título profissional, as actividades referidas nas alíneas *b)* a *i)* do n.º 1 do artigo 4.º, com excepção da consultoria referida na alínea *i)*.

3 — O disposto no n.º 1 não obsta a que as seguintes entidades recebam do público fundos reembolsáveis, nos termos das disposições legais, regulamentares ou estatutárias aplicáveis:

a) Estado, incluindo fundos e institutos públicos dotados de personalidade jurídica e autonomia administrativa e financeira;

b) Regiões autónomas e autarquias locais;

c) Banco Europeu de Investimento e outros organismos internacionais de que Portugal faça parte e cujo regime jurídico preveja a faculdade de receberem do público, em território nacional, fundos reembolsáveis;

d) Seguradoras, no respeitante a operações de capitalização.

Artigo 9.º
Fundos reembolsáveis recebidos do público
e concessão de crédito

1 — Para os efeitos do presente diploma, não são considerados como fundos reembolsáveis recebidos do público os fundos obtidos mediante emissão de obrigações, nos termos e limites do Código das Sociedades Comerciais, nem os fundos obtidos através da emissão de papel comercial, nos termos e limites da legislação aplicável.

2 — Para efeitos dos artigos anteriores, não são considerados como concessão de crédito:

a) Os suprimentos e outras formas de empréstimos e adiantamentos entre uma sociedade e os respectivos sócios;

b) A concessão de crédito por empresas aos seus trabalhadores, por razões de ordem social;

c) As dilações ou antecipações de pagamento acordadas entre as partes em contratos de aquisição de bens ou serviços;

d) As operações de tesouraria, quando legalmente permitidas, entre sociedades que se encontrem numa relação de domínio ou de grupo;

e) A emissão de senhas ou cartões para pagamento dos bens ou serviços fornecidos pela empresa emitente.

Artigo 10.º
Entidades habilitadas

1 — Estão habilitadas a exercer as actividades a que se refere o presente diploma as seguintes entidades:

a) Instituições de crédito e sociedades financeiras com sede em Portugal;

b) Sucursais de instituições de crédito e de instituições financeiras com sede no estrangeiro.

2 — As instituições de crédito e as instituições financeiras autorizadas noutros Estados membros da Comunidade Europeia podem prestar a residentes em Portugal, nos termos do presente diploma, serviços que se integrem nas mencionadas actividades e que os prestadores estejam autorizados a efectuar no seu país de origem.

Artigo 11.º
Verdade das firmas e denominações

1 — Só as entidades habilitadas como instituição de crédito ou como sociedade fianceira poderão incluir na sua firma ou denominação, ou usar no exercício da sua actividade, expressões que sugiram actividade própria das instituições de crédito ou das sociedades financeiras, designadamente «banco», «banqueiro»,

«de crédito», «de depósitos», «locação financeira», «*leasing*» e «*factoring*».

2 — Estas expressões serão sempre usadas por forma a não induzirem o público em erro quanto ao âmbito das operações que a entidade em causa possa praticar.

Artigo 12.º
Recursos

Os recursos interpostos das decisões do Banco de Portugal, tomadas no âmbito do presente diploma, seguem, em tudo o que nele não seja especialmente regulado, os termos constantes da respectiva Lei Orgânica.

Artigo 13.º
Outras definições

Para efeitos do presente diploma, entende-se por:

1.º Filial: pessoa colectiva relativamente à qual outra pessoa colectiva, designada por empresa-mãe, se encontre numa relação de domínio, considerando-se que a filial de uma filial é igualmente filial da empresa-mãe de que ambas dependem;

2.º Relação de domínio: relação que se dá entre uma pessoa singular ou colectiva e uma sociedade quando:

    a) Se verifique alguma das seguintes situações:
        I. Deter a pessoa singular ou colectiva em causa a maioria dos direitos de voto;
        II. Ser sócio da sociedade e ter o direito de designar ou de destituir mais de metade dos membros do órgão de administração ou do órgão de fiscalização;
        III. Poder exercer influência dominante sobre a sociedade, por força de contrato ou de cláusula dos estatutos desta;
        IV. Ser sócio da sociedade e controlar por si só, em virtude de acordo concluído com outros sócios desta, a maioria dos direitos de voto;
        V. Deter uma participação não inferior a 20% no capital da sociedade, desde que exerça efectivamente sobre esta uma influência dominante ou se encontrem ambas colocadas sob direcção única;

b) Considera-se, para efeitos da aplicação dos números I, II e IV, que:

    I. Aos direitos de voto, de designação ou de destituição do participante equiparam-se os direitos de qualquer outra sociedade dependente do dominante ou que com este se encontre numa relação de grupo, bem como os de qualquer pessoa que actue em nome próprio, mas por conta do dominante ou de qualquer outra das referidas sociedades;

    II. Dos direitos indicados no número anterior deduzem-se os direitos relativos às acções detidas por conta de pessoa que não seja o dominante ou outra das referidas sociedades, ou relativos às acções detidas em garantia, desde que, neste último caso, tais direitos sejam exercidos em conformidade com as instruções recebidas, ou a posse das acções seja operação corrente da empresa detentora em matéria de empréstimos e os direitos de voto sejam exercidos no interesse do prestador da garantia;

    c) Para efeitos da aplicação dos números I e IV da alínea *a*), deverão ser deduzidos, à totalidade dos direitos de voto correspondentes ao capital da sociedade dependente, os direitos de voto relativos à participação detida por esta sociedade, por uma sua filial ou por uma pessoa em nome próprio mas por conta de qualquer destas sociedades;

    3.º Sociedades em relação de grupo: sociedades coligadas entre si nos termos em que o Código das Sociedades Comerciais caracteriza este tipo de relação, independentemente de as respectivas sedes se situarem em Portugal ou no estrangeiro;

    4.º Instituição financeira: empresa que, não sendo uma instituição de crédito, e encontrando-se sediada fora do território nacional mas noutro país da Comunidade Europeia, tenha como actividade principal tomar participações ou exercer uma ou mais das actividades referidas nos n.ºˢ 2 a 12 da lista anexa à Directiva n.º 89/646/CEE do Conselho, de 15 de Dezembro de 1989, ou, tendo a sede em país terceiro, exerça, a título principal, uma ou mais das actividades equivalentes às referidas no artigo 5.º;

    5.º Sucursal: estabelecimento de uma empresa desprovido de personalidade jurídica e que efectue directamente, no todo ou em parte, operações inerentes à actividade da empresa;

6.º Agência: sucursal, no país, de instituição de crédito ou sociedade financeira com sede em Portugal ou sucursal suplementar de instituição de crédito ou instituição financeira com sede no estrangeiro;

7.º Participação qualificada: a participação, directa ou indirecta, que represente percentagem não inferior a 10% do capital ou dos direitos de voto da instituição participada ou que, por qualquer outro motivo, possibilite influência significativa na gestão, considerando-se como equiparados aos direitos de voto do participante, para efeitos da presente definição:

a) Os detidos por pessoas ou sociedades referidas no n.º 2 do artigo 447.º do Código das Sociedades Comerciais;

b) Os detidos por outras pessoas ou entidades, em nome próprio ou alheio, mas por conta do participante;

c) Os detidos por sociedades dominadas pelo participante;

d) Os detidos por sociedades que se encontrem em relação de grupo com a sociedade participante;

e) Os detidos por terceiro com o qual o participante tenha celebrado acordo que obrigue a adoptar, através do exercício concertado dos respectivos direitos de voto, uma política comum em relação à gestão da sociedade em causa;

f) Os detidos por terceiro, por força de acordo celebrado com o participante ou com uma das sociedades referidas nas alíneas c) e d) e no qual se preveja transferência provisória desses direitos de voto;

g) Os inerentes a acções do participante entregues em garantia, excepto quando o credor detiver esses direitos e declarar a intenção de os exercer, caso em que serão considerados como próprios do credor;

h) Os inerentes a acções de que o participante detenha o usufruto;

i) Os que, por força de acordo, o participante ou uma das outras pessoas ou entidades referidas nas alíneas anteriores tenham o direito de adquirir por sua exclusiva iniciativa;

j) Os inerentes a acções depositadas junto do participante e que este possa exercer como entender na ausência de instruções específicas dos respectivos detentores;

8.º País ou Estado de origem: país ou Estado no qual a instituição de crédito, a sociedade financeira ou a instituição financeira tenham sido autorizadas;

9.º País ou Estado de acolhimento: país ou Estado no qual a instituição de crédito, a sociedade financeira ou a instituição financeira tenham sucursal ou prestem serviços;

10.º Autorização: acto emanado das autoridades competentes e que confere o direito de exercer a actividade de instituição de crédito, de sociedade financeira ou de instituição financeira;

11.º Sociedade de serviços auxiliares: sociedade cujo objecto principal tenha natureza acessória relativamente à actividade principal de uma ou mais instituições de crédito, nomeadamente a detenção ou gestão de imóveis ou a gestão de serviços informáticos.

12.º Relação de proximidade: relação entre duas ou mais pessoas, singulares ou colectivas ([263]):

a) ligadas entre si através:

a1) De uma participação, entendida como a detenção, directa ou indirecta, de percentagem não inferior a 20% do capital ou dos direitos de voto de uma empresa; ou

a2) De uma relação de domínio; ou

b) Ligadas a uma terceira pessoa através de uma relação de domínio.

([263]) Aditado pelo Dec.-Lei n.º 232/96.

TÍTULO II
AUTORIZAÇÃO DAS INSTITUIÇÕES DE CRÉDITO COM SEDE EM PORTUGAL

CAPÍTULO I
PRINCÍPIOS GERAIS

Artigo 14.º
Requisitos gerais

1 — As instituições de crédito com sede em Portugal devem satisfazer os seguintes requisitos:

a) Corresponder a um dos tipos previstos na lei portuguesa;
b) Adoptar a forma de sociedade anónima;
c) Ter por exclusivo objecto o exercício da actividade legalmente permitida nos termos do artigo 4.º;
d) Ter capital social não inferior ao mínimo legal, representado obrigatoriamente por acções nominativas ou ao portador registadas.
e) Ter a sede principal e efectiva da administração situada em Portugal [264].

2 — Na data da constituição, o capital social deve estar inteiramente subscrito e realizado em montante não inferior ao mínimo legal.

Artigo 15.º
Composição do órgão de administração

1 — O órgão de administração das instituições de crédito deve ser constituído por um mínimo de três membros, com poderes de orientação efectiva da actividade da instituição.

2 — A gestão corrente da instituição será confiada a, pelo menos, dois dos membros do órgão de administração.

---

[264] Aditado pelo Dec.-Lei n.º 232/96.

CAPÍTULO II
PROCESSO DE AUTORIZAÇÃO

SECÇÃO I
REGIME GERAL

Artigo 16.º
Autorização

1 — A constituição de instituições de crédito depende de autorização a conceder, caso a caso, pelo Banco de Portugal.

2 — A autorização concedida é sempre comunicada à Comissão da Comunidade Europeia.

Artigo 17.º
Instrução do pedido

1 — O pedido de autorização será instruído com os seguintes elementos:

a) Caracterização do tipo de instituição a constituir e projecto de contrato de sociedade;

b) Programa de actividades, implantação geográfica, estrutura orgânica e meios humanos, técnicos e materiais que serão utilizados, bem como contas previsionais para cada um dos primeiros três anos de actividade;

c) Identificação dos accionistas fundadores, com especificação do capital por cada um subscrito;

d) Exposição fundamentada sobre a adequação da estrutura accionista à estabilidade da instituição;

e) Declaração de compromisso de que no acto da constituição, e como condição dela, se mostrará depositado numa instituição de crédito o montante do capital social exigido por lei.

2 —Devem ainda ser apresentadas as seguintes informações relativas a accionistas fundadores que sejam pessoas colectivas detentoras de participações qualificadas na instituição a constituir:

a) Contrato de sociedade ou estatutos e relação dos membros do órgão de administração;

b) Balanço e contas dos últimos três anos;

c) Relação dos sócios da pessoa colectiva participante que nesta sejam detentores de participações qualificadas;

d) Relação das sociedades em cujo capital a pessoa colectiva participante detenha participações qualificadas, bem como exposição ilustrativa da estrutura do grupo a que pertença.

3 — A apresentação de elementos referidos no número anterior poderá ser dispensada quando o Banco de Portugal deles já tenha conhecimento.

4 — O Banco de Portugal poderá solicitar aos requerentes informações complementares e levar a efeito as averiguações que considere necessárias.

Artigo 18.º
Filiais de instituições autorizadas em países comunitários

1 — A autorização para constituir uma instituição de crédito que seja filial de instituição de crédito autorizada noutro Estado membro da Comunidade Europeia, ou que seja filial da empresa-mãe de instituição nestas condições, depende de consulta prévia à autoridade de supervisão do Estado em causa.

2 — O disposto no número anterior é igualmente aplicável quando a instituição a constituir for dominadas pelas mesmas pessoas singulares ou colectivas que dominem uma instituição de crédito autorizada noutro Estado membro da Comunidade Europeia.

Artigo 19.º
Decisão

1 — A decisão deve ser notificada aos interessados no prazo de seis meses a contar da recepção do pedido ou, se for o caso, a contar da recepção das informações complementares solicitadas aos requerentes, mas nunca depois de decorridos 12 meses sobre a data da entrega inicial do pedido.

2 — A falta de notificação nos prazos referidos no número anterior constitui presunção de indeferimento tácito do pedido.

Artigo 20.º
Recusa de autorização

1 — A autorização será recusada sempre que:
a) O pedido de autorização não estiver instruído com todas as informações e documentos necessários;
b) A instrução do pedido enfermar de inexactidões ou falsidades;
c) A instituição a constituir não corresponder ao disposto no artigo 14.º;
d) O Banco de Portugal não considerar demonstrado que todos os detentores de participações qualificadas satisfazem os requisitos estabelecidos no artigo 103.º;
e) A instituição de crédito não dispuser de meios técnicos e recursos financeiros suficientes para o tipo e volume das operações que pretenda realizar.
f) A adequada supervisão da instituição a constituir seja inviabilizada por uma relação de proximidade entre a instituição e outras pessoas [265];
g) A adequada supervisão da instituição a constituir seja inviabilizada pelas disposições legais ou regulamentares de um país terceiro a que esteja sujeita alguma das pessoas com as quais a instituição tenha uma relação de proximidade ou por dificuldades inerentes à aplicação de tais disposições [266];

2 — Se o pedido estiver deficientemente instruído, o Banco de Portugal, antes de recusar a autorização, notificará os requerentes, dando-lhes prazo razoável para suprir a deficiência.

Artigo 21.º
Caducidade da autorização

1 — A autorização caduca se os requerentes a ela expressamente renunciarem, se a instituição não for constituída no prazo de 6 meses ou se não iniciar actividade no prazo de 12 meses.

2 — A autorização caduca ainda se a instituição for dissolvida, sem prejuízo da prática dos actos necessários à respectiva liquidação.

---

[265] Aditado pelo Dec.-Lei n.º 232/96.
[266] Aditado pelo Dec.-Lei n.º 232/96.

Artigo 22.º
Revogação da autorização

1 — A autorização da instituição de crédito pode ser revogada com os seguintes fundamentos, além de outros legalmente previstos:

a) Se tiver sido obtida por meio de falsas declarações ou outros expedientes ilícitos, independentemente das sanções penais que ao caso couberem;

b) Se deixar de se verificar algum dos requisitos estabelecidos no artigo 14.º;

c) Se a actividade da instituição de crédito não corresponder ao objecto estatutário autorizado;

d) Se a instituição cessar actividade ou a reduzir para nível insignificante por período superior a 12 meses;

e) Se se verificarem irregularidades graves na administração, organização contabilística ou fiscalização interna da instituição;

f) Se a instituição não puder honrar os seus compromissos, em especial quanto à segurança dos fundos que lhe tiverem sido confiados;

g) Se a instituição não cumprir as obrigações decorrentes da sua participação no Fundo de Garantia de Depósitos;

h) Se a instituição violar as leis e os regulamentos que disciplinam a sua actividade ou não observar as determinações do Banco de Portugal, por modo a pôr em risco os interesses dos depositantes e demais credores ou as condições normais de funcionamento do mercado monetário, financeiro ou cambial.

2 — A revogação da autorização concedida a uma instituição que tenha sucursais em outros Estados membros da Comunidade Europeia será precedida de consulta às autoridades de supervisão desses Estados, podendo, porém, em casos de extrema urgência, substituir-se a consulta por simples informação, acompanhada de justificação do recurso a este procedimento simplificado.

3 — A revogação da autorização implica dissolução e liquidação da instituição de crédito.

Artigo 23.º
Competência e forma da revogação

1 — A revogação da autorização é da competência do Banco de Portugal.

2 — A decisão de revogação deve ser fundamentada, notificada à instituição de crédito e comunicada à Comissão da Comunidade Europeia e às autoridades de supervisão dos Estados membros da Comunidade Europeia onde a instituição tenha sucursais ou preste serviços.

3 — O Banco de Portugal dará à decisão de revogação a publicidade conveniente e tomará as providências necessárias para o imediato encerramento de todos os estabelecimentos da instituição, o qual se manterá até ao início de funções dos liquidatários.

4 — No recurso interposto da decisão de revogação presume-se, até prova em contrário, que a suspensão da eficácia determina grave lesão do interesse público.

SECÇÃO II
REGIME ESPECIAL

Artigo 24.º
Âmbito de aplicação

O disposto na secção anterior aplica-se, com as necessárias adaptações, à autorização de instituições de crédito com sede em Portugal relativamente às quais se verifique alguma das seguintes circunstâncias:

a) Se forem filiais de instituições de crédito que tenham a sua sede principal e efectiva de administração em países que não sejam membros da Comunidade Europeia;

b) Se forem dominadas ou se o seu capital ou os direitos de voto a este correspondentes forem maioritariamente detidos por pessoas singulares não nacionais de Estados membros da Comunidade Europeia ou pessoas colectivas que tenham a sua sede principal e efectiva de administração em países que não sejam membros da mesma Comunidade.

Artigo 25.º
Competência

1 — A autorização será concedida, caso a caso, por portaria do Ministro das Finanças.

2 — O Ministro das Finanças poderá delegar no Banco de Portugal, por portaria, a competência a que se refere o número anterior.

Artigo 26.º
Instrução do pedido

1 — O pedido de autorização é sempre entregue no Banco de Portugal.

2 — A autorização será precedida de parecer do Banco de Portugal, que poderá solicitar informações complementares e efectuar as averiguações que considere necessárias.

3 — O Banco de Portugal remeterá o seu parecer ao Ministério das Finanças no prazo de três meses.

4 — Tratando-se de instituição com sede em Região Autónoma, o Banco de Portugal enviará cópia do processo e do seu parecer ao Governo Regional, que terá o prazo de um mês para se pronunciar.

Artigo 27.º
Requisitos especiais da autorização

1 — A autorização só pode ser concedida desde que não se verifique qualquer dos fundamentos de recusa previstos no artigo 20.º e, além disso, a criação da instituição de crédito concorra para o aumento da eficiência do sistema bancário nacional ou produza efeitos significativos na internacionalização da economia portuguesa, em conformidade com os objectivos da política económica, financeira, monetária e cambial do País.

2 — Se a autorização for concedida, dela constarão as condições e cláusulas julgadas convenientes, das quais não poderá resultar tratamento mais favorável do que aquele de que beneficiem as instituições abrangidas pela secção anterior.

3 — Na comunicação referida no n.º 2 do artigo 16.º deve ser especificada a estrutura do grupo a que a instituição de crédito pertença.

4 — Quando a Comissão ou o Conselho da Comunidade Europeia assim o decidam, nos termos previstos na Directiva n.º 89/646//CEE do Conselho, de 5 de Dezembro de 1989, serão limitadas as autorizações ou suspensas as apreciações dos pedidos de autorização já apresentados na data da decisão, ou posteriormente a essa data.

Artigo 28.º
Revogação da autorização

1 — A revogação da autorização compete ao Ministro das Finanças, na forma de portaria, ou, existindo a delegação prevista no n.º 2 do artigo 25.º, ao Banco de Portugal.

2 — A revogação será precedida da audição, consoante os casos, das entidades referidas nos n.ᵒˢ 2 e 4 do artigo 26.º

3 — A decisão da revogação deve ser fundamentada e notificada à instituição de crédito.

4 — É aplicável o disposto nos n.ᵒˢ 3 e 4 do artigo 23.º

Artigo 29.º
Caixas económicas e caixas de crédito agrícola mútuo

O disposto nas alíneas *b)* e *d)* do n.º 1 do artigo 14.º e no presente capítulo não é aplicável às caixas económicas e às caixas de crédito agrícola mútuo.

Artigo 29.º-A [267]
Intervenção da Comissão do Mercado de Valores Mobiliários

1 — Sempre que o objecto da instituição de crédito compreender alguma actividade de intermediação de valores mobiliários, o Banco de Portugal, antes de decidir sobre o pedido de autorização, solicitará informações à Comissão do Mercado de Valores Mobiliários sobre a idoneidade dos detentores de participações qualificadas.

2 — Se for caso disso, a Comissão prestará as aludidas informações no prazo de dois meses.

3 — A revogação da autorização de instituição de crédito referida no número 1 deverá ser imediatamente comunicada à Comissão.

---

[267] Aditado pelo art. 2.º do Dec.-Lei n.º 232/96.

CAPÍTULO III
ADMINISTRAÇÃO E FISCALIZAÇÃO

Artigo 30.º
Idoneidade dos membros dos órgãos de administração e fiscalização

1 — Dos órgãos de administração e fiscalização de uma instituição de crédito, incluindo os membros do conselho geral e dos administradores não executivos, apenas poderão fazer parte pessoas cuja idoneidade dê garantias de gestão sã e prudente, tendo em vista, de modo particular, a segurança dos fundos confiados à instituição.

2 — Na apreciação da idoneidade deve ter-se em conta o modo como a pessoa gere habitualmente os negócios ou exerce a profissão, em especial nos aspectos que revelem incapacidade para decidir de forma ponderada e criteriosa, ou tendência para não cumprir pontualmente as suas obrigações ou para ter comportamentos incompatíveis com a preservação da confiança do mercado.

3 — Entre outras circunstâncias atendíveis, considera-se indiciador de falta de idoneidade o facto de a pessoa ter sido:

a) Declarada, por sentença nacional ou estrangeira, falida ou insolvente ou julgada responsável por falência ou insolvência de empresa por ela dominada ou de que tenha sido administradora, directora ou gerente;

b) Administradora, directora ou gerente de empresa cuja falência ou insolvência, no País ou no Estrangeiro, tenha sido prevenida, suspensa ou evitada por providências de recuperação de empresa ou outros meios preventivos ou suspensivos, ou detentora de uma posição de domínio em empresa nessas condições, desde que, em qualquer dos casos, tenha sido reconhecida pelas autoridades competentes a sua responsabilidade por essa situação;

c) Condenada, no País ou no estrangeiro, por crimes de falência dolosa, falência por negligência, favorecimento de credores, falsificação, furto, roubo, burla, frustação de créditos, extorsão, abuso de confiança, infidelidade, usura, corrupção, emissão de cheques sem provisão, apropriação ilegítima de bens do sector público ou cooperativo, administração danosa em unidade económica do sector público ou cooperativo, falsas declarações, recepção não autorizada de depósitos ou outros fundos reembolsáveis, branqueamento de capitais, abuso de informação, manipulação do mercado de valores mobiliários ou crimes previstos no Código das Sociedades Comerciais;

d) Condenada, no País ou no estrangeiro, pela prática de infracções às regras legais ou regulamentares que regem a actividade das instituições de crédito, sociedades financeiras ou instituições financeiras, a actividade seguradora e o mercado de valores mobiliários, quando a gravidade ou a reiteração dessas infracções o justifique.

4 — O Banco de Portugal, para os efeitos deste artigo, trocará informações com o Instituto de Seguros de Portugal e a Comissão do Mercado de Valores Mobiliários.

Artigo 31.º
Experiência profissional

1 — Os membros do órgão de administração a quem caiba assegurar a gestão corrente da instituição de crédito devem possuir experiência adequada ao desempenho dessas funções.

2 — Presume-se existir experiência adequada quando a pessoa em causa tenha previamente exercido, de forma competente, funções de responsabilidade no domínio financeiro.

3 — A duração da experiência anterior e a natureza e o grau de responsabilidade das funções previamente exercidas devem estar em consonância com as características e dimensão da instituição de crédito de que se trate.

4 — A verificação do preenchimento do requisito de experiência adequada pode ser objecto de um processo de consulta prévia junto da autoridade competente.

Artigo 32.º
Falta de requisitos dos órgãos de administração ou fiscalização

1 — Se por qualquer motivo deixarem de estar preenchidos os requisitos legais ou estatutários do normal funcionamento do órgão de administração ou fiscalização, o Banco de Portugal fixará prazo para ser alterada a composição do órgão em causa.

2 — Não sendo regularizada a situação no prazo fixado, poderá ser revogada a autorização nos termos do artigo 22.º

Artigo 33.º
Acumulação de cargos

1 — Os membros dos órgãos de administração das instituições de crédito que, por conta própria ou alheia, pretendam exercer funções de administração noutra sociedade deverão comunicar a sua pretensão ao Banco de Portugal, com a antecedência mínima de 15 dias úteis.

2 — O disposto no número anterior é aplicável aos membros do conselho geral.

3 — No prazo referido no n.º 1, o Banco de Portugal poderá opor-se à pretensão se entender que a acumulação é susceptível de prejudicar o exercício das funções na instituição, nomeadamente por existirem riscos graves de conflito de interesses, ou, tratando-se de pessoas a quem caiba a respectiva gestão corrente, por se verificarem inconvenientes significativos no que respeita a sua disponibilidade para a gestão.

4 — O disposto no número anterior não se aplica ao exercício cumulativo de funções em órgãos de administração de outras instituições de crédito ou outras entidades que estejam incluídas na supervisão em base consolidada a que se encontre sujeita a instituição de crédito em causa.

5 — A falta de comunicação ao Banco de Portugal é fundamento de cancelamento do registo previsto no artigo 69.º

CAPÍTULO IV
ALTERAÇÕES ESTATUTÁRIAS

Artigo 34.º
Alterações estatutárias em geral

1 — Estão sujeitas a prévia autorização do Banco de Portugal as alterações dos contratos de sociedade das instituições de crédito relativas aos aspectos seguintes:

a) Firma ou denominação;

b) Objecto;

c) Local da sede, salvo se a mudança ocorrer dentro do mesmo concelho ou para concelho limítrofe;

d) Capital social, quando se trate de redução;

e) Criação de categorias de acções ou alteração das categorias existentes;

f) Estrutura da administração ou da fiscalização;

g) Limitação dos poderes dos órgãos de administração ou de fiscalização;

h) Dissolução.

2 — As alterações do objecto que impliquem mudança do tipo de instituição estão sujeitas ao regime definido nos capítulos I e II do presente título, considerando-se autorizadas as restantes alterações se, no prazo de 30 dias a contar da data em que receber o respectivo pedido, o Banco de Portugal nada objectar.

Artigo 35.º
Fusão e cisão

1 — A fusão de instituições de crédito, entre si ou com sociedades financeiras, depende de autorização prévia do Banco de Portugal.

2 — Depende igualmente de autorização prévia do Banco de Portugal a cisão de instituições de crédito.

3 — Aplicar-se-á, sendo caso disso, o regime definido nos capítulos I e II do presente título.

TÍTULO III
ACTIVIDADE NO ESTRANGEIRO DE INSTITUIÇÕES DE CRÉDITO COM SEDE EM PORTUGAL

CAPÍTULO I
ESTABELECIMENTO DE SUCURSAIS

Artigo 36.º
Requisitos do estabelecimento em país da Comunidade Europeia

1 — A instituição de crédito com sede em Portugal que pretenda estabelecer sucursal em Estado membro da Comunidade Europeia deve notificar previamente desse facto o Banco de Portugal, especificando os seguintes elementos:

a) País onde se propõe estabelecer a sucursal;

b) Programa de actividades, no qual sejam indicados, nomeadamente, o tipo de operações a realizar e a estrutura de organização da sucursal;

c) Endereço da sucursal no país de acolhimento;

d) Identificação dos responsáveis pela sucursal.

2 — A gestão corrente da sucursal deve ser confiada a um mínimo de dois gerentes, sujeitos a todos os requisitos exigidos aos membros do órgão de administração das instituições de crédito.

Artigo 37.º
Apreciação pelo Banco de Portugal

1 — No prazo de três meses a contar da recepção das informações referidas no artigo anterior, o Banco de Portugal comunicá-las-á à autoridade de supervisão do país de acolhimento, certificando também que as operações projectadas estão compreendidas na autorização, e informará do facto a instituição interessada.

2 — Será igualmente comunidado o montante dos fundos próprios e o rácio de solvabilidade da instituição, bem como uma descrição pormenorizada do sistema de garantia de depósitos de que a mesma instituição participe e que assegure a protecção dos depositantes da sucursal.

Artigo 38.º
Recusa de comunicação

1 — Se existirem dúvidas fundadas sobre a adequação das estruturas administrativas ou da situação financeira da instituição, o Banco de Portugal recusará a comunicação.

2 — A decisão de recusa deve ser fundamentada e notificada à instituição interessada.

3 — Se o Banco de Portugal não proceder à comunicação no prazo referido no n.º 1 do artigo anterior, presume-se que foi recusada a comunicação.

4 — Serão comunicados à Comissão da Comunidade Europeia o número e a natureza dos casos em que tenha havido recusa.

Artigo 39.º
Âmbito da actividade

Observado o disposto nos artigos anteriores, a sucursal pode efectuar no país de acolhimento as operações constantes da lista anexa à Directiva n.º 89/646/CEE do Conselho, de 15 de Dezembro de 1989, que a instituição esteja autorizada a efectuar em Portugal e que estejam mencionadas no programa de actividades referido na alínea *b)* do n.º 1 do artigo 36.º

Artigo 40.º
Alteração dos elementos comunicados

1 — Em caso de modificação de algum dos elementos referidos nas alíneas *b)*, *c)* e *d)* do n.º 1 do artigo 36.º ou do sistema de garantia referido no n.º 2 do artigo 37.º, a instituição comunicá-la-á, por escrito, com a antecedência mínima de um mês, ao Banco de Portugal e à autoridade de supervisão do país onde tiver estabelecido a sucursal.

2 — É aplicável o disposto nos artigos 37.º e 38.º, reduzindo--se para um mês o prazo previsto no primeiro desses artigos.

Artigo 41.º ([268])
Âmbito de aplicação

O disposto nos artigos 36.º a 40.º não é aplicável às caixas de crédito agrícola mútuo nem às caixas económicas que não revistam a forma de sociedade anónima, com excepção da Caixa Económica Montepio Geral.

Artigo 42.º
Sucursais em países terceiros

1 — As instituições de crédito com sede em Portugal que pretendam estabelecer sucursais em países que não sejam membros da Comunidade Europeia observarão o disposto no artigo 36.º e no presente artigo.

2 — O Banco de Portugal poderá recusar a pretensão com fundado motivo, nomeadamente por as estruturas administrativas ou a situação financeira da instituição serem inadequadas ao projecto.

3 — A decisão será tomada no prazo de três meses, entendendo-se em caso de silêncio que a pretensão foi recusada.

4 — A decisão de recusa deve ser fundamentada e notificada à instituição interessada.

5 — A sucursal não poderá efectuar operações que a instituição não esteja autorizada a realizar em Portugal ou que não constem do programa de actividades referido na alínea b) do n.º 1 do artigo 36.º

([268]) Redacção do Dec.-Lei n.º 232/96.

CAPÍTULO II
PRESTAÇÃO DE SERVIÇOS

Artigo 43.º
Prestação de serviços em países comunitários

1 — A instituição de crédito com sede em Portugal que pretenda iniciar noutro Estado membro da Comunidade Europeia prestação de serviços constantes da lista anexa à Directiva n.º 89/646/CEE do Conselho, de 15 de Dezembro de 1989, que esteja autorizada a efectuar em Portugal e que não sejam prestados por meio de estabelecimento permanente que possua no país de residência do destinatário da prestação deve notificar previamente desse facto o Banco de Portugal, especificando as actividades que se propõe exercer nesse Estado.

2 — No prazo máximo de um mês a contar da notificação referida no número anterior, o Banco de Portugal comunicá-la-á à autoridade de supervisão do Estado de acolhimento, certificando também que as operações projectadas estão compreendidas na autorização.

3 — A prestação de serviços referida no presente artigo deve fazer-se de harmonia com as normas reguladoras das operações com o exterior e das operações sobre divisas.

TÍTULO IV
ACTIVIDADE EM PORTUGAL DE INSTITUIÇÕES DE CRÉDITO COM SEDE NO ESTRANGEIRO

CAPITULO I
PRINCÍPIOS GERAIS

Artigo 44.º
Observância da lei portuguesa

A actividade em território português de instituições de crédito com sede no estrangeiro deve observar a lei portuguesa, designadamente as normas reguladoras das operações com o exterior e das operações sobre divisas.

Artigo 45.º
Gerência

Os gerentes das sucursais ou dos escritórios de representação que as instituições de crédito que não estejam autorizadas em outros Estados membros da Comunidade Europeia mantenham em Portugal estão sujeitos a todos os requisitos de idoneidade e experiência que a lei estabelece para os membros do órgão de administração das instituições de crédito com sede em Portugal.

Artigo 46.º
Uso de firma ou denominação

1 — As instituições de crédito com sede no estrangeiro estabelecidas em Portugal poderão usar a firma ou denominação que utilizam no país de origem.

2 — Se esse uso for susceptível de induzir o público em erro quanto às operações que as instituições de crédito podem praticar, ou

de fazer confundir as firmas ou denominações com outras que gozem de protecção em Portugal, o Banco de Portugal determinará que à firma ou denominação seja aditada uma menção explicativa apta a prevenir equívocos.

3 — Na actividade em Portugal, as instituições de crédito com sede em países da Comunidade Europeia e não estabelecidas em Portugal poderão usar a sua firma ou denominação de origem, desde que não se suscitem dúvidas quanto ao regime que lhes é aplicável e sem prejuízo do disposto no n.º 2.

4 — Para o efeito do número anterior, as instituições de crédito não estabelecidas em Portugal devem sempre requerer ao Banco de Portugal a sua inscrição no registo referido no artigo 68.º

Artigo 47.º
Revogação e caducidade da autorização no país de origem

Se o Banco de Portugal for informado de que no país de origem foi revogada ou caducou a autorização de instituição de crédito que disponha de sucursal em território português ou aqui preste serviços, tomará as providências apropriadas para impedir que a entidade em causa inicie novas operações e para salvaguardar os interesses dos depositantes e de outros credores.

CAPÍTULO II
SUCURSAIS

SECÇÃO I
REGIME GERAL

Artigo 48.º
Âmbito de aplicação

O disposto na presente secção aplica-se ao estabelecimento em Portugal de sucursais de instituições de crédito autorizadas noutros

Estados membros da Comunidade Europeia e sujeitas à supervisão das respectivas autoridades.

Artigo 49.º
Requisitos do estabelecimento

1 — É condição do estabelecimento da sucursal que o Banco de Portugal receba, da autoridade de supervisão do país de origem, uma comunicação da qual constem:

a) Programa de actividades, no qual sejam indicados, nomeadamente, o tipo de operações a efectuar e estrutura de organização da sucursal e, bem assim, certificado de que tais operações estão compreendidas na autorização da instituição de crédito;
b) Endereço da sucursal em Portugal;
c) Identificação dos responsáveis pela sucursal;
d) Montante dos fundos próprios da instituição de crédito;
e) Rácio de solvabilidade da instituição de crédito;
f) Descrição pormenorizada do sistema de garantia de depósitos de que a instituição de crédito participe e que assegure a protecção dos depositantes da sucursal.

2 — A gerência da sucursal deve ser confiada a uma direcção com o mínimo de dois gerentes, com poderes bastantes para tratar e resolver definitivamente, no País, todos os assuntos que respeitem à sua actividade.

Artigo 50.º
Organização da supervisão

1 — Recebida a comunicação mencionada no artigo anterior, o Banco de Portugal disporá do prazo de dois meses para organizar a supervisão da sucursal relativamente às matérias da sua competência, após o que notificará a instituição de crédito da habilitação para estabelecer a sucursal, assinalando, se for caso disso, as condições em que, por razões de interesse geral, a sucursal deve exercer a sua actividade em Portugal.

2 — Tendo recebido a notificação do Banco de Portugal, ou, em caso de silêncio deste, decorrido o prazo previsto no número

anterior, a sucursal pode estabelecer-se e, cumprido o disposto em matéria de registo, iniciar a sua actividade.

Artigo 51.°
Comunicação de alterações

1 — A instituição de crédito comunicará, por escrito, ao Banco de Portugal, com a antecedência mínima de um mês, qualquer alteração dos elementos referidos nas alíneas *a*), *b*), *c*) e *f*) do artigo 49.°.

2 — É aplicável o disposto no n.° 1 do artigo anterior, reduzindo-se para um mês o prazo aí previsto.

Artigo 52.°
Operações permitidas

Observado que seja o disposto nos artigos anteriores, a sucursal pode efectuar em Portugal as operações constantes da lista anexa à Directiva n.° 89/646/CEE do Conselho, de 15 de Dezembro de 1989, que a instituição de crédito esteja autorizada a realizar no seu país de origem e que constem do programa de actividades referido na alínea *a*) do n.° 1 do artigo 49.°.

Artigo 53.°
Irregularidades

1 — Quando verificar que uma sucursal não observa as normas portuguesas relativas a supervisão da liquidez, à execução da política monetária ou ao dever de informação sobre operações efectuadas em território português, o Banco de Portugal determinar-lhe-á que ponha termo à irregularidade.

2 — Se a sucursal ou a instituição de crédito não adoptarem as medidas necessárias, o Banco de Portugal informará de tal facto a autoridade de supervisão do país de origem e solicitar-lhe-á que, com a maior brevidade, tome as providências apropriadas.

3 — Se a autoridade de supervisão do país de origem não tomar as providências solicitadas, ou estas forem inadequadas e a sucursal persistir na violação das normas aplicáveis, o Banco de Portugal poderá, após informar desse facto a autoridade de supervisão do país

de origem, tomar as providências que entenda convenientes para prevenir ou reprimir novas irregularidades, designadamente obstando a que a sucursal inicie novas operações em Portugal.

4 — Serão comunicados à Comissão da Comunidade Europeia o número e a natureza dos casos em que tenham sido tomadas providências nos termos do número anterior.

5 — Em caso de urgência, o Banco de Portugal pode, antes de encetar o procedimento previsto nos números anteriores, tomar todas as providências cautelares indispensáveis à protecção dos interesses dos depositantes, dos investidores ou de outras pessoas a quem a sucursal preste serviços, dando conhecimento dessas providências, com a maior brevidade, à autoridade de supervisão do país de origem e à Comissão da Comunidade.

6 — O disposto nos números anteriores não obsta a que as autoridades portuguesas competentes tomem todas as providências preventivas ou repressivas de infracções às normas referidas no n.º 1, ou a outras normas determinadas por razões de interesse geral.

7 — Nos recursos interpostos das decisões tomadas nos termos deste artigo presume-se, até prova em contrário, que a suspensão da eficácia determina grave lesão do interesse público.

Artigo 54.º
Responsabilidade por dívidas

1 — Por obrigações assumidas em outros países pela instituição de crédito poderá responder o activo da sucursal, mas apenas depois de satisfeitas todas as obrigações contraídas em Portugal.

2 — A decisão de autoridade estrangeira que decretar a falência ou a liquidação da instituição de crédito só se aplicará às sucursais que ela tenha em Portugal, ainda quando revista pelos tribunais portugueses, depois de cumprido o disposto no número anterior.

Artigo 55.º
Contabilidade e escrituração

A instituição de crédito manterá centralizada na primeira sucursal que haja estabelecido no País toda a contabilidade específica das operações realizadas em Portugal, sendo obrigatório o uso da língua portuguesa na escrituração dos livros.

Artigo 56.º
Associações empresariais

As instituições de crédito autorizadas noutros Estados membros da Comunidade Europeia e que disponham de sucursal no País podem ser membros de associações empresariais portuguesas do respectivo sector, nos mesmos termos e com os mesmos direitos e obrigações das entidades equivalentes com sede em Portugal, incluindo o de integrarem os respectivos corpos sociais.

SECÇÃO II
REGIME ESPECIAL

Artigo 57.º
Disposições aplicáveis

O estabelecimento em Portugal de sucursais de instituições de crédito não compreendidas no artigo 48.º fica sujeito ao disposto na presente secção e nos n.ºs 3 e 4 do artigo 17.º, nos artigos 19.º, 21.º, 22.º, 25.º, 26.º, 27.º e 28.º, no n.º 2 do artigo 49.º e nos artigos 54.º e 55.º

Artigo 58.º
Autorização

1 — O estabelecimento da sucursal fica dependente de autorização a ser concedida, caso a caso, pelo Ministro das Finanças ou, existindo delegação, pelo Banco de Portugal.

2 — O pedido da autorização é entregue no Banco de Portugal, instruído com os elementos referidos no n.º 1 do artigo 49.º e, ainda, com os seguintes:

a) Demonstração da possibilidade de a sucursal garantir a segurança dos fundos que lhe forem confiados, bem como da suficiência de meios técnicos e recursos financeiros relativamente ao tipo e volume das operações que pretenda realizar;

b) Indicação da implantação geográfica projectada para a sucursal;

c) Contas previsionais para cada um dos primeiros três anos de actividade da sucursal;

d) Cópia do contrato de sociedade da instituição de crédito;

e) Declaração de compromisso de que efectuará o depósito referido no n.º 2 do artigo seguinte.

3 — A autorização pode ser recusada nos casos referidos nas alíneas *a)*, *b)* e *e)* do n.º 1 do artigo 20.º e no n.º 1 do artigo 27.º, bem como se o Banco de Portugal considerar insuficiente o sistema de supervisão a que a instituição de crédito estiver sujeita.

Artigo 59.º
Capital afecto

1 — Às operações a realizar pela sucursal deve ser afecto capital adequado à garantia dessas operações, e não inferior ao mínimo previsto na lei portuguesa para instituições de crédito de tipo equivalente com sede em Portugal.

2 — O capital deve ser depositado numa instituição de crédito antes de efectuado o registo da sucursal no Banco de Portugal.

3 — A sucursal deve aplicar em Portugal a importância do capital afecto às suas operações no País, bem como as reservas constituídas e os depósitos e outros recursos aqui obtidos.

4 — A instituição de crédito responderá pelas operações realizadas pela sua sucursal em Portugal.

CAPÍTULO III
PRESTAÇÃO DE SERVIÇOS

Artigo 60.º
Liberdade de prestação de serviços

As instituições de crédito referidas no artigo 48.º e autorizadas a prestar no seu país de origem os serviços constantes da lista anexa à Directiva n.º 89/646/CEE, do Conselho, de 15 de Dezembro de

1989, podem prestar esses serviços em território português, ainda que não possuam estabelecimento em Portugal.

Artigo 61.º
Requisitos

1 — É condição do início da prestação de serviços no País que o Banco de Portugal receba, da autoridade de supervisão do país de origem, uma comunicação da qual constem as operações que a instituição se propõe realizar em Portugal, bem como a certificação de que tais operações estão compreendidas na autorização do país de origem.

2 — O Banco de Portugal pode determinar que as entidades a que a presente secção se refere esclareçam o público quanto ao seu estatuto, características, principais elementos de actividade e situação financeira.

3 — É aplicável, com as devidas adaptações, o disposto no artigo 53.º

CAPÍTULO IV
ESCRITÓRIOS DE REPRESENTAÇÃO

Artigo 62.º
Registo

1 — A instalação e o funcionamento em Portugal de escritórios de representação de instituições de crédito com sede no estrangeiro dependem, sem prejuízo da legislação aplicável em matéria de registo comercial, de registo prévio no Banco de Portugal, mediante apresentação de certificado emitido pelas autoridades de supervisão do país de origem, e que especifique o regime da instituição por referência à lei que lhe é aplicável.

2 — O início de actividade dos escritórios de representação deve ter lugar nos três meses seguintes ao registo no Banco de Portugal, podendo este, se houver motivo fundado, prorrogar o prazo por igual período.

Artigo 63.º
Âmbito de actividade

1 — A actividade dos escritórios de representação decorre na estrita dependência das instituições de crédito que representam, apenas lhes sendo permitido zelar pelos interesses dessas instituições em Portugal e informar sobre a realização de operações em que elas se proponham participar.

2 — É especialmente vedado aos escritórios de representação:

a) Realizar directamente operações que se integrem no âmbito de actividade das instituições de crédito;

b) Adquirir acções ou partes de capital de quaisquer sociedades nacionais;

c) Adquirir imóveis que não sejam os indispensáveis à sua instalação e funcionamento.

Artigo 64.º
Gerência

Os gerentes de escritórios de representação devem dispor de poderes bastantes para tratar e resolver definitivamente, no País, todos os assuntos que respeitem à sua actividade.

TÍTULO V
REGISTO

Artigo 65.º
Sujeição a registo

1 — As instituições de crédito não podem iniciar a sua actividade enquanto não se encontrarem inscritas em registo especial no Banco de Portugal.

2 — O disposto no número anterior não obsta à sujeição a registo nos termos previstos no Código do Mercado de Valores Mobiliários.

Artigo 66.º
Elementos sujeitos a registo

O registo das instituições com sede em Portugal abrangerá os seguintes elementos:
 a) Firma ou denominação;
 b) Objecto;
 c) Data de constituição;
 d) Lugar da sede;
 e) Capital social;
 f) Capital realizado;
 g) Identificação de accionistas detentores de participações qualificadas;
 h) Identificação dos membros dos órgãos de administração, de fiscalização e da mesa da assembleia geral;
 i) Delegações de poderes de gestão;
 j) Data do início da actividade;
 l) Lugar e data da criação de filiais, sucursais e agências;
 m) Identificação dos gerentes das sucursais estabelecidas no estrangeiro;
 n) Acordos parassociais referidos no artigo 111.º;

o) Alterações que se verifiquem nos elementos constantes das alíneas anteriores.

Artigo 67.º
Instituições autorizadas no estrangeiro

O registo das instituições de crédito autorizadas em país estrangeiro e que disponham de sucursal ou escritório de representação em Portugal abrangerá os seguintes elementos:

a) Firma ou denominação;
b) Data a partir da qual pode estabelecer-se em Portugal;
c) Lugar da sede;
d) Lugar das sucursais, agências e escritórios de representação em Portugal;
e) Capital afecto às operações a efectuar em Portugal, quando exigível;
f) Operações que a instituição pode efectuar no país de origem e operações que pretende exercer em Portugal;
g) Identificação dos gerentes das sucursais e dos escritórios de representação;
h) Alterações que se verifiquem nos elementos referidos nas alíneas anteriores.

Artigo 68.º
Instituições não estabelecidas em Portugal

1 — O Banco de Portugal organizará ainda um registo especial de instituições de crédito e instituições financeiras com sede em países da Comunidade Europeia e não estabelecidas em Portugal que prestem serviços no País.

2 — A inscrição no registo faz-se mediante requerimento da entidade interessada, acompanhado de certificado emitido pelas autoridades de supervisão do país de origem, que especifique o seu regime por referência à lei que lhe é aplicável.

3 — Para informação do público, o Banco de Portugal pode publicar lista das entidades registadas nos termos do presente artigo.

Artigo 69.º
Registo dos membros dos órgãos de administração e fiscalização

1 — O registo dos membros dos órgãos de administração e fiscalização, incluindo os que integrem o conselho geral e os administradores não executivos, deverá ser solicitado, após a respectiva designação, mediante requerimento da instituição ou dos interessados.

2 — Poderão a instituição ou os interessados solicitar o registo provisório antes da designação, devendo a conversão do registo em definitivo ser requerida no prazo de 30 dias a contar da designação, sob pena de caducidade.

3 — Em caso de recondução, será esta averbada no registo, a requerimento dos interessados.

4 — A falta de idoneidade ou experiência dos membros do órgão de administração ou fiscalização é fundamento de recusa de registo.

5 — A recusa do registo com fundamento em falta de idoneidade ou experiência dos membros do órgão de administração ou fiscalização será comunicada aos interessados e à instituição de crédito, a qual tomará as medidas adequadas para que aqueles cessem imediatamente funções.

6 — A recusa de registo atingirá apenas as pessoas a quem não tenham sido reconhecidas as referidas qualidades, a menos que tal circunstância respeite à maioria dos membros do órgão em causa, ou que deixem de mostrar-se preenchidas, por outro modo, as exigências legais ou estatutárias para o normal funcionamento do órgão, caso em que se seguirá o disposto no artigo 32.º

7 — A falta de registo não determina a invalidade dos actos praticados pela pessoa em causa no exercício das suas funções.

8 — O disposto nos números anteriores aplica-se, com as necessárias adaptações, aos gerentes das sucursais e dos escritórios de representação referidos no artigo 45.º

9 — Sempre que o objecto da instituição de crédito compreender alguma actividade de intermediação em valores mobiliários, o Banco de Portugal, antes de decidir, solicitará informações à Comissão do Mercado de Valores Mobiliários, devendo a Comissão, se for caso disso, prestar as referidas informações no prazo de quinze dias [269].

---

[269] Aditado pelo Dec.-Lei n.º 232/96.

Artigo 70.º
Factos supervenientes

1 — As instituições de crédito comunicarão ao Banco de Portugal, logo que deles tenham conhecimento, factos referidos no n.º 3 do artigo 30.º que sejam supervenientes ao registo da designação e que digam respeito a qualquer das pessoas referidas no n.º 1 do mesmo artigo.

2 — Dizem-se supervenientes tanto os factos ocorridos posteriormente ao registo como os factos anteriores de que só haja conhecimento depois de efectuado o registo.

3 — O dever estabelecido no n.º 1 considera-se suprido se a comunicação for feita pelas próprias pessoas a quem os factos respeitarem.

4 — Se o Banco de Portugal concluir não estarem satisfeitos os requisitos de idoneidade exigidos para o exercício do cargo, cancelará o respectivo registo e comunicará a sua decisão às pessoas em causa e à instituição de crédito, a qual tomará as medidas adequadas para que aquelas cessem imediatamente funções.

5 — O registo será sempre cancelado quando se verifique que foi obtido por meio de falsas declarações ou outros expedientes ilícitos, independentemente das sanções penais que ao caso couberem.

6 — É aplicável o disposto nos n.ºs 6 e 7 do artigo anterior.

7 — O disposto no presente artigo aplica-se, com as necessárias adaptações, aos gerentes de sucursais e de escritórios de representação referidos no artigo 45.º

Artigo 71.º
Prazos, informações complementares e certidões

1 — O prazo para requerer qualquer registo é de 30 dias a contar da data em que os factos a registar tiverem ocorrido.

2 — O registo das instituições de crédito deve ser requerido no mesmo prazo, a contar da data da constituição definitiva ou, tratando-se de entidades com sede no estrangeiro estabelecidas em Portugal, da habilitação para o estabelecimento em Portugal.

3 — Quando o requerimento ou a documentação apresentada contiverem insuficiências ou irregularidades que possam ser supri-

das pelos interessados, estes serão notificados para as suprirem em prazo razoável, sob pena de, não o fazendo, ser recusado o registo.

4 — O registo considera-se efectuado se o Banco de Portugal nada objectar no prazo de 30 dias a contar da data em que receber o pedido devidamente instruído, ou, se tiver solicitado informações complementares, no prazo de 30 dias após a recepção destas.

5 — Do registo serão passadas certidões a quem demonstre interesse legítimo.

Artigo 72.º
Recusa de registo

Além de outros fundamentos legalmente previstos, o registo será recusado nos seguintes casos:

a) Quando for manifesto que o facto não está titulado nos documentos apresentados;

b) Quando se verifique que o facto constante do documento já está registado ou não está sujeito a registo;

c) Quando falte qualquer autorização legalmente exigida;

d) Quando for manifesta a nulidade do facto;

e) Quando se verifique que não está preenchida alguma das condições de que depende a autorização necessária para a constituição da instituição ou para o exercício da actividade, nomeadamente quando algum dos membros do órgão de administração ou de fiscalização não satisfaça os requisitos de idoneidade e experiência legalmente exigidos, bem como quando haja fundamento para oposição nos termos do n.º 3 do artigo 33.º e no caso previsto no n.º 7 do artigo 105.º.

TÍTULO VI
REGRAS DE CONDUTA

CAPÍTULO I
DEVERES GERAIS

Artigo 73.º
Competência técnica

As instituições de crédito devem assegurar aos clientes, em todas as actividades que exerçam, elevados níveis de competência técnica, dotando a sua organização empresarial com os meios materiais e humanos necessários para realizar condições apropriadas de qualidade e eficiência.

Artigo 74.º
Relações com os clientes

Nas relações com os clientes, os administradores e os empregados das instituições de crédito devem proceder com diligência, neutralidade, lealdade e discrição e respeito consciencioso dos interesses que lhes estão confiados.

Artigo 75.º
Dever de informação

1 — As instituições de crédito devem informar os clientes sobre a remuneração que oferecem pelos fundos recebidos e sobre o preço dos serviços prestados e outros encargos suportados por aqueles.

2 — O Banco de Portugal regulamentará, por aviso, os requisitos mínimos que as instituições de crédito devem satisfazer na divulgação ao público das condições em que prestam os seus serviços.

Artigo 76.º
Critério de diligência

Os membros dos órgãos de administração das instituições de crédito, bem como as pessoas que nelas exerçam cargos de direcção, gerência, chefia ou similares, devem proceder nas suas funções com a diligência de um gestor criterioso e ordenado, de acordo com o princípio da repartição de riscos e da segurança das aplicações, e tendo em conta o interesse dos depositantes, dos investidores e dos demais credores.

Artigo 77.º
Códigos de conduta

1 — O Banco de Portugal poderá estabelecer, por aviso, regras de conduta que considere necessárias para complementar e desenvolver as fixadas no presente diploma.

2 — Os códigos de conduta elaborados pelas associações representativas das instituições de crédito serão submetidos à aprovação do Banco de Portugal.

3 — O Banco de Portugal poderá, quando o julgue conveniente, determinar às associações representativas das instituições interessadas a elaboração de códigos de conduta e, bem assim, emitir instruções orientadoras para esse efeito.

4 — Os códigos de conduta, depois de aprovados, serão enviados pelo Banco de Portugal para publicação na 2.ª série do *Diário da República*, entrando em vigor após a publicação e nos prazos neles determinados.

CAPÍTULO II
SEGREDO PROFISSIONAL

Artigo 78.º
Dever de segredo

1 — Os membros dos órgãos de administração ou de fiscalização das instituições de crédito, os seus empregados, mandatários, comitidos e outras pessoas que lhes prestem serviços a título permanente ou

ocasional não podem revelar ou utilizar informações sobre factos ou elementos respeitantes à vida da instituição ou às relações desta com os seus clientes cujo conhecimento lhes advenha exclusivamente do exercício das suas funções ou da prestação dos seus serviços.

2 — Estão, designadamente, sujeitos a segredo os nomes dos clientes, as contas de depósito e seus movimentos e outras operações bancárias.

3 — O dever de segredo não cessa com o termo das funções ou serviços.

Artigo 79.º
Excepções ao dever de segredo

1 — Os factos ou elementos das relações do cliente com a instituição podem ser revelados mediante autorização do cliente, transmitida à instituição.

2 — Fora do caso previsto no número anterior, os factos e elementos cobertos pelo dever de segredo só podem ser revelados:

a) Ao Banco de Portugal, no âmbito das suas atribuições;

b) À Comissão do Mercado de Valores Mobiliários, no âmbito das suas atribuições;

c) Ao Fundo de Garantia de Depósitos, no âmbito das suas atribuições;

d) Nos termos previstos na lei penal e de processo penal;

e) Quando exista outra disposição legal que expressamente limite o dever de segredo.

Artigo 80.º
Dever de segredo das autoridades de supervisão

1 — As pessoas que exerçam ou tenham exercido funções no Banco de Portugal, bem como as que lhe prestem ou tenham prestado serviços a título permanente ou ocasional, ficam sujeitas a dever de segredo sobre factos cujo conhecimento lhes advenha exclusivamente do exercício dessas funções ou da prestação desses serviços e não poderão divulgar nem utilizar as informações obtidas.

2 — Os factos e elementos cobertos pelo dever de segredo só podem ser revelados mediante autorização do interessado, transmi-

tida ao Banco de Portugal, ou nos termos previstos na lei penal e de processo penal.

3 — Fica ressalvada a divulgação de informações confidenciais relativas a instituições de crédito no âmbito de providências extraordinárias de saneamento ou de processos de liquidação, excepto tratando-se de informações relativas a pessoas que tenham participado no plano de saneamento financeiro da instituição.

4 — É lícita, designadamente para efeitos estatísticos, a divulgação de informações em forma sumária ou agregada e que não permita identificação individualizada de pessoas ou instituições.

Artigo 81.º
Cooperação com outras entidades

1 — O disposto nos artigos anteriores não obsta, igualmente, que o Banco de Portugal troque informações com as seguintes entidades:

   a) Comissão do Mercado de Valores Mobiliários;
   b) Instituto de Seguros de Portugal;
   c) Caixa Central do Crédito Agrícola Mútuo;
   d) Organismos encarregados da gestão dos sistemas de garantia de depósitos ou de protecção dos investidores, quanto às informações necessárias ao cumprimento das suas funções ([270]);
   e) Autoridades intervenientes em processos de liquidação de instituições de crédito;
   f) Pessoas encarregadas do controlo legal das contas das instituições de crédito;
   g) Autoridades de supervisão dos Estados membros da Comunidade Europeia, quanto às informações previstas nas directivas comunitárias aplicáveis às instituições de crédito e instituições financeiras;
   h) No âmbito de acordos de cooperação que o Banco haja celebrado, autoridades de supervisão de Estados que não sejam membros da Comunidade Europeia, em regime de reciprocidade, quanto às informações necessárias à supervisão, em base individual ou consolidada, das instituições de crédito com sede em Portugal e das instituições de natureza equivalente com sede naqueles Estados.

([270]) Redacção alterada pelo Dec.-Lei n.º 232/96.

i) Bancos centrais e outros organismos de vocação similar, enquanto autoridades monetárias, e outras autoridades com competência para a supervisão dos sistemas de pagamento [271].

2 — O Banco de Portugal poderá também trocar informações com autoridades, organismos e pessoas que exerçam funções equivalentes às das entidades mencionadas nas alíneas *a)* a *f)* do número anterior em Estados membros da Comunidade Europeia ou em outros países, devendo, neste último caso, observar-se o disposto na alínea *h)* do mesmo número.

3 — Ficam sujeitas a dever de segredo todas as autoridades, organismos e pessoas que participem nas trocas de informações referidas nos números anteriores.

4 — As informações recebidas pelo Banco de Portugal nos termos do presente artigo só podem ser utilizadas:

a) Para exame das condições de acesso à actividade das instituições de crédito e das sociedades financeiras;

b) Para supervisão, em base individual ou consolidada, da actividade das instituições de crédito, nomeadamente quanto a liquidez, solvabilidade, grandes riscos, e demais requisitos de adequação de fundos próprios, organização administrativa e contabilística e controlo interno [272];

c) Para aplicação de sanções;

d) No âmbito de recursos interpostos de decisões do Ministro das Finanças ou do Banco de Portugal, tomadas nos termos das disposições aplicáveis às entidades sujeitas à supervisão deste.

e) Para efeitos da política monetária e do funcionamento ou supervisão dos sistemas de pagamento [273].

5 — No caso previsto na alínea *i)* do número 1, o Banco de Portugal só poderá comunicar informações que tenha recebido das entidades referidas na alínea *g)* do mesmo número com o consentimento expresso dessas entidades [274].

---

[271] Aditado pelo Dec.-Lei n.º 232/96.
[272] Redacção alterada pelo Dec.-Lei n.º 232/96.
[273] Aditado pelo Dec.-Lei n.º 232/96.
[274] Aditado pelo Dec.-Lei n.º 232/96.

Artigo 82.º
Cooperação com países terceiros

Os acordos de cooperação referidos na alínea *h*) do n.º 1 e no n.º 2 do artigo anterior só podem ser celebrados quando as informações a prestar beneficiem de garantias de segredo pelo menos equivalentes às estabelecidas no presente diploma.

Artigo 83.º
Informações sobre riscos

Independentemente do estabelecido quanto ao Serviço de Centralização de Riscos de Crédito, as instituições de crédito poderão organizar, sob regime de segredo, um sistema de informações recíprocas com o fim de garantir a segurança das operações.

Artigo 84.º
Violação do dever de segredo

Sem prejuízo de outras sanções aplicáveis, a violação do dever de segredo é punível nos termos do Código Penal.

CAPÍTULO III
CONFLITOS DE INTERESSES

Artigo 85.º
Crédito a membros dos órgãos sociais

1 — Sem prejuízo do disposto nos n.ºs 5 e 6, as instituições de crédito não podem conceder crédito, sob qualquer forma ou modalidade, incluindo a prestação de garantias, e quer directa quer indirectamente, aos membros dos seus órgãos de administração ou fiscalização, nem a sociedades ou outros entes colectivos por eles directa ou indirectamente dominados.

2 — Presume-se o carácter indirecto da concessão de crédito quando o beneficiário seja cônjuge, parente ou afim em 1.º grau de

algum membro dos órgãos de administração ou fiscalização ou uma sociedade directa ou indirectamente dominada por alguma ou algumas daquelas pessoas.

3 — Para os efeitos deste artigo, é equiparada à concessão de crédito aquisição de partes de capital em sociedades ou outros entes colectivos referidos nos números anteriores.

4 — Ressalvam-se do disposto nos números anteriores as operações de carácter ou finalidade social ou decorrentes da política de pessoal.

5 — O disposto nos n.os 1 a 4 não se aplica aos membros do conselho geral, aos administradores não executivos das instituições de crédito e a sociedades ou outros entes colectivos por eles dominados.

6 — O disposto nos n.os 1 a 4 não se aplica às operações de concessão de crédito de que sejam beneficiárias instituições de crédito, sociedades financeiras ou sociedades gestoras de participações sociais que se encontrem incluídas em supervisão em base consolidada a que esteja sujeita a instituição de crédito em causa.

7 — Os membros do órgão de administração ou fiscalização de uma instituição de crédito não podem participar na apreciação e decisão de operações de concessão de crédito a sociedades ou outros entes colectivos não incluídos no n.º 1 de que sejam gestores ou em que detenham participações qualificadas, bem como na apreciação e decisão dos casos abrangidos pelos n.os 5 e 6, exigindo-se em todas estas situações a aprovação por maioria de pelo menos dois terços dos restantes membros do órgão de administração e o parecer favorável do órgão de fiscalização.

Artigo 86.º
Outras operações

Os membros do órgão de administração, os directores e outros empregados, os consultores e os mandatários das instituições de crédito não podem intervir na apreciação e decisão de operações em que sejam directa ou indirectamente interessados os próprios, seus cônjuges, parentes ou afins em 1.º grau, ou sociedades ou outros entes colectivos que uns ou outros directa ou indirectamente dominem.

CAPÍTULO IV
DEFESA DA CONCORRÊNCIA E PUBLICIDADE

Artigo 87.º
Defesa da concorrência

1 — A actividade das instituições de crédito, bem como a das suas associações empresariais, está sujeita à legislação da defesa da concorrência.

2 — Não se consideram restritivos da concorrência os acordos legítimos entre instituições de crédito e as práticas concertadas que tenham por objecto as operações seguintes:

a) Participação em emissões e colocações de valores mobiliários ou instrumentos equiparados;

b) Concessão de créditos ou outros apoios financeiros de elevado montante a uma empresa ou a um conjunto de empresas.

3 — Na aplicação da legislação da defesa da concorrência às instituições de crédito e suas associações empresariais ter-se-ão sempre em conta os bons usos da respectiva actividade, nomeadamente no que respeite as circunstâncias de risco ou solvabilidade.

Artigo 88.º
**Colaboração do Banco de Portugal
e da Comissão do Mercado de Valores Mobiliários**

Nos processos instaurados por práticas restritivas da concorrência imputáveis a instituições de crédito ou suas associações empresariais será obrigatoriamente solicitado e enviado ao Conselho de Concorrência o parecer do Banco de Portugal, bem como, se estiver em causa o exercício de actividades de intermediação de valores mobiliários, o parecer da Comissão do Mercado de Valores Mobiliários.

Artigo 89.º [275]
Publicidade

1 — A publicidade das instituições de crédito e das suas associações empresariais está sujeita ao regime geral, e, relativamente

---

[275] Redacção do Dec.-Lei n.º 246/95, de 14/9.

às actividades de intermediação de valores mobiliários, ao estabelecido no Código do Mercado de Valores Mobiliários.

2 — As mensagens publicitárias que mencionem a garantia dos depósitos devem limitar-se a referências meramente descritivas e não podem conter quaisquer juízos de valor nem estabelecer comparações com a garantia dos depósitos de outras instituições.

3 — As instituições de crédito autorizadas noutros Estados membros da Comunidade Europeia podem fazer publicidade dos seus serviços em Portugal nos mesmos termos e condições que as instituições com sede no País.

4 — Sem prejuízo do disposto no número seguinte, a fiscalização da observância das normas aplicáveis, a instrução dos processos de ilícitos de mera ordenação social e a aplicação das sanções correspondentes competem ao Banco de Portugal.

5 — As atribuições mencionadas no número anterior cabem à Comissão do Mercado de Valores Mobiliários relativamente às acções publicitárias que infrinjam o disposto no Código do Mercado de Valores Mobiliários.

Artigo 90.º
Intervenção do Banco de Portugal

1 — O Banco de Portugal pode, relativamente à publicidade que não respeite a lei:

a) Ordenar as modificações necessárias para pôr termo às irregularidades;

b) Ordenar a suspensão das acções publicitárias em causa;

c) Determinar a imediata publicação, pelo responsável, de rectificação apropriada.

2 — Em caso de incumprimento das determinações previstas na alínea *c)* do número anterior, pode o Banco de Portugal, sem prejuízo das sanções aplicáveis, substituir-se aos infractores na prática do acto.

TÍTULO VII
NORMAS PRUDENCIAIS E SUPERVISÃO

CAPÍTULO I
PRINCÍPIOS GERAIS

Artigo 91.º
Superintendência

1 — A superintendência do mercado monetário, financeiro e cambial, e designadamente a coordenação da actividade dos agentes do mercado com a política económica e social do Governo, compete ao Ministro das Finanças.

2 — Quando nos mercados monetário, financeiro e cambial se verifique perturbação que ponha em grave perigo a economia nacional, poderá o Governo, por portaria conjunta do Primeiro--Ministro e do Ministro das Finanças, e ouvido o Banco de Portugal, ordenar as medidas apropriadas, nomeadamente a suspensão temporária de mercados determinados ou de certas categorias de operações, ou ainda o encerramento temporário de instituições de crédito.

Artigo 92.º
Orientação e fiscalização do mercado

Compete ao Banco de Portugal a orientação e fiscalização dos mercados monetário e financeiro, tendo em atenção a política económica e social do Governo.

Artigo 93.º
Supervisão

1 — A supervisão das instituições de crédito, e em especial a sua supervisão prudencial, incluindo a da actividade que exerçam

no estrangeiro, incumbe ao Banco de Portugal, de acordo com a sua Lei Orgânica e o presente diploma.

2 — O disposto no número anterior não prejudica os poderes de supervisão atribuídos à Comissão do Mercado de Valores Mobiliários pelo Código do Mercado de Valores Mobiliários.

CAPÍTULO II

NORMAS PRUDENCIAIS

Artigo 94.º
Princípio geral

As instituições de crédito devem aplicar os fundos de que dispõem de modo a assegurar a todo o tempo níveis adequados de liquidez e solvabilidade.

Artigo 95.º
Capital

1 — Compete ao Ministro das Finanças fixar, por portaria, o capital social mínimo das instituições de crédito.

2 — As instituições de crédito constituídas por modificação do objecto de uma sociedade, por fusão de duas ou mais, ou por cisão, devem ter, no acto da constituição, capital social não inferior ao mínimo estabelecido nos termos do número anterior, não podendo também os seus fundos próprios ser inferiores àquele mínimo.

Artigo 96.º
Fundos próprios

1 — O Banco de Portugal, por aviso, fixará os elementos que podem integrar os fundos próprios das instituições de crédito e das sucursais referidas no artigo 57.º, definindo as características que devem ter.

2 — Os fundos próprios não podem tornar-se inferiores ao montante de capital social exigido nos termos do artigo 95.º

3 — Verificando-se diminuição dos fundos próprios abaixo do referido montante, o Banco de Portugal pode, sempre que as circunstâncias o justifiquem, conceder à instituição um prazo limitado para que regularize a situação.

Artigo 97.º
Reservas

1 — Uma fracção não inferior a 10% dos lucros líquidos apurados em cada exercício pelas instituições de crédito deve ser destinada a formação de uma reserva legal, até ao limite do capital social.

2 — Devem ainda as instituições de crédito constituir reservas especiais destinadas a reforçar a situação líquida ou a cobrir prejuízos que a conta de lucros e perdas não possa suportar.

3 — O Banco de Portugal poderá estabelecer, por aviso, critérios, gerais ou específicos, de constituição e aplicação das reservas mencionadas no número anterior.

Artigo 98.º
Segurança das aplicações

As instituições de crédito que concedam a um único cliente créditos de montante superior a 0,5% dos respectivos fundos próprios devem obter dele informação adequada sobre a sua situação económica e financeira, em especial a que deve constar dos documentos de prestação de contas, salvo se, em face das garantias prestadas ou de outras circunstâncias do caso, essa informação for manifestamente desnecessária.

Artigo 99.º
Relações e limites prudenciais

Compete ao Banco de Portugal definir, por aviso, as relações a observar entre rubricas patrimoniais e estabelecer limites prudenciais à realização de operações que as instituições de crédito estejam autorizadas a praticar, em ambos os casos quer em termos individuais, quer em termos consolidados, e nomeadamente:

a) Relação entre os fundos próprios e o total dos activos e das contas extrapatrimoniais, ponderados ou não por coeficientes de risco;

b) Limites à tomada firme de emissões de valores mobiliários para subscrição indirecta ou à garantia da colocação das emissões dos mesmos valores;

c) Limites e formas de cobertura dos recursos alheios e de quaisquer outras responsabilidades perante terceiros;

d) Limites à concentração de riscos;

e) Limites mínimos para as provisões destinadas à cobertura de riscos de crédito ou de quaisquer outros riscos ou encargos;

f) Prazos e métodos da amortização das instalações e do equipamento, das despesas de instalação, de trespasse e outras de natureza similar.

Artigo 100.º
Relação das participações com os fundos próprios

1 — As instituições de crédito não podem deter, directa ou indirectamente, no capital de uma sociedade participação cujo montante ultrapasse 15% dos fundos próprios da instituição participante.

2 — Considera-se participação indirecta a detenção de acções ou outras partes de capital pelas pessoas e nas condições referidas nas alíneas *a)*, *b)* e *c)* da definição 7.ª do artigo 13.º

3 — O montante global das participações qualificadas em sociedades não pode ultrapassar 60% dos fundos próprios da instituição de crédito participante.

4 — Para cálculo dos limites estabelecidos nos números anteriores não serão tomadas em conta:

a) As acções detidas temporariamente em virtude de tomada firme da respectiva emissão, durante o período normal daquela e dentro dos limites fixados nos termos do artigo anterior;

b) As acções ou outras partes de capital detidas em nome próprio mas por conta de terceiros, sem prejuízo dos limites estabelecidos nos termos do artigo anterior.

5 — Não se aplicam os limites fixados nos n.os 1 e 3 quando os excedentes de participação relativamente aos referidos limites sejam cobertos a 100% por fundos próprios e estes não entrem no cálculo do rácio de solvabilidade e de outros rácios ou limites que tenham os fundos próprios por referência.

6 — Caso existam excedentes em relação a ambos os limites a que se refere o número anterior, o montante a cobrir pelos fundos próprios será o mais elevado desses excedentes.

7 — O disposto no presente artigo não se aplica às participações noutras instituições de crédito, sociedades financeiras ou instituições financeiras que estejam incluídas na supervisão em base consolidada a que se encontre sujeita a instituição de crédito participante.

Artigo 101.º
Relação das participações com o capital das sociedades participadas

1 — As instituições de crédito não podem deter, directa ou indirectamente, numa sociedade, por prazo, seguido ou interpolado, superior a três anos, participação que lhes confira mais de 25% dos direitos de voto correspondentes ao capital da sociedade participada.

2 — Considera-se participação indirecta a detenção de acções ou outras partes de capital por pessoas ou em condições que determinem equiparação de direitos de voto para efeitos de participação qualificada.

3 — Não se aplica o limite estabelecido no n.º 1 às participações de uma instituição de crédito noutras instituições de crédito, sociedades financeiras, instituições, sociedades de serviços auxiliares, seguradoras, sociedades gestoras de fundos de pensões e nas sociedades gestoras de participações sociais que apenas detenham partes de capital nas sociedades antes referidas.

Artigo 102.º
Participações qualificadas

1 — A pessoa singular ou colectiva que, directa ou indirectamente, pretenda deter participação qualificada numa instituição de crédito, ou aumentar a participação qualificada que já possua, de tal modo que a percentagem dos seus direitos de voto ou a percentagem de capital que detenha atinja ou ultrapasse qualquer dos limites de 20%, 33% ou 50%, ou de tal modo que a instituição se transforme em sua filial, deve comunicar previamente ao Banco de Portugal o seu projecto e o montante da participação.

2 — A comunicação deve ser feita sempre que da iniciativa ou do conjunto de iniciativas projectados pela pessoa em causa possa resultar qualquer das situações indicadas no número anterior, ainda que o resultado não esteja de antemão assegurado.

Artigo 103.º
Idoneidade dos detentores de participações qualificadas

1 — No prazo máximo de três meses a contar da comunicação referida no artigo anterior, o Banco de Portugal opor-se-á ao projecto, se não considerar demonstrado que a pessoa em causa reúne condições que garantam gestão sã e prudente da instituição de crédito.

2 — Considera-se que tais condições não existem quando se verifique alguma das seguintes circunstâncias:

a) Se o modo como a pessoa em causa gere habitualmente os seus negócios ou a natureza da sua actividade profissional revelarem propensão acentuada para assumir riscos excessivos;

b) Se for inadequada a situação económico-financeira da pessoa em causa, em função do montante da participação que se propõe deter;

c) Se o Banco de Portugal tiver fundadas dúvidas sobre a licitude da proveniência dos fundos utilizados na aquisição da participação, ou sobre a verdadeira identidade do titular desses fundos;

d) Se a estrutura e as características do grupo empresarial em que a instituição de crédito passaria a estar integrada inviabilizarem uma supervisão adequada;

e) Se a pessoa em causa recusar condições necessárias ao saneamento da instituição de crédito que tenham sido previamente estabelecidas pelo Banco de Portugal;

f) Se a pessoa em causa tiver sido, nos últimos cinco anos objecto da sanção prevista na alínea *d)* do n.º 1 do artigo 212.º;

g) Tratando-se de pessoa singular, se se verificar relativamente a ela algum dos factos que indiciem falta de idoneidade nos termos do artigo 30.º

3 — Se o interessado for instituição de crédito autorizada noutro Estado membro da Comunidade Europeia ou empresa-mãe de instituição de crédito nestas condições, ou pessoa singular ou colec-

tiva que domine instituição de crédito autorizada noutro Estado membro, e se, por força da operação projectada, a instituição em que a participação venha a ser detida se transformar em sua filial, o Banco de Portugal, para apreciação do projecto, solicitará parecer da autoridade de supervisão do Estado membro de origem.

4 — Quando não deduza oposição, o Banco de Portugal poderá fixar prazo razoável para a realização da operação projectada.

5 — O Banco de Portugal informará a Comissão da Comunidade Europeia de qualquer tomada de participações numa instituição de crédito sempre que o participante seja pessoa singular não nacional de Estados membros da Comunidade Europeia, ou pessoa colectiva que tenha a sua sede principal e efectiva de administração em país que não seja membro da mesma Comunidade, e, em virtude da participação, a instituição se transforme em sua filial.

6 — O Banco de Portugal determinará, por aviso, os elementos e informações que devem constar da comunicação prevista neste artigo.

7 — Sempre que o objecto da instituição de crédito compreender alguma actividade de intermediação de valores mobiliários, o Banco de Portugal, antes de se pronunciar nos termos do número 1, solicitará informações à Comissão do Mercado de Valores Mobiliários sobre a idoneidade dos detentores de participações qualificadas, devendo a comissão, se for caso disso, prestar as referidas informações no prazo de um mês ([276]).

Artigo 104.º
Comunicação subsequente

Sem prejuízo da comunicação prevista nos artigos anteriores, os factos de que resulte, directa ou indirectamente, a detenção de uma participação qualificada numa instituição de crédito, ou o seu aumento nos termos do disposto no artigo 102.º, devem ser notificados pelo interessado ao Banco de Portugal no prazo de 15 dias a contar da data em que os mesmos factos se verificarem.

([276]) Aditado pelo Dec.-Lei n.º 232/96

Artigo 105.º
Inibição dos direitos de voto

1 — Sem prejuízo das sanções aplicáveis, a constituição ou o aumento de participação qualificada, sem que o interessado tenha procedido à comunicação prevista no artigo 102.º, ou aos quais o Banco de Portugal se tenha oposto, determina inibição do exercício do direito de voto na parte que exceda o limite mais baixo que tiver sido ultrapassado.

2 — Quando tenha conhecimento de algum dos factos referidos no número anterior, o Banco de Portugal dará conhecimento deles e da consequente inibição ao órgão de administração da instituição de crédito e, sempre que o objecto desta compreenda alguma actividade de intermediação em valores mobiliários, à Comissão do Mercado de Valores Mobiliários ([277]).

3 — O órgão de administração da instituição de crédito que tenha recebido a comunicação referida no número anterior, ou que dos factos a que esta respeita haja tido conhecimento por outros meios, deve apresentar essa informação à assembleia dos accionistas.

4 — Se o accionista exercer os direitos de voto de que se encontrar inibido, será registado em acta o sentido da sua votação.

5 — A deliberação em que o accionista tenha exercido direitos de voto de que se encontre inibido nos termos do n.º 1 é anulável, salvo se se provar que a deliberação teria sido tomada e teria sido idêntica ainda que esses direitos não tivessem sido exercidos.

6 — A anulabilidade pode ser arguida nos termos gerais, ou ainda pelo Banco de Portugal.

7 — Se o exercício dos direitos de voto abrangidos pela inibição tiver sido determinante para a eleição dos órgãos de administração ou fiscalização, o Banco de Portugal deve, na pendência da acção de anulação da respectiva deliberação, recusar os respectivos registos.

Artigo 106.º
Cessação da inibição

Em caso de inobservância do disposto no n.º 1 do artigo 102.º, cessa a inibição se o interessado proceder posteriormente à comunicação em falta e o Banco de Portugal não deduzir oposição.

([277]) Redacção do Dec.-Lei n.º 232/96

Artigo 107.º
Diminuição da participação

1 — A pessoa singular ou colectiva que pretenda deixar de deter participação qualificada numa instituição de crédito, ou diminuí-la de tal modo que a percentagem de direitos de voto ou de capital de que seja titular desça a nível inferior a qualquer dos limiares de 20%, 33% ou 50%, ou de tal modo que a instituição deixe de ser sua filial, deve informar previamente o Banco de Portugal e comunicar-lhe o novo montante da sua participação.

2 — É aplicável, com as devidas adaptações, o disposto no artigo 104.º

Artigo 108.º
Comunicação pelas instituições de crédito

1 — As instituições de crédito comunicarão ao Banco de Portugal, logo que delas tenham conhecimento, as alterações a que se referem os artigos 102.º e 107.º

2 — Em Abril de cada ano, as instituições de crédito comunicarão igualmente ao Banco de Portugal a identidade dos seus accionistas detentores de participações qualificadas e o montante das respectivas participações.

Artigo 109.º
Crédito a detentores de participações qualificadas

1 — O montante dos créditos concedidos, sob qualquer forma ou modalidade, incluindo a prestação de garantias, a pessoa que directa ou indirectamente detenha participação qualificada numa instituição de crédito e a sociedade que essa pessoa directa ou indirectamente domine, ou que com ela estejam numa relação de grupo, não poderá exceder, em cada momento e no seu conjunto, 10% dos fundos próprios da instituição.

2 — O montante global dos créditos concedidos a todos os detentores de participações qualificadas e a sociedades referidas no número anterior não poderá exceder, em cada momento, 30% dos fundos próprios da instituição de crédito.

3 — As operações referidas nos números anteriores dependem da aprovação por maioria qualificada de pelo menos dois terços dos membros do órgão de administração e do parecer favorável do órgão de fiscalização da instituição de crédito.

4 — Os n.os 2 e 3 do artigo 85.º são aplicáveis, com as necessárias adaptações, às operações a que se referem os números anteriores.

5 — O disposto no presente artigo não se aplica às operações de concessão de crédito de que sejam beneficiárias instituições de crédito, sociedades financeiras ou sociedades gestoras de participações sociais, que se encontrem incluídas na supervisão em base consolidada a que esteja sujeita a instituição de crédito em causa.

6 — Os montantes de crédito referidos no presente artigo e no n.º 5 do artigo 85.º serão sempre agregados para efeitos do cômputo dos respectivos limites.

Artigo 110.º
Relação de accionistas

1 — Até cinco dias antes da realização das assembleias gerais das instituições de crédito, deve ser publicada, em dois dos jornais mais lidos da localidade da sede, a relação dos accionistas, com indicação das respectivas participações no capital social.

2 — A relação só tem de incluir os accionistas cujas participações excedam 2% do capital social.

3 — O disposto nos números anteriores não se aplica no caso de as assembleias se realizarem ao abrigo do artigo 54.º do Código das Sociedades Comerciais.

Artigo 111.º
Registo de acordos parassociais

1 — Os acordos parassociais entre accionistas de instituições de crédito relativos ao exercício do direito de voto estão sujeitos a registo no Banco de Portugal, sob pena de ineficácia.

2 — O registo pode ser requerido por qualquer das partes do acordo.

Artigo 112.º
Aquisição de imóveis

1 — As instituições de crédito não podem, salvo autorização concedida pelo Banco de Portugal, adquirir imóveis que não sejam indispensáveis à sua instalação e funcionamento ou à prossecução do seu objecto social.

2 — O Banco de Portugal determinará as normas, designadamente de contabilidade, que a instituição de crédito deve observar na aquisição de imóveis.

Artigo 113.º
Outros limites

1 — O valor líquido do activo imobilizado de uma instituição de crédito não pode ultrapassar o montante dos respectivos fundos próprios.

2 — O valor total das acções ou outras partes de capital de quaisquer sociedades detidas por uma instituição de crédito e não abrangidas pelo número anterior não pode ultrapassar 40% dos fundos próprios da mesma instituição.

3 — Para cumprimento do disposto no n.º 1, não são considerados os elementos que, segundo as normas aplicáveis, são deduzidos para efeitos do cálculo dos fundos próprios das instituições de crédito.

Artigo 114.º
Aquisições em reembolso de crédito próprio

Os limites previstos nos artigos 100.º, 101.º e 113.º podem ser excedidos e a restrição constante do artigo 112.º ultrapassada, em resultado de aquisições em reembolso de crédito próprio, devendo as situações daí resultantes ser regularizadas no prazo de dois anos, o qual, havendo motivo fundado, poderá ser prorrogado pelo Banco de Portugal por igual período.

Artigo 115.º
Regras de contabilidade e publicações

1 — Compete ao Banco de Portugal, sem prejuízo das atribuições da Comissão de Normalização Contabilística e do disposto no

Código do Mercado de Valores Mobiliários, estabelecer normas de contabilidade aplicáveis às instituições sujeitas à sua supervisão, bem como definir os elementos que as mesmas instituições lhe devem remeter e os que devem publicar.

2 — As instituições de crédito organizarão contas consolidadas nos termos previstos em legislação própria.

CAPÍTULO III
SUPERVISÃO

SECÇÃO I
SUPERVISÃO EM GERAL

Artigo 116.º
Procedimentos de supervisão

No desempenho das suas funções de supervisão, compete em especial ao Banco de Portugal:

a) Acompanhar a actividade das instituições de crédito;
b) Vigiar pela observância das normas que disciplinam a actividade das instituições de crédito;
c) Emitir recomendações para que sejam sanadas as irregularidades detectadas;
d) Tomar providências extraordinárias de saneamento;
e) Sancionar as infracções.

Artigo 117.º
Sociedades gestoras de participações sociais

1 — Ficam também sujeitas à supervisão do Banco de Portugal as sociedades gestoras de participações sociais relativamente às quais se verifique alguma das seguintes situações:

a) Se o valor total das suas participações em instituições de crédito, sociedades financeiras ou em ambas representar 50% ou mais do montante global das participações que detiverem;

b) Se as participações detidas, directa ou indirectamente, lhes conferirem a maioria dos direitos de voto em uma ou mais instituições de crédito ou sociedades financeiras.

2 — As sociedades gestoras de participações sociais devem comunicar ao Banco de Portugal as situações referidas no número anterior nos 30 dias subsequentes aos factos que as originem.

3 — A Inspecção-Geral de Finanças informará o Banco de Portugal das situações referidas no n.º 1 e que sejam do seu conhecimento.

Artigo 118.º
Gestão sã e prudente

Se as condições em que decorre a actividade de uma instituição de crédito não respeitarem as regras de uma gestão sã e prudente, o Banco de Portugal pode notificá-la para no prazo que lhe fixar, tomar as providências necessárias para restabelecer ou reforçar o equilíbrio financeiro, ou corrigir os métodos de gestão.

Artigo 119.º
Dever de accionista

Quando a situação de uma instituição de crédito o justifique, o Banco de Portugal pode recomendar aos accionistas que lhe prestem o apoio financeiro que seja adequado.

Artigo 120.º
Deveres de informação

1 — ([278]) As instituições de crédito são obrigadas a apresentar ao Banco de Portugal as informações que este considere necessárias à verificação:

a) do seu grau de liquidez e solvabilidade;
b) dos riscos em que incorrem;
c) do cumprimento das normas, legais e regulamentares, que disciplinam a sua actividade;
d) da sua organização administrativa;

([278]) Redacção do Dec.-Lei n.º 232/96

e) da eficácia dos seus controlos internos;

f) dos seus processos de segurança e controlo no domínio informático;

g) Do cumprimento permanente das condições previstas nos artigos 14.º, 15.º e 20.º, número 1, alínea *f)*.

2 — As instituições de crédito facultarão ao Banco de Portugal a inspecção dos seus estabelecimentos e o exame da escrita no local, assim como todos os outros elementos que o Banco considere relevantes para a verificação dos aspectos mencionados no número anterior.

3 — O Banco de Portugal poderá extrair cópias e translados de toda a documentação pertinente.

4 — As entidades não abrangidas pelos números precedentes e que detenham participações qualificadas no capital de instituições de crédito são obrigadas a fornecer ao Banco de Portugal todos os elementos ou informações que o mesmo Banco considere relevantes para a supervisão da instituição em que participam.

5 — Durante o prazo de cinco anos, as instituições de crédito devem manter à disposição do Banco de Portugal os dados pertinentes sobre as transacções relativas a serviços de investimento prestados em outros Estados membros da Comunidade Europeia sobre instrumentos negociados em mercado regulamentado, ainda que tais transacções não tenham sido realizadas em mercado regulamentado ([279]).

Artigo 121.º ([280])
Revisores oficiais de contas e auditores externos

1 — Os revisores oficiais de contas ao serviço de uma instituição de crédito e os auditores externos que, por exigência legal, prestem a uma instituição de crédito serviços de auditoria são obrigados a comunicar ao Banco de Portugal, com a maior brevidade, os factos respeitantes a essa instituição de que tenham tido conhecimento no exercício das suas funções, quando tais factos sejam susceptíveis de:

([279]) Aditado pelo Dec.-Lei n.º 232/96
([280]) Redacção do Dec.-Lei n.º 232/96

a) constituir uma infracção graves às normas, legais ou regulamentares, que estabelecem as condições da autorização ou que regulam, de modo específico o exercício da actividade das instituições de crédito; ou

b) Afectar a continuidade da exploração da instituição de crédito; ou

c) Determinar a recusa da certificação das contas ou a emissão de reservas.

2 — A obrigação prevista no número anterior é igualmente aplicável relativamente aos factos de que as pessoas referidas no mesmo número venham a ter conhecimento no contexto de funções idênticas, mas exercidas em empresa que mantenha com a instituição de crédito onde tais funções são exercidas uma relação de proximidade emergente de uma relação de domínio.

3 — O dever de informação imposto pelo presente artigo prevalece sobre quaisquer restrições à divulgação de informações legal ou contratualmente previstas, não envolvendo nenhuma responsabilidade para os respectivos sujeitos o seu cumprimento.

Artigo 122.º
**Instituições de crédito autorizadas
em outros países comunitários**

1 — As instituições de crédito autorizadas em outros Estados membros da Comunidade Europeia e que exerçam actividade em Portugal, desde que sujeitas à supervisão das autoridades dos países de origem, não estão sujeitas à supervisão prudencial do Banco de Portugal.

2 — Compete, porém, ao Banco de Portugal, em colaboração com as autoridades competentes dos países de origem, supervisar a liquidez das sucursais das instituições de crédito mencionadas no número anterior.

3 — O Banco de Portugal colaborará com as autoridades competentes dos países de origem, no sentido de as instituições referidas no n.º 1 tomarem as providências necessárias para cobrir os riscos resultantes de posições abertas que decorram das operações que efectuem no mercado financeiro português.

4 — As instituições mencionadas estão sujeitas às decisões e outras providências que as autoridades portuguesas tomem no âmbito da política monetária, financeira e cambial e às normas aplicáveis por razões de interesse geral.

Artigo 123.º
Deveres das instituições autorizadas
em outros países comunitários

1 — Para os efeitos do artigo anterior, as instituições nele mencionadas devem apresentar ao Banco de Portugal os elementos de informação que este considere necessários.

2 — É aplicável o disposto nos n.ᵒˢ 2 e 3 do artigo 120.º

Artigo 124.º
Inspecção pelas autoridades do país de origem

1 — Tendo em vista exercer as funções de supervisão prudencial que lhes incumbem, as autoridades competentes dos outros Estados membros da Comunidade Europeia, após terem informado do facto o Banco de Portugal, podem, directamente ou por intermédio de quem tenham mandatado para o efeito, proceder a inspecções nas sucursais que as instituições de crédito autorizadas nesses Estados membros possuam em território português.

2 — As inspecções de que trata o número anterior podem também ser realizadas pelo Banco de Portugal, a pedido das autoridades referidas no mesmo número.

Artigo 125.º
Escritórios de representação

A actividade dos escritórios de representação de instituições de crédito com sede no estrangeiro está sujeita à supervisão do Banco de Portugal, a qual poderá ser feita no local e implicar o exame de livros de contabilidade e de quaisquer outros elementos de informação julgados necessários.

Artigo 126.º
Entidades não habilitadas

1 — Quando haja fundadas suspeitas de que uma entidade não habilitada exerce ou exerceu alguma actividade reservada às instituições de crédito, pode o Banco de Portugal exigir que ela apresente os elementos necessários ao esclarecimento da situação, bem como realizar inspecções no local onde indiciariamente tal actividade seja ou tenha sido exercida, ou onde suspeite que se encontrem elementos relevantes para o conhecimento da mesma actividade.

2 — Sem prejuízo da legitimidade atribuída por lei a outras pessoas, o Banco de Portugal pode requerer a dissolução e liquidação de sociedade ou outro ente colectivo que, sem estar habilitado, pratique operações reservadas a instituições de crédito.

Artigo 127.º
Colaboração de outras autoridades

As autoridades policiais prestarão ao Banco de Portugal a colaboração que este lhes solicite no âmbito das suas atribuições de supervisão.

Artigo 128.º
Apreensão de documentos e valores

1 — No decurso das inspecções a que se refere o n.º 1 do artigo 126.º, pode o Banco de Portugal proceder a apreensão de quaisquer documentos ou valores que constituam objecto, instrumento ou produto de infracção ou que se mostrem necessários à instrução do respectivo processo.

2 — Aos valores apreendidos aplica-se o disposto no n.º 1 do artigo 215.º

Artigo 129.º
Recursos

Nos recursos interpostos das decisões tomadas pelo Banco de Portugal, no exercício dos poderes de supervisão, presume-se, até prova em contrário, que a suspensão da eficácia determina grave lesão do interesse público.

SECÇÃO II
SUPERVISÃO EM BASE CONSOLIDADA

Artigo 130.º
Competência e definições

1 — O Banco de Portugal exercerá a supervisão em base consolidada das instituições de crédito, nos termos da presente secção.

2 — Para os efeitos da presente secção, entende-se por:

a) Entidades equiparadas a instituições de crédito: as sociedades financeiras referidas no n.º 1 do artigo 6.º e ainda qualquer pessoa colectiva que, não sendo instituição de crédito ou sociedade financeira, tenha como actividade principal tomar participações ou exercer uma ou mais actividades previstas nos n.ºs 2 a 12 da lista anexa à Directiva n.º 89/646/CEE do Conselho, de 15 de Dezembro de 1989, e ainda as instituições excluídas a título permanente pelo artigo 2.º da Directiva n.º 77/780/CEE do Conselho, de 12 de Dezembro de 1977, com excepção dos bancos centrais dos Estados membros da Comunidade Europeia;

b) Companhia financeira: alguma das entidades equiparadas a instituições de crédito, cujas filiais sejam exclusiva ou principalmente instituições de crédito ou entidades equiparadas, sendo pelo menos uma destas filiais instituições de crédito;

c) Companhia mista: qualquer empresa-mãe que não seja companhia financeira ou instituição de crédito e em cujas filiais se inclua, pelo menos, uma instituição de crédito;

d) Participação: detenção, directa ou indirecta, de pelo menos 20% dos direitos de voto ou do capital de uma sociedade;

e) Filial: pessoa colectiva relativamente à qual outra pessoa colectiva, designada por empresa-mãe, se encontre numa relação de domínio em alguma das variantes I a IV da alínea *a)* da definição 2.ª do artigo 13.º, ou sobre a qual exerça efectivamente, no juízo das autoridades de supervisão das instituições de crédito, influência dominante.

Artigo 131.º
Âmbito

1 — Sem prejuízo da supervisão em base individual, as instituições de crédito com sede em Portugal que tenham como fi-

liais uma ou mais instituições de crédito ou entidades equiparadas, ou que nelas detenham uma participação ficam sujeitas à supervisão com base na sua situação financeira consolidada.

2 — Sem prejuízo da supervisão em base individual, as instituições de crédito com sede em Portugal, cuja empresa-mãe seja uma companhia financeira com sede num Estado membro da Comunidade Europeia, ficam sujeitas a supervisão com base na situação financeira consolidada da companhia financeira.

3 — O Banco de Portugal pode determinar a inclusão de uma instituição de crédito na supervisão em base consolidada, nos seguintes casos:

a) Quando uma instituição de crédito exerça influência significativa sobre outra instituição de crédito ou entidade equiparada, ainda que não detenha nela qualquer participação;

b) Quando duas ou mais instituições de crédito ou entidades equiparadas estejam sujeitas a direcção única, ainda que não estipulada estatutária ou contratualmente;

c) Quando duas ou mais instituições de crédito ou entidades equiparadas tenham órgãos de administração ou fiscalização compostos maioritariamente pelas mesmas pessoas.

4 — As sociedades de serviços auxiliares serão incluídas na supervisão em base consolidada quando se verificarem as condições previstas nos n.ᵒˢ 1 e 2.

5 — O Banco de Portugal fixará, por aviso, os termos em que instituições de crédito, entidades equiparadas ou sociedades de serviços auxiliares podem ser excluídas da supervisão em base consolidada.

Artigo 132.º
Regras especiais de competência

1 — O Banco de Portugal exercerá a supervisão em base consolidada se uma companhia financeira tiver sede em Portugal e for empresa-mãe de instituições de crédito com sede em Portugal e noutro ou noutros Estados membros da comunidade Europeia.

2 — Se uma companhia financeira possuir em Portugal filial que seja instituição de crédito, e tiver sede em Estado membro da

Comunidade Europeia, onde não se encontre sediada nenhuma das instituições de crédito suas filiais, será da competência do Banco de Portugal o exercício da supervisão nos seguintes casos:

a) Quando as autoridades de supervisão das referidas filiais e a autoridade de supervisão das instituições de crédito do Estado membro onde tiver sede a companhia financeira acordarem na atribuição ao Banco de Portugal de tal competência e, bem assim, convierem em medidas concretas de cooperação e de transmissão de informações que permitam realizar a supervisão em base consolidada;

b) Se não existir o acordo mencionado na alínea anterior, quando a instituição de crédito com sede em Portugal possuir o total de balanço mais elevado em relação aos das outras instituições de crédito filiais ou, se houver igualdade dos totais dos balanços, quando a autorização da filial com sede em Portugal tiver sido a primeira a ser concedida.

3 — O Banco de Portugal poderá acordar com as entidades de supervisão das instituições de crédito dos outros Estados interessados a redistribuição das responsabilidades pela supervisão em base consolidada.

Artigo 133.º
Outras regras

Compete ao Banco de Portugal fixar, por aviso, as regras necessárias à supervisão em base consolidada, nomeadamente:

a) Regras que definam os domínios em que a supervisão terá lugar;

b) Regras sobre a forma e extensão da consolidação;

c) Regras sobre procedimentos de controlo interno das sociedades abrangidas pela supervisão em base consolidada, designadamente as que sejam necessárias para assegurar as informações úteis para a supervisão.

Artigo 134.º
Prestação e informações

1 — As instituições abrangidas pelo disposto nos artigos anteriores são obrigadas a apresentar ao Banco de Portugal todos os ele-

mentos de informação relativos às sociedades em cujo capital participem e que sejam necessários para a supervisão.

2 — As sociedades participadas são obrigadas a fornecer às instituições que nelas participam os elementos de informação que sejam necessários para dar cumprimento ao disposto no número anterior.

3 — Quando a empresa-mãe de uma ou várias instituições de crédito for uma companhia financeira ou uma companhia mista, estas e as respectivas filiais ficam obrigadas a fornecer ao Banco de Portugal todas as informações e esclarecimentos que sejam úteis para a supervisão.

4 — As instituições sujeitas à supervisão do Banco de Portugal que sejam participadas por instituições de crédito com sede no estrangeiro ficam autorizadas a fornecer às instituições participantes as informações e elementos necessários para a supervisão, em base consolidada, pelas autoridades competentes.

5 — O Banco de Portugal poderá, sempre que seja necessário para a supervisão em base consolidada das instituições de crédito, proceder ou mandar proceder a verificações e exames periciais nas companhias financeiras ou mistas e nas respectivas filiais, bem como nas sociedades de serviços auxiliares.

Artigo 135.º
**Colaboração de autoridades de supervisão
de outros países comunitários com o Banco de Portugal**

1 — O Banco de Portugal pode solicitar às autoridades de supervisão dos Estados membros da Comunidade Europeia, em que tenham sede as sociedades participadas, as informações necessárias para a supervisão em base consolidada.

2 — O Banco de Portugal pode igualmente solicitar as informações que sejam necessárias para exercer a supervisão em base consolidada às seguintes autoridades:

a) Autoridades competentes dos Estados membros da Comunidade Europeia em que tenham sede companhias financeiras ou companhias mistas que sejam empresas-mãe de instituições de crédito com sede em Portugal;

b) Autoridades competentes dos Estados membros da Comunidade Europeia em que tenham sede instituições de crédito filiais das mencionadas companhias financeiras.

3 — Pode ainda o Banco de Portugal, para o mesmo fim, solicitar às autoridades referidas que verifiquem informações de que disponha sobre as sociedades participadas, ou que autorizem que essas informações sejam verificadas pelo Banco de Portugal, quer directamente, quer através de pessoa ou entidade mandatada para o efeito.

Artigo 136.º
Colaboração do Instituto de Seguros de Portugal

Quando uma instituição de crédito, uma companhia financeira ou uma companhia mista controlarem uma ou mais filiais sujeitas à supervisão do Instituto de Seguros de Portugal, fornecerá este Instituto ao Banco de Portugal as informações que sejam necessárias à supervisão em base consolidada.

Artigo 137.º
Colaboração com outras autoridades de supervisão de países comunitários

1 — Em ordem à supervisão, em base consolidada, da situação financeira de instituições de crédito com sede em outros Estados membros da Comunidade Europeia, deve o Banco de Portugal prestar às respectivas autoridades de supervisão as informações de que disponha ou que possa obter relativamente às instituições que supervise e que sejam participadas por aquelas instituições.

2 — Quando, para o fim mencionado no número anterior, a autoridade de supervisão de outro Estado membro da Comunidade Europeia solicite a verificação de informações relativas a instituições sujeitas a supervisão do Banco de Portugal e que tenham sede em território português, deve o Banco de Portugal proceder a essa verificação ou permitir que ela seja efectuada pela autoridade que a tiver solicitado, quer directamente, quer através de pessoa ou entidade mandatada para o efeito.

Artigo 138.º
Colaboração com autoridades de supervisão de países terceiros

A colaboração referida nos artigos 135.º e 137.º poderá igualmente ter lugar com as autoridades de supervisão de Estados que não sejam membros da Comunidade Europeia, no âmbito de acordos de cooperação que hajam sido celebrados, em regime de reciprocidade, e salvaguardando o disposto no artigo 82.º

TÍTULO VIII
SANEAMENTO

Artigo 139.º
Finalidade das providências de saneamento

1 — Tendo em vista a protecção dos interesses dos depositantes, investidores e outros credores e a salvaguarda das condições normais de funcionamento do mercado monetário, financeiro ou cambial, o Banco de Portugal poderá adoptar, relativamente às instituições de crédito com sede em Portugal, as providências extraordinárias referidas no presente título.

2 — Não se aplicam às instituições de crédito os regimes gerais relativos aos meios preventivos da declaração de falência e aos meios de recuperação de empresas e protecção de credores.

Artigo 140.º
Dever de comunicação

1 — Quando uma instituição de crédito se encontre impossibilitada de cumprir as suas obrigações, ou em risco de o ficar, o órgão de administração ou de fiscalização deve comunicar imediatamente o facto ao Banco de Portugal.

2 — Os membros do órgão de administração e fiscalização estão individualmente obrigados à comunicação referida no número anterior, devendo fazê-la por si próprios se o órgão a que pertencem a omitir ou a diferir.

3 — A comunicação deve ser acompanhada ou seguida, com a maior brevidade, de exposição das razões determinantes da situação criada e da relação dos principais credores, com indicação dos respectivos domicílios.

Artigo 141.º
Providências extraordinárias de saneamento

Quando uma instituição de crédito se encontre em situação de desequilíbrio financeiro, traduzido, designadamente, na redução dos fundos próprios a um nível inferior ao mínimo legal ou na inobservância dos rácios de solvabilidade ou de liquidez, o Banco de Portugal poderá determinar, no prazo que fixará, a aplicação de alguma ou de todas as seguintes providências de recuperação e saneamento:

a) Apresentação, pela instituição em causa, de um plano de recuperação e saneamento, nos termos do artigo 142.º;

b) Restrições ao exercício de determinados tipos de actividade;

c) Restrições à concessão de crédito e à aplicação de fundos em determinadas espécies de activos, em especial no que respeite a operações realizadas com filiais, com entidade que seja a empresa-mãe da instituição ou com filiais desta;

d) Restrições à recepção de depósitos, em função das respectivas modalidades e da remuneração;

e) Imposição da constituição de provisões especiais;

f) Proibição ou limitação da distribuição de dividendos;

g) Sujeição de certas operações ou de certos actos à aprovação prévia do Banco de Portugal.

Artigo 142.º
Plano de recuperação e saneamento

1 — Verificando-se alguma das situações referidas no artigo anterior, o Banco de Portugal poderá exigir da instituição em causa que elabore um plano de recuperação e saneamento, a submeter à aprovação do Banco no prazo por este fixado.

2 — O Banco de Portugal poderá estabelecer condições para a aceitação do plano de recuperação e saneamento, designadamente aumento ou redução do capital, alienação de participações sociais e outros activos, ou outras que entenda convenientes.

3 — No decurso do saneamento, o Banco de Portugal terá o direito de requerer a todo o tempo a convocação da assembleia geral dos accionistas e de nela intervir com apresentação de propostas.

4 — Não sendo aceite as condições estabelecidas pelo Banco de Portugal, ou as propostas que apresente, poderá ser revogada a autorização de exercício de actividade.

5 — O Banco de Portugal poderá convidar outras instituições a cooperar no saneamento, nomeadamente com o fim de viabilizar adequado apoio monetário ou financeiro, cabendo-lhe orientar essa cooperação.

Artigo 143.º
Designação de administradores provisórios

1 — O Banco de Portugal poderá designar para a instituição de crédito um ou mais administradores provisórios nos seguintes casos:

a) Quando a instituição esteja em risco de cessar pagamentos;

b) Quando a instituição se encontre em situação de desequilíbrio financeiro que, pela sua dimensão ou duração, constitua ameaça grave para a solvabilidade;

c) Quando, por quaisquer razões, a administração não ofereça garantias de actividade prudente, colocando em sério risco os interesses dos credores;

d) Quando a organização contabilística ou os procedimentos de controlo interno apresentem insuficiências graves que não permitam avaliar devidamente a situação patrimonial da instituição.

2 — Os administradores designados pelo Banco de Portugal terão os poderes e deveres conferidos pela lei e pelos estatutos aos membros do órgão de administração e, ainda, os seguintes:

a) Vetar as deliberações da assembleia geral, e sendo caso disso, dos órgãos referidos no n.º 3 do presente artigo;

b) Convocar a assembleia geral;

c) Elaborar, com a maior brevidade, um relatório sobre a situação patrimonial da instituição e as suas causas e submetê-lo ao Banco de Portugal, acompanhado de parecer da comissão de fiscalização, se esta tiver sido nomeada.

3 — Com a designação dos administradores provisórios poderá o Banco de Portugal suspender, no todo ou em parte, o órgão de administração, o conselho geral e quaisquer outros órgãos com funções análogas.

4 — Os administradores provisórios exercerão as suas funções pelo prazo que o Banco de Portugal determinar, no máximo de um ano, prorrogável uma vez por igual período.

5 — A remuneração dos administradores provisórios será fixada pelo Banco de Portugal e constitui encargo da instituição em causa.

Artigo 144.º
Designação de comissão de fiscalização

1 — Quando se verifique alguma das situações previstas no artigo 141.º ou no n.º 1 do artigo 143.º, o Banco de Portugal poderá, juntamente ou não com a designação de administradores provisórios, nomear uma comissão de fiscalização.

2 — A comissão de fiscalização será composta por:

a) Um revisor oficial de contas designado pelo Banco de Portugal, que presidirá:

b) Um elemento designado pela assembleia geral;

c) Um revisor oficial de contas designado pela Câmara dos Revisores Oficiais de Contas.

3 — A falta de designação do elemento referido na alínea *b)* do número anterior não obsta ao exercício das funções da comissão de fiscalização.

4 — A comissão de fiscalização terá os poderes e deveres conferidos por lei ou pelos estatutos ao conselho fiscal ou ao revisor oficial de contas, consoante a estrutura da sociedade, os quais ficarão suspensos pelo período da sua actividade.

5 — A comissão de fiscalização exercerá as suas funções pelo prazo que o Banco de Portugal determinar, no máximo de um ano, prorrogável uma vez por igual período.

6 — A remuneração dos membros da comissão de fiscalização será fixada pelo Banco de Portugal e constitui encargo da instituição em causa.

Artigo 145.º
Outras providências

1 — Juntamente com a designação de administradores provisórios, o Banco de Portugal poderá determinar as seguintes providências extraordinárias:

a) Dispensa temporária da observância de normas sobre controlo prudencial ou de política monetária;

b) Dispensa temporária do cumprimento pontual de obrigações anteriormente contraídas;

c) Encerramento temporário de balcões e outras instalações em que tenham lugar transacções com o público.

2 — O disposto na alínea *b)* do número anterior não obsta à conservação de todos os direitos dos credores contra os co-obrigados ou garantes.

3 — As providências referidas neste artigo terão a duração máxima de um ano, prorrogável uma só vez por igual período de tempo.

Artigo 146.º
Subsistência das providências extraordinárias

As providências extraordinárias previstas no presente título subsistirão apenas enquanto se verificar a situação que as tiver determinado.

Artigo 147.º
Suspensão de execução e prazos

Quando for adoptada a providência extraordinária de designação de administradores provisórios, e enquanto ela durar, ficarão suspensas todas as execuções, incluindo as fiscais, contra a instituição, ou que abranjam os seus bens, sem excepção das que tenham por fim a cobrança de créditos com preferência ou privilégio, e serão interrompidos os prazos de prescrição ou de caducidade oponíveis pela instituição.

Artigo 148.º
Recursos

Nos recursos interpostos das decisões do Banco de Portugal tomadas no âmbito das providências reguladas no presente título presume-se, até prova em contrário, que a suspensão da eficácia determina grave lesão do interesse público.

Artigo 149.º
Aplicação de sanções

A adopção de providências extraordinárias de saneamento não obsta a que, em caso de infracção, sejam aplicadas as sanções previstas na lei.

Artigo 150.º
Levantamento e substituição das penhoras efectuadas pelas repartições de finanças

O disposto no n.º 1 do artigo 300.º do Código de Processo Tributário aplica-se, com as necessárias adaptações, quando tenha lugar e enquanto decorra a providência extraordinária de designação de administradores provisórios, competindo ao Banco de Portugal exercer a faculdade atribuída naquele artigo ao administrador judicial.

Artigo 151.º
Filiais referidas no artigo 18.º

1 — A adopção de providências extraordinárias de saneamento relativamente às filiais mencionadas no artigo 18.º deve ser precedida de consulta prévia das autoridades de supervisão do país de origem.

2 — Em caso de urgência, as autoridades de supervisão do país de origem devem ser imediatamente informadas das providências adoptadas e das fases essenciais do processo de recuperação.

Artigo 152.º
Regime de liquidação

Verificando-se que, com as providências extraordinárias adoptadas, não foi possível recuperar a instituição, será revogada a autorização para o exercício da respectiva actividade e seguir-se-á o regime de liquidação estabelecido na legislação aplicável.

Artigo 153.º
Sucursais de instituições não comunitárias

O disposto no presente título é aplicável, com as devidas adaptações, às sucursais de instituições de crédito não compreendidas no artigo 48.º.

TÍTULO IX
FUNDO DE GARANTIA DE DEPÓSITOS

Artigo 154.º
Criação e natureza do Fundo

1 — É criado o Fundo de Garantia de Depósitos, adiante designado por Fundo, pessoa colectiva de direito público, dotada de autonomia administrativa e financeira.

2 — O Fundo tem sede em Lisboa e funciona junto do Banco de Portugal.

Artigo 155.º ([281])
Objecto

1 — O Fundo tem por objecto garantir o reembolso de depósitos constituídos nas instituições de crédito que nele participem.

2 — Para os efeitos do disposto no presente título, entende-se por depósito os saldos credores que, nas condições legais e contratuais aplicáveis, devam ser restituídos pela instituição de crédito e consistam em disponibilidades monetárias existentes numa conta ou que resultem de situações transitórias decorrentes de operações bancárias normais.

3 — São abrangidos pelo disposto no número anterior os fundos representados por certificados de depósito emitidos pela instituição de crédito, mas não os representados por outros títulos de dívida por ela emitidos nem os débitos emergentes de aceites próprios ou de promissórias em circulação.

([281]) Redacção do Dec.-Lei n.º 246/95.

Artigo 156.º ([282])
Instituições participantes

1 — Participam obrigatoriamente no Fundo:

a) As instituições de crédito com sede em Portugal autorizadas a receber depósitos;

b) As instituições de crédito com sede em países que não sejam membros da Comunidade Europeia, relativamente aos depósitos captados pelas suas sucursais em Portugal, salvo se esses depósitos estiverem cobertos por um sistema de garantia do país de origem em termos que o Banco de Portugal considere equivalentes aos proporcionados pelo Fundo e sem prejuízo de acordos bilaterais existentes sobre a matéria;

c) Até 31 de Dezembro de 1999, as instituições de crédito constantes do anexo III da Directiva n.º 94/19/CE, do Parlamento Europeu e do Conselho, de 30 de Maio de 1994, relativamente aos depósitos captados pelas suas sucursais em Portugal.

2 — Em complemento da garantia prevista no sistema do país de origem, podem participar no Fundo as instituições de crédito com sede noutros Estados membros da Comunidade Europeia, relativamente aos depósitos captados pelas suas sucursais em Portugal, se o nível ou o âmbito daquela garantia forem inferiores aos proporcionados pelo Fundo.

3 — As instituições de crédito referidas no número anterior ficarão sujeitas às normas legais e regulamentares relativas ao Fundo.

4 — O Banco de Portugal definirá, por aviso e com observância dos princípios estabelecidos nos arts. 160.º a 162.º, as condições segundo as quais as instituições de crédito referidas no n.º 2 poderão participar no Fundo e dele ser excluídas.

5 — Se uma das instituições de crédito mencionadas no n.º 2 for excluída do Fundo, os depósitos efectuados nas suas sucursais anteriormente à data da exclusão continuarão por ele garantidos até à data dos seus próximos vencimentos.

6 — Rege-se por lei especial a garantia dos depósitos captados pelas caixas de crédito agrícola mútuo pertencentes ao Sistema Integrado do Crédito Agrícola Mútuo.

([282]) Redacção do Dec.-Lei n.º 246/95.

Artigo 157.º ([283])
Dever de informação

1 — As instituições de crédito que captem depósitos em Portugal devem prestar ao público todas as informações pertinentes relativas aos sistemas de garantia de que beneficiem os depósitos que recebem, nomeadamente quanto aos respectivos montante, âmbito de cobertura e prazo máximo de reembolso.

2 — A informação deve encontrar-se disponível nos balcões, em local bem identificado e directamente acessível.

Artigo 158.º
Comissão directiva

1 — O Fundo é gerido por uma comissão directiva composta por três membros, sendo o presidente um elemento do conselho de administração do Banco de Portugal, por este designado, e os outros dois nomeados pelo Ministro das Finanças, ouvidos o Banco de Portugal e as associações que em Portugal representem as instituições de crédito participantes.

2 — O presidente da comissão directiva tem voto de qualidade.

3 — O Fundo obriga-se pela assinatura de dois membros da comissão directiva.

4 — Os membros da comissão directiva exercem as suas funções por períodos renováveis de três anos.

Artigo 159.º
Recursos financeiros

O Fundo disporá dos seguintes recursos:
a) Contribuições iniciais das instituições de crédito participantes ([284]);
b) Contribuições periódicas e contribuições especiais das instituições de crédito participantes;
c) Importâncias provenientes de empréstimo;

([283]) Redacção do Dec.-Lei n.º 246/95.
([284]) Redacção do Dec.-Lei n.º 246/95.

d) Rendimentos da aplicação de recursos;
e) Liberalidades;
f) Produto das coimas aplicadas às instituições de crédito.

Artigo 160.º ([285])
Contribuições iniciais

1 — No prazo de 30 dias a contar do registo do início da sua actividade, as instituições de crédito participantes entregarão ao Fundo uma contribuição inicial cujo valor será fixado por aviso do Banco de Portugal, sob proposta do Fundo.

2 — São dispensadas de contribuição inicial as instituições de crédito que resultem de operações de fusão, cisão ou transformação de participantes no Fundo.

Artigo 161.º ([286])
Contribuições periódicas

1 — As instituições de crédito participantes entregarão ao Fundo, até ao último dia útil do mês de Abril, uma contribuição anual.

2 — O valor da contribuição anual de cada instituição de crédito será em função do valor médio dos saldos mensais dos depósitos do ano anterior, não considerando os depósitos excluídos nos termos do artigo 165.º

3 — O Banco de Portugal fixará, ouvidos o Fundo e as associações representativas das instituições de crédito participantes, os escalões da contribuição anual e dos respectivos limites máximos, podendo utilizar critérios de regressividade e atender à situação de solvabilidade das instituições.

4 — Até ao limite de 75% da contribuição anual e em termos a definir no aviso referido no número anterior, as instituições de crédito participantes poderão ser dispensadas de efectuar o respectivo pagamento no prazo estabelecido no n.º 1 desde que assumam o compromisso, irrevogável e caucionado por penhor de valores mobiliários, de pagamento ao Fundo, em qualquer momento em

---

([285]) Redacção do Dec.-Lei n.º 246/95.
([286]) Redacção do Dec.-Lei n.º 246/95.

que este o solicite, da totalidade ou de parte do montante da contribuição que não tiver sido pago em numerário.

Artigo 162.º
Contribuições especiais

1 — Quando os recursos do Fundo se mostrem insuficientes para o cumprimento das suas obrigações, o Ministro das Finanças, sob proposta da comissão directiva, poderá determinar, mediante portaria, que as instituições de crédito participantes efectuem contribuições especiais, e definir os montantes, prestações, prazos e demais termos dessas contribuições.

2 — O valor global das contribuições especiais de uma instituição de crédito não poderá exceder, em cada período de exercício do Fundo, o valor da respectiva contribuição anual.

3 — Sob proposta do Fundo, o Ministro das Finanças poderá isentar as novas instituições participantes, com excepção das referidas no n.º 2 do art. 160.º, da obrigação de efectuar contribuições especiais durante um período de três anos ([287]).

Artigo 163.º
Aplicação de recursos

O Fundo aplicará os recursos disponíveis em operações financeiras, mediante plano de aplicações acordado com o Banco de Portugal.

Artigo 164.º ([288])
Depósitos garantidos

O Fundo garante, até aos limites previstos no art. 166.º, o reembolso:

a) Dos depósitos captados em Portugal ou noutros Estados membros da Comunidade Europeia por instituições de crédito com sede em Portugal, sem prejuízo de, até 31 de Dezembro de 1999, a garantia dos que forem captados nestes Estados membros por sucursais das mencionadas instituições ter como limites o nível e o

---

([287]) Aditado pelo Dec.-Lei n.º 246/95.
([288]) Redacção do Dec.-Lei n.º 246/95.

âmbito de cobertura oferecidos pelo sistema de garantia do país de acolhimento, se forem inferiores aos proporcionados pelo Fundo;

b) Dos depósitos captados em Portugal por sucursais referidas nas alíneas *b)* e *c)* do n.º 1 do art. 156.º;

c) Dos depósitos captados em Portugal por sucursais de instituições de crédito com sede noutros Estados membros da Comunidade Europeia que participem voluntariamente no Fundo, na parte que exceda a garantia prevista no sistema do país de origem.

Artigo 165.º ([289])
Depósitos excluídos da garantia

Excluem-se da garantia de reembolso:

a) Os depósitos constituídos em seu nome e por sua própria conta por instituições de crédito, sociedades financeiras, instituições financeiras, empresas seguradoras, sociedades gestoras de fundos de pensões ou entidades do sector público administrativo;

b) Os depósitos decorrentes de operações em relação às quais tenha sido proferida uma condenação penal, transitada em julgado, pela prática de actos de branqueamento de capitais;

c) Os depósitos constituídos em nome de fundos de investimento, fundos de pensões ou outras instituições de investimento colectivo;

d) Os depósitos de que sejam titulares membros dos órgãos de administração ou fiscalização da instituição de crédito, accionistas que nela detenham participações qualificadas, revisores oficiais de contas ao serviço da instituição, auditores externos que lhe prestem serviços de auditoria ou pessoas com estatuto semelhante noutras empresas que se encontrem em relação de domínio ou de grupo com a instituição;

e) Os depósitos de que sejam titulares cônjuge, parentes ou afins em 1.º grau ou terceiros que actuem por conta de depositantes referidos na alínea anterior;

f) Os depósitos de que sejam titulares empresas que se encontrem em relação de domínio ou de grupo com a instituição de crédito;

([289]) Redacção do Dec.-Lei n.º 246/95.

g) Os depósitos relativamente aos quais o titular tenha injustificadamente obtido da instituição de crédito, a título individual, taxas ou outras vantagens financeiras que tenham contribuído para agravar a situação financeira da instituição de crédito.

Artigo 166.º ([290])
Limites da garantia

1 — O Fundo garante o reembolso da totalidade do valor global dos saldos em dinheiro de cada depositante, sempre que esse valor não ultrapasse o montante fixado por portaria do Ministro das Finanças, ouvido o Banco de Portugal.

2 — No caso de depósitos cujo saldo global ultrapasse o montante fixado nos termos do número anterior, serão consideradas parcelas iguais a esse montante, no máximo de três, garantindo o Fundo o reembolso de 100% da primeira, 75% da segunda e 50% da terceira.

3 — Para os efeitos dos números anteriores, considerar-se-ão os saldos existentes à data em que se verificar a indisponibilidade dos depósitos.

4 — O valor global referido nos números anteriores será determinado com observância dos seguintes critérios:

a) Considerar-se-á o conjunto das contas de depósito de que o interessado seja titular na instituição em causa, independentemente da sua modalidade;

b) Incluir-se-ão nos saldos dos depósitos os respectivos juros, contados até à data referida no n.º 3;

c) Serão convertidos em escudos, ao câmbio da mesma data, os saldos de depósitos expressos em moeda estrangeira;

d) Na ausência de disposição em contrário, presumir-se-á que pertencem em partes iguais aos titulares os saldos das contas colectivas, conjuntas ou solidárias;

e) Se o titular da conta não for o titular do direito aos montantes depositados e este tiver sido identificado ou for identificável antes de verificada a indisponibilidade dos depósitos, a garantia cobre o titular do direito;

([290]) Redacção do Dec.-Lei n.º 246/95.

f) Se o direito tiver vários titulares, a parte imputável a cada um deles, nos termos da regra constante da alínea *d*), será tomada em consideração no cálculo dos limites previstos nos n.ᵒˢ 1 e 2;

g) Os depósitos numa conta à qual tenham acesso várias pessoas na qualidade de membros de uma associação ou de uma comissão especial, desprovidos de personalidade jurídica, são agregados como se tivessem sido feitos por um único depositante e não contam para efeitos do cálculo dos limites previstos nos n.ᵒˢ 1 e 2 aplicáveis a cada uma dessas pessoas.

Artigo 167.º ([291])
Efectivação do reembolso

1 — O reembolso deve ter lugar no prazo máximo de três meses a contar da data em que os depósitos se tornarem indisponíveis, podendo o Fundo, em circunstâncias excepcionais e relativamente a casos individuais, solicitar ao Banco de Portugal três prorrogações, no máximo, daquele prazo, não podendo nenhuma delas ter duração superior a três meses.

2 — Salvaguardando o prazo de prescrição estabelecido na lei geral, o termo do prazo previsto no número anterior não prejudica o direito dos depositantes a reclamarem do Fundo o montante que por este lhes for devido.

3 — Se o titular da conta ou do direito aos montantes depositados tiver sido pronunciado pela prática de actos de branqueamento de capitais, o Fundo suspenderá o reembolso do que lhe for devido até ao trânsito em julgado da sentença final.

4 — Considera-se que há indisponibilidade dos depósitos quando:

a) A instituição depositária, por razões directamente relacionadas com a sua situação financeira, não tiver efectuado o respectivo reembolso nas condições legais e contratuais aplicáveis e o Banco de Portugal tiver verificado, no prazo máximo de 21 dias após se ter certificado pela primeira vez dessa ocorrência, que a instituição não mostra ter possibilidade de restituir os depósitos

---

([291]) Redacção do Dec.-Lei n.º 246/95.

nesse momento nem perspectivas de vir a fazê-lo nos dias mais próximos; ou

b) O Banco de Portugal tornar pública a decisão pela qual revogue a autorização da instituição depositária, caso tal publicação ocorra antes da verificação na alínea anterior; ou

c) Relativamente aos depósitos constituídos em sucursais de instituições de crédito com sede noutros Estados membros da Comunidade Europeia, for recebida uma declaração da autoridade de supervisão do país de origem comprovando que se encontram indisponíveis os depósitos captados por essa instituição.

5 — A instituição depositária é obrigada a fornecer ao Fundo uma relação completa dos créditos dos depositantes, bem como todas as demais informações de que aquele careça para satisfazer os seus compromissos, podendo o Fundo analisar a contabilidade da instituição e recolher nas instalações desta quaisquer outros elementos de informação relevantes.

6 — O Fundo ficará subrogado nos direitos dos depositantes na medida dos reembolsos que tiver efectuado.

Artigo 168.º
Serviços

O Banco de Portugal assegurará os serviços técnicos e administrativos indispensáveis ao bom funcionamento do Fundo.

Artigo 169.º
Períodos de exercício

Os períodos de exercício do Fundo correspondem ao ano civil.

Artigo 170.º
Plano de contas

O plano de contas do Fundo será organizado de modo a permitir identificar claramente a sua estrutura patrimonial e o seu funcionamento e a registar todas as operações realizadas.

Artigo 171.º
Fiscalização

O Conselho de Auditoria do Banco de Portugal acompanhará a actividade do Fundo, zelará pelo cumprimento das leis e regulamentos e emitirá parecer acerca das contas anuais.

Artigo 172.º
Relatório e contas

Até 31 de Março de cada ano, o Fundo apresentará ao Ministro das Finanças, para aprovação, relatório e contas referidos a 31 de Dezembro do ano anterior e acompanhados do parecer do Conselho de Auditoria do Banco de Portugal.

Artigo 173.º
Regulamentação

1 — O Ministro das Finanças aprovará por portaria e sob proposta da comissão directiva, os regulamentos necessários à actividade do Fundo.

2 — Compete igualmente ao Ministro das Finanças fixar as remunerações dos membros da comissão directiva.

TÍTULO X
SOCIEDADES FINANCEIRAS

CAPÍTULO I
AUTORIZAÇÃO DE SOCIEDADES FINANCEIRAS COM SEDE EM PORTUGAL

Artigo 174.º
Requisitos gerais

1 — As sociedades financeiras com sede em Portugal devem satisfazer os seguintes requisitos:
  a) Corresponder a um dos tipos previstos na lei portuguesa;
  b) Ter por objecto alguma ou algumas das actividades referidas no artigo 5.º, ou outra actividade prevista em lei especial;
  c) Ter capital social não inferior ao mínimo legal.

2 — Na data da constituição, o capital social deve estar inteiramente subscrito e realizado em montante não inferior ao mínimo legal.

Artigo 175.º
Autorização

1 — A constituição de sociedades financeiras com sede em Portugal depende de autorização a conceder, caso a caso, pelo Banco de Portugal.

2 — À autorização e ao correspondente pedido aplica-se o disposto nos artigos 17.º, 18.º e 19.º e no n.º 2 do artigo 20.º

Artigo 176.°
Recusa de autorização

A autorização para a constituição de sociedades financeiras será recusada sempre que:

a) O pedido de autorização não estiver instruído com todas as informações e documentos necessários;

b) A instrução do pedido enfermar de inexactidões ou de falsidades;

c) A sociedade a constituir não corresponder aos requisitos estabelecidos no artigo 174.°;

d) O Banco de Portugal não considerar demonstrado que todos os detentores de participações qualificadas satisfazem os requisitos estabelecidos no artigo 103.°;

e) A sociedade não dispuser de meios técnicos e recursos financeiros suficientes para o tipo e volume das operações que pretende realizar.

Artigo 177.°
Caducidade da autorização

1 — A autorização de uma sociedade financeira caduca se os requerentes a ela expressamente renunciarem, se a sociedade não for constituída no prazo de seis meses ou se não iniciar actividade no prazo de 12 meses.

2 — A autorização caduca ainda se a sociedade for dissolvida, sem prejuízo da prática dos actos necessários à respectiva liquidação.

Artigo 178.°
Revogação da autorização

1 — A autorização de uma sociedade financeira pode ser revogada com os seguintes fundamentos, além de outros legalmente previstos:

a) Se tiver sido obtida por meio de falsas declarações ou outros expedientes ilícitos, independentemente das sanções penais que ao caso couberem;

b) Se deixar de se verificar algum dos requisitos estabelecidos no artigo 174.°;

c) Se a actividade da sociedade não corresponder ao objecto estatutário autorizado;

d) Se a sociedade cessar actividade ou a reduzir para nível insignificante por período superior a 12 meses;

e) Se se verificarem irregularidades graves na administração, organização contabilística ou fiscalização interna da sociedade;

f) Se a sociedade não puder honrar os seus compromissos, em especial quanto à segurança dos fundos que lhe tiverem sido confiados;

g) Se a sociedade violar as leis ou os regulamentos que disciplinam a sua actividade, ou não observar as determinações do Banco de Portugal, por modo a pôr em risco os interesses dos investidores e demais credores ou as condições normais de funcionamento do mercado monetário, financeiro ou cambial.

2 — A revogação da autorização implica dissolução e liquidação da sociedade.

Artigo 179.º
Competência e forma da revogação

A competência e a forma da revogação regem-se pelo disposto no artigo 23.º

Artigo 180.º
Regime especial

As sociedades financeiras, relativamente às quais se verifique alguma das circunstâncias mencionadas no artigo 24.º, estão sujeitas, com as necessárias adaptações, ao disposto nos artigos 25.º e 26.º, nos n.ᵒˢ 1, 2 e 3 do artigo 27.º e no artigo 28.º

Artigo 181.º ([292])
Sociedades Gestoras de Fundos de Investimento

Às Sociedades Gestoras de Fundos de Investimento aplica-se o disposto no artigo 29.º-A.

([292]) Redacção do Dec.-Lei n.º 232/96.

Artigo 182.º
Administração e fiscalização

Salvo o disposto em lei especial, são aplicáveis às sociedades financeiras, com as necessárias adaptações, os artigos 30.º a 33.º

Artigo 183.º
Alterações estatutárias

1 — Estão sujeitas a prévia autorização do Banco de Portugal as alterações dos contratos de sociedade e a fusão e cisão das sociedades financeiras, nos termos dos artigos 34.º e 35.º

2 — Tratado-se de sociedades financeiras que exerçam alguma actividade de intermediação de valores mobiliários, o Banco de Portugal solicitará parecer prévio da Comissão do Mercado de Valores Mobiliários sempre que tenha de decidir da autorização.

3 — O parecer da Comissão deve ser emitido no prazo de 5 dias, nos casos do artigo 34.º, e 15 dias, nos casos do artigo 35.º, entendendo-se, em caso de silêncio, que a Comissão se pronunciou em sentido favorável ao pedido.

CAPÍTULO II
ACTIVIDADE NO ESTRANGEIRO DE SOCIEDADES FINANCEIRAS COM SEDE EM PORTUGAL

Artigo 184.º
Sucursais de filiais de instituições de crédito em países comunitários

1 — O disposto no artigo 36.º, no n.º 1 do artigo 37.º e nos artigos 38.º a 40.º aplica-se ao estabelecimento, em Estados membros da Comunidade Europeia, de sucursais de sociedades financeiras com sede em Portugal, quando estas sociedades financeiras, por sua vez, sejam filiais de uma ou várias instituições de crédito que estejam sujeitas à lei portuguesa, gozem de regime legal que lhes permita o

exercício de uma ou mais actividades referidas nos n.ᵒˢ 2 a 12 da lista anexa à Directiva n.º 89/646/CEE do Conselho, de 15 de Dezembro de 1989, e preencham cumulativamente as seguintes condições:

a) Se as empresas-mãe forem autorizadas como instituições de crédito em Portugal;

b) Se as actividades em questão forem efectivamente exercidas em território português;

c) Se as empresas-mãe detiverem 90% ou mais dos direitos de voto correspondentes ao capital da filial;

d) Se as empresas-mãe assegurarem, a contento do Banco de Portugal, a gestão prudente da filial e se declararem, com a anuência do mesmo Banco, solidariamente garantes dos compromissos assumidos pela filial;

e) Se a filial for efectivamente incluída, em especial no que respeita às actividades em questão, na supervisão em base consolidada a que estiver sujeita a respectiva empresa-mãe ou cada uma das empresas-mãe, nomeadamente no que se refere ao cálculo do rácio de solvabilidade, ao controlo de grandes riscos e à limitação de participações noutras sociedades;

f) Se a filial estiver também sujeita a supervisão em base individual.

2 — Da comunicação referida no n.º 1 do artigo 37.º deverá constar o montante dos fundos próprios da sociedade financeira e o rácio de solvabilidade consolidado da instituição de crédito que constitui a respectiva empresa-mãe.

3 — Se uma sociedade financeira que beneficie do disposto no presente artigo deixar de preencher algumas das condições referidas, o Banco de Portugal informará do facto as autoridades de supervisão dos países onde a sociedade tenha estabelecido sucursais.

Artigo 185.º
Sucursais de outras sociedades no estrangeiro

As sociedades financeiras com sede em Portugal que não sejam abrangidas pelo artigo anterior e pretendam estabelecer sucursais em país estrangeiro observarão o disposto no artigo 42.º.

Artigo 186.º
Intervenção da Comissão do Mercado de Valores Mobiliários

Sempre que o objecto da sociedade financeira que pretende estabelecer sucursal no estrangeiro compreender alguma actividade de intermediação de valores mobiliários, o Banco de Portugal solicitará parecer da Comissão do Mercado de Valores Mobiliários, aplicando-se o disposto no n.º 2 do artigo 181.º

Artigo 187.º
Prestação de serviços noutros Estados membros da Comunidade Europeia

1 — A prestação de serviços noutro Estado membro da Comunidade Europeia por uma sociedade financeira que preencha as condições referidas no n.º 1 do artigo 184.º obedece ao disposto no artigo 43.º, devendo a comunicação do Banco de Portugal aí prevista ser acompanhada por comprovativo do preenchimento daquelas condições.

2 — É aplicável, com as necessárias adaptações, o n.º 3 do artigo 184.º

CAPÍTULO III
ACTIVIDADE EM PORTUGAL DE INSTITUIÇÕES FINANCEIRAS COM SEDE NO ESTRANGEIRO

Artigo 188.º
Sucursais de filiais de instituições de crédito de países comunitários

1 — Rege-se pelo disposto nos artigos 44.º e 46.º a 56.º o estabelecimento, em Portugal, de sucursais de instituições financeiras sujeitas à lei de outros Estados membros da Comunidade Europeia quando estas instituições tenham a natureza de filial de instituição de crédito ou de filial comum de várias instituições de crédito, gozem de regime que lhes permita exercer uma ou mais das actividades referidas nos n.ºˢ 2 a 12 da lista anexa à Directiva

n.º 89/646/CEE do Conselho, de 15 de Dezembro de 1989, e preencham cumulativamente as seguintes condições:

a) Se as empresas-mãe forem autorizadas como instituições de crédito no Estado membro a cuja lei a filial se encontrar sujeita;

b) Se as actividades em questão forem efectivamente exercidas no território do mesmo Estado membro;

c) Se as empresas-mãe detiverem 90% ou mais dos direitos de voto correspondentes ao capital da filial;

d) Se as empresas-mãe assegurarem, a contento das autoridades de supervisão do Estado membro de origem, a gestão prudente da filial e se declararem, com a anuência das mesmas autoridades, solidariamente garantes dos compromissos assumidos pela filial;

e) Se a filial for efectivamente incluída, em especial no que respeita às actividades em questão, na supervisão em base consolidada a que estiver sujeita a respectiva empresa-mãe ou cada uma das empresas-mãe, nomeadamente no que se refere ao cálculo do rácio de solvabilidade, ao controlo de grandes riscos e à limitação de participações noutras sociedades;

f) Se a filial estiver também sujeita a supervisão em base individual pelas autoridades do Estado membro de origem, nos termos exigidos pela legislação comunitária.

2 — É condição do estabelecimento que o Banco de Portugal receba, da autoridade de supervisão do país de origem, comunicação da qual constem as informações mencionadas nas alíneas *a)*, feitas as necessárias adaptações, *b)* e *c)* do n.º 1 do artigo 49.º, o montante dos fundos próprios da instituição financeira, o rácio de solvabilidade consolidado da instituição de crédito que constitui a empresa-mãe da instituição financeira titular e um atestado, passado pela autoridade de supervisão do país de origem, comprovativo da verificação das condições referidas no número anterior.

3 — Se uma instituição financeira deixar de preencher alguma das condições previstas no n.º 1 do presente artigo, as sucursais que tenha estabelecido em território português ficam sujeitas ao regime dos artigos 189.º e 190.º

4 — O disposto nos n.ºs 1, 3 e 4 do artigo 122.º e nos artigos 123.º e 124.º é aplicável, com as necessárias adaptações, às filiais referidas no presente artigo.

Artigo 189.°
Outras sucursais

1 — Rege-se pelo disposto nos artigos 44.° a 47.° e 57.° a 59.° o estabelecimento em Portugal de sucursais de instituições financeiras com sede no estrangeiro não abrangidas pelo artigo anterior e que correspondam a um dos tipos previstos no artigo 6.°

2 — O disposto no artigo 181.° é aplicável ao estabelecimento das sucursais referidas no número anterior, quando as mesmas se proponham exercer no País alguma actividade de intermediação de valores mobiliários.

Artigo 190.°
Âmbito de actividade

A autorização para o estabelecimento, em Portugal, de sucursais referidas no artigo anterior não será concedida de modo a permitir exercício de actividades em termos mais amplos do que os legalmente estabelecidos para as instituições de tipo equivalente com sede em Portugal.

Artigo 191.°
Prestação de serviços

À prestação de serviços, no País, por instituições financeiras que preencham as condições referidas no artigo 188.° é aplicável o disposto nos artigos 60.° e 61.°, devendo a comunicação mencionada no n.° 1 do artigo 61.° ser acompanhada de certificado, passado pela autoridade de supervisão do país de origem, comprovativo de que se verificam as condições referidas no n.° 1 do artigo 188.°

Artigo 192.°
Escritórios de representação

A instalação e o funcionamento, em Portugal, de escritórios de representação de instituições financeiras com sede no estrangeiro regulam-se com as necessárias adaptações, pelo disposto nos artigos 62.° a 64.° e 125.°

Artigo 193.º
Intervenção da Comissão do Mercado de Valores Mobiliários

No caso de o objecto das instituições financeiras referidas no artigo anterior incluir o exercício de actividades de intermediação de valores mobiliários, é aplicável, com as necessárias adaptações, o disposto nos n.ºs 1 e 2 do artigo 181.º

CAPÍTULO IV
OUTRAS DISPOSIÇÕES

Artigo 194.º
Registo

1 — As sociedades financeiras não podem iniciar a sua actividade enquanto não se encontrarem inscritas em registo especial no Banco de Portugal.

2 — É aplicável, com as devidas adaptações, o disposto nos artigos 65.º a 72.º

Artigo 195.º
Regras de conduta

Salvo o disposto em lei especial, as sociedades financeiras estão sujeitas, com as necessárias adaptações, às normas contidas nos artigos 73.º a 90.º

Artigo 196.º ([293])
Normas prudenciais

1 — Salvo o disposto em lei especial, é aplicável às sociedades financeiras o disposto nos artigos 94.º a 97.º, 99.º e 102.º, nos n.ºs 1, 2, 4, 6 e 7 do artigo 103.º e nos artigos 104.º a 111.º e 115.º.

([293]) Redacção do Dec.-Lei n.º 232/96.

Artigo 197.º
Supervisão

1 — Salvo o disposto em lei especial, é aplicável às sociedades financeiras, com as necessárias adaptações, o disposto nos artigos 93.º, 116.º, 118.º a 121.º e 125.º a 129.º

2 — Quando uma instituição financeira com sede no estrangeiro, e que em Portugal preste serviços ou disponha de escritório de representação, exerça no País actividade de intermediação de valores mobiliários, a supervisão dessa actividade compete igualmente à Comissão do Mercado de Valores Mobiliários.

Artigo 198.º
Saneamento

1 — Salvo o disposto em lei especial, é aplicável, com as necessárias adaptações, às sociedades financeiras e às sucursais estabelecidas em Portugal o disposto nos artigos 139.º a 153.º

2 — Tratando-se de sociedades financeiras que exerçam alguma actividade de intermediação de valores mobiliários, o Banco de Portugal manterá a Comissão do Mercado de Valores Mobiliários informada das providências que tomar nos termos dos artigos referidos no número anterior e, sempre que possível, ouvi-la-á antes de tomar alguma das providências ou decisões previstas nos artigos 141.º a 145.º e 152.º

Artigo 199.º
Remissão

Em tudo quanto não contrarie o disposto no presente diploma, as sociedades financeiras regem-se pela legislação especial aplicável.

TÍTULO X-A ([294])
SERVIÇOS DE INVESTIMENTO E EMPRESAS DE INVESTIMENTO

CAPÍTULO I
DISPOSIÇÃO GERAL

Artigo 199.º-A
Definições

Para efeitos deste Título, entende-se por:

1.º Serviços de investimento:

a) Recepção e transmissão, por conta de investidores, de ordens relativas a qualquer um dos instrumentos financeiros referidos no número 2 deste artigo;

b) Execução, por conta de terceiros, de ordens relativas a qualquer um dos instrumentos financeiros referidos no número 2 deste artigo;

c) Negociação, por conta própria, de qualquer um dos instrumentos financeiros referidos no n.º 2 deste artigo;

d) Gestão de carteiras de investimento, numa base discricionária e individualizada, no âmbito de mandato conferido pelos investidores, sempre que essas carteiras incluam algum dos instrumentos financeiros referidos no número 2 deste artigo;

e) Colocação, com ou sem tomada firme, de qualquer um dos instrumentos financeiros referidos no n.º 2 deste artigo.

2.º Instrumentos financeiros: os indicados na Secção B do Anexo à Directiva n.º 93/22/CEE do Conselho, de 10 de Maio de 1993.

([294]) Este título X-A e os respectivos artigos foram aditados pelo artigo 2.º do Dec.-Lei 232/96.

3.º Empresas de investimento: empresas em cuja actividade habitual se inclua a prestação de serviços de investimento a terceiros e que estejam sujeitas aos requisitos de fundos próprios previstos na Directiva n.º 93/6/CEE do Conselho, de 15 de Março de 1993, com excepção das instituições de crédito e das entidades abrangidas no âmbito de previsão do número 2 do art. 2.º da Directiva n.º 93/22/CEE, do Conselho, de 10 de Maio de 1993.

Artigo 199.º-B
Regime Jurídico

1 — As empresas de investimentos estão sujeitas a todas as normas do presente diploma aplicáveis às sociedades financeiras e, em especial, às disposições do presente Título.

2 — O disposto nas alíneas e) e f) do art. 199.º-E é também aplicável às instituições de crédito, no âmbito da prestação de serviços de investimento.

CAPÍTULO II
AUTORIZAÇÃO DE EMPRESAS DE INVESTIMENTO COM SEDE EM PORTUGAL

Artigo 199.º-C
Autorização de empresas de investimento com sede em Portugal

O Título II é aplicável, com as necessárias adaptações, às empresas de investimento com sede em Portugal, com as seguintes modificações:

a) Não é aplicável a alínea b) do n.º 1 do art. 14.º;

b) O capital das empresas de investimento que adoptem a forma de sociedade anónima deve ser representado por acções nominativas ou ao portador registadas;

c) O número 2 do art. 16.º só é aplicável quando a empresa de investimento seja filial de empresa-mãe com sede em país não membro da comunidade Europeia;

d) O disposto no art. 18.º é também aplicável quando a

empresa a constituir seja filial de uma empresa de investimento autorizada em outro Estado membro da Comunidade Europeia, ou filial de empresa-mãe de empresa de investimento nestas condições, ou dominada pelas mesmas pessoas singulares ou colectivas que dominem uma empresa de investimento autorizada noutro Estado membro da Comunidade Europeia;

e) O disposto nos artigos 25.° a 28.° é também aplicável às empresas de investimento que sejam filiais de empresas de investimento que tenham a sua sede principal e efectiva de administração em países que não sejam membros da Comunidade Europeia;

f) No n.° 4 do art. 27.°, a referência feita à Directiva n.° 89/646/CEE do Conselho, de 15 de Dezembro de 1989, é substituída pela referência à Directiva n.° 93/22/CEE do Conselho, de 10 de Maio de 1993;

g) O art. 33.° aplica-se sem prejuízo do disposto em lei especial.

CAPÍTULO III

ACTIVIDADE, NA COMUNIDADE EUROPEIA, DE EMPRESAS, DE INVESTIMENTO COM SEDE EM PORTUGAL

Artigo 199.°-D
Actividade, na comunidade, de empresas de investimento com sede em Portugal

1 — O estabelecimento de sucursais e a prestação de serviços em outros Estados membros da Comunidade Europeia, por empresas de investimento com sede em Portugal, rege-se com as necessárias adaptações, pelo disposto nos artigos 36.° e 37.° n.° 1, 38.° a 40.° e 43.°, com as modificações seguintes:

a) As modificações referidas no n.° 1 do art. 36.° e no n.° 1 do artigo 43.° devem ser feitas também à Comissão do Mercado de Valores Mobiliários.

b) As comunicações e as certificações referidas no n.° 1 do artigo 37.° e no n.° 2 do artigo 43.° só poderão, ser transmitidas à autoridade de supervisão do Estado membro de acolhimento se o

Banco de Portugal e a Comissão do Mercado de Valores Mobiliários se pronunciarem em sentido favorável à pretensão;

c) A comunicação referida no n.º 1 do art. 37.º será acompanhada dos esclarecimentos necessários sobre os sistemas de garantia, destinados a assegurar a protecção dos clientes da sucursal, dos quais a empresa de investimento seja membro;

d) Nos artigos 39.º e 43.º, a referência às operações constantes da lista anexa à Directiva n.º 89/646/CEE do Conselho, de 15 de Dezembro de 1989, é substituída pela referência aos serviços de investimento e demais serviços auxiliares constantes do anexo à Directiva n.º 93/22/CEE do Conselho, de 10 de Maio de 1993;

e) O Banco de Portugal ou a Comissão do Mercado de Valores Mobiliários informarão a autoridade de supervisão do país de acolhimento das modificações que ocorram nos sistemas de garantia referidos na alínea c);

f) A comunicação a que se refere o n.º 1 do artigo 40.º deve ser feita também à Comissão do Mercado de Valores Mobiliários;

g) Em caso de modificação do plano de actividades a que se refere o n.º 1 do artigo 43.º, a empresa de investimento comunicá--lo-á previamente, por escrito, ao Banco de Portugal, à Comissão do Mercado de Valores Mobiliários e à autoridade de supervisão do Estado membro de acolhimento.

2 — As competências a que se referem as alíneas b), c) e e) do número anterior serão exercidas pelo Banco de Portugal em relação aos Estados membros de acolhimento nos quais a autoridade destinatária tenha competência para a supervisão das instituições de crédito e pela Comissão do Mercado de Valores Mobiliários nos demais casos.

CAPÍTULO IV

ACTIVIDADE, EM PORTUGAL, DE EMPRESAS DE INVESTIMENTO COM SEDE EM OUTROS ESTADOS MEMBROS DA COMUNIDADE EUROPEIA

Artigo 199.°-E
Actividade, em Portugal, de empresas de investimento com sede em outros Estados membros da Comunidade Europeia

O estabelecimento de sucursais e a prestação de serviços, em Portugal, por empresas de investimento com sede em outros Estados membros da Comunidade Europeia rege-se com as necessárias adaptações pelo disposto nos artigos 44.°, 46.° a 56.°, 60.° e 61.°, com as seguintes modificações:

a) A competência conferida ao Banco de Portugal nos artigos 46.°, 47.°, 49.°, 50.°, 51.°, 53.° e 61.° é atribuída à Comissão do Mercado de Valores Mobiliários;

b) Não são aplicáveis as alíneas d) e) e f) do número 1 do artigo 49.°;

c) A comunicação referida no número 1 do artigo 49.° deve ser companhada dos esclarecimentos necessários sobre os sistemas de garantia, destinados a assegurar a protecção dos clientes da sucursal, dos quais a empresa de investimento seja membro;

d) Nos artigos 52.° e 60.°, a referência às operações constantes da lista anexa à Directiva n.° 89/646/CEE do Conselho, de 15 de Dezembro de 1989, é substituída pela referência aos serviços de investimento e aos demais serviços auxiliares constantes da secção A e da secção C do Anexo à Directiva n.° 93/22/CEE do Conselho, de 10 de Maio de 1993;

e) As normas a que se refere o número 1 do artigo 53.° são as normas de conduta, as que regem a forma e o conteúdo das acções publicitárias as que regulam a realização de operações em mercados regulamentados, as que definem as condições de acesso a estes mercados e o estatuto dos seus membros, bem como as relativas às obrigações de informação, de declaração e de publicação;

f) Na medida em que tal se mostre necessário para o exercício das competências das autoridades de supervisão dos Estados membros de origem, e a pedido destas, a Comissão do Mercado de Valores Mobiliários informá-las-á de todas as providências que tenham sido adoptadas nos termos do número 6 do artigo 53.º;

g) Em caso de modificação do plano de actividades a que se refere o número 1 do artigo 61.º a empresa de investimento comunicá-lo-á previamente à Comissão do Mercado de Valores Mobiliários podendo esta, sendo caso disso, indicar à empresa qualquer alteração ou complemento em relação às informações que tiverem sido comunicadas nos termos do número 1 do artigo 50.º.

CAPÍTULO V
OUTRAS DISPOSIÇÕES

Artigo 199.º-F
Registo

O registo referido nos artigos 67.º e 68.º é da competência da Comissão do Mercado de Valores Mobiliários.

Artigo 199.º-G
Detentores de participações qualificadas

1 — O disposto no número 3 do artigo 103.º é também aplicável quando o interessado for uma empresa de investimento autorizada em outro Estado membro da Comunidade Europeia ou empresa-mãe de empresa de investimento nestas condições, ou pessoa singular ou colectiva que domine empresa de investimento autorizada em outro Estado membro.

2 — O número 5 do artigo 103.º é também aplicável à tomada de participações em empresas de investimento.

Artigo 199.º-H

1 — O disposto nos artigos 122.º a 124.º é aplicável a todas as empresas de investimento autorizadas em outros Estados membros da Comunidade Europeia, sendo outorgada à Comissão do

Mercado de Valores Mobiliários a competência neles conferida ao Banco de Portugal e entendido o âmbito de competências definido pelo n.º 2 do artigo 122.º como relativo às matérias constantes da alínea f) do artigo 199.º-E.

2 — O Banco de Portugal pode exigir às empresas de investimento autorizadas em outros Estados membros da Comunidade Europeia que tenham estabelecida sucursal em Portugal, para efeitos estatísticos, a apresentação periódica de relatórios sobre as operações efectuadas em território português, bem como, no âmbito das suas atribuições e competências em matéria de política monetária, as informações que para os mesmos efeitos pode exigir às empresas de investimento com sede em Portugal.

TÍTULO XI
SANÇÕES

CAPÍTULO I
DISPOSIÇÃO PENAL

Artigo 200.º
Actividade ilícita de recepção de depósitos e outros fundos reembolsáveis

Aquele que exercer actividade que consista em receber do público, por conta própria ou alheia depósitos ou outros fundos reembolsáveis sem que para tal exista a necessária autorização, e não se verificando nenhuma das situações previstas no n.º 3 do artigo 8.º, será punido com prisão até três anos.

CAPÍTULO II
ILÍCITOS DE MERA ORDENAÇÃO SOCIAL

SECÇÃO I
DISPOSIÇÕES GERAIS

Artigo 201.º
Aplicação ao espaço

O disposto no presente título é aplicável, independentemente da nacionalidade do agente, aos seguintes factos que constituam infracções à lei portuguesa:

a) Factos praticados em território português;

b) Factos praticados em território estrangeiro de que sejam responsáveis instituições de crédito ou sociedades financeiras com sede em Portugal e que ali actuem por intermédio de sucursais ou em prestação de serviços bem como indivíduos que, em relação a tais entidades se encontrem em alguma das situações previstas no n.º 1 do artigo 204.º;

c) Factos praticados a bordo de navios ou aeronaves portuguesas, salvo tratado ou convenção em contrário.

Artigo 202.º
Responsáveis

Pela prática das infracções a que se refere o presente capítulo podem ser responsabilizadas conjuntamente ou não pessoas singulares ou colectivas, ainda que irregularmente constituídas, e associações sem personalidade jurídica.

Artigo 203.º
Responsabilidade dos entes colectivos

1 — As pessoas colectivas, ainda que irregularmente constituídas e as associações sem personalidade jurídica são responsáveis pelas infracções cometidas pelos membros dos respectivos órgãos e pelos titulares de cargos de direcção chefia ou gerência, no exercício das suas funções, bem como pelas infracções cometidas por representantes do ente colectivo em actos praticados em nome e no interesse deste.

2 — A invalidade e a ineficácia jurídicas dos actos em que se funde a relação entre o agente individual e o ente colectivo não obstam a que seja aplicado o disposto no número anterior.

Artigo 204.º
Responsabilidade dos agentes individuais

1 — A responsabilidade do ente colectivo não preclude a responsabilidade individual dos membros dos respectivos órgãos, de quem naquele detenha participações sociais, exerça cargos de direcção, chefia ou gerência, ou actue em sua representação, legal ou voluntária.

2 — Não obsta à responsabilidade dos agentes individuais que representem outrem o facto de o tipo legal do ilícito requerer determinados elementos pessoais, e estes só se verificarem na pessoa do

representado, ou requerer que o agente pratique o acto no seu interesse, tendo o representante actuado no interesse do representado.

Artigo 205.º
Tentativa e negligência

1 — A tentativa e a negligência serão sempre puníveis.

2 — A sanção da tentativa será a do ilícito consumado, especialmente atenuada.

3 — Em caso de negligência os limites máximo e mínimo da coima serão reduzidos a metade.

4 — Quando a responsabilidade do agente individual for atenuada nos termos dos números anteriores, proceder-se-á a graduação correspondente da sanção aplicável ao ente colectivo.

Artigo 206.º
Graduação da sanção

1 — A determinação da medida da coima e das sanções acessórias far-se-á em função da gravidade objectiva e subjectiva da infracção tendo em conta a natureza individual ou colectiva do agente considerado.

2 — A gravidade da infracção cometida pelos entes colectivos será avaliada, designadamente pelas seguintes circunstâncias:

a) Perigo ou dano causado ao sistema financeiro ou à economia nacional;

b) Carácter ocasional ou reiterado da infracção;

c) Actos de ocultação na medida em que deficultem a descoberta da infracção ou a eficácia da sanção aplicável;

d) Actos do arguido destinados a, por sua iniciativa, reparar os danos ou obviar aos perigos causados pela infracção.

3 — Para os agentes individuais, além das circunstâncias correspondentes às enumeradas no número anterior, atender-se-á ainda, designadamente, às seguintes:

a) Nivel de responsabilidades e esfera de acção no ente colectivo em causa;

b) Benefício ou intenção de o obter do próprio, de cônjuge, de parente ou de afim até ao 3.º grau;

c) Especial dever de não cometer a infracção.

4 — Na determinação da sanção aplicável além da gravidade da infracção ter-se-á em conta:
   a) A situação económica do arguido;
   b) A conduta anterior do arguido.

5 — A atenuante da reparação do dano ou da redução do perigo, quando realizadas pelo ente colectivo comunica-se a todos os agentes individuais ainda que não tenham pessoalmente contribuído para elas.

6 — A coima deve, sempre que possível exceder o benefício económico que o arguido ou pessoa que fosse seu propósito beneficiar tenham retirado da prática da infracção.

Artigo 207.º
Cumprimento do dever omitido

Sempre que a infracção resulte da omissão de um dever a aplicação da sanção e o pagamento da coima não dispensam o infractor do seu cumprimento se este ainda for possível.

Artigo 208.º
Concurso de infracções

Se pelo mesmo facto, uma pessoa responder simultaneamente a título de crime e a título de ilícito de mera ordenação social, seguir-se-á o regime geral, mas instaurar-se-ão processos distintos respectivamente perante o juiz penal e no Banco de Portugal, cabendo a este último a aplicação se for caso disso, das sanções acessórias previstas no presente diploma.

Artigo 209.º
Prescrição

1 — O procedimento pelos ilícitos de mera ordenação social previstos neste diploma prescreve em cinco anos.

2 — O prazo de prescrição das sanções é de cinco anos, a contar do dia em que se esgotar o prazo de impugnação judicial da decisão que aplicar a sanção ou do dia em que a decisão judicial transitar em julgado.

SECÇÃO II
ILÍCITOS EM ESPECIAL

Artigo 210.º
Coimas

São puníveis com coima de 150 000$00 a 150 000 000$00 ou de 50 000$00 a 50 000 000$00, consoante seja aplicada a ente colectivo ou a pessoa singular, as infracções adiante referidas:

a) O exercício de actividade com inobservância das normas sobre registo no Banco de Portugal;

b) A violação das normas relativas à subscrição ou à realização do capital social quanto ao prazo, montante e forma de representação;

c) A infracção às regras sobre o uso de denominações constantes dos artigos 11.º e 46.º;

d) A inobservância de relações e limites prudenciais determinados por lei ou pelo Ministro das Finanças ou pelo Banco de Portugal no exercício das respectivas atribuições;

e) A omissão, nos prazos legais, de publicações obrigatórias;

f) A inobservância das normas e procedimentos contabilísticos determinados por lei ou pelo Banco de Portugal, quando dela não resulte prejuízo grave para o conhecimento da situação patrimonial e financeira da entidade em causa;

g) A violação das normas sobre publicidade e a desobediência a determinações específicas emitidas pelo Banco de Portugal nos termos do n.º 1 do artigo 90.º;

h) A omissão de informações e comunicações devidas ao Banco de Portugal, nos prazos estabelecidos, e a prestação de informações incompletas;

i) As violações dos preceitos imperativos deste diploma e da legislação específica que rege a actividade das instituições de crédito e das sociedades financeiras, não previstas nas alíneas anteriores e no artigo seguinte, bem como dos regulamentos emitidos pelo Ministro das Finanças ou pelo Banco de Portugal em cumprimento ou para execução dos referidos preceitos.

Artigo 211.º
Infracções especialmente graves

São puníveis com coima de 500 000$ a 500 000 000$ ou de 200 000$ a 200 000 000$, consoante seja aplicada a ente colectivo ou a pessoa singular, as infracções adiante referidas:

a) A prática não autorizada, por quaisquer indivíduos ou entidades, de operações reservadas às instituições de crédito ou às sociedades financeiras;

b) O exercício, pelas instituições de crédito ou pelas sociedades financeiras, de actividades não incluídas no seu objecto legal, bem como a realização de operações não autorizadas ou que lhes estejam especialmente vedadas;

c) A realização fraudulenta do capital social;

d) A realização de alterações estatutárias previstas nos artigos 34.º e 35.º, quando não precedidas de autorização do Banco de Portugal;

e) O exercício de quaisquer cargos ou funções em instituição de crédito ou em sociedade financeira em violação de proibições legais ou à revelia de oposição expressa do Banco de Portugal;

f) O desacatamento da inibição do exercício de direitos de voto;

g) A falsificação da contabilidade e a inexistência de contabilidade organizada, bem como a inobservância de outras regras contabilísticas aplicáveis, determinadas por lei ou pelo Banco de Portugal quando essa inobservância prejudique gravemente o conhecimento da situação patrimonial e financeira da entidade em causa;

h) A inobservância de relações e limites prudenciais constantes do n.º 2 do artigo 96.º, sem prejuízo do n.º 3 do mesmo artigo, bem como dos artigos 97.º, 98.º, 100.º, 101.º, 109.º, 112.º e 113.º, ou de outros determinados em norma geral pelo Ministro das Finanças ou pelo Banco de Portugal nos termos do artigo 99.º, quando dela resulte ou possa resultar grave prejuízo para o equilíbrio financeiro da entidade em causa;

i) As infracções às normas sobre conflitos de interesse dos artigos 85.º e 86.º;

j) A violação das normas sobre crédito concedido a detentores de participações qualificadas constantes dos n.ºs 1, 2 e 3 do artigo 109.º;

l) Os actos dolosos de gestão ruinosa, em detrimento de depositantes, investidores e demais credores, praticados pelos membros dos órgãos sociais;

m) A prática, pelos detentores de participações qualificadas, de actos que impeçam ou dificultem de forma grave, uma gestão sã e prudente da entidade em causa;

n) A omissão da comunicação imediata ao Banco de Portugal da impossibilidade de cumprimento de obrigações em que se encontre, ou corra risco de se encontrar, uma instituição de crédito ou sociedade financeira, bem como a comunicação desta impossibilidade com omissão das informações requeridas pela lei;

o) A desobediência ilegítima a determinações do Banco de Portugal ditadas especificamente, nos termos da lei, para o caso individual considerado, bem como a prática de actos sujeitos por lei a apreciação prévia do Banco de Portugal, quando este tenha manifestado a sua oposição;

p) A recusa ou obstrução ao exercício da actividade de inspecção do Banco de Portugal;

q) A omissão de comunicação ao Banco de Portugal de factos previstos no n.º 3 do artigo 30.º posteriores ao registo da designação de membros de órgãos de administração ou fiscalização de instituições de crédito ou de sociedades financeiras, bem como a omissão das medidas de cessação de funções a que se referem o n.º 5 do artigo 69.º e o n.º 4 do artigo 70.º;

r) A prestação ao Banco de Portugal de informações falsas, ou de informações incompletas susceptíveis de induzir a conclusões erróneas de efeito idêntico ou semelhante ao que teriam informações falsas sobre o mesmo objecto;

s) O incumprimento das obrigações de contribuição para o Fundo de Garantia de Depósitos.

Artigo 212.º
Sanções acessórias

1 — Conjuntamente com as coimas previstas nos artigos 210.º e 211.º poderão ser aplicadas ao infractor as seguintes sanções acessórias:

a) Apreensão e perda do objecto da infracção, incluindo o produto económico desta com observância do disposto nos artigos 22.º a 26.º do Decreto-Lei n.º 433/82, de 27 de Outubro;

b) Publicação pelo Banco de Portugal da punição definitiva;

c) Quando o arguido seja pessoa singular, inibição do exercício de cargos sociais e de funções de administração, direcção, gerência ou chefia em instituição de crédito ou sociedade financeira determinada ou em quaisquer instituições de crédito ou sociedades financeiras, por um período de 6 meses a 3 anos, em casos previstos no artigo 210.° ou de 1 ano a 10 anos, em casos previstos no artigo 211.°;

d) Suspensão do exercício do direito de voto atribuído aos sócios das instituições de crédito, das sociedades financeiras e das sociedades gestoras de participações sociais sujeitas à supervisão do Banco de Portugal por um período de 1 a 10 anos.

2 — As publicações a que se refere o número anterior serão feitas no *Diário da República*, 2.ª série, ou num dos jornais mais lidos na localidade da sede ou do estabelecimento permanente do arguido ou, se este for uma pessoa singular, na da sua residência

SECÇÃO III
PROCESSO

Artigo 213.°
Competência

1 — A competência para o processo de ilícitos de mera ordenação social previstos no presente diploma e a aplicação das sanções correspondentes pertencem ao Banco de Portugal.

2 — Cabe ao conselho de administração do Banco de Portugal a decisão do processo.

3 — No decurso da averiguação ou da instrução o Banco de Portugal poderá solicitar às entidades policiais e a quaisquer outros serviços públicos ou autoridades toda a colaboração ou auxílio que julgue necessários para a realização das finalidades do processo.

Artigo 214.°
Suspensão do processo

1 — Quando a infracção constitua irregularidade sanável, não lese significativamente nem ponha em perigo próximo e grave os

direitos dos depositantes, investidores, accionistas ou outros interessados e não cause prejuízos importantes ao sistema financeiro ou à economia nacional, o conselho de administração do Banco de Portugal poderá suspender o processo, notificando o infractor para, no prazo que lhe fixar, sanar a irregularidade em que incorreu.

2 — A falta de sanação no prazo fixado determina o prosseguimento do processo.

Artigo 215.º
Apreensão de documentos e valores

1 — Quando necessária à averiguação ou à instrução do processo pode proceder-se à apreensão de quaisquer documentos e valores nas instalações de instituições de crédito, sociedades financeiras ou outros entes colectivos, devendo os valores ser depositados na Caixa Geral de Depósitos Crédito e Previdência à ordem do Banco de Portugal, garantindo o pagamento da coima e das custas em que vier a ser condenado o arguido.

2 — As buscas e apreensões domiciliárias serão objecto de mandado judicial.

Artigo 216.º
Suspensão preventiva

Se o arguido for algum dos indivíduos indicado no n.º 1 do artigo 204.º, o conselho de administração do Banco de Portugal poderá determinar a suspensão preventiva das respectivas funções sempre que tal se revele necessário à eficaz instrução do processo ou à salvaguarda do sistema financeiro ou dos interesses dos depositantes investidores e demais credores.

Artigo 217.º
Notificações

As notificações serão feitas por carta registada com aviso de recepção ou pessoalmente, se necessário através das autoridades policiais.

Artigo 218.º
Dever de comparência

1 — Às testemunhas e aos peritos que não comparecerem no dia hora e local designados para diligência do processo, nem justificarem a falta no acto ou nos cinco dias úteis imediatos, será aplicada pelo Banco de Portugal uma sanção pecuniária graduada entre um quinto e o dobro do salário mínimo nacional mensal mais elevado em vigor à data.

2 — O pagamento será efectuado no prazo de 10 dias úteis a contar da notificação, sob pena de se proceder a cobrança coerciva.

Artigo 219.º
Acusação e defesa

1 — Concluída a instrução serão arquivados os autos se não houver matéria de infracção ou será deduzida acusação.

2 — Na acusação serão indicados o infractor, os factos que lhe são imputados e as respectivas circunstâncias de tempo e lugar, bem como a lei que os proíbe e pune.

3 — A acusação será notificada ao arguido ou ao seu defensor, quando este existir, designando-se-lhe prazo razoável para apresentar a defesa por escrito e oferecer meios de prova.

4 — O prazo da defesa será fixado entre 10 e 30 dias úteis, tendo em atenção o lugar da residência sede ou estabelecimento permanente do arguido e a complexidade do processo.

5 — O arguido não poderá arrolar mais de cinco testemunhas por cada infracção.

6 — A notificação da acusação será feita nos termos previstos no artigo 217.º ou, quando o arguido não seja encontrado ou se recuse a recebê-la:

a) Por anúncio publicado num jornal da última localidade conhecida onde o arguido tenha tido residência, sede ou estabelecimento permanente ou, na falta daquele, num dos jornais mais lidos naquela localidade;

b) Por anúncio publicado num dos jornais diários de Lisboa, nos casos em que o arguido não tenha residência, sede ou estabelecimento permanente no território nacional.

Artigo 220.º
Decisão

1 — Após a realização das diligências de averiguação e instrução tornadas necessárias em consequência da defesa, será o processo apresentado à entidade a quem caiba proferir a decisão, acompanhado de parecer sobre as infracções que se devem considerar provadas e as sanções que lhes são aplicáveis.

2 — Da decisão deve ser dado conhecimento ao arguido, através de notificação efectuada de acordo com o disposto no n.º 6 do artigo anterior.

Artigo 221.º
Revelia

A falta de comparência do arguido não obsta em fase alguma do processo a que este siga os seus termos e seja proferida decisão final.

Artigo 222.º
Requisitos da decisão que aplique sanção

1 — A decisão que aplique sanção conterá:

a) Identificação do arguido e dos eventuais comparticipantes;

b) Descrição do facto imputado e das provas obtidas, bem como das normas violadas e punitivas;

c) Sanção ou sanções aplicadas com indicação dos elementos que contribuíram para a sua determinação;

d) Indicação dos termos em que a condenação pode ser impugnada judicialmente e tornar-se exequível;

e) Indicação de que, em caso de impugnação judicial, o juiz pode decidir mediante audiência ou, quando o arguido, o Ministério Público ou o Banco de Portugal não se oponham, mediante simples despacho;

f) Indicação de que não vigora o princípio da proibição da *reformatio in pejus*;

g) Condenação em custas e indicação da pessoa ou pessoas obrigadas ao seu pagamento.

2 — A notificação conterá, além dos termos da decisão e do montante das custas, a advertência de que a coima deverá ser paga

no prazo de 15 dias úteis após o trânsito em julgado, sob pena de se proceder à sua cobrança coerciva.

Artigo 223.º
Suspensão da execução da sanção

1 — O conselho de administração do Banco de Portugal poderá suspender total ou parcialmente, a execução da sanção.

2 — A suspensão poderá ficar condicionada ao cumprimento de certas obrigações, designadamente as consideradas necessárias para a regularização de situações ilegais, a reparação de danos ou a prevenção de perigos.

3 — O tempo de suspensão da execução será fixado entre dois e cinco anos, contando-se o seu início a partir da data em que se esgotar o prazo da impugnação judicial da decisão condenatória.

4 — A suspensão não abrange as custas.

5 — Se decorrer o tempo de suspensão sem que o arguido tenha praticado infracção criminal ou ilícito de mera ordenação social previsto no presente diploma, e sem ter violado as obrigações que lhe hajam sido impostas, ficará a condenação sem efeito, procedendo-se, no caso contrário, à execução da sanção aplicada.

Artigo 224.º
Custas

1 — Em caso de condenação serão devidas custas pelo arguido nos termos gerais.

2 – A condenação em custas é sempre individual.

Artigo 225.º
Pagamento das coimas e das custas

1 — O pagamento da coima e das custas será realizado, por meio de guia, em tesouraria da Fazenda Pública da localidade onde o arguido tenha residência, sede ou estabelecimento permanente ou quando tal localidade se situe fora do território nacional, em qualquer tesouraria da Fazenda Pública de Lisboa.

2 — Após o pagamento deverá o arguido remeter ao Banco de Portugal, no prazo de oito dias úteis os duplicados das guias, a fim de serem juntos ao respectivo processo.

3 — O valor das coimas reverte integralmente para o Estado salvo nos casos previstos no número seguinte.

4 — Reverte para o Fundo de Garantia de Depósitos referido no artigo 154.º o valor das coimas em que forem condenadas as instituições de crédito.

Artigo 226.º
Responsabilidade pelo pagamento

1 — As pessoas colectivas, ainda que irregularmente constituídas e as associações sem personalidade jurídica respondem solidariamente pelo pagamento da coima e das custas em que forem condenados os seus dirigentes, empregados ou representantes pela prática de infracções puníveis nos termos do presente diploma.

2 — Os titulares dos órgãos de administração das pessoas colectivas, ainda que irregularmente constituídas, e das associações sem personalidade jurídica, que, podendo fazê-lo não se tenham oposto à prática da infracção, respondem individual e subsidiariamente pelo pagamento da coima e das custas em que aquelas sejam condenadas, ainda que à data da condenação hajam sito dissolvidas ou entrado em liquidação.

Artigo 227.º
Exequibilidade da decisão

1 — Sem prejuízo do disposto no número seguinte a decisão final torna-se exequível se não for judicialmente impugnada.

2 — A decisão que aplique algumas das sanções previstas nas alíneas c) e d) do artigo 212.º torna-se, quanto a ela, imediatamente exequível e a sua exequibilidade só termina com a decisão judicial que definitivamente a revogue.

3 — O disposto no número anterior aplica-se igualmente às decisões tomadas nos termos dos artigos 215.º e 216.º.

SECÇÃO IV
RECURSO

Artigo 228.°
Impugnação judicial

1 — O prazo para a interposição do recurso da decisão que tenha aplicado uma sanção é de 15 dias úteis a partir do seu conhecimento pelo arguido devendo a respectiva petição ser apresentada na sede do Banco de Portugal.

2 — Recebida a petição, o Banco de Portugal remeterá os autos ao Ministério Público no prazo de 15 dia úteis, podendo juntar alegações, elementos ou informações que considere relevantes para a decisão da causa, bem como oferecer meios de prova.

Artigo 229.°
Tribunal competente

O tribunal competente para a impugnação judicial, revisão e execução das decisões do Banco de Portugal em processo de ilícito de mera ordenação social, instaurado nos termos deste diploma, ou de quaisquer outras medidas do mesmo Banco tomadas no âmbito do mesmo processo e legalmente susceptíveis de impugnação é o Tribunal Judicial da Comarca de Lisboa.

Artigo 230.°
Decisão judicial por despacho

O juiz pode decidir por despacho quando não considere necessária a audiência de julgamento e o arguido, o Ministério Público ou o Banco de Portugal não se oponham a esta forma de decisão.

Artigo 231.°
Intervenção do Banco de Portugal na fase contenciosa

1 — O Banco de Portugal poderá sempre participar, através de um representante, na audiência de julgamento.

2 — A desistência da acusação pelo Ministério Público depende da concordância do Banco de Portugal.

3 — O Banco de Portugal tem legitimidade para recorrer das decisões proferidas no processo de impugnação e que admitam recurso.

SECÇÃO V
DIREITO SUBSIDIÁRIO

Artigo 232.º
Aplicação do regime geral

Às infracções previstas no presente capítulo é subsidiariamente aplicável, em tudo que não contrarie as disposições dele constantes, o regime geral dos ilícitos de mera ordenação social.

NOTAS AO TÍTULO X-A, INCLUÍDAS NESTE TEXTO SOB RESPONSABILIDADE DO AUTOR:

1) *Directiva n.° 93/6/CEE do Conselho, de 15 de Março de 1993* [295]

DEFINIÇÕES

Artigo 2.°

Para efeitos da presente directiva entende-se por:

1 — *Instituições de crédito:* todas as instituições na acepção do primeiro travessão do artigo 1.° da Primeira Directiva 77/780/CEE do Conselho, de 12 de Dezembro de 1977, relativa à coordenação das disposições legislativas, regulamentares e administrativas respeitantes ao acesso à actividade das instituições de crédito e ao seu exercício [296] que estejam sujeitas aos requisitos previstos na Directiva 89/647/CEE;

2 — *Empresas de investimento:* todas as instituições na acepção do ponto 2 do artigo 1.° da Directiva 93/22/CEE que estão sujeitas aos requisitos previstos na mesma directiva, com excepção:

— das instituições de crédito,
— das empresas locais definidas no ponto 20
— das empresas cuja actividade consista unicamente na recepção ou transmissão de ordens de investidores sem deterem dinheiros ou valores mobiliários pertencentes aos seus clientes e que por esse motivo nunca poderão ficar em débito para com os seus clientes;

....

[295] Esta Directiva vem publicada na Revista da Banca, n.° 26, Abril//Junho, 1993, págs. 125 e segs..

[296] JO n.° L 322 de 17.12.1977, p. 30. Directiva com a última redacção que lhe foi dada pela Directiva 89/646/CEE (JO 11.° L 386 de 30.32.1989, p. 1).

20 — *Empresa local*: uma empresa que negoceia unicamente por conta própria numa bolsa de futuros sobre instrumentos financeiros ou de opções, ou que negoceia ou fixa um preço para outros membros da mesma bolsa, e que se encontra coberta pela garantia de um membro compensador da referida bolsa. A responsabilidade pela garantia da boa execução dos contratos celebrados por essa empresa deve ser assumida por um membro compensador da mesma bolsa, devendo esses contratos ser tidos em conta no cálculo dos requisitos globais de capital do membro compensador partindo do princípio de que as posições da empresa local estão totalmente separadas das do membro compensador;

2) *Directiva n.° 93/22/CEE, do Conselho, de 10 de Maio de 1993* [297]

TÍTULO I
DEFINIÇÕES E ÂMBITO DE APLICAÇÃO

Artigo 1.°

Na acepção da presente directiva, entende-se por:

1 — *Serviço de investimento*, qualquer serviço prestado a terceiros referido na secção A do anexo e relativo a qualquer dos instrumentos enunciados na secção B do anexo.

2 — *Empresa de investimento*, qualquer pessoa colectiva que exerça habitualmente uma profissão ou actividade que consista na prestação a terceiros de serviços de investimento a titulo profissional.

Para efeitos da presente directiva, os Estados-membros poderão incluir na noção de empresa de investimento empresas que não sejam pessoas colectivas, desde que:

— o seu regime jurídico garanta aos interesses de terceiros um nível de protecção equivalente ao proporcionado pelas pessoas colectivas

e

---

[297] Esta Directiva vem publicada também na Revista da Banca, n.° 26, já citada, págs. 175 e segs..

— sejam objecto de uma supervisão prudencial equivalente e adaptada à sua estrutura jurídica.

No entanto, as pessoas singulares que prestem serviços que envolvam a detenção de fundos ou valores mobiliários de terceiros só poderão ser considerados como empresas de investimento na acepção da presente directiva quando, sem prejuízo de outros requisitos estipulados pela presente directiva, bem como pela Directiva 93/6/CEE, respeitem as seguintes condições:

— os direitos de propriedade de terceiros sobre os valores e fundos que lhes pertençam devem ser salvaguardados, nomeadamente no caso de insolvibilidade da empresa ou dos seus proprietários, de penhora, compensação ou outras acções intentadas por credores da empresa ou pelos seus proprietários,
— a empresa de investimento deve ser sujeita a regras relativas à supervisão da sua solvabilidade e da dos seus proprietários,
— as contas anuais da empresa de investimento devem ser controladas por uma ou mais pessoas para tal habilitadas por força da legislação nacional,
— quando a empresa tiver um único proprietário, deve exigir-se deste último que tome as disposições necessárias à protecção dos investidores em caso de cessação das actividades da empresa por sua morte ou incapacidade ou por qualquer outro facto semelhante.

Até 31 de Dezembro de 1997 a Comissão deverá elaborar um relatório sobre a aplicação dos segundos e terceiro parágrafos do presente número, propondo, caso se justifique, a sua alteração ou supressão.

Sempre que uma pessoa exerça uma actividade referida na alínea a) do ponto 1 da Secção A do Anexo da presente directiva e que essa actividade seja exercida unicamente por conta e sob a responsabilidade total e incondicional de uma empresa de investimento, essa actividade será considerada como actividade da própria empresa de investimento e não como actividade dessa pessoa.

....
....

Artigo 2.°

1 — A presente directiva é aplicável a todas as empresas de investimento. Todavia, apenas o n.° 4 do presente artigo, o n.° 2 do artigo 8.°, os artigos 10.° e 11.°, o primeiro parágrafo do artigo 12.°, os n.ºs 3 e 4 do artigo 14.°, os artigos 15.°, 19.° e 20.° são aplicáveis às instituições de crédito cuja autorização, concedida nos termos das Directivas 77/780/CEE e 89/646/CEE, abranja um ou mais dos serviços de investimento constantes da secção A do anexo à presente directiva.

2 — A presente directiva não é aplicável:

a) Às empresas de seguros, na acepção do artigo 1.° da Directiva 73/239/CEE ([298]) ou do artigo 1.° da Directiva 79/267/CEE ([299]), nem às empresas que exerçam as actividades de resseguro e de retrocessão referidas na Directiva 64/225/CEE ([300]);

b) Às empresas que prestem serviços de investimento exclusivamente à sua empresa-mãe, às suas filiais ou a outra filial da sua empresa mãe;

c) Às pessoas que prestem um serviço de investimento, se essa actividade for exercida de forma acessória no âmbito de uma actividade profissional, e se esta última for regulada por disposições legais ou regulamentares ou por um código deontológico que regule a profissão e estes não excluírem a prestação desse serviço;

d) As empresas cujos serviços de investimento consistam exclusivamente na gestão de um regime de participação dos trabalhadores;

e) Às empresas cujos serviços de investimento consistam em fornecer tanto os serviços referidos na alínea b) supra como os referidos na alínea d);

f) Aos bancos centrais dos Estados-membros e outros organismos nacionais com vocação similar e a outros organismos públicos responsáveis pela gestão da dívida pública ou que participem nessa gestão;

([298]) JO n.° L 228 de 16.8.1973, p. 3, Directiva com a última redacção que lhe foi dada pela Directiva 90/619/CEE (JO n.° L 330 de 29.11.1990, p. 50).

([299]) JO n.° L 63 de 13.3.1979, p. 1. Directiva com a última redacção que lhe foi dada pela Directiva 90/618/CEE (JO n.° L 330 de 29.11.1990, p. 44).

([300]) JO n.° 56 de 4.4.1964, p. 878/64.

g) Às empresas

— que não podem deter fundos ou títulos pertencentes aos seus clientes e que, por esse motivo, nunca poderão ficar em débito para com os seus clientes,

e

— que apenas podem prestar um serviço de investimento que consiste em receber e transmitir ordens respeitantes a valores mobiliários e a unidades de participação em organismos de investimento colectivo,

e

— que, quando prestam esse serviço, apenas podem transmitir ordens
  i) a empresas de investimento autorizadas nos termos da presente directiva,
  ii) a instituições de crédito autorizadas nos termos das Directivas 77/780/CEE e 89/646/CEE,
  iii) a sucursais de empresas de investimento ou de instituições de crédito que tenham sido autorizadas num país terceiro e que estejam sujeitas a regras prudenciais que as autoridades competentes considerem pelo menos tão rigorosas como as enunciadas na presente directiva ou nas Directivas 89/646/CEE e 93/6/CEE e que a elas se conformem,
  iv) a organismos de investimento colectivo autorizados pela legislação de um Estado-membro a colocar unidades de participação junto do público, bem como aos membros dos órgãos de gestão desses organismos,
  v) a sociedades de investimento de capital fixo, na acepção do n.° 4 do artigo 15.° da Directiva 77/91/CEE ([301]), cujos títulos estejam cotados ou sejam negociados num mercado regulamentado num Estado-membro,

— e cuja actividade esteja sujeita, a nível nacional, a normas regulamentares ou a um código deontológico;

h) Aos organismos de investimento colectivo, coordenados ou não a nível comunitário, bem como aos depositários e gestores desses organismos;

([301]) JO n.° L 26 de 31.1.1977. Directiva com a última redacção que lhe foi dada pelo Acto de Adesão de Espanha e de Portugal.

i) Às pessoas cuja actividade principal consista na negociação de matérias-primas entre si ou com produtores ou utilizadores desses produtos para fins profissionais e que apenas prestem serviços de investimento a essas contrapartes e na medida do necessário ao exercício da sua actividade principal;

j) Às empresas cujos serviços de investimento consistam exclusivamente em negociar unicamente por conta própria num mercado de futuros financeiros ou de opções ou em negociar ou fixar um preço para outros membros do mesmo mercado que se encontrem cobertas pela garantia de um membro compensador do referido mercado; a responsabilidade pela execução dos contratos celebrados por essas empresas deve ser assumida por um membro compensador do mesmo mercado;

k) Às associações criadas por fundos de pensões dinamarqueses cuja única finalidade seja a de gerir os activos dos fundos de pensões participantes;

l) Aos «*agenti di cambio*» cujas actividades e funções se regulam pelo Decreto Real italiano n.° 222 de 7 de Março de 1925, bem como pelas disposições posteriores que o alteram, e que tenham sido autorizados a prosseguir a sua actividade ao abrigo do artigo 19.° da Lei italiana n.° 1 de 2 de Janeiro de 1991.

....
....

ANEXO

SECÇÃO A
SERVIÇOS

1 — *a)* Recepção e transmissão, por conta de investidores, de ordens relativas a um ou mais dos instrumentos referidos na Secção B.

b) Execução dessas ordens por conta de terceiros.

2 — Negociação por conta própria de qualquer dos instrumentos referidos na Secção B.

3 — Gestão de carteiras de investimento, numa base discricionária e individualizada e no âmbito de um mandato conferido

pelos investidores, sempre que essas carteiras incluam um ou mais dos instrumentos referidos na secção B.

4 — Tomada firme em relação às emissões da totalidade ou de parte dos instrumentos referidos na secção B e/ou colocação dessas emissões.

SECÇÃO B
INSTRUMENTOS

1 — *a*) Valores mobiliários.

b) Unidades de participação em organismos de investimento colectivo.

2 — Instrumentos do mercado monetário.

3 — Futuros sobre instrumentos financeiros, incluindo instrumentos equivalentes que dêem origem a uma liquidação em dinheiro.

4 — Contratos a prazo relativos a taxas de juros (FRAs).

5 — *Swaps* de taxas de juro, de divisas ou *swaps* relativos a um índice sobre acções (*equity swaps*).

6 — Opções destinadas à compra ou à venda de qualquer instrumento abrangido pela presente secção do anexo, incluindo os instrumentos equivalentes que dêem origem a uma liquidação em dinheiro. Estão nomeadamente incluídas nesta categoria as opções sobre divisas e sobre taxas de juro.

SECÇÃO C
SERVIÇOS AUXILIARES

1 — Custódia e administração de um ou mais dos instrumentos enunciados na secção B.

2 — Aluguer de cofres.

3 — Concessão de créditos ou de empréstimos a investidores para lhes permitir executar transacções sobre um ou mais dos instrumentos enunciados na secção B, transacções essas em que intervenha a empresa que concede o crédito ou o empréstimo.

4 — Consultoria a empresas em matéria de estrutura do capital, de estratégia industrial e de questões conexas e consultoria e serviços em matéria de fusão e aquisição de empresas.

5 — Serviços ligados à tomada firme.

6 — Conselhos de investimento no que respeita a um ou mais dos instrumentos referidos na secção B.

7 — Serviço de câmbios sempre que este serviço estiver relacionado com a prestação de serviços de investimento.

3) *Aviso do Banco de Portugal n.° 7/96, publicado no D. R., II Série, de 24-12-1996*

MINISTÉRIO DAS FINANÇAS
GABINETE DO MINISTRO

Aviso n.° 7/96 — Tendo presente o disposto na Directiva 93/6/CEE do Conselho, de 15-3-93, relativa à adequação dos fundos próprios das empresas de investimento e das instituições de crédito, o Banco de Portugal, usando dos poderes que lhe são conferidos pelo art 99.° do Regime Geral das Instituições de Crédito e Sociedades Financeiras, aprovado pelo Dec.-Lei n.° 298/92, de 31-12, estabelece o seguinte:

1.° — 1 — O presente aviso é aplicável:

a) Às instituições de crédito e ao Sistema Integrado de Crédito Agrícola Mútuo;

b) Às sociedades financeiras de corretagem, sociedades corretoras, sociedades mediadoras dos mercados monetário ou de câmbios e sociedades gestoras de patrimónios;

c) Às sucursais de instituições de crédito com sede em países não membros da Comunidade Europeia;

d) Às sucursais de outras empresas, que exerçam actividades próprias das sociedades financeiras referidas na al. *b*), com sede em países não membros da Comunidade Europeia.

2 — O Banco de Portugal poderá determinar a não aplicação deste aviso às caixas económicas cuja reduzida dimensão o aconselhe.

2.° — Para efeitos do presente aviso:

1) O conceito de instituição de crédito é o que se encontra definido do art. 2.° do Regime Geral das Instituições de Crédito e Sociedades Financeiras;

2) Empresas de investimento: são as sociedades financeiras referidas na al. *b)* do n.º 1 deste aviso e todas as instituições, com sede em Estados-membros da Comunidade Europeia, na acepção do ponto 2 do art. 1.º da Directiva 93/22/CEE do Conselho, de 10-5-93, relativa aos serviços de investimento no domínio dos valores mobiliários, que estejam sujeitas aos requisitos previstos na mesma directiva, com excepção das instituições de crédito;

....
....

23) Fundos próprios: são os fundos próprios na acepção do aviso n.º 12/93.

COMISSÃO DO MERCADO DE VALORES MOBILIÁRIOS ([302])

Aviso — Ao abrigo do disposto na al. b) do art. 656.º do Código do Mercado de Valores Mobiliários, aprovado pelo Dec.--Lei 142-A/91 de 10-4, e para os efeitos previstos no n.º 5 do art. 655.º do mesmo diploma legal, publica-se o código de conduta elaborado pela Associação das Sociedades Gestoras de Fundos de Investimento Mobiliário, aprovado pelo conselho directivo da Comissão do Mercado de Valores Mobiliários em reunião realizada no dia 12-1-93.

13-1-93. — O Presidente do Conselho Directivo, *Fernando da Costa Lima.*

Código de conduta elaborado pela Associação das Sociedades Gestoras de Fundos de Investimento Mobiliário (ASGFIM)

CAPÍTULO I
PRINCÍPIOS ORIENTADORES DE CONDUTA

Artigo 1.º
Integridade no exercício da actividade

Uma sociedade gestora de fundos de investimento mobiliário (SGFIM) deve observar os mais elevados padrões de integridade e honestidade na condução dos seus negócios.

([302]) D.R., II Série, de 23/2/93.

Artigo 2.º
Competência para o exercício da actividade

Uma SGFIM deve actuar de forma competente, diligente e profissional.

Artigo 3.º
Observância das práticas do mercado

Uma SGFIM deve assegurar que a actuação nos mercados onde opera se rege pelos mais elevados padrões de conduta, cumprindo com as disposições legais e regulamentares em vigor aplicáveis ao exercício da sua actividade e com as normas éticas e deontológicas previstas neste Código.

Artigo 4.º
Informação aos clientes e ao mercado

1 — Uma SGFIM deve procurar, pelos meios ao seu alcance, facultar aos seus clientes e ao mercado toda a informação necessária sobre os serviços que presta, assim como fornecer-lhes de forma clara e inequívoca toda a informação que espelhe o bom cumprimento das suas responsabilidades perante os clientes.

2 — Sem prejuízo do dever de informação ao mercado imposto nos termos do número anterior e das demais disposições legais e regulamentares em vigor, uma SGFIM deve guardar rigoroso sigilo profissional relativamente a todas as transacções que efectue em nome e por conta dos seus clientes.

Artigo 5.º
Prevalência dos interesses dos clientes

Uma SGFIM deve dar absoluta prioridade aos interesses dos clientes, quer em relação aos seus próprios interesses, seja qual for a sua natureza, quer em relação aos interesses dos membros dos seus órgãos sociais, empregados, colaboradores e terceiros.

Artigo 6.º
Igualdade de tratamento e conflitos de interesses dos clientes

1 — Uma SGFIM deve assegurar a todos os clientes igualdade de tratamento, não estabelecendo entre eles qualquer discriminação que não resulte de direitos que lhes assistam em consequência da natureza ou da composição das carteiras de fundos que administrem.

2 — Uma SGFIM deve evitar quaisquer situações que se traduzam em ou sejam passíveis de produzir conflitos de interesses.

3 — Caso tais conflitos não possam ser evitados, uma SGFIM deverá resolvê-los de maneira equitativa, observando os princípios da igualdade de tratamento e da prevalência dos interesses dos clientes definidos no n.º 1 do presente artigo e no art. 5.º, ambos deste código, sem prejuízo do princípio da confidencialidade dos negócios previsto no n.º 2 do art. 4.º do mesmo código.

Artigo 7.º
Protecção dos activos dos clientes

Uma SGFIM deve assegurar, por todos os meios ao seu dispor, a protecção dos activos financeiros dos fundos sob gestão, actuando com o zelo e prudência próprios de um gestor fiel e criterioso.

Artigo 8.º
Recursos financeiros

Uma SGFIM deve manter um nível de recursos financeiros consentâneo com as responsabilidades do seu negócio e as necessidades de cobertura de riscos dele decorrentes.

Artigo 9.º
Organização interna

1 — Uma SGFIM deve exercer o controlo interno de forma responsável, criando ficheiros de informação organizados e acessíveis e assegurando o seu arquivo de acordo com as necessidades de auditorias internas e externas e no cumprimento das disposições regulamentares em vigor, bem como proporcionar formação adequada aos seus quadros e sobre eles exercer supervisão.

2 — Uma SGFIM deverá assegurar, mediante o respectivo regulamento interno, organigrama de funções, ou por qualquer outro meio adequado, que fiquem obrigatoriamente limitadas aos serviços ou às pessoas que directamente intervêm em cada tipo específico de actividade ou de operação as informações de que hajam tomado conhecimento em virtude do exercício das suas funções e, designadamente, as que, não tendo ainda sido tornadas públicas, possam, pela sua natureza ou conteúdo, influenciar as cotações ou preços de transacção de quaisquer valores mobiliários em bolsa ou fora dela.

3 — Uma SGFIM deverá equipar-se com os meios técnicos e humanos necessários para garantir os serviços que presta em condições adequadas de qualidade e eficiência.

Artigo 10.º
Relações com as autoridades supervisoras

1 — Uma SGFIM deve relacionar-se com as autoridades supervisoras de forma diligente, mantendo-as atempadamente informadas sobre quaisquer factos relativos à sua actividade que, para além dos que incluam no âmbito das normas imperativas de prestação de informação, se considerar caírem no domínio daqueles que lhes deveriam ser reportados.

2 — Uma SGFIM deve cooperar com quaisquer pessoas indigitadas pelas autoridades supervisoras para investigar eventuais queixas de clientes.

CAPÍTULO II
REGRAS GERAIS DE CONDUTA DE NEGÓCIOS

Artigo 11.º
Independência

1 — Uma SGFIM deve tomar medidas para que nem ela, na sua função gestora directa de fundos de investimento mobiliário, ou qualquer agente por si subcontratado, faculte ou aceite, no prosseguimento de negócios, qualquer incitamento que possa de forma

significativa conflituar com qualquer dos seus deveres no âmbito dos contratos de gestão de fundos para que está mandatada por lei.

2 — Quando uma SGFIM tenha interesse material numa transacção de valores mobiliários que envolva um ou vários dos fundos sob sua gestão, não deverá exercitar a gestão desses valores sem assegurar um tratamento equitativo dos fundos abrangidos, tendo em conta a política de investimento definida para cada fundo.

3 — Cada SGFIM procurará assegurar que, no relacionamento com os intermediários financeiros autorizados a operar no mercado, os eventuais benefícios emergentes dessa relação revertam para os fundos de investimento envolvidos.

Artigo 12.º
Publicidade e marketing

1 — Sempre que uma SGFIM publicite os seus fundos, devê-lo-á fazer de forma profissional, exercitando adequado conhecimento técnico, e deverá poder demonstrar a sua convicção de que a publicidade em causa é correcta, justa e não enganadora.

2 — A publicidade deverá obedecer ao disposto na legislação em vigor.

3 — Caso uma SGFIM decida subcontratar a promoção dos seus fundos a uma terceira parte, deverá assegurar, na medida do possível, que tal promoção é efectuada de acordo com o definido nos números anteriores.

4 — Uma SGFIM deve assegurar-se razoável e continuadamente que qualquer seu agente, representante, ou consultor tem capacidade para actuar nessa qualidade.

Artigo 13.º
Relações com os clientes

1 — Os serviços prestados por uma SGFIM aos seus clientes deverão constar em forma escrita e detalhada nos regulamentos de gestão dos fundos de investimento mobiliário sob a sua gestão.

2 — As comissões cobradas por uma SGFIM pelos seus serviços deverão ser razoáveis em qualquer circunstância e a estrutura base de tais comissões deverá ser antecipadamente publicitada a todos os clientes.

Artigo 14.º
Gestão de fundos

1 — De acordo com o disposto no art. 5.º deste código, uma SGFIM deve gerir ordens concorrentes de compra e venda de valores mobiliários sobre as carteiras dos fundos e a sua própria carteira de forma transparente e de modo que não resultem situações de conflito de interesses.

2 — Uma SGFIM deve assegurar uma organização empresarial que disponha dos meios técnicos e humanos necessários por forma a garantir que as ordens sobre valores mobiliários em gestão são atempada e apropriadamente executadas.

3 — As transacções efectuadas deverão resultar em pronta alocação dos respectivos valores mobiliários às carteiras dos fundos sob gestão.

4 — Uma SGFIM não deve executar transacções sobre valores mobiliários representativos de responsabilidades contingentes, a não ser que tais transacções sejam efectuadas em mercados organizados, ou a SGFIM, no âmbito das disposições legais em vigor, possa justificar as referidas transacções como o meio mais eficaz de cobertura de riscos subjacentes a activos financeiros sob gestão.

Artigo 15.º
Idoneidade e integridade nas relações com o mercado

1 — Uma SGFIM não deve efectuar transacções sobre as quais detenha informações que impliquem a proibição de efectivação dessas transacções com base em restrições sobre o uso de informação preferencial.

2 — Uma SGFIM deverá, de acordo com as disposições legais e regulamentares em vigor, proporcionar às autoridades supervisoras toda a informação existente sobre transacções em valores mobiliários efectuadas em mercados não regulamentados.

3 — Uma SGFIM deve restringir-se, no prosseguimento dos seus negócios, no âmbito do objecto social que lhes esteja cometido por lei e mencionado nos seus estatutos sociais.

4 — Uma SGFIM deve tomar as medidas necessárias para garantir que os membros dos órgãos sociais, os seus quadros e

restantes empregados, assim como eventuais representantes autorizados, actuem em conformidade com as responsabilidades emergentes do sistema legal e regulamentar aplicável e com as normas definidas no presente código de conduta.

5 — Uma SGFIM deve assegurar procedimentos que garantam o processamento de eventuais reclamações de clientes sobre o cumprimento das disposições legais em vigor e das normas resultantes do presente código de conduta, assim como a adopção de eventuais medidas correctoras dessas situações e a sua comunicação aos clientes envolvidos.

CAPÍTULO III

ÂMBITO DE APLICAÇÃO PESSOAL DO PRESENTE CÓDIGO

Artigo 16.º
Aplicação do presente código de conduta

1 — O presente código de conduta aplica-se a todas as sociedades gestoras de fundos de investimento mobiliário que sejam associadas da ASGFIM e, bem assim, a todas as sociedades com o mesmo objecto principal ou acessório cuja adesão a este código venha a ser imposta pela Comissão do Mercado de Valores Mobiliários ou por qualquer outra entidade para o efeito competente.

2 — Nos casos previstos no número anterior, sempre que o intermediário financeiro em questão esteja sujeito a um código de conduta aplicável à sua actividade principal, o presente código de conduta só lhe será aplicável no que respeitar especificamente à actividade de gestão de fundos de investimento mobiliário.

3 — O presente código de conduta aplicar-se-á também aos membros dos corpos sociais, empregados, colaboradores ou consultores de uma SGFIM.

4 — Sempre que qualquer pessoa nas circunstâncias previstas no número anterior cair simultaneamente sob a alçada deste código de conduta e das regras de ética e deontologia profissionais a que esteja legalmente vinculada, o presente código de conduta só será

aplicável quando as regras éticas e deontológicas a que o agente estiver obrigado forem menos exigentes que as previstas neste código de conduta, desde que a isso se não oponha o estatuto profissional do agente, nos casos em que o mesmo tenha força de lei.

CAPÍTULO IV
SANÇÕES

Artigo 17.º
Violação dos princípios e das normas de conduta por uma SGFIM

1 — O não cumprimento dos princípios orientadores e das normas de conduta previstos neste código constitui uma infracção às regras éticas e deontológicas a que uma SGFIM está obrigada.

2 — Uma SGFIM é responsável pela violação dos princípios e normas orientadoras de conduta previstos neste código, quando os factos tiverem sido praticados pelos membros dos seus órgãos sociais, pelos seus empregados e colaboradores ou por quaisquer mandatários ou representantes agindo em nome ou por conta da SGFIM e no exercício das suas funções.

3 — Constitui-se em infracção autónoma aos princípios e às normas de conduta previstos neste código a SGFIM que, tendo tomado conhecimento de que quaisquer das pessoas referidas no número anterior violou os princípios e as normas de conduta prescritas por este código, não exerceu oportunamente contra o infractor o poder disciplinar e de direcção ou outros que legalmente lhe couberem no sentido de sancionar tal conduta e de lhe pôr imediatamente termo.

Artigo 18.º
Sanções aplicáveis

1 — A SGFIM que violar os princípios orientadores e ou as normas de conduta previstos neste código será punida nos termos dos arts. 11.º e 12.º dos Estatutos da ASGFIM.

2 — A tentativa e a negligência serão sempre puníveis.

3 — As sanções a aplicar levarão em conta as circunstâncias concretas que rodearam a infracção, as medidas tomadas para lhe pôr cobro, a rapidez com que tais medidas foram tomadas, a comunicação espontânea ou a ausência de comunicação espontânea à ASGFIM e às entidades competentes da prática da infracção, a situação concreta da SGFIM infractora e os seus antecedentes disciplinares, entre outros elementos relevantes para a boa decisão do caso.

Artigo 19.º
Prescrição das sanções

As sanções aplicáveis nos termos do presente código prescrevem findos que sejam dois anos após a data da condenação do infractor sem que tal sanção lhe tenha sido efectivamente aplicada.

CAPÍTULO V
OUTRAS DISPOSIÇÕES

Artigo 20.º
Transacções por conta própria dos membros dos órgãos sociais, empregados e restantes colaboradores

1 — Cada SGFIM deverá, sem prejuízo da aplicação do estipulado nos números seguintes, preparar e publicar internamente um regulamento interno de regras de deontologia e ética profissional e respectivas disposições sancionatórias, regulando também as transacções de valores mobiliários por conta própria a que devem estar submetidos todos os membros dos órgãos sociais, empregados e restantes colaboradores.

2 — Não podem ser efectuadas transacções de valores mobiliários por conta própria de membros dos órgãos sociais, empregados e restantes colaboradores quando lesem os infractores da SGFIM ou dos fundos sob sua gestão.

3 — Os membros dos órgãos sociais, empregados e restantes colaboradores de uma SGFIM não deverão efectuar a título pessoal quaisquer transacções por conta de outrem.

4 — Sem prejuízo do disposto na legislação em vigor, membros dos órgãos sociais, empregados e restantes colaboradores de uma SGFIM não deverão efectuar a titulo pessoal transacções com base em operações de financiamento e de empréstimo de títulos, especificamente obtidos para esse efeito. Quaisquer excepções a esta regra deverão ser aprovadas internamente ao mais alto nível da gestão da SGFIM, devendo constar formalmente em arquivo tal autorização.

5 — Os membros dos órgãos sociais, empregados e restantes colaboradores de uma SGFIM não estão autorizados a solicitar ou a receber quaisquer benefícios, contribuições ou remunerações para si ou membros do seu agregado familiar que resultem em evidente conflito profissional de interesses com a sua entidade empregadora ou em depreciação nítida da sua independência e estatuto profissionais. Compete à gestão superior da SGFIM julgar e avaliar as situações de que resultem eventuais conflitos de interesses.

6 — No caso de empregados envolvidos directamente no *dealing* de ordens sobre valores mobiliários, aplicar-se-ão as seguintes disposições, para transacções por conta própria:

Salvo aprovação formal e por escrito pela gestão superior da SGFIM, estão proibidas quaisquer transacções, com excepção de instrumentos representantes de divida pública;

São, todavia, proibidas quaisquer transacções de valores mobiliários que resultem em compras e vendas recíprocas totais ou parciais no mesmo dia;

Os empregados abrangidos deverão obrigatoriamente reportar todas as transacções e respectivos detalhes à gestão superior da SGFIM.

Artigo 21.º
Disposições gerais

1 — Os membros dos órgãos sociais, empregados e restantes colaboradores de uma SGFIM devem actuar em conformidade com as disposições constantes no presente código de conduta.

2 — O código de conduta da SGFIM aplica-se à actividade legal e regulamentada de gestão de fundos de investimento mobiliário.

3 — Para tudo o que não esteja previsto no presente código aplica-se subsidiariamente o disposto na lei geral.

Artigo 22.º
Interpretação

1 — Nos termos do art. 656.º do Código do Mercado de Valores Mobiliários, aprovado pelo Dec.-Lei 142-A/91, de 10-4, compete à Comissão do Mercado de Valores Mobiliários interpretar e superintender na aplicação do presente código de conduta e exercer as demais competências legais a ele atinentes.

2 — Na interpretação e aplicação do presente código de conduta, poderá a Comissão do Mercado de Valores Mobiliários solicitar o parecer da direcção da ASGFIM, enquanto entidade representativa do sector.

Artigo 23.º
Entrada em vigor

O presente código entrará em vigor 30 dias após a sua publicação no *DR*.

COMISSÃO DO MERCADO DE VALORES MOBILIÁRIOS ([303])

Aviso — Ao abrigo do disposto na al. b) do art. 656.º do Código do Mercado de Valores Mobiliários, aprovado pelo Dec.-Lei n.º 142--A/91, de 10-4, e para os efeitos previstos no n.º 5 do art. 655.º do mesmo diploma legal, publica-se o Código de Conduta elaborado pela Associação Portuguesa das Sociedades Gestoras de Patrimónios, aprovado pelo conselho directivo da Comissão do Mercado de Valores Mobiliários em reunião realizada no dia 7-4-93.

8-4-93 — O Presidente do Conselho Directivo, *Fernando da Costa Lima.*

Código de Conduta elaborado pela Associação Portuguesa das Sociedades Gestoras de Patrimónios (AGEPAT)

Preâmbulo

1 — Este Código resulta da auscultação das sociedades gestoras de patrimónios (SGP), associações fundadoras e efectivas da AGEPAT, e reflecte, em grande medida, a prática deontológica adoptada em códigos de conduta em vigor noutros países.

O Código reflecte, nos seus princípios gerais, as recomendações contidas no relatório acerca das Normas de Conduta Internacional de Negócios, aprovado pelo Comité dos Presidentes da Organização Internacional das Comissões de Valores.

Para além disso, enumeram-se uma série de regras básicas de conduta de negócios e de limitação de conflitos de interesse, com

---

[303] D.R., II Série, de 4/5/93.

especial ênfase na definição das regras gerais a que devem estar submetidas as transacções sobre valores mobiliários efectuadas por quadros das SGP.

2 — O presente Código contém os princípios e regras básicos de conduta a que deverão obedecer as SGP e, concomitantemente, os seus quadros de pessoal, com especial ênfase para aqueles envolvidos directamente na actividade de gestão de investimento e negociação nos mercados de valores mobiliários.

3 — O presente Código de Conduta foi elaborado no sentido de assegurar, para as SGP, a conformidade com o estipulado no art. 655.º do Código do Mercado de Valores Mobiliários.

De acordo com o n.º 3 do art. 655.º, o Código foi revisto e aprovado pela Comissão do Mercado de Valores Mobiliários (CMVM) em 7-4-93. O Código entra em vigor após publicação na 2.ª Série do DR, tal como estipulado no n.º 5 daquele artigo.

CAPÍTULO I
PRINCÍPIOS ORIENTADORES DA CONDUTA

Artigo 1.º
Integridade no exercício da actividade

Uma SGP deve observar os mais elevados padrões de integridade e honestidade na condução dos seus negócios.

Artigo 2.º
Competência para o exercício da actividade

Uma SGP deve actuar de forma competente, diligente e profissional.

Artigo 3.º
Comunicação com clientes

Uma SGP, no prosseguimento do seu objecto, deve procurar obter dos seus clientes toda a informação que permita uma clara compreensão das circunstâncias e objectivos em que a prestação dos seus serviços é por eles seleccionada.

Artigo 4.º
Informação aos clientes e ao mercado

1 — Uma SGP deve procurar, pelos meios aos seu alcance, facultar aos seus clientes e ao mercado toda a informação necessária sobre os serviços que presta, assim como fornecer-lhes de forma clara e inequívoca toda a informação que espelhe o bom cumprimento das suas responsabilidades perante os clientes.

2 — Sem prejuízo do dever de informação ao mercado imposto nos termos do número anterior e das demais disposições legais e regulamentares em vigor, uma SGP deve guardar rigoroso sigilo profissional relativamente a todas as transacções que efectue em nome e por conta dos clientes.

Artigo 5.º
Prevalência dos interesses dos clientes

Uma SGP deve dar absoluta prioridade aos interesses dos clientes, quer em relação aos seus próprios interesses, seja qual for a sua natureza, quer em relação aos interesses dos membros dos seus órgãos sociais, empregados, colaboradores e terceiros.

Artigo 6.º
Equidade de tratamento e conflitos de interesse entre clientes

1 — Uma SGP deve assegurar a todos os clientes equidade de tratamento, não estabelecendo entre eles qualquer discriminação que não resulte de direitos que lhes assistam em consequência da natureza ou da composição das carteiras de valores que administrem, bem como das diferentes condições expressas em contrato de mandato.

2 — Uma SGP deve evitar quaisquer situações que se traduzam em, ou sejam passíveis de produzir, conflitos de interesses.

3 — Caso tais conflitos não possam ser evitados, uma SGP deverá resolvê-los de maneira equitativa, observando os princípios da equidade de tratamento e da prevalência dos interesses dos clientes definidos no n.º 1 do presente artigo e no art. 5.º deste Código, sem prejuízo do princípio da confidencialidade dos negócios, previstos no n.º 2 do art. 4.º do mesmo Código.

Artigo 7.º
Organização interna

1 — Uma SGP deve exercer o controlo interno de forma responsável, criando ficheiros de informação organizados e acessíveis e assegurando o seu arquivo de acordo com as necessidades de auditorias internas e externas e no cumprimento das disposições regulamentares em vigor, bem como proporcionar formação adequada aos seus quadros e sobre eles exercer supervisão.

2 — Uma SGP deverá assegurar, mediante o respectivo regulamento interno, organigrama de funções, ou por qualquer outro meio adequado, que fiquem obrigatoriamente limitadas aos serviços ou às pessoas que directamente intervêm em cada tipo específico de actividade ou de operação as informações de que hajam tomado conhecimento em virtude do exercício das suas funções e, designadamente, as que, não tendo ainda sido tornadas públicas, possam, pela sua natureza ou conteúdo, influenciar as cotações ou preços de transacção de quaisquer valores mobiliários em bolsa ou fora dela.

3 — Uma SGP deverá equipar-se com os meios técnicos e humanos necessários para garantir os serviços que presta em condições adequadas de qualidade e eficiência.

Artigo 8.º
Relações com as autoridades reguladoras e supervisoras

1 — Uma SGP deve relacionar-se com as autoridades supervisoras de forma diligente, mantendo-se atempadamente informadas sobre quaisquer factos relativos à sua actividade que, para além dos que incluam no âmbito das normas imperativas de prestação de informação, se considerar caírem no domínio daqueles que lhes deveriam ser reportados.

2 — Uma SGP deverá, em especial, comunicar às entidades competentes quaisquer manobras tendentes à manipulação da oferta, procura ou dos preços nos mercados de valores mobiliários, quaisquer práticas que integrem abuso de informação, quaisquer actos dos quais um intermediário financeiro se prevaleça ilicitamente de uma posição dominante de que disfrute no mercado ou quaisquer outras irregularidades graves de que tenha conhecimento.

3 — Uma SGP deve cooperar com quaisquer pessoas indigitadas pelas autoridades supervisoras para investigar eventuais queixas de clientes.

CAPÍTULO II
REGRAS GERAIS DE CONDUTA

Artigo 9.º
Publicidade e *marketing*

1 — Sempre que uma SGP publicite as suas actividades, devê-lo-á fazer de forma profissional, exercitando adequado conhecimento técnico, e deverá poder demonstrar a sua convicção de que a publicidade em causa é correcta e não enganadora.

2 — A publicidade deverá obedecer ao disposto na legislação em vigor.

3 — Caso uma SGP decida subcontratar a promoção dos seus fundos a uma terceira parte, deverá assegurar, que tal promoção é efectuada de acordo com o definido nos números anteriores.

4 — Uma SGP deve assegurar-se razoável e continuadamente de que qualquer seu agente, ou representante, ou consultor tem capacidade para actuar nessa qualidade.

Artigo 10.º
Idoneidade e integridade nas relações com o mercado

1 — Uma SGP deve restringir-se, no prosseguimento dos seus negócios, ao âmbito do objecto social que lhe esteja cometido por lei e mencionado nos seus estatutos sociais.

2 — Uma SGP não deve efectuar quaisquer transacções sobre valores mobiliários, sobre os quais detenha, por seu intermédio ou por intermédio de quaisquer membros dos órgãos sociais, quadros e restantes empregados, informações de circunstância que impliquem proibição de efectivação dessas transacções com base em restrições sobre o uso de informação privilegiada.

3 — Uma SGP deve tomar as medidas necessárias para garantir que os membros dos órgãos sociais, os seus quadros e restantes

empregados, assim como eventuais representantes autorizados, actuem em conformidade com as responsabilidades emergentes do sistema legal e regulamentar aplicável e com as normas definidas no presente Código de Conduta.

Artigo 11.º
Transacções por conta própria dos membros dos órgãos sociais, empregados e restantes colaboradores

1 — Cada SGP deverá, sem prejuízo da aplicação do estipulado nos números seguintes, preparar e publicar internamente um regulamento interno de regras de deontologia e ética profissionais e respectivas disposições sancionatórias, regulando também as transacções de valores mobiliários por conta própria, a que devem estar submetidos todos os membros dos órgãos sociais, empregados e restantes colaboradores.

2 — Não podem ser efectuadas transacções de valores mobiliários por conta própria de membros dos órgãos sociais, empregados e restantes colaboradores de uma SGP quando lesem os interesses da SGP ou de qualquer das carteiras sob gestão.

3 — Os membros dos órgãos sociais, empregados e restantes colaboradores de uma SGP não poderão efectuar transacções com base em operações de financiamento, de empréstimo e de venda a descoberto de títulos. Quaisquer excepções a esta regra deverão ser aprovadas internamente ao mais alto nível da gestão da SGP, devendo constar formalmente em arquivo tal autorização e os termos em que é concedida.

4 — Os membros dos órgãos sociais, empregados e restantes colaboradores de uma SGP não estão autorizados a solicitar ou a receber quaisquer benefícios, contribuições ou remunerações directamente ou por interposta pessoa que resultem em evidente conflito profissional de interesses com a sua entidade empregadora ou depreciação nítida da sua independência e estatuto profissionais. Compete à gestão superior da SGP julgar e avaliar as situações de que resultem eventuais conflitos de interesses.

5 — No caso de empregados envolvidos directamente na negociação de valores mobiliários no mercado, aplicar-se-ão as seguintes disposições:

Salvo aprovação formal e por escrito pelo órgão de administração, estão proibidas quaisquer transacções por conta própria, independentemente da sua natureza;

Os empregados abrangidos deverão obrigatoriamente reportar todas as transacções e respectivos detalhes que lhes sejam solicitados pela gestão superior da SGP.

CAPÍTULO III
ÂMBITO DE APLICAÇÃO PESSOAL DO PRESENTE CÓDIGO

Artigo 12.º
Aplicação do presente Código de Conduta

1 — O presente Código de Conduta aplica-se a todas as sociedades gestoras de patrimónios que sejam associadas da Associação Portuguesa das Sociedades Gestoras de Patrimónios e, bem assim, a todas as sociedades com o mesmo objecto principal ou acessório cuja adesão a este Código venha a ser imposta pela Comissão do Mercado de Valores Mobiliários ou por qualquer outra entidade para o efeito competente.

2 — Nos casos previstos no número anterior, sempre que o intermediário financeiro em questão esteja sujeito a um código de conduta aplicável à sua actividade principal, o presente Código de Conduta só lhe será aplicável no que respeitar especificamente à actividade de gestão de patrimónios.

3 — O presente Código de Conduta aplicar-se-á também aos membros dos corpos sociais, empregados, colaboradores ou consultores de uma SGP.

4 — Sempre que qualquer pessoa nas circunstâncias previstas no número anterior, cair simultaneamente sob a alçada deste Código de Conduta e das regras de ética e deontologia profissionais a que esteja legalmente vinculada, o presente Código de Conduta só será aplicável quando as regras éticas e deontológicas a que o agente estiver obrigado forem menos exigentes que as previstas neste Código de Conduta, desde que a isso se não oponha o estatuto profissional do agente, nos casos em que o mesmo tenha força de lei.

CAPÍTULO IV
SANÇÕES

Artigo 13.º
Violação dos princípios e das normas de conduta por uma SGP

1 — À SGP que violar os princípios orientadores e ou as normas de conduta previstas neste Código serão aplicáveis sanções disciplinares.

2 — Compete à assembleia geral a instauração dos processos disciplinares e a aplicação de sanções a que se refere o artigo seguinte.

3 — A arguida dispõe sempre do prazo de 20 dias, contados da notificação dos factos de que é acusada, por carta registada, com aviso de recepção, para apresentar a sua defesa por escrito.

Artigo 14.º
Sanções aplicáveis

1 — As sanções aplicáveis nos termos do artigo anterior são as seguintes
a) Advertência;
b) Multa até ao montante da quotização anual;
c) Exclusão.

2 — A tentativa e a negligência serão sempre puníveis.

3 — As sanções a aplicar levarão em conta as circunstâncias concretas que rodearam a infracção, as medidas tomadas para lhe pôr cobro, a rapidez com que tais medidas foram tomadas, a comunicação espontânea ou a ausência de comunicação espontânea à AGEPAT e às entidades competentes da prática da infracção, a situação concreta da SGP infractora e os seus antecedentes disciplinares, entre outros elementos relevantes para a boa decisão do caso.

4 — A associada excluída não retém quaisquer direitos sobre o património social e é obrigada ao pagamento da sua quotização respeitante ao ano em curso à data da exclusão.

Artigo 15.º
Concurso de infracções

Sempre que uma SGP violar diversos princípios ou normas de conduta previstos neste Código devido ao mesmo facto, será punida em função da infracção cometida que se mostrar mais grave.

Artigo 16.º
Concurso de infracções disciplinares com ilícitos contra-ordenacionais ou criminais

As infracções ao disposto neste Código serão punidas em acumulação real com quaisquer coimas que venham a ser aplicadas pela Comissão do Mercado de Valores Mobiliários ou de qualquer autoridade para o efeito competente ou penalidades previstas na lei para a prática de quaisquer crimes.

Artigo 17.º
Prescrição do procedimento disciplinar

O procedimento disciplinar relativo à prática de quaisquer infracções, excepto quando continuadas, prescreve ao fim de 12 meses contados da data em que a AGEPAT tiver conhecimento da sua prática.

Artigo 18.º
Prescrição das sanções

As sanções aplicáveis nos termos do presente Código prescrevem findos que sejam dois anos após a data da condenação do infractor sem que tal sanção lhe tenha sido efectivamente aplicada.

Artigo 19.º
Interpretação

A interpretação do presente Código de Conduta e a aplicação das sanções nele previstas, sem prejuízo das disposições do art. 16.º deste Código, competem, em última instância, à Comissão do Mercado de Valores Mobiliários, de acordo com o disposto no art. 656.º do Código de Mercado de Valores Mobiliários em vigor (Dec.-Lei 142-A/91, de 10-4).

COMISSÃO DO MERCADO DE VALORES MOBILIÁRIOS [304]

Regulamento n.º 93/8. — Ao abrigo do disposto na al. a) do art. 14.º e no exercício dos poderes que lhe são conferidos pela 1.ª parte da al. c) do art. 656.º, ambos do Código do Mercado de Valores Mobiliários, o conselho directivo da Comissão do Mercado de Valores Mobiliários, ouvidas as associações de bolsa, aprovou o seguinte regulamento, que contém o Código de Conduta das Sociedades Corretoras e das Sociedades Financeiras de Corretagem:

Código de Conduta das Sociedades Corretoras e das Sociedades Financeiras de Corretagem

CAPÍTULO I
ÂMBITO E OBJECTIVOS GERAIS

Artigo 1.º
Âmbito

1 — O presente Código de Conduta aplica-se às sociedades corretoras e sociedades financeiras de corretagem no exercício das respectivas actividades.

2 — As normas de conduta, bem como as normas de deontologia profissional que delas decorrem, deverão igualmente ser observadas quando do exercício das respectivas actividades profissionais e em todas as actividades que destas decorram ou que com elas se relacionem:

a) Pelos membros dos órgãos sociais;

---

[304] D.R., II Série, de 3/11/93.

b) Pelos empregados;
c) Por quaisquer colaboradores, ainda que ocasionais.

Artigo 2.º
Objectivos

1 — As normas de deontologia profissional estabelecidas no presente Código de Conduta destinam-se a complementar e a desenvolver, sem prejuízo do disposto no número seguinte, as normas fundamentais de conduta profissional consagradas no Código do Mercado de Valores Mobiliários.

2 — As diversas normas de deontologia profissional previstas no cap. II do presente Código não esgotam o alcance das normas fundamentais de conduta profissional estabelecidas no Código do Mercado de Valores Mobiliários.

CAPÍTULO II
NORMAS DE DEONTOLOGIA PROFISSIONAL

Artigo 3.º
Defesa do mercado

No quadro da observância de um comportamento pautado por rigorosos padrões de integridade e honestidade, nos termos do art. 657.º do Código do Mercado de Valores Mobiliários, as sociedades corretoras e as sociedades financeiras de corretagem deverão, nomeadamente:

a) Assegurar que a sua actuação no âmbito de qualquer actividade que exerçam se caracterize pela maior idoneidade, rigor e absoluta transparência de processos, abstendo-se de adoptar comportamentos que afectem a credibilidade de qualquer mercado em que operem;

b) Gerir as ordens cuja execução lhe haja sido confiada de uma forma isenta, responsável e com respeito pelo principio da regularidade do funcionamento do mercado;

c) Abster-se da prática de quaisquer actos que conduzam a uma situação de concorrência desleal, designadamente por visarem contornar a efectiva observância de quaisquer disposições legais e regulamentares aplicáveis às actividades de intermediação que exerçam;

d) Guardar segredo profissional, nos termos da lei, sobre tudo o que respeita às operações efectuadas e serviços prestados aos seus clientes e, bem assim, sobre os factos ou informações relativas aos mesmos clientes ou a terceiros e cujo conhecimento lhes advenha do exercício das actividades referidas;

e) Tomar as medidas adequadas e que estejam ao seu alcance para frustrar quaisquer manobras de que tenham conhecimento tendentes à manipulação da oferta, da procura ou dos preços nos mercados de valores mobiliários, de práticas que integrem abuso de informação, de actos através dos quais um intermediário financeiro se prevaleça ilicitamente de uma posição dominante de que disfrute no mercado ou de quaisquer outras irregularidades graves abrangidas pela disposição geral do n.º 1 do art. 657.º do Código do Mercado de Valores Mobiliários, informando imediatamente a entidade responsável pela gestão do mercado em causa e a Comissão do Mercado de Valores Mobiliários.

Artigo 4.º
Competência e diligência

Com intuito de assegurar que o exercício das respectivas actividades se caracterize pelos mais elevados níveis de competência e de diligência que decorrem da norma estabelecida no art. 658.º do Código do Mercado de Valores Mobiliários, as sociedades corretoras e as sociedades financeiras de corretagem deverão, nomeadamente:

a) Dispor permanentemente de recursos humanos competentes e informados, para o que deverão usar do maior rigor na contratação de pessoal, bem como providenciar uma adequada formação profissional aos seus empregados ou colaboradores para o desempenho das tarefas que lhes sejam cometidas;

b) Equipar-se com os meios técnicos suficientes para suportar com os mais elevados padrões de qualidade e eficiência, as diversas actividades de intermediação desenvolvidas e os serviços em consequência prestados;

c) Esforçar-se por obter um conhecimento claro da vontade e dos objectivos dos seus clientes, assim como das circunstâncias em que a prestação de serviços lhes é por estes solicitada;

d) Esforçar-se por obter um conhecimento adequado da situação dos seus clientes, particularmente no que respeita ao respectivo grau de conhecimentos e de experiência no mercado de valores mobiliários;

e) Providenciar para que o mandato de gestão, quando exista, assumindo necessariamente a forma escrita, fixe, designadamente, os termos, os limites e o grau de discricionariedade do mandatário, de forma clara e objectiva.

Artigo 5.º
Igualdade de tratamento

A fim de assegurar o integral cumprimento da norma de conduta respeitante à igualdade de tratamento consagrada no art. 659.º do Código do Mercado de Valores Mobiliários, as sociedades corretoras e as sociedades financeiras de corretagem deverão, nomeadamente:

a) Abster-se de estabelecer entre os seus clientes qualquer discriminação que não decorra directamente das disposições legais e regulamentares aplicáveis à actividade de intermediação em causa;

b) Na negociação em bolsa através do sistema de formação de cotações em contínuo, gerir internamente as ordens com respeito pelo princípio da prioridade temporal das mesmas;

c) Na negociação em bolsa através do sistema de formação de cotações com base numa ou mais chamadas diárias, assegurar, ocorrendo situações de mercado que se traduzam numa oferta limitada, em condições de igualdade quanto ao preço, uma satisfação equitativa das ordens entre os seus clientes.

Artigo 6.º
Prevalência dos interesses dos clientes

A fim de garantir, nos termos estabelecidos no art. 660.º do Código do Mercado de Valores Mobiliários, uma absoluta prioridade dos interesses dos clientes, quer em relação aos seus próprios interesses, quer em relação aos interesses dos membros dos seus órgãos sociais, dos seus empregados, colaboradores ou de terceiros, as sociedades corretoras e sociedades financeiras de corretagem deverão nomeadamente, para além da rigorosa observância do estabelecido no art. 664.° do Código do Mercado de Valores Mobiliários:

a) Exercer um controlo interno adequado respeitante às condições da prestação dos diversos serviços aos seus clientes;

b) Estabelecer o regime aplicável às operações pessoais a realizar pelos membros dos órgãos sociais, empregados e demais colaboradores, se tais operações forem admitidas pelo regulamento a que se refere o art. 12.°, contendo, neste caso, designadamente, normas respeitantes:

   I. À identificação dos tipos e modalidades de operações autorizadas e dos valores susceptíveis de serem objecto dessas operações;
   II. À domiciliação das contas, prevendo, designadamente, a obrigatoriedade da respectiva efectivação na sociedade corretora ou sociedade financeira de corretagem correspondente;
   III. À informação a prestar sobre as operações realizadas;
   IV. Aos meios de garantir a prioridade dos interesses dos clientes sobre as operações previstas na presente alínea;

c) Abster-se de se atribuir a si mesmas quaisquer valores mobiliários quando tenham clientes que os hajam solicitado a preço idêntico ou mais alto;

d) Abster-se de vender valores mobiliários de que sejam titulares em vez de valores idênticos cuja venda lhes tenha sido ordenada pelos seus clientes a preço igual ou mais baixo.

Artigo 7.°
Conflitos de interesses entre clientes

No quadro do cumprimento do dever, estabelecido no art. 661.° do Código do Mercado de Valores Mobiliários, de evitar a emergência de conflitos de interesses entre os seus clientes, as sociedades corretoras e as sociedades financeiras de corretagem deverão tomar as providências necessárias, nomeadamente ao nível da respectiva organização e funcionamento internos, para:

a) Quando tal se mostre técnica e economicamente viável, separar as diversas actividades de intermediação exercidas em áreas de decisão autónomas;

b) Evitar a circulação de informações confidenciais na sua estrutura;

c) Dotar a sua organização dos meios necessários a detectar conflitos de interesses que, não obstante todos os esforços em contrário, possam ocorrer e resolvê-los equitativamente quando ocorram, com rigorosa observância dos princípios da igualdade de tratamento e da prevalência dos interesses dos clientes.

Artigo 8.º
Dever de informação

No quadro do cumprimento dos princípios respeitantes à informação constantes do Código do Mercado de Valores Mobiliários, as sociedades corretoras e as sociedades financeiras de corretagem deverão assegurar a prestação de uma informação suficiente e adaptada às necessidades do cliente, conformada com rigorosos princípios de licitude, veracidade, suficiência, objectividade, oportunidade e clareza, devendo, nomeadamente:

a) Elucidar os seus clientes acerca dos riscos em que poderão vir a incorrer no âmbito do investimento ou transacção que pretendam realizar, através da prestação dos esclarecimentos adequados e das informações de que disponham e não revistam natureza confidencial, incidindo designadamente sobre os mercados e os produtos neles negociados, bem como as condições gerais das operações;

b) Prestar um apoio desinteressado, idóneo e objectivo à decisão quando o cliente dele careça, nomeadamente por o solicitar, por ser manifestamente insuficiente o seu grau de experiência ou de conhecimentos no mercado de valores mobiliários ou por ser razoavelmente constatável a sua inadvertência;

c) Informar claramente os clientes da natureza dos serviços prestados, das suas condições e dos respectivos custos.

Artigo 9.º
Outros deveres

Na execução de quaisquer operações e na prestação dos demais serviços de intermediação em valores mobiliários de que forem incumbidas, as sociedades corretoras e as sociedades financeiras de corretagem servirão os seus clientes com a maior diligência, lealdade, neutralidade e discrição e com respeito absoluto pelos seus interesses, devendo, nomeadamente:

a) Realizar as transacções nas melhores condições que o mercado viabilize, sem prejuízo, todavia, da rigorosa observância das instruções recebidas do cliente;

b) Cumprir com a maior rapidez as ordens recebidas dos clientes para a compra ou venda de valores mobiliários, ou, se a ordem for discricionária quanto ao momento da sua execução, na altura que considerem mais adequada para os efeitos do disposto na alínea anterior;

c) Abster-se de realizar e de incitar os seus clientes a efectuar operações repetidas de compra e vendas de valores mobiliários, quando essas operações se não justifiquem e tenham como fim único ou principal a cobrança das correspondentes comissões ou qualquer outro objectivo estranho aos interesses do cliente.

Artigo 10.º
Relações com as entidades competentes

As sociedades corretoras e as sociedades financeiras de corretagem devem prestar às autoridades de supervisão e fiscalização a que se encontram sujeitas e às entidades gestoras dos mercados de valores mobiliários toda a colaboração ao seu alcance, satisfazer prontamente as solicitações que as mesmas lhes façam no âmbito das suas competências e abster-se de levantar quaisquer obstáculos ao exercício das respectivas funções.

CAPÍTULO III
ORGANIZAÇÃO INTERNA

Artigo 11.º
Princípio geral

As sociedades corretoras e as sociedades financeiras de corretagem deverão organizar-se e funcionar internamente de forma que favoreça a escrupulosa observância das normas de conduta e de deontologia profissional estabelecidas no Código do Mercado de Valores Mobiliários e no presente Código.

Artigo 12.º
Regulamentos internos

1 — Para os efeitos do artigo anterior e nos termos do disposto no n.º 3 do art. 662.º do Código do Mercado de Valores Mobiliários, cada sociedade corretora e sociedade financeira de corretagem elaborará e aprovará um regulamento interno respeitante à sua orgânica e funcionamento, comunicando-o posteriormente à Comissão do Mercado de Valores Mobiliários e à associação ou associações de bolsa de que for membro.

2 — Dos regulamentos previstos no número anterior deverão constar, designadamente as disposições necessárias a dar integral cumprimento ao estabelecido nos n.ᵒˢ 1 e 2 do art. 662.º do Código do Mercado de Valores Mobiliários e nas disposições previstas no presente Código.

3 — Os regulamentos internos das sociedades financeiras de corretagem deverão prever disposições que contemplem o princípio da autonomia absoluta das actividades de conta própria daquelas exercidas por conta de terceiros.

Artigo 13.º
Publicidade

1 — As sociedades corretoras e as sociedades financeiras de corretagem devem observar, em toda a publicidade por elas feitas, independentemente da forma utilizada ou dos fins a que se destina, princípios rigorosos de licitude, veracidade, objectividade, suficiência, oportunidade e clareza.

2 — Incluiu-se no âmbito do número anterior toda a publicidade susceptível de, directa ou indirectamente, influenciar o comportamento dos investidores quer relativamente à sociedade corretora ou sociedade financeira de corretagem quer aos serviços por elas prestados, designadamente a subscrição ou negociação de valores mobiliários por ela emitidos ou transaccionados ou o exercício de quaisquer direitos aos mesmos inerentes.

3 — Toda a publicidade a que se refere o n.º 1 deve ser claramente identificada como tal, qualquer que seja o meio de difusão utilizado.

4 — Quando uma sociedade corretora ou sociedade financeira de corretagem recorra para os efeitos previstos nos números anteriores aos serviços de uma outra entidade, deverá assegurar que esta observe o estabelecido nos números anteriores.

CAPÍTULO IV
SANÇÕES

Artigo 14.º
Infracção disciplinar

1 — Comete uma infracção disciplinar a sociedade corretora ou a sociedade financeira de corretagem, bem como os membros dos seus órgãos sociais, empregados ou colaboradores, que não cumpra alguma das normas de conduta, bem como as normas de deontologia profissional que delas decorrem e estabelecidas em lei ou no presente Código.

2 — A responsabilidade a que se refere o número anterior é independente de responsabilidade civil, contra-ordenacional ou criminal.

3 — A tentativa e a negligência serão sempre puníveis.

4 — Sempre que a infracção resulte de omissão de um dever, a aplicação da sanção não dispensa o infractor do seu cumprimento se este ainda for possível.

Artigo 15.º
Poder disciplinar

1 — As infracções disciplinares previstas no artigo anterior, quando verificadas no âmbito de actividades exercidas em bolsa ou que com ela se relacionem, integram, nos termos da al. a) do n.º 1, do art. 240.º do Código do Mercado de Valores Mobiliários, a violação de uma obrigação especial dos associados membros de uma bolsa de valores ou dos seus representantes, enquadrando-se no poder disciplinar da respectiva associação.

2 — A instauração, instrução e decisão dos processos disciplinares respeitantes às infracções previstas no número anterior regem-se pelo estabelecido nos regulamentos disciplinares das associações de bolsa.

3 — As sanções aplicáveis às infracções previstas no n.º 1 são as estabelecidas no art. 241.º do Código do Mercado de Valores Mobiliários e nos regulamentos disciplinares das associações de bolsa.

Artigo 16.º
Outras infracções

1 — As infracções verificadas no âmbito das restantes actividades que as sociedades corretoras e as sociedades financeiras de corretagem se encontram legalmente autorizadas a exercer enquadram-se na competência sancionatória da Comissão do Mercado de Valores Mobiliários.

2 — A instauração, instrução e decisão dos processos respeitantes às infracções previstas no número anterior regem-se pelo estabelecido no Código do Mercado de Valores Mobiliários para os processos de contra-ordenação e são-lhes aplicáveis as sanções aí previstas, desde que legalmente tipificadas.

Artigo 17.º
Elementos relevantes

Em qualquer caso, as sanções a aplicar, nos termos dos artigos anteriores, levarão em conta as circunstâncias concretas que rodearam a infracção, as medidas tomadas para lhe pôr cobro, nomeadamente os procedimentos disciplinares instaurados internamente, a rapidez com que tais medidas foram tomadas, a comunicação espontânea da infracção ou a ausência desta comunicação às autoridades competentes, os antecedentes disciplinares do infractor e quaisquer outros elementos relevantes.

CAPÍTULO V
DISPOSIÇÕES FINAIS

Artigo 18.º
Elaboração dos regulamentos internos

1 — Os regulamentos internos a que se refere o art. 12.º deverão ser aprovados pelas sociedades corretoras e as sociedades financeiras de corretagem e comunicadas à Comissão do Mercado de Valores Mobiliários e às associações de bolsa de que forem membros no prazo máximo de 60 dias após a entrada em vigor do presente regulamento.

2 — Dentro do mesmo prazo, as sociedades corretoras e as sociedades financeiras de corretagem devem modificar, em conformidade com o disposto no presente Código, os regulamentos internos já aprovados, comunicando-os às entidades referidas no número anterior.

Artigo 19.º
Publicação e entrada em vigor

1 — O presente código de conduta entra em vigor 30 dias após a sua publicação na 2.ª série do *DR*.

2 — Entre a data da publicação na 2.ª série do *DR* e a data da entrada em vigor, nos termos do número anterior, o presente Código deverá igualmente ser publicado nos boletins de cotações das bolsas de valores.

21-10-93. — O Presidente do Conselho Directivo, *Fernando da Costa Lima.*

COMISSÃO DO MERCADO DE VALORES MOBILIÁRIOS [305]

Aviso — Ao abrigo do disposto na al. b) do art. 656.º do Código do Mercado de Valores Mobiliários aprovado pelo Dec.-Lei 142-A/91, de 10-4, e para os efeitos previstos no n.º 5 do art. 655.º do mesmo diploma legal, publica-se o Código de Conduta elaborado pela Associação Portuguesa de Bancos, aprovado pelo Conselho directivo da Comissão do Mercado de Valores Mobiliários em reunião realizada no dia 30-11-93.

2-12-93 — O Presidente do Conselho Directivo, *Fernando da Costa Lima*.

Código de Conduta elaborado pela Associação Portuguesa de Bancos (APB)

CAPÍTULO I
OBJECTIVOS GERAIS

Artigo 1.º
Âmbito de aplicação

As instituições de crédito (IC) associadas na APB ficam obrigadas, no exercício das suas actividades de intermediação de valores mobiliários que a lei lhes permita, ao cumprimento das normas de conduta estabelecidas no presente Código de Conduta.

---

[305] D.R., II Série, de 14/12/93.

Artigo 2.º
Natureza das regras deontológicas

As regras constantes do presente Código visam garantir a adopção por parte das IC de práticas e condutas profissionais a observar nos mercados de valores mobiliários, em complemento das demais disposições legais e regulamentares aplicáveis, nomeadamente das previstas no Código do Mercado de Valores Mobiliários.

Artigo 3.º
Violação das normas deontológicas

A inobservância das normas de deontologia profissional fica sujeita à aplicação de sanções de natureza disciplinar, nos termos previstos no presente Código.

CAPÍTULO II
NORMAS DE DEONTOLOGIA PROFISSIONAL

Artigo 4.º
Probidade comercial

As IC devem abster-se de realizar ou participar em quaisquer transacções ou actuações susceptíveis de pôr em risco a regularidade de funcionamento, a transparência e a credibilidade do mercado de valores mobiliários.

Artigo 5.º
Competência

As IC devem dotar a sua organização empresarial dos meios técnicos e humanos necessários para garantir a prestação de serviços segundo elevados níveis de qualidade e eficiência.

Artigo 6.º
Deveres na execução das operações e na prestação dos serviços de intermediação

As IC devem, na execução de quaisquer operações e na prestação dos demais serviços de intermediação em valores mobiliários de que forem incumbidas, servir os seus clientes com diligência, lealdade, neutralidade, discrição, respeito absoluto pelos seus interesses e, designadamente:

a) Realizar as transacções nas melhores condições que o mercado viabilize, sem prejuízo da rigorosa observância das instruções recebidas do cliente;

b) Cumprir com a maior rapidez as ordens recebidas dos clientes para a compra ou venda de valores mobiliários, ou, se a ordem for discricionária quanto ao momento da sua execução, na altura que considerem mais adequada;

c) Abster-se de realizar e de incitar os seus clientes a efectuarem operações repetidas de compra e venda de valores mobiliários, quando essa operações se não justifiquem e tenham como fim único ou principal a cobrança das correspondentes comissões ou qualquer outro objectivo estranho aos interesses do cliente;

d) Abster-se de se atribuir a si mesmas valores mobiliários quando tenham clientes que os hajam solicitado a preço idêntico ou mais alto;

e) Abster-se de vender valores mobiliários de que sejam titulares em vez de valores idênticos cuja venda lhes tenha sido ordenada pelos seus clientes a preço igual ou mais baixo.

Artigo 7.º
Igualdade de tratamento

As IC devem assegurar a todos os seus clientes igualdade de tratamento, não fazendo qualquer discriminação entre eles que resulte de direitos que lhes assistam por virtude da natureza ou prioridade temporal das suas ordens ou em consequência de qualquer outra situação prevista em disposições legais e regulamentares aplicáveis.

Artigo 8.º
Prevalência dos interesses dos clientes

As IC devem dar prioridade absoluta aos interesses dos clientes, quer em relação aos seus próprios interesses, seja qual for a sua natureza, quer em relação aos interesses dos membros dos seus órgãos sociais, do seu pessoal e demais colaboradores ou de terceiros.

Artigo 9.º
Conflitos de interesses entre clientes

As IC devem procurar evitar que surjam conflitos de interesses entre os seus clientes, quer no âmbito da mesma actividade, quer no âmbito de diferentes actividades de intermediação em valores mobiliários que exerçam, e quando, apesar de tudo, tais conflitos se verifiquem, devem solucioná-los de forma equitativa, sem privilegiar indevidamente qualquer dos clientes em conflito.

Artigo 10.º
Conflitos de interesses entre as IC e os seus clientes

As IC não poderão, sem conhecimento prévio e autorização escrita dos seus clientes:

a) Actuar como contraparte nas operações que realizem de conta deles, excepto nos casos consentidos por lei;

b) Subscrever em nome dos clientes, para carteiras de valores mobiliários de cuja gestão estejam encarregadas, valores mobiliários de sua emissão ou que sejam objecto de oferta pública de venda ou troca lançada por elas próprias;

c) Subscrever ou adquirir em nome dos clientes, para os fins referidos na anterior alínea, quaisquer valores mobiliários objecto de oferta pública de subscrição ou de venda cuja colocação hajam garantido ou tomado firme para efeitos de subscrição ou venda indirectas;

d) Realizar, de conta dos clientes, quaisquer outras operações de natureza semelhante geradoras de um conflito de interesses com aqueles.

Artigo 11.º
Organização e funcionamento internos

1 — Com vista a obviar à ocorrência de conflitos de interesses entre as IC e os seus clientes ou entre clientes de diferentes actividades de intermediação exercidas pela mesma IC devem essas actividades, tanto quanto possível, ser organizadas e geridas de maneira autónoma, por pessoal exclusivamente afecto a cada uma delas, sem interferência em qualquer outra ou de qualquer outra com que possa haver os mencionados conflitos.

2 — Em qualquer caso, e sem prejuízo dos regulamentos internos a elaborar nos termos do n.º 3 do art. 662.º do Código do Mercado de Valores Mobiliários, devem as IC adoptar na sua organização e funcionamento internos as providências necessárias para assegurar que:

a) Fiquem obrigatoriamente limitadas aos serviços ou às pessoas que directamente intervêm em cada tipo especifico de actividade ou operação as informações de que tenham tomado conhecimento em virtude do exercício das suas funções e designadamente as que, não tendo sido ainda tornadas públicas, possam, pela sua natureza ou conteúdo, influenciar as cotações ou preços de transacção de quaisquer valores mobiliários em bolsa ou fora dela;

b) As informações referidas não sejam utilizadas em operações em que intervenham a própria IC, pessoas responsáveis pela sua administração ou gestão e fiscalização ou o seu pessoal, ou em que estejam interessados os seus outros clientes ou terceiros;

c) Sejam instituídos mecanismos internos que permitam fazer uma apreciação justa das reclamações dos clientes, dando-se a conhecer aos clientes a existência desses mecanismos.

Artigo 12.º
Operações de membros dos órgãos sociais das IC e seu pessoal

1 — Os membros dos órgãos sociais ou outros responsáveis pela gestão das IC e o seu pessoal, nas operações de conta própria sobre valores mobiliários negociáveis em qualquer mercado secundário que realizem, devem submeter-se escrupulosamente às regras, procedimentos e normas aplicáveis aos clientes.

2 — Os membros dos órgãos sociais das IC devem comunicar à IC a que pertencem todas as operações de conta própria sobre valores mobiliários que realizem em qualquer mercado secundário, quer efectuadas com intermediação da IC em que prestam serviço, quer realizadas fora do âmbito desta.

3 — As comunicações referidas no número anterior, identificando as operações, devem ser feitas por escrito e dentro do prazo máximo de 15 dias a contar da sua realização ao órgão de administração da IC respectiva, que as guardará pelo prazo legal estabelecido para conservação da documentação.

Artigo 13.º
Pessoal afecto às actividades de intermediação

1 — Só mediante autorização do órgão da administração da IC respectiva, poderá o pessoal afecto às actividades de intermediação em valores mobiliários realizar operações de conta própria sobre valores negociáveis em qualquer mercado secundário.

2 — Para efeitos de assegurar o cumprimento do previsto no número anterior, deve cada IC possuir um registo próprio do pessoal que considerar especificamente afecto a essas actividades.

3 — O pessoal referido nos números anteriores fica sujeito, quanto às operações de conta própria que realize em qualquer mercado secundário, ao regime previsto nos n.ºs 2 e 3 do art. 12.º.

Artigo 14.º
Informação e publicidade

As IC devem em toda a informação, obrigatória ou facultativa, que prestem ao público, aos seus clientes e às entidades competentes e em toda a publicidade que façam sobre si mesmas ou sobre as suas actividades e operações e respectivas condições conformar-se com princípios rigorosos de legalidade, veracidade, objectividade, oportunidade e clareza.

Artigo 15.º
Informação aos clientes

1 — As IC devem:
a) Fornecer aos seus clientes os esclarecimentos e infor-

mações de que este careçam para tomarem uma decisão fundamentada sobre o investimento ou transacção que pretendam realizar e, nomeadamente, elucidá-los, tratando-se de operações que pela sua natureza ou condições envolvam riscos especiais, sobre a existência e conteúdo desses riscos e as consequências financeiras que a sua eventual concretização implicará;

b) Informar claramente os seus clientes, antes da execução das operações ou da prestação dos serviços em causa, de qualquer interesse próprio que tenham nessas operações ou serviços, para além dos previstos no anterior art. 10.º;

c) Tratando da prestação do serviço de gestão de carteira de valores mobiliários, informar os clientes sobre os riscos a que ficam sujeitos em consequência da gestão, tendo especialmente em conta os objectivos do investimento, o grau de discricionariedade concedida ao intermediário e os serviços técnicos especializados que este se encontre em condições de assegurar;

d) Informar prontamente os clientes quer da execução e resultados das operações que efectuem de conta deles quer da ocorrência de dificuldades especiais ou da inviabilidade dessa execução quer ainda de quaisquer factos ou circunstâncias de que tomem conhecimento, não sujeitos a segredo profissional e susceptíveis de justificar, quando for o caso, a revisão e alteração ou revogação das ordens correspondentes.

2 — No cumprimento do que vem estabelecido no antecedente n.º 1, as IC devem ter em conta, por um lado, o nível de conhecimento, experiência e profissionalismo dos clientes no respeitante ao mercado de valores mobiliários e, por outro, a sua situação financeira e os reflexos que nela possam ter, consoante o seu grau de risco, as operações ordenadas ou os serviços a prestar.

Artigo 16.º
Segredo profissional

As IC devem guardar segredo profissional sobre tudo o que respeite às operações sobre valores mobiliários efectuados e serviços prestados aos seus clientes e, bem assim, sobre os factos ou informações relativos aos mesmos clientes ou a terceiros e cujo conhecimento lhes advenha do exercício das respectivas actividades, só cessando esse dever mediante autorização escrita da pessoa a que respeitam ou nos casos e termos expressamente previstos na lei.

Artigo 17.º
Comissões

As IC devem publicitar as comissões ou quaisquer outras remunerações que pratiquem ou, quando as mesmas forem variáveis ou livres, os respectivos limites e ainda, relativamente a cada operação ou contrato, informar o cliente sobre as comissões ou outras remunerações a que ficará obrigado e quaisquer despesas que tenha de suportar, discriminando-as de forma clara.

Artigo 18.º
Relações com as autoridades competentes

As IC devem prestar às autoridades de supervisão e fiscalização a que se encontram sujeitas na sua actividade de intermediação financeira e às entidades gestoras dos mercados de valores mobiliários toda a colaboração ao seu alcance dentro dos limites legais, satisfazendo prontamente as solicitações que as mesmas lhes façam no âmbito das suas competências específicas e abstendo-se de levantar quaisquer obstáculos ao exercício das respectivas funções.

CAPÍTULO III
DO PODER DISCIPLINAR

Artigo 19.º
Jurisdição disciplinar

1 — As IC que sejam associadas da APB, bem como os membros dos seus órgãos sociais ou outros responsáveis pela sua gestão, ficam sujeitos, relativamente às obrigações decorrentes das normas previstas no presente Código, à jurisdição disciplinar dessa Associação, sendo o poder disciplinar exercido pelo respectivo conselho de disciplina.

2 — A perda da qualidade de associado da APB não faz cessar a competência disciplinar do conselho de disciplina, desde que ocorra depois de instaurado o respectivo procedimento disciplinar.

Artigo 20.º
Infracção disciplinar

A violação, dolosa ou culposa, por acção ou omissão, das normas deontológicas previstas no presente Código constitui infracção disciplinar, punível nos termos dos artigos seguintes, sem prejuízo da responsabilidade contra-ordenacional, criminal ou civil a que os factos integrantes dessa violação possam concomitantemente dar lugar.

Artigo 21.º
Concurso de infracções

1 — A responsabilidade disciplinar é independente da responsabilidade civil, contra-ordenacional e criminal.

2 — Havendo, porém, concurso da infracção disciplinar com contra-ordenação para cujo julgamento sejam competentes a Comissão do Mercado de Valores Mobiliários (CMVM) ou o Banco de Portugal, ou com infracção criminal, o conselho de disciplina pode, se entender que isso é compatível com a adequada e tempestiva defesa dos interesses em causa, suspender o processo disciplinar até ser proferida decisão, ainda que sem transito em julgado, no processo de contra-ordenação ou no processo penal.

Artigo 22.º
Sanções disciplinares

1 — A violação das normas previstas no presente Código é punível com as seguintes sanções disciplinares:
a) Advertência;
b) Censura.

2 — A advertência será simples, quando não implique a anotação no respectivo cadastro disciplinar, e registada, no caso contrário.

Artigo 23.º
Critérios na aplicabilidade das sanções disciplinares

1 — As sanções disciplinares previstas no artigo anterior devem ser proporcionadas à gravidade da infracção e ao grau de culpabilidade do infractor, tomando-se ainda em conta todas as demais circunstâncias atendíveis.

2 — A sanção de censura será especialmente aplicável quando os actos integrantes da infracção disciplinar violarem gravemente os deveres de deontologia profissional estabelecidos no presente Código.

3 — Quando se verifique prática reiterada de infracções disciplinares passíveis de sanção de censura ou desrespeito da censura aplicada, pode a sanção disciplinar de censura ser objecto de publicidade, que será efectivada mediante publicação do extracto da decisão nos boletins de cotação da bolsa de valores.

4 — Nas situações previstas no número anterior pode ainda o conselho de disciplina, relativamente a infractor que mantenha a qualidade de associado da APB, propor a exclusão de associado, observando-se para o efeito o estabelecido nos estatutos dessa Associação quanto à perda da qualidade de associado por exclusão.

5 — A deliberação que determine a publicidade referida no antecedente n.º 3 ou a proposta de exclusão de associado prevista no n.º 4 carecem dos votos favoráveis, de, pelo menos, dois terços de todos os membros que compõem o conselho de disciplina da APB.

Artigo 24.º
Responsabilidade disciplinar dos trabalhadores das IC

A violação, dolosa ou culposa, por acção ou omissão, por parte dos trabalhadores das IC dos deveres decorrentes das normas previstas no presente Código integra infracção disciplinar, punível nos termos do regime disciplinar geral aplicável aos trabalhadores da IC respectiva.

Artigo 25.º
Regime disciplinar

1 — Compete ao conselho de disciplina aplicar no âmbito da sua jurisdição disciplinar as sanções previstas no art. 22.º, observando-se na instauração, instrução e julgamento dos processos disciplinares o estabelecido no Regulamento do Conselho de Disciplina.

2 — As infracções disciplinares dos trabalhadores das IC ficam sujeitas ao regime disciplinar geral aplicável aos trabalhadores da IC respectiva.

Artigo 26.º
Prescrição, interrupção e suspensão da prescrição

1 — O procedimento disciplinar prescreve logo que haja decorrido o prazo de um ano sobre a prática da infracção.

2 — A prescrição do procedimento disciplinar interrompe-se:
   a) Com a audição do infractor;
   b) Com a comunicação ao infractor da nota de culpa;
   c) Com a realização de quaisquer diligências de prova.

3 — No caso de concurso de infracções, poderá ser suspenso o procedimento disciplinar nos termos previstos no n.º 2, do artigo 21.º

4 — O procedimento disciplinar quanto às infracções dos trabalhadores das IC prescreve, suspende-se e exerce-se nos prazos e nos termos previstos no regime disciplinar geral aplicável.

Artigo 27.º
Princípios a observar nos processos disciplinares

1 — Nos processos disciplinares deve salvaguardar-se adequadamente:
   a) O carácter confidencial do processo;
   b) A defesa do arguido, tanto antes como depois da formação da culpa;
   c) Os interesses essenciais do mercado de valores mobiliários e dos investidores.

2 — Nas infracções a que corresponda a sanção de advertência simples dispensar-se-á a instauração de processo disciplinar que, com prévia audiência do infractor, será substituído na comunicação escrita da sanção ao infractor pela especificação do facto ou factos que a determinam e das normas infringidas.

3 — Nos casos em que seja aplicada a sanção de censura com publicidade, será dado conhecimento à CMVM, mediante remessa do extracto da decisão respectiva.

Artigo 28.º
Instauração e instrução do processo disciplinar

As IC, os membros dos seus órgãos sociais, os seus mandatários, cometidos e outras pessoas que lhes prestem serviços a título permanente ou ocasional ficam obrigados a prestar todas as informações que o conselho de disciplina lhes solicite, no âmbito da instauração de um processo disciplinar, sobre a actividade de intermediação em causa.

CAPÍTULO IV
OUTRAS DISPOSIÇÕES

Artigo 29.º
Aplicação do Código de Conduta a outras entidades

1 — O presente Código de Conduta poderá ser tornado extensivo a outros intermediários financeiros cuja adesão venha a ser imposta pela CMVM ou por qualquer outra entidade para o efeito competente.

2 — Nos casos previstos no número anterior, sempre que o intermediário financeiro aderente esteja sujeito a um código de conduta aplicável à sua actividade principal, o presente Código só lhe será aplicável no que respeitar especificamente à actividade de intermediação em valores mobiliários.

Artigo 30.º
Concurso com outras regras de ética e deontologia profissionais

Sempre que o infractor violar simultaneamente normas previstas neste Código de Conduta e regras de ética e deontologia profissionais a que esteja legalmente vinculado, o presente Código de Conduta só será aplicável, quando as regras éticas e deontológicas a que o agente estiver obrigado forem menos exigentes que as previstas neste Código de Conduta, desde que a isso se não oponha o estatuto profissional do agente, nos casos em que o mesmo tenha força de lei.

Artigo 31.º
Entrada em vigor

O presente Código de Conduta entrará em vigor 30 dias após a sua publicação no *DR*.

COMISSÃO DO MERCADO DE VALORES MOBILIÁRIOS [306]

Aviso. — *Códigos de conduta*. — Ao abrigo do disposto na al. b) do art. 656.° do Código do Mercado de Valores Mobiliários, aprovado pelo Dec.-Lei 142-A/91, de 104, e para os efeitos previstos no n.° 5 do art. 655.° do mesmo diploma legal, publica-se o Código de Conduta elaborado pela Associação das Empresas Gestoras de Fundos de Pensões, aprovado pelo conselho directivo da Comissão do Mercado de Valores Mobiliários em reunião realizada no dia 20-1-94.

24-1-94 — O Presidente do Conselho Directivo, Fernando da Costa Lima.

Código de Conduta elaborado pela Associação das Empresas Gestoras de Fundos de Pensões

CAPÍTULO I
ÂMBITO DE APLICAÇÃO E INTERPRETAÇÃO

Artigo 1.°
Âmbito de aplicação

1 — O presente Código de Conduta das Empresas Gestoras de Fundos de Pensões aplica-se a todas as empresas gestoras de fundos de pensões (EGFP) que sejam associadas da Associação das Empresas Gestoras de Fundos de Pensões e, bem assim, a todas as sociedades com o mesmo objecto principal ou acessório cuja sujeição

---

[306] D.R., II Série, de 5/2/94.

aos preceitos deste Código venha a ser imposta pela Comissão do Mercado de Valores Mobiliários ou por qualquer outra entidade para o efeito competente.

2 — O presente Código de Conduta aplicar-se-á também aos membros dos corpos sociais, empregados, colaboradores ou consultores das EGFP.

Artigo 2.º
Interpretação

A interpretação do presente Código de Conduta compete, em última instância, à Comissão do Mercado de Valores Mobiliários, de acordo com o disposto no art. 656.º do Código do Mercado de Valores Mobiliários, aprovado pelo Dec.-Lei 142-A/91, de 10-4.

CAPÍTULO II
PRINCÍPIOS ORIENTADORES DA CONDUTA

Artigo 3.º
Integridade no exercício da actividade

Uma EGFP deve observar os mais elevados padrões de integridade e honestidade na condução dos seus negócios.

Artigo 4.º
Competência para o exercício da actividade

Uma EGFP deve actuar de forma competente, diligente e profissional.

Artigo 5.º
Observância das práticas do mercado

Uma EGFP deve assegurar que a actuação nos mercados onde opera se reja pelos mais elevados padrões de conduta, cumprindo as disposições legais e regulamentares em vigor aplicáveis ao exercício da sua actividade e as normas éticas e deontológicas estabelecidas no presente Código.

Artigo 6.º
Comunicação com clientes

1 — Uma EGFP, no prosseguimento dos seus objectivos de negócio, deve procurar obter dos seus clientes toda a informação que permita uma clara compreensão das circunstâncias e objectivos em que a prestação dos seus serviços é por eles seleccionada.

2 — Uma EGFP deve assegurar-se, de forma razoável e continuada, de que todos os seus agentes e representantes têm capacidade profissional para actuar nessa qualidade e de que os mesmos possuem os meios para tornar essa representação ou agência eficaz e conforme aos mais elevados padrões de conduta de negócios.

Artigo 7.º
Informação aos clientes e ao mercado

Uma EGFP deve procurar, pelos meios ao seu alcance, facultar aos seus clientes e ao mercado, de acordo com as disposições legais em vigor, de forma compreensível e atempada, toda a informação necessária sobre os produtos e serviços prestados, nomeadamente sobre os riscos de gestão, devendo igualmente, caso seja necessário, prestar-lhes, de forma clara e inequívoca, toda a informação que revele o bom cumprimento das suas obrigações.

Artigo 8.º
Igualdade de tratamento, conflitos de interesses e prioridade dos interesses dos clientes

1 — Uma EGFP deve assegurar a todos os seus clientes igualdade de tratamento, não estabelecendo entre eles qualquer discriminação que resulte de direitos que lhes assistam em consequência da natureza ou da composição das carteiras dos fundos sob gestão ou de qualquer circunstância prevista nas disposições legais ou regulamentares aplicáveis.

2 — Uma EGFP deverá evitar a emergência de conflitos de interesses entre os seus clientes e, sempre que, apesar de tudo, tais conflitos surjam, resolvê-los de forma equitativa, observado o princípio de igualdade de tratamento previsto no número anterior.

3 — Uma EGFP deve servir os seus clientes com maior lealdade, independência e discrição, observando os princípios de

confidencialidade dos negócios e dando absoluta prioridade aos interesses daqueles.

Artigo 9.º
Protecção dos activos dos clientes

Uma EGFP deve assegurar, por todos os meios ao seu dispor, a protecção dos activos financeiros dos fundos sob gestão, através de adequada discriminação dos mesmos.

Artigo 10.º
Recursos financeiros

Uma EGFP deve manter um nível de recursos financeiros consentâneo com as responsabilidades assumidas no exercício da sua actividade e as necessidades de cobertura de riscos dele decorrentes.

Artigo 11.º
Organização interna

1 — Uma EGFP deve exercer o controlo interno de forma responsável e, no cumprimento das disposições legais e regulamentares em vigor, criando ficheiros de informação organizados e assegurando o seu arquivo de acordo com as necessidades de auditorias internas e externas.

2 — Uma EGFP deverá ainda procurar proporcionar formação adequada aos seus quadros e sobre eles exercer supervisão de acordo com procedimentos internos definidos.

Artigo 12.º
Relações com as autoridades reguladoras e supervisoras

Uma EGFP deve relacionar-se com as entidades reguladoras e supervisoras de forma diligente, prestando-lhes toda a colaboração ao seu alcance e mantendo-as informadas sobre quaisquer factos relativos à sua actividade que para além dos que se incluam no âmbito das normas imperativas de prestação de informação, se considere, com razoabilidade, cairem no domínio daqueles que lhes deverão ser reportados.

CAPÍTULO III
REGRAS GERAIS DE CONDUTA DE NEGÓCIOS

Artigo 13.º
Independência

1 — Uma EGFP deve tomar medidas para que nem ela, na sua função de gestora directa de fundos de pensões, nem qualquer agente por si contratado ofereçam, proporcionem, solicitem ou aceitem, no prosseguimento de actividade sujeita a regulamentação genérica ou específica, qualquer incitamento que possa de forma significativa conflituar com qualquer dos seus deveres no âmbito dos contratos de gestão de fundos para que está mandatada.

2 — Quando uma EGFP tenha interesse material numa transacção de valores mobiliários que envolva um ou vários dos fundos sob gestão ou mantenha qualquer relacionamento que dê lugar a um conflito de interesses em relação a essa transacção, não deverá aconselhar ou exercer a gestão de valores mobiliários abrangidos por essa transacção, sem assegurar um tratamento equitativo dos contribuintes ou participantes dos fundos abrangidos.

3 — Cada EGFP procurará assegurar que, no relacionamento com os corretores ou outros intermediários financeiros autorizados a operar no mercado:

Os eventuais benefícios emergentes dessa relação, em virtude do volume e intensidade de negócios por aqueles intermediados e materializados na prestação de serviços em condições mais favoráveis, revertam para os fundos envolvidos;

Os termos em que tal relacionamento se processa não envolvam situações potenciais de discriminação de comissões em relação a situações comparativamente mais favoráveis.

Artigo 14.º
Publicidade e *marketing*

1 — Sempre que uma EGFP publicite os seus produtos e serviços, devê-lo-á fazer de forma profissional, na convicção de que a publicidade em causa é correcta, justa e não enganadora.

2 — A publicidade deverá obedecer às normas regulamentadoras em vigor e deverá ter por objecto a própria EGFP, a sua actividade ou os fundos de pensões.

3 — Caso uma EGFP decida contratar outrem para a promoção dos seus serviços ou produtos, deverá assegurar que tal promoção seja feita nos mesmos termos em que ela própria está obrigada a fazê-lo.

4 — Uma EGFP prestará aos seus clientes informação adequada, designadamente sobre a sua identidade, sede social, locais de exercício de actividade, identidade dos agentes com quem mantem acordos profissionais de gestão, depositários ou custodiantes e identidade das autoridades reguladoras e supervisoras.

Artigo 15.º
Relações com os clientes

1 — Os serviços prestados por uma EGFP aos seus clientes deverão constar dos contratos de constituição ou regulamentos de gestão dos fundos de pensões.

2 — A não ser em circunstâncias justificadas, uma EGFP não deverá, nos regulamentos de gestão de fundos de pensões ou quaisquer contratos de mandato que possa legalmente celebrar, eximir-se:

De qualquer obrigação, cuidado ou diligência na prossecução dos serviços de gestão de investimento regulados por lei que constituem o seu objecto de negócio;

No âmbito e de acordo com o estipulado nas disposições legais e regulamentares aplicáveis, de qualquer responsabilidade devida aos seus clientes no decurso da sua actividade, em consequência de falha no exercício da sua profissão, que possa inequivocamente ser imputada à prestação dos serviços financeiros por ela proporcionados.

3 — As comissões cobradas por uma EGFP pelos seus serviços deverão ser razoáveis e a forma de cálculo de tais comissões deverá ser antecipadamente comunicada aos seus potenciais clientes.

Artigo 16.º
Gestão de fundos

1 — Uma EGFP deve gerir ordens eventualmente concorrentes de compra e venda de valores mobiliários sobre as carteiras dos fundos e a sua própria carteira de forma transparente e de forma que não resultem situações de conflitos de interesse, dando prioridade às primeiras.

2 — Uma EGFP deve assegurar pelos meios ao seu alcance, que as ordens sobre valores mobiliários em gestão são atempada e apropriadamente executadas.

3 — As transacções efectuadas deverão resultar em pronta alocação dos respectivos valores mobiliários às carteiras dos fundos sob gestão.

Artigo 17.º
Idoneidade e integridade nas relações com o mercado

1 — Uma EGFP não deve efectuar, em qualquer mercado onde opere, por sua conta ou dos fundos sob gestão, quaisquer transacções sobre valores mobiliários sobre os quais detenha, por seu intermédio ou de qualquer dos seus membros dos órgãos sociais ou dos seus empregados, informações de circunstâncias que impliquem proibição de efectivação dessas transacções com base em restrições sobre o uso de informação preferencial.

2 — Uma EGFP deverá, em obediência às disposições legais e regulamentares em vigor, proporcionar às autoridades supervisoras toda a informação existente sobre transacções, incluindo transacções por conta própria, em valores mobiliários, efectuadas em mercados não regulamentados.

3 — Uma EGFP deve restringir-se, no prosseguimento dos seus negócios, ao âmbito do objecto social que lhe esteja cometido por lei e que resulte do seu pacto social.

4 — Uma EGFP deve tomar as medidas necessárias para garantir que os membros dos seus órgãos sociais e os seus empregados, assim como eventuais representantes autorizados, actuam em conformidade com as regras do sistema legal e regulamentar aplicável, com as normas éticas e deontológicas estabelecidas no presente Código de Con-

duta e com as exigências quanto a restrições de utilização de informação preferencial.

5 — Uma EGFP deve manter em devida ordem os elementos respeitantes ao seu negócio que as disposições legais e regulamentares em vigor imponham, os quais poderão ser sujeitos a auditoria externa pelas entidades supervisoras de acordo com aquelas disposições.

6 — Uma EGFP deve promover a instrução de eventuais queixas fundamentadas de clientes sobre o incumprimento das disposições legais aplicáveis, assim como a adopção das medidas correctoras consideradas necessárias.

7 — Uma EGFP deve cooperar com as autoridades supervisoras na investigação emergente de eventuais queixas de clientes.

Artigo 18.°
Transacções por conta própria ou por conta de outrem dos membros dos órgãos sociais, quadros e empregados

1 — Cada EGFP deverá, sem prejuízo do estipulado nos números seguintes, adoptar um regulamento interno que contemple regras de deontologia e ética profissionais a que devem estar submetidos os membros dos seus órgãos sociais e os seus empregados.

2 — Não podem ser efectuadas transacções de valores mobiliários por conta própria de membros dos órgãos sociais e empregados de uma EGFP, quando lesem os interesses da EGFP ou de qualquer dos fundos de pensões em gestão.

3 — Os membros dos órgãos sociais e os empregados de uma EGFP não deverão efectuar, a título pessoal, quaisquer transacções por conta de outrem que possam implicar incompatibilidades com os interesses dos clientes da EGFP.

4 — Os membros dos órgãos sociais e os empregados de uma EGFP não poderão efectuar transacções, usando a sua própria conta bancária e de títulos, com base em operações de financiamento, de empréstimo de títulos ou em técnicas de *short selling*. Quaisquer excepções a este regra deverão ser aprovadas pela EGFP, com respeito pelas normas legais, regulamentares e deontológicas aplicáveis, devendo constar formalmente em arquivo tal autorização e os precisos termos em que é concedida.

5 — Fica vedada aos membros de órgãos sociais e aos empregados duma EGFP a obtenção de terceiros, para si ou seus familiares, de benefícios ou vantagens especiais, em virtude do exercício dos cargos que ocupam, que acarretem depreciação da sua independência e estatuto profissionais. Compete à EGFP avaliar as situações de que resultem eventuais conflitos de interesses.

6 — Os membros de órgãos sociais e os empregados duma EGFP não poderão efectuar operações fora de bolsa por conta própria, com preços ajustados particularmente, directamente com os fundos de pensões geridos pela EGFP a que pertençam, devendo obrigatoriamente reportar todas as transacções e respectivos detalhes que lhes sejam solicitados pela mesma.

Artigo 19.º

Sanções

A violação de qualquer dos deveres impostos pelo presente Código por parte de uma EGFP dará lugar ao competente procedimento disciplinar, que poderá culminar na aplicação de uma das seguintes sanções:

a) Advertência;
b) Multa até ao montante da sua quotização anual;
c) Exclusão.

Artigo 20.º

Processo

1 — Compete à assembleia geral da Associação das Empresas Gestoras de Fundos de Pensões deliberar a instauração e proferir a decisão nos procedimentos disciplinares e a aplicação das sanções, carecendo para tal da presença ou representação de, pelo menos, metade dos membros da Associação e dos votos favoráveis de dois terços dos membros presentes ou representados.

2 — A EGFP contra a qual for instaurado procedimento disciplinar dispõe do prazo de 15 dias úteis, contados a partir da notificação da acusação, que deverá ser devidamente fundamentada e efectuada através de carta registada com aviso de recepção, para apresentar a sua defesa por escrito, podendo juntar documentos e requerer a

inquirição de testemunhas, no número máximo de cinco. De igual número máximo de testemunhas poderá dispor a acusação.

3 — Finda a instrução do processo, deve a assembleia geral proferir decisão escrita e fundamentada, no prazo máximo de quarenta e cinco dias, considerando-se a EGFP absolvida da acusação, se dentro deste prazo, não for proferida a decisão.

4 — A sanção de exclusão apenas deverá ser aplicada em caso de grave violação dos deveres impostos às EGFP pelo presente código.

5 — O procedimento disciplinar prescreve decorridos seis meses sobre a data do conhecimento pela assembleia geral ou pela direcção da infracção, sem que a EGFP tenha sido notificada da acusação, nos termos do n.º 2.

6 — O procedimento disciplinar poderá ser suspenso nos termos previstos no n.º 2 do art. 22.º

Artigo 21.º
Responsabilidade disciplinar interna

Sem prejuízo do disposto nos artigos anteriores, os membros dos órgãos sociais ou responsáveis pela sua gestão e fiscalização, assim como os seus empregados, ou quaisquer outras pessoas que lhes prestem serviços a título permanente ou acidental ficam sujeitos às normas sancionatórias internas que para tal se dispuserem, para cada EGFP, no âmbito do respectivo regulamento interno de regras de deontologia e ética profissionais.

Artigo 22.º
Concurso com outras formas de responsabilidade

1 — A responsabilidade disciplinar decorrente do disposto no presente Código é independente da responsabilidade civil, contra-ordenacional e criminal que no caso couberem.

2 — Havendo concurso de infracção disciplinar com contra-ordenação para cujo julgamento sejam competentes autoridades oficiais, será suspenso o processo disciplinar até ser proferida decisão transitada em julgado, no processo de contra-ordenação.

COMISSÃO DO MERCADO DE VALORES MOBILIÁRIOS [307]

Aviso. — *Códigos de conduta*. — Ao abrigo do disposto na al. b) do art. 656.º do Código do Mercado de Valores Mobiliários, aprovado pelo Dec.-Lei 142-A/91, de 10-4, e para os efeitos previstos no n.º 5 do art. 655.º do mesmo diploma legal, publica-se o Código de Conduta elaborado pela Associação Portuguesa das Sociedades de Investimento, aprovado pelo conselho directivo da Comissão do Mercado de Valores Mobiliários em reunião realizada no dia 14-6-94.

24-1-94 — O Presidente do Conselho Directivo, *Fernando da Costa Lima*.

Código de Conduta elaborado pela Associação Portuguesa das Sociedades de Investimento (APSI)

CAPÍTULO I
OBJECTIVOS GERAIS

Artigo 1.º
Âmbito de aplicação

As instituições de crédito (IC) associadas na APSI ficam obrigadas, no exercício das suas actividades de intermediação de valores mobiliários que a lei lhes permita, ao cumprimento das normas de conduta estabelecidas no presente Código de Conduta.

---

[307] D.R., II Série, de 9/7/94.

Artigo 2.º
Natureza das regras deontológicas

As regras constantes do presente Código visam garantir a adopção por parte das IC de práticas e condutas profissionais a observar nos mercados de valores mobiliários, em complemento das demais disposições legais e regulamentares aplicáveis, nomeadamente das previstas no Código do Mercado de Valores Mobiliários.

Artigo 3.º
Violação das normas deontológicas

A inobservância das normas de deontologia profissional fica sujeita à aplicação de sanções de natureza disciplinar, nos termos previstos no presente Código.

CAPÍTULO II
NORMAS DE DEONTOLOGIA PROFISSIONAL

Artigo 4.º
Probidade comercial

As IC devem abster-se de realizar ou participar em quaisquer transacções ou actuações susceptíveis de pôr em risco a regularidade de funcionamento, a transparência e a credibilidade do mercado de valores mobiliários.

Artigo 5.º
Competência

As IC devem dotar a sua organização empresarial dos meios técnicos e humanos necessários para garantir a prestação de serviços segundo elevados níveis de qualidade e eficiência.

Artigo 6.º
Deveres na execução das operações e na prestação dos serviços de intermediação

As IC devem, na execução de quaisquer operações e na prestação dos demais serviços de intermediação em valores mobiliários de que forem incumbidas, servir os seus clientes com diligência, lealdade, neutralidade, discrição, respeito absoluto pelos seus interesses e, designadamente:

    a) Realizar as transacções nas melhores condições que o mercado viabilize, sem prejuízo da rigorosa observância das instruções recebidas do cliente.

    b) Cumprir com a maior rapidez as ordens recebidas dos clientes para a compra ou venda de valores mobiliários ou, se a ordem for discricionária quanto ao momento da sua execução, na altura que considerem mais adequada;

    c) Abster-se de realizar e de incitar os seus clientes a efectuarem operações repetidas de compra e venda de valores mobiliários, quando essas operações se não justifiquem e tenham como fim único ou principal a cobrança das correspondentes comissões ou qualquer outro objectivo estranho aos interesses do cliente;

    d) Abster-se de se atribuir a si mesmas valores mobiliários quando tenham clientes que os hajam solicitado a preço idêntico ou mais alto;

    e) Abster-se de vender valores mobiliários de que sejam titulares em vez de valores idênticos cuja venda lhes tenha sido ordenada pelos seus clientes a preço igual ou mais baixo.

Artigo 7.º
Igualdade de tratamento

As IC devem assegurar a todos os seus clientes igualdade de tratamento, não fazendo qualquer discriminação entre eles que não resulte de direitos que lhes assistam por virtude da natureza ou prioridade temporal das suas ordens ou em consequência de qualquer outra situação prevista em disposições legais e regulamentares aplicáveis.

Artigo 8.º
Prevalência dos interesses dos clientes

As IC devem dar prioridade absoluta aos interesses dos clientes, quer em relação aos seus próprios interesses, seja qual fôr a sua natureza, quer em relação aos interesses dos membros dos seus órgãos sociais, do seu pessoal e demais colaboradores ou de terceiros.

Artigo 9.º
Conflitos de interesses entre clientes

As IC devem procurar evitar que surjam conflitos de interesses entre os seus clientes, quer no âmbito da mesma actividade, quer no âmbito de diferentes actividades de intermediação em valores mobiliários, que exerçam, e quando, apesar de tudo tais conflitos se verifiquem, devem solucioná-los de forma equitativa, sem privilegiar indevidamente qualquer dos clientes em conflito.

Artigo 10.º
Conflitos de interesses entre as IC e os seus clientes

As IC não poderão, sem conhecimento prévio e autorização escrita dos seus clientes:

a) Actuar como contraparte nas operações que realizem de conta deles, excepto nos casos consentidos por lei.
b) Subscrever em nome dos clientes, para carteiras de valores mobiliários de cuja gestão estejam encarregadas, valores mobiliários de sua emissão ou que sejam objecto de oferta pública de venda ou troca lançada por elas próprias.
c) Subscrever ou adquirir em nome dos clientes, para os fins referidos na anterior alínea, quaisquer valores mobiliários objecto de oferta pública de subscrição ou de venda cuja colocação hajam garantido ou tomado firme para efeitos de subscrição ou venda indirectas;
d) Realizar, de conta dos clientes, quaisquer outras operações de natureza semelhante, geradoras de um conflito de interesses com aqueles.

Artigo 11.º
Organização e funcionamento internos

1 — Com vista a obviar à ocorrência de conflito de interesses entre as IC e os seus clientes ou entre clientes de diferentes actividades de intermediação exercidas pela mesma IC devem essas activi-

dades, tanto quanto possível, ser organizadas e geridas de maneira autónoma, por pessoal exclusivamente afecto a cada uma delas, sem interferência em qualquer outra ou de qualquer outra com que possa haver os mencionados conflitos.

2 — Em qualquer caso, e sem prejuízo dos regulamentos internos a elaborar nos termos do n.º 3 do art. 662.º do Código do Mercado de Valores Mobiliários, devem as IC adoptar, na sua organização e funcionamento internos, as providências necessárias para assegurar que:

    a) Fiquem obrigatoriamente limitadas aos serviços ou às pessoas que directamente intervêm em cada tipo específico de actividade ou operação as informações de que tenham tomado conhecimento em virtude do exercício das suas funções e designadamente as que, não tendo sido ainda tornadas públicas, possam, pela sua natureza ou conteúdo, influenciar as cotações ou preços de transacção de quaisquer valores mobiliários em bolsa ou fora dela.

    b) As informações referidas não sejam utilizadas em operações em que intervenham a própria IC, pessoas responsáveis pela sua administração ou gestão e fiscalização ou o seu pessoal, ou em que estejam interessados os seus outros clientes ou terceiros;

    c) Sejam instituídos mecanismos internos que permitam fazer uma apreciação justa das reclamações dos clientes, dando-se a conhecer aos clientes a existência desses mecanismos.

Artigo 12.º
Operações de membros dos órgãos sociais das IC e seu pessoal

1 — Os membros dos órgãos sociais ou outros responsáveis pela Gestão das IC e o seu pessoal, nas operações de conta própria sobre valores mobiliários negociáveis em qualquer mercado secundário que realizem, devem submeter-se escrupulosamente às regras, procedimentos e normas aplicáveis aos clientes.

2 — Os membros dos órgãos sociais das IC devem comunicar à IC a que pertencem todas as operações de conta própria sobre valores mobiliários que realizem em qualquer mercado secundário, quer efectuadas com intermediação da IC em que prestam serviço, quer realizadas fora do âmbito desta.

3 — As comunicações referidas no número anterior, identificando as operações, devem ser feitas por escrito e dentro do prazo máximo de 15 dias a contar da sua realização ao órgão de administração da IC respectiva, que as guardará pelo prazo legal estabelecido para conservação da documentação.

Artigo 13.º
Pessoal afecto às actividades de intermediação

1 — Só mediante autorização do órgão da administração da IC respectiva poderá o pessoal afecto às actividades de intermediação em valores mobiliários realizar operações de conta própria sobre valores negociáveis em qualquer mercado secundário.

2 — Para efeitos de assegurar o cumprimento do previsto no número anterior, deve cada IC possuir um registo próprio do pessoal que considerar especificamente afecto a essas actividades.

3 — O pessoal referido nos números anteriores fica sujeito, quanto às operações de conta própria que realize em qualquer mercado secundário, ao regime previsto nos n.ᵒˢ 2 e 3 do art. 12.º.

Artigo 14.º
Informação e publicidade

As IC devem, em toda a informação, obrigatória ou facultativa, que prestem ao público, aos seus clientes ou às entidades competentes, e em toda a publicidade que façam sobre si mesmas ou sobre as suas actividades e operações e respectivas condições, conformar-se com princípios rigorosos de legalidade, veracidade, objectividade, oportunidade e clareza.

Artigo 15.º
Informação aos clientes

1 — As IC devem:
a) fornecer aos seus clientes os esclarecimentos e informações de que estes careçam para tomarem uma decisão fundamentada sobre o investimento ou transacção que pretendam realizar e, nomeadamente, elucidá-los, tratando-se de operações que pela sua natureza ou condições envolvam riscos

especiais, sobre a existência e conteúdo desses riscos e as consequências financeiras que a sua eventual concretização implicará;

b) Informar claramente os seus clientes, antes da execução das operações ou da prestação dos serviços em causa, de qualquer interesse próprio que tenham nessas operações ou serviços, para além dos previstos no anterior art. 10.º;

c) Tratando da prestação do serviço de gestão de carteira de valores mobiliários, informar os clientes sobre os riscos a que ficam sujeitos em consequência da gestão, tendo especialmente em conta os objectivos do investimento, o grau de discricionariedade concedida ao intermediário e os serviços técnicos especializados que este se encontre em condições de assegurar;

d) Informar prontamente os clientes, quer da execução e resultados das operações que efectuem de conta deles, quer da ocorrência de dificuldades especiais ou da inviabilidade dessa execução, quer, ainda, de quaisquer factos ou circunstâncias de que tomem conhecimento, não sujeitos a segredo profissional e susceptíveis de justificar, quando for o caso, a revisão e alteração ou revogação das ordens correspondentes.

2 — No cumprimento do que vem estabelecido no antecedente n.º 1, as IC devem ter em conta, por um lado, o nível de conhecimento, experiência e profissionalismo dos clientes no respeitante ao mercado de valores mobiliários e, por outro, a sua situação financeira e os reflexos que nela possam ter, consoante o seu grau de risco, as operações ordenadas ou os serviços a prestar.

Artigo 16.º
Segredo profissional

As IC devem guardar segredo profissional sobre tudo o que respeite às operações sobre valores mobiliários efectuadas e serviços prestados aos seus clientes e, bem assim, sobre os factos ou informações relativos aos mesmos clientes ou a terceiros e cujo conhecimento lhes advenha do exercício das respectivas actividades, só cessando esse dever, ou mediante autorização escrita da pessoa a que respeitam, ou nos casos e termos expressamente previstos na lei.

Artigo 17.º
Comissões

As IC devem publicitar as comissões ou qualquer outras remunerações que pratiquem ou, quando as mesmas forem variáveis ou livres, os respectivos limites e ainda, relativamente a cada operação ou contrato, informar o cliente sobre as comissões ou outras remunerações a que ficará obrigado e quaisquer despesas que tenha de suportar, discriminando-as de forma clara.

Artigo 18.º
Relações com as autoridades competentes

AS IC devem prestar às autoridades de supervisão e fiscalização a que se encontram sujeitas na sua actividade de intermediação financeira e às entidades gestoras dos mercados de valores mobiliários toda a colaboração ao seu alcance dentro dos limites legais, satisfazendo prontamente as solicitações que as mesmas lhes façam no âmbito das suas competências específicas e abstendo-se de levantar quaisquer obstáculos ao exercício das respectivas funções.

CAPÍTULO III
DO PODER DISCIPLINAR

Artigo 19.º
Jurisdição disciplinar

1 — As IC que sejam associadas da APSI, bem como os membros dos seus órgãos sociais ou outros responsáveis pela sua gestão, ficam sujeitos, relativamente às obrigações decorrentes das normas previstas no presente Código, à jurisdição disciplinar dessa Associação, sendo o poder disciplinar exercido pelo respectivo conselho de disciplina.

2 — A perda da qualidade de associado da APSI não faz cessar a competência disciplinar do conselho de disciplina, desde que ocorra depois de instaurado o respectivo procedimento disciplinar.

Artigo 20.º
Infracção disciplinar

A violação, dolosa ou culposa, por acção ou omissão das normas deontológicas previstas no presente Código constitui infracção disciplinar, punível nos termos dos artigos seguintes, sem prejuízo da responsabilidade contra-ordenacional, criminal ou civil, a que os factos integrantes dessa violação possam concomitantemente dar lugar.

Artigo 21.º
Concurso de infracções

1 — A responsabilidade disciplinar é independente da responsabilidade civil, contra-ordenacional e criminal.

2 — Havendo, porém, concurso da infracção disciplinar com contra-ordenação para cujo julgamento sejam competentes a Comissão do Mercado de Valores Mobiliários (CMVM) ou o Banco de Portugal, ou com infracção criminal, o conselho de disciplina pode, se entender que isso é compatível com a adequada e tempestiva defesa dos interesses em causa, suspender o processo disciplinar até ser proferida decisão, ainda que sem trânsito em julgado, no processo de contra-ordenação ou no processo penal.

Artigo 22.º
Sanções disciplinares

1 — A violação das normas previstas no presente Código é punível com as seguintes sanções disciplinares:
 a) Advertência;
 b) Censura.

2 — A advertência será simples, quando não implique anotação no respectivo cadastro disciplinar, e registada, no caso contrário.

Artigo 23.º
Critérios na aplicabilidade das sanções disciplinares

1 — As sanções disciplinares previstas no artigo anterior devem ser proporcionais à gravidade da infracção e ao grau de cul-

pabilidade do infractor, tomando-se ainda em conta todas as demais circunstâncias atendíveis.

2 — A sanção de censura será especialmente aplicável quando os actos integrantes da infracção disciplinar violarem gravemente os deveres de deontologia profissional estabelecidos no presente Código.

3 — Quando se verifique prática reiterada de infracções disciplinares passíveis de sanção de censura, ou desrespeito da censura aplicada, pode a sanção disciplinar de censura ser objecto de publicidade, que será efectivada mediante publicação do extracto da decisão nos boletins de cotação das bolsas de valores.

4 — Nas situações previstas no número anterior, pode ainda o conselho de disciplina, relativamente a infractor que mantenha a qualidade de associado da APSI, propor a exclusão de associado, observando-se para o efeito o estabelecido nos estatutos dessa Associação quanto à perda da qualidade de associado por exclusão.

5 — A deliberação que determine a publicidade referida no antecedente n.º 3 ou a proposta de exclusão de associado prevista no n.º 4 carece dos votos favoráveis de pelo menos dois terços de todos os membros que compõem o conselho de disciplina da APSI.

Artigo 24.º
Responsabilidade disciplinar dos trabalhadores das IC

A violação, dolosa ou culposa, por acção ou omissão por parte dos trabalhadores das IC dos deveres decorrentes das normas previstas no presente Código integra infracção disciplinar, punível nos termos do regime disciplinar geral aplicável aos trabalhadores da IC respectiva.

Artigo 25.º
Regime disciplinar

1 — Compete ao conselho de disciplina aplicar no âmbito da sua jurisdição disciplinar as sanções previstas no art. 22.º, observando-se na instauração, instrução e julgamento dos processos disciplinares o estabelecido no regulamento do conselho de disciplina.

2 — As infracções disciplinares dos trabalhadores das IC ficam sujeitas ao regime disciplinar geral aplicável aos trabalhadores da IC respectiva.

Artigo 26.º
Prescrição, interrupção e suspensão da prescrição

1 — O procedimento disciplinar prescreve logo que haja decorrido o prazo de um ano sobre a prática da infracção.

2 — A prescrição do procedimento disciplinar interrompe-se:
a) Com a audição do infractor;
b) Com a comunicação ao infractor da nota de culpa;
c) Com a realização de quaisquer diligências de prova.

3 — No caso de concurso de infracções, poderá ser suspenso o procedimento disciplinar nos termos previstos no n.º 2 do art. 21.º.

4 — O procedimento disciplinar quanto às infracções dos trabalhadores das IC prescreve, suspende-se e exerce-se nos prazos e nos termos previstos no regime disciplinar geral aplicável.

Artigo 27.º
Princípios a observar nos processos disciplinares

1 — Nos processos disciplinares deve salvaguardar-se adequadamente:
a) O carácter confidencial do processo;
b) A defesa do arguido, tanto antes como depois da formação da culpa;
c) Os interesses essenciais do mercado de valores mobiliários e dos investidores.

2 — Nas infracções a que corresponda a sanção de advertência simples dispensar-se-á a instauração de processo disciplinar que, com prévia audiência do infractor, será substituído na comunicação escrita da sanção ao infractor pela especificação do facto ou factos que a determinam e das normas infringidas.

3 — Nos casos em que seja aplicada a sanção de censura com publicidade, será dado conhecimento à CMVM, mediante remessa do extracto da decisão respectiva.

Artigo 28.º
Instauração e instrução do processo disciplinar

As IC, os membros dos seus órgãos sociais, os seus mandatários, comitidos e outras pessoas que lhes prestem serviços a título permanente ou ocasional ficam obrigados a prestar todas as informações que o conselho de disciplina lhes solicite no âmbito da instauração e instrução de um processo disciplinar sobre a actividade de intermediação em causa.

PROTOCOLO DE ACORDO QUANTO ÀS REGRAS RELATIVAS A PREVENÇÃO DA UTILIZAÇÃO DO SISTEMA BANCÁRIO NA RECICLAGEM DE CAPITAIS DE ORIGEM CRIMINOSA

Considerando que o envolvimento, ainda que involuntário, das instituições de crédito em operações de reciclagem de capitais de origem criminosa não só afecta a reputação da instituição envolvida como abala a própria confiança do público no sistema bancário;

Considerando que certas actividades criminosas, como as relacionadas com o tráfico da droga, estão a assumir proporções alarmantes a nível mundial, exigindo uma acção decisiva e concertada, nomeadamente no âmbito do sistema financeiro, no sentido de prevenir e combater a reciclagem de capitais provenientes dessas actividades por seu intermédio;

Considerando todo o movimento e esforço que vem sendo feito, quer a nível das instâncias internacionais — com destaque para a "Recomendação do Conselho da Europa", de 27 de Junho de 1980, para a "Convenção de Viena" de 20 de Dezembro de 1988, para a "Declaração de Basileia", de 12 de Dezembro de 1988, para a "Cimeira de Paris dos Sete Países Mais Desenvolvidos", de Julho de 1989, que instituiu o denominado Grupo de Acção Financeira (GAFI) e, por fim, a nível da CEE, para a "proposta de directiva do Conselho relativa à prevenção da utilização do sistema financeiro para fins de reciclagem do produto de actividades ilegais" — quer no quadro nacional de numerosos países, por forma a dar resposta eficaz à luta contra a reciclagem de capitais, com especial incidência dos provenientes do tráfico de droga;

Considerando que em alguns países, designadamente países-membros da CEE, têm sido as próprias instituições de crédito, sob a égide dos princípios da "Declaração de Basileia" e das "Recomendações do GAFI", a tomar a iniciativa de, em antecipação a presumíveis reformulações legislativas, concertadamente estabelecerem um conjunto de regras de actuação uniforme, tendentes à prevenção da utilização do sistema bancário para fins de reciclagem de capitais;

Considerando que o sistema financeiro em geral, e especificamente o sistema financeiro que opere em Portugal, não pode ficar indiferente e alheio a todo o movimento que se tem gerado e que, mais cedo ou mais tarde, irá ser confrontado com todo um conjunto de medidas tendentes à prevenção da utilização do sistema financeiro para fim de reciclagem do produto de actividades ilegais, em cumprimento da directiva em elaboração sobre o assunto.

As instituições de Crédito signatárias do presente protocolo convêm em aprovar e fazer cumprir, à luz dos princípios da "Declaração de Basileia" e das "Recomendações do GAFI", dentro do quadro legal vigente, um conjunto de regras de actuação uniforme, com vista à prevenção e combate da utilização do sistema bancário na reciclagem de capitais de origem criminosa, em especial dos provenientes do tráfico ilícito de estupefacientes ou substâncias psicotrópicas (tráfico de droga).

Essas regras, que passam a ter carácter vinculativo, são as seguintes:

I — Identificação dos clientes

Segundo os princípios da "Declaração de Basileia" devem os bancos:
— diligenciar com vista a verificar a identidade de todos os clientes que solicitem os seus serviços;
— cuidar particularmente da identificação dos titulares de cada conta e dos que alugam cofres;
— não efectuar qualquer operação significativa com clientes que não justifiquem a sua identidade;

De harmonia com as "Recomendações do GAFI" 12 e 13, as instituições financeiras não devem ter "contas anónimas", nem contas em nomes fictícios e bem assim deverão tomar medidas especiais para estabelecer a verdadeira identidade das pessoas por conta de quem é efectuada uma transacção ou aberta uma conta.

Para dar cumprimento a estas exigências e recomendações, as instituições de crédito:

1 — Não autorizarão a abertura de qualquer conta nem o aluguer ou utilização de qualquer cofre sem identificar devidamente todos os titulares da conta e do aluguer ou utilização do cofre;

2 — Caso suspeitem que algum cliente não actua por conta própria, procurarão, na medida do possível, identificar a pessoa por conta de quem é efectuada a operação ou aberta a conta;

3 — Não efectuarão qualquer operação significativa, seja qual for a sua natureza, com pessoas que não sejam identificadas. Considerar-se-á significativa, para este efeito, qualquer operação de montante igual ou superior ao contravalor de 10.000 Ecus;

4 — Sem prejuízo dos demais elementos que, por imposição normativa ou operacionalmente, forem exigíveis, procederão à identificação prevista nos números anteriores, mediante a apresentação dos seguintes documentos:

— Pessoas singulares nacionais: Bilhete de Identidade
— Pessoas singulares estrangeiras:
  • Não residentes: Passaporte ou documento de identificação respectivo quando não seja necessário passaporte.
  • Residentes: Passaporte ou documento de identificação respectivo quando não seja necessário o passaporte;
  Documento de autorização de residência em Portugal emitido pela entidade competente
— Emigrantes/Equiparados: Documentação constante do Manual de Instruções do Banco de Portugal — Folha E--1309.1/02/04, anexa à Circular, Série A, n.º 168, de 10 de Julho de 1987.
  Documento emitido pelo serviço competente do Ministério dos Negócios Estrangeiros.
— Sociedades nacionais: Escritura da constituição, registo e cartão de pessoa colectiva.
— Sociedades estrangeiras: Documentação comprovativa da sua regular constituição no país de origem.
  Documentação exigível para a sua autorização/abertura/actividade em Portugal.
  Documentação comprovativa da sua regular constituição.

5 — Manterão devidamente conservada toda a documentação relativa à identificação, pelo período legalmente fixado para arquivo e conservação de livros e documentos, a contar do momento em que cessem as relações com os clientes.

II — Respeito das Leis

De acordo com os princípios da "Declaração de Basileia", devem os bancos:
— assegurar-se de que a sua actividade se realiza em conformidade com regras deontológicas rigorosas e no respeito das leis e regulamentos que regulem as transacções financeiras;
— abster-se de prestar serviços ou de participar em quaisquer operações relativamente às quais tenham fundadas razões para suspeitar estarem relacionadas com a reciclagem de capitais.

Por seu lado, conforme as "Recomendações do GAFI" (15 e 19), as instituições financeiras:
— devem dar atenção especial às operações invulgares que não apresentem uma finalidade económica ou um fim lícito aparente;
— e, nos países em que não haja um sistema obrigatório de comunicação das transacções suspeitas, devem pôr fim às relações com os clientes a respeito dos quais tenham suspeitas do seu envolvimento em actividades de reciclagem de capitais (no mesmo sentido já apontava a "Declaração de Basileia").

Nesta conformidade, as instituições de crédito:

1 — Deverão examinar com especial atenção as operações efectuadas pelos seus clientes que se mostrem estranhas ou desproporcionadas em relação às suas demais actividades ou, quando se trate de transacções inusuais importantes, que não apresentem finalidade económica ou fim lícito aparentes;

2 — Deverão abster-se de participar em qualquer operação, relativamente à qual tenham razões para suspeitar que esteja relacionada com a reciclagem de capitais provenientes de actividades criminosas, com especial incidência dos provenientes do tráfico ilícito de estupefacientes ou de substâncias psicotrópicas;

3 — Deverão pôr fim às relações com clientes a respeito dos quais tenham suspeitas do seu envolvimento em actividades de reciclagem de capitais provenientes do tráfico ilícito de estupefacientes ou de substâncias psicotrópicas.

III — Cooperação com as autoridades

Segundo a "Declaração de Basileia", devem os bancos a este respeito:
— cooperar plenamente com as autoridades nacionais, na medida em que o permitam as normas específicas sobre o segredo profissional (no caso, o sigilo bancário);
— não colaborar com os clientes que procurem enganar as ditas autoridades.

Nestes termos, as instituições de crédito:

1 — Deverão, dentro do que lhes é permitido pelas normas específicas sobre sigilo bancário, concretamente, quanto ao tráfico ilícito de estupefacientes ou substâncias psicotrópicas, pela permissão prevista no art. 50.º do Decreto-Lei n.º 430/83, de 13 de Dezembro, fornecer as informações solicitadas pela autoridade competente da forma mais completa e precisa e com a maior celeridade possível;

2 — Para uma maior eficácia, encarregarão um seu elemento ou um serviço específico de coordenar a recolha e o fornecimento dessas informações;

3 — Não deverão dar conhecimento aos clientes dos pedidos de informação formulados pelas autoridades;

4 — E não colaborarão com os clientes no sentido de enganar as autoridades.

IV — Controlos internos, informação e formação de pessoal

A "Declaração de Basileia", tal como o GAFI nas suas "Recomendações" (especialmente a "Recomendação 20") preconizam que se estabeleçam programas de luta contra a reciclagem de capitais, compreendendo, no mínimo, políticas e procedimentos de controlo interno, informações das regras adoptadas, programas de formação do pessoal neste domínio e dispositivos de controlo interno para verificar a eficácia do sistema.

Neste sentido, as instituições de crédito:

1 — Comunicarão aos respectivos empregados as regras estabelecidas, com instruções para o seu escrupuloso cumprimento;

2 — Incluirão na formação do seu pessoal programas adequados a assegurar o cumprimento e a aplicação das presentes regras;

3 — Potenciarão as auditorias internas por forma a disporem de sistemas eficazes de controlo neste domínio.

Feito aos 8 de Fevereiro de 1991, em 31 exemplares, vai cada um dos exemplares ser assinado por cada uma das Instituições de Crédito associadas da APB, ficando todos os exemplares, depois de assinados, depositados na Associação Portuguesa de Bancos.

DIRECTIVA DO CONSELHO

de 10 de Junho de 1991

relativa à prevenção da utilização do sistema financeiro para efeitos de branqueamento de capitais 91/308/CEE

O Conselho das Comunidades Europeias,

Tendo em conta o Tratado que institui a Comunidade Económica Europeia e, nomeadamente, o n.° 2, primeiro e terceiro períodos, do seu artigo 57.°, e o seu artigo 100.°A.

Tendo em conta a proposta da Comissão [308].

Em cooperação com o Parlamento Europeu [309].

Tendo em conta o parecer do Comité Económico e Social [310].

Considerando que quando os estabelecimentos de crédito ou outras instituições financeiras são utilizadas para o branqueamento do produto de actividades ilegais (adiante designado por branqueamento de capitais) a reputação e a estabilidade dos estabelecimentos e instituições em causa, bem como a fiabilidade do sistema financeiro em geral podem ficar seriamente comprometidas, perdendo assim a confiança do público;

Considerando que a falta de uma acção comunitária contra o branqueamento de capitais poderia levar os Estados-membros a adoptar, a fim de proteger os seus sistemas financeiros, medidas que poderiam ser incompatíveis com a realização do mercado único; que, para facilitar as suas actividades criminosas, os branqueamentos de capitais poderiam tentar tirar partido da liberalização dos movimentos de capitais e da livre prestação de serviços financeiros que o espaço financeiro integrado implica, a menos que sejam adoptadas certas medidas de coordenação a nível comunitário;

---

[308] JO n.° C 106 de 28.4.1990, p. 6, e JO n.° C 319 de 19.12,1990, p. 9.
[309] JO n.° C 324 de 24.12.1990, p. 264 e JO n.° C 129 de 20.5.1991.
[310] JO n.° C 332 de 31.12.1990, p. 86.

Considerando que o branqueamento do produto de actividades criminosas tem uma nítida influência na expansão do crime organizado em geral e do tráfico de droga em particular; que existe uma tomada crescente de consciência de que o combate ao branqueamento de capitais constitui um dos meios mais eficazes para lutar contra essa forma de actividade criminosa, que representa uma especial ameaça para as sociedades dos Estados-membros;

Considerando que o branqueamento de capitais deve ser combatido, principalmente através de medidas de direito penal e no âmbito de uma cooperação internacional entre as autoridades judiciárias e policiais, tal como foi feito, no domínio da droga, pela Convenção das Nações Unidas contra o tráfico ilícito de estupefacientes e de substâncias psicotrópicas, aprovada em 19 de Dezembro de 1988 em Viena (adiante designada por «Convenção de Viena"), e tal como foi tornado extensivo a todas as actividades criminosas pela Convenção do Conselho da Europa relativa ao branqueamento, detecção, apreensão e confiscação dos produtos do crime, aberta à assinatura em 8 de Novembro de 1990 em Estrasburgo;

Considerando que a abordagem penal não deve, no entanto, ser a única estratégia para combater o branqueamento de capitais, uma vez que o sistema financeiro pode desempenhar um papel altamente eficaz; que deve fazer-se referência, neste contexto, à recomendação do Conselho da Europa de 27 de Junho de 1980 e à Declaração de Princípios adoptada em Basileia em Dezembro de 1988 pelas autoridades de fiscalização bancária do Grupo dos Dez, dois textos que constituem um passo importante no sentido de impedir a utilização do sistema financeiro para efeitos de branqueamento de capitais;

Considerando que o branqueamento de capitais — se inscreve geralmente num contexto internacional que permite dissimular mais facilmente a origem criminosa dos fundos; que medidas adoptadas a nível exclusivamente nacional sem contemplar uma coordenação e cooperação internacionais teriam efeitos muito limitados;

Considerando que quaisquer medidas adoptadas pela Comunidade neste domínio devem coadunar-se com as acções levadas a cabo noutras instâncias internacionais; que, para este efeito, qualquer actuação da Comunidade deverá ter especialmente em conta as recomendações do Grupo de Acção Financeira sobre o Branqueamento de Capitais instituído em Julho de 1989 pela cimeira de Paris dos sete países mais industrializados;

Considerando que o Parlamento Europeu solicitou, em diversas resoluções, o estabelecimento de um programa global comunitário de combate ao tráfico de droga, incluindo disposições sobre a prevenção de branqueamento de capitais;

Considerando que, para efeitos da presente directiva, a definição de branqueamento de capitais é extraída da contida na Convenção de Viena; que, no entanto, e uma vez que o fenómeno do branqueamento de capitais não se refere apenas ao produto de infracções relacionadas com o tráfico de estupefacientes, mas também ao produto de outras actividades criminosas (tais como o crime organizado e o terrorismo), é conveniente que os Estados-membros tornem extensivos, na acepção das respectivas legislações, os efeitos da presente directiva ao produto dessas actividades, desde que seja susceptível de ocasionar operações de branqueamento que justifiquem, por esse motivo, uma repressão;

Considerando que a proibição do branqueamento de capitais prevista na legislação dos Estados-membros, baseada em medidas apropriadas e em sanções, constitui uma condição necessária da luta contra este fenómeno

Considerando que é necessário assegurar que os estabelecimentos de crédito e outras instituições financeiras exijam a identificação dos clientes que com elas estabeleçam relações comerciais ou realizem transacções que ultrapassem um certo montante, a fim de evitar que os branqueadores de capitais beneficiem do anonimato para desenvolver as suas actividades criminosas; que tais disposições devem também ser extensivas, tanto quanto possível, a quaisquer beneficiários económicos;

Considerando que, relativamente às transacções, os estabelecimentos de crédito e as instituições financeiras devem conservar, durante pelo menos cinco anos, cópia ou referências dos documentos de identificação exigidos, bem como os documentos comprovativos e registos, consistindo em documentos originais ou cópias com idêntica força probatória face à respectiva legislação nacional, para que estes possam servir de elemento de prova em qualquer inquérito em matéria de branqueamento de capitais;

Considerando que é necessário, a fim de preservar a reputação e a integridade do sistema financeiro e contribuir para a luta contra o branqueamento de capitais, garantir que os estabelecimentos de crédito e outras instituições financeiras examinem com especial atenção qualquer transacção que considerem especialmente susceptível devido à sua natureza, de estar ligada ao branqueamento de capitais; que, para o efeito, aquelas instituições deverão dedicar especial atenção às transacções com países terceiros que não utilizem, na luta contra o branqueamento de capitais, normas comparáveis às estabelecidas pela Comunidade ou a outras normas equivalentes definidas por instâncias internacionais e que a Comunidade tenha feito suas;

Considerando que, para o efeito, os Estados-membros podem solicitar aos estabelecimentos de crédito e às instituições financeiras que consagrem por escrito os resultados da análise a que estão obrigadas e assegurem às autoridades responsáveis pela luta contra o branqueamento de capitais o acesso a esses elementos;

Considerando que a defesa do sistema financeiro contra branqueamento de capitais é uma tarefa que não pode ser levada a bom termo pelas autoridades responsáveis pela luta contra este fenómeno sem a cooperação dos estabelecimentos de crédito e outras instituições financeiras e das respectivas autoridades de fiscalização; que, nestes casos, o sigilo bancário deve ser levantado; que um sistema obrigatório de comunicação das transacções suspeitas, que garanta que as informações sejam transmitidas às referidas autoridades sem alertar os clientes envolvidos, constitui a forma mais eficaz de realizar esta cooperação; que é necessária uma cláusula especial de protecção para isentar os estabelecimentos de crédito e outras instituições financeiras, bem como os respectivos funcionários e dirigentes da responsabilidade decorrente de uma violação das restrições à divulgação de informações;

Considerando que as informações recolhidas pelas autoridades nos termos da presente directiva só podem ser utilizadas para efeitos de luta contra o branqueamento de capitais; que os Estados-membros podem contudo prever que essas informações sirvam para outros fins;

Considerando que a adopção, por parte dos estabelecimentos de crédito e outras instituições financeiras, de procedimentos de controlo interno e de programas de formação neste campo constituem medidas complementares sem as quais as outras medidas contidas na presente directiva podem tornar-se ineficazes;

Considerando que, uma vez que o branqueamento de capitais pode ser efectuado não apenas através de estabelecimentos de crédito ou outras instituições financeiras mas igualmente através de outros tipos de profissões e categorias de empresas, os Estados-membros devem alargar todas as partes das disposições da presente directiva, de modo a incluir as profissões e empresas cujas actividades sejam especialmente susceptíveis de ser utilizadas para efeitos de branqueamento de capitais;

Considerando que convém que os Estados membros zelem, muito especialmente, por que sejam tomadas medidas coordenadas a nível comunitário sempre que existam sérios indícios de que profissões ou actividades cujas condições de exercício tenham sido objecto de harmonização a nível comunitário são utilizadas para efeitos de branqueamento de capitais;

Considerando que a eficácia dos esforços desenvolvidos para eliminar o branqueamento dos capitais depende essencialmente da coordenação constante e da harmonização das medidas nacionais de aplicação; que essa coordenação e harmonização efectuadas nas diversas instâncias internacionais requerem, a nível comunitário, uma concertação entre os Estados-membros e a Comissão num comité de contacto.

Considerando que compete a cada Estado-membro tomar medidas apropriadas, assim como sancionar adequadamente as infracções às referidas medidas para garantir a plena aplicação das disposições da directiva.

Adoptou a presente directiva:

Artigo 1.º

Para efeitos da presente directiva, entende-se por:
— «Estabelecimento de crédito»: uma empresa na acepção do primeiro travessão do artigo 1.º da Directiva 77/780/CEE ([311]), com a última redacção que lhe foi dada pela Directiva 89/646/CEE ([312]), bem como uma sucursal, tal como

---

([311]) JO n.º L 322 de 17.12.1977, p. 30.
([312]) JO n.º L 386 de 30.12.1989, p. 1.

definida no terceiro travessão do artigo 1.º da citada directiva, e situado na Comunidade, de um estabelecimento de crédito com sede social fora da Comunidade;
— «Instituição financeira»: qualquer empresa que não sendo instituição de credito tenha como actividade principal a execução de uma ou mais das operações enumeradas nos pontos 2 a 12 e 14 da lista anexa à Directiva 89/646/CEE, bem como qualquer empresa seguradora devidamente autorizada nos termos da Directiva 79/267/CEE ([313]), com a última redacção que lhe foi dada pela Directiva 90/619/CEE ([314]), na medida em que exerça actividades do âmbito da citada directiva; esta definição abrange igualmente as sucursais, situadas na Comunidade, de instituições financeiras que tenham a sua sede social fora da Comunidade;
— «Branqueamento de capitais»: as seguintes operações, efectuadas intencionalmente:
— conversão ou transferência de bens, com conhecimento por parte daquele que as efectua, de que esses bens provêm de uma actividade criminosa ou da participação numa actividade dessa natureza, com o fim de encobrir ou dissimular a origem ilícita dos mesmos ou de auxiliar quaisquer pessoas implicadas nessa actividade a furtar-se às consequências jurídicas dos seus actos,
— dissimulação ou encobrimento da verdadeira natureza, origem, localização, utilização, circulação ou posse de determinados bens ou de direitos relativos a esses bens, com conhecimento pelo autor de que tais bens provêm de uma actividade criminosa ou da participação numa actividade dessa natureza,
— aquisição, detenção ou utilização de bens, com conhecimento, quando da sua recepção, de que provêm de uma actividade criminosa ou da participação numa actividade dessa natureza,
— a participação num dos actos referidos nos pontos anteriores a associação para praticar o referido acto, as tentati-

---

([313]) JO n.º L 63 de 13.3.1979, p. 1.
([314]) JO n.º L 330 de 29.11.1990, p. 50.

vas de o perpetrar, o facto de ajudar, incitar ou aconselhar alguém a praticá-lo ou o facto de facilitar a sua execução. O conhecimento, a intenção ou a motivação, que devem ser um elemento das actividades acima referidas podem ser apurados com base em circunstâncias de facto objectivas.

Existe branqueamento de capitais mesmo que as actividades que estão na origem dos bens a branquear se localizem no território de outro Estado-membro ou de um pais terceiro;

— «Bens»: activos de qualquer espécie, corpóreos ou incorpóreos, móveis ou imóveis, tangíveis ou intangíveis, bem como documentos legais ou outros instrumentos comprovativos da propriedade desses activos ou dos direitos a eles relativos;

— «Actividade criminosa»: qualquer das infracções definidas no n.º 1, alínea a) do artigo 3.º da Convenção de Viena, bem como qualquer outra actividade criminosa definida como tal para efeitos da presente directiva por cada Estado membro;

— «Autoridades competentes»: as autoridades nacionais incumbidas, por lei ou por força de outra regulamentação, de fiscalizar os estabelecimentos de crédito ou as instituições financeiras.

Artigo 2.º

Compete aos Estados membros proibir o branqueamento de capitais, tal como definido na presente directiva.

Artigo 3.º

1 — Os Estados-membros assegurarão que os estabelecimentos de crédito e as instituições financeiras exijam a identificação dos seus clientes mediante um documento comprovativo, sempre que estabeleçam relações de negócios, em especial, quando abram uma conta ou caderneta de poupança ou ofereçam serviços de guarda de valores.

2 — A exigência de identificação aplica-se igualmente no caso das transacções com clientes que não sejam os referidos no n.º 1

cujo montante atinja ou ultrapasse 15 000 ecus, quer sejam efectuadas numa só ou em várias operações que se afigure terem uma ligação entre si. No caso de o montante não ser conhecido no momento do início da transacção, o organismo em questão procederá à identificação a partir do momento em que tenha conhecimento desse montante e em que verifique que o limiar foi atingido.

3 — Em derrogação dos n.ᵒˢ 1 e 2, não será requerida a exigência de identificação em relação a contratos de seguro celebrados por empresas de seguros na acepção da Directiva 79/267/CEE do Conselho, na medida em que essas empresas efectuem actividades do âmbito dessa directiva, quando o montante do ou dos prémios periódicos a pagar no decurso de um ano for igual ou inferior a 1 000 ecus ou quando foi pago um prémio único de um montante igual ou inferior a 2 500 ecus. Caso o ou os prémios periódicos a pagar no decurso de um ano sejam aumentados, ultrapassando o limiar de 1 000 ecus, será exigida a identificação.

4 — Os Estados-membros podem estabelecer que, relativamente aos contratos de seguro de pensão que decorram de um contrato de trabalho ou de actividade profissional do segurado, não é obrigatória a identificação desde que esses contratos de seguro de pensão não contenham uma cláusula de resgate nem possam servir de garantia a um empréstimo.

5 — Caso suspeitem de que os clientes referidos nos números anteriores não actuam por conta própria ou em caso de certeza de que não actuam por conta própria, os estabelecimentos de crédito e as instituições financeiras tomarão medidas razoáveis para obter informações sobre identidade real das pessoas por conta das quais esses clientes actuam.

6 — Os estabelecimentos de crédito e as instituições financeiras são obrigados a proceder a essa identificação sempre que exista uma suspeita de branqueamento de capitais mesmo que o montante da transacção seja inferior aos níveis fixados.

7 — Os estabelecimentos de crédito e as instituições financeiras não ficam sujeitas às condições de identificação constantes do presente artigo no caso de o cliente ser igualmente um estabelecimento de crédito ou uma instituição financeira abrangida pela presente directiva.

8 — Os Estados-membros podem prever que a obrigação de identificação relativa às transacções a que se referem os n.ᵒˢ 3 e 4 se encontra preenchida quando for estabelecido que o pagamento da transacção deve ser efectuado por débito de uma conta aberta em nome do cliente numa instituição de crédito sujeita à obrigação prevista no n.º 1.

Artigo 4.º

Os Estados-membros assegurarão que os estabelecimentos de crédito e as instituições financeiras conservem, para servirem de elemento de prova a qualquer inquérito em matéria de branqueamento de capitais:
— relativamente à identificação, a cópia ou as referências nos documentos exigidos, durante um período de pelo menos cinco anos após o termo das relações com os respectivos clientes,
— relativamente às transacções, os documentos comprovativos e registos, consistindo em documentos originais ou cópias com idêntica força probatória face à respectiva legislação nacional, durante um período de pelo menos cinco anos a contar da data da execução das transacções.

Artigo 5.º

Os Estados-membros assegurarão que os estabelecimentos de crédito e as instituições financeiras examinem com especial atenção qualquer transacção que considerem particularmente susceptível, pela sua natureza, de estar associada ao branqueamento de capitais.

Artigo 6.º

Os Estados-membros velarão por que os estabelecimentos de crédito e as instituições financeiras, bem como os respectivos dirigentes e funcionários colaborem plenamente com as autoridades responsáveis pela luta contra o branqueamento:
— informando-as, por iniciativa própria, de quaisquer factos que possam constituir indícios de operações de branqueamento de capitais,

— facultando-lhes, a seu pedido, todas as informações necessárias, em conformidade com os procedimentos estabelecidos pela legislação aplicável.

As referidas informações serão enviadas às autoridades responsáveis pela luta contra o branqueamento do Estado-membro em cujo território está situada a instituição que enviou essas informações. Este envio é normalmente efectuado pela pessoa ou pessoas designadas pelos estabelecimentos de crédito e pelas instituições financeiras, em conformidade com os procedimentos previstos no n.° 1 do artigo 11.°

As informações fornecidas às autoridades em aplicação do primeiro parágrafo só podem ser utilizadas para efeitos de luta contra o branqueamento de capitais. Contudo, os Estados-membros podem prever a possibilidade de essas informações serem utilizadas igualmente para outros fins.

Artigo 7.°

Os Estados-membros assegurarão que os estabelecimentos de crédito e as instituições financeiras se abstenham de executar as transacções que saibam ou suspeitem estar relacionadas com o branqueamento de capitais antes de avisarem as autoridades referidas no artigo 6.°. As autoridades podem, nas condições determinadas pela legislação nacional, dar instruções para que a operação não seja executada. No caso de se suspeitar que a operação em questão vai dar lugar a uma operação de branqueamento e de a abstenção não ser possível ou ser susceptível de impedir o procedimento judicial contra os beneficiários da operação suspeita de branqueamentos, os estabelecimentos e instituições em questão fornecerão imediatamente as informações requeridas.

Artigo 8.°

Os estabelecimentos de crédito e as instituições financeiras, os seus dirigentes e funcionários não podem comunicar ao cliente em causa ou a terceiros o facto de terem sido transmitidas informações às autoridades, em aplicação dos artigos 6.° e 7.°, nem que se encontra em curso uma investigação sobre o branqueamento de capitais.

Artigo 9.°

A divulgação, de boa-fé, às autoridades responsáveis pela luta contra o branqueamento, por parte de um empregado ou de um dirigente de um estabelecimento de crédito ou de uma instituição financeira, das informações referidas nos artigos 6.° e 7.° não constitui violação de qualquer restrição à divulgação de informações imposta por via contratual ou por qualquer disposição legislativa, regulamentar ou administrativa e não implica qualquer tipo de responsabilidade para o estabelecimento de crédito ou a instituição financeira, nem para os seus dirigentes ou funcionários.

Artigo 10.°

Os Estados-membros assegurarão que as autoridades competentes informem as autoridades responsáveis pela luta contra o branqueamento se, nas inspecções levadas a cabo em estabelecimentos de crédito ou instituições financeiras ou por qualquer outra forma, vierem a descobrir factos susceptíveis de constituir prova de uma operação de branqueamento de capitais.

Artigo 11.°

Os Estados-membros assegurarão que os estabelecimentos de crédito e as instituições financeiras:

1 — Criem processos adequados de controlo interno e de comunicação para prevenir e impedir a realização de operações relacionadas com o branqueamento de capitais.

2 — Tomem as medidas adequadas para sensibilizar os seus funcionários para as disposições da presente directiva. Estas medidas incluirão a participação dos funcionários relacionados com estas questões em programas especiais de formação, a fim de os ajudar a reconhecer as operações que possam estar relacionadas com o branqueamento de capitais e de os instruir sobre a forma de actuar em tais casos.

Artigo 12.°

Os Estados-membros procurarão tomar a totalidade ou parte das disposições da presente directiva extensivas às profissões e categorias de empresas que, não sendo estabelecimentos de crédito nem instituições financeiras tal como referidas no artigo 1.°, exercem actividades especialmente susceptíveis de ser utilizadas para efeitos de branqueamento de capitais.

Artigo 13.°

1 — E criado junto da Comissão um comité de contacto, seguidamente designado "comité", que tem por missão:

a) Facilitar, sem prejuízo dos artigos 169.° e 170.° do Tratado, uma aplicação harmonizada da presente directiva, através de uma concertação regular sobre os problemas concretos levantados pela sua aplicação e relativamente aos quais se julgue útil proceder a trocas de opiniões;

b) Facilitar, uma concertação entre os Estados-membros relativamente a condições e obrigações mais rigorosas ou suplementares que os mesmos imponham no plano nacional;

c) Aconselhar a Comissão, se necessário, relativamente aos aditamentos ou alterações a introduzir na presente directiva ou relativamente às adaptações consideradas necessárias, nomeadamente para harmonizar os efeitos do artigo 12.°;

d) Analisar a oportunidade de incluir, no âmbito de aplicação do artigo 12.°, as profissões ou categorias de empresas que se verifique terem sido utilizadas, num dado Estado-membro, para efeitos do branqueamento de capitais.

2 — O comité não tem por missão apreciar o fundamento das decisões tomadas em casos individuais pelas autoridades competentes.

3 — O comité é composto por pessoas designadas pelos Estados-membros e por representantes da Comissão. Os serviços desta instituição assegurarão o respectivo secretariado.

O comité será presidido por um representante da Comissão e reunir-se-á quer por iniciativa deste último quer a pedido da delegação de um Estado-membro.

Artigo 14.°

Cada um dos Estados-membros tomará medidas apropriadas para assegurar a plena aplicação de todas as disposições da presente directiva e estabelecerá, nomeadamente, as sanções a aplicar em caso de infracção às disposições adoptadas em execução da presente directiva.

Artigo 15.º

Os Estados-membros podem adoptar ou manter, no domínio abrangido pela presente directiva, disposições mais severas para impedir o branqueamento de capitais.

Artigo 16.º

1 — Os Estados-membros porão em vigor as disposições legislativas, regulamentares e administrativas necessárias para dar cumprimento à presente directiva, o mais tardar, até 1 de Janeiro de 1993.

2 — Sempre que os Estados-membros adoptarem tais disposições, estas devem incluir uma referência à presente directiva ou ser acompanhadas dessa referência quando da sua publicação oficial. As modalidades dessa referência serão adoptadas pelos Estados-membros.

3 — Os Estados-membros comunicarão à Comissão o texto das principais disposições de direito interno que adoptarem no domínio abrangido pela presente directiva.

Artigo 17.º

A Comissão estabelecerá, um ano após 1 de Janeiro de 1993, e, seguidamente, sempre que tal se revelar necessário, e pelo menos uma vez em cada triénio, um relatório sobre a aplicação da presente directiva e apresentá-lo-á ao Parlamento Europeu e ao Conselho.

Artigo 18.º

Os Estados-membros são destinatários da presente directiva.

Feito no Luxemburgo, em 10 de Junho de 1991.

Pelo Conselho
O Presidente
J. C. Juncker

LEI N.º 16/93 ([315])
de 3 de Junho

Autorização ao Governo para legislar em matéria de utilização do sistema financeiro para efeitos de prevenção do branqueamento de capitais

A Assembleia da República decreta, nos termos dos artigos 164.º, alínea e), 168.º, n.º 1, alíneas b), d) e q), e 169.º, n.º 3, da Constituição, o seguinte:

Artigo 1.º
Objecto

Fica o Governo autorizado a legislar em matéria de:

a) Dever de segredo das entidades financeiras, seus dirigentes e empregados;

b) Obtenção de informações, por parte das entidades financeiras, seus dirigentes e empregados, sobre a identidade daquele ou daqueles por conta de quem o cliente actue e, bem assim, sobre a origem e o destino dos fundos financeiros a que se reporte a operação;

c) Regime geral de punição das infracções disciplinares e dos actos ilícitos de mera ordenação social e respectivo processo.

Artigo 2.º
Sentido

O sentido da autorização é o de permitir uma adequada transposição para a ordem jurídica nacional da Directiva n.º 91/308/CEE, do Conselho, de 10 de Junho de 1991, relativa à prevenção da utilização do sistema financeiro para efeitos de branqueamento de capitais.

([315]) D.R., I Série - A, de 3/6/93.

Artigo 3.º
Extensão

A autorização conferida ao abrigo do artigo anterior tem a seguinte extensão:

a) Isentar do dever de segredo e de qualquer tipo de responsabilidade pela prestação, de boa fé, às autoridades competentes, de informações sobre factos relacionados com a prática dos crimes previstos nos artigos 21.º a 23.º, 25.º e 28.º do Decreto-Lei n.º 15/93, de 22 de Janeiro, de que tenham conhecimento as entidades a seguir indicadas, para este efeito designadas entidades financeiras, bem como os seus dirigentes e empregados:

1) Instituições de crédito, sociedades financeiras, empresas seguradoras e sociedades gestoras de fundos de pensões com sede em território português;
2) Sucursais e agências gerais, em território português, daquelas entidades, que tenham sede em território estrangeiro, bem como as sucursais financeiras exteriores;
3) Entidades que explorem o serviço público de correios, na medida em que prestem serviços financeiros;
4) As autoridades de supervisão das entidades financeiras referidas nos números anteriores;

b) Permitir que as entidades financeiras que saibam ou suspeitem que o cliente não actua por conta própria tomem medidas adequadas à obtenção de informações sobre a identidade da pessoa por conta da qual esse cliente efectivamente actua;

c) Permitir que as entidades financeiras exijam do cliente informação escrita sobre a origem e o destino dos fundos a que respeitem as operações efectuadas ou a efectuar, bem como sobre a identidade dos beneficiários e a justificação das operações em causa, sempre que estas, pela sua natureza, volume ou carácter inabitual relativamente à actividade do cliente, sejam susceptíveis de integrar a prática do crime previsto no artigo 23.º do Decreto-Lei n.º 15/93, de 22 de Janeiro;

d) Legislar no sentido de que as informações obtidas por este meio não possam ser utilizadas para outros fins;

e) Tipificar como contra-ordenações, puníveis com coima de 150 000$ a 150 000 000$ ou de 50 000$ a 50 000 000$, consoante

seja aplicada a entidades financeiras ou a pessoas singulares, as infracções às regras de:
1) Identificação obrigatória dos clientes e seus representantes com quem as entidades financeiras estabeleçam relações de negócios estáveis ou ocasionais, sempre que estas últimas ultrapassem o valor de 2 500 000$;
2) Identificação obrigatória dos beneficiários de seguros ou de operações do ramo «Vida» e de planos de pensões cujos prémios ou contribuições sejam superiores a 150 000$ ou, em caso de prémio ou contribuição únicos, ultrapassem os 400 000$;
3) Identificação obrigatória de todos os clientes, seus representantes e dos beneficiários de seguros ou de operações do ramo «Vida» e de planos de pensões, independentemente do valor das operações, sempre que exista uma suspeita de prática do crime previsto no artigo 23.º do Decreto-Lei n.º 15/93, de 22 de Janeiro;
4) Renovação da identificação logo que se verifique terem caducado os respectivos documentos comprovativos;
5) Obtenção de informações sobre a identidade da pessoa por conta de quem o cliente actua, sempre que as entidades financeiras saibam ou suspeitem que o cliente não actua por conta própria;
6) Exame, com especial atenção, pelas entidades financeiras, das operações que, pela sua natureza, volume ou carácter inabitual relativamente à actividade do cliente, possam ser susceptíveis de integrar o tipo legal de crime previsto no artigo 23.º do Decreto-Lei n.º 15/93, de 22 de Janeiro;
7) Obtenção de informação escrita do cliente sobre a origem e o destino dos fundos, sobre a identidade dos beneficiários e a justificação das operações, sempre que estas excedam 2 500 000$ e, pela sua natureza, volume ou carácter inabitual relativamente à actividade do cliente, sejam susceptíveis de integrar o tipo legal de crime previsto no artigo 23.º do Decreto-Lei n.º 15/93, de 22 de Janeiro;
8) Conservação, por um período de cinco anos após o termo das relações com os respectivos clientes, de cópia ou refe-

rência dos documentos comprovativos da identificação, e, durante 10 anos a contar da data de execução das operações, dos originais ou cópias com idêntica força probatória, bem como das informações referidas na parte final do número anterior;

f) Tipificar como contra-ordenações, puníveis com coima de 1 000 000$ a 500 000 000$ ou 500 000$ a 200 000 000$, consoante seja aplicada a entidades financeiras ou a pessoas singulares, as infracções às regras de:
1) Recusa da realização de operações com quem não forneça a identificação própria ou da pessoa por conta de quem actua;
2) Dever especial de colaboração com a autoridade judiciária competente logo que tenha conhecimento de quaisquer factos que possam integrar o tipo legal ou constituir indícios da prática do crime previsto no artigo 23.° do Decreto-Lei n.° 15/93, de 22 de Janeiro, e sempre que a mesma colaboração lhes seja solicitada;
3) Não revelação ao cliente ou a terceiros de quem foram prestadas informações ou que está em curso uma investigação criminal;
4) Abstenção da execução, por período não superior a vinte e quatro horas, de quaisquer operações que suspeitem estar relacionadas com a prática do crime previsto no artigo 23.° do Decreto-Lei n.° 15/93, de 22 de Janeiro, e, verificadas circunstâncias excepcionais, por período não superior a quarenta e oito horas, de operações que ultrapassem o montante definido por portaria do Ministro das Finanças, ouvido o Banco de Portugal;
5) Prestação à autoridade judiciária competente das informações que efectuarem, quando não seja possível suspender as mesmas ou, no entender daquela autoridade, essa suspensão seja susceptível de frustrar ou iludir a respectiva autoridade probatória ou preventiva;
6) Instituição de mecanismos de controlo decorrentes da transposição da directiva referida no artigo 1.°;

g) Adaptar os princípios do Decreto-Lei n.° 433/82, de 27 de Outubro, em matéria de aplicação da lei no espaço, de modo a permitir a transposição da directiva referida no artigo 1.º para a ordem jurídica nacional;

h) Estabelecer um regime específico de responsabilidade quanto à actuação em nome ou por conta de outrem, nomeadamente no sentido de:

1) A responsabilidade das pessoas colectivas, prevista no artigo 7.º do Decreto-Lei n.º 433/82, de 27 de Outubro, não excluir a dos respectivos agentes ou comparticipantes;
2) As pessoas colectivas responderem solidariamente pelo pagamento das coimas, taxa de justiça, custas e demais encargos, quando devidos, aplicados aos agentes e comparticipantes;
3) Os titulares dos órgãos de administração das pessoas colectivas responderem subsidiariamente pelo pagamento das coimas e custas em que as mesmas sejam condenadas, ainda que à data da condenação hajam sido dissolvidas ou entrado em liquidação;

i) Prever a punibilidade da negligência;

j) Fixar em cinco anos o prazo de prescrição do procedimento pelas contra-ordenações e o prazo de prescrição das coimas e sanções acessórias;

l) Elevar a 500 000 000$ e a 200 000 000$ o limite máximo das coimas, quando estas sejam aplicáveis, respectivamente, a uma entidade financeira ou a pessoas singulares, e reduzir o montante da coima a metade desse valor em caso de negligência;

m) Fixar como sanções acessórias a publicidade pela autoridade de supervisão, a expensas do infractor, da decisão punitiva e a inibição de funções de administração, direcção, gerência ou chefia em entidades financeiras, por um período compreendido entre 1 e 10 anos;

n) Atribuir competência às autoridades portuguesas de supervisão de cada entidade financeira para proceder às averiguações e à instrução dos processos de contra-ordenação e ao Ministério das Finanças para aplicar as coimas e sanções acessórias;

o) Prever que o valor das coimas reverta a favor do Estado, com excepção das coimas em que forem condenadas as instituições de crédito, cujo montante reverterá na proporção de 60% para o

Estado e de 40% para o Fundo de Garantia de Depósitos, criado pelo artigo 154.° do Decreto-Lei n.° 298/92, de 31 de Dezembro;

p) Poder estabelecer uma norma especial quanto à determinação do tribunal competente para o recurso de impugnação, para a execução e restante controlo judicial do processo contra-ordenacional.

Artigo 4.°
Duração

A presente autorização legislativa tem a duração de 90 dias.

Aprovada em 22 de Abril de 1993.

O Presidente da Assembleia da República, *António Moreira Barbosa de Melo.*

Promulgada em 10 de Maio de 1993.

Publique-se.

O Presidente da República, MÁRIO SOARES.

Referendada em 14 de Maio de 1993.

O Primeiro-Ministro, *Aníbal António Cavaco Silva.*

DECRETO-LEI N.º 313/93 [316]
de 15 de Setembro

O presente diploma transpõe para a ordem jurídica interna a Directiva n.º 91/308/CEE, do Conselho, de 10 de Junho, relativa à prevenção da utilização do sistema financeiro para efeitos de branqueamento de capitais.

A liberalização dos movimentos de capitais e a livre prestação de serviços financeiros, inerentes ao funcionamento do mercado interno comunitário, podem constituir uma envolvente favorável à potenciação das actividades criminosas de branqueamento no espaço financeiro europeu.

Daí que a prevenção e repressão destes comportamentos se afigure mais eficaz, se feita mediante uma acção comunitária, em substituição da diversidade de medidas a adoptar por cada Estado-membro, eventualmente de difícil compatibilização com os objectivos daquele grande mercado.

A ordem jurídica portuguesa foi recentemente alterada, no que respeita ao tráfico ilícito de estupefacientes e de substâncias psicotrópicas, mediante a aprovação do Decreto-Lei n.º 15/93, de 22 de Janeiro, prevendo-se, no respectivo artigo 23.º, a incriminação da actividade de branqueamento dos capitais obtidos por essa via.

A disciplina jurídica ora aprovada reconduz-se, por razões de economia legislativa e de coerência do sistema, à prevenção do branqueamento através da utilização do sistema financeiro.

No que respeita às entidades que vincula, e de acordo com os termos daquela directiva, o âmbito de aplicação do presente diploma restringe-se, de uma forma geral, às entidades que prestam serviços de natureza financeira.

Das principais medidas que, segundo a directiva em apreço, se reputaram mais adequadas, quer à prevenção do branqueamento, quer a uma eficaz investigação criminal, salientam-se a obrigação de

---

[316] D.R., I Série - A, de 15/9/93.

identificação dos clientes e a recusa de realização da operação quando tal identificação não seja facultada, a obrigação de conservar os documentos de identificação, a suspensão das operações quando haja suspeita de uma acção de branqueamento, a obrigação de formar adequadamente os respectivos funcionários e a isenção do dever de sigilo profissional em casos tipificados e apenas para efeito de investigação criminal, com prévia autorização da autoridade judiciária competente.

O artigo 14.º da directiva deixa na discricionariedade dos Estados membros os meios a adoptar para o eficaz cumprimento das suas determinações.

Nesta conformidade, teve-se por inadequada qualquer reacção de natureza penal, optando-se, de acordo com as modernas teorias de discriminalização e por paralelismo com outros regimes de carácter semelhante, pela tipificação, como contra-ordenação, de todas as violações aos comandos ínsitos no diploma.

Sem prejuízo da aplicação subsidiária do regime geral aplicável aos ilícitos de mera ordenação social, consagrou-se, nalguns aspectos, um regime punitivo próprio, em consonância, aliás, e dadas as afinidades existentes, como o já aprovado em matéria de sistema financeiro.

Assim:

No uso da autorização legislativa concedida pela Lei n.º 16/93, de 3 de Junho, e nos termos das alíneas a) e b) do n.º 1 do artigo 201.º da Constituição, o Governo decreta o seguinte:

CAPÍTULO I
OBJECTO E ÂMBITO DE APLICAÇÃO

Artigo 1.º
Objecto

O presente diploma transpõe para a ordem jurídica interna a Directiva n.º 91/308/CEE, do Conselho, de 10 de Junho, relativa à prevenção da utilização do sistema financeiro para efeitos de branqueamento de capitais.

Artigo 2.º
Âmbito de aplicação

1 — O presente diploma aplica-se às instituições de crédito, sociedades financeiras, empresas seguradoras, na medida em que exerçam actividades no âmbito do ramo «Vida», e sociedades gestoras de fundos de pensões, que tenham a sua sede no território português.

2 — São igualmente abrangidas as sucursais e agências gerais, situadas em território português, das entidades referidas no número anterior que tenham a sua sede no estrangeiro, bem como as sucursais financeiras exteriores.

3 — O presente diploma aplica-se ainda às entidades que explorem o serviço público de correios, na medida em que prestem serviços financeiros.

4 — Para efeitos do presente diploma, as entidades referidas nos números anteriores são designadas «entidades financeiras».

CAPÍTULO II

OBRIGAÇÕES DAS ENTIDADES FINANCEIRAS

Artigo 3.º
Obrigação de identificar

1 — As entidades financeiras devem exigir a identificação dos seus clientes mediante a apresentação de documento comprovativo válido, sempre que estabeleçam relações de negócio, em especial, quando abram uma conta de depósito ou caderneta de poupança, ofereçam serviços de guarda de valores ou de investimento em valores mobiliários, emitam apólices de seguro ou giram planos de pensões.

2 — Deve igualmente ser exigida a identificação sempre que as entidades financeiras efectuem transacções ocasionais que não tenham dado lugar à identificação nos termos previstos no número anterior e cujo montante, isoladamente ou em conjunto, atinja ou ultrapasse 2 500 000$.

3 — Se a totalidade do montante não for conhecida no momento do início da operação, a entidade financeira deve pro-

ceder à identificação logo que tenha conhecimento desse montante e verifique que o limiar referido no número anterior foi atingido.

4 — As entidades financeiras devem igualmente identificar, nos termos do n.º 1, os representantes dos seus clientes.

Artigo 4.º
Excepções

1 — O disposto no artigo anterior não se aplica:

a) Aos contratos de seguro ou de fundos de pensões em que os montantes anuais dos prémios ou contribuições a pagar sejam inferiores a 150 000$ ou, em caso de prémio ou contribuição únicos, esse valor seja inferior a 400 000$;

b) Aos contratos de seguro que garantam o pagamento de rendas decorrentes de um contrato de trabalho ou de actividade profissional do segurado, desde que aqueles contratos de seguro não contenham uma cláusula de resgate nem possam servir de garantia a empréstimos;

c) Aos contratos de seguro, operações do ramo «Vida» e planos de pensões, desde que o pagamento do prémio ou contribuição seja efectuado por débito de, ou cheque sacado sobre, uma conta aberta em nome do segurado numa instituição de crédito sujeita à obrigação prevista no artigo 3.º.

2 — Logo que os montantes anuais dos prémios ou contribuições a pagar ultrapassem os limites fixados na alínea a) do número anterior, deve a entidade financeira proceder à identificação prevista no artigo anterior.

3 — As entidades financeiras não ficam sujeitas à obrigação de identificar o cliente no caso de este ser uma das entidades abrangidas pelo presente diploma ou qualquer outra das referidas nos primeiro e segundo travessões do artigo 1.º da Directiva n.º 91/308/CEE, de 10 de Junho.

Artigo 5.º
Obrigação especial de identificar

As entidades financeiras são, em qualquer caso, obrigadas a identificar os clientes e, se for caso disso, os representantes ou outras pessoas que actuem por conta daqueles, bem como os beneficiários de um seguro ou de uma operação do ramo «Vida» e de um plano de pensões, sempre que exista uma suspeita fundada da prática do crime previsto no artigo 23.° do Decreto-Lei n.° 15/93, de 22 de Janeiro, mesmo que o montante da operação seja inferior aos valores fixados no n.° 2 do artigo 3.° e na alínea a) do n.° 1 do artigo 4.°.

Artigo 6.°
Actuação por conta de outrem

As entidades financeiras que saibam ou fundadamente suspeitem que o cliente não actua por conta própria devem obter do cliente informações sobre a identidade da pessoa por conta da qual esse cliente efectivamente actua.

Artigo 7.°
Recusa de realização de operações

As entidades financeiras devem recusar a realização de quaisquer operações com quem não forneça a respectiva identificação ou a identificação da pessoa por conta da qual efectivamente actua.

Artigo 8.°
Deveres especiais de diligência

1 — As entidades financeiras devem examinar com especial atenção as operações que pela sua natureza, complexidade, volume ou carácter inabitual, relativamente à actividade do cliente, se revelem susceptíveis de integrar o tipo legal de crime previsto no artigo 23.° do Decreto-Lei n.° 15/93, de 22 de Janeiro.

2 — No caso previsto no número anterior, e sempre que as operações excedam o montante referido no n.° 2 do artigo 3.°, as entidades financeiras devem, em particular, obter do cliente informação escrita sobre a origem e o destino dos fundos, bem como sobre a identidade dos beneficiários e a justificação das operações em causa.

Artigo 9.º
Obrigação de conservar documentos

1 — As entidades financeiras devem conservar cópia ou referências dos documentos comprovativos da identificação, durante um período de cinco anos após o termo das relações com os respectivos clientes.

2 — As referidas entidades devem ainda conservar durante um período de 10 anos a contar da data de execução das transacções, os originais, cópias ou microformas com idêntica força probatória dos documentos comprovativos e registos dessas operações, bem como das informações obtidas nos termos do n.º 2 do artigo anterior.

Artigo 10.º
Dever especial de colaboração

1 — As entidades financeiras devem informar a autoridade judiciária competente logo que saibam ou fundadamente suspeitem que quaisquer somas inscritas nos seus livros são provenientes da prática de um dos crimes previstos nos artigos 21.º a 23.º, 25.º e 28.º do Decreto-Lei n.º 15/93, de 22 de Janeiro, ou logo que tenham conhecimento de quaisquer factos que possam constituir indícios da prática do crime previsto no referido artigo 23.º.

2 — As entidades financeiras devem ainda prestar a colaboração que lhes for solicitada nos termos do disposto no artigo 60.º do Decreto-Lei n.º 15/93, de 22 de Janeiro.

3 — As informações fornecidas nos termos dos números anteriores só podem ser utilizadas para investigação e punição dos crimes previstos nos artigos 21.º a 23.º, 25.º e 28.º do Decreto-Lei n.º 15/93, de 22 de Janeiro, não podendo ser revelada a identidade de quem as forneceu.

4 — As entidades financeiras, bem como os membros dos respectivos órgãos, os que nelas exerçam funções de direcção, gerência ou chefia, os seus empregados, os mandatários e outras pessoas que lhes prestem serviço a título permanente ou ocasional não podem revelar ao cliente ou a terceiros a comunicação de informações nos termos dos números anteriores, nem que se encontra em curso uma investigação criminal.

Artigo 11.º
Dever de abstenção

1 — As entidades financeiras devem abster-se de executar quaisquer operações que fundadamente suspeitem estar relacionadas com a prática do crime previsto no artigo 23.º do Decreto--Lei n.º 15/93, de 22 de Janeiro, e informar do pedido de realização das mesmas o Procurador-Geral da República ou o magistrado do Ministério Público por ele designado, o qual pode determinar a suspensão da respectiva execução.

2 — As entidades financeiras poderão realizar as operações se a ordem de suspensão não for confirmada pelo juiz de instrução criminal no prazo de vinte e quatro horas a contar da comunicação realizada nos termos do número anterior, sendo esse prazo alargado para quarenta e oito horas em face de circunstâncias excepcionais e relativamente a operações que ultrapassem um montante definido em portaria do Ministro das Finanças.

3 — Caso a abstenção referida no n.º 1 não seja possível ou, no entender da autoridade aí referida, seja susceptível de frustar ou prejudicar a actividade probatória ou preventiva dessa autoridade, as entidades financeiras podem executar as operações, devendo fornecer de imediato àquela autoridade todas as informações a elas relativas.

Artigo 12.º
Deveres das autoridades de supervisão

1 — As autoridades encarregadas da supervisão das entidades financeiras devem informar a autoridade judiciária competente sempre que, nas inspecções efectuadas naquelas entidades, ou por qualquer outro modo, tenham conhecimento de factos que indiciem a prática do crime previsto no artigo 23.º do Decreto-Lei n.º 15/93, de 22 de Janeiro.

2 — Às informações prestadas nos termos do número anterior é aplicável o disposto no n.º 3 do artigo 10.º.

Artigo 13.º
Exclusão da responsabilidade

As informações prestadas de boa fé, nos termos dos artigos 10.º, 11.º e 12.º, não constituem violação de qualquer dever de segredo, nem implicam, para quem as preste, responsabilidade de qualquer tipo.

Artigo 14.º
Mecanismos de controlo

1 — As entidades financeiras, incluindo as respectivas filiais e sucursais no estrangeiro, devem dispor de processos adequados de controlo interno e de comunicação que conduzam ao cumprimento das obrigações constantes do presente diploma e impeçam a realização de operações relacionadas com a prática do crime previsto no artigo 23.º do Decreto-Lei n.º 15/93, de 22 de Janeiro.

2 — As referidas entidades devem ainda proporcionar aos seus dirigentes e empregados a formação adequada ao reconhecimento de operações que possam estar relacionadas com a prática do crime previsto no artigo 23.º do Decreto-Lei n.º 15/93, de 22 de Janeiro, de modo a habilitá-los a actuar de acordo com as disposições do presente diploma.

CAPÍTULO III
DAS CONTRA-ORDENAÇÕES

SECÇÃO I
DISPOSIÇÕES GERAIS

Artigo 15.º
Direito subsidiário

Às infracções previstas no presente capítulo é subsidiariamente aplicável, em tudo o que não contrarie as disposições dele constantes, o regime geral das contra-ordenações.

Artigo 16.º
Aplicação no espaço

Seja qual for a nacionalidade do agente, o disposto no presente capitulo é aplicável a:
 a) Factos praticados em território português;
 b) Factos praticados em território estrangeiro, de que sejam responsáveis as entidades referidas no n.º 1 do artigo 2.º actuando por intermédio de sucursais ou em prestação de serviços, bem como as pessoas que, em relação a tais entidades, se encontrem em alguma das situações previstas na alínea b) do artigo seguinte;
 c) Factos praticados a bordo de navios ou aeronaves portuguesas, salvo tratado ou convenção internacional em contrário.

Artigo 17.º
Responsáveis

Pela prática das infracções a que se refere o presente capítulo podem ser responsabilizadas:
 a) As entidades financeiras;
 b) As pessoas singulares que sejam membros dos órgãos de pessoas colectivas ou que nelas exerçam cargos de direcção, chefia ou gerência, ou actuem em sua representação, legal ou voluntária, e, ainda no caso de violação do dever previsto no n.º 4 do artigo 10.º, os seus empregados e outras pessoas que lhes prestem serviço a título permanente ou ocasional.

Artigo 18.º
Responsabilidade das entidades financeiras

1 — As entidades financeiras são responsáveis pelas infracções cometidas pelos membros dos respectivos órgãos e pelos titulares de cargos de direcção, chefia ou gerência, no exercício das suas funções, bem como pelas infracções cometidas pelos representantes da pessoa colectiva em actos praticados em nome e no interesse delas.

2 — A invalidade e a ineficácia jurídicas dos actos em que se fundamenta a relação entre o agente individual e a entidade financeira não obstam a que seja aplicado o disposto no número anterior.

Artigo 19.º
Responsabilidade das pessoas singulares

A responsabilidade das entidades financeiras não exclui a responsabilidade individual das pessoas singulares que actuem como membros dos seus órgãos ou nelas exerçam cargos de direcção, chefia ou gerência, as quais serão punidas mesmo quando o tipo legal de contra--ordenação exija:

a) Determinados elementos pessoais e estes só se verifiquem na pessoa do representante; ou

b) Que o agente pratique o acto no seu próprio interesse e o representante actue no interesse do representado.

Artigo 20.º
Cumprimento do dever omitido

Sempre que a contra-ordenação resulte da omissão de um dever, a aplicação da sanção e o pagamento da coima não dispensam o infractor do seu cumprimento, se este ainda for possível.

Artigo 21.º
Destino das coimas

1 — O produto das coimas reverte a favor do Estado, sem prejuízo do disposto no número seguinte.

2 — O produto das coimas em que forem condenadas as instituições de crédito reverterá na proporção de 60% para o Estado e 40% para o Fundo de Garantia de Depósitos, criado pelo artigo 154.º do Regime Geral das Instituições de Crédito e Sociedades Financeiras, aprovado pelo Decreto-Lei n.º 298/92, de 31 de Dezembro.

Artigo 22.º
Negligência

A negligência é punível.

Artigo 23.º
Prescrição

1 — O procedimento relativo às contra-ordenações previstas

neste capítulo prescreve no prazo de cinco anos a contar da data da sua prática.

2 — A prescrição das coimas e sanções acessórias é de cinco anos a contar do dia em que se esgotar o prazo de impugnação judicial da decisão do Ministro das Finanças, ou do trânsito em julgado da sentença.

SECÇÃO II
DAS CONTRA-ORDENAÇÕES EM ESPECIAL

Artigo 24.º
Contra-ordenações

Constituem contra-ordenações, puníveis com coima de 150 000$ a 150 000 000$ ou de 50 000$ a 50 000 000$, consoante seja aplicada, respectivamente, a entidade financeira ou a qualquer pessoa mencionada na alínea b) do artigo 17.º, as seguintes infracções:

a) O incumprimento das obrigações de identificação previstas no artigo 3.º, no n.º 2 do artigo 4.º e nos artigos 5.º e 6.º;

b) A violação dos deveres especiais de diligência previstos no artigo 8.º;

c) O incumprimento das obrigações de conservar documentos previstas no artigo 9.º

Artigo 25.º
Contra-ordenações especialmente graves

Constituem contra-ordenações, puníveis com coima de 1 000 000$ a 500 000 000$ ou de 5 000 000$ a 200 000 000$, consoante seja aplicada, respectivamente, a entidade financeira ou a qualquer pessoa mencionada na alínea b) do artigo 17.º, as seguintes infracções:

a) A realização de operações com quem não forneça a respectiva identificação ou a identificação da pessoa por conta da qual efectivamente actua;

b) O incumprimento dos deveres especiais de colaboração previstos no n.º 1 do artigo 10.º;

c) A violação dos deveres de abstenção e informação previstos, respectivamente, nos n.ᵒˢ 1 e 3 do artigo 11.º;

d) A revelação, por qualquer meio, ao cliente ou a terceiros, da comunicação às autoridades competentes de informações prestadas nos termos dos n.ᵒˢ 1 e 2 do artigo 10.º, ou de estar em curso uma investigação criminal;

e) A violação das obrigações constantes do artigo 14.º.

Artigo 26.º
Montante de coimas

Em caso de negligência, o montante da coima não pode exceder metade do montante máximo previsto para a respectiva contra-ordenação.

Artigo 27.º
Sanções acessórias

Com as coimas previstas nos artigos 24.º e 25.º podem ser aplicadas ao infractor as seguintes sanções acessórias:

a) Inibição do exercício de cargos sociais e de funções de administração, direcção e gerência ou chefia de entidades financeiras, por um período de 1 a 10 anos, quando o arguido seja membro dos órgãos das entidades financeiras, exerça cargos de direcção, chefia ou gerência ou actue em sua representação, legal ou voluntária;

b) Publicidade, pela autoridade de supervisão, a expensas do infractor, da decisão definitiva.

SECÇÃO III
DO PROCESSO

Artigo 28.º
Competência

1 — A averiguação das contra-ordenações previstas no presente diploma e a instrução dos processos são, relativamente a cada entidade, da competência da autoridade encarregue da supervisão do respectivo sector.

2 — Compete ao Ministro das Finanças a aplicação das sanções previstas nos artigos anteriores.

Artigo 29.º
Responsabilidade pelo pagamento das coimas

1 — As entidades financeiras respondem solidariamente pelo pagamento das coimas, da taxa de justiça, das custas e demais encargos, quando devidos, em que forem condenados os seus dirigentes, empregados ou representantes, pela prática de infracções puníveis nos termos do presente diploma.

2 — Os titulares dos órgãos de administração das entidades financeiras que, podendo fazê-lo, não se tenham oposto à prática da infracção respondem individual e subsidiariamente pelo pagamento da coima e das custas em que aquelas sejam condenadas, ainda que as mesmas, à data da condenação, hajam sido dissolvidas ou entrado em liquidação.

Artigo 30.º
Competência do Tribunal

Compete ao Tribunal Judicial da Comarca de Lisboa apreciar o recurso de impugnação judicial da decisão que aplique uma coima, bem como a revisão ou a execução da mesma.

Visto e aprovado em Conselho de Ministros de 29 de Julho de 1993 — *Aníbal António Cavaco Silva* — *Jorge Braga de Macedo* — *José Manuel Cardoso Borges Soeiro.*

Promulgado em 3 de Setembro de 1993.

Publique-se.

O Presidente da República, MÁRIO SOARES.

Referendado em 7 de Setembro de 1993.

O Primeiro-Ministro, *Aníbal António Cavaco Silva.*

DECRETO LEI N.° 15/93, DE 22 DE JANEIRO ([317])

(Regime jurídico do tráfico
e consumo de estupefacientes)

A aprovação da Convenção das Nações Unidas contra o Tráfico Ilícito de Estupefacientes e de Substâncias Psicotrópicas de 1988, oportunamente assinada por Portugal e ora ratificada — Resolução da Assembleia da República n.° 29/91 e Decreto do Presidente da República n.° 45/91, publicados no *Diário da República*, de 6 de Setembro de 1991, é a razão determinante do presente diploma.

Tal instrumento de direito internacional público visa prosseguir três objectivos fundamentais.

Em primeiro lugar, privar aqueles que se dedicam ao tráfico de estupefacientes do produto das suas actividades criminosas, suprimindo, deste modo, o seu móbil ou incentivo principal e evitando, do mesmo passo, que a utilização de fortunas ilicitamente acumuladas permita a organizações criminosas transnacionais invadir, contaminar e corromper as estruturas do Estado, as actividades comerciais e financeiras legítimas e a sociedade a todos os seus níveis.

([317]) Este D.L. foi rectificado através da Declaração de Rectificação n.° 29/93 publicada no DR. I Série - A, de 20-2-1993, Supl., a qual inclui o texto integral corrigido do diploma, que adiante se transcreve com as alterações resultantes do Dec.-Lei n.° 81/95, de 22 de Abril e da Lei n.° 45/96, de 3 de Setembro inseridas no local próprio. Excluiram-se desta publicação as Tabelas anexas ao referido diploma, relativas às plantas, substâncias e preparações sujeitas a controlo (art. 2.° e 3.° do Dec.-Lei n.° 15/93).
    O Dec.-Lei n.° 15/93 foi regulamentado pelo Dec. Regulamentar n.° 61/94, de 12/10/94. A Portaria n.° 94/96, de 26/3, publicada no D.R. I-B, n.° 73 de 26/3/96, rectificada pela Declaração de rectificação n.° 11-H/96, publicada no D.R. I-B, n.° 149 (3.° Suplemento) de 29/6/96, regulamenta a perícia médico-legal e o exame médico referidos nos arts. 52.° e 43.° do Dec.-Lei n.° 15/93.

Em segundo lugar, adoptar medidas adequadas ao controlo e fiscalização dos precursores, produtos químicos e solventes, substâncias utilizáveis no fabrico de estupefacientes e de psicotrópicos e que, pela facilidade de obtenção e disponibilidade no mercado corrente, têm conduzido ao aumento do fabrico clandestino de estupefacientes e de substâncias psicotrópicas.

Em terceiro lugar, reforçar e complementar as medidas previstas na Convenção sobre Estupefacientes de 1961, modificada pelo Protocolo de 1972, e na Convenção sobre Substâncias Psicotrópicas de 1971, colmatando brechas e potenciando os meios jurídicos de cooperação internacional em matéria penal.

A transposição para o direito interno dos objectivos e regras que num processo evolutivo, vão sendo adquiridos pela comunidade internacional mostra-se necessária ao seu funcionamento prático, acontecendo que as disposições mais significativas daquela Convenção das Nações Unidas não são exequíveis sem mediação legislativa.

No domínio internacional, tiveram-se ainda em conta a Convenção Relativa ao Branqueamento, Despistagem, Apreensão e Perda dos Produtos do Crime, elaborada no seio do Conselho da Europa e que Portugal assinou em 8 de Novembro de 1990, bem como a directiva do Conselho das Comunidades Europeias de 10 de Junho de 1991, relativa à prevenção da utilização do sistema financeiro para efeito de branqueamento de capitais.

Igualmente mereceu atenção a proposta de directiva do Conselho relativa à produção e colocação no mercado de certas substâncias utilizadas na produção ilícita de estupefacientes e de substâncias psicotrópicas, instrumento que visa estabelecer as medidas de fiscalização sobre os «precursores» exigidas pelo artigo 12.º da aludida Convenção das Nações Unidas de 1988, assinada autonomamente pela Comunidade, ao mesmo tempo que pretende afastar distorções da concorrência no fabrico lícito e na colocação de tais produtos químicos no mercado comunitário, em complementaridade com a fiscalização dos mesmos para o exterior das Comunidades Europeias.

Após a publicação do Decreto-Lei n.º 430/83, de 13 de Dezembro, ora em revisão, entrou em vigor um novo Código de

Processo Penal, pelo que algumas das especialidades e inovações — por exemplo a do princípio da oportunidade — previstas naquele diploma estão hoje consagradas em termos gerais no novo sistema processual penal.

Entrou, também, em vigor um diploma sobre cooperação internacional, o Decreto-Lei n.º 43/91, de 22 de Janeiro, o qual se propôs regular, num único texto, diferentes formas de cooperação, que vão desde a extradição à transmissão de processos penais, execução de sentenças penais, transferência de pessoas condenadas e vigilância das mesmas ou das libertadas condicionalmente, até um amplo leque de medidas de auxílio judiciário em matéria penal.

Como se refere no próprio preâmbulo, essa lei interna atendeu já à Convenção das Nações Unidas de 1988, «designadamente em matéria de auxílio judiciário, extradição e execução de decisões de perda de produtos do crime».

O presente diploma, compatibilizando-se com a terminologia e as novas regras do processo penal, recebe já alguns princípios novos enformadores da reforma ainda em curso do Código Penal, como é o caso da multa em alternativa (e não em acumulação) da pena de prisão.

Este último aspecto tem de ser objecto de ponderação especial perante o facto de hoje se considerar prioritário o ataque às fortunas ilícitas dos traficantes.

Desaparecendo a possibilidade de cumular a pena de multa, de cariz patrimonial, com a pena de prisão, para os tipos legais mais graves, passa a assumir relevo particular o inventário de medidas destinadas a desapossar os traficantes no tocante aos bens e produtos que são provenientes, directa ou indirectamente, da sua actividade criminosa.

Também no que respeita à dosimetria das penas a presente reformulação haverá de continuar a harmonizá-las com o restante sistema jurídico, particularmente com o Código Penal. É sabido, outrossim, o nulo ou reduzido efeito dissuasor da previsão abstracta de penas severas — como já se sublinhava no preâmbulo do Decreto-Lei n.º 430/83 —, se não for acompanhado de uma melhoria progressiva dos recursos técnicos da investigação criminal e da formação e dinamismo dos seus titulares.

Conhecida a relutância de certas correntes de pensamento em aceitar um direito penal e processual recheado de normas especiais para combater certas formas de criminalidade e também, diga-se em abono da verdade, o facto de o novo Código de Processo Penal já estar munido de modernos institutos de investigação criminal, tudo aponta para que as especificidades nesse campo sejam reduzidas ao máximo, mas sem que deixe de se reconhecer que os crimes mais graves de tráfico de droga devem merecer equiparação ao tratamento previsto nesse diploma para a criminalidade violenta ou altamente organizada e para o terrorismo.

Posto que o objectivo primeiro da revisão seja o de efectuar as adaptações do direito nacional indispensáveis a tornar eficaz no âmbito interno a aludida Convenção das Nações Unidas de 1988, não se excluía a possibilidade de ponderar outras alterações consideradas importantes.

A organização das tabelas anexas ao diploma principal foi um dos pontos objecto de preocupação.

Não ofereceria dificuldade aditar às tabelas existentes as duas listas, respeitantes aos precursores, nos termos da Convenção de 1988, aproveitando a oportunidade para integrar as substâncias que entretanto haviam sido incluídas por portarias editadas nos termos das Convenções de 1961 e 1971.

No entanto, afigurou-se que se poderia dar mais um passo no sentido de uma certa gradação de perigosidade das substâncias, reordenando-as em novas tabelas e daí extraindo efeitos no tocante às sanções.

Já hoje, como se sabe, as substâncias constantes da tabela IV anexa ao Decreto-Lei n.º 430/83 são alvo de tratamento diferenciado relativamente às restantes, designadamente no capítulo da punição do tráfico, do incitamento ao seu consumo e do próprio consumo.

A gradação das penas aplicáveis ao tráfico tendo em conta a real perigosidade das respectivas drogas afigura-se ser a posição mais compatível com a ideia de proporcionalidade. O que não implica necessária adesão à distinção entre drogas duras e leves e, muito menos as ilações extraídas por alguns países no campo da descriminalização ou despenalização do consumo.

Simplesmente, a decisão de uma gradação mais ajustada terá do assentar na aferição científica rigorosa da perigosidade das drogas nos seus diversos aspectos, onde se incluem motivações que ultrapassam o domínio científico, para relevarem de considerandos de natureza sócio-cultural não minimizáveis.

Tudo para concluir que a matéria da (re)organização das tabelas merece ainda ponderação futura a efectuar no tempo e sede próprios.

Idêntica postura pareceu de adoptar quanto ao tráfico no alto mar. A despeito do relevo crescente que assume como meio preferencial de circulação da droga, aproveitando os traficantes em seu benefício da reduzida capacidade de intervenção dos Estados em águas internacionais não se encontraram fórmulas que permitissem intensificar o controlo, desde logo pela posição reducionista que advém do próprio artigo 17.º da Convenção de 1988.

Com efeito, a predominância conferida ao país do pavilhão, mesmo quando haja suspeita séria de que o navio abusa da liberdade de circulação que o direito internacional garante para se dedicar ao tráfico ilícito só limitável mediante tratado, acordo ou protocolo, é um sinal de prevalência de certos interesses, nomeadamente os comerciais, como expressamente se reconhece no n.º 5 do artigo 17.º, sobre os da saúde e bem-estar da população de todo o mundo.

Esta temática preocupa especialmente os países que fazem parte do Conselho da Europa (Grupo Pompidou).

Assunto a merecer continuada reflexão do nosso país, quer no âmbito de tratados bilaterais a estabelecer com países vizinhos da orla marítima, quer ainda pela especial posição nacional como detentor de uma zona económica exclusiva de considerável extensão.

Apesar do importante papel que se reconhece à prevenção dirigida à informação, formação e educação, entendeu-se que, sendo temática de sentido evolutivo acentuado, que não convém sedimentar, e que pode ser objecto de diploma próprio, não deveria, nesta sede, receber tal matéria particular desenvolvimento.

Por maioria de razão se retiraram disposições de tipo organizativo dos serviços.

Por ele perpassa, todavia, o apelo à maior articulação entre o papel do sistema judiciário e dos serviços e organismos de saúde pública, especificamente na parte que é dirigida à prevenção e tratamento de toxicodependentes, não só em termos de qualidade como também de quantidade e com consequências a nível de dispersão territorial. Só assim será imaginável levantar uma barreira resistente à extensão de um fenómeno de raizes culturais mas com manifestações imediatas e bem visíveis na saúde do indivíduo.

Ponto obrigatório de reflexão ao proceder-se a uma revisão de alguma envergadura terá de ser o modo como o sistema jurídico deve lidar com o consumo de drogas.

Uma alteração radical da política legislativa em tal campo terá de se basear, não só no conhecimento profundo das últimas aquisições científicas sobre o efeito destas drogas na personalidade humana, como também na perscrutação minuciosa da sensibilidade das camadas sociais mais envolvidas (os jovens, os pais, as famílias em geral, os educadores dada a sua influência cultural), sem o que essa medida necessariamente se transformará numa intervenção sem reflexão posterior.

Abandonando, à partida, essa reavaliação, não deixou de se sopesar a posição seguida nos últimos anos, comparando-a com a de outros países geográfica e culturalmente próximos.

Disse-se em 1983, no exórdio do Decreto-Lei n.° 430/83:
Considera-se censurável socialmente o consumo de estupefacientes e de substâncias psicotrópicas, desde logo pela quebra de responsabilidade individual de cada cidadão perante os outros. Tal não significa, todavia, que o toxicodependente não deva ser encarado, em primeira linha, como alguém que necessita de assistência médica e que tudo deve ser feito para o tratar, por sua causa e também pela protecção devida aos restantes cidadãos.

Em conformidade com tais afirmações, o consumidor de drogas é sancionado pela lei vigente de maneira quase simbólica, procurando-se que o contacto com o sistema formal da justiça sirva para o incentivar ao tratamento, na hipótese de ter sido atingido pela toxicodependência.

Esta posição tem vindo a ganhar adeptos em países como a Itália e a Espanha, por exemplo.

A posição mais dissonante do resto da Europa é a da Holanda, onde o consumo de droga na prática não é proibido. Arrogando-se de uma solução pragmática, não emocional nem dogmática, o centro de gravidade da actuação pretende-se localizado na saúde do consumidor, acreditando-se mais no controlo social que na eficácia da legislação. Esta postura vem merecendo a crítica de laxismo, desde logo nos próprios países nórdicos, eles também já experimentados em posições mais brandas, que foram progressivamente abandonando.

Pode, porém, dizer-se que a generalidade dos países representados nas Nações Unidas receia que o invocado pragmatismo do tipo holandês abra brechas num combate cuja amplitude de danos na saúde, especialmente das camadas jovens, se perfila de uma gravidade tal na conjuntura hoje vivida, que não haveria diques bastante para o travar, conhecida que é a capacidade dos traficantes para explorar novas situações e mercados.

Neste sentido também caminha o Conselho da Europa — cf. pontos 9, 10 e 17 da Recomendação n.º 1141 (1991), adoptada em 31 de Janeiro de 1991 pela Assembleia Parlamentar.

Sendo certo, por outro lado, que não podendo, embora, descurar-se a forte componente economicista do fenómeno, aparece como muito arriscada uma transição de estratégia que assente fundamentalmente nas regras de oferta/procura e suas consequências nos preços, ainda que mesclada de ingredientes que pudessem assegurar o controlo essencial do «mercado» por órgãos públicos. Principalmente se essa transição se desse por forma brusca.

Posto que muito longe do encerramento da discussão sobre tão controverso tema, não se vêem motivos para alteração na postura da legislação vigente quanto ao modo de intervenção do sistema jurídico-penal em matéria de consumo de droga.

A censurabilidade implícita nessa intervenção — aliás, reduzida ao mínimo — será o complemento de coerência com a restante mensagem, quer a nível de prevenção, quer da própria relação terapêutica com o drogado, impregnada de um apelo constante ao seu sentido de responsabilidade na coesão de todo o restante tecido social a que, irremediavelmente, o seu destino o ligou.

Por conseguinte, o ditame fundamental das alterações introduzidas neste ponto dirigir-se-á ao moldar da utensilagem jurídica no sentido de contribuir, no máximo da sua valência, para que o toxicodependente ou consumidor habitual se liberte da escravidão que o domina, mediante os incentivos adequados do tratamento médico e da reabilitação, que o tragam de volta para o cortejo da vida útil, se possível feliz, no seio da comunidade.

Para os consumidores ocasionais, acima de tudo deseja-se a sua não etiquetagem, a não marginalização, enfim, que o seu semelhante o não empurre para becos sem saída ou que a saída acabe mesmo por ser a droga.

A escolha diversificada de alternativas, conforme os casos, e a maleabilidade do sistema constituem a palavra de ordem, em colaboração estreita com as autoridades sanitárias.

Para além da composição diversificada do grupo de trabalho que elaborou o estudo que fundamentou o presente díploma — com representantes dos sistemas da justiça, saúde, educação, juventude, finanças, comércio e turismo, do Banco de Portugal e da Ordem dos Advogados —, foram ouvidos o Conselho Superior da Magistratura, a Procuradoria Geral da República, a Ordem dos Médicos e outras entidades, através do Conselho Nacional do Projecto VIDA.

Foram também ouvidos os orgãos de governo próprio das Regiões Autónomas dos Açores e da Madeira.

Assim:

No uso da autorização legislativa concedida pela Lei n.° 27/92, de 31 de Agosto, e nos termos das alíneas a) e b) do n.° 1 do artigo 201.° da Constituição, o Governo decreta o seguinte:

CAPÍTULO I
DISPOSIÇÕES GERAIS

Artigo 1.°
Objecto

O presente diploma tem como objecto a definição do regime jurídico aplicável ao tráfico e consumo de estupefacientes e substâncias psicotrópicas.

Artigo 2.º
Regras gerais e tabelas

1 — As plantas, substâncias e preparações sujeitas ao regime previsto neste decreto-lei constam de seis tabelas anexas ao presente diploma.

2 — As tabelas I a IV serão obrigatoriamente actualizadas, de acordo com as alterações aprovadas pelos órgãos próprios das Nações Unidas, segundo as regras previstas nas convenções ratificadas por Portugal.

3 — As tabelas V e VI serão obrigatoriamente actualizadas, de acordo com as alterações aprovadas pelos órgãos próprios das Nações Unidas, segundo as regras previstas nas convenções ratificadas por Portugal ou por diploma das Comunidades Europeias.

4 — O cultivo, a produção, o fabrico, o emprego, o comércio, a distribuição, a importação, a exportação, o trânsito, o transporte, a detenção por qualquer título e o uso de plantas, substâncias e preparações indicadas nos números anteriores ficam sujeitos aos condicionamentos definidos no presente diploma.

5 — As regras necessárias à boa execução deste diploma, no que concerne à matéria referida no número anterior, constarão de decreto regulamentar, no qual se especificará ainda a margem de excedentes de cultivo, as quotas de fabrico, as entidades e empresas autorizadas a adquirir plantas, substâncias e preparações, as condições de entrega, os registos a elaborar, as comunicações e informações a prestar, os relatórios a fornecer, as características das embalagens e rótulos, as taxas pela concessão de autorizações e as coimas pela violação da regulamentação.

Artigo 3.º
Âmbito do controlo

Ficam sujeitas a controlo todas as plantas, substâncias e preparações referidas nas convenções relativas a estupefacientes ou substâncias psicotrópicas ratificadas por Portugal e respectivas alterações, bem como outras substâncias incluídas nas tabelas anexas ao presente diploma.

CAPÍTULO II
AUTORIZAÇÕES, FISCALIZAÇÃO E PRESCRIÇÕES MÉDICAS

Artigo 4.°
Licenciamentos, condicionamentos e autorizações

1 — Instituto Nacional da Farmácia e do Medicamento é a entidade competente a nível nacional para estabelecer condicionamentos e conceder autorizações para as actividades previstas no n.° 4 do artigo 2.° no que concerne às substâncias e preparações compreendidas nas tabelas I a IV, dentro dos limites estritos das necessidades do País, dando prevalência aos interesses de ordem médica, médico-veterinária, científica e didáctica.

2 — A Direcção-Geral do Comércio Externo é a entidade competente a nível nacional para emitir a declaração de importação e a autorização de exportação das substâncias compreendidas nas tabelas V e VI.

3 — A Direcção-Geral da Indústria é a autoridade competente a nível nacional para autorizar a produção e fabrico das substâncias compreendidas nas tabelas V e VI.

4 — Antes de apreciar qualquer pedido de autorização, o Instituto Nacional da Farmácia e do Medicamento envia cópia do pedido ao Gabinete de Combate à Droga do Ministério da Justiça, que se pronunciará no prazo de 30 dias e, se for caso disso, ouvirá os departamentos adequados dos Ministérios da Agricultura, da Indústria e Energia e do Comércio e Turismo.

5 — O despacho de autorização do presidente do Instituto Nacional da Farmácia e do Medicamento é publicado no *Diário do República* e estabelece as condições a observar pelo requerente, dele cabendo imediato recurso contencioso; havendo recurso hierárquico facultativo, este terá efeito meramente devolutivo.

6 — Cada autorização genérica concedida pelo Instituto Nacional da Farmácia e do Medicamento não excederá o período de um ano, prorrogável.

7 — O disposto neste artigo não prejudica as competências próprias dos Ministérios do Comércio e Turismo e da Indústria e Energia em matéria de licenciamento das operações de comércio

externo ou de licenciamento da instalação e laboração de estabelecimentos industriais onde se fabriquem os produtos constantes das tabelas I a VI, respectivamente.

Artigo 5.º
Competência fiscalizadora do Instituto Nacional da Farmácia e do Medicamento

1 — Compete ao Instituto Nacional da Farmácia e do Medicamento fiscalizar as actividades autorizadas de cultivo, produção, fabrico, emprego, comércio por grosso, distribuição, importação, exportação, trânsito, aquisição, venda, entrega e detenção de plantas, substâncias e preparações compreendidas nas tabelas I a IV.

2 — Na fiscalização das actividades autorizadas referidas no número anterior pode, a qualquer momento, ser feita inspecção às empresas, estabelecimentos ou locais e ser solicitada a exibição dos documentos ou registos respectivos.

3 — As infracções detectadas são comunicadas às entidades competentes, para investigação criminal ou para a investigação e instrução contra-ordenacional.

4 — Mediante portaria conjunta dos Ministros da Justiça, da Agricultura e da Saúde, será proibida a cultura de plantas ou arbustos dos quais se possam extrair substâncias estupefacientes, quando essa medida se revele a mais apropriada para proteger a saúde pública e impedir o tráfico de droga.

5 — Idêntica medida pode ser adoptada quanto ao fabrico, preparação ou comercialização de substâncias estupefacientes ou preparações.

Artigo 6.º
Natureza das autorizações

1 — As autorizações são intransmissíveis, não podendo ser cedidas ou utilizadas por outrem a qualquer título.

2 — Quando se trate de empresas com filiais ou depósitos é necessária uma autorização para cada um deles.

3 — Dos pedidos de autorização deve constar a indicação dos responsáveis pela elaboração e conservação actualizada dos registos e pelo cumprimento das demais obrigações legais.

Artigo 7.º
Requisitos subjectivos

1 — Só podem ser concedidas autorizações a entidades cujos titulares ou representantes legais ofereçam suficientes garantias de idoneidade moral e profissional.

2 — Compete ao Gabinete de Combate à Droga do Ministério da Justiça, a solicitação do Instituto Nacional da Farmácia e do Medicamento, verificar os elementos que permitem determinar as circunstância a que se refere o número anterior, socorrendo-se, se necessário, da colaboração das entidades que integram o Grupo de Coordenação do Combate ao Tráfico de Droga, no respeito pelos direitos, liberdades e garantias dos cidadãos.

Artigo 8.º
Manutenção e caducidade da autorização

1 — No caso de falecimento, substituição do titular ou mudança de firma, o requerimento de manutenção da autorização deve ser presente ao Instituto Nacional da Farmácia e do Medicamento no prazo de 60 dias.

2 — A manutenção da autorização depende da verificação dos requisitos de idoneidade moral e profissional.

3 — A autorização caduca em caso de cessação de actividade ou, nos casos previstos no n.º 1, se não for requerida a sua manutenção no prazo estabelecido.

Artigo 9.º
Revogação ou suspensão da autorização

1 — O Instituto Nacional da Farmácia e do Medicamento deve revogar a autorização concedida logo que deixem de verificar--se os requisitos exigidos para a concessão da mesma.

2 — Pode ter lugar a revogação ou ser ordenada a suspensão até seis meses, conforme a gravidade, quando ocorrer acidente técnico, subtracção, deterioração de substâncias e preparações ou outra irregularidade passível de determinar risco significativo para a saúde ou para o abastecimento ilícito do mercado, bem como no caso de incumprimento das obrigações que impedem sobre o beneficiário da autorização.

3 — Os despachos de revogação e de suspensão são publicados no *Diário da República*.

Artigo 10.º
Efeitos da revogação da autorização

1 — No caso de revogação da autorização, o Instituto Nacional da Farmácia e do Medicamento pode autorizar, a solicitação do interessado, a devolução das existências de substâncias e preparações compreendidas nas tabelas I a IV a quem as tenham fornecido ou a cedência a outras entidades, empresas autorizadas ou farmácias.

2 — A devolução ou cedência deve ser requerida no prazo de 30 dias, a contar da data em que a revogação tiver sido publicada, da comunicação do despacho ministerial que a tiver confirmado ou do trânsito em julgado da decisão judicial confirmatória.

3 — No decurso do prazo previsto no número anterior, as existência são inventariadas e guardadas em compartimento selado da empresa, por ordem do presidente do Instituto Nacional da Farmácia e do Medicamento, que pode promover a venda ou a destruição, se houver risco de deterioração ou de entrada ilícita no mercado, entregando o produto da venda ao proprietário, deduzidas as despesas feitas pelo Estado.

Artigo 11.º
Importação e exportação das substâncias referidas nas tabelas anexas

1 — As operações de importação e de colocação no mercado de substâncias compreendidas nas tabelas V e VI ficam submetidas ao regime de vigilância estatística prévia, e as de exportação ao regime de licenciamento, nos termos previstos no Decreto-Lei n.º 126/90, de 16 de Abril, e na Portaria n.º 628/90, de 7 de Agosto, bem como da regulamentação comunitária respectiva.

2 — Sempre que existam indícios de que a importação ou a exportação de substâncias compreendidas nas tabelas V e VI se destinam a produção ou fabrico ilícitos de estupefacientes ou de substâncias psicotrópicas, as entidades responsáveis pela vigilância e pelo licenciamento informam de imediato a autoridade competente para a investigação.

3 — A Direcção-Geral do Comércio Externo enviará ao Gabinete do Combate à Droga do Ministério da Justiça cópia das declarações de importação e das licenças de exportação das substâncias compreendidas nas tabelas V e VI.

4 — A Direcção-Geral da Indústria, no âmbito da sua competência para a concessão de autorizações de fabrico ou produção de substâncias constantes das tabelas V e VI, pode adoptar as medidas adequadas ao controlo das referidas operações.

5 — Para o exercício da sua competência, as entidades referidas nos números anteriores podem colher informações junto do Gabinete de Combate à Droga do Ministério da Justiça.

6 — Aos fabricantes, importadores, exportadores, grossistas e retalhistas, licenciados ou autorizados a fabricar ou comercializar substâncias inscritas nas tabelas V e VI que tomaram conhecimento de encomendas ou operações suspeitas e, podendo fazê-lo, não informarem as autoridades fiscalizadoras nacionais pode ser retirada a licença ou revogada a autorização, sem prejuízo da aplicação de qualquer sanção criminal ou coima.

7 — Mediante portaria conjunta dos Ministros das Finanças, da Justiça, da Agricultura, da Indústria e Energia e do Comércio e Turismo, pode ser proibida a produção, o fabrico, o emprego, o comércio, a distribuição, a importação, a exportação, o trânsito, o transporte, a detenção por qualquer título e o uso das substâncias inscritas nas tabelas V e VI, quando essa medida se revele a mais apropriada para proteger a saúde pública e impedir o tráfico ilícito de estupefacientes e de substâncias psicotrópicas.

8 — A fiscalização, o controlo e a regulamentação previstos no presente artigo não prejudicam eventuais medidas mais estritas provenientes do direito comunitário.

Artigo 12.º
Competência fiscalizadora da Inspecção-Geral das Actividades Económicas e da Direcção-Geral das Alfândegas

1 — Sem prejuízo das competências das autoridades policias e administrativas, e no sentido de evitar o desvio para fins ilícitos, cabe, respectivamente, à Inspecção-Geral das Actividades Económicas fiscalizar, entre outras, as actividades autorizadas de comér-

cio por grosso, distribuição, aquisição, venda, transporte, entrega e detenção das substâncias compreendidas nas tabelas V e VI e à Direcção-Geral das Alfândegas fiscalizar as actividades de importação, exportação e trânsito.

2 — Na fiscalização das actividades referidas no número anterior pode, a qualquer momento, ser feita inspecção às empresas, estabelecimentos ou locais e ser solicitada a exibição da documentação respectiva.

3 — As infracções detectadas são comunicadas à autoridade competente para a investigação.

4 — A Direcção-Geral das Alfândegas dá conhecimento à Inspecção-Geral das Actividades Económicas das operações de desalfandegamento que teriam por objecto as substâncias compreendidas nas tabelas V e VI, com identificação do importador, exportador e destinatário, quando conhecido.

5 — Ao Gabinete do Combate À Droga do Ministério da Justiça e dado conhecimento da apreensão das substâncias compreendidas nas tabelas V e VI.

Artigo 13.º
Circulação internacional de pessoas

As pessoas que atravessem as fronteiras portuguesas podem transportar, para uso próprio, substâncias e preparações compreendidas nas tabelas I-A, II-B, II-C, III e IV, em quantidade não excedente à necessária para 30 dias de tratamento, desde que apresentem documento médico justificativo da necessidade do seu uso.

Artigo 14.º
Provisões para meios de transporte

1 — É permitido o transporte internacional, em navios, aeronaves ou outros meios de transporte público internacional, de quantidades reduzidas de substâncias e preparações compreendidas nas tabelas I-A, II-B, II-C, III e IV, que se possam tornar necessárias durante a viagem para administração de primeiros socorros.

2 — As substâncias e preparações devem ser transportadas em condições de segurança, de modo a evitar a sua subtracção ou descaminho.

3 — As substâncias e preparações objecto de transporte, nos termos do n.º 1, ficam sujeitas às leis, regulamentos e licenças do país da matrícula, sem prejuízo da possibilidade de as autoridades portuguesas competentes procederem às verificações, inspecções ou quaisquer outras operações de controlo que se mostrem necessárias a bordo dos meios de transporte.

Artigo 15.º
Prescrição médica

1 — As substâncias e preparações cornpreendidas nas tabelas I e II só são fornecidas ao público, para tratamento, mediante apresentação de receita médica com as especialidades constantes dos números seguintes.

2 — O Instituto Nacional da Farmácia e do Medicamento, em colaboração com a Direcção-Geral da Saúde, ouvidas a Ordem dos Médicos e a Ordem dos Farmacêuticos, aprova o modelo de livro de receitas com talonário.

3 — As receitas contem o nome e endereço do médico prescrevente, o seu número de inscrição na respectiva Ordem e, em caracteres indeléveis, o nome, morada, sexo, idade, número de bilhete de identidade ou cédula pessoal do doente ou do proprietário do animal a que se destina, bem como o nome genérico ou comercial do medicamento, a dosagem, a quantidade global, a posologia e tempo do tratamento, a data e a assinatura do médico.

4 — Sem prejuízo do disposto no número seguinte, as restantes substâncias e preparações compreendidas nas tabelas III e IV estão sujeitas a receita médica nos termos da lei geral.

5 — Mediante portaria conjunta dos Ministros da Justiça e da Saúde, as substâncias ou preparações compreendidas na tabela IV podem ser sujeitas a receituário especial, bem como a outras medidas de controlo previstas no diploma regulamentar para as substâncias e preparações compreendidas nas tabelas I e II, sempre que tal se revele apropriado para proteger a saúde pública.

Artigo 16.º
Obrigações especiais dos farmacêuticos

1 — Só o farmacêutico, ou quem o substitua na sua ausência

ou impedimento, pode aviar receitas respeitantes a substâncias ou preparações compreendidas nas tabelas I e II, devendo verificar a identidade do adquirente e anotar à margem da receita respectiva o nome, número e data de emissão do bilhete de identidade, podendo servir-se de outros elementos seguros de identificação, tais como a carta de condução ou, no caso de estrangeiros, o passaporte, anotando ainda a data da entrega das substâncias e assinando.

2 — O farmacêutico deve recusar-se a aviar as receitas que não obedeçam às condições impostas no artigo anterior.

3 — Não poderá ser aviada a receita se tiverem decorrido 10 dias sobre a data de emissão, nem podem ser fornecidas mais de uma vez, com base na mesma receita, substâncias ou preparações compreendidas nas tabelas anexas.

4 — As farmácias são obrigadas a manter existências regulares das substâncias ou preparações referidas no n.º 1 e a conservar as receitas em arquivo por prazo não superior a cinco anos, em termos a fixar por decreto regulamentar.

Artigo 17.º
Casos de urgente necessidade

Em caso de urgente necessidade, podem os farmacêuticos, sob a sua responsabilidade e para uso imediato, fornecer sem receita médica substâncias e preparações compreendidas nas tabelas I e II, desde que o total do fármaco não exceda a dose máxima para ser tomada de uma só vez.

Artigo 18.º
Controlo de receituário

1 — O Instituto Nacional da Farmácia e do Medicamento, em articulação com a Direcção-Geral da Saúde, procede, com recurso a meios informáticos, ao controlo do receituário aviado, ficando sujeitos ao segredo profissional todos aqueles que acedam a esta informação.

2 — Os serviços de saúde do Estado ou privados enviam trimestralmente ao Instituto Nacional da Farmácia e do Medicamento uma relação dos estupefacientes utilizados em tratamento médico.

Artigo 19.º
Proibição de entrega a demente ou menor

1 — É proibida a entrega a indivíduos que padeçam de doença mental manifesta de substâncias e preparações compreendidas nas tabelas I a IV.

2 — É proibida a entrega a menor de substâncias e preparações compreendidas nas tabelas I-A, II-B e II-C.

3 — Se o menor não tiver quem o represente, a entrega pode ser feita à pessoa que o tenha a seu cargo ou esteja incumbida da sua educação ou vigilância.

Artigo 20.º
Participação urgente

1 — A subtracção ou extravio de substâncias e preparações compreendidas nas tabelas I a IV são participados, logo que conhecidos, à autoridade policial local e ao Instituto Nacional da Farmácia e do Medicamento, pela entidade responsável pela sua guarda, narrando circunstanciadamente os factos, indicando com rigor as quantidades e características das substâncias e preparações desaparecidas e fornecendo as provas de que dispuser.

2 — Idêntico procedimento deve ser adoptado no caso de subtracção, inutilização ou extravio de registos exigidos pelo presente diploma e respectivo regulamento e de impressos para receitas médicas.

CAPÍTULO III

TRÁFICO, BRANQUEAMENTO E OUTRAS INFRACÇÕES

Artigo 21.º
Tráfico e outras actividades ilícitas

1 — Quem, sem para tal se encontrar autorizado, cultivar, produzir, fabricar, extrair, preparar, oferecer, puser à venda, vender, distribuir, comprar, ceder ou por qualquer título receber, proporcionar a outrem, transportar, importar, exportar, fizer transitar ou

ilicitamente detiver, fora dos casos previstos no artigo 40.°, plantas, substâncias ou preparações compreendidas nas tabelas I a III é punido com pena de prisão de 4 a 12 anos.

2 — Quem, agindo em contrário de autorização concedida nos termos do capítulo II, ilicitamente ceder, introduzir ou diligenciar por que outrem introduza no comércio plantas, substâncias ou preparações referidas no número anterior é punido com pena de prisão de 5 a 15 anos.

3 — Na pena prevista no número anterior incorre aquele que cultivar plantas, produzir ou fabricar substâncias ou preparações diversas das que constam do título de autorização.

4 — Se se tratar de substâncias ou preparações compreendidas na tabela IV, a pena é a de prisão de um a cinco anos.

Artigo 22.°
Precursores

1 — Quem, sem se encontrar autorizado, fabricar, importar, exportar, transportar ou distribuir equipamento, materiais ou substâncias inscritas nas tabelas V e VI, sabendo que são ou vão ser utilizados no cultivo, produção ou fabrico ilícitos de estupefacientes ou substâncias psicotrópicas, é punido com pena de prisão de 2 a 10 anos.

2 — Quem, sem se encontrar autorizado, detiver, a qualquer título, equipamento, materiais ou substâncias inscritas nas tabelas V e VI, sabendo que são ou vão ser utilizados no cultivo, produção ou fabrico ilícitos de estupefacientes ou substâncias psicotrópicas, é punido com pena de prisão de um a cinco anos.

3 — Quando o agente seja titular de autorização nos termos do capítulo II, é punido:

a) No caso do n.° 1, com pena de prisão de 3 a 12 anos;

b) No caso do n.° 2, com pena de prisão de dois a oito anos.

Artigo 23.°
Conversão, transferência ou dissimulação de bens ou produtos

1 — Quem, sabendo que os bens ou produtos são provenientes da prática, sob qualquer forma de comparticipação, de infracção prevista nos artigos 21.°, 22.°, 24.° e 25.°:

a) Converter, transferir, auxiliar ou facilitar alguma operação de conversão ou transferência desses bens ou produtos, no todo ou em parte, directa ou indirectamente, com o fim de ocultar ou dissimular a sua origem ilícita ou de auxiliar uma pessoa implicada na prática de qualquer dessas infracções a eximir-se às consequências jurídicas dos seus actos é punido com pena de prisão de 4 a 12 anos;

b) Ocultar ou dissimular a verdadeira natureza origem, localização, disposição, movimentação, propriedade desses bens ou produtos ou de direitos a eles relativos é punido com pena de prisão de 2 a 10 anos;

c) Os adquirir ou receber a qualquer título, utilizar, deter ou conservar é punido com pena de prisão de um a cinco anos.

2 — A punição pelos crimes previstos no número anterior não excederá a aplicável às correspondentes infracções dos artigos 21.°, 22.°, 24.° e 25.°.

3 — A punição pelos crimes previstos no n.° 1 tem lugar ainda que os factos referidos nos artigos 21.°, 22.°, 24.° e 25.° hajam sido praticados fora do território nacional.

Artigo 24.°
Agravação

As penas previstas nos artigos 21.°, 22.° e 23.° são aumentadas de um terço nos seus limites mínimo e máximo se ([318]):

a) As substâncias ou preparações foram entregues ou se destinavam a menores ou diminuídos psíquicos;

b) As substâncias ou preparações foram distribuídas por grande número de pessoas;

c) O agente obteve ou procurava obter avultada compensação remuneratória;

d) O agente for funcionário incumbido da prevenção ou repressão dessas infracções;

e) O agente for médico, farmacêutico ou qualquer outro técnico de saúde, funcionário dos serviços prisionais ou dos serviços de reinserção social, trabalhador dos correios, telégrafos, telefones ou telecomunicações, docente, educador ou trabalhador de estabeleci-

---

([318]) Redacção dada pela Lei n.° 45/96.

mento de educação ou de trabalhador de serviços ou instituições de acção social e o facto for praticado no exercício da sua profissão;

f) O agente participar em outras actividades criminosas organizadas de âmbito internacional;

g) O agente participar em outras actividades ilegais facilitadas pela prática da infracção;

h) A infracção tiver sido cometida em instalações de serviços de tratamento de consumidores de droga, de reinserção social, de serviços ou instituições de acção social, em estabelecimento prisional, unidade militar, estabelecimento de educação, ou em outros locais onde os alunos ou estudantes se dediquem à prática de actividades educativas, desportivas ou sociais, ou nas suas imediações;

i) O agente utilizar a colaboração, por qualquer forma, de menores ou de diminuídos psíquicos;

j) O agente actuar como membro de bando destinado à prática reiterada dos crimes previstos nos artigos 21.° e 22.° com a colaboração de pelo menos, outro membro do bando;

l) As substâncias ou preparações foram corrompidas, alteradas ou adulteradas, por manipulação ou mistura, aumentando o perigo para a vida ou para a integridade física de outrem.

Artigo 25.°
Tráfico de menor gravidade

Se, nos casos dos artigos 21.° e 22.°, a ilicitude do facto, se mostrar consideravelmente diminuída, tendo em conta nomeadamente os meios utilizados, a modalidade ou as circunstâncias da acção, a qualidade ou a quantidade das plantas, substâncias ou preparações, a pena é de:

a) Prisão de um a cinco anos, se se tratar de plantas, substâncias ou preparações compreendidas — nas tabelas I a III, V e VI;

b) Prisão até 2 anos ou multa até 240 dias, no caso de substâncias ou preparações compreendidas na tabela IV.

Artigo 26.°
Traficante-consumidor

1 — Quando, pela prática de algum dos factos referidos no artigo 21.°, o agente tiver por finalidade exclusiva conseguir plan-

tas, substâncias ou preparações para uso pessoal, a pena é de prisão até três anos ou multa, se se tratar de plantas, substâncias ou preparações compreendidas nas tabelas I a III, ou de prisão até 1 ano ou multa até 120 dias, no caso de substâncias ou preparações compreendidas na tabela IV.

2 — A tentativa é punível.

3 — Não é aplicável o disposto no n.º 1 quando o agente detiver plantas, substâncias ou preparações em quantidade que exceda a necessária para o consumo médio individual durante o período de cinco dias.

Artigo 27.º
Abuso do exercício de profissão

1 — As penas previstas nos artigos 21.º, n.ºˢ 2 e 4, e 25.º são aplicadas ao médico que passe receitas, ministre ou entregue substâncias ou preparações aí indicadas com fim não terapêutico.

2 — As mesmas penas são aplicadas ao farmacêutico ou a quem o substitua na sua ausência ou impedimento que vender ou entregar aquelas substâncias ou preparações para fim não terapêutico.

3 — Em caso de condenação nos termos dos números anteriores, o tribunal comunica as decisões à Ordem dos Médicos ou à Ordem dos Farmacêuticos.

4 — A entrega de substâncias ou preparações a doente mental manifesto ou a menor, com violação do disposto no artigo 19.º, é punida com pena de prisão até um 1 ano ou multa até 120 dias.

5 — A tentativa é punível.

Artigo 28.º
Associações criminosas

1 — Quem promover, fundar ou financiar grupo, organização ou associação de duas ou mais pessoas que, actuando concertadamente, visa praticar algum dos crimes previstos nos artigos 21.º e 22.º é punido com pena de prisão de 10 a 25 anos ([319]).

2 — Quem prestar colaboração, directa ou indirecta, aderir ou apoiar o grupo, organização ou associação referidos no número anterior é punido com pena de prisão de 5 a 15 anos.

([319]) Redacção dada pela Lei n.º 45/96.

3 — Incorre na pena de 12 a 15 anos de prisão quem chefiar ou dirigir grupo, organização ou associação referidos no n.º 1 ([320]).

4 — Se o grupo, organização ou associação tiver como finalidade ou actividade a conversão, transferência, dissimulação ou receptação de bens ou produtos dos crimes previstos nos artigos 21.º e 22.º, o agente é punido:

a) Nos casos dos n.ºs 1 e 3, com pena de prisão de 2 a 10 anos;
b) No caso do n.º 2, com pena de prisão de um a oito anos.

Artigo 29.º
Incitamento ao uso de estupefacientes ou substâncias psicotrópicas

1 — Quem induzir, incitar ou instigar outra pessoa, em público ou em privado, ou por qualquer modo facilitar o uso ilícito de plantas, substâncias ou preparações compreendidas nas tabelas I a III é punido com pena de prisão até três anos ou com pena de multa.

2 — Se se tratar de substâncias ou preparações compreendidas na tabela IV, a pena é de prisão até 1 ano ou de multa até 120 dias.

3 — Os limites mínimo e máximo das penas são aumentados de um terço se:

a) Os factos foram praticados em prejuízo de menor, diminuído psíquico ou de pessoa que se encontrava ao cuidado do agente do crime para tratamento, educação, instrução, vigência ou guarda;
b) Ocorreu alguma das circunstâncias previstas nas alíneas d), e) ou h) do artigo 24.º

Artigo 30.º
Tráfico e consumo em lugares públicos ou de reunião

1 — Quem, sendo proprietário, gerente, director ou, por qualquer título, explorar hotel, restaurante, café, taberna, clube, casa ou recinto de reunião, de espectáculo ou de diversão, consentir que esse lugar seja utilizado para o tráfico ou uso ilícito de plantas, substâncias ou preparações incluídas nas tabelas I a IV é punido com pena de prisão de um a oito anos.

([320]) Redacção dada pela Lei n.º 45/96.

2 — Quem tendo ao seu dispor edifício, recinto vedado ou veículo, consentir que seja habitualmente utilizado para o tráfico ou uso ilícito de plantas, substâncias ou preparações incluídas nas tabelas I a IV é punido com pena de prisão de um a cinco anos.

3 — Sem prejuízo do disposto nos números anteriores, aquele que, após a notificação a que se refere o número seguinte, não tomar as medidas adequadas para evitar que os lugares neles mencionados sejam utilizados para o tráfico ou o uso ilícito de plantas, substâncias ou preparações incluídas nas tabelas I a IV é punido com pena de prisão até cinco anos

4 — O disposto no número anterior só é aplicável após duas apreensões de plantas, substâncias ou preparações incluídas nas tabelas I a IV, realizadas por autoridade judiciária ou por órgão de polícia criminal devidamente notificadas ao agente referido nos n.ºs 1 e 2, e não mediando entre elas período superior a um ano, ainda que sem identificação dos detentores.

5 — Verificadas as condições referidas nos n.ºs 3 e 4, a autoridade competente para a investigação dá conhecimento dos factos ao governador civil do distrito da área respectiva ou à autoridade administrativa que concedeu a autorização de abertura do estabelecimento que decidirão sobre o encerramento.

Artigo 31.º
Atenuação ou dispensa de pena

Se, nos casos previstos aos artigos 21.º, 22.º, 23.º e 28.º, o agente abandonar voluntariamente a sua actividade, afastar ou fizer diminuir por forma considerável o perigo produzido pela conduta, impedir ou se esforçar seriamente por impedir que o resultado que a lei quer evitar se verifique, ou auxiliar concretamente as autoridades na recolha de provas decisivas para a identificação ou a captura de outros responsáveis, particularmente tratando-se de grupos, organizações ou associações, pode a pena ser-lhe especialmente atenuada ou ter lugar a dispensa de pena.

Artigo 32.º
Abandono de seringas

Quem, em lugar público ou aberto ao público, em lugar privado mas de uso comum, abandonar seringa ou outro instrumento usado no consumo ilícito de estupefacientes ou substâncias psicotrópicas, criando deste modo perigo para a vida ou a integridade física de outra pessoa, é punido com pena de prisão até 1 ano ou com pena de multa até 120 dias, se pena mais grave lhe não couber por força de outra disposição legal.

Artigo 33.º
Desobediência qualificada

1 — Quem se opuser a actos de fiscalização ou se negar a exibir os documentos exigidos pelo presente diploma, depois de advertido das consequências penais da sua conduta, é punido com a pena correspondente ao crime de desobediência qualificada.

2 — Incorre em igual pena quem não cumprir em tempo as obrigações impostas pelo artigo 20.º.

Artigo 34.º
Expulsão de estrangeiros e encerramento de estabelecimentos

1 — Sem prejuízo do disposto no artigo 48.º, em caso de condenação por crime previsto no presente diploma, se o arguido for estrangeiro, o tribunal pode ordenar a sua expulsão do País, por período não superior a 10 anos, observando-se as regras comunitárias, quanto aos nacionais dos Estados membros da Comunidade Europeia.

2 — Na sentença condenatória pela prática de crime previsto no artigo 30.º, e independentemente da interdição de profissão ou actividade, pode ser decretado o encerramento do estabelecimento ou lugar público onde os factos tenham ocorrido, pelo período de um a cinco anos.

3 — Tendo havido prévio encerramento ordenado judicial ou administrativamente, o período decorrido será levado em conta na sentença.

4 — Se o réu for absolvido, cessará imediatamente o encerramento ordenado administrativamente.

Artigo 35.º
Perda de objectos

1 — São declarados perdidos a favor do Estado os objectos que tiverem servido ou estivessem destinados a servir para a prática de uma infracção prevista no presente diploma ou que por esta tiverem sido produzidos ([321]).

2 — As plantas, substâncias e preparações incluídas nas tabelas I a IV são sempre declaradas perdidas a favor do Estado.

3 — O disposto nos números anteriores tem lugar ainda que nenhuma pessoa determinada possa ser punida pelo facto.

Artigo 36.º
Perda de coisas ou direitos relacionados com o facto

1 — Toda a recompensa dada ou prometida aos agentes de uma infracção prevista no presente diploma, para eles ou para outrem, é perdida a favor do Estado.

2 — São também perdidos a favor do Estado, sem prejuízo dos direitos de terceiro de boa-fé, os objectos, direitos e vantagens que, através da infracção, tiverem sido directamente adquiridos pelos agentes, para si ou para outrem.

3 — O disposto nos números anteriores aplica-se aos direitos, objectos ou vantagens obtidos mediante transacção ou troca com os direitos, objectos ou vantagens directamente conseguidos por meio da infracção.

4 — Se a recompensa, os direitos, objectos ou vantagens referidos nos números anteriores não puderem ser apropriados em espécie, a perda é substituída pelo pagamento ao Estado do respectivo valor.

5 — Estão compreendidos neste artigo, nomeadamente, os móveis, imóveis, aeronaves, barcos, veículos, *depósitos bancários ou de valores* ou quaisquer outros bens de fortuna.

([321]) Redacção dada pela Lei n.º 45/96.

Artigo 36.º-A ([322])
Defesa de direitos de terceiros de boa-fé

1 — O terceiro que invoque a titularidade de coisas direitos ou objectos sujeitos a apreensão ou outras medidas legalmente previstas aplicadas a arguidos por infracções previstas no presente diploma pode deduzir no processo a defesa dos seus direitos, através de requerimento em que alegue a sua boa-fé, indicando logo todos os elementos de prova.

2 — Entende-se por boa-fé a ignorância desculpável de que os objectos estivessem nas situações previstas no n.º 1 do artigo 35.º.

3 — O requerimento a que se refere o n.º 1 é autuado por apenso, notificando-se o Ministério Público para, em 10 dias, deduzir oposição.

4 — Realizadas as diligências que considerar necessárias, o juiz decide.

5 — Se, quanto à titularidade dos objectos, coisas ou direitos, a questão se revelar complexa ou susceptível de causar perturbação ao normal andamento do processo, pode o juiz remeter o terceiro para os meios cíveis.

Artigo 37.º
Bens transformados, convertidos ou misturados

1 — Se as recompensas, objectos, direitos ou vantagens a que se refere o artigo anterior tiverem sido transformados ou convertidos em outros bens, são estes perdidos a favor do Estado em substituição daqueles.

2 — Se as recompensas, objectos, direitos ou vantagens a que se refere o artigo anterior tiverem sido misturados com bens licitamente adquiridos, são estes perdidos a favor do Estado até ao valor estimado daqueles que foram misturados.

([322]) Aditado pelo art. 2.º da Lei n.º 45/96.

Artigo 38.º
Lucros e outros benefícios

O disposto nos artigos 35.º a 37.º é também aplicável aos juros, lucros e outros benefícios obtidos com os bens neles referidos.

Artigo 39.º
Destino dos bens declarados perdidos a favor do Estado

1 — As recompensas, objectos, direitos ou vantagens declarados perdidos a favor do Estado, nos termos dos artigos 35.º a 38.º, revertem ([323]):

a) Em 30% para a entidade coordenadora do Programa Nacional de Combate à Droga, destinando-se ao apoio de acções, medidas e programas de prevenção do consumo de droga;

b) Em 50% para o Ministério da Saúde, visando a implementação de estruturas de consulta, tratamento e reinserção de toxicodependentes;

c) Em 20% para os organismos do Ministério da Justiça, nos termos das disposições legais aplicáveis ao destino do produto da venda de objectos apreendidos em processo penal, visando o tratamento e reinserção social de toxicodependentes em cumprimento de medidas penais ou tutelares.

2 — A alienação de veículos automóveis fica sujeita a anuência prévia da Direcção-Geral do Património do Estado, sem prejuízo do disposto no artigo 156.º do Decreto-Lei n.º 295-A/90, de 21 de Setembro.

3 — Não são alienados os bens, objectos ou instrumentos declarados perdidos a favor do Estado que, pela sua natureza ou características, possam vir a ser utilizados na prática de outras infracções, devendo ser destruídos no caso de não oferecerem interesse criminalístico, científico ou didáctico.

4 — Na falta de convenção internacional, os bens ou produtos apreendidos a solicitação de autoridades de Estado estrangeiro ou os fundos provenientes da sua venda são repartidos entre o Estado requerente e o Estado requerido, na proporção de metade.

([323]) Redacção dada pela Lei n.º 45/96.

CAPÍTULO IV
CONSUMO E TRATAMENTO

Artigo 40.º
Consumo

1 — Quem consumir ou, para o seu consumo, cultivar, adquirir ou detiver plantas, substâncias ou preparações compreendidas nas tabelas I a IV é punido com pena de prisão até 3 meses ou com pena de multa até 30 dias.

2 — Se a quantidade de plantas, substâncias ou preparações cultivada, detida ou adquirida pelo agente exceder a necessária para o consumo médio individual durante o período de 3 dias, a pena é de prisão até 1 ano ou de multa até 120 dias.

3 — No caso do n.º 1, se o agente for consumidor ocasional, pode ser dispensado de pena.

Artigo 41.º
Tratamento espontâneo

1 — Quem utilize ilicitamente, para consumo individual, plantas, substâncias ou preparações compreendidas nas tabelas I a IV e solicite a assistência de serviços de saúde do Estado ou particulares terá a garantia de anonimato.

2 — Se se tratar de menor, interdito ou inabilitado, a assistência solicitada pelos seus representantes legais será prestada nas mesmas condições.

3 — Os médicos, técnicos e restante pessoal do estabelecimento que assistam o paciente estão sujeitos ao dever de segredo profissional, não sendo obrigados a depor em tribunal ou a prestar informações às entidades policiais sobre a natureza e evolução do processo terapêutico.

4 — Ressalvado o disposto no número anterior, qualquer médico pode assinalar aos serviços de saúde do Estado os casos de abuso de plantas, substâncias estupefacientes ou psicotrópicas que constate no exercício da sua actividade profissional, quando entenda que se justificam medidas de tratamento ou assistência no interesse do paciente, dos seus familiares ou da comunidade, para as quais não disponha de meios.

Artigo 42.º ([324])
Atendimento e tratamento de consumidores

1 — O Ministério da Saúde desenvolverá, através dos serviços respectivos, as acções necessárias à prestação de atendimento gratuito a toxicodependentes ou outros consumidores.

2 — Os cidadãos sujeitos a tratamento nos termos do presente diploma, no âmbito de processo em curso ou de suspensão de execução de pena, terão acesso urgente aos serviços de saúde competentes.

3 — O Ministro da Saúde estabelecerá, mediante portaria, as condições em que entidades privadas podem atender e tratar toxicodependentes, bem como o tipo de fiscalização a que ficam sujeitas.

Artigo 43.º
Exame médico a consumidores habituais

1 — Se houver indícios de que uma pessoa é consumidora habitual de plantas, substâncias ou preparações referidas nas tabelas I a IV, assim pondo em grave risco a sua saúde ou revelando perigosidade social, pode ser ordenado, pelo Ministério Público da comarca da sua residência, exame médico adequado.

2 — O exame é da iniciativa do Ministério Público ou pode ser-lhe requerido pelo representante legal, cônjuge, autoridade sanitária ou policial, devendo, em qualquer caso, proceder às diligências necessárias ao apuramento dos indícios a que se refere o número anterior.

3 — O exame é deferido a médico ou serviço especializado de saúde, público ou privado, e realizar-se-á em prazo não superior a 30 dias, observando-se, com as necessárias adaptações, o regime do processo penal, nomeadamente quanto a obrigação de comparência, podendo os peritos prestar compromisso para intervir em mais de um exame ou processo.

4 — O examinando pode ser sujeito a análise de sangue ou de urina ou outra que se mostre necessária.

5 — Se no exame se concluir pela toxicodependência da pessoa a ele sujeita, o magistrado do Ministério Público propor-lhe-á a sujei-

---

([324]) Redacção dada pela Lei n.º 45/96.

ção voluntária a tratamento, o qual, se aceite, se efectuará sob a responsabilidade de serviço especializado de saúde, público ou privado.

6 — No caso de interrupção injustificada do tratamento ou de recusa de sujeição ao mesmo, o magistrado comunicará os factos ao Instituto de Reinserção Social e, se for caso disso, aos serviços de saúde, para adopção das medidas de apoio adequadas.

Artigo 44.º
Suspensão da pena e obrigação de tratamento

1 — Se o arguido tiver sido condenado pela prática do crime previsto no artigo 40.º, ou de outro que com ele se encontre numa relação directa de conexão e tiver sido considerado toxicodependente nos termos do artigo 52.º, pode o tribunal suspender a execução da pena de acordo com a lei geral, sob condição, para além de outros deveres ou regras de conduta adequados, de se sujeitar voluntariamente a tratamento ou a internamento em estabelecimento apropriado, o que comprovará pela forma e no tempo que o tribunal determinar.

2 — Se durante o período da suspensão da execução da pena o toxicodependente culposamente não se sujeitar ao tratamento ou ao internamento ou deixar de cumprir qualquer dos outros deveres ou regras de conduta impostos pelo tribunal aplica-se o disposto na lei penal para a falta de cumprimento desses deveres ou regras de conduta.

3 — Revogada a suspensão, o cumprimento da pena terá lugar em zona apropriada do estabelecimento prisional.

4 — O toxicodependente é assistido pelos serviços médicos próprios do estabelecimento prisional ou, se necessário, pelos serviços do Ministério da Saúde, em condições a acordar com o Ministério da Justiça.

5 — O regime de assistência do recluso através de entidades privadas ou do recurso a modalidades de tratamento que tenham implicações no regime prisional é estabelecido por portaria do Ministro da Justiça.

Artigo 45.º
Suspensão com regime de prova

1 — O tribunal, no caso a que se refere o artigo anterior, pode determinar, nos termos da lei geral, que a suspensão seja acompa-

nhada de regime de prova, se o considerar conveniente e adequado a facilitar a recuperação do toxicodependente e a sua reinserção na sociedade.

2 — O plano individual de recuperação e reinserção é preparado e acompanhado na sua execução pelos serviços de saúde, articuladamente com o Instituto de Reinserção Social, sob a responsabilidade de uns ou de outro, conforme o tribunal considerar mais adequado à situação, obtendo-se, sempre que possível, o acordo do visado.

3 — A decisão do tribunal pode ser tomada antes, da apresentação do plano individual, fixando-se, nesse caso, um prazo razoável para apresentação do mesmo.

4 — Aplica-se correspondentemente o disposto nos n.ᵒˢ 2 a 4 do artigo anterior.

Artigo 46.º ([325])
**Toxicodependente em prisão preventiva
ou em cumprimento de pena de prisão**

1 — Compete aos serviços prisionais, em colaboração com os serviços de saúde, assegurar os meios e estruturas adequados ao tratamento de toxicodependentes em prisão preventiva ou em cumprimento de pena em estabelecimentos prisionais.

2 — Se o estado de toxicodependência for detectado quando a pessoa se encontra detida, em prisão preventiva ou em cumprimento de pena, os serviços policiais ou prisionais comunicam o facto ao Ministério Público a fim de promover as medidas adequadas, sem prejuízo das que a urgência da situação justificar.

Artigo 47.º
Tratamento no âmbito de processo pendente

1 — Sempre que o tratamento, em qualquer das modalidades seguidas, decorra no âmbito de um processo pendente em tribunal, o médico ou o estabelecimento enviam, de três em três meses, se outro período não for fixado, uma informação sobre a evolução da pessoa a ele sujeita, com respeito pela confidencialidade da relação terapêutica, podendo sugerir as medidas que entendam convenientes.

([325]) Redacção dada pela Lei n.º 45/96.

2 — O Instituto de Reinserção Social procede de modo idêntico na esfera das suas atribuições.

3 — Após a recepção da informação referida nos números anteriores, o tribunal pronuncia-se, se o entender necessário, sobre a situação processual do visado.

4 — As normas do presente diploma prevalecem sobre as relativas ao internamento em regime fechado previstas nos diplomas de saúde mental.

CAPÍTULO V
LEGISLAÇÃO SUBSIDIÁRIA

Artigo 48.º
Legislação penal

Quanto à matéria constante do presente diploma são aplicáveis, subsidiariamente, as disposições da parte geral do Código Penal e respectiva legislação complementar.

Artigo 49.º
Aplicação da lei penal portuguesa

Para efeitos do presente diploma, a lei penal portuguesa é ainda aplicável a factos cometidos fora do território nacional:

a) Quando praticados por estrangeiros, desde que o agente se encontre em Portugal e não seja extraditado;

b) Quando praticados a bordo de navio contra o qual Portugal tenha sido autorizado a tomar as medidas previstas no artigo 17.º da Convenção das Nações Unidas contra o Tráfico Ilícito de Estupefacientes e de Substâncias Psicotrópicas de 1988.

Artigo 49.º-A ([326])
Liberdade condicional

Tratando-se de condenação a pena de prisão superior a cinco anos pela prática de crime previsto nos artigos 21.º a 23.º e 28.º, a

---

([326]) Aditado pelo art. 2.º da Lei n.º 45/96.

liberdade condicional apenas poderá ter lugar quando se encontrarem cumpridos dois terços da pena e uma vez verificados os requisitos das alíneas a) e b) do n.º 2 do artigo 61.º do Código Penal.

Artigo 50.º
Medidas respeitantes a menores

Compete aos tribunais com jurisdição na área de menores a aplicação das medidas previstas neste diploma com as devidas adaptações, quando a pessoa a elas sujeita for menor, nos termos da legislação especial de menores, e sem prejuízo da aplicação pelos tribunais comuns da legislação respeitante a jovens dos 16 aos 21 anos.

Artigo 51.º
Legislação processual penal

1 — Para efeitos do disposto no Código de Processo Penal, e em conformidade com o n.º 2 do artigo 1.º do mesmo Código, consideram-se equiparadas a casos de terrorismo, criminalidade violenta ou altamente organizada as condutas que integrem os crimes previstos nos artigos 21.º a 24.º e 28.º deste diploma.

2 — Na falta de disposição específica do presente diploma, são aplicáveis subsidiariamente as normas do Código de Processo Penal e legislação complementar.

Artigo 52.º
Perícia médico-legal

1 — Logo que, no decurso do inquérito ou da instrução, haja notícia de que o arguido era toxicodependente à data dos factos que lhe são imputados, é ordenada a realização urgente de perícia adequada à determinação do seu estado.

2 — Na medida do possível, o perito deve pronunciar-se sobre a natureza dos produtos consumidos pelo arguido, o seu estado no momento da realização da perícia e os eventuais reflexos do consumo na capacidade de avaliar a ilicitude dos seus actos ou de se determinar de acordo com a avaliação feita.

3 — Pode ser ordenada, quando tal se revele necessário, a realização das análises a que se refere o n.º 4 do artigo 43.º.

Artigo 53.º
Revista e perícia

1 — Quando houver indícios de que alguém oculta ou transporta no seu corpo estupefacientes ou substâncias psicotrópicas, é ordenada revista e, se necessário, procede-se a perícia.

2 — O visado pode ser conduzido a unidade hospitalar ou a outro estabelecimento adequado e aí permanecer pelo tempo estritamente necessário à realização da perícia.

3 — Na falta de consentimento do visado, mas sem prejuízo do que se refere no n.º 1 do artigo anterior, a realização da revista ou perícia depende de prévia autorização da autoridade judiciária competente, devendo esta, sempre que possível, presidir à diligência.

4 — Quem, depois de devidamente advertido das consequências penais do seu acto, se recusar a ser submetido a revista ou a perícia autorizada nos termos do número anterior é punido com pena de prisão até 2 anos ou com pena de multa até 240 dias.

Artigo 54.º
Prisão preventiva

1 — Sempre que o crime imputado for de tráfico de droga, desvio de precursores, *branqueamento de capitais* ou de associação criminosa, e correspondentemente aplicável o disposto no n.º 1 do artigo 209.º do Código de Processo Penal, devendo ainda o juiz tomar especialmente em conta os recursos económicos do arguido utilizáveis para suportar a quebra da caução e o perigo de continuação da actividade criminosa, em termos nacionais e internacionais.

2 — Antes de se pronunciar sobre a subsistência dos pressupostos da prisão preventiva de acordo com o artigo 213.º do Código de Processo Penal, o Ministério Público colherá do departamento competente da Polícia Judiciária a informação actualizada que possa interessar ao reexame daqueles pressupostos.

3 — Quando o procedimento se reporte a um dos crimes referidos no n.º 1, é aplicável o disposto no n.º 3 do artigo 215.º do Código de Processo Penal.

Artigo 55.º
Medida de coacção

1 — Se o crime imputado for punível com pena de prisão de máximo superior a três anos e o arguido tiver sido considerado toxicodependente, nos termos do artigo 52.º, pode o juiz impor, sem prejuízo do disposto no Código de Processo Penal, a obrigação de tratamento em estabelecimento adequado onde deve apresentar-se no prazo que lhe for fixado.

2 — A obrigação de tratamento é comunicada ao respectivo estabelecimento, podendo o juiz solicitar o apoio dos serviços do Instituto de Reinserção Social para acompanhamento do arguido toxicodependente.

3 — O arguido comprova perante o tribunal o cumprimento da obrigação, na forma e tempo que lhe forem fixados.

4 — A prisão preventiva não é imposta a arguido que tenha em curso um programa de tratamento de toxicodependência, salvo se existirem em concreto, necessidades cautelares de especial relevância.

5 — Se a prisão preventiva tiver de ser ordenada, executa-se em zona apropriada do estabelecimento prisional.

6 — É aplicável o regime previsto no n.º 5 do artigo 44.º.

Artigo 56.º
Suspensão provisória do processo

1 — Se o crime imputado for o previsto no artigo 40.º ou outro que com ele se encontre numa relação directa de conexão, punível com pena de prisão não superior a três anos ou com sansão de diferente natureza, pode o Ministério Público, com a concordância do juiz de instrução, decidir-se pela suspensão do processo, obtida a anuência do arguido e verificados os pressupostos a que se referem as alíneas d) e e) do artigo 281.º do Código de Processo Penal.

2 — Na aplicação da suspensão do processo, para além das regras de conduta a que se refere o n.º 2 do artigo 281.º do Código de Processo Penal, impor-se-á ao arguido, verificado o estado de toxicodependência, o tratamento ou internamento em estabelecimento apropriado, aplicando-se o disposto no artigo 47.º.

3 — São apreendidas e declaradas perdidas a favor do Estado as substâncias e preparações que tiverem servido ou estivessem destinadas a servir para a prática dos crimes.

CAPÍTULO VI
REGRAS ESPECIAIS

Artigo 57.º [327]
Investigação criminal

1 — Presume-se deferida à Polícia Judiciária, através da Direcção Central de Investigação do Tráfico de Estupefacientes, a competência para a investigação dos crimes tipificados nos artigos 21.º, 22.º, 23.º, 27.º e 28.º do presente diploma e dos demais que lhe sejam participados ou de que colha notícia.

2 — Presume-se deferida a Guarda Nacional Republicana e Polícia de Segurança Pública a competência para a investigação dos seguintes crimes, praticados nas respectivas áreas de jurisdição, quando lhes forem participados ou deles colham notícia:

a) Do crime previsto e punido no artigo 21.º do presente diploma, quando ocorram situações de distribuição directa aos consumidores, a qualquer título, das plantas, substâncias ou preparações nele referidas;

b) Dos crimes previstos e punidos nos artigos 26.º, 29.º, 30.º, 32.º, 33.º e 40.º do presente diploma.

Artigo 58.º
Cooperação internacional

Em observância da Convenção das Nações Unidas contra o Tráfico de Estupefacientes e de Substâncias Psicotrópicas de 1988, no tocante a extradição, auxílio judiciário mútuo, execução de sentenças penais estrangeiras e transmissão de processos criminais, aplicam-se subsidiariamente as disposições do Decreto-Lei n.º 43/91, de 22 de Janeiro.

---

[327] Redacção do Dec.-Lei n.º 81/95, de 22 de Abril que contem ainda disposições relativas à competência específica da Polícia Judiciária, G.N.R., P.S.P. e Direcção-Geral das Alfandegas.

Artigo 59.º ([328])
Condutas não puníveis

1 — Não é punível a conduta de funcionário de investigação criminal ou de terceiro actuando sob controlo da Polícia Judiciária que, para fins de prevenção ou repressão criminal, com ocultação da sua qualidade e identidade, aceitar, deter, guardar, transportar ou, em sequência e a solicitação de quem se dedique a essas actividades, entregar estupefacientes, substâncias psicotrópicas, precursores e outros produtos químicos susceptíveis de desvio para o fabrico ilícito de droga ou precursor.

2 — A actuação referida no n.º 1 depende de prévia autorização da autoridade judiciária competente, a proferir no prazo máximo de cinco dias e a conceder por período determinado.

3 — Se, por razões de urgência, não for possível obter a autorização referida no número anterior, deve a intervenção ser validada no primeiro dia útil posterior, fundamentando-se as razões da urgência.

4 — A Polícia Judiciária fará o relato da intervenção do funcionário ou do terceiro à autoridade judiciária competente no prazo máximo de quarenta e oito horas após o termo daquela.

Artigo 59.º-A ([329])
Protecção de funcionário e de terceiro infiltrados

1 — A autoridade judiciária só ordenará a junção ao processo do relato a que se refere o n.º 4 do artigo anterior se a reputar absolutamente indispensável em termos probatórios.

2 — A apreciação da indispensabilidade pode ser remetida para o termo do inquérito ou da instrução, ficando entretanto o expediente, mediante prévio registo, na posse da Polícia Judiciária.

3 — No caso de o juiz determinar, por indispensabilidade da prova, a comparência em audiência de julgamento do funcionário ou do terceiro infiltrados, observará sempre o disposto na segunda parte do n.º 1 do artigo 87.º do Código de Processo Penal.

([328]) Redacção dada pela Lei n.º 45/96.
([329]) Aditado pelo art. 2.º da Lei n.º 45/96.

Artigo 60.º
Prestação de informações e apresentação de documentos

1 — Podem ser pedidas informações e solicitada a apresentação de documentos respeitantes a bens, *depósitos ou quaisquer outros valores* pertencentes a indivíduos suspeitos ou arguidos da prática de crimes previstos nos artigos 21.º a 23.º, 25.º e 28.º, com vista à sua apreensão e perda para o Estado.

2 — *A prestação de tais informações ou a apresentação dos documentos, quer se encontrem em suporte manual ou informático, não podem ser recusados por quaisquer entidades, públicas ou privadas, nomeadamente pelas instituições bancárias, financeiras ou equiparadas*, por sociedades civis ou comerciais, bem como por quaisquer repartições de registo ou fiscais, desde que o pedido se mostre individualizado e suficientemente concretizado.

3 — *O pedido* a que se referem os números anteriores é formulado pela autoridade judiciária competente, *devendo, se respeitar a instituições bancárias, financeiras ou equiparadas, ser formulado através do Banco de Portugal* ([330]).

4 — A individualização e a concretização a que alude o n.º 2 pode bastar-se com a identificação do suspeito ou do arguido ([331]).

Artigo 61.º
Entregas controladas

1 — Pode ser autorizada, caso a caso, pelo Ministério Público, a não actuação da Polícia Judiciária sobre os portadores de substâncias estupefacientes ou psicotrópicas em trânsito por Portugal, com a finalidade de porporcionar, em colaboração com o país ou países destinatários e outros eventuais países de trânsito, a identificação e arguição do maior número de participantes nas diversas operações de tráfico e distribuição, mas sem prejuízo do exercício da acção penal pelos factos aos quais a lei portuguesa é aplicável.

2 — A autorização só é concedida, a pedido de país destinatário, desde que:

a) Seja conhecido detalhadamente o itinerário provável dos portadores e a identificação suficiente destes;

([330]) Redacção dada pela Lei n.º 45/96.
([331]) Redacção dada pela Lei n.º 45/96.

b) Seja garantida pelas autoridades competentes dos países de destino e dos países de trânsito a segurança das substâncias contra riscos de fuga ou extravio;

c) Seja assegurado pelas autoridades competentes dos países de destino ou trânsito que a sua legislação preve as sanções penais adequadas contra os arguidos e que a acção penal será exercida;

d) As autoridades judiciárias competentes dos países de destino ou de trânsito se comprometam a comunicar, com urgência, informação pormenorizada sobre os resultados da operação e os pormenores da acção desenvolvida por cada um dos agentes da prática dos crimes, especialmente dos que agiram em Portugal.

3 — Apesar de concedida a autorização mencionada anteriormente, a Polícia Judiciária intervém se as margens de segurança tiverem diminuido sensivelmente, se se verificar alteração imprevista de itinerário ou qualquer outra circunstância que dificulte a futura apreensão das substâncias e a captura doa agentes; se aquela intervenção não tiver sido comunicada previamente à entidade que concedeu a autorização, é-o nas vinte e quatro horas seguintes, mediante relato escrito.

4 — Por acordo com o país de destino, as substâncias em trânsito podem ser substituídas parcialmente por outras inócuas, de tal se lavrando o respectivo auto.

5 — O não cumprimento das obrigações assumidas pelos países de destino ou de trânsito pode constituir fundamento de recusa de autorização em pedidos futuros.

6 — Os contactos internacionais são efectuados através da Polícia Judiciária, pelo Gabinete Nacional da Interpol.

7 — Qualquer outra entidade que receba pedidos de entregas controladas, nomeadamente a Direcção-Geral das Alfândegas, através do Conselho de Cooperação Aduaneira, ou das suas congéneres estrangeiras, e sem prejuízo do tratamento da informação de índole aduaneira, deve dirigir imediatamente esses pedidos para a Polícia Judiciária, para efeito de execução.

8 — Os pedidos de entregas controladas são presentes a despacho do magistrado do Ministério Público competente da comarca de Lisboa.

Artigo 62.º
Exame e destruição das substâncias

1 — As plantas, substâncias e preparações apreendidas são examinadas, por ordem da autoridade judiciária competente, no mais curto prazo de tempo possível.

2 — Após o exame laboratorial, o perito procede à recolha, identificação, pesagem, bruta e líquida, acondicionamento e selagem de uma amostra, no caso de a quantidade de droga o permitir, e do remanescente, se o houver.

3 — A amostra fica guardada em cofre do serviço que procede à investigação, até decisão final.

4 — No prazo de cinco dias após a junção do relatório do exame laboratorial, a autoridade judiciária competente ordena a destruição da droga remanescente, despacho que é cumprido em período não superior a 30 dias, ficando a droga, até à destruição, guardada em cofre-forte.

5 — A destruição da droga faz-se por incineração, na presença de um magistrado, de um funcionário designado para o efeito, de um técnico de laboratório, lavrando-se o auto respectivo; numa mesma operação de incineração podem realizar-se destruições de droga apreendida em vários processos.

6 — Proferida decisão definitiva, o tribunal ordena a destruição da amostra guardada em cofre, o que se fará com observância do disposto no número anterior, sendo remetida cópia do auto respectivo.

7 — Por intermédio do Gabinete de Combate à Droga do Ministério da Justiça pode ser solicitada ao magistrado que superintenda no processo a cedência de substâncias apreendidas, para fins didácticos, de formação ou de investigação criminal, nomeadamente para adestramento de cães.

8 — Pode ser fixado prazo para devolução da droga cedida, ou autorizado que o organismo cessionário proceda à sua destruição, logo que desnecessária ou inútil, com informação para o processo.

Artigo 63.º
Amostras pedidas por entidades estrangeiras

1 — Podem ser enviadas amostras de substâncias e preparações que tenham sido apreendidas, a solicitação de serviços públi-

cos estrangeiros, para fins científicos ou de investigação, mesmo na pendência do processo.

2 — Para o efeito, o pedido é transmitido à autoridade judiciária competente, que decidirá sobre a sua satisfação.

3 — O pedido e seu cumprimento é apresentado através do Gabinete de Combate à Droga do Ministério da Justiça ou da Polícia Judiciária.

Artigo 64.º
Comunicação de decisões

1 — São comunicadas ao Gabinete de Combate à Droga do Ministério da Justiça todas as apreensões de plantas, substâncias e preparações compreendidas nas tabelas I a IV.

2 — Os tribunais enviam ao Gabinete de Combate à Droga do Ministério da Justiça cópia das decisões proferidas em processo crime por infracções previstas no presente diploma.

CAPÍTULO VII
CONTRA-ORDENAÇÕES E COIMAS

Artigo 65.º
Regra geral

1 — Os factos praticados com violação dos condicionalismos e obrigações impostos nos termos dos n.ºs 4 e 5 do artigo 2.º são considerados contra-ordenações e sancionados com coimas, de acordo com o disposto em decreto regulamentar.

2 — Em tudo quanto se não encontre especialmente previsto neste decreto-lei e respectivos diplomas complementares aplicam-se as disposições do Decreto-Lei n.º 433/82, de 27 de Outubro.

Artigo 66.º
Montante das coimas

1 — O montante das coimas varia entre 10 000$ e 5 000 000$.

2 — Em caso de negligência, o montante da coima não pode exceder metade do montante máximo previsto para a respectiva contra-ordenação.

3 — As coimas a aplicar às pessoas colectivas e equiparadas podem elevar-se até aos montantes máximos de 10 000 000$, em caso de dolo, e 5 000 000$, em caso de negligência.

Artigo 67.º
Apreenção e sanções acessórias

1 — Em processo de contra-ordenação pode ser ordenada a apreensão de objectos que serviram à sua prática e aplicada acessoriamente:

a) A revogação ou suspensão da autorização concedida para o exercício da respectiva actividade;

b) A interdição do exercício de profissão ou actividade por período não superior a três anos.

2 — Se o mesmo facto constituir também crime, é o agente punido por este, sem prejuízo da aplicação das sanções acessórias previstas para a contra-ordenação.

Artigo 68.º
Entidade competente e cadastro

1 — A aplicação das coimas e das sanções acessórias fixadas no decreto regulamentar é da competência do presidente do Instituto Nacional da Farmácia e do Medicamento ou da Comissão para Aplicação de Coimas em Matéria Económica.

2 — O Instituto Nacional da Farmácia e do Medicamento organiza o registo das pessoas singulares ou colectivas autorizadas a exercer actividades referidas no n.º 4 do artigo 2.º, no qual são averbadas todas as sanções que lhes forem aplicadas.

CAPÍTULO VIII
DISPOSIÇÕES FINAIS

Artigo 69.º
Representação internacional

À entidade coordenadora do Programa Nacional de Combate à Droga cabe assegurar, em articulação com o Ministério dos

Negócios Estrangeiros, a representação de Portugal a nível internacional, de modo que as matérias da cooperação sejam tratadas e as delegações integradas por representantes indicados pelos organismos respectivos, segundo as suas competências específicas.

Artigo 70.º
Actividades de prevenção

1 — Compete ao Governo planear, executar e avaliar acções, medidas e programas específicos de prevenção do consumo de droga, tendo em conta a sua natureza pluridisciplinar ([332]).

2 — Compete especialmente ao Ministério da Educação ([333]):

a) Integrar nos currículos escolares a vertente básica da educação para a saúde, com incidência específica na prevenção do consumo de droga;

b) Providenciar no sentido de que a formação inicial e contínua dos professores os habilite a acompanhar e desenvolver tal vertente;

c) Desenvolver programas específicos de prevenção primária da toxicodependência em meio escolar.

Artigo 70.º-A ([334])
Relatório anual

1 — O Governo apresenta anualmente à Assembleia da República, até 31 de Março de cada ano, um relatório sobre a situação do País em matéria de toxicodependência.

2 — O relatório tem por finalidade fornecer à Assembleia da República informação pormenorizada sobre a situação do País em matéria de toxicodependência e tráfico de drogas, bem como sobre as actividades desenvolvidas pelos serviços públicos com intervenção nas áreas da prevenção primárias, do tratamento, da reinserção social de toxicodependentes e da prevenção e repressão do tráfico de drogas.

([332]) Redacção dada pela Lei n.º 45/96.
([333]) Redacção dada pela Lei n.º 45/96.
([334]) Aditado pelo art. 2.º da Lei n.º 45/96.

Artigo 71.º
Diagnóstico e quantificação de substâncias

1 — Os Ministros da Justiça e da Saúde, ouvido o Conselho Superior de Medicina Legal, determinam, mediante portaria ([335]):

a) Os procedimentos de diagnóstico e exames periciais necessários a caracterização do estado de toxicodependência;

b) O modo de intervenção dos serviços de saúde especializados no apoio às autoridades policiais e judiciárias;

c) Os limites quantitativos máximos de princípio activo para cada dose média individual diária das substâncias ou preparações constantes das tabelas I a IV, de consumo mais frequente.

2 — A portaria a que se refere o número anterior deve ser actualizada sempre que a evolução dos conhecimentos científicos o justifique.

3 — O valor probatório dos exames periciais e dos limites referidos no n.º 1 é apreciado nos termos do artigo 163.º do Código de Processo Penal.

Artigo 72.º
Informação aos profissionais de saúde

As publicações destinadas exclusivamente a médicos e outros profissionais de saúde relativas a produtos farmacêuticos devem referenciar com a letra E (Estupefaciente) todas as substâncias ou preparações compreendidas nas tabelas I-A e III e com a letra P (Psicotrópico) as compreendidas nas tabelas II-B, II-C e IV.

Artigo 73.º
Regras e conceitos técnicos

As regras e conceitos técnicos contidos no presente diploma são entendidos de harmonia com as convenções internacionais relativas a estupefacientes e substâncias psicotrópicas ratificadas pelo Estado Português.

Artigo 74.º
Gabinete de Combate à Droga do Ministério da Justiça

As referências feitas no presente diploma ao Gabinete de Combate à Droga do Ministério da Justiça entendem-se feitas ao Gabinete

---

([335]) Ver Portaria n.º 94/96, de 26/3.

de Planeamento e de Coordenação do Combate à Droga, enquanto este não for objecto de reestruturação que consagre aquela denominação.

Artigo 75.º
Norma revogatória

Ficam revogados:

a) O Decreto-Lei n.º 430/83, de 13 de Dezembro;
b) O n.º 1 do artigo 130.º do Decreto-Lei n.º 48 547, de 27 de Agosto de 1968, na redacção dada pelo Decreto-Lei n.º 214/90, de 28 de Junho;
c) O Decreto-Lei n.º 209/91, de 8 de Junho.

Artigo 76.º
Entrada em vigor

1 — O presente diploma entra em vigor 30 dias após a sua publicação.

2 — A regulamentação do disposto nos artigos 2.º, n.ºs 4 e 5, 4.º a 20.º e 65.º tem lugar no prazo de 60 dias após a sua publicação.

Visto e aprovado em Conselho de Ministros de 12 de Novembro de 1992. — *Aníbal António Cavaco Silva* — *Mário Fernando de Campos Pinto* — *Artur Aurélio Teixeira Rodrigues Consolado* — *Jorge Braga de Macedo* — *Álvaro José Brilhante Laborinho Lúcio* — *Arlindo Marques da Cunha* — *Luís Fernando Mira Amaral* — *António Fernando Couto dos Santos* — *Arlindo Gomes de Carvalho* — *Fernando Manuel Barbosa Faria de Oliveira* — *Luís Manuel Gonçalves Marques Mendes.*

Promulgado em 21 de Dezembro de 1992.

Publique-se.

O Presidente da República, MÁRIO SOARES.

Referendado em 23 de Dezembro de 1992.

O Primeiro-Ministro, *Aníbal António Cavaco Silva.*

LEI N.º 32/95, DE 18 DE AGOSTO ([336])

Concede ao Governo autorização para que estabeleça medidas sobre o branqueamento de capitais e de outros bens provenientes da prática de crimes

A Assembleia da República decreta, nos termos dos artigos 164.º, alínea e), 168.º, alíneas b) e c), e 169.º, n.º 3 da Constituição, o seguinte:

Artigo 1.º É concedida ao Governo autorização legislativa para estabelecer medidas em matéria de branqueamento de capitais e outros bens provenientes de crimes, para além do que já se encontra estipulado quanto aos derivados do tráfico de droga e precursores.

Art. 2.º A legislação a elaborar terá o seguinte sentido e extensão:

1) Punir quem, sabendo que os bens ou produtos são provenientes da prática, sob qualquer forma de comparticipação, de crimes de terrorismo, tráfico de armas, extorsão de fundos, rapto, lenocínio, corrupção e das demais infracções referidas no n.º 1 do artigo 1.º da Lei n.º 36/94, de 29 de Setembro:

   a) Converter, transferir, auxiliar ou facilitar algumas operações de conversão ou transferência desses bens ou produtos, no todo ou em parte, directa ou indirectamente, com o fim de ocultar ou dissimular a sua origem ilícita ou de ajudar uma pessoa implicada na prática de qualquer dessas infracções a eximir-se às consequências jurídicas dos seus actos, com pena de prisão de 4 a 12 anos;

   b) Ocultar ou dissimular a verdadeira natureza, origem, localização, disposição, movimentação, propriedade desses bens ou produtos ou direitos a eles relativos, com pena de prisão de 2 a 10 anos;

   c) Os adquirir ou receber a qualquer título, utilizar, deter ou conservar, com pena de prisão de 1 a 5 anos;

2) A punição pelos crimes mencionados no número anterior

([336]) D.R., I Série - A, de 18/8.

não deve exceder os limites mínimo e máximo previstos para as correspondentes infracções principais;

3) A punição pelos crimes previstos no n.º 1 tem lugar ainda que os factos que integram a infracção principal tenham sido praticados fora do território nacional;

4) Aplicar o regime do Decreto-Lei n.º 313/93, de 15 de Setembro, respeitante às obrigações de carácter preventivo impostas a entidades financeiras, às operações que envolvam ou possam envolver as infracções a que se alude nos n.ºs 1 e 3, incluindo o que naquele se dispõe em matéria de contra-ordenações e processo respectivo;

5) Estender o regime previsto no artigo 60.º do Decreto-Lei n.º 15/93, de 22 de Janeiro, ao inquérito, instrução e julgamento das infracções previstas nos n.ºs 1 e 3;

6) Sujeitar a obrigações semelhantes às estabelecidas no Decreto-Lei n.º 313/93, de 15 de Setembro, incluindo o que naquele se dispõe em matéria de contra-ordenações e processo respectivo, com as especialidades que se mostrem necessárias para garantir a sua eficácia e praticabilidade, as pessoas singulares ou colectivas que:

a) Explorem salas de jogo;

b) Exerçam actividades de mediação imobiliária ou de compra de imóveis para revenda;

c) Utilizem habitualmente bilhetes ou outros instrumentos ao portador, ou que prestem serviços ou transaccionem bens de elevado valor unitário, nomeadamente pedras e metais preciosos, antiguidades ou bens culturais;

7) Instruir, no caso de bens apreendidos, um mecanismo que permita aos terceiros de boa fé, titulares ou não de registo público, defenderem os seus direitos;

8) Aditar ao n.º 1 do artigo 4.º do Decreto-Lei n.º 295-A/90, de 21 de Setembro, na redacção dada pelo artigo 10.º da Lei n.º 36/94, de 29 de Setembro, uma alínea em que se confira à Polícia Judiciária a presunção de deferimento de competência exclusiva para a investigação do branqueamento de capitais ou outros bens ou produtos;

9) Estender aos crimes de branqueamento de bens ou produtos provenientes do tráfico de droga e precursores a medida prevista no artigo 61.º do Decreto-Lei n.º 15/93, de 22 de Janeiro.

Art. 3.º A presente autorização legislativa tem a duração de 90 dias.

Aprovada em 21 de Junho de 1995.

DECRETO LEI N.º 325/95,
de 2 de Dezembro ([337])

O branqueamento de capitais e de outros bens provenientes de actividades criminosas, nomeadamente os derivados de tráfico de estupefacientes, substâncias psicotrópicas e precursores, passou a ser objecto de combate específico a partir da Convenção das Nações Unidas contra o Tráfico Ilícito de Estupefacientes e de Substâncias Psicotrópicas de 1988, que Portugal ratificou oportunamente e à qual adaptou o seu direito interno, através do Decreto--Lei n.º 15/93, de 22 de Janeiro.

O Conselho da Europa, manifestando as mesmas preocupações, promoveu a elaboração da Convenção sobre o Branqueamento, Detecção, Apreensão e Perda dos Produtos do Crime, assinada por Portugal a 8 de Novembro de 1990, incitando os Estados membros a alargar o combate ao branqueamento de capitais provenientes não apenas do tráfico de droga e precursores, mas também de outras formas de criminalidade, tais como o tráfico de armas, o terrorismo, o tráfico de crianças e de mulheres jovens, bem como outras infracções graves de que se obtenham proventos importantes.

No plano comunitário, a Directiva n.º 91/305/CEE, do Conselho, de 10 de Junho, transposta para o direito interno através do Decreto-Lei n.º 313/93, de 15 de Setembro, revelou a mesma orientação.

Da análise do primeiro relatório da Comissão sobre a execução da citada Directiva n.º 91/308/CEE conclui-se que a generalidade dos países da União Europeia tem alargado a incriminação do branqueamento para além dos delitos de droga, o mesmo sucedendo com as medidas preventivas.

As disparidades ainda existentes nos diversos ordenamentos jurídicos provocam desajustamentos no funcionamento dos sistemas preventivos e repressivos dos Estados membros, dificultando a cooperação internacional.

([337]) D.R., I Série - A, de 2/12.

Por virtude de um certo gradualismo na adopção de novos mecanismos, a transposição da directiva cingiu-se à matéria da cooperação do sistema financeiro na prevenção do branqueamento de capitais provenientes dos negócios ilícitos da droga, não tendo incluido outra criminalidade, nem estendido a prevenção para além dos fluxos e operações que transitam pelas instituições de crédito, sociedades financeiras, empresas seguradoras e sociedades gestoras de fundos de pensões.

Fica, porém, claro que o combate ao branqueamento de capitais e outros produtos provenientes de actividades criminosas se faz quer mediante a criminalização de certos comportamentos, quer através de medidas de feição mais tipicamente preventiva, ou seja, pela sua detecção junto do sistema financeiro ou de certas actividades ou profissões por onde transitam esses bens ou produtos derivados de actividades criminosas.

Têm sido especialmente identificadas como actividades susceptíveis de utilização para branqueamento as ligadas ao jogo (sobretudo em casinos, mas também quanto a ganhadores de lotarias) e as de comércio de bens de elevado valor: imóveis (especialmente em certas zonas de turismo), pedras e metais preciosos, antiguidades, obras de arte, automóveis, barcos e aeronaves.

A particular vulnerabilidade dos casinos justifica a aplicação de medidas comparáveis àquelas que estão fixadas para as instituições financeiras, nomeadamense a identificação dos clientes, especialmente os clientes ocasionais que usem dinheiro em espécie a partir de um determinado montante, a conservação dos documentos relativos às transacções durante um certo período de tempo, a obrigação de diligência acrescida e a comunicação de transacções suspeitas.

No que respeita às actividades que tenham como objecto a venda de bens de elevado valor, que poderão ser utilizadas nas fases de colocação ou integração de capitais, devem ser tidas em consideração as dificuldades de ordem prática, especialmente pela tradicional não sujeição de tais actividades a regras específicas ou a controlo de uma autoridade de supervisão.

No entanto, tem sido considerada a possibilidade de estabelecer, nesta área, algumas regras relativamente à comunicação de transacções suspeitas, à identificação de clientes que efectuem aquisições em dinheiro além de determinado montante, ou mesmo à obrigatoriedade de pagamento através de meios escriturais no caso de aquisições que ultrapassem um montante determinado.

Em termos comparados, a legislação espanhola estabelece que as obrigações relativas à prevenção de branqueamento de capitais enunciadas para o sistema financeiro serão aplicáveis às empresas não financeiras, tais como os casinos, as agências imobiliárias ou qualquer outra profissão que venha a ser designada através de diploma complementar.

Em sentido semelhante dispõe a lei alemã sobre branqueamento de capitais.

Sendo certo que a mobilidade de actuação dos que se dedicam ao branqueamento de capitais ou outros bens aconselha a que o sistema seja aberto ao alargamento das medidas de controlo às actividades para que o mesmo se desloque, parece ainda prematura tal extensão a determinadas profissões, sendo prudente aguardar as conclusões que nesta matéria venham a ser alcançadas pelo «Comité de contacto» a que se refere o artigo 13.º da Directiva n.º 91/308/CEE.

Aproveita-se ainda para introduzir ligeiros aperfeiçoamentos no âmbito do combate ao branqueamento proveniente do tráfico de droga e da competência para a investigação.

Assim:

No uso da autorização legislativa concedida pela Lei n.º 32/95, de 18 de Agosto, e nos termos das alíneas a) e b) do n.º 1 do artigo 201.º da Constituição, o Governo decreta o seguinte:

CAPÍTULO I

OBJECTO E ÂMBITO

Artigo 1.º
Objecto

O presente diploma estabelece medidas de natureza preventiva e repressiva contra o branqueamento de capitais e de outros bens provenientes dos crimes nele indicados, para além do que já se encontra estipulado, na mesma matéria, quanto aos bens provenientes do tráfico de droga e precursores.

Artigo 2.º
Conversão, transferência ou dissimulação de bens ou produtos

1 — Quem, sabendo que os bens ou produtos são provenientes da prática, sob qualquer forma de comparticipação, de crimes de terrorismo, tráfico de armas, extorsão de fundos, rapto, lenocínio, corrupção e das demais infracções referidas no n.º 1 do artigo 1.º da Lei n.º 36/94, de 29 de Setembro:

  a) Converter, transferir, auxiliar ou facilitar alguma operação de conversão ou transferência desses bens ou produtos, no todo ou em parte, directa ou indirectamente, com o fim de ocultar ou dissimular a sua origem ilícita ou de ajudar uma pessoa implicada na prática de qualquer dessas infracções a eximir-se às consequências jurídicas dos seus actos, é punido com pena de prisão de 4 a 12 anos;

  b) Ocultar ou dissimular a verdadeira natureza, origem, localização, disposição, movimentação, propriedade desses bens ou produtos ou direitos a eles relativos, é punido com pena de prisão de 2 a 10 anos;

  c) Adquirir ou receber tais bens ou produtos a qualquer título, os utilizar, deter ou conservar, é punido com pena de prisão de 1 a 5 anos.

2 — A punição pelos crimes mencionados no número anterior não deve exceder os limites mínimo e máximo previstos para as correspondentes infracções principais.

3 — A punição pelos crimes previstos no n.º 1 tem lugar ainda que os factos que integram a infracção principal tenham sido praticados fora do território nacional.

CAPÍTULO II
ENTIDADES FINANCEIRAS

Artigo 3.º
Prevenção pelas entidades financeiras

Às entidades financeiras, como tal definidas no artigo 2.º do Decreto-Lei n.º 313/93, de 15 de Setembro, é aplicável o disposto no capítulo II desse diploma quanto às operações que envolvam ou possam envolver a prática dos crimes a que se alude no artigo 2.º do presente diploma, sendo-lhes aplicável a exclusão de responsabilidade referida no artigo 13.º daquele diploma.

CAPÍTULO III
ENTIDADES NÃO FINANCEIRAS

Artigo 4.º
Casinos

1 — As empresas concessionárias de exploração de jogo em casinos ficam sujeitas às seguintes obrigações:

a) Identificar os frequentadores e os montantes das operações por estes efectuadas, sempre que, nas salas de jogos tradicionais, adquiram, contra numerário, fichas ou outros símbolos convencionais utilizáveis para jogar que, isoladamente ou em conjunto, numa mesma partida ultrapassem 500 000$;

b) Emitir cheques seus em troca de fichas, nas salas de jogos tradicionais, apenas à ordem dos frequentadores que na mesma partida as tenham adquirido através de cartão bancário ou cheque não inutilizado, e no montante máximo equivalente ao somatório daquelas aquisições;

c) Emitir cheques seus, nas salas de máquinas automáticas, apenas à ordem dos frequentadores que tenham ganho prémios resultantes das combinações do plano de pagamento das máquina;

d) Identificar os frequentadores a favor de quem emitam cheques, os quais serão nominativos e cruzados;

e) Conservar cópia ou referência dos documentos comprovativos da identificação, pelo período de 10 anos:

f) Comunicar à entidade judiciária competente operações que, nomeadamente pelos valores envolvidos ou pela sua repetição, façam suspeitar da prática de actividades de branqueamento de capitais, outros bens ou produtos, logo que delas tenham conhecimento.

2 — A identificação a que se referem as alíneas a) e d) do número anterior faz-se pela apresentação de documento com fotografia, do qual conste o nome, naturalidade e idade do frequentador.

3 — As comunicações referidas na alínea f) do n.º 1 devem ser efectuadas pela administração da empresa concessionária.

Artigo 5.º
Mediação imobiliária

1 — As pessoas singulares ou colectivas que exerçam actividades de mediação imobiliária, nos termos do Decreto-Lei n.º 285/92, de 19 de Dezembro, devem proceder:
   a) À identificação dos contratantes e do objecto das transacções, sempre que o montante a pagar seja igual ou superior a 25 000 000$;
   b) À conservação de cópia ou referência dos documentos comprovativos da identificação, pelo período de 10 anos;
   c) À comunicação à entidade judiciária competente de operações que, nomeadamente pelos valores envolvidos ou pela sua repetição, pela situação económico-financeira dos intervenientes, ou pelos meios de pagamento utilizados, façam suspeitar da prática de actividades de branqueamento de capitais, outros bens ou produtos, logo que delas tenham conhecimento.

2 — A identificação dos contratantes é aplicável o disposto no n.º 2 do artigo 4.º.

Artigo 6.º
Compra e revenda de imóveis

1 — As entidades que exerçam a actividade de compra de imóveis para revenda devem proceder:
   a) À comunicação do início da sua actividade, com referência ao título de constituição, junto da autoridade de fiscalização;
   b) Ao envio semestral à autoridade de fiscalização, em modelo próprio, dos seguintes elementos sobre cada transacção efectuada:
      i) Identificação dos intervenientes;

ii) Montante do negócio jurídico;
iii) Menção dos respectivos títulos representativos;
iv) Meio de pagamento utilizado;
c) À conservação da documentação respeitante a cada negócio pelo período de 10 anos;
d) À comunicação à entidade judiciária competente de operações que, nomeadamente pelos valores envolvidos ou pela sua repetição, pela situação económico-financeira dos intervenientes, ou pelos meios de pagamento utilizados, façam suspeitar da prática de actividades de branqueamento de capitais, outros bens ou produtos, logo que delas tenham conhecimento.

2 — À identificação dos contratantes é aplicável o disposto no n.º 2 do artigo 4.º.

Artigo 7.º
Bilhetes ou títulos ao portador

As entidades que procedam a pagamentos a ganhadores de prémios de apostas ou lotarias, de montante igual ou superior a 1 000 000$, devem proceder à identificação a que se refere o n.º 2 do artigo 4.º cujos dados conservarão pelo período de 10 anos.

Artigo 8.º
Bens de elevado valor unitário

1 — As entidades que comercializem pedras e metais preciosos, antiguidades, obras de arte, aeronaves, barcos ou automóveis, devem proceder:
a) À identificação dos clientes e das respectivas operações sempre que o montante pago em numerário seja igual ou superior a 500 000$;
b) À conservação de cópia ou referência dos documentos comprovativos da identifiçação, pelo período de 10 anos;
c) À comunicação à entidade judiciária competente de operações que, nomeadamente pelos valores envolvidos ou pela sua repetição, pela situação económico-financeira dos intervenientes, ou pelos meios de pagamento utilizados,

façam suspeitar da prática de actividades de branqueamento de capitais, outros bens ou produtos, logo que delas tenham conhecimento.

2 — À identificação dos contratantes é aplicável o disposto no n.º 2 do artigo 4.º.

Artigo 9.º
Âmbito das obrigações

1 — As obrigações decorrentes dos artigos 4.º a 8.º aplicam-se às operações de branqueamento de bens ou produtos derivados das infracções a que alude o artigo 2.º bem como às respeitantes aos bens ou produtos provenientes do tráfico de droga e precursores.

2 — À prestação de informações em cumprimento das obrigações referidas nos artigos anteriores é aplicável o disposto nos n.ᵒˢ 3 e 4 do artigo 10.º e no artigo 13.º do Decreto-Lei n.º 313/93, de 15 de Setembro.

Artigo 10.º
Autoridades de fiscalização

1 — A fiscalização do cumprimento das obrigações previstas nos artigos 4.º e 7.º cabe à Inspecção-Geral de Jogos e a das previstas nos artigos 5.º, 6.º e 8.º à Inspecção-Geral das Actividades Económicas.

2 — Sempre que as autoridades referidas no número anterior, no exercício da respectiva fiscalização ou por outra via, tomem conhecimento de factos que indiciem a prática de crimes de branqueamento de capitais, outros bens ou produtos, devem participá-los de imediato à autoridade judiciária competente.

CAPÍTULO IV
CONTRA-ORDENAÇÕES

Artigo 11.º
Entidades financeiras

A violação das obrigações a que se refere o artigo 3.º constitui contra-ordenação punida nos termos do capítulo III do Decreto-Lei n.º 313/93, de 15 de Setembro.

Artigo 12.º
Entidades não financeiras

1 — O incumprimento das obrigações impostas nas alíneas a) a e) do n.º 1 do artigo 4.º, nas alíneas a) e b) do n.º 1 do artigo 5.º, nas alíneas a) a c) do n.º 1 do artigo 6.º, no artigo 7.º e nas alíneas a) e b) do n.º 1 do artigo 8.º constitui contra-ordenação punível com coima de 500 000$ a 50 000 000$.

2 — A negligência é punível.

Artigo 13.º
Contra-ordenações graves

1 — O incumprimento das obrigações impostas na alínea f) do n.º 1 do artigo 4.º, na alínea c) do n .º 1 do artigo 5.º, na alínea d) do n.º 1 do artigo 6.º. e na alínea c) do n.º 1 do artigo 8.º constitui contra-ordenação punível com coima de 1 000 000$ a 100 000 000$.

2 — A negligência é punível.

Artigo 14.º
Direito subsidiário

À responsabilização individual e colectiva pelas infracções previstas no presente capítulo é subsidiariamente aplicável, com as devidas adaptações, o regime previsto no capítulo III do Decreto--Lei n.º 313/93, de 15 de Setembro.

Artigo 15.º
Competência

1 — A averiguação das contra-ordenações previstas nos artigos 12.º e 13.º e a instrução dos respectivos processos são, consoante a sua natureza, da competência das autoridades de fiscalização referidas no n.º 1 do artigo 10.º.

2 — A aplicação das coimas e das sanções acessórias compete ao Ministro do Comércio e Turismo.

Artigo 16.º
Destino das coimas

O produto das coimas reverte:
a) Em 60% para Estado;
b) Em 40% para o Fundo de Turismo ou para a Inspecção--Geral das Actividades Económicas, consoante se trate de processos instruídos pela Inspecção-Geral de Jogos ou pela Inspecção--Geral das Actividades Económicas.

CAPÍTULO V

DISPOSIÇÕES FINAIS

Artigo 17.º
Defesa de direitos de terceiros de boa-fé

1 — Se os bens apreendidos a arguidos em processo crime por infracção relativa ao branqueamento de capitais, outros bens ou produtos se encontrarem inscritos em registo público em nome de terceiros, os titulares de tais registos são notificados para deduzirem a defesa dos seus direitos e fazerem prova sumária da sua boa--fé, podendo-lhes ser de imediato restituído o bem.

2 — Não havendo registo, o terceiro que invoque a boa-fé na aquisição de bens apreendidos pode deduzir no processo a defesa dos seus direitos.

3 — A defesa dos direitos de terceiro que invoque a boa-fé pode ser deduzida até à declaração de perda e é apresentada mediante petição dirigida ao juiz, devendo o interessado indicar logo todos os elementos de prova.

4 — A petição é autuada por apenso ao processo, e, após notificação ao Ministério Público, que poderá deduzir oposição, o tribunal decidirá, realizando, para tanto, todas as diligências que considere convenientes.

5 — O juiz pode remeter a questão para os meios cíveis quando, em virtude da sua complexidade ou pelo atraso que acarrete ao normal curso do processo penal, não possa neste ser convenientemente decidida.

Artigo 18.º
Competência

O artigo 4.º do Decreto-Lei n.º 295-A/90, de 21 de Setembro, na redacção dada pelo artigo 10.º da Lei n.º 36/94, de 29 de Setembro, passa a ter a seguinte redacção ([338]).

Artigo 4.º
[...]

1 — ....
a) ....
b) ....
c) ....
d) ....
e) ....
f) ....
g) ....
h) ....
i) ....
j) ....
l) ....
m) ....
n) ....
o) ....
p) ....
q) ....
r) ....
s) ....
t) ....
u) ....

([338]) A Lei n.º 36/94, de 29/9, que legislou quanto a "medidas de combate à corrupção e criminalidade económica e financeira", alterou, entre outros, o art. 4.º do Dec.-Lei n.º 295-A/90, de 21/9 (lei Orgânica da Polícia Judiciária). O referido art. 4.º enumera os casos em que se presume deferida à Polícia Judiciária em todo o território a competência para a investigação dos crimes identificados nas suas várias alíneas, nas quais se incluiu, por este diploma, o "branqueamento de capitais, outros bens ou produtos".

v) ....
x) ....
z) Branqueamento de capitais, outros bens ou produtos.
2 — ....
3 — ....
4 — ....

Artigo 19.º
Informações e documentos

Para efeitos de inquérito, instrução e julgamento das infracções previstas no artigo 2.º, é aplicável o regime previsto no artigo 60.º da Lei n.º 15/93, de 22 de Janeiro, respeitante a prestação de informações e apresentação de documentos não só por parte das entidades aí mencionadas, como pelas restantes a que se refere o artigo 2.º do Decreto-Lei n.º 313/93, de 15 de Setembro.

Artigo 20.º
Entregas controladas

É aplicável aos crimes de branqueamento de capitais, outros bens ou produtos provenientes do tráfico de droga e precursores a medida prevista no artigo 61.º do Decreto-Lei n.º 15/93, de 22 de Janeiro.

ESTATUTOS DA ASSOCIAÇÃO PORTUGUESA DE BANCOS [339]

CAPÍTULO I
DENOMINAÇÃO, SEDE, OBJECTO E DURAÇÃO

Artigo 1.º

A Associação Portuguesa de Bancos, adiante designada abreviadamente por Associação, é uma associação sem intuitos lucrativos, constituída ao abrigo e em conformidade com o disposto na lei, nomeadamente o Decreto-Lei número duzentos e quinze traço «C» barra setenta e cinco, de trinta de Abril, com vista à prossecução e defesa de interesses comuns dos associados.

Artigo 2.º

1 — A Associação tem a sua sede em Lisboa, podendo, todavia, estabelecer delegações em qualquer local do território português.

2 — A associação poderá filiar-se em federações ou uniões e em quaisquer outras organizações, nacionais ou estrangeiras, para melhor alcançar os seus fins.

Artigo 3.º

A Associação tem por objecto promover e praticar todos os actos que possam contribuir para o progresso técnico, económico e social da actividade própria dos associados e para a prossecução e defesa dos interesses destes perante quaisquer entidades públicas ou privadas, nacionais ou estrangeiras, nomeadamente:

a) Representar e defender os interesses dos associados;

---

[339] Boletim do Trabalho e do Emprego, n.º 6, III Série, de 30 de Março de 1994 e rectificado no Boletim n.º 9, III Série, de 15 de Maio de 1994.

b) Elaborar estudos e pareceres sobre assuntos bancários;
c) Colaborar com outras associações empresariais nacionais ou estrangeiras;
d) Representar as instituições de crédito suas associadas na negociação e celebração de convenções colectivas de trabalho;
e) Promover, através do Instituto de Formação Bancária, a formação e aperfeiçoamento profissional do pessoal bancário, nos termos do capítulo sexto destes estatutos;
f) Promover as medidas destinadas à racionalização do sistema bancário;
g) Promover acções coordenadas no âmbito da protecção e segurança bancárias;
h) Intervir como árbitro ou designar árbitros ou peritos quando para tal for solicitada;
i) Prestar outros serviços e quaisquer informações aos associados nas áreas do seu objecto.

Artigo 4.º

A Associação durará por tempo indeterminado.

CAPÍTULO II

DOS ASSOCIADOS

Artigo 5.º

1 — Podem ser associados da Associação, para além dos actuais, os bancos com sede, ou sucursal em Portugal e as filiais de bancos estabelecidas em Portugal.

2 — Podem ainda ser associadas outras instituições de crédito, mediante deliberação unânime por escrito dos associados.

Artigo 6.º

1 — Para defesa e representação de interesses comuns, os associados poderão agrupar-se em secções.

2 — Cada secção somente poderá representar os interesses dos seus membros perante a direcção da Associação, competindo apenas a esta a representação da Associação perante terceiros.

3 — O funcionamento das secções que venham a constituir-se reger-se-á por regulamento próprio a aprovar pelos associados nelas agrupados, com pleno respeito pelos presentes estatutos.

Artigo 7.º

1 — A admissão de novos associados, sem prejuízo da tomada de deliberações unânimes por escrito, previstas no número dois do artigo quinto, é da competência da assembleia geral, a qual verificará o preenchimento dos requisitos previstos no número um do referido artigo quinto.

2 — A deliberação de admissão de um novo associado fixará a contribuição deste para a cobertura das despesas de imobilizado fixo já realizadas.

3 — A contribuição a que se refere o número anterior será fixada segundo critérios genéricos aprovados pela assembleia geral.

Artigo 8.º

Constituem direitos dos associados:

a) Tomar parte nas assembleias gerais;

b) Eleger e ser eleitos para os cargos associativos;

c) Requerer a convocação da assembleia geral nos termos previstos no artigo décimo sexto, número dois;

d) Recorrer das deliberações e decisões da direcção e do conselho de disciplina para a assembleia geral;

e) Apresentar as sugestões que julguem convenientes à realização dos fins estatutários;

f) Utilizar todos os serviços da Associação nas condições que forem estabelecidas pela direcção;

g) Usufruir de todos os demais benefícios ou regalias da Associação;

h) Receber informação sobre a vida e actividade da Associação;

i) Solicitar intervenção da Associação sobre factos e circunstâncias que afectem os interesses profissionais dos associados e que pela sua natureza possam ser compreendidos nos fins da Associação.

Artigo 9.º

Constituem deveres dos associados:

a) Pagar pontualmente as contribuições fixadas pela assembleia geral, bem como a contribuição a que se refere o artigo sétimo, número três;

b) Exercer os cargos associativos para que tenham sido eleitos ou designados;

c) Comparecer às assembleias gerais e reuniões para que foram convocados;

d) Acatar os preceitos estatutários e os regulamentos aprovados no âmbito da Associação, bem como as deliberações dos seus órgãos;

e) Prestar colaboração efectiva a todas as iniciativas que concorram para o prestígio e desenvolvimento da Associação;

f) Cumprir as determinações emanadas dos órgãos associativos;

g) Cumprir todas as demais obrigações que lhes caibam por força da lei ou dos presentes estatutos.

Artigo 10.º

1 — Perdem a qualidade de associados:

a) Os que se exonerem;

b) Os que deixarem de reunir os requisitos previstos no artigo quinto;

c) Os que ingressarem em associações portuguesas que prossigam objectivos idênticos aos desta Associação;

d) Os que forem excluídos por faltarem reiterada ou gravemente ao cumprimento dos deveres para com a Associação;

e) Os que forem excluídos por prática reiterada ou grave de infracções disciplinares ou desrespeito da sanção disciplinar aplicada.

2 — A exclusão prevista nas alíneas d) e e) do número anterior compete à assembleia geral, que reunirá convocada extraordinariamente para o efeito, e exige o voto favorável de três quartos dos votos de todos os associados.

3 — A exoneração deverá ser comunicada à direcção da Associação por carta registada, com aviso de recepção, e só produzirá efeitos no fim do ano civil em que tiver sido recebida, e nunca antes de decorridos trinta dias após essa recepção.

4 — A perda de qualidade de associado não dará direito à restituição de quaisquer contribuições com que tenha entrado para a Associação nem desobriga o associado do cumprimento pontual de todas as obrigações financeiras anteriormente assumidas.

CAPÍTULO III
DA ORGANIZAÇÃO E FUNCIONAMENTO

SECÇÃO I
DOS ÓRGÃOS DA ASSOCIAÇÃO

Artigo 11.º

1 — São órgãos sociais da Associação a assembleia geral, a direcção e o conselho fiscal.

2 — O poder disciplinar é exercido por um conselho de disciplina.

Artigo 12.º

1 — Os associados que forem eleitos para o exercício de cargos comunicarão à Associação, no prazo máximo de trinta dias, qual o seu representante.

2 — Nenhum associado poderá estar representado em mais de um dos órgãos electivos.

3 — Os membros dos órgãos da Associação podem ser destituídos a todo o tempo por deliberação da assembleia geral, devendo esta regular a situação que decorra de o órgão ficar impossibilitado de funcionar até à realização de eleições.

4 — Sem prejuízo do especialmente estabelecido quanto aos presidentes da direcção e do conselho de disciplina, cessando funções qualquer membro de um órgão da Associação antes do fim do período por que tiver sido eleito, poderá ser nomeado um substituto até à primeira assembleia geral seguinte por deliberação conjunta da mesa da assembleia geral, da direcção, do conselho fiscal e ainda do conselho de disciplina quando for este o órgão envolvido.

Artigo 13.º

Os cargos são exercidos gratuitamente pelos associados, salvo deliberação em contrário da assembleia geral.

SECÇÃO II
DA ASSEMBLEIA GERAL

Artigo 14.º

1 — A assembleia geral é constituída por todos os associados e será dirigida por uma mesa composta por um presidente e dois secretários, eleitos pela assembleia geral de entre os associados, por períodos de três anos, sendo permitida a reeleição.

2 — Incumbe ao presidente convocar a assembleia geral e dirigir os respectivos trabalhos.

3 — Cabe aos secretários auxiliar o presidente e substituí-lo nos seus impedimentos.

Artigo 15.º

A assembleia geral tem competência para deliberar sobre todos os assuntos respeitantes à Associação e, em especial:

a) Eleger a respectiva mesa, a direcção, o presidente, o conselho fiscal e o conselho de disciplina;

b) Eleger o provedor da actividade bancária;

c) Aprovar o programa anual e o orçamento;

d) Aprovar o relatório, o balanço e as contas da direcção, bem como quaisquer actos, trabalhos e propostas que lhe sejam submetidos;

e) Fixar o montante das contribuições previstas nos artigos sétimo, quadragésimo sétimo e quadragésimo oitavo;

f) Dissolver a Associação e nomear liquidatários;

g) Autorizar a Associação a demandar os membros dos órgãos sociais por factos praticados no exercício dos cargos;

h) Aprovar os regulamentos da Associação ou dos seus órgãos e o estatuto e regulamento relativos ao provedor da actividade bancária, bem como as respectivas alterações;

i) Conhecer dos recursos das deliberações e decisões da direcção e do conselho de disciplina;

j) Deliberar sobre a alteração dos estatutos e bem assim sobre todos os demais assuntos que lhe sejam submetidos.

Artigo 16.º

1 — A assembleia geral reunirá ordinariamente até ao fim do primeiro trimestre de cada ano para apreciar o relatório e contas da direcção e o parecer do conselho fiscal relativos à gerência do ano findo e eleger, quando for caso disso, os titulares dos órgãos da Associação.

2 — A assembleia geral reunirá extraordinariamente sempre que o presidente da mesa a convoque, por sua iniciativa, ou a requerimento da direcção, do conselho fiscal, do conselho de disciplina, ou de pelo menos um quinto dos associados, ou por virtude de recurso interposto de deliberação ou decisão da direcção ou do conselho de disciplina.

Artigo 17.º

1 — A convocação da assembleia geral é feita por meio de carta registada com aviso de recepção, expedida para cada um dos associados com antecedência mínima de quinze dias, indicando-se o dia, hora e local da reunião e a respectiva ordem de trabalhos.

2 — Não poderão ser tomadas deliberações sobre matéria estranha à ordem de trabalhos, salvo se todos os associados estiverem presentes e concordarem com o aditamento e não se tratar de matéria contemplada no artigo vigésimo segundo.

3 — A comparência de todos os associados sanciona quaisquer irregularidades da convocação, desde que nenhum deles se oponha à realização da assembleia.

Artigo 18.º

1 — A assembleia geral só poderá funcionar em primeira convocatória, desde que esteja presente, pelo menos, o número de associados que represente metade da totalidade dos votos.

2 — Não se verificando o condicionalismo previsto no número anterior, poderá a assembleia geral funcionar com qualquer número de associados uma hora depois da hora marcada para a reunião.

Artigo 19.º

1 — Os associados far-se-ão representar na assembleia por quem indicarem em carta entregue ao presidente da mesa no início dos trabalhos, devendo nessa carta mencionar-se o dia, hora e local da reunião e ordem de trabalhos.

2 — É lícito a qualquer associado fazer-se representar por outro associado, mediante carta, entregue ao presidente da mesa no início dos trabalhos, com as especificações referidas no número anterior.

Artigo 20.º ([340])

1 — Cada associado dispõe na assembleia de um voto por cada quinhentos trabalhadores, ou fracção, que tenha ao seu serviço no dia trinta e um de Dezembro do ano anterior àquele em que a assembleia se realizar e de um voto por cada três milhões e quinhentos mil contos ou fracção de capital e reservas reportados à mesma data.

2 — Nenhum associado poderá dispor de um número de votos superior ao décuplo do número de votos do associado que tiver o menor número.

Artigo 21.º

As deliberações da assembleia geral, salvo quórum qualificado exigível, são tomadas por maioria absoluta de votos dos associados presentes ou representados.

Artigo 22.º

As deliberações sobre alteração dos estatutos e dissolução da Associação deverão ser tomadas em assembleia geral convocada extraordinariamente para o efeito e exigem o voto favorável de três quartos de todos os associados.

([340]) Redacção publicada no Boletim do Trabalho e Emprego, III Série, n.º 16, de 30/8/95 e rectificada no mesmo Boletim, III Série, n.º 18, de 30/9.

SECÇÃO III
DA DIRECÇÃO

Artigo 23.º

A direcção da Associação é composta por um presidente, um vice-presidente e cinco vogais, eleitos pela assembleia geral, de entre os associados, por períodos de três anos, sendo permitida a sua reeleição.

Artigo 24.º

A eleição do presidente da direcção poderá ainda recair, fora do quadro referido no artigo anterior, em personalidade que goze de comprovada reputação e integridade e seja figura representativa no sector bancário.

Artigo 25.º

1 — Na situação prevista no artigo anterior, o presidente da direcção cessa antecipadamente funções, se ocorrer uma das causas seguintes:

a) Incapacidade física permanente para o desempenho das funções;

b) Renúncia, aceite pelo presidente da mesa da assembleia geral;

c) Destituição.

2 — A cessação antecipada pode ainda ocorrer, quando se verifiquem circunstâncias, nomeadamente de saúde, que obstem ao exercício das funções, por tempo presumivelmente superior a sessenta dias.

3 — As causas de cessação referidas nas alíneas a) e c) do número dois são apreciadas em assembleia geral e dependem de aprovação da mesma.

4 — Vago o lugar, proceder-se-á à eleição do novo presidente nos sessenta dias seguintes à ocorrência da vacatura.

5 — Durante a vacatura cabem ao vice-presidente da direcção as atribuições do presidente.

Artigo 26.º

1 — Quando o presidente for eleito nos termos do artigo vigésimo quarto, terá direito a uma remuneração adequada à dignidade, representatividade e independência das suas funções, que será fixada pela assembleia geral.

2 — Se a designação recair em personalidade integrada nos quadros de algum associado, o exercício do cargo não prejudica os seus direitos na carreira e no regime de segurança social, contando o tempo de serviço prestado nesse cargo como prestado nas suas funções de origem, cabendo, porém, à Associação suportar os encargos sociais durante todo esse tempo.

Artigo 27.º

À direcção compete dirigir a Associação e assegurar a prossecução dos seus objectivos e, em especial:

a) Representar a Associação, em juízo ou fora dele;

b) Exercer as funções que lhe incumbem no âmbito da actividade do Instituto de Formação Bancária;

c) Criar, organizar e dirigir os serviços da Associação, designadamente quanto à admissão e saída de pessoal;

d) Gerir os bens da Associação e zelar pela contabilidade;

e) Cumprir e dar execução às deliberações da assembleia geral;

f) Elaborar regulamentos internos;

g) Submeter à apreciação da assembleia geral as propostas que se mostrem necessárias;

h) Apresentar anualmente à assembleia geral o relatório, balanço e contas da gerência acompanhados do parecer do conselho fiscal, bem como o programa anual e o orçamento da Associação, nestes documentos se compreendendo o programa anual e a respectiva dotação orçamental do Instituto de Formação Bancária;

i) Elaborar a proposta do montante das contribuições dos associados;

j) Exercer as demais funções e praticar os actos que lhe incumbem nos termos da lei e dos estatutos.

Artigo 28.º

1 — A direcção reunirá, pelo menos, uma vez por mês, sendo convocada pelo presidente e só podendo deliberar com a presença da maioria dos seus membros.

2 — As deliberações são tomadas por maioria de votos dos membros presentes, não podendo haver abstenções e gozando o presidente de voto de desempate.

3 — A direcção pode delegar, por acta, poderes em um ou mais dos seus membros ou no secretário geral e autorizar que se proceda à subdelegação desses poderes, estabelecendo, em cada caso, os respectivos limites e condições.

4 — Para obrigar a Associação são necessárias as assinaturas de dois membros da direcção; de um só membro quando se trate de matéria que respeite ao exercício de poderes especialmente delegados; de um ou mais procuradores nos termos das respectivas procurações.

5 — Os actos de mero expediente e, em geral, os que não envolvam responsabilidade da Associação poderão ser assinados apenas por um membro da direcção, pelo secretário-geral ou por procurador a quem tenham sido delegados os poderes necessários.

6 — A direcção poderá deliberar que certos documentos da Associação sejam assinados por processos mecânicos ou chancelas.

Artigo 29.º

Ao presidente da direcção cabe ainda especificamente:

a) Assegurar a representação da Associação junto de Entidades públicas ou privadas, nacionais ou estrangeiras;

b) Velar pelo cumprimento dos programas e orçamentos aprovados.

SECÇÃO IV
DO CONSELHO FISCAL

Artigo 30.º

1 — O conselho fiscal é constituído por três membros, sendo um presidente e dois vogais, eleitos pela assembleia geral, por período de três anos, sendo permitida a reeleição.

2 — Um dos vogais será um revisor oficial de contas e os demais membros serão eleitos de entre os associados.

Artigo 31.º

Compete ao Conselho Fiscal:

a) Examinar e verificar a contabilidade da Associação, bem como os documentos que lhe sirvam de base;

b) Dar pareceres sobre o orçamento, o relatório, o balanço e as contas da direcção;

c) Assistir às reuniões da direcção sempre que o entenda conveniente ou para isso seja solicitado pelo presidente da direcção;

d) Dar parecer à direcção sobre qualquer consulta que esta lhe apresente;

e) Velar pelo cumprimento das disposições legais e estatutárias;

f) Exercer as demais funções e praticar os demais actos que lhe incumbem, nos termos da lei ou dos estatutos.

Artigo 32.º

O conselho fiscal reunirá, pelo menos, uma vez por trimestre e sempre que o presidente o convoque, só podendo deliberar com a presença da maioria dos seus membros.

SECÇÃO V
DO CONSELHO DE DISCIPLINA

Artigo 33.º

1 — O conselho de disciplina é composto por cinco membros eleitos pela assembleia geral de entre os presidentes dos órgãos de administração, gestão, direcção ou de comissão executiva de associado com sede em Portugal ou directores-gerais de associado com sede no estrangeiro.

2 — Os membros do conselho de disciplina são eleitos por três anos, sendo reelegíveis.

3 — A assembleia geral elegerá de entre os membros os que servirão como presidente e seu substituto, este para os casos de ausência ou impedimento temporário daquele.

Artigo 34.º

1 — O cargo de membro do conselho de disciplina só pode ser exercido por quem tenha sido eleito, não sendo permitida qualquer forma de representação, delegação, substituição ou transmissão.

2 — O cargo é inerente ao desempenho de funções de presidente de órgão de administração, gestão, direcção ou comissão executiva de associado, ou de director-geral de associado com sede no estrangeiro, cessando o mandato de quem deixar de exercer aquelas funções.

3 — O cargo é exercido gratuitamente, salvo deliberação em contrário da assembleia geral.

Artigo 35.º

Se o presidente cessar as suas funções antes de terminado o período para que foi eleito, proceder-se-á à eleição, nos sessenta dias seguintes à ocorrência da vacatura, de novo presidente para desempenhar aquelas funções até ao termo do referido período, cabendo durante a vacatura ao substituto as atribuições do presidente.

Artigo 36.º

1 — O conselho de disciplina tem por atribuições:

a) Velar pela observância das normas e práticas em vigor no sistema bancário, exercendo o poder disciplinar em relação aos associados por inobservância das regras e práticas de deontologia profissional respeitantes à actividade bancária;

b) Exercer o poder disciplinar nos demais termos que lhe sejam cometidos nos Códigos de Conduta previstos no Código do Mercado de Valores Mobiliários e no Regime Geral das Instituições de Crédito e Sociedades Financeiras.

2 — Haverá um Regulamento do Conselho de Disciplina, relativo ao poder disciplinar e ao processo disciplinar, sujeito a aprovação da assembleia geral.

Artigo 37.º

1 — O conselho de disciplina reúne sempre que for convocado pelo presidente ou por outros dois membros.

2 — O conselho não pode deliberar sem que esteja presente a maioria dos seus membros.

3 — As deliberações, salvo quórum qualificado exigível, são tomadas por maioria de votos dos membros presentes, não podendo haver abstenções e gozando o presidente de voto de desempate.

4 — O membro do conselho não pode intervir, nem votar sobre os assuntos em que tenha interesse, por si, ou que respeitem ao associado a que pertence.

Artigo 38.º

Das deliberações do conselho de disciplina cabe recurso dos associados para a assembleia geral.

SECÇÃO VI
DO SECRETÁRIO GERAL

Artigo 39.º

1 — A direcção, sob proposta do respectivo presidente, nomeará um secretário-geral.

2 — A nomeação deve recair em pessoa com experiência na actividade bancária e que goze de boa reputação no meio bancário.

Artigo 40.º

1 — Cabe ao secretário-geral:
a) Coadjuvar o presidente da direcção;
b) Dirigir e coordenar todos os serviços da Associação, dele dependendo hierarquicamente todo o pessoal que aí preste serviços;
c) Dar execução às deliberações dos órgãos da Associação.

2 — O secretário-geral poderá tomar parte e intervir em todas as reuniões dos órgãos da Associação, sem direito de voto.

3 — Nas suas ausências ou impedimentos temporários, será substituído pelo secretário-geral adjunto, quando houver e, não havendo, por quem for para o efeito designado pela direcção, sob proposta do secretário-geral.

Artigo 41.º

1 — O secretário-geral tem direito a uma remuneração ade-

quada à dignidade e exigência das suas funções, a qual será fixada pela direcção.

2 — O exercício das funções de secretário-geral é incompatível com o desempenho de qualquer outro cargo ou função, de natureza pública ou privada.

Artigo 42.º

1 — O regime legal aplicável às relações de trabalho do secretário-geral é o do contrato individual de trabalho.

2 — Se o recrutamento recair em pessoa integrada nos quadros de algum associado, o exercício do cargo não prejudica os seus direitos na carreira e no regime de segurança social, contando o tempo de serviço prestado nesse cargo como prestado nas suas funções de origem, cabendo, porém, à Associação suportar os encargos sociais durante todo esse tempo.

Artigo 43.º

1 — A direcção, sob proposta do secretário-geral, pode nomear um secretário-geral adjunto, ao qual cabe, para além do desempenho de outros serviços na Associação, substituir o secretário-geral nas suas ausências ou impedimentos temporários.

2 — Ao secretário-geral adjunto, quando houver, aplica-se o regime estabelecido no anterior artigo quadragésimo segundo.

CAPÍTULO IV

DO PESSOAL

Artigo 44.º

Os trabalhadores da Associação ficarão sujeitos às normas do contrato individual de trabalho.

CAPÍTULO V
DO REGIME FINANCEIRO

Artigo 45.º

O exercício anual corresponde ao período de um de Janeiro a trinta e um de Dezembro.

Artigo 46.º

Constituem receitas da Associação:
a) As contribuições dos associados;
b) O pagamento de serviços prestados pela Associação, no âmbito das suas actividades correntes, designadamente as do Instituto de Formação Bancária;
c) Quaisquer subsídios que lhe venham a ser atribuídos;
d) Os rendimentos de bens ou capitais próprios;
e) Quaisquer outros rendimentos não proibidos por lei.

Artigo 47.º

O montante das contribuições a pagar pelos associados será fixado anualmente, na proporção do respectivo número de votos.

Artigo 48.º

A assembleia geral que aprovar o relatório, o balanço e as contas da direcção decidirá sobre a aplicação a dar ao respectivo saldo, se o houver, e sobre as contribuições suplementares a pagar pelos associados para cobrir os prejuízos eventualmente verificados, segundo o critério previsto no artigo quadragésimo sétimo.

CAPÍTULO VI
DO INSTITUTO DE FORMAÇÃO BANCÁRIA

Artigo 49.º

Integra-se na Associação o Instituto de Formação Bancária.

Artigo 50.º

1 — O Instituto de Formação Bancária terá por objecto a formação profissional de base e as acções de aperfeiçoamento, reciclagem e especialização dos empregados bancários e bem assim o ensino, a vários níveis, em domínios respeitantes à actividade bancária ou com ela conexos.

2 — A direcção definirá em que termos e condições elementos estranhos aos associados poderão utilizar as acções e cursos referidos no número anterior.

3 — O Instituto de Formação Bancária poderá também cooperar com quaisquer entidades, públicas ou privadas, nacionais ou estrangeiras, visando a prossecução do objecto referido no número um.

Artigo 51.º

O Instituto de Formação Bancária terá um orçamento autónomo, devendo, em princípio, cobrir as suas despesas com as receitas resultantes da sua prestação de serviços.

Artigo 52.º

1 — O Instituto de Formação Bancária tem um conselho pedagógico, que funciona junto da direcção da Associação e é constituído por um elemento desta direcção em quem esta delegue, o qual preside, pelo secretário-geral da Associação, pelo director do Instituto e por um representante de cada um dos associados.

2 — Podem igualmente fazer parte do conselho pedagógico representantes dos sindicatos dos bancários, com limite de um elemento por sindicato, quando estes assim deliberarem expressamente.

Artigo 53.º

Compete ao conselho pedagógico:

a) Dar parecer sobre o estabelecimento de prioridades relativamente às necessidades de formação indicadas pelos associados e sobre o planeamento das acções de formação;

b) Apresentar sugestões sobre a programação das actividades de formação, sobre o conteúdo dos respectivos programas, bem como sobre os métodos a adoptar;

c) Acompanhar as actividades de formação e elaborar no fim de cada exercício anual um relatório de apreciação sobre as mesmas, a submeter à direcção da Associação;

d) Apresentar à direcção da Associação sugestões fundamentadas sobre o orçamento a que se refere o artigo quinquagésimo primeiro.

Artigo 54.º

1 — O conselho pedagógico reunirá, pelo menos, uma vez por trimestre, sendo convocado pelo respectivo presidente e só podendo deliberar com a presença da maioria dos seus membros.

2 — As deliberações são tomadas por maioria de votos dos membros presentes, não podendo haver abstenções.

CAPÍTULO VII

DISPOSIÇÕES TRANSITÓRIAS

Artigo 55.º

1 — Mantêm-se em exercício pelo período por que foram eleitos, até nova eleição, os actuais membros dos órgãos sociais da Associação e membros do conselho de disciplina.

2 — Mantêm-se em vigor o Regulamento do Conselho de Disciplina, na parte relativa ao "poder disciplinar" (Capítulo Segundo) e ao "processo disciplinar" (Capítulo Terceiro), sendo o Capítulo Primeiro desse Regulamento, relativo à "organização e funcionamento do conselho de disciplina", substituído pela Secção Quinta do Capítulo Terceiro (artigos trigésimo terceiro a trigésimo oitavo) destes estatutos.

BIBLIOGRAFIA

ALMEIDA, Carlos Ferreira de, *Desmaterialização dos títulos de Crédito: Valores Mobiliários Escriturais*, in Revista da Banca, n.º 26, Abril/Junho 1993.

AMARAL, Diogo Freitas do, — *Curso de Direito Administrativo*, Vol. I, Coimbra, Almedina. — 1.ª edição, 1986 — 2.ª edição, 1996.

AUBERT, Maurice e Jean-Philoppe Kernen e Herbert Schonle *Secret (Le) Bancaire Suisse*, edição de Staemplli & cie SA Berna, 1982.

AZEVEDO, Maria Eduarda, *O segredo bancário*, Centro de Estudos Fiscais, Lisboa, 1989.

AZEVEDO, Maria Luísa, Maria do Rosário Azevedo, Luis Bandeira e Miguel Cunha,
— *Código do Mercado de Valores Imobiliários e Legislação Complementar* — Bolsa de Derivados do Porto — Instituto Mercado de Capitais, 1996.

BERTREL, Jean Pierre, *Les lettres d'intention*, in Revue Banque, n.º 465, Outubro de 1986.

BERTUCCELLI, Claudio, *Tuttela della riservatezza e centri automatizzati di raccolta dei dati*, in Revista Bancária, Ano 39, n.º 4, 1983.

BOLSA DE VALORES DO PORTO,
— *Introdução aos Mercados de Futuros e Opções, Instituto Mercado de Capitais*, 1994.

BRANCO, Manuel Castelo, *A Garantia Bancária Autónoma no âmbito das Garantias Especiais das Obrigações* — Revista da Ordem dos Advogados — ano 53.º — 1993.

CABRILLAC, Michel e Christian Mouly, *La violation du Secret Profissionel*, in Droit Pénal de la Banque et du Crédit, Colecção Droit Pénal des Affaires, Masson, Paris, 1982.

CAEIRO, Pedro, *Sobre a natureza dos crimes falenciais* — Boletim da Faculdade de Direito da Universidade de Coimbra, Coimbra Editora, 1996.

CAETANO, Marcello, *Manual de Direito Administrativo*, 10.ª edição, reimpressão, 1980.

CAMPOS, António de, *Luta contra a lavagem do dinheiro*, in Revista da Banca, n.º 15, Julho/Setembro, 1990.

CAMPOS, Diogo Leite de — *A responsabilidade do Banqueiro pela concessão ou não concessão de crédito*, in R.O.A., Ano 46.º, n.º 1.

CANOTILHO, J. J. e VITAL MOREIRA, *Constituição da República Portuguesa*, Coimbra 1993.

CAPRIGLIONE, Francesco, *Secret de la banque, secret des banques, secret bancaire,* in Revista bancária, Ano 39, n.° 3, Março 1983.

CASTRO, Carlos Osório de, *Valores Mobiliários: conceito e espécies,* Universidade Católica Portuguesa, Porto, 1996.

CAVALLI, Gino, *Segreto Bancário e Informazioni sui Clienti,* in Funcione Bancaria Rischio e Responsabilitá della Banca, Giuffre Editore — Milão, 1981.

CORDEIRO, António Menezes
— *Direitos Reais,* Imprensa Nacional, 1979.
— *Concessão de crédito e responsabilidade bancária,* in Boletim do Ministério da Justiça n.° 357, 1986.
— *Teoria Geral do Direito Civil,* 1.° Vol., 2.ª edição, A.A.F.D.L., 1987/88.
— *Das cartas de conforto no Direito Bancário,* Lex — Lisboa, 1993.
— *"Empréstimos Cristal — natureza e regime",* in "O Direito", 1995, III e IV (Julho e Dezembro).

CORREIA, Brito, *Direito Comercial,* 2.° Volume — Sociedades Comerciais, A.A.F.D.L., 1989.

CORREIA, Ferrer e Joaquim Sousa Ribeiro, *Direito de Retenção,* in Colectânea de Jurisprudência, Tomo I, 1988.

CORREIA, Ferrer, *Lições de Direito Comercial, Letra de Câmbio,* Universidade de Coimbra, 1956.

COSTA, Júlio de Almeida — *Créditos Documentários — Teoria e Prática,* B.P.A., 1976.

COSTA, Mário Júlio de Almeida, *Direito das Obrigações,* 5.ª Edição — Coimbra, Almedina, 1991.

COSTA, Mário Júlio de Almeida e António Pinto Monteiro, *Garantias bancárias — O contrato de garantia à primeira solicitação,* in Colectânea de Jurisprudência, Ano XI —1986.

COSTA, Mário Júlio de Almeida e António Menezes Cordeiro, *Cláusulas contratuais gerais (Anotação ao Dec.-Lei n.° 446/85, de 25 de Outubro),* Coimbra, Almedina, 1986.

DELGADO, Abel Pereira,
— *Lei Uniforme sobre Letras e Livranças,* 6.ª Edição, Lisboa, Petrony 1990.
— *Cheques sem Provisão* — Lisboa, Petrony, 1993.

DIDIER, Paul — *Droit Commercial, Tome 3 — Le marché financier des groupes de societés,* Presses Universitaires de France, 1993.

Domestic Legal Manual — Manufacturers Hanover Trust Company, edição Manufacturers Hanover Trust Company, New York, 1982.

FERREIRA, Amadeu José — *Valores Mobiliários escriturais,* Coimbra, Almedina, 1997.

FERREIRA, Marques,
— *Jornadas de Direito Penal*, realizadas no Centro de Estudos Judiciários, subordinadas ao tema *Novo Código de Processo Penal*, Coimbra, Almedina, 1988.

FONTINHA, Fernando Elísio Rodrigues — *Código dos Processos Especiais de Recuperação de Empresa e da Falência*, Edição Cosmos, Lisboa, 1993.

FREITAS, Anselmo da Costa,
— *O Sigilo Bancário*, in Boletim da Ordem dos Advogados, n.º 19, 1983.
— *O aval do Estado* — natureza jurídica e efeitos, in Boletim da Ordem dos Advogados, n.º 23, Fevereiro 1984.

FREITAS, José Lebre de, *Acção Executiva*, 2.ª edição, Coimbra, 1997.

FUTOP, *Engenharia Económica-Financeira*, S.A. e João Paulo Peixoto, *Os Derivados em Portugal*, APDMC, 1994.

GONÇALVES, M. Maia,
— *Código de Processo Penal Anotado*, Coimbra, Almedina, 6.ª edição, 1994.
— *Código Penal Português*, anotado e comentado, 8.ª edição, Coimbra, Almedina, 1995.
— "Dos meios de prova", Bol. M.J. n.º 329.

HÉRAIL, Jean-Louis e Patrick Ramael, *Blanchiment d'argent et crime organisé: la dimension juridique*, Presses Universitaires de France, 1996.

JUGLART, Michel de Benjamin Ippolito — *Traité de Droit Commercial*, tomo 7, Banques et Bourses, por Lucien M. Martin, Editions Montchrestien, 3.ª edição, Paris, 1991.

LANGE, Jean Louis Rives e Monique Contamine-Raynaud, *Droit Bancaire*, Dalloz, 1995, 6.ª edição.

LEITÃO, José Luis, Jorge Alves Morais e Maria Adelaide Resende,
— *Produtos Bancários e Financeiros*, Publicação Europa-América, 1996.

LIVRO BRANCO SOBRE SISTEMA FINANCEIRO — Conselho para o Sistema Financeiro, Lisboa, 1992.

LUIS, Alberto — *Direito Bancário*, Coimbra, Almedina, 1985.

MACEDO, Pedro Sousa — *Manual do Direito das Falências*, Coimbra, Almedina, 1964.

MARTINEZ, Pedro Romano e Pedro Fuzeta da Ponte,
— *Garantias de Cumprimento* (estudo teórico-prático), Coimbra, Almedina, 1994.

MARTINS, António Carvalho,
— *Responsabilidade dos Administradores ou Gerentes por Dívidas de Impostos*, Coimbra Editora, 1994.

MARTINS, José Pedro Fazenda,
— *Os efeitos do registo e das publicações obrigatórias na constituição das sociedades comerciais,* Lex, Lisboa, 1994.

MARTINS, José Rebelo e Ernesto de Oliveira Ferreira, *Garantias Bancárias,* Edição BESCL, 1983.

MAXWELL Sweet &,
— *International Bank Secrecy,* 1992.

MONTEIRO, Jorge Ferreira Sinde, *Responsabilidade por conselhos, recomendações ou informações,* Coimbra, Almedina, 1989.

NETO, Abílio, *Contrato de Trabalho — Notas práticas,* 11.ª Edição, Lisboa, 1992.

NUNES, Conceição — *Direito Bancário,* Faculdade de Direito de Lisboa, 1992.

NUVOLONE, Pietro, *Il Segreto Bancario nella prospettiva penale,* in Banca, Borsa e Titolo di Credito, Fasc. IV, Ottobre-Diciembre, 1983.

O NOVO REGIME GERAL DAS INSTITUIÇÕES DE CRÉDITO E SOCIEDADES FINANCEIRAS — Seminário organizado pela Delegação Nacional Portuguesa da Câmara de Comércio Internacional, em colaboração com a Sociedade de advogados Veiga Gomes, Bessa Monteiro, Marques Bom, Lisboa, 1993.

OLAVO, Carlos, *Supervisão em base consolidada,* Revista da Banca, n.º 34, Abril/Junho, 1995.

OLAVO, Fernando, *Direito Comercial,* Lisboa, 1962.

OLMEDO, Miguel Cordá — *Garantia Independiente,* Comares Editorial, Granada, 1991.

PATRÍCIO, José Simões,
— *Preliminares sobre a garantia "on first demand",* in Revista da Ordem dos Advogados, Ano 43.º, 1983.
— *Recusa de crédito bancário,* Boletim da Faculdade de Direito de Coimbra, 1984 — Estudos em homenagem ao Prof. Doutor Ferrer Correia, separata de 1988.
— *Direito do Crédito — Introdução,* Lex, Lisboa, 1994.
— *A operação bancária de depósito,* Elcla Editora, Porto, 1994.

PAÚL, Jorge Patrício, *A Banca perante o branqueamento de capitais,* in Revista da Banca, n.º 26, Abril/Junho, 1993.

PEIXOTO, João Paulo,
— *Futuros e Opções,* Editora Mc Graw — Hill de Portugal, Lda., 1995.

PENN, G. A., A. M. Shea, A. Arora, *The Law relating to domestic Banking,* Banking Law, Vol. I, Londres, Sweet & Maxwell, 1987.

PIÉDELIÈRE, Alain e Marie-Claire, Droit du Crédit, 2.ª Edição, Presses Universitaires de France, 1987.

PIMENTA, José da Costa,
— *Código de Processo Penal Anotado,* Lisboa, 1991.

PINTO, António Augusto Tolda,
— *Cheques sem Provisão*, Coimbra, 1992.
— *Novo Processo Penal*, 2.ª edição, Lisboa, 1992.
POWIS, Robert E., *Os lavadores de dinheiro*, edição brasileira de HAKRON Books do Brasil Editora, Lda., 1993.
PRATA, Ana, *Notas sobre responsabilidade pré-contratual*, in Revista da Banca, n.º 16, Outubro/Dezembro, 1990.
QUELHAS, José Manuel Gonçalves Santos,
— *Sobre a Evolução Recente do Sistema Financeiro* (Novos produtos financeiros), Separata do Boletim de Ciências Económicas da Universidade de Coimbra, Coimbra, 1996.
RIBEIRO, Joaquim de Sousa,
— *Cláusulas contratuais gerais e o paradigma do contrato*, Coimbra, 1990.
— *Responsabilidade e garantia em cláusulas contratuais gerais (Dec. Lei n.º 446/85, de 25 de Outubro)*, Boletim da Faculdade de Direito de Coimbra, 1984, Estudos em Homenagem ao Prof. Doutor Ferrer Correia, separata de 1992.
RIBEIRO, José Caramona — *Lei Uniforme sobre Letras e Livranças*, 1976.
RODIÈRE, René e Jean-Louis Rives-Lange, *Droit Bancaire*, 2.ª Edição, Paris, 1975.
SALINITRO, Niccoló e Guiseppe B. Portale, *Il Segreto bancario*, in Operazioni (Le) Bancarie, Edição de Guiffre Editore, Tomo II — Milão 1978.
SAMEIRO, Pedro, *O direito de retenção e a situação do credor hipotecário*, in Revista da Banca, n.º 26, Abril/Junho, 1993.
SAMUELSON, Paul A. e William D Nordhans — *Economics*, 40.º Edição, 1992.
SANCHES, José Luis Saldanha,
— *Segredo Bancário e Tributação do Lucro Real*, in Ciência e Técnica Fiscal, Boletim da Direcção-Geral das Contribuições e Impostos, n.º 377, Janeiro-Março de 1995.
SANTIAGO, Rodrigo — *Do crime de violação do Segredo Profissional*, Coimbra, 1992.
SANTOS, Carlos Figueiredo dos — *Operações bancárias e sua contabilidade*, Lisboa, 1992.
SANTOS, Rui Martins dos,
— *Mercado de Futuros*, edição BPI, Estudos Económicos e Financeiros, Julho 1994.
SANTOS, Rui Martins e Helena Adegas,
— *Inovações Financeiras: uma introdução*, — Banco de Portugal, 1990.
SEGREDO BANCÁRIO NELLA PROSPETTIVA PENALE, in Banca, Borsa e Titolo di Credito, Fasc. IV, Ottobre-Dicembre, 1983.

SERRA, Vaz, *Títulos de Crédito* in Boletim Ministério da Justiça n.ᵒˢ 60 e 61, separata publicada em 1956.

SILVA, José Manuel Braz da, *Os novos Instrumentos Financeiros*, 2.ª edição, Texto Editora, Lisboa, 1991.

SILVA, Germano Marques da, *Crimes de Emissão de Cheque sem Provisão*, Universidade Católica Editora, Lisboa, 1996.

SISTEMA FINANCEIRO PORTUGUES, publicações da Direcção de Estudos Económicos e Planeamenío do B.P.A., em Setembro de 1990, Fevereiro e Junho de 1993.

TELLES, Inocêncio Galvão,
— *O Direito de Retenção no Contrato de Empreitada*, in Revista "O Direito" Anos 106.º a 119.º, 1974/1987.
— *Garantia Bancária Autónoma* — Lisboa, 1993.
— *Empréstimo Cristal (uma nova realidade bancária)*, in "O Direito", 1993, I-II, págs. 177 e segs.

TERRAY, Jacques, *Lettres de confort ou garantie*, in La Revue Banque, n.º 515, Abril 1991.

VARELA, Antunes, *Das Obrigações em Geral*, 7.ª edição, Coimbra, 1991.

VARELA, Antunes e Pires de Lima, *Código Civil anotado*, Vol. I, 4.ª edição, Coimbra, 1987.

VEIGA, Vasco Soares da,
— *Introdução ao Direito Bancário*, in Boletim da Ordem dos Advogados n.º 19 — Outubro 1983.
— *Falência e Insolvência*, in Direito das Empresas, edição do Instituto Nacional de Administração, 1990.

VELOSO, José António,
— *"Electronic Banking":* uma introdução aos EFTS — Parte I., Separata da Revista Scientia Jurídica, Tomo XXXVI, n.º 208 — 210, Agosto — Setembro, 1987.
— *"Regulamentação dos Sistemas de pagamentos: aspectos gerais"*, in Revista da Banca, n.º 36, Outubro/Dezembro 1995.

VILAVERDE, Rafael Garcia, *Las cartas de patrocínio, su diversidad y su compleja delimitation contratual*, in Contratos Bancários, Madrid, 1992.